한국어와 외국어 대조분석론

한국어와 외국어 대조분석론

홍 사 만

유장옥 · 김지은 · 강덕구 · 배용득 · 강병주 · 다키구치 · 민영란
염　철 · 이영자 · 오선영 · 슬지엔 · 박향화 · 김소야 · 이소영

도서출판 역락

책머리에

　대조언어학은 둘 이상 언어의 대조 분석을 통해 개별어의 특성을 밝히고, 언어의 본질을 추구하는 언어학의 한 영역이다. 대조 언어의 연구 목적은 비교되는 언어의 전 영역에 대해 그 유사점과 상이점을 명시적으로 기술함으로써 언어의 보편적인 공통성과 개별적인 특수성을 추구하는 것이다. 따라서 대조는 대상 언어의 음성·음운, 문법, 어휘, 언어 행동 등 전 분야에 걸쳐 구체적으로 이루어지고, 그 결과를 총괄적으로 종합하는 방향으로 연구가 진행된다.

　대조 연구는 당초부터 효율적인 외국어 학습을 위한 방편으로 시작된 응용언어학적 성격을 띤다. 이런 의미에서 대조언어학은 외국어 교육의 수업 경험에서 발생하는 것이라 할 수 있다. 대조의 연구 결과가 언어교육에 충실히 반영되어야 하고, 그 실제적인 학습 자료로 활용되어야 한다. 언어 교재의 개발과 교과 과정의 편성, 그리고 평가 및 조사 연구 등에도 직접적으로 적용되어야 한다. 외국어 교육에서 발생하는 목표 언어와 근원 언어 사이의 전이와 간섭에 따른 오류를 분석하고, 이를 예방하는 장치를 모색할 수 있어야 한다.

　대조언어학은 국제화 시대를 맞이하여 외국어 교육의 수요 급증으로 국내에서도 상승 기류를 타고 있다. 이를 효율적으로 달성하기 위한 학제적 연구 분야로 부상되고 있으며, 머지않은 장래에 많은 꽃을 피우고 열매를 맺으리라 믿는다.

　필자는 1977년부터 일본 쓰쿠바(筑波)대학에서 한·일어 대조론(문법·의미)을 연구하여 학위를 취득한 이래 오늘에 이르기까지 양 언어의 전반적인 대조 연구에 집착해 왔다. 그 결과 5권의 관련 연구서와 37편의 대조연구 논문을 발표했다.

80년 초부터 계명대학교 일문과 대학원에 출강하면서 양 언어의 대조론을 강론했고, 1985년 경북대학교 인문대학에 일어일문학과가 개설된 후에는 학부 강좌로 한·일어 대조론을 신설하여 강의해 왔다. 1998년부터 2년간 시마네 현립 국제대학에 교류교수로 착임하여 일본 학생들에게 한국어를 가르치고 귀국한 후로부터 국어국문학과 박사과정에 대조·비교언어학의 강좌를 열어 오늘에 이르고 있다.

2000년대에 와서 세계화의 물결을 타고 국내 대학에는 중국을 비롯한 많은 나라들로부터 한국어를 연구하고자 내한하는 외국 유학생들이 급증했다. 경북대의 내 연구실에도 중국, 일본, 몽골 등지에서 온 유학생들이 늘어났고, 한편으로는 외국어를 전공하는 우리나라 학생들 중에도 우리말과 일본어, 중국어, 프랑스어, 몽골어, 우즈벡어 등과의 대조 분석적 논문을 쓰려는 사람이 늘어났다.

이 책은 필자의 재임 기간 동안 교내외에서 함께 대조언어학을 탐색해 온 문하 연구자들의 논문을 모아 엮은 것이다. 주로 한·일어와 한·중어 대조 연구가 주류를 이루고 있지만, 한·불어, 한·우즈벡어의 대조론도 실렸다. 연구 주제는 문법론(형태론·통사론)이 중심이 되나, 어휘론과 음운론, 번역학과 사회언어학적 논고 등 다양한 장르에 걸쳐 있다. 문법론 분야만 보더라도 조사론, 피동문, 상(aspect), '하다'-동사론, 접속어미, 화제(topic) 구문, 이동 동사, 부정 구문, 관사론, 격범주론 등 다채로운 색태를 띠고 있다. 논고 내용은 대체로 학위논문을 수정 보완하여 재구성한 것이 많으나, 이를 토대로 하여 새롭게 작성한 논문도 적지 않다.

오늘 필자의 정년퇴임을 눈앞에 둔 시기에 동학의 글들로써 대조언어학의 또 한 장을 장식하게 된 것을 큰 기쁨으로 생각한다. 뒤돌아보면, 36년간의 교수 생활에서 만난 70여 명의 대학원 문하생 가운데 대조언어학에 입문한 논자들이 30명이나 된다는 사실은 나에게는 참으로 경이롭고도 보람찬 일이 아닐 수 없다. 대조어학을 전공하는 연구자 중 외국인들은 대개가 자국의 대학에서 한국어를 가르치고 있는 전임교수들이며, 그중에는 우리 연구실에서 수학하고 교수로 부임한 사람도 있다. 또한 내국인 연구자들 중에는 국내외에서 외국어학을 전공하여 학위를 취득하고 지금 대학 강단에서 후진들을 양성하는 중견 교수들도 있다.

필자는 퇴임 후에도 대조언어학의 연구 모임을 지속적으로 이어갈 것이다. 구축된 연구실의 학통이 잘 보존되고 더욱 발전되기를 바라는 심정이다.

아무쪼록 이 책을 통하여 국내에서 아직은 연구 초기 단계에 있는 대조언어학의 토양이 윤택해지고 학문적 위상이 더욱 고양되기를 바란다. 이로써 외국인을 위한 한국어 교육도 한 단계 더 나아가 대조언어학의 학술적인 토대 위에서 큰 성과를 거두기를 소망한다.

분망 중 옥고를 써 준 집필자 여러분께 고마움을 표하며, 더욱 정진하여 큰 학문을 이루기를 기원한다. 이번에도 출판을 맡아준 도서출판 역락의 이대현 사장님께 뜨거운 감사를 드린다.

2009년 2월
정년퇴임을 앞두고
홍사만 씀

차 례

제3편　한국어와 프랑스어, 우즈베키스탄어 대조론

‖ 홍사만 ‖

'한·일어 대조론'의 분석(1)
- 조사의 분포와 기능 대조

1. 논구 목록

　필자는 1977년부터 일본 쓰쿠바(筑波)대학 대학원 문예·언어학계에서 한·일어 대조언어 연구에 착수했고, 89년에 그 대학에서 문학박사 학위를 취득하여 오늘에 이르기까지 대조언어론을 분야별로 탐색해 왔다. 그간의 연구 업적을 총괄적으로 정리하고 그 논지를 요약하여 밝힘으로써 후학들에게 참고가 되었으면 한다.

　지난 30년 동안 국내외에 발표한 필자의 한·일어 대조론은 쓰쿠바대학에 박사 학위 논문으로 제출한 "現代韓国語の特殊助詞の研究，－日本語の副助詞との対比を中心に－"를 위시하여 37편의 논고와 이를 보완하고 체계화하여 출판한 5권의 저술이 있다.

〈논문〉
① "韓国人の日本語学習における難易度の分析，－とくに両国語間の音韻組織の

対照を中心に-"(共),「外国語と日本語」3, 筑波大学 文芸・言語学系(1978)

② "日本語の副助詞と韓国語の特殊助詞との対照研究(1), -その副詞的連用修飾機能を中心に-",「外国人と日本語」4, 筑波大学 文芸・言語学系(1979a)

③ "日本語の副助詞と韓国語の特殊助詞との対照研究(2), -その接続機能を中心に-",「朝鮮学報」90, 朝鮮学会(1979b)

④ "韓・日語 依存形態素의 対照研究(2), -特殊助詞「-는／-은」과 副助詞「-は」의 比較를 中心으로-",「어문론총」13・14, 경북대 문리대(1980)

⑤ "韓・日語 依存形態素의 対照研究(3), -極端例示 助詞語類의 意味機能 対比-",「어문론총」16, 경북대 인문대(1982a)

⑥ "韓国語の特殊助詞と日本語の副助詞との対照研究(3), -「極端例示語」類の意味分析を中心に-",「言語研究」2, 대구언어학회(1982b)

⑦ "韓国語の特殊助詞と日本語の副助詞との対照研究(4), -「-만」と「-だけ」との意味機能対比-",「言語研究」3, 대구언어학회(1983)

⑧ "韓・日語 依存形態素의 対照研究(4), -助詞「-를/-을」과「-を」의 比較-",「어문론총」19, 경북대 문리대(1985)

⑨ "韓・日語の依存形態素の対照研究(5), -特殊助詞と副助詞との分布・機能の比較-",「人文科学」2, 경북대 인문과학연구소(1986)

⑩ "韓・日語 音韻・文法의 対照研究",「言語研究」6, 대구언어학회(1989a)

⑪ "現代韓国語の特殊助詞の研究, -日本語の副助詞との対比を中心に-", 筑波大学 文芸・言語学系문학박사 학위 논문(1989b)

⑫ "韓・日語 依存形態素의 対照研究(6), -特殊助詞와 副助詞의 承接関係 比較-",「言語研究」7, 대구언어학회(1990a)

⑬ "北原의 構文論(1), -補充成分과 連用修飾成分-",「어문론총」24, 경북어문연구회(1990b)

⑭ "北原의 構文論(2), -「うなぎ文」의 分裂文説-",「語文研究」15, 경북대 어학연구소(1990c)

⑮ "韓・日語 依存形態素의 対照研究(7), -助詞「-만」과「-だけ」의 意味機能対比-",「李相泰教授回甲記念論文集 : 伏賢日文学」(1991)

⑯ "北原의 構文論(3), -助動詞 相互承接의 構文論的 考察-",「어문론총」25, 경북어문학회(1992a)

⑰ "韓・日語 慣用的 表現의 対照研究, -身体語의 多義構造 比較를 中心으로-",「어문론총」26, 경북어문학회(1992b)

⑱ "환태평양 제언어의 정중성 표현 연구",「言語研究」11집, 대구언어학회(1994)

⑲ "한・일어 파생어 형성에 관한 비교연구, -접미파생법을 중심으로-",「어문

론총」31, 경북어문학회(1997)

⑳ “일본학생들의 초급한국어 테스트 결과 분석”, 「韓·日言語文化研究」3, 韓·日言語文化研究所(1999)

㉑ “日本語の副助詞における格との無関係性の研究”, 「島根県立国際短期大学紀要」7, 島根県立国際短期大学(2000a)

㉒ “韓·日両言語の格助詞省略に関する対照研究, 「東西言語文化の類型論特別プロジェクト研究報告書」3-2, 筑波大学(2000b)

㉓ “언어의 보편성과 특수성, -한국어와 일본어-, 「韓·日言語文化研究」4, 韓·日言語文化研究所(2000c)

㉔ “한·일어 파생어 형성에 관한 비교 연구, -접두파생법으로 중심으로-”, 「언어과학연구」18, 언어과학회(2000d)

㉕ “한·일어 격조사 생략에 관한 대조연구”, 「梅田博之教授 古稀記念: 韓日語文学論叢」, 太学社(2001a)

㉖ “韓·日語 接頭辞에 관한 対照研究”, 「韓·日言語文化研究」5, 韓·日言語文化研究所(2001b)

㉗ “한·일어 정도 부사의 대조 연구”, 「언어과학연구」21, 언어과학회(2002)

㉘ “한·일어 대조 연구의 어제와 오늘”, 「이중언어학」22, 이중언어학회(2003a)

㉙ “우리 민법 속에 남아있는 일본어식 용어(1), -격조사 용법을 중심으로-”, 「韓·日言語文化研究」7, 韓·日言語文化研究所(2003b)

㉚ “우리 민법 속에 남아있는 일본어식 용어(2), -훈독 일본 고유어와 음독 한자어-”, 「어문론총」40, 한국문학언어학회(2004a)

㉛ “우리 민법 속에 남아있는 일본어식 용어(3), -법률 전문용어-”, 「韓·日言語文化研究」8, 韓·日言語文化研究所(2004b)

㉜ “우리 민법 속에 남아있는 일본어식 표현(1), -명사구 표현-”, 「어문론총」41, 한국문학언어학회(2004c)

㉝ “일본에서의 한국어 연구사와 한·일어 대조 연구”, 「語文学」87, 한국어문학회(2005a)

㉞ “우리 민법에 남아있는 일본어식 문체, -‘-때’와 ‘-경우’의 선행 시제사-”, 「韓·日言語文化研究」9, 韓·日言語文化研究所(2005b)

㉟ “「韓·日言語文化研究」의 분석”, 「백민 전재호 박사 팔순기념문집」, 간행위원회(2007a)

㊱ “국어 분류사와 일본어 助数詞”, 「韓·日言語文化研究」9, 韓·日言語文化研究所(2007b)

㊲ “한·일어 분류사의 대조 연구”, 「언어과학연구」44, 언어과학회(2008)

〈저서〉
① 「韓・日語比較文法論」, 慶北大出版部(1988)
② 「한・일어대조어학 / 논고」, 탑출판사(1993)
③ 「現代韓国語教本」, 図書出版 映韓(2000)
④ 「한・일어 대조분석」. 도서출판 亦楽(2002)
⑤ 「쉽게 고쳐 쓴 우리 민법」(김문오 공저), -우리 민법에 남아 있는 일본어
　식 용어와 문체-, 국립국어연구원(2003)
⑥ 「韓・日語 言語文化 対照研究」(全在昊 공저), 도서출판 亦楽(2005)

　분야별로 보면 한국어 특수조사와 일본어 대응 요소인 부조사(副助詞)와의 대조가 주축을 이루고 있지만, 이 밖에도 격조사, 정도부사, 분류사, 접미사, 접두사 등 문법적인 외연을 논한 것과 양 언어의 음운 체계를 포괄적으로 다룬 논고가 있다. 어휘와 표현에 있어서는 신체어를 중심으로 형성되는 관용구의 의미에 관한 것과 양국의 민법문 전문을 대조함으로써, 특히 일본 민법문이 우리 민법 제정에 끼친 영향을 용어 면(형태・어휘)과 문체 면(문법・표현)으로 나누어 분석했다. 이 외에도 언어 행동에 관련된 양 언어의 대우법에 관해 그 체계와 특징을 대조하기도 했다.

　이러한 대조론을 통하여 대조언어학의 연구 동향과 실태를 분석하고, 그에 따른 향후의 전망과 과제를 모색하는 논문도 썼다.

　또 한편 직접적인 대조 연구는 아니지만, 쓰쿠바대학에서 필자의 학위 논문을 심사한 北原保雄 교수의 통사론 세 대목을 소개함으로써 양 문법론의 대응 관계를 모색하기도 했다.

　이 글에서는 일차적으로 문법론의 한 부분인 조사류의 대조에 대한 필자의 논지를 정리하여 기술하고자 한다. 양 언어의 격조사 대조, 특수조사와 부조사의 분포와 기능을 중심으로 한 대조 분석이 될 것이다. 이들의 형태론적 지위는 양국에서 문법형태소의 하나로 의존형식이라는 점에서 공통성이 있다.

2. 조사의 대조

1) 격조사

양 언어에서 소위 격(格)을 표시하는 표지인 격조사에 관한 대조 연구는 주로 대응 요소 사이의 기능에 대해 논했고, 특히 구어문에서 주격조사와 대격조사의 생략에 대한 대조를 다루었다. 또한 격조사 중 가장 역동적인 기능을 나타내는 대격조사 {를/을}을 일본어 {を}와 대조하여 그 분포와 기능의 상이점을 기술했다. 이에 관한 논거는 졸저(1993)와 졸론(1985, 2000b, 2001a)의 내용이 중심이 됨을 밝혀 둔다.

(1) 대응 체계

한·일어 문법의 틀에서 格(case)과 격조사에 대한 개념은 대동소이하다. 격이란 한 문장 속에서 서술어에 대한 명사어의 통사·의미적인 관계이며(北原保雄 외 편, 1981 : 98), 격조사는 격을 명시하는 표지(marker)란 점에서 양국에서 동일한 시각을 보여준다.

그러나 양 문법에서 관점에 따라 설정된 격의 범주와 격표지의 종류에 대해서는 조금씩 차이가 있다. 특히 격조사에 있어서는 양국에서 하나의 조사 형태가 다의적으로 여러 격을 지배하는가 하면, 하나의 격을 표시하는 형태가 여러 개로 유의적인 성격을 띰으로써 대응 관계는 상호 중복과 교차가 나타나는 게 사실이다.

격 범주의 하위분류에 있어서는 문법적인 격과 의미적인 하위격이 별도의 층위로 구분되어야 한다. 이런 점에서 종래 일본어의 격 범주는 문법적 격과 의미적 격이 혼합되어 주격, 속격, 목적격, 처격, 시발격, 비교격 등으로 나뉘었다. 격조사의 명칭도 이에 준하는 것으로 불렸다. 이러한 사실은 종래 한국어의 격 범주에서도 이들이 혼합되는 마찬가지의 양태를 보였다. 그러나 주격, 관형격, 목적격, 보격, 부사격 등의 격 범주는 한 문장 속에서 그 피접 성분이 나타내는 문법적인 직능을 따져 붙인 명칭이고, 처격, 향격, 여격, 조격, 비교격, 공동격, 시발격 등은 소위 부사격의 하위에서 의미적인 기능을 따져 명명한 것으로 구분된다. 그러므로 엄밀하게 따지자면, 처격은 처소부사격, 향격은 방향부사격 등으로 불리어야 할 것이다.

  양 언어에서 격조사의 체계는 다음 표와 같이 대비된다. 이때 격의 체계는 문법적인 격과 의미적인 격을 층위로 표시하여 분석한 것이다(홍사만, 1993 : 31).

〈표 1〉

문법적 격	의미적 하위격	격 표 지	
		한 국 어	일 본 어
주 격 관형격 목적격 보 격		이/가 의 를/을 이/가	が(の) の を と, に
부사격	처 격 향 격 여 격 조 격 비교격 공동격 시발격 인용격	에, 에서 로 에게 로 보다, 처럼, 만큼 와/과 부터 라고	に, で に, へ に で に, と, より と から, より と

  <표 1>에서 보듯이 양 언어에서 격조사 체계의 대응은 1대 1의 관계가 아니다. 그리고 아래의 표와 같이 양 언어의 대응값은 상호 동일한 가치를 가지지 않는다. 예컨대, <표 2>와 <표 3>에서 대격조사 {를/을}과 {を}를 비교하면 쌍방의 대응 관계는 동치적이지 않다. 즉, {를/을}이 가지는 {を}와의 대응값은 {を}가 가지는 {를/을}과의 값과 같지 않다는 것

이다. 일본어 {を}는 한국어 {이/가}와 {를/을}에 대응되는가 하면, 한국어 {를/을}은 일본어 {が}, {の}, {を}, {に}, {で}, {へ}, {から}, {ø}와 포괄적으로 대응된다(홍사만, 1993 : 46~47).

〈표 2〉

	이/가	의	를/을	에	에서	에게	로	과/와	부터	보다	라고	로서	ø
が	○												
の	○	○											
を	○		○										
に			○	○	○	○	○	○		○		○	
で	○			○	○		○						
と	○							○			○		
から									○				
より										○			

〈표 3〉

	が	の	を	に	で	と	へ	から	より	ø
이/가	○	○								
의		○								
를/을	○	○	○	○	○		○	○		○
에				○	○					○
에서	○		○	○	○			○	○	
에게				○						
로				○	○		○	○		
와/과						○				
부터								○		
보다									○	
라고						○				
로서					○					

이제 양 언어 대응 요소 사이의 의미 기능을 개별적으로 간략하게 살펴보겠다.

먼저 주격조사 {が}와 {이/가}의 비교에서, 전체적인 기능과 용법은 대체로 상응하는 면모를 보여준다. 특히 일본어에서 서술어가 희망, 가능,

능력을 표시하거나 무의지 감각동사, 내부 감정, 소유·필요 등을 나타낼
때는 그 대상어에 대격조사 {을}가 아닌 {が}를 쓰는데, 한국어에서도 동
일 양태를 나타낸다.

> (1) a. 私は 水{が, *を} 飲みたい。
>   나는 물{이, *을} 마시고 싶다.
>   b. 私は 日本語{が, *を} できる。
>   나는 일본어{가, *를} 가능하다.   cf. 나는 일본어를 할 수 있다.
>   c. 私は 運転{が, *を} 下手だ。
>   나는 운전{이, *을} 서투르다.
>   d. 私に 歌声{が, *を} 聞こえる。
>   나에게 노랫소리{가, *를} 들린다.
>   e. 私は 肉{が, *を} きらい。
>   나는 고기{가, *를} 싫다.
>   f. 私は 本棚{が, *を} 要る。
>   나는 책장{이, *을} 필요하다.

속격조사 {の}와 {의}의 대비에서, {の}가 속격을 나타내는 경우에는[1]
대체로 한국어와 상응하지만, 그것이 연체수식구 중 주격이나 대상격을
나타낼 때는 한국어에서 {의}가 아닌 {이/가}와 대응된다.

> (2) a. 雪の降る晩
>   눈{이, *의} 내리는 밤
>   b. 音楽の好きな者
>   음악{이, *의} 좋은 사람   cf. 음악을 좋아하는 사람

이 밖에도 일본어 {の}가 동격이나 형용동사의 연체형에 붙을 때나 형
식명사를 이끌 때, 그리고 형용사의 연체형에 붙을 때는 한국어 {의}에 대
응되지 않는다.

---

1) 일본어 조사 {の}는 格助詞뿐만 아니라 準体助詞(あなたのは どれですか。), 並立助詞
(行くの帰るのと さわぐ。), 終助詞(もう いいの。) 등으로 다의적, 또는 동음어적으
로 쓰이는 용법이 있다.

(3) a. 友だちの田中さん
　　　친구{*의, ø} 다나카씨
　　b. でこぼこの道
　　　울퉁불퉁{*의, 한} 길
　　c. 科学の発展のために
　　　과학의 발전{*의, 을} 위하여
　　d. 多くの子供たち
　　　많은{*의, ø} 아이들

　대격조사 {を}와 {를/을}의 비교는 후술할 것인 바, 양자는 분포상으로도 큰 차이를 보여준다. 한국어에서 {를/을}은 타 조사 앞에 올 수 없고 일부 격조사와 특수조사에 후행할 수 있는데 반해, 일본어 {を}는 일부 부조사 앞에 올 수 있고 격조사 뒤에는 올 수 없으며, 일부 부조사에 전후 승접이 가능하다는 점에서 국어와는 다르다.

(4) a. 彼は パンをも 食べる。
　　　*그는 빵을도 먹는다.
　　b. 도서관에를 간다.　　　　　　친구에게를 주었다.
　　　*図書館にを 行く。　　　　　*友達にを やった。
　　c. パンをだけ 食べる。　　　　　パンだけを 食べる。
　　　*빵을만 먹는다.　　　　　　　빵만을 먹는다.

　뿐만 아니라, 한국어 {를/을}은 부사형어미나 상태부사 아래에 직접 연결이 가능한 데 반해,[2] 일본어 {を}는 그렇지 않다.

(5) a. 그 약속을 믿어를 보자.
　　　*その約束を 信じてを みよう。
　　b. 그 약속을 믿지를 않는다.
　　　*その約束を 信じを ない。
　　c. 정말 빨리를 달리네.
　　　*本当に 速くを 走るね。

---

2) 이때 {를/을}은 대격표지와는 무관한 단순 강조 기능을 나타낼 뿐이다.

처격을 나타내는 {に}와 {에}의 대응에서는 밀착 및 태도의 대상, 존재 및 귀착 장소, 시간, 기준, 첨가, 열거 등의 의미 기능에서 상응한다.

    (6) a. 壁に 寄りかかる。
           벽에 기댄다.
       b. 今の境遇に 満足です。
           지금의 처지에 만족합니다.
       c. 壁に かかられた 風景画
           벽에 걸린 풍경화
       d. 先生が 教壇に 上がる。
           선생이 교단에 오르다.
       e. 今日は 五時に 起きた。
           오늘은 다섯 시에 일어났다.
       f. ひと夏に 1回ずつ 集る。
           한 여름에 한 차례씩 모인다.
       g. 鬼に 金棒
           도깨비에 금방망이(범에 날개)
       h. スイカに ブドウに モモに 全部 食べた。
           수박에 포도에 복숭아에 다 먹었다.

그런 한편, 일본어 {に}가 간접 목적 대상, 수동의 주체, 사역의 대상을 나타낼 때는 한국어의 {에게}에 대응되며, 자동사의 대상, 비교, 원인, 방향, 변화의 결과, 기점 등을 나타낼 때는 {를/을}, {와/과}, {로} 등으로 다양하게 대응된다.

    (7) a. 花子に 誕生日のプレゼントを やる。
           화자에게 생일 선물을 준다.
       b. キツネが 虎に かみ殺された。
           여우가 호랑이에게 물려 죽었다.
       c. 彼に 自信を 持たせた。
           그에게 자신을 갖게 했다.
       d. 多の人たちが 電車に 乗った。
           많은 사람들이 전차를 탔다.

 e. ほとんど ないに 等しい。
  거의 없는 것과 같다.
 f. 水不足に 悩む。
  물 부족으로 고생한다.
 g. 左側に 曲がって下さい。
  왼쪽으로 돌아가세요.
 h. お金を 千円札に 両替して下さい。
  돈을 천 원짜리로 바꿔 주세요.

또 다른 처격조사인 일본어 {で}와 한국어 {에서}도 교차적인 대응을 보여준다. {で}는 장소나 단체를 나타낼 때는 {에서}와 상응하지만, 그것이 다의적, 또는 동음어적으로 확장되어 수단(방법, 도구), 재료, 원인, 기준, 시간 관계, 상태, 신분을 나타낼 때는 {로}로 대응된다.

(8) a. 南山公園で 集会が ある。
  남산공원에서 집회가 있다.
 b. 定期総会で 会長を 選出する。
  정기총회에서 회장을 선출한다.
 c. 書類は 万年筆で 書いて下さい。
  서류는 만년필로 쓰십시오.
 d. 米で 酒を 作る。
  쌀로 술을 빚는다.
 e. 台風で 道路が くずれた。
  태풍으로 도로가 무너졌다.
 f. 今日で ちょうど 三年目だ。
  오늘로 꼭 3년째다.
 g. 親切な 言葉遣いで きちんと 説明してくれた。
  친절한 말씨로 잘 설명해 주었다.
 h. 彼は 社員で 働いている。
  그는 사원으로 일하고 있다.

공동격조사 {と}와 {와/과}의 대비에서, {と}가 여동(与同)이나 병렬을 나타낼 때는 {와/과}, 인용을 나타낼 때는 {라고}, 변화를 나타낼 때는 {이/

가}에 대응되며, 동작의 상태를 묘사할 때는 {처럼(같이)}과도 대응된다.

(9) a. 今年 友人と 会社を 設立する。
올해 친구와 회사를 설립한다.
b. 見と 聞くとは 大違い。
보는 것과 듣는 것과는 크게 다르다.
c. 困った ことだと 思う。
곤란한 일이라고 생각한다.
d. 彼は 会社の社長と なった。
그는 회사의 사장이 되었다.
e. 課題が 山と 積まれる。
과제가 산처럼(같이) 쌓인다.

{へ}와 {로}의 대비에서 동작의 방향을 나타낼 때는 {로}, 장소나 수수의 대상을 나타낼 때는 {에}와 {에게}에 대응된다.

(10) a. 左へ 曲がると 郵便局が ある。
왼쪽으로 돌면 우체국이 있다.
b. やがて 海岸へ たどりつく。
곧 해안에 다다른다.
c. どこへ 出かけますか。
어디로 나가십니까?
d. 山田君へ 手紙を 書いた。
야마다 군에게 편지를 썼다.

비교 조사 {より}와 {보다}는 차등의 비교를 나타낼 때는 상응하지만, 한정을 표시할 때는 다른 표현이 나온다.

(11) a. 父母の恩は 山より 高く 海より 深い。
부모님의 은혜는 산보다 높고 바다보다 깊다.
b. だまっているより なかった。
잠자코 있을 수밖에 없었다.

(2) 격조사의 생략

격조사의 생략은 문법관에 따라 이를 생략 현상으로 보는 시각과 비실현으로 보는 두 가지 견해가 있다. 이는 격표지의 실현문과 비실현문이 지시 상황적 표현 기능에서 차이가 있다는 데 근거를 두고 있다. 대체로 실현문이 문내에서 명시와 강조의 지시 상황을 나타내는 반면, 비실현문은 단순한 지시 상황을 나타내는 것으로 대비되고 있다.

이와 같은 상황 지시 기능은 다음의 예에서 감지된다.

> (12) a. 담배ø 피웁니까?
>   タバコø 吸いますか。
>   b. 담배를 피웁니까?
>   タバコを 吸いますか。

(12)a의 {를/을} 비실현문은 단순히 끽연 여부를 묻는 것이지만, b의 실현문은 화자와 청자 사이에 어떠한 입장과 화용론적 상황이 개재되어 있다. 그 상황 지시적 의미는 "화자는 청자가 평소 담배를 피운다는 사실을 몰랐다"거나 "그의 끽연 사실이 이외라고 생각한다"거나 "요즈음 담배를 피우는 사람이 많지 않다"거나 한 상황이 내재되어 있다. 또는 '담배'가 특별히 강조되는 것 등이 예상된다.

필자는 평소 양자의 논구 태도에서 격조사의 비실현은 생략의 결과로 해석하고 있다. 대조언어적 관점에서 보면 일본어에도 격조사 생략 현상이 있지만, 그 생략의 정도가 한국어보다 훨씬 낮고, 실현문과 비실현문 사이에 어떤 지시 상황적 의미 차이도 명확하게 인식되지 않기 때문이다.

이로써 지시 상황적 의미 차이는 당초부터 격조사의 실현문과 비실현문에서 변별적으로 존재한 것이 아니라, 실현문에서 격조사의 생략으로 파생된 의미로 인식된다. 따라서 실현문과 비실현문이 별도로 있었던 것이 아니라, 어디까지나 실현문이 기저적인 본래형이고 이로부터 격조사의 종류에 따라 생략이 가능하여 비실현형의 미세한 상황 지시 기능을 획득하게 되었다는 것이다. 일반적으로 비실현문에서는 영(零)표지를 설정하게 되는데, 영표지는 격표지와 별개의 것이 아니라 격표지가 생략된 결과의 산물로 보는 것이 타당하다. 따라서 곡용표에 영표지를 따로 설정할 필요가 없으며, 표지가 생략(零化)되어도 그 영표지가 격 표시 기능을 담당하는 것으로 이해해야 할 것이다.

그런데 한·일 양 언어에서 격조사의 생략은 동일한 격 범주와 동일한 문법적 환경 조건에서 일어난다. 이는 주로 주격과 대격, 그리고 처격에 한정되어 나타난다.

격조사 중에서도 주격조사, 대격조사, 처격조사가 생략되는 요건은 이들 격표지의 특수성에 기인된다. 일반적으로 구두어에서 어떤 요소가 생략될 수 있는 것은 그 요소가 반드시 화자와 청자 사이에 공지된 기지(given)의 정보이어야 한다는 것이다. 한·일 양 언어에서 격조사가 잘 생략되는 문은 전형적인 문어체가 아닌 대화체의 짧은 문장이다. 이는 화자와 청자 사이에 기지의 정보장이 형성되기 쉬운 문형이다. 이때 기지의 정보란 화자와 청자가 격조사 피접어가 주어나 목적어가 된다는 문법성에 대한 인식이다. 결국 격조사의 생략도 기지의 낡은 정보 요소가 삭제되는 것에 지나지 않는다.

요컨대 격조사의 생략은 그것이 실현되지 않아도 격의 표시 기능이 화자나 청자에게 인식되는 범위에서 이뤄지는 것이다. 그러한 인식은 통사적 관계 기능에 결부된다. 즉, 격조사의 피접어에 격조사 형태가 첨가되지 않아도 어사 간의 문법적 관계에 의해 격이 확연하게 노출되는 경우 생략될 수 있다. 예를 들면, '키(가) 크다'에서나 '밥(을) 먹다'에서 주격, 대격 표지가 생략되어도 문법적으로 아무런 애매성이나 중의성이 나타나지 않는 것은 격조사의 피접 항목 '키'와 서술어 '크다' 사이에 주술 관계가 명확하게 드러나고, '밥'과 '먹다' 사이에도 객술 관계가 자연적으로 노출되기 때문이다. 이와 같은 부류에 주격, 대격, 처격조사가 들어가는 것은 이들이 가진 어휘성의 결여 때문이다. 이러한 점에서 처격조사는 주격조사나 대격조사와는 다르다. 처격조사는 어느 정도 어휘적인 의미를 가진 심층 격으로 인식된다.

이에 관해 影山太郎(1997 : 56~57)는 일본어 구어체문에서 동사 바로 앞에 있는 명사구의 조사는 생략되기 쉽고, 비대칭 자동사의 주어에서 {が}의 생략은 자연스럽다고 했다.

> (13) a. 그가 책{을, ∅} 읽는 것을 본 적이 없다.
>   彼が 本{を, ∅} 読むのを 見たこと ない。
>   b. 다나카씨{가, ∅} 죽은 것을 몰랐다.
>   田中さん{が, ∅} 亡くなったの 知らなかった。

이러한 통사론적 견해는 渡辺 実(1971 : 163~187)의 입론에 상관된다. 그는 일본어 연용조사를 양분하여 강전서류와 약전서류로 나누었는데, 전자에는 {が}, {を}, {に}가 있고, 후자에는 {と}, {ヘ}, {から}, {で}가 해당된다. '強展叙'란 전서(展叙)에서 통서(統叙) 성분을 향해 서술을 전개해 가는 힘이 강한 것을 의미한다. 즉, 연용 전서 소재가 통서 소재로부터 분석, 추출하는 것이 자명하다고 의식되는 것, 다시 말하면 논리적으로 통서 소재와 밀접하기 때문에 보충과 통괄 관계가 확연히 보증되는 것을 가리킨다. 이들은 구문적인 통합 관계로써 격 의미가 자동적으로 노출되는 부류이다. 강전서성의 조사는 어휘성이 부족한 반면 구문적인 논리성이 강하다. 따라서 이들 부류의 격조사들은 약어휘성, 약표지성과 더불어 강구문성을 그 특징으로 한다. 일본어에서 강전서성의 조사 {が}, {を}, {に}가 생략되기 쉬운 것은 결국 약어휘성과 약표지성을 띠는 데 말미암는다. 따라서 강전서성 조사는 그 약표지성으로 말미암아 격표지라기보다는 구문표지라고 하는 것이 더 정확한 용어가 될 것이다. 문의 성분 사이에 구문적인 통합 관계만으로도 격 표시가 확연해지는 부류이다.

이에 반해 약전서성 조사류들은 상대적으로 표지성이 강함으로 반드시 실현되어야 하고 생략되는 일이 없다. 만약 이를 생략하면 의미상 애매성

이 발생하거나 비문이 되고 만다. 주격조사나 대격조사에 비해 처격조사
는 전서성이 상대적으로 약하다. 그러나 강어휘성을 가진 소위 부사격조
사의 부류들 중에서는 가장 강한 전서성을 가진다.

(14) a. 여기ø 봄이 왔다.
　　?ここø 春が 来た。
　　b. 여기에 봄이 왔다.
　　ここに 春が 来た。

처격조사 {에(に)}의 실현형인 (14)b에서 처격의 의미는 더욱 분명하게
나타난다. 그런데 처격조사 생략문인 a가 통용되는 것은 '여기'라는 장소
표시어가 이미 '봄이 온' 곳(장소)으로 명시되고 있기 때문이다.

격조사의 생략에는 자발적인 것과 타율적인 것이 있다. 자발적인 생략
이란 그 격표지가 스스로 가진 생략성(deletability)의 특성과 앞에서 논한
강전서성으로 말미암아 일어나는 생략이다. 이는 격조사가 고유한 어휘적
기능을 가지지 못한 대신 구문적 성격을 가짐으로 자발적으로 생략되는
것이다. 이러한 경우 그 생략은 수의적이다. 따라서 전술한 대로 생략된
비실현형과 생략되지 않은 표지형이 양립되어 그로부터 양자 사이에는 미
묘한 상황 지시적 기능이 파생하는 것이다.

타율적인 생략은 다른 문법 요소에 의해 격조사가 생략되는 현상을 가
리킨다. 주로 특수(副)조사와의 복합 형태에서 격조사가 생략되는 경우이
다. 특수(副)조사는 고유한 어휘적 의미를 가지고 있기 때문에 그것이 생
략되면 문의에 변화가 나타난다. 결국 생략된다면 격조사 쪽이 생략될 수
밖에 없다. 특수(副)조사 앞에서 격조사가 생략되는 경우, 한국어에서는
주격조사 {이/가}와 대격조사 {를/을}이 필수적으로 생략(obligatory deletion)
되는데 비해, 일본어에서는 주격조사 {が}는 필수적으로 생략되지만 대격
조사 {を}는 수의적으로 생략(optional deletion)된다는 점에서 양 언어는 다
르다. (3)에서 논할 것인 바, 양 언어의 대격조사는 여러 가지 측면에서

상이한 성격을 띠고 있다. 격 체계에서도 국어의 대격조사 {를/을}은 주격조사 {이/가}와 함께 골격적인 주요격을 형성하고 있는데 반해, 일본어 대격조사 {を}는 다른 연용수식격(한국어 부사격)과의 근친성을 보이고 있다. 결과적으로, 강전서성을 띠는 세 조사 사이의 근친도는, 한국어에서는 '주격 · 대격/처격'의 경향을 보이지만, 일본어에서는 '주격/대격 · 처격'으로 나타난다.

결과적으로 격조사와 특수(副)조사의 복합 여부는 격조사의 생략과 직결된다. 복합이 불가한 경우는 결국 복합 형태에서 격조사가 의무적으로 생략되는 것과 일치한다.

한국어에서 격조사가 후행 특수조사에 의해 타율적으로 생략되는 양태는 격조사의 종류에 따라 다음 세 가지 경우로 나뉜다.

① {이/가, 를/을}＋{는, 도, 만, …}→ø＋{는, 도, 만, …}
② {에, 에게}＋{는, 도, 만, …} → {에, 에게}(ø)＋{는, 도, 만, …}
③ {로, 에서, 와/과}＋{는, 도, 만, …} → {로, 에게, 와/과}＋{는, 도, 만, …}

①에서 주격이나 대격조사는 그 아래 특수조사가 올 때 의무적으로 생략되고, ②에서 처격이나 여격조사는 수의적으로 생략된다. 이를 표면적 현상으로 보면 ①에서는 격조사와 특수조사가 복합할 수 없는 경우가 되고, ②에서는 복합할 수 있으나 때로는 격 형태가 수의적으로 생략되기도 한다는 것으로 설명된다. ③의 경우 조격조사, 재소격조사, 공동격조사 아래에 특수조사가 올 때에 격조사가 생략되지 않는 것은 결과적으로 그 복합이 가능한 것으로 귀착되는 것이다. 요는 ①처럼 복합 관계에서 격조사가 필수적으로 생략되는 경우는 복합이 불가한 것으로 해석된다.

이에 비해 일본어에서는 주격조사 {が}와 대격조사 {を}가 동류의 보조를 취하지 않는다는 점에서 한국어와 다르다.

① {が}＋{は, も, だけ, … }→ø＋{は, も, だけ, … }

② {を, に}＋{は, も, だけ, … } → {を, に}(ø)＋{は, も, だけ, … }
③ {と, へ, から, で}＋{は, も, だけ, … } → {と, へ, から, で}＋{は, も, だけ, … }

주격조사 {が}는 대격조사 {を}와 한 계열에 속하지 않으며, 오히려 {を}는 처격조사 {に}와 같은 보조를 취하고 있다. ①에서 주격조사 {が}는 뒤에 부조사가 올 경우 의무적으로 생략되지만, ②에서 대격조사 {を}는 처격조사 {に}와 같이 수의적으로 생략된다는 점에서 한국어와는 이질적 양태를 드러낸다.

한·일 양 언어의 격조사 생략 현상은 그 범위와 원인, 과정에서 상호 동질적 가치를 지닌다. 주로 주격조사, 대격조사, 처격조사, 그리고 한국어에서는 여격조사(넓은 의미에서 처격조사임)에서 나타나는데, 이는 이른바 이들이 강전서성 조사로 어휘적으로 약하고 통사적으로 강하여 표지적 기능이 현저하지 못한 데 연유한다. 이들은 어사 사이의 통사·의미론적 유기성에 따라 격표지가 첨가되지 않더라도 격 의미가 용이하게 노출됨으로써 화자와 청자가 이를 공지하고 있다는 점에 주목된다.

다만 양 언어에서 생략의 정도에는 차이가 있다. 한국어의 경우가 일본어보다 생략의 정도가 더 큰 것으로 보인다. 이러한 생략의 정도 측정은 격조사 비실현의 문장 표현이 어느만큼 언중에게 친숙하며 자연스러운지를 따져 분석한 것이다. 양 언어의 이와 같은 생략의 차이는 격조사 비실현형이 실현형으로부터 생략의 과정을 거쳐 이루어졌다는 사실을 강하게 시사해 준다.

(3) 대격조사 {를/을}과 {を}

한국어 격조사 중 이른바 대격을 표시하는 {를/을}은 그 분포와 기능에서 매우 특이한 양태를 보여준다. 이는 대격조사 본유의 대격 표시 기능에서 벗어나 타 기능으로 확장 추이된 역동적인 형태이다.

(15) a. 도서관을 간다 / 하늘을 난다 / 서울을 출발한다
     b. 물을 얼음을 만든다 / 선물을 철수를 준다 / 그를 부하를 삼는다
     c. 빵을 세 개를 먹었다 / 길을 십 리를 걸었다
     d. 입어를 보아라 / 입지를 않는다 / 입게를 해 줘라 / 입으려고를 하지
        않는다
     e. 높이를 난다 / 잘을 모른다 / 빨리를 달린다

본원적으로 조사 {를/을}은 타동사의 목적어를 명시하는 표지로 쓰이는 것인데, 위의 예문 (15)에서는 대격표지로서의 기능에서 벗어났다. a에서는 자동사의 동작이 행해지는 장소 대상을 나타내고, b와 c에서는 이른바 대격중출문(double object)으로, b에서는 조격 {로}, 여격 {에게}, 자격격 {로}의 격을 각각 지배하고 있고, c에서는 수량 정도사 아래에 첨가된 것이다. d는 동사의 전성어미(부사형) 아래에 붙은 것이고, f는 일부 상태부사 아래 직접 연결된 것이다. 이러한 특이한 분포를 보이는 조사 {를/을}을 무조건 표지 형태만 보고 대격조사라고 부르는 것은 온당하지 않다. 즉, 타동사의 목적 대상어에 붙지 않은 {를/을}을 대격표지로 다룰 수는 없다는 것이다.3)

(15)의 분포에 대응하는 일본어는 a의 경우를 제외하고는 모두가 대격조사 {を}를 쓸 수 없는 것이거나 다른 격 표지로 대체되어야 하는 것들이다. 예컨대, b에서는 {を} 대신 {で}, {に}, {と}의 연용수식격조사가 쓰이고, c~f에서는 수량사, 용언 어미, 부사 아래 {を}의 결합이 전혀 불가능한 것이다.

먼저 다른 조사류와의 배합 관계에서 나타나는 분포에 대해 살펴보겠다. 한국어 {를/을}과 일본어 {を}가 타 조사와 형성하는 동위류 배합의 일반적 성향은 다음과 같다.

---

3) 이러한 특이한 분포 기능으로 추이됨으로 말미암아 지금까지 논구의 방향은 이들을 첨사화, 후치사화, 양태조사화, 형식 요소화, 가객어 표지화, 내면격 표지화 등 다양한 변화의 명칭으로 규명되어 왔다.

<표 4>

	한국어 {를/을}	일본어 {を}
선행 기능	모든 조사에 불가	일부 부조사에 가능
후행 기능	일부 격조사, 특수조사에 가능	모든 격조사, 일부 부조사에 불가
선행·후행 기능	모든 조사에 불가	일부 부조사에 가능

이와 같은 조사 복합형의 어순을 따져보면, {を}는 {를/을}보다 어기(base)에 가까운 형태론적 위치를 점유하고 있다고 할 수 있다(をも, をさえ, をだけ, をなど, をまで, …). 이는 대격조사 {を}가 여타 연용수식격조사(に, で, へ, と, から, より)와 형태론적으로 가깝다는 것을 말해 준다. 그러나 어떤 경우에서도 한국어의 {를/을}이 타 조사(격조사, 특수조사)에 선행하는 예는 전무하다.

(15)d, f에서 언급된 대격 조사 {를/을}이 연용수식어에 연결되는 예를 살펴보겠다. 한국어에서 {를/을}이 용언의 부사형어미나 상태부사 아래에도 직접 연결되는 것은 매우 특이한 분포이다. 이 경우 {를/을}은 격조사의 범주를 벗어나 마치 특수조사의 분포에 접근하는 인상을 짙게 한다. 이러한 분포상의 특이성은 일본어의 대격조사 {を}에서 찾아보기 어렵다. 그렇다고 해서 이러한 분포가 특수조사처럼 규칙적인 양태를 보여준다거나 그 범위가 광범한 것은 아니다.

 (16) a. 약속을 <u>믿어</u>{를, 는, 도, 만} 본다.
    約束を 信じて{*を, は, も, だけ} みる。
   b. 극장에 <u>가게</u>{를, 는, 도, 만} 한다.
    劇場に 行くように{*を, は, も, だけ} する。
   c. 집에서 <u>놀지</u>{를, 는, 도, 만} 못 한다.
    家で 遊ぶこと{*を, は, も, だけ} できない。
   d. 열심히 <u>공부하고</u>{를, 는, 도, 만} 있다.
    熱心に 勉強して{*を, は, も, だけ} いる。

 (17) a. 그는 <u>빨리</u>{를, 는, 도, 만} 달린다.

　　　彼は　速く{＊を，は，も，だけ}　走るね。
　b. 그는 밥을 <u>많이</u>{를, 는, 도, 만} 먹는다.
　　　彼は　ご飯を　多く{＊を，は，も，だけ}　食べる。

위의 (16), (17)은 대격조사 {를/을}이 특수조사와 같은 분포를 공유하는 예문이다. 활용 어미는 대체로 전성어미 중 ‘-아(어), -게, -지, -고’ 등, 전통적으로 이른바 부사형어미와 연결어미 중 ‘-려고’와 친근하다. 부사 중에도 상태부사의 일부에 연결될 수 있고, 정도부사나 접속부사에는 붙을 수 없다(*매우-를, *그러나-를).

언어 대조에서 나타나는 일반적인 현상으로는 대조적으로 대응되는 요소가 한 언어 집단에서 관용적 표현이나 감탄적 첨의와 결부되어 있을 때는 엄격하게 대응되지 않는 경향이 있다. 따라서 위의 예에서 일본어 {を}와 한국어 {를/을}이 전혀 대응되지 않는 것은 관용과 감탄의 언어적 배경을 가지고 있는 것으로 해석된다. (16), (17)에서 {를/을}의 기능은 특수조사처럼 ‘표별(表別)’이나 ‘협수(協隨)’의 함의를 가진다거나4) 어떤 전제의 화용적 의미가 형성되는 것과는 거리가 멀다. 다만 이들은 강조적 첨의 외에는 격 표시 기능은 차치하고 다른 어떤 화용론적 기능도 수행하지 않는다.

양 언어에서 대격조사 {를/을}과 {を}의 중심적인 격 기능은 어디까지나 타동사의 영향을 받는 지시 대상을 명시하는 것이다. 이에 부수되어 장소나 공간을 명시하는 기능도 한 몫을 한다. 이와 같은 대상 명시의 기능은 다시 후행하는 서술어의 소재 개념과 피접 대상어의 의미 속성에 따라 세분화될 수 있다.

양 언어에서 서로 기능이 일치하는 하위류들은 피접어가 변화, 산출, 영향, 지배, 수수, 정신 작용의 대상이 되는 경우이며, 이때 연결된 대격조사는 다른 격조사로 교체될 수 없다는 점에서도 동일 양태를 보여준다.

---

4) 홍사만(2002a : 36~44) 참조.

(18) a. 유리창을 산산이 부수었다. (변화)

　　　ガラス窓を 粉々に 割った。

　　b. 하코네에 별장을 짓는다. (산출・형성)

　　　箱根に 別荘を 建てる。

　　c. 어린애를 울린다. (영향)

　　　子供を 泣かせる。

　　d. 암탉이 알을 품는다. (지배)

　　　めんどりが 卵を 抱く。

　　e. 선생님께 그림책을 드린다. (수수)

　　　先生に 絵本を 上げる。

　　f. 부모님을 존경해야 한다. (정신 작용)

　　　父母を 尊敬しなければ ならない。

또한 자동사가 {를/을}을 취하는 경우에도 {を}는 이에 상응한다. 이때 {를/을(を)}의 피접어는 어떤 동작이 행해지는 공간이거나 통과하는 장소를 나타낸다.

(19) a. 하늘을 난다.

　　　空を 飛ぶ。

　　b. 길을 간다.

　　　道を 行く。

　　c. 횡단보도를 건넌다.

　　　横断歩道を 渡る。

피접어가 상접(相接), 간접 목적, 수단(재료), 가능, 원망, 사동, 피동의 대상이 될 때에는 다른 격표지로 교체될 수 있는데, 이 중 상접, 간접 목적, 수단의 대상에서는 격 표지의 선택과 교체형의 범주에서 양 언어가 부분적으로 이질성을 드러낸다.

(20) a. 철수가 화자를 만났다. (상접)

　　　太郎が 花子{に, *を} 会った。

　　b. 선생님께 선물을 드린다. (간접 목적)

　　　先生に 贈物{に, *を} 差し上げる。

　　　c. 생선을 국을 끓였다. (수단 · 재료)
　　　　なま魚{で, *を} お汁を 沸かす。

　결과적으로 조사 {를/을}과 {를}를 대신하여 쓸 수 있는 교체형으로는 각각 다음과 같은 조사들이 있다.

　　　{를/을} : 에, 에서, 에게, 로, 로부터, 와, 가, ø
　　　{를}　　 : に, で, へ, から, と, が, ø

　한편, 조사 {를/을}과 {를}가 장소 · 공간을 명시하는 기능을 나타낼 때는 그 하위 기능이 어떠하든 다른 격표지로 교체가 가능하다. 이 중 동작 행위의 공간, 지향적 · 무지향적 동작 처소, 경유 · 통과의 공간, 이탈 장소 등을 표시할 때는 교체형의 범위와 교체형 사이의 변별적 의미 해석에서 양 언어가 일치한다. 그러나 방향과 목표점을 나타낼 때는 다소 상이성을 드러낸다.

　　(21) a. 기차가 해변을 달린다. (행위 공간)
　　　　　　汽車が 海邊を 走る。
　　　　b. 계단을 오른다. (지향적 동작 처소)
　　　　　　階段を 上がる。
　　　　c. 공원을 거닌다. (무지향적 동작 처소)
　　　　　　公園を ぶらつく。
　　　　d. 횡단보도를 건넌다. (경유 · 통과 공간)
　　　　　　横斷步道を 渡る。
　　　　e. 배가 부산항을 떠났다. (이탈 장소)
　　　　　　船が 釜山港を 離れた。

　　(22) a. 서울을 향한다. (방향)
　　　　　　ソウル{?を, に} 向かう。
　　　　b. 서울을 도착했다 (목표점)
　　　　　　ソウル{?を, に} 到着した。

한국어 격조사 중 장소와 방향에 관계하는 부류로는 {를}, {로}, {에},
{에서} 등이 있는데, 이는 일본어의 대응 격조사 {を}, {へ}, {に}, {で}와
도 동질성을 보여준다.5)

   (23) a. 아스팔트길{을, 로, ?에, 에서} 걸어간다.
         アスファルト路{を, へ, に, で} 歩く。
      b. 도서관{을, 으로, 에, *에서} 간다.
         図書館{を, へ, に, で} 行く。
      c. 새들이 하늘{을, 로, 에, 에서} 난다.
         鳥たちが空{を, へ, に, で} 飛ぶ。
      d. 산{을, 로, 에, *에서} 오른다.
         山{を, へ, に, *で} 登る。

이 밖에도 'NP{를/을}(を)+하다(する)'에서나 동족 목적(cognate object)의
구조에서는 양 언어가 동질성을 시사하는데 반해, 부사적 수식어(부사형어
미, 부사격조사, 부사)에 연결되는 예에서는 양 언어가 매우 이질적이다.

   (24) a. 연구를 하다 / 운동을 하다 / 싸움을 하다
         研究を する / 運動を する / けんかを する
      b. 춤을 추다 / 꿈을 꾸다 / 그림을 그리다
         踊を 踊る / 夢を 見る / 絵を えがく

   (24)a, b에서 후행하는 동사는 선행하는 체언에 의존된 형식성을 나타
낸다. 따라서 양 언어에서 이들은 통합하여 한 단어를 만드는 것으로 동
질성을 보여준다(연구를 하다→연구하다(研究する), 춤을 추다→춤추다(踊る)).

   (25) a. 한복을 입어를 본다.

---

5) 久野 暲(1973 : 58~59)는 〔place〕NP+{を, に, で} ⋯ 〔+motion〕VP의 구조에서,
   {を}는 동작이 공간의 전 범위에 걸쳐 연속적으로 한 방향으로 진행되는 것이고,
   {に}는 장소가 운동의 목적지를 나타내는 것이며, {で}는 동작의 공간이 극히 부분적
   이면서 반드시 연속적이고 한 방향이 아닌 것으로 구별했다.

   b. 한복을 입게를 한다.
   c. 한복을 입지를 못 한다.
   d. 한복을 입고를 있다.

{를/을}은 (25)에서처럼 동사의 어미뿐 아니라 형용사의 어미에도 연결될 수 있다(예쁘지를 않다, 기쁘게를 한다). 그 기능은 아래 (26), (27)과 같이 단순한 지적이나 강조이며, 이들은 전술한 바 관용적 표현에 상관된다.

   (26) a. 극장에를 간다.
        b. 철수에게를 준다

   (27) a. 빨리를 달린다.
        b. 조금을 먹는다.

한국어 {를/을}이 수량 정도어에 붙어 그것을 명시하는 기능은 일본어에서는 전혀 찾아볼 수 없다. 특히 목적어와 동격을 이루는 수량어가 소위 이중 목적어를 형성하는 문례는 일본어에서는 전혀 예견되지 않는다. 이들은 체언의 형태를 갖추긴 했지만 서술어와 격 관계를 형성하지 못하는 특징을 지니고 있다.6)

   (28) a. 하루에 <u>열 시간</u>을 공부한다.
        一日に 十時間Ø 勉強する。
        b. <u>15킬로</u>를 계속하여 걸었다.
        15キロØ 歩きつづけた。

   (29) a. 밥을 <u>두 그릇</u>을 먹었다.
        ご飯を 二はいØ 食べた。
        b. 선체를 <u>15도</u>를 기울였다.
        船体を 15度Ø 傾けた。

---

6) 鈴木重幸(1972 : 217~219)는 이를 虛格(zero格)으로 처리했다.

2) 특수조사와 부조사

한국어 특수조사와 이에 대응하는 일본어 부조사는 피접어에 의미를 첨가하면서 화용론적 기능을 수행하고, 한정과 강조적 첨의 기능을 나타내는 의존 형식이다.

특수조사와 부조사(副助詞)에 관한 대조 연구는 필자의 학위논문(1989b)을 중심으로 하여[7] 1979a, 1979b, 1980, 1982a, 1982b, 1983, 1986, 1990a, 1991, 2000a 등에 수록된 내용을 요약 정리한 것이다.

이와 같은 대조 연구는 비교·역사언어학적인 전제를 바탕으로 이루어진 것은 아니지만, 연구 결과 대체로 양 언어는 동질적인 맥락을 공유하고 있는 한편, 지엽적인 이질성도 산견되는 것으로 드러났다.

먼저 양 언어의 특수조사와 부조사가 가진 동질적인 특징을 추출하면 다음의 항목으로 요약된다.

   ① '조사'라고 하는 동일 문법 기능어의 존립
   ② 조사의 하위 범주에 특수조사 및 부조사의 유를 설정하고 있다는 것
   ③ 분포상의 자유성
   ④ 다른 조사와의 복합 배열의 일반적 양태
   ⑤ 양 언어에서 의미상으로 대응되는 형태가 기능상으로 일치하는 점
   ⑥ 기능적으로 능동성을 띠는 형태가 양 언어에서 동일한 점
   ⑦ 서구어의 불변화사(particle)적 문법 기능을 가짐.
   ⑧ 부사적인 연용 수식 기능이 현저함.
   ⑨ 격과의 무관계성
   ⑩ 격 통용의 범주가 일정한 점
   ⑪ 접미사와의 문법 범주상 동요가 일어나는 점(전접 기능이 높은 B류)
   ⑫ 의미 기능에 따라 두 하위류로 분류 가능
   ⑬ 의미 의존 관계에 의한 전제, 단언, 함의, 기대의 분석이 가능하고, 그 내
      용이 일치하는 점
   ⑭ 자매항의 존립이 전제의 필수 요건이라는 것

---

7) 일본어로 쓴 학위 논문의 결론을 우리말로 옮겨 수정한 것이다.

⑮ {는/은}과 {は}의 제제(提題) 및 대조의 기능
⑯ {는/은}과 {이/가}가 {は}와 {が}의 용법 차이에서 일치함.
⑰ 양 언어의 화제의 조건
⑱ 기지와 미지의 정보에 의한 정보 구조의 유형과 그 해석이 동일함.
⑲ {도}와 {も}의 다의성 분석과 그 해석
⑳ {만}과 {だけ}의 의의소와 의미의 추이 범주
㉑ {까지}, {조차}, {마저}와 {まで}, {さえ}의 의의소와 기능
㉒ {나}, {든지}, {라도}, {나마}, {ㄴ들}과 {でも}의 의의소와 기능
㉓ 유어 반복(tautology)의 형태(주로 부사)를 가짐으로 문맥 현현
㉔ 의미 추이에는 환경 동화 원리가 작용함.
㉕ 양 언어의 유의 관계에 대한 체계의 유사성
㉖ 양 언어의 특수조사 및 부조사에 관한 관련 연구사

한편, 부분적으로 나타나는 이질성은 다음과 같다.

① 양 언어 조사 체계의 문법적 범주
② 양 언어의 대응 형태의 중복과 교차
③ 이형태(allomorph)의 존재 여부
④ 다른 조사와의 복합 배열 관계에서의 부분적인 차이
⑤ 전접 복합의 화석화 경향
⑥ 복합 양태의 다기성
⑦ 어원적 차이
⑧ 주격, 대격표지의 생략성 정도
⑨ 수량 한정을 표시하는 부조사가 일본어에서 더 발달됨.
⑩ 의미 기능의 분석에서 강조적 첨의를 나타내는 경우, 양 언어의 대응 관계
　가 불성립
⑪ 유의관계의 추이 체계의 부분적인 상이

이상 제시한 동질성과 이질성의 항목을 토대로 하여 몇 가지 주요 항목
에 대해 약술하고자 한다.

(1) 대응 체계

특수조사와 부조사의 개별적인 대응 관계는 대체로 의미 기능 면에서

유사한 대응어가 문법 기능 면에서도 일치하는데, 대응어 중에는 중복과 교차의 양상을 띠는 것도 있다.

양 언어의 대응 형태는 수적으로 서로 비슷하나 한국어 쪽이 어휘 분화 면에서 우위를 점하고 있다. 한국어에서 유의적 조사의 미세한 의미 기능 차이를 변별할 수 있는 일본어의 대응 형태가 분화되어 있지 않는 것이 있다. 예컨대 {나}, {든지}, {나마}, {라도}, {ㄴ들} 등 유의적인 조사군과 {조차}, {까지}, {마저} 등의 조사군의 기능을 변별할 수 있는 일본어 조사 형태는 어휘적으로 분화되어 있지 않다.

의미 기능과 용법상으로 대응될 수 있는 양 언어의 형태를 연결시켜 보면 다음과 같다.

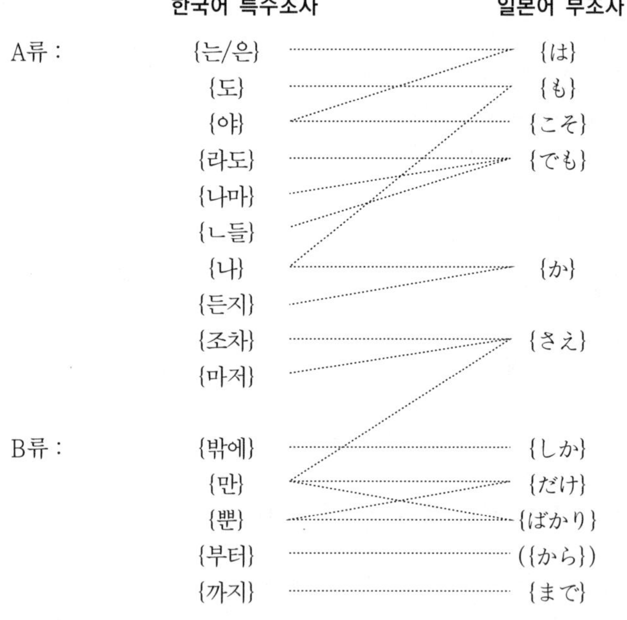

양 언어의 대응 형태는 1대 1의 대립이 아니라 서로 중복과 교차의 양상을 띠고 있어 이질적 가치를 시사한다. A류 특수조사는 일본어에서는

계조사의 범주에 들어가는 후접성이 높은 유들이고, B류는 부조사에 해당하는 전접 기능이 높은 유들이다.

한국어 특수조사 중에는 음운론적 조건에 의한 이형태(allomorph)를 가진 것이 있으나 일본어의 경우에는 그러한 것이 없다(｛는/은｝(は), ｛나/이나｝(でも), ｛야/이야｝(こそ), ｛라도/이라도｝(でも), ｛나마/이나마｝(でも), ｛든지/이든지｝(でも)). 이는 일본어 어휘의 특징이 형태음소론적으로 단일하다는 것을 말해준다.

(2) 분포와 문법적 기능

조사는 양 언어의 문법 체계에서 독립 품사로 인정되는 문법 요소로, 활용하지 않는 의존 형식으로 정의되고 있다. 조사의 하위 범주 대비에서 양 언어는 약간의 이질성을 보여준다. 한국어 문법에서는 용언의 어간 뒤에 오는 형태를 어미로 취급하기 때문에 일본어보다 조사의 외연이 좁다. 橋本문법의 終助詞나 間投助詞, 接續助詞 등은 한국어의 문법 체계에서는 각각 종결어미와 감탄어미, 접속어미 등 굴절 어미의 범주에서 다루어진다.

전통적으로 일본의 橋本문법 체계와 국어 최현배 문법의 틀에서 조사의 하위류가 어떻게 대응되는지를 살펴보면 다음과 같다.

	일본어	한국어
제1종	終助詞	종결어미
제2종	間投助詞	감탄어미
제3종	格助詞	격조사
제4종	接續助詞	접속어미
제5종	係助詞	특수조사(A)
제6종	副助詞	특수조사(B)
제7종	連体助詞	속격조사
제8종	並立助詞	접속조사
제9종	準用助詞	형식명사, 접미사 · 등

종래 일본 문법의 전통적인 조사의 분류에서 계조사(係助詞)와 부조사(副助詞)의 개별 범주 설정은 한국어에서는 통합적으로 처리되고, 특수조사의 하위에 A류와 B류로 재분류된다. 대체로 계조사는 한국어 특수조사 중 후접 기능이 강한 A류에 해당하고, 부조사는 전접 기능이 강한 B류에 대응된다.[8]

연구사적으로 보면, 특수조사와 부조사는 양국에서 그 연구의 관점에 따라 여러 가지의 술어 명칭을 가지고 있다.

- **한국어** : 補足吐, 補助詞, 補助助詞, 도움토씨, 도움겻, 限定助詞, 限定詞, delimiter, 通用助詞, 通格助詞, 不定格助詞, 두루토, 後置詞, postposition, 変動吐, 別働助詞, 特殊助詞, 特殊吐
- **일본어** : 係助詞, 副助詞, 強助詞, 取り立て詞, 提示助詞, 限定を表わす助詞, delimiter, 修飾助詞

이러한 다양한 명칭은 각각 특수(副)조사의 어느 특징적인 기능을 중시하여 붙여진 것인데, 이 중에서도 한국어의 '通用助詞', '別働助詞', '変動吐' 등과 일본의 '強助詞', '提示助詞', '修飾助詞' 등은 특이한 이름이다. 이 글에서는 총합적인 술어 명칭인 특수조사와 부조사라는 이름을 그대로 채용했다.

분포상의 특징은 기능과도 밀접한 관계를 가지고 있다. 피접어에 특수조사 및 부조사가 연결되는 양태는 양 언어에서 체언의 어기에 붙는 것을 원칙으로 하지만, 특히 용언의 어미나 부사 뒤에도 오는 것으로 상호 유사성을 보여준다.

특수조사 및 부조사가 체언 뒤에 연결되는 경우는 연체(관형)격과 공동격[9]의 부분적인 통사 환경적 제약을 제외하면 모든 격에 두루 분포될 수

---

8) 현대 일본어 문법에서 양자의 구별은 점차 사라지고 이들을 한데 묶어 한정을 나타내는 '取り立て助詞'로 다루는 경향이 높아졌다.
9) 공동격에 있어서는 {와/과(と)}가 구접속이 아닌 문접속의 접속 기능을 가질 때 특수(副)조사의 분포 제약이 따른다.

있다.

> (30) a. 대구는 나의 고향이다.
>   b. *대구는 나{는, 도, 만, …} 고향이다.
>   *大邱は 私{は, も, だけ, … } 故郷だ。
>
> (31) a. 책상 위에 책과 연필이 있다.
>   b. *책상 위에 책과{는, 도, 만, …} 연필이 있다.
>   *机の上に 本と{は, も, だけ, …} 鉛筆が ある。

한국어 특수조사가 용언 어미 뒤에 올 수 있는 것은 전성어미 중 명사형과 부사형, 그리고 접속어미의 일부에 한정된다. 이는 일본어 부조사의 경우 용언의 연용형에 붙는 것에 상당하는 것이지만, 특히 일본어에서 일부 A류 부조사가 용언의 종결형에 붙어 감탄을 나타내는 용법이나, 또는 일부 B류 부조사가 연체형(관형사형) 뒤에 연결될 수 있는 것 등의 분포상은 양 언어에서 이질적이라 할 수 있다.

특수조사 및 부조사가 부사 뒤에 직접 연결되는 경우는 피접 부사의 종류와 성격에 따라 연결 가부가 결정된다. 대체로 양 언어 특수(副)조사는 상태부사에 가장 연결되기 쉽고 수량이나 시간부사 뒤에도 어느 정도 가능하지만, 정도부사나 접속부사에는 원칙적으로 연결되지 않는다. 이는 양태, 시간, 수량부사는 상태적 개념을 가지기 때문에 상태적인 자매항을 예상할 수 있으나, 정도부사는 정도적 개념만으로 상태적 개념을 정도화하는 기능밖에 가지지 않기 때문이다.

> (32) a. <u>천천히</u>{는, 도, 라도, 밖에, 조차}
>   ゆっくり{は, も, でも, しか, さえ, など}
>   b. <u>조금</u>{은, 도, 만, 이라도, 밖에, 조차, 이야}
>   すこし{は, も, でも, しか, さえ, ?こそ, ?など, だけ, くらい, ばかり, ?ほど}
>   c. <u>잠간</u>{은, 도, 만, 이라도, 밖에, 이나, 이야}
>   暫らく{は, も, だけ}

특수조사 및 부조사는 상호 복합 배열 관계에서 후행하는 기능이 높은 A류와 선행하는 기능이 높은 B류로 하위 구분된다. 이것은 종래 일본어 문법에서 소위 계조사와 부조사를 구분하는 기준이 되었다. 대체로 양 언어에서 의미상으로 대응하는 것은 이러한 복합 배열의 양태에서도 일치하는 현상을 보여준다.

- A류 : {는}(は) / {도}(も) / {야}(は, こそ) / {라도}, {나}, {나마}, {ㄴ들}(でも) / {마저}, {조차}(さえ)
- B류 : {부터}(から*) / {까지}(まで) / {뿐}(ばかり, のみ) / {만}(だけ) / {밖에}(しか)

특수(副)조사끼리의 상호 승접 관계와 특수(副)조사와 격조사와의 복합 배열 관계에서 선행 또는 후행의 배열 양태는 특수(副)조사의 종류(A류, B류)와 격조사의 종류(기본격과 연용수식격)에 의해 구분되며, 그 일반적인 경향은 다음의 표와 같이 나타난다.

〈표 5〉

<table>
<tr><th colspan="5">한국어</th><th colspan="6">일본어</th></tr>
<tr><td rowspan="2">후＼전</td><th colspan="2">격조사</th><th colspan="2">특수조사</th><td rowspan="2">후＼전</td><th colspan="3">격조사</th><th colspan="2">부조사</th></tr>
<tr><th>이, 의, 를</th><th>여타격</th><th>A류</th><th>B류</th><th>が, の</th><th>を</th><th>여타격</th><th>A류</th><th>B류</th></tr>
<tr><td>A류
특수조사</td><td>−</td><td>+</td><td>−</td><td>+</td><td>A류
부조사</td><td>−</td><td>+</td><td>+</td><td>−</td><td>+</td></tr>
<tr><td>B류
특수조사</td><td>−</td><td>+</td><td>−</td><td>±</td><td>B류
부조사</td><td>−</td><td>+</td><td>+</td><td>−</td><td>±</td></tr>
<tr><td rowspan="2">전＼후</td><th colspan="2">격조사</th><th colspan="2">특수조사</th><td rowspan="2">전＼후</td><th colspan="3">격조사</th><th colspan="2">부조사</th></tr>
<tr><th>가, 의, 를</th><th>여타격</th><th>A류</th><th>B류</th><th colspan="2">が, の, を</th><th>여타격</th><th>A류</th><th>B류</th></tr>
<tr><td>A류
특수조사</td><td>−</td><td>−</td><td>−</td><td>−</td><td>A류
부조사</td><td colspan="2">−</td><td>−</td><td>−</td><td>−</td></tr>
<tr><td>B류
특수조사</td><td>+</td><td>−</td><td>+</td><td>±</td><td>B류
부조사</td><td colspan="2">+</td><td>+</td><td>+</td><td>±</td></tr>
</table>

<표 5>에서 양 언어는 대체로 비슷한 성향을 보여주고 있으나, 특히 일본어의 경우 대격조사 {を} 뒤에 부조사(A, B류)의 연결 가능성과 연용수식격조사와 B류 부조사와의 승접 관계에서 전후 어디든 올 수 있다는 점은 국어와 매우 다르다.

부조사 앞에 {を}가 올 수 있다고 하는 사실은 통시적으로 보면 본래 격조사 {が}, {を}가 부조사 앞에 와 있었다는 것을 암시한다. 이것이 시대적 추이에 따라 차츰 격조사가 탈락 현상을 보였는데, 현대어에 와서는 {が}는 필수적으로 탈락하고 {を}는 수의적으로 탈락하게 된 것이다. 이로부터 알 수 있듯이, 위의 사실은 그 탈락의 역사적 잔재를 보이는 것으로 해석할 수 있다. 한국어에서도 15C 중세어 자료에서 대격조사 {를/을}이 특수조사 앞에 오는 용례가 발견되고 있다.

또 하나의 해석은 일본어 조사 {を}가 {に}, {で}, {と}, {へ}, {より}와 같은 연용수식격조사와 동위의 기능을 가졌다는 것을 시사하고 있다는 점이다. 이를 방증할 수 있는 것은 현대어의 대격조사 {を}가 경우에 따라서는 처격, 방향격, 여격 등의 연용수식격을 표시하는 것으로 추이한다는 사실이다. 그러나 한국어의 문법 체계에 있어서 대격조사 {를/을}은 소위 부사격(연용수식격)조사와는 확연히 다른 것으로 인식하고 있다. 이는 대격조사 {를/을}의 피접어는 문의 목적어 성분이 되지만 부사격조사의 피접어는 부사어가 되기 때문이다. 이는 양 언어의 통사론에서 기술상의 차이를 보여주고 있는 한 단면이다.

특수(副)조사가 부사격(연용수식격)조사와 복합할 때에는 격조사가 선행하는 것이 원칙이다. 이는 체언의 격 기능이 의미 한정의 기능보다 우선시된다는 것을 의미한다. 그러나 대부분의 일본어 B류 부조사(だけ, ばかり, くらい, まで 등)는 {が} 이외의 모든 연용수식격 조사의 앞뒤 어디에도 연결될 수 있는 특이성을 지니고 있다. 이는 B류 부조사가 가진 강한 전접적 기능에 의해 격조사와 자리를 바꾸어 관용화한 것이다. 이때 B류 부조사는 접미사와 동등한 위치까지 어기에 접근한다. 전접 기능이 낮은 A

류 부조사(は, も, でも 등)에는 양용 형태가 형성될 수 없다는 사실로 보아
이는 자명해진다.

    (33) a. 注射で{だけ, ばかり, くらい} なおせる。
          注射{だけ, ばかり, くらい}で なおせる。
       b. 注射で{は, も, でも} なおせる。
          *注射{は, も, でも}で なおせる。

    (34) a. 주사로만 낫게 한다.
          주사만으로 낫게 한다.
       b. 주사로{는, 도, 라도} 낫게 한다.
          *주사{는, 도, 라도}으로 낫게 한다.

전후 양용의 의미 기능 차이는 격 관계 개념을 포함한 소재 개념을 한
정하는 것과 체언의 소재 개념만을 한정하는 것의 한정 범위가 다르다는
데 있다. 그러나 양형의 미세한 의미 차이는 양자가 형성됨으로써 파생·
부가된 상황적인 의미에 지나지 않는다.

그러나 한국어의 양형은 의미차를 현현하는 변별적 기능을 그다지 발휘
하지 않는다. 따라서 양용은 일본어 쪽보다 적고, 양용이라 해도 특수조사
가 후행하는 형이 일반적이다.

    (35) a. 빵으로만 산다.
          パンでだけ 生きる。
       b. 빵만으로 산다.
          パンだけで 生きる。

결과적으로 한국어에서는 격 표시된 명사어를 한정하는 것과 한정화된
명사어를 격 표시화하는 것이 의미상 엄격하게 구별되지 않는다.

(35)a, b에서 단언(assertion)을 상정하면, a는 "사는 것이 빵을 수단으로
하는 것에 한정된다"이고, b는 "사는 수단이 빵에 한정된다"로 비교된다.

이들의 함의(implication)를 따져보면, a. "빵을 수단으로 하는 것 외에는 살지 않는다", b. "빵 이외의 것으로는 살지 않는다"의 차이가 있다. a와 b는 단언이나 함의에서도 확연한 의미 차이가 감지되지 않는다.

B류 부조사의 준체적 기능과 부기능(副機能)은 원칙적으로 인정되어야 한다. 그렇다고 하더라도 선행하는 경우의 부조사와 후행하는 경우의 부조사를 별개의 형태로 동음이의어시하는 것은 지양하지 않으면 안 된다. 모든 부조사가 이와 같이 이원적으로 분류되는 오류를 범하게 되기 때문이다. 결국 형태와 의미가 동일한 단어를 분포와 기능에 의해 별개의 어휘 범주로 취급하는 것은 문법 기술에 있어서 혼란을 야기할 뿐 아니라 언어의 본질적인 면에서도 타당성이 결여된 것이라 생각된다.

특수(副)조사의 분포상의 배열 위치는 그 기능과 상관적인 것으로, 이러한 특징은 하위분류에 있어서도 하나의 기준이 된다.

특수(副)조사끼리, 또는 특수(副)조사와 격조사와의 복합은 일반적으로 세 개의 형태가 결합하는 3중 복합 형태를 넘지 않는다(예 : {에게}＋{만}＋{은}, {까지}＋{만}＋{도}). 역사적으로도 15C 중세 한국어의 문헌에 나타나고 있는 복합형은 대체로 두 개 형태의 복합밖에는 없었다. 현대 한국어에서 사용되고 있는 3개 복합조사의 예를 그대로 일본어의 대응어에 투사시켜 보면 그 결합은 어색한 것이 매우 많다.

특수조사 및 부조사의 문법적 기능을 서구어 문법의 품사론에 비추어보면 대체로 불변화사(particle)에 상당한다. 불변화사에는 부사, 접속사, 감탄사, 전치사 등이 있는데, 특수(副)조사의 불변화사적 기능이라는 것은 부사적 연용 수식 기능과 접속사적 연결 기능과 감탄사적 감탄 강조 기능과 전치사적 관계 기능을 합친 것을 가리킨다.

특수(副)조사의 부사적 연용 수식 기능은 매우 현저하다. 이들을 서구어에 대응시키면 양태부사에 해당하는 통사적, 어휘적 기능을 가진다. 양 언어에서 이와 같은 부사적 수식 기능을 논증할 수 있는 언어 사실은 다음과 같다.

① 격조사에 연결될 때 소위 부사격조사(연용수식격조사)에만 연결된다는 점
② 부사(특히 양태부사) 아래 직접 연결될 수 있다는 점
③ 용언 아래에 올 때에는 부사형(일본어 연용형) 아래에 연결된다는 점
④ 한국어의 경우, 어원적으로 그 조어 형식이 용언의 부사형이나 부사와 긴밀한 관계를 가지고 있다는 점
⑤ 이들의 일부가 체언을 부사로 전성시키는 전성접미사 또는 형식부사의 기능을 가진다는 점

위의 논증 중 ①, ②, ③, ⑤는 양 언어에서 거의 동질성을 띠고 있으나 ④는 다소 다르다. 한국어 특수조사는 어원적으로 동사의 부사형이나 명사의 부사 형태로부터 문법화, 허사화한 것이 많으므로 통시론적으로 부사적 연용 수식 기능이 용이하게 인식되지만, 일본어의 부조사(특히 B류)는 동사의 명사형으로부터 파생된 것이 일반적이기 때문에 준체(準体)적 기능이 매우 현저하다.

{조차} : 동사 '좇다'(從, 隨)의 연용형
{부터} : 동사 '븥다'(附)의 연용형
{나마} : 동사 '남다'(余, 越)의 연용형
{마저} : 동사 '뭊다'(終)의 연용형
{까지} : 명사 'ᄀᆞᆺ'(極, 邊)의 부사형 'ᄀᆞ장'
{도}　 : 부사 '쏘'(又, 亦), '더'(益)

{ばかり} : 동사 'はかる'(量)의 명사형 'はかり'
{だけ}　 : 명사 'たけ'(丈)
{ぐらい} : 명사 'くらい'(位)
{きり}　 : 동사 'きる'(限)의 명사적 용법
{ほど}　 : 정도 의미의 명사 'ほど'
{など}　 : 명사 '何と'
{まで}　 : 명사 'またし' 'まとう'와 동계이거나 '的'과 동의인 '目処'

양 언어의 특수(副)조사가 부사적 연용 수식 기능을 가졌다는 사실은 결국 이것이 연용조사(連用助詞)적 성격을 띤다는 것을 입증한다. 특수(副)조사는 결코 연체조사(連体助詞)적 성격을 가지지 않는다.

특수(副)조사의 격 통용 범위는 주격, 대격, 여격, 처격 등에 한정된다. 그런데 격의 통용 기능을 격의 표시 기능으로 오해해선 안 된다. 특수(副)조사는 격의 표시 기능이 없다. 특수(副)조사가 단독으로 격조사의 위치에 놓이는 것은 그것이 격조사를 대리하는 것이 아니라, 이때 격조사가 특수(副)조사 앞에서 탈락된 것으로 이해해야 한다. 표면상으로는 격조사와 특수(副)조사가 대치된 것 같이 보이지만 양자는 분포상의 위치가 다르다. 따라서 특수(副)조사가 가진 성격 중 {이/가(が)}의 대리, {의(の)}의 대리, {를/을(を)}의 대리, {에(に)}의 대리, {에게(に)}의 대리 운운은 그 발상부터 잘못된 견해이다.

    (36) a. 철수{는, 도, 만} 공부한다. (주격)
           太郎{は, も, だけ} 勉強する。
        b. 철수는 노래{는, 도, 만} 부른다. (대격)
           太郎は 歌{は, も, だけ} 歌う。
        c. 여기{는, 도, 만} 비가 온다. (처격)
           ここ{は, も, だけ} 雨が 降る。
        d. 철수{는, 도, 만} 줘라. (여격)
           太郎{は, も, だけ} やれ。

격조사와 특수(副)조사와의 복합 관계는 격조사의 종류에 따라 다음 네 가지의 결과를 낳는다.

$$\text{격조사} + \text{특수(副)조사} \longrightarrow \begin{bmatrix} \text{ø} & + & \text{Y} & & \text{i)} \\ \text{X} & + & \text{ø} & & \text{ii)} \\ \text{X(ø)} & + & \text{Y} & & \text{iii)} \\ \text{X} & + & \text{Y} & & \text{iv)} \end{bmatrix}$$
$$\text{X} \qquad \text{Y}$$

특수(副)조사의 단독 통격 기능은 그 위에 오는 격조사사 필수적(obligatory)으로, 또는 수의적(optional)으로 생략되는 ⅰ)과 ⅲ)의 경우에만 나타난다. ⅰ)형에 상당하는 격조사에 주격조사, 대격조사가 있고, ⅲ)형에 상당하는 격조사에 여격조사와 처격조사가 있다.

격조사가 영화(零化)되어도 그 격 기능은 영표지가 담당하는 것이지 남아 있는 특수(副)조사가 대리하는 것이 아니다. 특히 주격과 대격에서 이와 같은 탈락 현상이 현저한 것은 전술한 바대로 격의 특성과 격조사의 생략성(deletability)에 기인하는 것이다.

주격 표지의 생략

기분ø 나쁘다(気分ø 悪い)	말ø 많다(口数ø 多い)
기ø 막히다(息ø 苦しい)	숨ø 차다(息ø 切れる)
꼴ø 좋다(格好ø 良い)	키ø 크다(背ø 高い)

대격 표지의 생략

값ø 올리다(値段ø 上げる)	글ø 쓰다(文章ø 書く)
돈ø 주다(お金ø 与える)	얼굴ø 돌리다(顔ø 向ける)
발ø 씻다(足ø 洗う)	물ø 마시다(水ø 飲む)

주격과 대격의 격 기능은 연용수식격처럼 심층적인 의미의 격이 될 수 없고, 단지 논리적인 관계만을 나타내는 것이기 때문에 표지가 없어도 격의 판단은 용이하다. 따라서 일부 격문법 학자들은 이들을 격표지의 범주에 두지 않고 구문표지로 취급하기도 했다. 주격조사와 대격조사의 생략성은 일본어보다 한국어의 경우가 더 현저한 경향을 보인다.

양 언어의 특수조사와 부조사는 격 표시 기능이 없다. 격과는 전혀 무관한 의미 한정어이다. 특수(副)조사가 격표지의 자리에 단독으로 분포되어 격표지의 대행으로 오인되는 것은 그러한 격표지가 생략되어 영표지화(零標識化)한 것에 지나지 않는다. 이때 생략된 영표지가 격의 표시 기능을 수행하는 것이지 특수(副)조사가 격 표시의 기능을 대행하는 것이 아니다.

양 언어에서 특수조사와 부조사의 근본적인 임무는 의미 한정과 화용적 기능이다. 이들은 때때로 감탄과 강조적 첨의 기능을 수반하기도 한다.

전접 기능이 높은 B류 특수(副)조사는 그 준체언적 성격에 따라 명사류의 파생접미사와 기능적인 동요 상황을 야기한다. 그 때문에 어떤 특수(副)조사는 때로는 형식명사나 접미사의 범주에서 논의되는 경우도 있다.

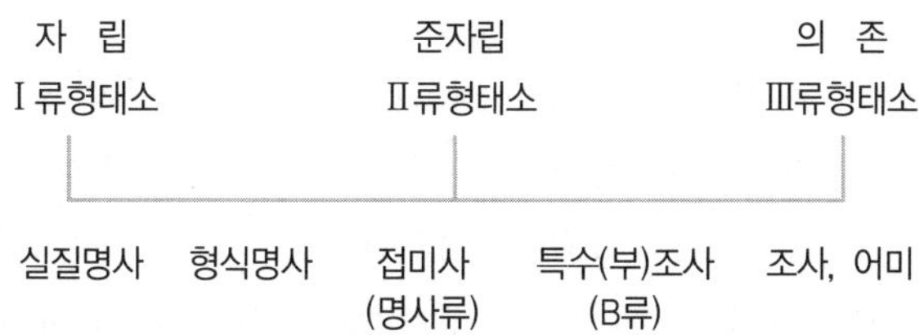

그러나 굴절접미사인 조사류와 파생접미사 사이에는 엄격한 범주상의 확립 기준이 설정되어야 한다. 이에 관해 필자는 그 기준을 통합 구조, 의미 구조, 통사 구조의 세 가지 측면으로부터 제시해 두었다(2002a : 105). 결국 이러한 논의는 굴절접사와 파생접사의 기능적 차이인데, 대체로 굴절접사는 외적 구성의 성격을 띠면서 어기와 잘 분리되고 분포에 제약이 없으며, 품사를 전성할 수 없는 통사적 관계 기능을 수행하는 어류이다. 이에 반해 파생접사는 어기에 붙을 때 내적 구성을 하므로 어기와 융합되어 잘 분리되지 않으며 분포에 제약이 있고, 이심구조 접미사인 경우에는 품사를 바꿀 수 있는 어휘적 파생 기능을 수행하는 유이다.

파생접미사의 본무는 생산성에 있다. 따라서 극히 비생산적인 폐쇄성 접미사는 접미사로 인정되기 어렵지만, 이와는 반대로 너무 생산성이 높은 개방적인 접미사도 또한 굴절요소(조사)에 육박하기 때문에 범주상의 어려움이 제기된다(홍사만, 1998 : 203~204). 결국 파생 접미사는 과대한 생산성도 과다한 제약성도 가지지 않는, 중간적 위치를 차지하고 있는 것으로 그 영역이 정해진다.

접미사의 첨가에 의한 파생어의 형성은 단지 단어 내부의 구조 변화라는 형태론적 논의의 차원에서 벗어나 그 기저에는 통사론적인 제약 규칙이 존립하고 있다는 차원에서 논의되지 않으면 안 된다(홍사만, 1998 : 214~215).

(3) 의미 기능

특수조사 및 부조사에 관한 양국에서의 연구는 그 의미 기능에 주안점을 둬 왔다는 점에서 상호 지향적 가치가 동일하다. 이때의 의미 기능이란 고유 의미의 첨가, 보조 또는 의미의 한정 기능을 가리킨다.

특수(副)조사의 의미 기능을 기술하는 데는 의미 의존관계 이론의 적용이 유효하다. 그 방법은 주로 전제, 함의, 단언, 기대 등의 의미를 문으로부터 추출해 내는 것이다.10)

- 전제(presupposition) : 자매항의 존립
- 함의(implication) : 피접항과 자매항과의 서술 의미의 관계성
- 단언(assertion), 기대(expectation) : 화용론적으로 화자와 청자 사이에 예측되는 진위 관계

특수(副)조사는 그 의미 기능에 따라 두 부류의 유형으로 나뉜다. 이는 함의 분석으로부터 도출되는 '表別'의 유형과 '協隨'의 유형이다. 표별이란 피접항과 자매항11)과의 서술 의미 가치가 상호 반의, 부정, 상대가 되는 것이고, 협수란 상호 동일, 동의, 동류가 되는 것을 말한다.

한국어 특수조사 중 '표별' 기능류에 속하는 것으로는 {는/은}, {만}, {야}, {나}, {라도}, {나마} 등이 있고, '협수' 기능류에는 {도}, {조차}, {까

---

10) 한국어 특수조사(delimiter)의 의미 의존관계 분석은 양인석(1973)을 참조할 것.
11) 沼田善子(1986 : 120~143)는 '自者'와 他者'라는 용어를 썼다.

지}, {마저}, {부터} 등이 있다. 이에 대응하는 일본어의 부조사는 같은 원리로 '표별'에 {は}, {だけ}, {ばかり}, {でも}, {こそ} 등이 있고, '협수'에 {も}, {まで}, {さえ}, {から} 등이 있다.

한편 특수(副)조사는 서법적 기능에 의해서도 두 부류로 나뉜다. 서법(mood)이란 "화자가 문의 내용에 대해 가지는 심적 태도가 일정한 활용형으로 실현되는 현상"(Jespersen, 1955 : 313)이라 할 수 있는데, 특수(副)조사가 화자의 판단, 기대, 평가, 만족 등의 심적 태도를 함축하는 것은 서법적인 기능에 관련된 것이다.

서법적 기능을 가진 부류에는 {야}, {야말로}, {라도}, {ㄴ들}, {나}, {나마}, {마저}, {조차} 등이 있고, 서법과 무관한 부류에는 {는/은}, {도}, {만}, {까지}, {부터} 등이 있다. 일본어에서도 이에 대응하는 조사 {こそ}, {でも}, {さえ} 등이 서법적 부류이고, {は}, {も}, {だけ}, {から}, {まで} 등이 비서법적 부류이다. 일반적으로 서법적 특수(副)조사들은 그 서법적인 제약으로 비서법적 부류의 조사보다 사용 빈도가 낮다. 국어나 일본어에서 {는/은(は)}, {도(も)}, {만(だけ)}이 출현 빈도가 높은 것은 이들이 공통적으로 비서법적 조사류에 속하기 때문이다.

특수(副)조사의 의미를 분석하는 데 있어서는 종래 다의성설(polysemy)과 기본의미설(Grundbedeutung)을 절충하여 탐색하는 것이 합리적이라 생각된다(홍사만, 2008 : 89~105). 또한 환경 동화의 원리가 내재되어 있는 것을 간과해서는 안 된다.

특수(副)조사는 어떤 부사 형태와 유의적인 공존 관계를 맺고, 문중에서 유어 반복(tautology)적으로 쓰이기도 한다. 예컨대, 조사 {도(も)}는 부사 '역시(やはり)', '또한(または)'과, 조사 {만(だけ)}은 부사 '오직(ただ)', '오로지(ひたすら)', '겨우(やっと)', '단지(單に)', '꼭(ちょうど)' 등과, 조사 {까지(まで)}, {조차, 마저(さえ)}류는 부사 '심지어(その上に)', '게다가(かてて加えて)', '더구나(なおまた)' 등과 유의적으로 공존한다. 이들의 조사와 부사가 문중에 함께 쓰임으로써 문맥 현현의 성격을 띤다.

그러면 양 언어에서 대응되는 특수조사와 부조사의 개별적인 의미를 간단히 비교 분석하고자 한다.

특수조사 {는/은}과 부조사 {は}는 양국에서 소위 화제(topic)과 대조(contrast)의 표지로 논의하는 것으로 공통적인 이론 체계를 수립해 왔다. 더욱이 이들은 양 언어에서 주격표지인 {이/가(が)}와 비교하는 시각으로 연구되어 왔다는 점에서도 같은 양상을 보여주고 있다.

한·일 양 언어는 언어유형론적으로 화제와 주어가 둘 다 현저한 언어로(Li & Thompson, 1976 : 483), 양자는 문중에서 그 소재가 일치하는 경우가 많아 때때로 용법상 혼란을 야기하기도 하며, 때론 이중주어문(double subject)을 형성하기도 한다. 三上 章(1970 : 59)가 화제를 '심리적 주부'라고 한 것도 이에 상관된다.

특수(副)조사 {는/은(は)}의 의미 분석은 제술 관계(topic-comment relation)와 전제 체계(presuppositional system)를 병행하여 파악되어야 하며, 따라서 문두에서의 화제 제시와 문중에서의 대조의 의미 기능은 함께 인정되어야 한다.

화제의 요건으로는 한정성, 특정성, 총칭성을 들 수 있고(채완, 1976 : 96~101, 1986), {는/은(は)}의 제제의 기능과 대조의 기능은 상관적인 범주에서 논의되어야 한다. 양자의 해석은 자매항의 존립 여하에 따라 결정된다. 그러나 제제의 기능은 대조의 기능보다 우선시된다. 즉, 대조의 의미가 없기 때문에 화제의 기능이 나타나는 것이 아니라, 화제로 제시됨으로써 대조의 의미가 소멸하는 것이다.

{는/은(は)}의 의미 분석에서 대조의 의미와 자매항의 유무, 강조적 첨의와 관용적 용법과는 상호 긴밀한 상관적 교호 작용을 한다. 즉, 이들은 상호 관수(関数) 관계를 가짐으로 대조의 의미는 자매항이 예상되는 경우에만 나타나고, 강조적 첨의 기능은 오직 자매항이 예상되지 않는 경우에 나타난다. 한편 강조적 첨의는 관용어적 용법과 직결되어 있고 대조와 관

용어적 용법과는 어떠한 상관관계도 맺고 있지 않다.

특수(副)조사 {는/은(は)}과 주격조사 {이/가(が)}와의 용법 차이는 양 언어에서 대체로 동일한 사항으로 구별되고 있는데, 그 요목은 다음과 같다.

〈표 6〉

{는/은(は)}	{이/가(が)}
제제의 기능	주어 표시의 기능
대조의 기능	배타, 중립 서술의 기능
기지의 정보 제시	미지의 정보 제시
종속절의 주어로 사용 불가	종속절의 주어로 사용 가

이 중 {는/은(は)}이 종속절의 주어가 될 때 {이/가(が)}로 중화되는 사실은 {는/은(は)}의 문말 조응 기능으로도 설명될 수 있다.

(37) a. 자네는 〔철수{가, *는} 대학에 합격했다〕는 것을 알고 있니?
　　　　君は 〔太郎{が, *は} 大学に 合格した〕ことを 知っているのか。
　　 b. 〔철수{가, *는} 좋아하〕는 사람은 화자이다.
　　　　〔太郎{が, *は} 好き〕な 人は 花子だ。
　　 c. 철수는 〔영수{가, *는} 그를 때렸다〕고 말했다.
　　　　太郎は 〔次郎{が, *は} 彼を 殴った〕と 言った。.

양 언어에서 기지(given) 및 미지(new)의 요소가 형성하는 정보 구조의 양태는 동일한데, 이때 {는/은(は)}과 {이/가(が)}의 기능에 따라 그 해석도 일치한다.

① 기지＋{는/은(は)} 미지 구조 …… {는/은(は)}이 제제, 대조
② 기지＋{는/은(は)} 기지 구조 …… 무의미문(확인)
③ 미지＋{이/가(が)} 기지 구조 …… {이/가(が)}가 총기(総記, exhaustive listing)
④ 미지＋{이/가(が)} 미지 구조 …… {이/가(が)}가 중립 서술(neutral description)

(38) a. 철수는 달리고 있다.
　　　太郎は 走っている。
　　b. 철수가 달리고 있다.
　　　太郎が 走っている。

(38)a에서 {는/은(は)}이 화제(topic)의 기능을 나타낼 때에는 그 해의(interpretation)가 "철수에 관해 말하자면, 그는 달리고 있다"로 풀이될 것이고, 이것이 대조(contrast)의 기능을 가질 때에는 "철수는 달리고 있지만 다른 사람은 달리지 않는다"로 풀이된다. b에서도 {이/가(が)}가 총기(総記, exhaustive listing)의 기능을 나타낼 때에는 "다른 사람이 아닌 철수가 달리고 있다"거나 "달리고 있는 사람은 다른 사람이 아닌 철수이다"로 풀이될 것이고, 이것이 중립 서술(neutral description)을 나타낼 때에는 "보라, 철수가 달리고 있네"처럼 눈앞에 전개되어 있는 사실을 현장적으로 표현하는 의미를 가지게 될 것이다.

　기지의 정보가 정보 전달력(communicative dynamism : CD)이 낮은 것은 당연하다. 따라서 문답문에 있어서 기지의 정보 요소는 경우에 따라 생략되거나((39)d) 대용화될((39)c) 수 있다.

(39) a. 철수는 시험에 어떻게 되었니?
　　　太郎は 試験に どう なったの。
　　b. 철수는 시험에 합격했어.
　　　太郎は 試験に 合格したよ。
　　c. 그는 시험에 합격했어.
　　　彼は 試験に 合格したよ。
　　d. ø 합격했어.
　　　ø 合格したよ。

　양 언어에서 {는/은(は)}만이 화제 제시의 유일한 표지는 아니며(三上 章, 1970 : 62~63), {이/가(が)}만이 유일한 미지의 정보 표지가 아니다.

조사 {도(も)}는 특수(副)조사 중에서 가장 넓은 의미 영역을 가진 다의적인 부류이다. {도(も)}의 중심적 의미는 '동류 제시(亦同)'이고 주변적 의미로 '극단 예시', '양보', '강조적 첨의' 등을 들 수 있다. 이때 다의성이 인정되는 것은 이들의 의미 사이에 유연성이 내재하고 있기 때문이다. 현대 한국어 조사 {도}의 다의 구조를 도시하면 아래와 같다. 결과적으로 조사 {도}의 의미 영역은 다른 여러 조사와 유의 관계를 맺고 있는 만큼, 외연이 넓은 범위를 차지하고 있다고 할 수 있다.

<그림 1>

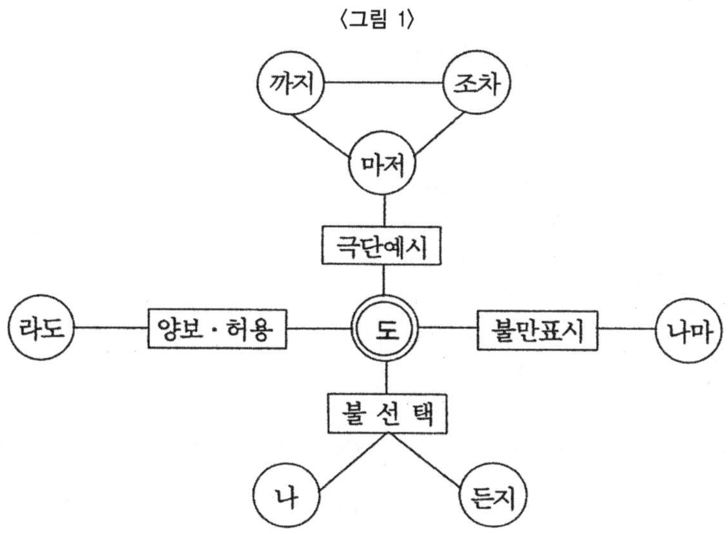

조사 {도(も)}는 부사 '역시(やはり)', '또한(又)'과 서술어 '동일(同一)', '마찬가지(同じ)' 등과 삼각적인 공기 관계를 형성하고, 이들은 상호 유어 반복의 형태로 공존하는 것에 의해 문맥이 현현된다. 이와 같은 현상은 특수(副)조사의 소위 심층구조로부터의 도출 과정을 설명할 수 있게 하는 하나의 단서가 될 것이다. 즉, 조사 {도(も)}의 기저적인 형태는 '동일'을 나타내는 용언으로부터 생성되었다는 것이다.

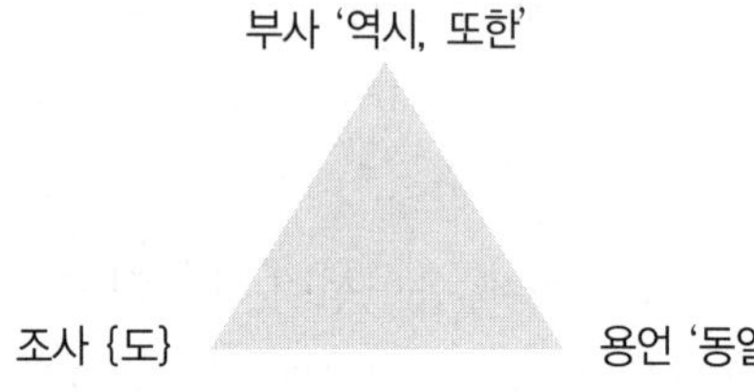

조사 {도(も)}의 의미 구조 내에 가장 두드러진 특성은 '범위'와 '부정'과 '강의'의 3요소이다. 범위의 특성은 '역동'의 의미로부터 '극단'의 의미에까지 확장력을 제공하고, 부정의 특성은 부정적 서술어만을 선택 공기하는 제약을 초래하며, 특히 수량사나 부정칭(不定稱)어에 붙어 극단의 부정을 나타낸다.

> (40) a. <u>한 치도</u> 양보할 수 없다.
>   一寸も 讓步できない。
>   b. <u>누구도</u> 설명하지 못 한다.
>   誰も 説明し得ない。
>   c. <u>상상도</u> 못 했다.
>   想像も しなかった。

또한 강의의 특성은 다른 특수(副)조사보다 현저한 감탄적 요소를 동반하여 마치 감탄조사와 같은 기능을 가진다.

조사 {도(も)}의 극단 예시의 기능은 피접항의 특수성에 의해 파생되는데, 이도 일종의 환경 동화 현상으로 설명될 수 있다. 즉, '역동'의 의미가 '극단'의 의미로 추이되는 것('also'>'even')은 역동의 위치가 극단(pole)에 접근하는 것으로부터 일어나고, 이 경우 조사 {도(も)}는 {조차(さえ)}와 유의성을 띤다.

또한 {도(も)}는 어사 환경에 따라 '양보'나 '허용'의 의미를 나타내기도 하는데, 이때에는 조사 {라도(でも)}와 유의 관계를 맺는다.

(41) a. <u>말단직원</u>{도, 까지, 조차, 마저} 해고당했다.
　　　　末端職員{も, まで, さえ} 解雇された。
　　 b. <u>낡은 것</u>{도, 이라도} 괜찮다.
　　　　古いもの{も, でも} かまわない。

　(41)a, b에서 극단 예시와 양보의 기능이 나타나는 것은 피접어인 '말단직원'이 극단적인 예시어이며, '낡은 것'이 양보 예시어이기 때문이다.

　한국어 조사 {도}가 강조적 첨의, 즉 감탄적 기능을 나타낼 때에는 자매항이 예상되지 않는다. 이에 따라 피접항과 자매항과의 의미 관계를 상정하는 함의도 존재하지 않는다.

　일반적으로 한국어 특수조사가 화자의 감정을 수반한 감탄의 기능을 나타낼 때는 일본어 대응 부조사의 기능과 일치하지 않는다. 따라서 대응 문례에서 대응 형태를 투사시켜 보면 문은 비문이 되거나 매우 부자연스러운 것이 되고 만다.

(42) a. 직장생활을 하면서도 밤에는 공부를 한다.
　　　　職場生活を しながら{*も, ø} 夜には 勉強を する。
　　 b. 잘 읽다가도 갑자기 멈춰 버린다.
　　　　うまく 読みかけて{*も, ø} 急に 中止して しまう。
　　 c. 가려고도 했지만 기차 시간이 지났다.
　　　　行こうと{*も, ø} したら 汽車の時間が 過ぎた。

　일본어 {も}의 형태는 한국어 {도}에 상응하지만, 그 대응 관계는 전면적으로 충족되지 않는다. 일본어에서 수량사에 붙어 감탄을 나타내는 {も}는 국어에서는 별개 형태인 {나}와 대응된다.

(43) a. 체중이 십 킬로나 줄었다.
　　　　体重が 十キロも 減った。
　　 b. 100명이나 넘는 사람들이 목숨을 잃었다.
　　　　百名をも 越える 人達が 生命を 失った。

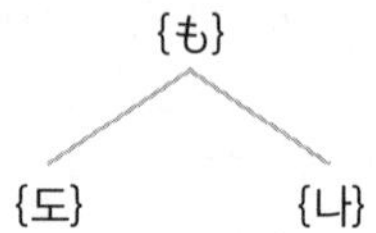

특수(副)조사 {만(だけ)}에 대해 그 의미 관계를 따져보면 '유일한 것을 한정함'이 단언으로 규정되고, 함의는 '피접항 이외의 자매항은 서술어의 사실 내용으로부터 배제됨'으로 해의 분석된다. 또한 전제 조건으로 '피접어 이외의 자매항이 반드시 존재함'이 예상된다. 이러한 분석은 沼田善子(1986 : 193)의 논의대로 일본어 {だけ}의 의미가 주장이나 함의에 있어서 主張・斷定・自者肯定과 含み・斷定・他者否定으로, 한국어 {만}의 분석과 일치한다.

{만}과 {だけ}는 문중에서 부사 '오로지(ひたすら)', '그저(しきりに)', '겨우(やっと)', '단지(ただ)', '꼭(ちょうど)' 등과 유기적인 호응 관계를 맺는데, 이들은 문맥 현현의 원리에 따른 {만(だけ)}의 보조적 의미 요소로서 유어 반복(tautology)의 형식을 갖춘다.

특수(副)조사 {만(だけ)}이 수량사에 연결되어 한정의 의미를 나타낼 때는 그 표시 수량의 정도를 최저로 축소 제한하는 기능을 가지고, 이때 화자의 실제 기대는 표시 수량의 정도보다 높은 것이지만 그것이 불가능한 상황적 제약 때문에 어쩔 수 없이 하한선으로 제한하는 심리적 상황을 표현한다.

> (44) a. <u>한 마디만</u> 더 얘기하고 싶다.
>   一言だけ 話したい。
>   b. <u>오천 원만</u> 내십시오.
>   五千円だけ ください。

한국어에서 특수조사 {만}은 〔N-만 V-도〕, 〔N-만 V-면〕 등의 정형구를 형성하여 '과장', '상투적 습관' 등의 의미를 나타낸다. 특히 후자의 경우는

부사 ‘곧잘(割合によく)’, ‘늘(常に)’, ‘언제나(いつも)’, ‘항상(常に)’, ‘으레(いわず
とも)’, ‘버릇처럼(癖の如く)’ 등과 공존 관계를 형성하기도 한다.

 (45) a. 고개만 들어도 보이는 곳이다.
     首だけ 揚げても 見える どころだ。
   b. 상상만 해도 몸서리나는 전쟁이었다.
     想像だけ しても 身ぶるい 戦争であった。

 (46) a. 아프기만 하면 <u>버릇처럼</u> 병원을 찾는다.
     痛さえ すれば <u>癖の如く</u> 病院を 尋ねる。
   b. 방학만 되면 <u>늘(언제나)</u> 고향에 내려온다.
     休みになりさえ すれば <u>常に(いつも)</u> 故郷に 帰ってくる。

 특히 (46)처럼 {만}이 「N만 V면」과 같은 조건문을 구성할 때는 일본어
의 {さえ}와도 대응한다. 이 경우 {さえ}는 {だけ}와 동의적으로 쓰이는
데, 일반적인 ‘의외’의 {さえ₁}과는 다른 ‘최저 조건’의 {さえ₂}로 해석된다.
따라서 한국어 {만}의 일본어 대응형은 {だけ}와 {さえ}로, 이들은 환경
동화에 의해 현상적 동의 관계를 이룬다.

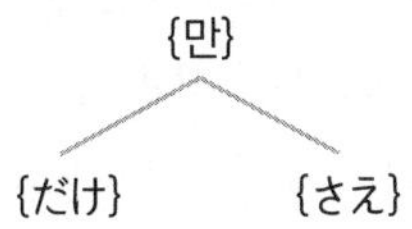

 한국어에서 {만}이 격표지에 연결될 때는 다른 특수조사와 마찬가지로
후행하는 것이 원칙이지만, 격표지 {에게}, {로}에는 선행하기도 한다. 이
는 격표지화된 의미를 한정하는 것과 체언 자체의 의미를 한정하는 작용
역의 차이를 나타내고 있지만, 궁극적으로 문의 의미를 구별하는 변별적
기제는 되지 못한다. 특히 양용이라 하지만 {만}이 격표지에 후행하는 것
이 더 자연스럽다는 사실을 감안하면, 이러한 현상은 {만}의 높은 전접 기
능에 의한 언중의 구사 습관에 의존된 산물이라 여겨진다.

이에 반해 일본어에서 {だけ}는 연용수식격조사와 복합할 때, 그 준체적 기능에 의해 선행하는 것이 매우 자연스럽다. 따라서 {だけ}의 선행과 후행의 의미는 격 형태에 따라 미세한 변별적 차이를 보이기도 한다(홍사만, 2002b : 310~319). 원칙적으로 특수(副)조사와 격조사가 복합하는 경우에는 격조사가 선행하는 것이 정순이다. 이는 앞에서도 보았듯이, 체언의 격표지화는 의미의 한정화보다 우선시된다는 것을 말해 준다. 일본어에서 양형의 의미차가 나타나는 것은 본래 후행하는 부조사가 그 종류에 따라 준체적 기능으로 격조사와 자리를 바꿈으로써 양형의 변별적 의미가 파생된 것이다.

또한 특별한 맥락에서 {만}은 '단일', '일양', '지속' 등의 의미를 나타낼 때도 있다. 이와 같이 조사의 용법이 관용적이거나 어떤 특수한 장면을 제시할 때에는 양 언어의 대응 관계는 성립하지 않는다.

한국어 특수조사 {만}은 어원적으로 정도 표시 명사 {마} 및 비교 표시어 {만큼}과 유계성을 가지고 있다. 또한 조사 {만}은 조사 {뿐}과 상보적인 한정의 의미 기능을 담당한다. 이 두 말은 의미의 역사적 변천에 의해 교체된 것으로, 원래 15C 중세 한국어에서는 한정의 의미는 {뿐}이, 정도의 의미는 {만}이 담당했으나, 정도의 {만}이 점차 한정의 기능어로 변해 왔다. 이러한 과정에서 두 유의어는 필연적으로 의미 충돌(synonymy clash)을 경험했고, 그 결과 현대어에서는 {만}이 {뿐}보다 우세한 위치를 점하게 된 것이다(홍사만, 1998 : 220~226). 이러한 현상은 일본어 {だけ}와 {ばかり}의 의미 변천과도 유사한 양태를 보여주고 있다.

한국어 {만}은 다른 특수조사와 마찬가지로 주의(primary meaning)와는 별개의 것으로 취급되어야 하는 강조적 기능, 혹은 감탄적 기능을 가지고 있다. 이러한 단순 강조에서는 문의 함의 분석이 불가능하고, 전제 조건에도 자매항이 예상되지 않는다.

한국어 특수조사 {까지}, {조차}, {마저}의 상관성은 의미 의존 관계의 분석에서 노정된다. 전제에서 삼자는 자매항의 존립이 예상된다는 점에서 동일하며, 함의에서 '협수적' 의미 기능을 나타낸다는 점에서 공통성을 띤다.

특수조사 {까지}, {조차}, {마저}는 '극단 예시'의 한계성 의미를 공유하고 있다는 점에서 서로 유의적이지만, 어원적으로 보면 각각 중세 한국어 'ᄀᆞᆺ(邊)', '좇다(追, 隨)', '못다(終)' 등에서 온 것으로 미세한 의미의 차이를 보이고 있고, 어사 환경의 제약에서 약간의 차이를 나타낸다. 이들은 각각 '한계', '추가', '종결'의 고유 의미를 가지고 부분적인 유의 관계를 형성하고 있다. 그중에서도 {까지}와 {조차}는 간접적 유의 관계에 지나지 않고, {조차}와 {마저}는 부정적 지향성과 화자의 기대의 존재에 의해 직접적인 유의 관계를 맺고 있다.

한국어 {조차}와 {마저}의 미세한 의미 구분은 일본어에서는 별개의 단어로 어휘 분화되지 않아 {さえ} 하나로 대응될 뿐이다.

{까지(まで)}, {조차, 마저(さえ)}에 의해 생성되는 극단의 논리적 근저에는 화자와 청자가 공유하는 일반적 통상 관념과 피접항의 서술어에 관한 가능성의 정도가 작용한다.

(47) a. 비전문가{까지, 조차, 마저} 할 수 있으므로, 전문가는 물론 할 수 있다.
　　 b. 전문가{까지, 조차, 마저} 할 수 없으므로, 비전문가는 물론 할 수 없다.

X{까지, 조차, 마저} ~이므로, Y는 물론 ~이다
Y{까지, 조차, 마저} ~아니므로, X는 물론 ~아니다

예문 (47)과 같이 대우(対偶)의 동치 관계(P→Q⇔~Q→~P)는 다음과 같은 논리 구조를 형성하며, 결과적으로 긍정과 부정이 강화되는 표현 효과를 가져온다.

$$\text{긍정적 통념} \xrightarrow{\text{부정적으로 극단 제시}} \text{부정의 강화}$$

$$\text{부정적 통념} \xrightarrow{\text{긍정적으로 극단 제시}} \text{긍정의 강화}$$

이들이 선택하는 피접항은 서술 의미에 대한 가능성의 정도와 상관되며, 그 정도에 따라 긍정과 부정의 방향이 결정된다. (47)에서 '비전문가'는 일반적인 통념으로 할 수 있는 가능성이 낮은 항목이고 '전문가'는 높은 항목으로, 이를 극단적으로 긍정, 또는 부정함으로써 극단의 의미가 형성된다.

   (48) a. <u>비전문가</u>{까지} 할 수 있다.
       b. <u>전문가</u>{조차, 마저} 할 수 없다.

$$\text{가능성 낮은 항목}+\{\text{까지(まで)}\} \xrightarrow{\text{극단 긍정}} \text{가능성 높은 항목 긍정 강화}$$

$$\text{가능성 높은 항목}+\{\text{조차, 마저(さえ)}\} \xrightarrow{\text{극단 부정}} \text{가능성 낮은 항목 부정 강화}$$

극단의 의미가 발생하는 또 하나의 논리는 화자의 예측(기대)과의 상관 관계이다. 화자가 예측(기대)하지 않았던 일이 일어나는 담화 상황에서 극단의 의미가 형성된다.

결국 긍정과 부정에 의한 양극의 양상은 다음 그림과 같다.

〈그림 2〉

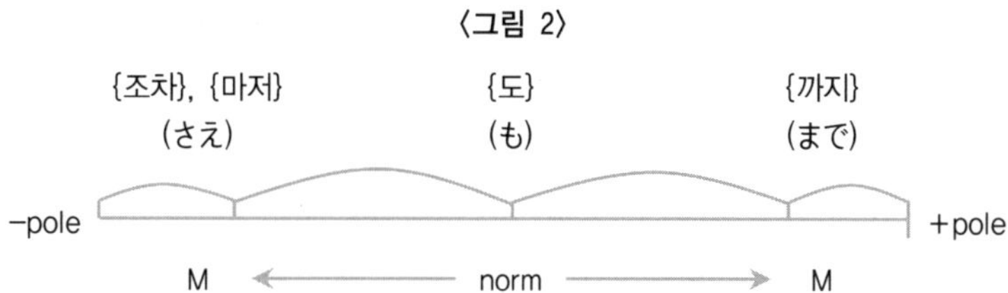

한국어 특수조사 {나}, {라도}, {나마}, {든지}, {ㄴ들} 등은 '소극적 선택'이라는 의미 기능을 공유하고 일본어의 {でも} 하나에 대응된다. 그러나 각 기능어는 '양보', '허용', '가정', '불선택' 등의 부분적인 의미 차이를 가지고 화자의 서법적인 의미를 내장하고 있기 때문에 이들을 변별하는 일본어의 대응어는 존재하지 않는다. 다만 부분적으로 {나}, {든지}가 이접적 선택을 나타내는 경우 일본어의 {か}에 대응되고, {나}는 수량 정도의 감탄을 나타내는 경우 {も}에 대응될 뿐이다.

한국어의 각 조사가 형성하는 부분적인 유의 관계를 구조도로 나타내면 다음과 같이 된다.

〈그림 3〉

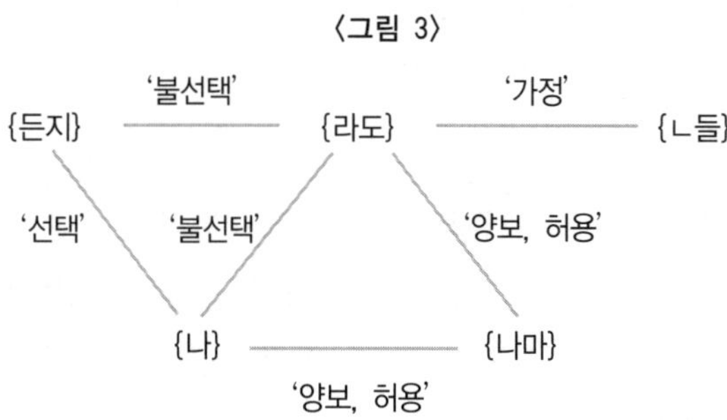

다섯 개의 유의적인 조사 중 타 조사와 유의적 교섭이 가장 활발한 것은 {라도}이다. 이는 '불선택'의 의미로 {나}, {든지}와, '허용', '불만'의 의미로 {나마}와, '가정'의 의미로 {ㄴ들}과 유의 관계를 맺고 있다. 그 다음 활발한 것은 {나}와 {나마}, {든지}이고, {ㄴ들}이 가장 활발하지 못한 기능을 보여준다. 이러한 추이성에 비례하여 그 조사의 사용 빈도도 그 순서에 따라 차이를 나타낸다.

　한국어 조사 {나}와 {라도}는 {도}와 함께 부정어에 연결하여 수량화(quantification)를 형성한다. 이들에 의해 형성되는 수량화의 양태는 다음과 같이 표시된다(홍사만, 2002a : 332).

<표 6>

		{나}	{라도}	{도}
what which wh-ever } class	부 정 문	$\forall$	$\forall$	
	긍 정 문	$\exists$	$\forall$	$\forall$

$\forall$: 보편수량화　　　$\exists$: 존재수량화

　한국어에서 '극단 예시'를 표현하는 특수조사에는 {만}류와 {까지}, {조차}, {마저}류와 {라도}류가 있으나, 그 극단의 의미를 파생하는 논리적 구조는 대동소이하다.

　　(49) a. 말만 들어도 소름이 끼친다.
　　　　 b. 버스 차비{까지, 조차, 마저} 떨어졌다.
　　　　 c. 천재{라도} 그 문제는 풀 수 없다.

　이들의 공통점은 조사의 피접항 '말', '버스 차비', '천재'가 극단적으로 예시된 항목 중의 하나라는 것과 문장의 명제 술어에 대한 가능성과 화자의 기대 방향의 논리에 결부된다. 이와 같이 특수(副)조사는 화자의 감정이나 담화의 상황과도 긴밀한 관계를 가지는 표현 기제로, 현대 한국어에 있어서 매우 중시되고 있는 의존 형태소이다.

　현재 양 언어에서 격조사는 무표화에 의해 차츰 발화에서 생략되는 경향이 있으나 특수(副)조사는 기능과 의미 면에서 보다 복잡한 양태로 발달하고 있는 추세이다.

　　이상의 논구를 종합하여 양 언어의 특수조사 및 부조사의 상관 구조도
를 그려보면 다음과 같다. 양 언어의 특수(副)조사 체계는 {는/은(は)}과
{도(も)}와 {만(だけ)}과의 삼각관계를 주축으로 하여, 주변의 여러 조사들
과 부분적인 유의성에 의해 결속하여 한 집단을 형성하고 있다(홍사만,
1993 : 55~56).

한국어 특수조사의 상관 체계도

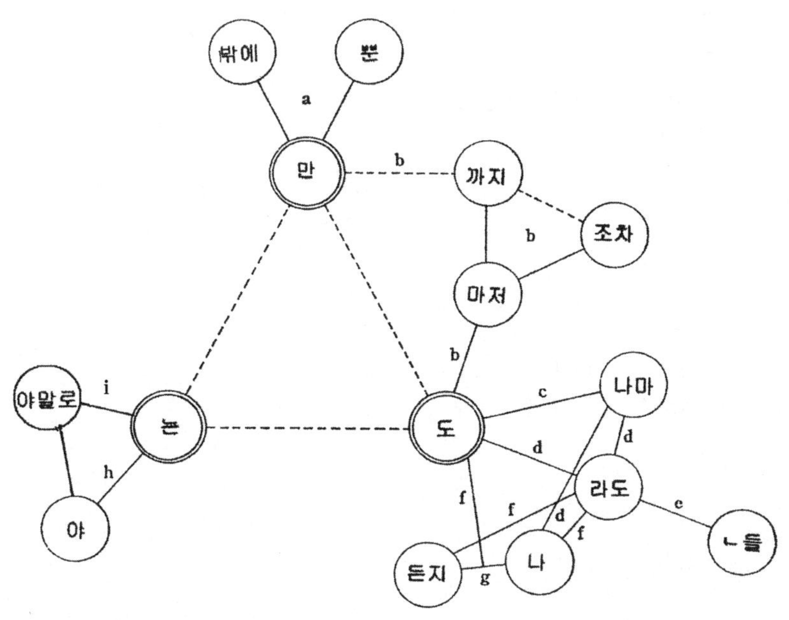

* 유의성
a : 한정　　　b : 극단 예시　　　c : 불만　　　d : 양보, 허용
e : 가정　　　f : 불선택　　　g : 선택　　　h : 표별(表別)　　　i : 강조

일본어 부조사의 상관 체계도

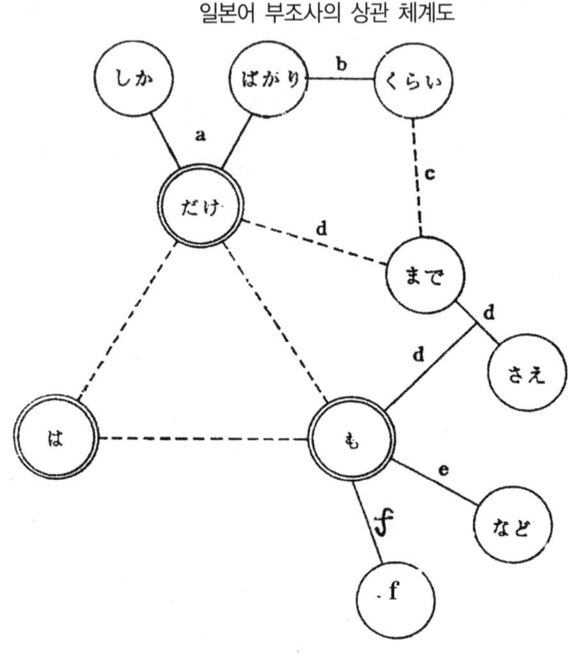

3. 요약

한·일어 문법 체계에 이른바 '조사'라는 문법 요소의 존립한다는 사실은 양 문법을 동질적 지위에 올려놓는 작용소가 되었다. 조사는 활용하지 않는 의존 형식으로 문장 속에서 어떤 어소에 연결되어 통사적으로 관계 지어주고 한정의 의미를 부가하며, 화용적 국면과 강조적 첨의 기능을 수행하는 후치적 기능어이다.

이 글은 한·일 양 언어의 조사를 격표지인 격조사와 한정 표지인 특수조사(副助詞)로 양분하여 그 분포와 기능을 총체적으로 탐색하고, 이를 바탕으로 하여 대조언어학적 관점에서 동질성과 이질성을 분석하여 기술한 것이다.

분석 결과 다기한 시각에서 조사의 분포 환경과 문법적, 의미적 기능이 천착되고 정밀하게 기술되었다. 또한 같은 원리로써 모색된 양 언어의 직접적인 대조 조작에 따라 상호 유사점과 상이점이 확연하게 노정되었다. 이러한 결과는 궁극적으로 양 언어를 외국어로 교육하는 학습자들에게 구체적인 언어 자료로 활용될 것이다.

지금까지 논한 본문 내용은 양 언어 격조사와 특수(副)조사의 외연 전체를 여러 각도에서 투사, 대응의 방식으로 적용시켜 얻은 논지들을 요목별로 정리한 것이다. 본론의 방대한 논점에서 주점이 될 수 있는 부위만을 핵심적으로 다루었기 때문에 새삼스럽게 결론을 별도로 기술할 필요가 없다. 본론 전체가 결론의 성격을 띠게 된다는 말이다.

이 글을 다시 다져 쓰는 동안 필자의 머릿속을 지배하고 있는 논점 항목 몇 개를 추린다면 ‘환경 동화’와 ‘문맥 현현’, 그리고 ‘상황’과 ‘추이’이다. 이들 항목은 조사의 분포와 기능을 정밀하게 분석하고 정확하게 기술하는 데 유용한 단서가 되었고, 양 언어를 대조적으로 접근하는 데 중요한 방향 지표가 되었다.

참고문헌

고영근(1989), 국어 형태론 연구, 서울대 출판부.

서정수(1996), 수정 증보판 국어문법, 한양대 출판원.

양인석(1973), "Semantics of Delimiter", 「어학연구」 9-2, 서울대.

이원근(1997), "우리말 도움토씨 연구", 연세대 박사학위 논문.

이춘숙(1993), "우리말 도움토씨 연구", 부산대 박사학위 논문.

趙愛淑(2001), "現代日本語における限定のとりたて詞の研究, -「だけ」, 「ばかり」, 「しか」を中心に", 筑波大学 文芸・言語研究科 博士学位論文.

채 완(1976), "조사 '는'의 의미", 「국어학」 4, 국어학회.

채 완(1984), "화제와 총칭성, 기정성, 한정성", 「목천 유창균 박사 환갑기념논문집」, 계명대 출판부.

최현배(1961), 깁고 고친 우리말본, 정음사.

홍사만(1998), 국어의미론 연구, 형설출판사.

홍사만(2002a), 국어 특수조사 신연구, 도서출판 역락.

홍사만(2002b), 한・일어 대조 분석, 도서출판 역락.

홍사만(2008), 국어의미분석론, 한국문화사.

홍윤표(1979), "국어와 조사", 「언어」 4-2, 한국언어학회.

影山太郎(1997), 動詞意味論, -言語と認知の接点-, くろしお出版.

北原保雄 外(編)(1981), 日本文法事典, 有精堂.

久野 暲(1973), 日本文法研究, 大修館.

久野 暲(1978), 談話の文法, 大修館.

此島正年(1983), 助動詞・助詞詳説, 桜楓社.

鈴木重幸(1972), 日本語文法・形態論, むぎ書房.

沼田善子(1986), "とりたて詞", 「いわゆる日本語助詞の研究」, 凡人社.

三上 章(1970), 文法小論集, くろしお出版.

渡邊 実(1971), 国語構文論, 塙書房.

Jespersen, O.(1955), *The Philosophy of Grammar*, London: Allen.

Li, Ch, & S. Thompson(1976), Subject and Topic, In Li(ed.).

‖유장옥‖

한·일 수동 구문의 대조 연구

1. 표현기능의 차이

이 글은 현대의 일본어와 한국어에 있어서 수동표현의 표현기능과 그 표현발상에 관한 대조연구로서, 수동표현의 문형과 표현기능, 그리고 그 표현발상의 관련성을 중점적으로 분석하고, 그 속에 내재되어 있는 규칙성의 상이점을 규명하고자 한다.

일본어에 있어서의 수동표현은 한국인에게 있어서 그 표현의 의미가치를 완전하게 이해한다고 하는 것은 대단히 어려운 일이라고 생각된다. 수동이라는 개념은 일반적으로,

(1) a. 泥棒が警官につかまえられた。
    b. 도둑이 경찰관에게 붙잡혔다.

(1)의 예문에서 '泥棒'가 '警官'에게 'つかまえる'라는 동작을 당했다는 것과 같이, 외부의 어떠한 事象으로부터의 동작, 작용 그리고 영향을 받는다고

하는 의미적인 조건을 소유하고 있다. 또한, '警官が泥棒をつかまえた'와는 달리, 수동에는 동작·작용·영향을 받는 수동자인 '泥棒'의 입장에서 표현한다고 하는 명확한 방향성이 내포되어 있는 것이다.

이러한 수동의 개념을 충족시킬 수 있는 양국어의 수동표현을 검토, 분석, 대조하여 보면,

> (2) a. 犬に<u>かまれた。</u>
>   b. 개에게 <u>물렸다.</u>

> (3) a. 子供は父に<u>死なれて</u>…
>   b.*아이는 아버지가 <u>죽어서</u>…

> (4) a. となりに家を<u>建てられて</u>…
>   b. *이웃이 집을 <u>지어서</u>…

(2)~(4)의 예문에서 볼 수 있듯이, (2)의 문장은 양국어에서는 'かむ—かまれる', '물다—물리다'와 같이 잘 대응이 성립되고 있지만, (3)과 (4)의 예문은 '死ぬ—死なれる', '建てる—建てられる'라는 수동 형태에 '죽다', '짓다'라는 한국어 형태는 수동성립이 불가능하여 대응을 이루지 못하고 있음을 알 수 있다.

이와 같은 수동표현상의 문제점은 자신의 모국어의 표현발상과 형태·구문·의미를 기준으로 하여 외국어를 이해하려고 하는 데에 기인하는 것이라고 생각된다.

그러므로 일반적인 수동의 개념에 근거하여, 양국어에 있어서의 동사의 특성에 의해서 수반하여 구성되는 구문의 문형에 담겨 있는 표현발상의 근원을 대조·분석·기술하여 표현기능과 발상의 차이점에 관하여 규명해 보고자 한다.

2. 구문의 특성과 표현기능의 대조분석

　동작주의 동작·작용·영향이 다른 어떠한 것에 미치는 방향성과 미치는 방식을 주로 하여, 수동표현의 형식을 크게 2종류로 나누어 생각했다. 동작주의 동작·작용·영향이 이해관계를 수반하지 않고 단순히 피동작주에게 전하여진 결과로 말미암아 빚어진 단순한 결과상태만을 나타내고 있다고 할 수 있는 '單純受動'과 동작주의 동작·작용·영향이 피동작주에게 전달되는 방식에서 어떠한 형태로든지 조금이라도 이해관계의 의미를 수반한다고 볼 수 있는 '利害受動'으로 나누어 생각할 수 있겠다. 그리고 '單純受動'은 능동문의 주어에서 내려간 동작주가 생략되지만, 문장이 나타내는 사태에 동작주의 행위가 의식되는 '降格受動'과 어떤 대상의 속성을 진술하는 '属性記述受動'으로 나누어 생각해 볼 수가 있겠다. 그리고 '利害受動'은 동작주의 동작·작용·영향이 직접적으로 수동자인 대상에 미치는 것을 '直接対象受動', 서로 상대적인 입장에서 주고받는다는 상황에 있다는 것을 '相対受動', 소유의 개념 관계에 있는 것에 미치는 것을 '所有主受動', 능동의 표현형식에 나타나 있지 않은 타자인 제3자에게 미치는 것을 '第3者 受動'으로 나누어 설정할 수 있겠다. 이렇게 설정한 수동표현 형식을 종류별로 나누어 대조분석하기로 한다.[1]

1) 單純受動

(1) 降格受動

　降格受動이란 '(NP₁が)NP₂をVtる → NP₂がVt(ら)れる'와 같은 구조를

---

[1] 鈴木重幸(1982 : 276~284).

가진 수동표현 형식으로서, 능동문의 주어에서 내려간 동작주가 생략되지
만 문장이 나타내는 사태에 동작주의 행위가 의식되는 형식이다.

> (5) a. 戦いが何日もしつように続けられた。
> b. 전쟁이 며칠이나 집요하게 계속되었다.

> (6) a. そのような信仰は今日失われている。
> b. 그와 같은 신앙은 오늘날 상실되었다.

> (7) a. 個性がその時代にはまだ尊重されていなかった。
> b. 개성은 그 시대에는 아직 존중되고 있지 않았다.

예문 (5)～(7)의 형식은 '춘'격의 위치에 있는 목적어를 피동작주로 간주
하여 성립된 수동표현으로서, 피동작주는 'は'격을 취하는 경우는 드물고,
주로 'が'를 취하는 'が'격 피동작주의 형식을 구성하는 점에 특징이 있다.

森田良行(1973)에서는 318개 예 중에서 123개의 예가 이러한 형식으로
서, 사용률이 39%나 되어 전체 수동형식 중에서 가장 많이 사용되는 것으
로 나타났다. 그리고 국어사적으로 보아서 비정의 수동은 비교적 새로운
형식이기 때문에 대수롭지 않게 여겨지는 경향이 있는데, 평소 사용하는
수동의 약 40%가 이 종류의 수동이라는 사실에 유의하여 일본어교육의
현장에서도 더욱 비중 있게 취급하고, 확실하게 가르칠 필요가 있을 것이
다. "비정의 수동은 본래 일본어적 발상이 아니다"라고 하여 "바람직하지
못한 일본어", "서구어적 발상의 일본어"라고 하는 것에의 반성으로 삼고
싶다고 하였다.

이러한 형식의 비정의 수동이 많이 사용된다고 하여도 피동작주가 될
수 있는 것에는 어떤 종류의 경향과 제약이 보인다. '額が掛けられた', '電
気がつけられた'식의 사물이 주체가 되는 예는 의외로 적다. 압도적으로
많이 나타나는 것이 추상명사이고, 그 외 'する', 'という', 'ような' 등을 형
식명사 'わけ', 'こと', 'もの', 'の' 등으로 받는 형, 그리고 지시대명사 'こ

れ’, ‘それ’ 등이 주된 것이다. 사물의 피동작주로서는 ‘記念切手が発行され
た’, ‘10カラットのダイヤが売りに出された’, ‘新薬が発見された’, ‘人工衛星
が打ち上げられた’, ‘処女作が出版された’ 등 새롭게 일이 일어나든지, 또는
새로운 사물이 출현할 경우에 자주 이러한 형식의 비정의 수동을 사용하
게 되는 것 같다. 그 외 ‘源氏物語は平安時代に書かれた’, ‘源氏物語が書か
れた時代’와 같은 과거의 사실에도 사용된다. 추상명사를 被動作主로 한
예로서는 ‘意味が示され’, ‘価値が見出され’, ‘考えが受け入れられ’, ‘感慨が深
められ’, ‘観念が偶像化され’, ‘問題が提示され’, ‘芸術が否定され’, ‘大会が開
かれ’ 등과 같은 것들이 많다. 이러한 표현에는 피해의식이 전혀 담겨져
있지 않은 상태성의 의미가 짙어서, 단순한 결과상태만을 나타낸다고 할
수 있다.

(2) 属性記述受動

属性記述受動이란 ‘NP₁がNP₂をVtている → NP₂はNP₁にVt(ら)れている’
와 같은 구조를 가진 수동표현 형식으로서, 어떤 대상의 속성을 진술하는
특성을 지닌 것이다.

(8) a. この本は若い人によく<u>読まれている</u>。
     b. 이 책은 젊은 사람에게 잘 <u>읽혀지고 있다</u>.

(9) a. 彼はみんなによく<u>知られている</u>。
    b. 그는 모두에게 잘 <u>알려져 있다</u>.

(10) a. 甲板が波に<u>洗われている</u>。
     b. 갑판이 파도에 <u>씻겨지고 있다</u>.

(11) a. あの先生はみんなにとても<u>親しまれている</u>。
     b. 그 선생님은 모두에게 매우 <u>친해져 있다</u>.

(12) a. セラミックが飛行機のエンジンに<u>使用されている</u>。
　　 b. 세라믹이 비행기 엔진에 <u>사용되고 있다</u>.

예문 (8)~(12)에서 알 수 있듯이 屬性記述受動은 문형적으로는 피해의 의미를 가진 수동은 되지 않고 순수하게 문법상의 이유에서 수동이 되는 형식이다. '戸が閉めてある'를 '戸が閉まっている'와 같이 '他動詞＋てある'를 '自動詞＋ている'로 대치시킬 경우 대응되는 자동사가 존재하지 않을 때, 타동사를 수동형으로 하여 자동사화 시켜 타동사의 '受動形＋ている' 형태의 표현을 사용한다고 할 수 있겠다.

他動詞＋てある → 自動詞＋ている
　　　　　 → <u>他動詞＋受動＋ている</u>
　　　　　　　　 自動詞化

이와 같은 수동형을 취하게 됨으로써 표현의 의미적인 효과는 완곡적인 단정으로서 객관성·보편성을 띠게 된다. 따라서 보편성·일반성을 요구하는 공적 문장표현인 신문기사·논설문 등에서는 이와 같은 '他動詞＋受動＋ている' 형식을 많이 사용한다. 그러므로 표현의미는 객관적이다. 이와 같은 형식에는, 흔히 눈으로 직접 파악하기 어려운 현상 등 사회적 사실을 표현하는 '言う', '述べる', '触れる', '論議する', '宣伝する', '買う', '売る', '書く', '考える', '限る' 등과 같은 동사들이 많이 사용된다.

(3) 수동표현형의 자동사 기능

益岡隆志(1987)에서는 자발성을 나타내는 적당한 자동사 표현이 없는 경우, 降格受動이 그 빈자리를 메우는 기능을 하는 일이 있다고 하였다.

寺村秀夫(1982)는 동사의 자·타와 수동·사역의 관계에 관하여, 타동사 쪽에서 자동사 쪽을 보면, 배후 그 연장선상에 자발, 가능, 수동형이 보이고, 자동사 쪽에서 타동사를 보면, 그 맞은편에 사역형이 보인다. 타동사에 대립하는 자동사가 없을 때 표현적으로는 수동이 그 역할을 하는 일이 있고, 반대로 자동사에 대한 타동사가 없을 때 사역이 그 역할을 대행하는 일이 있다고 하였다.

절대타동사에 의한 수동은 피동작주가 유정물일 때는 수동의 의미가 강하지만, 피동작주가 비정물일 때는 자동사의 기능을 하는 일이 대부분이다. 또한, 동작주를 특별히 내세울 필요가 없는 경우나 동작주를 특별히 한정하지 않는 경우 등에 술어동사가 어떤 성질, 특징 등을 말하는 '属性記述文'이나 감각, 사고, 발화, 기술 등을 나타내는 동사의 수동은 자동사의 기능을 하는 일이 많다고 할 수 있겠다.

① 형태론적 조건

동작주가 배경화된 降格受動은 자주 어떤 종류의 자동사문과 같이 자발의 표현이라고 간주할 수가 있는 것이다.

佐久間鼎(1966)에서는 三上 章(1980)가 수동형의 어말 형태인 (ら)れる의 형태를 가진 자동사로 '生まれる', '恵まれる'와 같은 동사를 '異相動詞(deponent verb)'라 칭하여 수동형태와 구분하였다고 하였다. 사전에는 '呼ばれる', '行われる', '浮かれる', '剥がれる' 등과 같은 동사들이 자동사로서 등재되는 수가 점차 늘어나고 있다.

② 구문·의미론적 조건

益岡隆志(1987)에서는 '降格受動文' 중에는 타동성이 그다지 느껴지지 않기 때문에 자동사를 사용한 표현에 근접하는 것도 있다고 하였다.

    (13) 今回の調査の結果、原因が<u>解明された</u>。
       その部屋の温度が20度に<u>保たれていた</u>。

이들의 예에서 알 수 있듯이 어떤 종류의 '降格受動文'은 橋本進吉(1969)의 지적처럼 실질상, 자동사문에 상당하는 표현이라고 생각해도 좋을 것이다. 동작주를 포함하는 능동문이 전형적인 타동표현인데 대하여, 동작주가 배경화된 강격 수동은 자주 어떤 종류의 자동사문과 같이 자발의 표현이라고 간주할 수가 있는 것이다. 자발성을 나타내는 적당한 자동사 표현이 없는 경우 강격수동이 그 빈자리를 메우는 기능을 하는 일이 있다고 생각되는 것이라고 하였다.

타동사에 대립하는 자동사가 없을 때, 즉 동사가 절대타동사일 때 수동이 그 역할을 담당한다는 사실을 수동 표현문을 통해서 살펴보고자 한다. 이 구문의 조건으로서는 수동에 목적격조사 '춘'가 나타나지 않아야 한다.

(14) a. 床がぴかぴか<u>磨</u>かれている。
　　 b. 마루가 번쩍번쩍 <u>닦여</u> 있다.

(15) a. すでに証拠は<u>握</u>られている。
　　 b. 이미 증거는 <u>잡혀</u> 있다.

(16) a. 彼の名前がまっさきに<u>呼</u>ばれた。
　　 b. 그의 이름이 맨 먼저 <u>불렸다</u>.

(17) a. 頭に白い布が<u>巻</u>かれている。
　　 b. 머리에 흰 천이 <u>감겨</u> 있다.

(18) a. 新しい雑誌が<u>発行</u>された。
　　 b. 새로운 잡지가 <u>발행되었다</u>.

(14)~(18)의 a는 '磨く, 握る, 呼ぶ, 巻く, 発行する'와 같이 모두 대립을 이루는 자동사가 없는 절대타동사로 이루어진 수동이다. b에서는 '닦다, 잡다, 부르다, 감다, 발행하다'의 수동형으로서 대응을 잘 이루고 있음을 알 수 있다. 술어동사의 기능이 자동사의 기능과 같다고 생각된다.

위와 같은 비정물 주어의 수동은 일본적인 것이 아니라는 주장이 있으나, 清水慶子(1980)에 의하면 일본 본래의 자연스러운 수동은 유정물에서 유정물에의 타동사로, 유정물이 주어가 되는 경우가 근세까지는 조사대상

의 83.2%~86.3%로 절대적으로 많았으나, 근대의 조사대상에서는 62.8%
로 줄었다고 한다.

    (19) a. この種の本は若い人に<u>読まれて</u>いる。
         b. 이 종류의 책은 젊은 사람에게 흔히 <u>읽혀지고</u> 있다.

    (20) a. この靴は若い女性に<u>履かれて</u>いる。
         b. 이 신발은 젊은 여성에게 흔히 <u>신겨지고</u> 있다.

   (19), (20)의 a와 같은 수동은 'この種の本', 'この靴'와 같은 비정물인
경우에는 'に'구문의 '属性記述文'으로 표현되지 않으면, 수동화가 곤란한
것이다. 왜냐하면 '*この種の本は彼によって読まれている'와 '*この靴は彼
女によって履かれている'와 같은 표현은 부자연스러운 문이 되어 버리기
때문이다.

    (21) a. 彼の見識が<u>疑われる</u>。
         b. 그의 식견이 <u>의심된다</u>.

    (22) a. 彼の話は楽しく<u>感じられた</u>。
         b. 그의 이야기는 즐겁게 <u>느껴졌다</u>.

   (21), (22)의 a문은 자발적 수동이다. 이 형식은 보통 단순수동의 비정
물 수동에서 흔히 볼 수 있는 형태이지만, 동사의 의미가 자발을 유도할
수 있는 사고에 관계되는 동사이므로 능동형식의 주어는 통상 자기 자신
이라는 점이 다르다.
   일본어에 대응을 이루는 한국어의 형태는 '의심하다→의심되다', '느끼
다→느껴지다'의 수동형태가 나타난다.

    (23) a. このあたりは海であったと<u>いわれて</u>いる。
         b. 이 부근은 바다였다고 <u>일컬어지고</u> 있다.

(24) a. 梅雨明けが早まるものと<u>予想されている</u>。
　　　 b. 장마가 걷히는 것이 빨라질 것이라고 <u>예상되고</u> 있다.

　(23), (24)와 같은 문장은 'NP₁がS(文)とVている'의 능동문 구조를 수동화함으로써 'S(文)とV(ら)れている'로 바뀌는 문장구조이다. 이러한 문장구조를 이루는 술어동사는 감각, 사고, 발화, 기술을 나타내는 동사이다.

　이와 같이 비정물을 주어로 한 수동표현이 널리 쓰이는 것은 일반적인 사실을 나타내는 표현으로, 동작주를 내세울 필요가 없는 경우나 동작주를 특별히 한정하지 않는 경우이다. 그러므로 대개 완곡적인 단정으로서 객관성, 보편성을 가지며, 기사문, 논설문, 연설문 등의 공적인 문장에 많이 사용된다.

　이와 같은 특징을 가진 문장의 술어동사는 절대타동사가 주로 쓰이며, 이러한 형식은 '他動詞て＋ある' 대신에 '自動詞て＋いる'로 바꾸는 경우, 타동사를 수동형으로 하여 자동사화 하여 '受動形＋ている'의 형식을 이루는 것이다.

2) 利害受動

(1) 直接対象受動

　直接対象受動이라는 것은 'NP₁が NP₂を Vtる →NP₂は NP₁にVt(ら)れる'와 같은 형식으로, 능동문의 목적어가 수동문의 주어가 되고 능동문의 주어가 수동문의 보어로 위치 전환하는 문장의 구조를 가진 전형적인 수동의 문형으로서, 수동문의 주어가 동작주의 직접적인 대상이 되어 그 동작·작용·영향을 받는 수동의 표현을 말한다.

　이러한 특징을 가진 수동문은 주어의 의미자질, 즉 유정성과 비정성에 의해서 두 가지로 나눌 수 있다. 이러한 문형의 구문적 조건을 갖춘 문장

으로서 동작주와 피동작주가 유정물인 경우부터 예로 들면,

> (25) a. 私は先生にほめられました。
>   b. 나는 선생님께 <u>칭찬받았습니다</u>.

> (26) a. 犯人が刑事に<u>つかまえられた</u>。
>   b. 犯人이 刑事에게 <u>붙잡혔다</u>.

> (27) a. 竹山は耕介に<u>呼ばれて</u>きた。
>   b. 竹山는 耕介에게 <u>불려</u> 왔다.

예문 (25), (26), (27)에서 일본어의 수동문인 a에 한국어인 b가 대응을 잘 이루고 있다는 것을 볼 수 있다. 이러한 수동문의 의미는 동사의 본래의 의미특성에 의해서 객관적으로 나타나지만, 예문 (25)를 제외한 (26), (27)의 예문은 수동자는 동작주에 의해서 직접적으로 어떠한 것을 당한다는 희생자적인 의식이 근저에 깔려 있는 전형적인 수동의 형식이다.

또한, 이러한 구문에서 물리적인 행위에 의한 신체적 피해라든지 추상적인 事象에 의한 현상적 피해의 표현도 가능하다고 생각된다.

다음의 예문 (28)을 보면 앞과 같은 표현기능을 더욱 잘 알 수 있다.

> (28) a. 泥棒が警察に<u>つかまえられた</u>。
>   b. 도둑이 警察에게 <u>붙잡혔다</u>.
>   a′. 泥棒が警察に<u>つかまった</u>。
>   b′. 도둑이 警察에게 붙잡혔다.

예문 (28)에서 'つかまえられた'는 'つかまった'와 문장 중에 있어서의 역할은 거의 같다고 할 수 있겠다. 그러나 주관적인 의미의 성격을 가지고 있는 'れる·られる'에 의한 표현은 자동사의 표현 가치와는 다르다. 寺村秀夫(1982)에서는 결국 a′문장에서는 단순히 '泥棒'가 잡혔다는 결과적인 사실의 인상을 주지만, a문장에서는 '泥棒'가 주역이 되어 수동적인 피해

의 감정이 내포되어 있다고 하였다. 그러나 a와 a′에 대응을 이루고 있는 b와 b′에는 전혀 차이점이 없는 것이다. 그러므로 일본어에 있어서의 수동의 표현에는 동작을 당하는 쪽의 방향과 결과적 상태뿐만 아니라 감정도 내포되어 있지만, 한국어에 있어서의 수동표현에는 동작의 방향과 결과적 상태만을 나타낸다고 할 수 있겠다.

한편, 수동문의 주어가 비정물인 예문 (29), (30)과 같은 경우는 유정물인 경우와는 달리 피해의식이 거의 없다고 할 수 있다. 비정물이 주어인 수동의 표현은 일본어의 본래적인 것에서는 없다고 일컬어지고 있다. 그러나『現代語の助詞・助動詞』(国立国語研究所, 1970)에 수록된 수동표현의 12개의 예문 중에서 11개의 예문이 비정물의 주어인 것을 보아도 결코 무시할 수 없는 수동표현의 형식이라고 생각된다.

다음 주어가 비정물인 경우를 보면,

> (29) a. <u>オリンピク</u>は4年ごとに<u>行われる</u>。
> b. <u>올림픽은</u> 4年마다 <u>행하여진다</u>.

> (30) a. <u>このことばが広く用いられる</u>ようになったのは、明治以降である。
> b. <u>이 말이</u> 널리 <u>쓰이게 된</u> 것은 명치 이후이다.

예문 (29), (30)과 같이 일반적인 사실을 서술한 표현으로, 동작주를 내세워 명시할 필요가 없는 경우나 또한 특정할 수 없는 경우에는 행위를 받는 대상을 주격으로 하는 수동문이 사용된다. 비정물을 주어로 설정한 수동문이 사용되는 것은 이와 같은 경우에 한정되지만, 이 용법의 사용은 근년 상당히 많아지고 있는 듯하다.

(2) 相対受動

상대방이 적극적으로 동작・작용・영향을 주어서 수동자 쪽이 받는다는 의미가 강한 표현의 형식이다.

문장의 술부를 이루는 동사의 의미특성에 의해서 동사가 'NP₁がNP₂に する'와 같은 문장에서 'に対して'의 의미를 가진 조사, 결국 'に'를 취하는 対者·対物의 관계를 구성하는 자동사에 의한 문장과 능동자를 'に'격으로 나타내는 이외에 'から'격으로도 나타낼 수 있는 대인관계를 전제로 한 타 동사에 의한 문장으로 나누어 분석하기로 한다.

① NP₁が NP₂に Viる → NP₂は NP₁に Vi(ら)れる 文型

자동사가 문장의 술부를 구성하는 수동문이지만 반드시 피해의식만을 가진다고 할 수 없는 표현이다. 그 실제표현의 예를 들면,

> (31) a. 先生は生徒になつかれた。
>   b. *先生님은 학생에게 따라졌다.
>
> (32) a. 花子は子供にくっつかれている。
>   b. *花子는 아이에게 달라붙여져 있다.
>
> (33) a. 経済は政治に影響される。
>   b. ?경제는 정치에 영향받는다.

예문 (31)~(33)에서 (33)의 '経済'와 같은 비정의 수동문도 있지만, 주로 (31), (32)와 같은 인간 대 인간의 수동표현이 많다고 할 수 있다. 인간 대 인간의 수동문은 대부분이 다소의 피해의식을 가지고 있지만, (33)과 같은 비정의 수동표현은 동사 본래의 의미특성에 의해서 객관적으로 의미 가 나타난다고 생각된다.

한편, (31)~(33)의 일본어의 표현에는 (31)~(33)의 각 b와 같은 한국 어의 수동형태가 상응될 수 없다.

(31), (32)의 b의 술어가 '지다'에 의한 수동표현의 형태이므로 동작성 이 약하기 때문이다. 그리고 (33b)에서도 '영향주다—영향받다'의 관계는 수동표현의 형태가 아니라 대칭동사를 사용한 것에 지나지 않기 때문에

수동형이라고 인정하기에는 어려움이 있다고 생각된다.

② NP₁が NP₂に NP₃を Vtる →NP₂は NP₁に NP₃を Vt(ら)れる 文型

이러한 구조의 문장은 상대 쪽에서 적극적으로 동작을 걸어오리라는, 직접적으로 동작을 나타내는 경우가 대부분이다. 그러므로 직접적이고 동작성이 강하다. 그것은 문장의 술부동사는 대인관계를 전제로 한 타동사이기 때문이다.

다음 그 예문을 들어 보면,

    (34) a. 主演女優は観客から花束を<u>贈られた</u>。
         b. 주연 여우는 관객으로부터 꽃다발을 <u>받았다</u>.

    (35) a. 私は彼に多くのことを<u>教えられた</u>。
         b. 나는 그에게 많은 것을 <u>배웠다</u>.

(34), (35)와 같은 문장은 동작주 '観客, 彼'가 피동작주 '主演女優, 私'를 상대로 어떠한 행위 '贈る, 教える'를 미친 경우에 동작주의 입장에 서서 취하는 표현이다. 이 경우 능동문의 '를'격의 형은 수동문에 그대로 남는 특징도 있다.

또한, 예문 (34), (35)와 같이 문장의 술부의 동사는 대인간 관계를 전제로 한 동사, 즉 'NP₁さんからNP₂さんに'에서의 동작, 행위를 나타내는 타동사에 한정된다. 술부의 동사가 대인관계를 전제로 한 타동사이므로 능동자인 '観客・彼'를 'に'격으로 나타내는 것 이외에 'から'격 내지는 'によって'로 나타낼 수 있는 특징이 있다.

한편, 일본어의 수동표현에 상응되는 한국어에 있어서는 '주다-받다, 가르치다-배우다'와 같은 의미적인 대칭동사가 사용되는 것을 알 수 있다.

이러한 형식의 표현의 의미는 동사의 의미특성에 의해서 객관적으로 나타난다고 할 수 있겠다. 그러나 '負うた子に浅瀬を教えられる'와 같이 은혜

의 표현이라고만 보기 어렵고, 약간의 당혹감이 내포되어 있는 표현문이 적지 않다고 생각된다.

(3) 소유주 수동

일본어의 '持ち主の受身' 형식을 갖춘 수동문의 표현의미에 관하여 여러 학자들에 의하여 많은 언급이 이루어져 왔다. 지금까지의 대다수의 분석에서는 의미를 기준으로 '利害の受身'이라든가 '間接受動'으로서 취급되어 왔다. 그러나 상세하게 분석하여 보면 반드시 그러하지만은 않다는 사실을 알 수 있다.

(36) 私はスリにさいふを<u>とられた</u>。

예문 (36)에 대응되는 능동문으로서 'スリが私のさいふをとった'를 설정할 수 있다. 이 문장은 'さいふ'를 'スリ'에게 'とられた'라는 사실과 그 'さいふ'의 소유주인 '私'와의 관계에 초점을 맞춘 수동문이다.

그래서 지갑이 소매치기에게 빼앗김으로써 그 소유주인 '私'가 피해, 손해 등과 같은 것을 받았다는 것을 나타내고 있다.

이와 같은 문장의 구조를 가진 수동문은 대부분의 경우, 피해·손해·미혹 등을 받았다는 의미를 내포하고 있다고 일컬어지고 있다. 그러나 반드시 그렇지도 않은 의미를 가진 수동문도 있다는 데에 주의를 하지 않으면 안 된다. 다음에 그 좋은 예를 들어보면,

(37) 中村さんは先生に娘を<u>ほめられ</u>、得意になった。

예문 (37)의 문장은 능동문으로서 설정할 수 있는 '先生が中村さんの娘をほめた'라는 문장에서 도출된 수동문이다. 수동문과 능동문이 문장구조면에서는 '私はスリにさいふをとられた'의 문장구조와 전혀 형식면에서는 차

이를 찾아 볼 수 없는 구조임을 잘 알 수 있다. 그러나 (37)의 문장의 뒤편에 나타나 있는 '得意'라는 단어에는 [+好意的]인 의미가 강하게 내포되어 있으므로 피해·손해·미혹 등의 [+被害的]인 의식이 전혀 없어서, 오히려 이익을 받고 있다는 것을 나타내는 경우이다.

예문 (36), (37)의 수동문은 '間接受動'으로 취급되어 왔다. 그러나 수동문과 능동문의 문장구조에서는 (36), (37)과 조금도 다름이 없으나, 피동작주와 피소유물의 관계에서 볼 때, 결코 간접적인 의미만을 갖지 않는 수동문이 있다.

(38) 私は中村に足を踏まれた。

예문 (38)에서도 능동문의 구조는 '中村が私の足を踏んだ'로서, 예문 (37)과는 전혀 변함이 없는 형식이다.

그러나 피동작주인 '私'와 피소유물인 '足'의 관계가 피동작주의 신체의 일부분으로서, 不可讓渡性의 관계라는 특성을 가지고 있다. 그러므로 피소유물 '足'에 끼쳐지는 통증과 같은 피해는 피동작주인 '私'에게 있어서는 결코 간접적이라고 간주할 수밖에 없다고 생각된다.

이러한 점들을 고려하여, 일본어에서 'NP₁がNP₂のNP₃をVtる → NP₂は NP₁にNP₃をVt(ら)れる'와 같은 구조를 가진 수동문의 의미에 따른 분류를 재시도하고자 한다.

분류의 기준은 'NP₂'와 'NP₃'의 상관관계를 중심으로 분석하기로 한다. 피동작주와 피소유물의 관계에 따른 표현의미에 의하여 직접적인 경우와 간접적인 경우로 나누어 기술하기로 한다.

① 직접적인 경우

수동문의 분류에 있어서 중요한 기준이 될 수 있는 것은 그 수동문의 표현의미가 이해관계를 나타내는 것에서 수동문의 주어가 어떤 동작·행위 또는 사태의 직접적인 대상이 되고 있는지, 또는 간접적으로 영향을 받고 있는 데에 머무르고 있는지 하는 것으로 바뀌고 있는 추세이다.

直接受動文은 수동문의 주어가 직접적으로 타인의 동작 · 행위의 영향을 받거나 대상이 되고 있다는 의미를 나타내는 것이다. 이러한 直接受動文은 능동문과 대응을 이루는 특징이 있다.

(39) a. 子供は犬に顔を<u>なめられた</u>。
　　 b. 아이는 개한테 얼굴을 <u>핥였다</u>.

(40) a. 僕は足を<u>ふまれたら</u>、相手がおとなでも注意するよ。
　　 b. 나는 발을 <u>밟히면</u>, 상대가 어른이라도 주의 주어요.

예문 (39)a의 능동문은 '犬が子供の顔をなめた'와 같이 설정할 수 있다. 그와 같은 능동문의 상황을 '子供'의 입장에 초점을 맞추어서 표현한 수동문이 (39)이다.

(40)a도 역시 능동문 '相手が僕の足をふんだ'라는 상황에서 '僕'의 입장에 초점을 맞추어서 나타낸 수동문이다.

한편, 이 글의 연구방법에서 제시한 한국어 능동문의 이중목적격의 성립 여부에 의한 일본어 수동문의 직접 · 간접에 관한 검토를 시도하여 보기로 한다.

예문 (39), (40)의 각각 b문장을 검토 대상으로 하여 전개하여 분석한다.

(41) a. 아이는 개한테 얼굴을 <u>핥였다</u>.
　　 b. 개가 아이를 얼굴을 핥았다.

(42) a. 나는 발을 <u>밟히면</u>, 상대가 어른이라도 주의 주어요.
　　 b. 상대가 나를 발을 밟으면, 어른이라도 주의 주어요.

예문 (41), (42)에서 알 수 있듯이 각각 a의 수동문에 대응되는 b의 능동문이 성립가능하며, 이중목적격이 하나의 문장 속에 존재하여도 별로 거부감이 들지 않음을 발견할 수 있다.

그것은 동작을 받는 '이'와 '얼굴', '나'와 '발'의 관계가 서로 분리할 수 없는 신체의 일부분이기 때문일 것이다.

    (43) a. ?아이는 개한테 도시락을 <u>핥였다</u>.
         b. ?개가 아이를 도시락을 핥았다.

    (44) a. ?나는 가방을 <u>밟히면</u>, 상대가 어른이라도 주의주어요.
         b. ?상대가 나를 가방을 밟으면, 어른이라도 주의주어요.

예문 (43), (44)은 예문 (41), (42)에서 이중목적격이 후항 목적격의 위치에 '얼굴'과 '발' 대신에 '도시락'과 '가방'을 대치시켜 보았는데, 문장이 능동과 수동 모두 다 부자연스러운 것이 됨을 알 수 있다. 그것은 (41), (42)의 '아이'와 '얼굴', '나'와 '발'의 관계는 신체의 일부분으로서 분리하려고 해도 분리할 수 없는 不可讓渡性의 관계에 있기 때문에, (41), (42)에서의 a와 같은 이중목적격의 문장이 성립될 수 있다. 그리고 (41), (42)의 b와 같은 이른바 목적격 수동문도 자연스럽게 성립됨을 알 수 있다.

한편, (43), (44)의 a에서는 '아이'와 '도시락', '나'와 '가방'의 관계는 소유주와 소유관계에 있는 피소유물의 관계에 있기는 하지만, 不可讓渡性의 관계가 아니라 항상 분리, 양도 가능한 관계에 있으므로 이중목적격의 문장으로서 부자연스러움을 느끼게 된다. 그리고 b의 문장도 a의 이중목적격 문장이 성립되지 않음으로써, 자연스러운 수동문으로 받아들여지기 어려운 것이 된다.

일본어에서는 '*犬が子供を顔をなめた'와 같은 이중목적격 문장은 비문이 되어 버린다. 桜木紀子(1991)에서는, 그것은 같은 의미·기능을 가지고 동일한 발음을 가진 격조사는 하나의 문장 안에 복수로 사용할 수가 없다는 제한이 있기 때문이라고 하였다. 그러나 한국어에서 제한이 심한, 이른바 목적격 수동문과 같이, 수동문 속에 목적격 명사구에 수반되는 조사

'を'가 'NPをV(ら)れる'의 형태로 빈번히 쓰임을 볼 수 있다. 이러한 구조
를 이룰 수 있는 조건은 술어동사가 타동사이고 동작성이 강하면 된다.

    (45) a. 俺は奈緒実さんに心を<u>うばわれて</u>いたんだ。
         b. 나는 奈緒実양에게 마음을 <u>빼앗기고</u> 있었던 것이다.
         c. 奈緒実양이 나를 마음을 빼앗고 있었던 것이다.

    (46) a. 田中は中村に弱点を<u>つかまれた</u>。
         b. 甲中는 中村에게 약점을 <u>잡혔다</u>.
         c. 中村가 田中를 약점을 잡았다.

    (47) a. 竹山は京子に名前を<u>呼ばれて</u>、ふり返った。
         b. 竹山은 京子에게 이름을 <u>불려</u>, 돌아보았다.
         c. 京子가 竹山를 이름을 불러, 돌아보았다.

   예문 (45), (46), (47)에서의 피동작주와 피소유물의 관계는 예문 (41),
(42)에서와는 달리 신체의 일부분이라고는 보기 어려운 것이지만, 한 · 일
양 언어에서 자연스러운 문장을 이루고 있음을 볼 수 있다. 그 또한 '俺',
'나'와 '心', '마음', '田中'와 '弱点', '약점', '竹山'와 '名前', '이름'의 관계는 심
리, 성질, 이름 등으로서, 피동작주와 피소유물의 관계가 不可讓渡性의 관
계에 있으므로 직접적인 수동의 분위기가 짙다고 할 수 있다. 그것은
(45), (46), (47)의 c에 설정한 한국어의 이중목적격 문장이 자연스럽게
성립되는 것을 보면 알 수 있을 것이다.

    (48) a. 夫が妻に上着を<u>やぶられた</u>。
         b. 남편이 아내한테 윗도리를 <u>찢기었다</u>.
         c. 아내가 남편을 윗도리를 찢었다.

    (49) a. 花子は犬にスカートを<u>かまれた</u>。
         b. 花子는 개한테 치마를 <u>물렸다</u>.
         c. 개가 花子를 치마를 물었다.

예문 (48), (49)에서의 '上着'와 'スカート'는 '夫'가 착용하고 있는 옷이거나 '花子'가 입고 있는 옷이면 피동작주에 미치는 영향을 바로 직접적으로 받으므로 직접적이 될 것이다. 그러나 만약 입고 있지 않은 옷이라면 동작주의 행위의 영향은 간접적임에 틀림없다. 한국어의 c에서 이중목적격 문장이 나타내는 의미는 틀림없이 피동작주가 착용하고 있는 의복임을 알 수 있다. 착용하고 있는 의복관계이므로 불가양도성의 관계에 유사하다고 볼 수 있다.

일본어의 수동문에서 'を'라는 조사가 문장 중에 남아 있으면 일괄적으로 '間接受動'이라고 취급되어왔다. 그러나 지금까지 분석한 자료에 의하면, 피소유물이 피동작주의 신체의 일부분이나 심리, 성질, 이름 등과 착용하고 있는 의복 등과 같이 불가양도성의 관계에 있는 것이라면 그 수동문의 의미는 직접적이라고 할 수 있음을 알 수 있다.

수동문의 의미를 구분하는 중요한 기준 역할을 하는 '不可讓渡性의 관계'라는 용어를 양정석(1987)에서는 '非分離関係(Inalienable relation)'라 칭하였으며, 그는 피소유물에 위치하는 명사를 목적어와 비분리 관계를 이루어 한정의 부가어를 형성하는 명사로 취급하였으며, 그 명사를 '非分離名詞'라고 하였다. 그는 또한 그와 같은 비분리 명사의 목록을 제시하기도 하였다.

지금까지의 분석으로 알 수 있듯이 일본어의 'NP₂はNP₁にNP₃をV(ら)れる' 형식구문의 표현의미는 'NP₂'와 'NP₃'의 상관관계에서 좌우된다는 사실을 발견하였다. 그리고 지금까지는 일괄하여 간접적 수동이라고 취급되어 왔으나, 표현의미의 직접·간접을 구분 지을 수 있을 기준이 새롭게 마련되었다. 그 새로운 기준이 될 수 있는 것은 두 명사구의 不可讓渡性의 관계 여부이다. 그리고 한편 不可讓渡性의 관계 성립 여부는 대응되는 한국어 능동문에서 이중목적격의 성립 여부에 따라 결정되는 것이다.

감의 영향을 간접적으로 받거나 느낀다는 의미를 나타내는 것으로서, 이 형식의 수동문은 대응되는 능동문을 갖지 않는다. 보통 間接受動文은 자동사로 이루어진 문장이 많으며, 타동사를 포함하는 것이라도 간접적인 영향을 나타내는 수동문이 있다.

술어가 타동사로 된 간접 수동문에는 '相対受動'과 '所有主受動' 외에도 다음과 같은 진정한 間接受動文도 있다.

(50) a. 私は隣の息子に一晩中レコードを<u>かけられて</u>、眠れなかった。
　　 b. ?나는 이웃아들에게 하룻밤 내내 레코드를 <u>틀려서</u> 잘 수 없었다.

예문 (50)에서 설정할 수 있는 능동문은 '隣の息子が一晩中レコードをかけた'이다. 이러한 구문의 수동문 변형의 구조를 살펴보면 'NP₁がNP₂をVtる → NP₃がNP₁にNP₂をVt(ら)れる'와 같이 이루어짐을 알 수 있다.

표현의미는 '隣の息子'가 '私'라는 인간을 향하여 의도적으로 행한 행위·동작인지 아닌지에 상관없이, 다만 결과로서 '私'가 피해적인 영향을 받는다는 전형적인 타동사로 표현된 間接受動文이다. 이 글에서는 'NP₃'와 'NP₂'가 전혀 소유관계와는 다르므로 구체적인 분석 대상에서 제외시키기로 한다.

여기서는 피동작주와 피소유물의 관계가 신체의 일부분, 심리, 성질, 이름, 착용물의 관계를 이루고 있는 것을 제외한 '所有主受動'을 분석하기로 한다.

(51) a. 私は弟にお菓子を<u>食べられた</u>。
　　 b. ?나는 동생한테 과자를 <u>먹혔다</u>.
　　 c. *동생이 나를 과자를 먹였다.

(52) a. 先生は息子に論文を<u>やぶられた</u>。
　　 b. ?선생님은 아들한테 논문을 <u>찢겼다</u>.
　　 c. *아들이 선생님을 논문을 찢었다.

(53) a. 太郎はお母さんに日記を<u>読まれた</u>。
　　 b. ?太郎는 어머니한테 일기를 <u>읽혔다</u>.
　　 c. *어머니는 太郎를 일기를 읽었다.

예문 (51), (52), (53)에서의 피소유물에 초점을 맞추어 살펴보면 'お菓子, 과자, 論文, 논문, 日記, 일기'는 모두 다 신체의 일부분, 심리, 성질, 이름, 착용물과는 성질이 다른, 단지 소유물일 뿐인 물건들인 것이 피소유물의 위치에 나타나 있음을 알 수 있다.

한편, 일본어의 수동문인 a문장들은 자연스럽게 성립을 이루고 있으나, 그것에 대응시켜 직역한, 한국어의 수동 형태를 취한 b의 문장들은 자연스러운 수동문으로서 인정하기가 어려운 표현들이 되어 있다고 생각된다.

더구나 한국어의 이중목적격의 능동문 형태인 c문장을 보면, 직접적인 경우일 때는 이중목적격의 능동문이 비교적 자연스럽게 성립되었으나, 피소유물의 관계가 그저 단순한 소유물일 때는 이중목적격의 표현이 성립 불가능함을 알 수 있다. 그런데, 한국어에서 이중목적격 문장이 자연스럽게 성립되지 않는데도 目的格 受動文을 이루는 경우가 있다.

(54) a. 山田はスリにさいふを<u>とられた</u>。
　　 b. 山田는 소매치기한테 지갑을 <u>빼앗겼다</u>.
　　 c.*소매치기가 山田를 지갑을 빼앗았다.

(55) a. 私はどろぼうに荷物を<u>かすめられた</u>。
　　 b. 나는 도둑에게 짐을 <u>털렸다</u>.
　　 c. *도둑이 나를 짐을 털었다.

예문 (54), (55)의 일본어 수동문 a에 대응되는 한국어 수동문 b는 이른바 目的格 受動이다. 그러나 c의 능동문 형식의 이중목적격 문장은 성립될 수 없는 비문법적인 문장으로 판단된다.

이와 같이 이중목적격이 자연스럽게 성립되지 않는데도 목적격 수동문을 이룰 수 있는 이유를 서정수(1996)에서는 '지갑, 짐' 따위는 '山田', '나'와

不可讓渡性을 지니지 못하기 때문에 (54), (55)의 c에서 보듯이 이중목적격 문장을 이루지 못한다. 그런데도 b와 같이 목적격 수동문이 가능하다. 이러한 것을 서정수(1996 : 1065~1069)에서는 不可讓渡性의 인식과 관련된 유추현상으로 말미암은 것으로 간주하였다.

여기에서 생각해 볼 수 있는 것은 술어부에 쓰인 동사의 의미특성에 의한 특수성이 아닌가 고려해 보아야 할 것이다.

예문 (51), (52), (53)에서 사용된 동사는 '~をVる' 형태로 이루어져 있으나, (54), (55)의 술어동사는 '~から~をVる'의 형식을 갖는 동작, 행위가 단순히 목적격 명사구에만 미치는 것만이 아니라, 상대방에게까지 동작, 행위가 작용하는 동작성과 방향성이 강한 동사이기 때문에 이른바 目的格 受動이 이루어진다고 생각된다.

다음에 설정한 (54), (55)의 각 a의 능동문과 c를 수정한 문장을 보면 알 수 있다.

(56) a. スリが山田からさいふをとった。
　　　b. 소매치기가 山田로부터 지갑을 빼앗았다.

(57) a. どろぼうが私から荷物をかすめた。
　　　b. 도둑이 나로부터 짐을 털었다.

예문 (56), (57)에서 알 수 있듯이 例文 (51), (52), (53)에서의 'お菓子を食べる', '과자를 먹다', '論文をやぶる', '논문을 찢다', '日記を読む', '일기를 읽다'와 예문 (56), (57)에서의 'さいふをとる', '지갑을 빼앗다', '荷物をかすめる', '짐을 털다'를 대조하면, 동사 'とる', '빼앗다'와 'かすめる', '털다'라는 동작동사는 'から', '-로 부터(에게)'라는 반드시 상대방이라는 사람 내지 동물인 유정물이 대상이 된다는 것이 잠재적으로 내재되어 있다는 것이 상정되는 동작성과 방향성 그리고 상대성이 매우 강한 동작동사라는 것을 알 수 있다. 반면에 '食べる', '먹다', 'やぶる', '찢다', '読む', '읽다'와

같은 동사는 목적격의 명사구인 목적어와 목적격 조사 '을', 그리고 주어만 갖추면 완결된 문장을 구성할 수 있는 동사임을 알 수 있다.

일본어에서는 피동작주와 피소유물의 관계가 '소유주 수동'의 성립가능의 여부에 별로 상관되지 않은 데 반하여, 한국어에서는 그러한 수동표현 성립가능 여부에 피동작주와 피소유물의 관계가 불가양도성의 관계에 있지 않으면 '빼앗다, 찢다, 털다, 밟다, 부르다, 읽다, 핥다, 찍다' 등과 같은 제한된 일부 몇 종류의 술어인 경우를 제외하고는 절대적으로 관여하고 있다고 생각된다.

(4) 第3者受動

대응하는 능동문에 대하여 하나의 여분의 명사구가 피해를 받은 인물로서 문장 중에 나타나는 형식의 수동표현문이다. 바꾸어 말하면 타자의 동작·작용·영향에 의해서 일어난 事象의 결과에 근거하여 유정물(사람 또는 사람에 준하는 것으로서 파악할 수 있는 의사·감정을 가진 것)인 제3자가 어떠한 형태로 영향을 입는다는 입장에서 나타나게 되는 수동의 형식이다. 그러므로 '第3者受動'이라고 부르는 것이 타당할 것이다.

한편, 타자의 동작·작용·사상은 제3자의 의지와는 전혀 무관하게 일어나므로 제3자가 입는 영향은 간접적이고 비본의·피해의 성격을 가지고 있다. 그러므로 '間接受動' 또는 '迷惑の受身'이라고도 불리고 있다. 이와 같은 구문을, 술부의 동사의 특성에 의해서 자동사의 문장과 타동사의 문장으로 나누어 논하기로 한다.

① NP1が Viる →NP2は NP1に Vi(ら)れる 文型

이러한 구문의 특징은 문장의 술부에 사용된 동사가 자동사인 점과 능동문에서 수동문이 될 때, 명사구의 위치의 바뀜 없이 새로운 주어인 'NP$_2$'가 나타나는 점이다. 능동문의 주어였던 'NP$_1$'이 수동문에서는 조사

'に'를 수반하여 보어의 역할을 담당하게 되어, 능동문에서는 의식할 수 없었던 제3자인 'NP₂'라는 유정물(주로 인간)인 주어가 새로이 나타나는 문장이다. 이와 같은 특징을 가지고 있는 수동문을 보면,

> (58) a. (私は)雨に降られて、びしょぬれになる。
>   b. *(나는)비에 내려져서 흠뻑 젖는다.

> (59) a. 風に吹かれた。
>   b. *바람에 불렸다.

예문 (58), (59)에서 볼 수 있듯이 일본어에서는 전혀 의지가 없는 자연현상을 주체로 하는 자동사라도 [+動的]의 요소를 가지고 있는 동사는 인간이 주체가 되어 영향을 받는다는 수동표현을 성립시킬 수 있다. 즉, 수동표현에서 주어와 무관하게 일어나는 자연현상에 대한 영향까지도 주어의 입장에서 그 영향을 받는 것으로서 나타낼 수 있다.

그러나 (58), (59)의 b와 같이 한국어에서는 그와 같은 용법의 수동표현은 불가능하다. 그러므로 한국어에서 (58), (59)의 a와 같이 수동의 사상에서 생기는 피해의 의식이라든지 감정을 표현하려고 하면 '雨が降って…困った'라든지, '風が吹いて…困った'와 같이 피해·곤혹·불쾌감의 의미를 가지고 있는 다른 어휘에 의한 보조적인 방법으로 표현할 수밖에 없다고 생각한다.

다음은 인간을 주체로 한 자동사의 문장인 경우를 보면,

> (60) a. 彼は子供のときに父親に死なれた。
>   b. *그는 아이일 때에 父親에게 죽어졌다.

> (61) a. (私は)目の前に大男に立たれて、景色がながめられなくなってしまった。
>   b. *(나는) 눈앞에 몸집이 큰 사나이에게 서져서 경치를 바라볼 수 없게 되어버렸다.

(62) a. (私は)一晩中、隣の部屋で騒がれて寝られなかった。
     b. *(나는) 밤새도록, 이웃 방에서 떠들려져서 잘 수 없었다.

예문 (60), (61), (62)는 (58), (59)와 같이 소위 자동사가 수동표현으로 사용된 경우이다. 이것들은 '死ぬ, 立つ, 騒ぐ' 행위 내지는 작용·현상이 '彼, 私, 私'에 대하여 의도적으로 이루어지는 것이 아님에도 불구하고 결과적으로 '彼, 私, 私'에 미친 것을 나타낸다. 이런 종류의 표현은 어떠한 피해를 입은 것을 나타내는 경우에 한정한다고 해도 좋다고 생각된다.

한편, 일본어의 자동사로 된 수동문인 a에 대응되는 한국어의 수동표현인 b는 성립이 불가능하다. 즉, '死ぬ→死なれる, 立つ→立たれる, 騒ぐ→騒がれる'의 성립은 가능하지만, '죽다→*죽어지다, 서다→*서지다, 떠들다→*떠들어지다'로는 같은 기능이 불가능하며 비문이 되어 버린다.

(60)a의 문장은 '彼'라는 사람의 부친이 '彼'가 어렸을 때에 돌아가신 것에 의해서 그가 느끼는 심리적 피해 내지는 곤혹스러움을 화자가 그의 입장에서 표현한 것이다. 그리고 (61)a의 문장은 '大男'이라는 능동자가 화자인 '私'의 목전에 선 동작·상태의 상황에서 눈앞의 경치를 바라볼 수 없게 된 시계상의 환경적인 곤혹스러움을 나타내기 위한 수동문이라고 생각된다. 또한, (5)a의 문장도 옆방에서 소란 피우는 환경적 요소에서 받는 피해를 나타낸 수동문이라고 할 수 있겠다.

이상의 분석에서 일본어에서는 인간의 행위뿐만 아니라 자연현상을 나타내는 자동사까지도 수동표현이 가능하지만, 한국어의 자동사는 수동표현이 불가능하다는 것을 알 수 있다. 그리고 일본어에서는 자연현상이라든지 타자에 의해서 일어나는 현상·작용·행위의 상황에 의해서 받는 영향까지도 주어의 입장에서 수동표현으로 나타낼 수 있는 특징이 있다.

이러한 발상에서 표현되는 자동사의 수동표현에는 '被害' 또한 '困惑의 雰囲気', '非本義'의 감정이 포함되어 있는 것도 또 하나의 특징이다.

이러한 자동사의 발상의 근원에 관하여 森田良行(1973)는 다음의 예를

들어,

    (63) a. 風が吹く。→(桜の季節だというのに)風に<u>吹かれた</u>。
        b. 風が私を吹く。→私は風に<u>吹かれて</u>散歩する。

예문 (63)a의 표현은 자동사의 수동표현으로서 '迷惑の受身'으로 자연현상으로 벚꽃과는 관계없이 바람이 부는 것인데, 화자가 곤혹스러움을 느껴 수동으로 표현했기에 벚꽃과 바람이 부는 것과는 인과관계를 가지지 않고, 다만 화자의 주관으로 연결된 것에 지나지 않는다고 서술하였다. 그리고 b는 타동사의 수동으로서 '風に当って'와 같은 자동사의 표현으로 치환할 수 있는 수동표현의 형식으로 주어의 의지가 포함되어 있다고 서술하였다.

    때문에, 자동사의 수동표현은 '苦悩, 困惑, 被害, 非本義' 등의 감정과 미묘한 심리를 나타내는 일본어의 특유의 언어형식이라고 생각된다.

    ② NP_1が NP_2を Vtる→NP_3は NP_1にNP_2をVt(ら)れる 文型

    이러한 형식의 구문은 수동문의 목적격에 나타나는 명사구가 수동자와 소유의 관계가 아닌 점, 오히려 동작주와의 관계가 깊은 점이 '所有主受動'과는 다른 것이다. 또한, 타동사의 문장이지만 자동사의 문장과 같이 어순이 바뀌지 않고 능동문에서 수동문으로 전환되는 특징을 가지고 있다. 타자의 동작, 작용, 사상의 결과에 의해서 제3자가 어떠한 영향을 받는다는 입장에서 나타나는 구문이다. 그리고 타자의 동작, 작용, 사상은 제3자의 의지와는 무관한 것이므로 제3자가 받는 영향은 간접적이고, 피해, 비본의의 의식이 담겨져 있다고 할 수 있겠다.

    (64) a. 私はとなりに家を<u>建てられた</u>。
        b. *나는 이웃에게 집을 <u>지어졌다</u>.

(65) a. 私はとなりの息子に一晩中レコードを<u>かけられた</u>。
　　 b. *나는 이웃집 아들에게 밤새도록 레코드를 <u>틀렸다</u>.

예문 (64)와 (65)의 각 문 a에서는 어느 쪽도 'となり', 'となりの息子'가 '私'라는 인간을 향해서 의도적으로 행한 행위인지 아닌지에 상관없이, 결과적으로 '私'가 피해를 입는 것을 나타낸다. 문 (64)a는 '私'라는 인간의 의도와는 전혀 상관없이 'となりが家を建てる'라는 것에 의해서 일조권 침해 등과 같은 환경적 피해를 나타내는 수동표현이라고 생각된다.

문 (65)a도 주어의 의지와는 상관없이 행해지는 'となりの息子が一晩中レコードをかける'라는 事象의 결과로 받는 환경적·심리적인 곤혹감을 나타내는 표현이다. 한편, 한국어의 b문장은 a문장에 상응할 수 없는 문장이 되는 것을 알 수 있다. 그러므로 a문장과 같은 의미를 나타내려고 한다면, 자동사와 같이 '당하다'와 같은 보조적인 어휘에 의한 능동표현으로 나타낼 수밖에 없다고 할 수 있겠다.

일본어에 있어서의 자동사에 의한 수동표현은 화자라든지 수동자가 자신의 의지 내지는 의도와는 전혀 상관없이 일어난 사상의 영향에 대하여 수동자가 피해를 받는다는 입장에서 나타날 것이라고 생각된다.

또한, 타동사라도 자동사에 의한 수동표현과 같이 수동자의 의지와는 상관없이 일어난 타자의 동작·행위의 결과에 관해서 환경적 피해를 받는다는 수동표현이 가능하다. 그러나 한국어에 있어서는 그와 같은 제3자의 수동은 나타낼 수 없다. 그와 같은 의미의 표현을 하려고 하면 피해의 의미를 가지고 있는 어휘에 의한 능동표현의 보조적 방법으로 나타낼 수밖에 없다고 생각된다.

이러한 점에서 생각해 보면 일본어에 있어서의 수동표현은 동작의 방향·사실의 결과뿐만 아니라 작용과 사상에 대한 영향에서 입는 감정까지도 나타낼 수 있다고 할 수 있겠다. 그러나 한국어에 있어서의 수동표현은 단순히 동작의 방향·동작·작용의 결과적 상태밖에 표현할 수 없는 기능상의 상이가 있다고 생각된다.

일본어에 있어서의 수동표현의 발상의 근원은 동작 · 사상이 의지와는 상관없이 이루어지는 것을 표현의 본의로 하고 있다고 할 수 있다. 그러나 한국어에 있어서는 동작 · 사상이 행해지는 방식에 관해서 외부에서 동작을 직접적으로 받는다는 것을 수동표현의 본의로 하고 있다는 것이 발상의 근원이라고 생각된다.

그러므로 한 · 일 양국어의 수동표현에 있어서의 발상의 근원이 상호 크게 다르다고 할 수 있겠다.

3. 표현발상의 차이점

일본어에 있어서의 자동사에 의한 수동표현은 화자라든지 수동자가 자신의 의지 내지는 의도와는 전혀 상관없이 일어나는 사상의 영향에 대하여 수동자가 피해를 받는다고 하는 입장에서 표현된다고 생각된다.

또한, 타동사로도 자동사에 의한 수동표현과 같이 수동자의 의지와는 상관없이 일어난 타자의 동작 · 행위의 결과에 관해서 환경적 피해를 받는다고 하는 수동표현이 가능하다. 그러나 한국어에 있어서는 그와 같은 '第3者受動'은 나타낼 수가 없다. 그와 같은 의미의 표현을 하려고 하면 피해의 의미를 가진 어휘에 의한 능동표현의 보조적 방법으로 나타내는 수밖에는 없다고 생각된다.

이러한 점에서 보면 일본어에 있어서의 수동표현은 동작의 방향 · 사실의 결과뿐만 아니라 작용과 사상에 대한 영향으로부터 받는 감정까지도 나타낼 수 있다고 할 수 있겠다.

그러나 한국어에 있어서의 수동표현은 단순히 동작의 방향 · 동작 · 작용의 결과적 상태밖에 표현할 수 없는 기능상의 상이가 있다고 생각된다.

일본어에 있어서의 수동표현의 발상의 근원은 동작·사상이 의지와는 상관없이 이루어지는 것을 표현의 본의로 하고 있다고 할 수 있다. 그러나 한국어에 있어서는 동작·사상이 행하여지는 방식에 관해서 외부에서 동작을 직접적으로 받는다는 것을 수동표현의 본의로 하고 있는 것이 발상의 근원이라고 생각된다.

일본어의 수동표현이 동작의 방향·사실의 결과뿐만 아니라 작용과 사상에 대한 영향으로부터 받는 감정까지도 나타낼 수 있다는 사실에서 상대에 대한 섬세한 배려의 정신까지도 엿볼 수 있다고 할 수 있겠다.

참고문헌

서정수(1996), 국어문법, 한양대학교 출판원.

成光秀(1976), "国語 疑似被動文", 関東大論文集, 4集.

양정석(1995), 국어동사의 의미분석과 연결이론, 서울 : 박이정.

李基東(1978), "조동사 '지다'의 의미연구", 한글 161호.

任洪彬(1977), "被動性과 被動構文", 国民大論文集 12集.

井上和子(1978), 変形文法と日本語(上), 大修館書店.

北原保雄 외(1981), 日本文法辞典, 有精堂.

久野 章(1981), 日本文法研究, 大修館書店.

国際交流基金(1982), 文法Ⅱ, 凡人社.

此島正年(1973), 国語助動詞の研究, 桜楓社.

国立国語研究所(1970), 現代の助詞・助動詞, 秀英出版.

佐久間鼎(1966), 現代日本語の表現と語法, 厚生閣.

桜木紀子(1991), 外国人が日本語教師によくする100の質問, バベル・プレス.

柴谷方良(1980), 日本語の分析, 大修館書店.

清水慶子(1980), 非情の受身の一考察, 成蹊国文, 14, 成蹊大学文学部日本文学研究室.

鈴木重幸(1982), 日本語文法・形態論, むぎ書房.

寺村秀夫(1982), 日本語のシンタクスと意味Ⅰ, くろしお出版.

橋本進吉(1969), 助詞・助動詞の研究, 岩波書店.

益岡隆志(1991), "受動表現と主観性," 日本語のヴォイスと他動性, くろしお出版.

三上 章(1980), 現代語法序説, くろしお出版.

森田良行(1973), "受身・使役の言い方", 講座日本語教育 9号, 早稲田大学語学教育研究所.

山内博之(1997), "日本語の受身文における「持ち主の受身」の位置漬けについて" 国語学
　　　　　教育 92号, 日本語教育学会.

山下秀雄(1973), "日本のことばとこころ" 日本語教育研究 7号, 言語文化研究所.

‖ 강덕구 ‖

한·일어 시상 형태에 관한 의미 기능 연구

　'시제'란 동사가 의미하는 상태나 사건이 화자의 발화시간과의 관계에서, 발화시간보다 먼저인지(과거), 같은지(현재), 나중인지(미래)를 지칭해 주는 것을 말한다. 곧 사건이나 상태 등의 시간적 위치를 일정한 시점의 기준으로 나타내는 문법범주이다. 또한 '상'이란 동사가 의미하는 상태나 사건의 '내부적 구조'를 지정하는 것이다. 곧 일정한 시역 안의 상황에 대한 시간적 양상을 나타내는 문법범주이다. 여기에는 어떤 상태 및 사건이 한 덩어리로 보이는 완결상과 내부 상태가 드러나 보이는 미완결상 / 진행상이 있다. 하지만 이들 시제와 상은 서로 밀접한 관련을 가진다. 이를테면 "그 애가 벌써 밥을 먹었다"와 "그 애가 벌써 밥을 먹고 있었다"의 문장이 나타내는 상황은 발화 시간 이전에 벌어진 것이므로 시간적 위치는 과거에 속한다. 이러한 시간적 위치에만 초점을 두게 되면 시제개념에 그친

---

* 이 글은 필자의 문학박사 학위논문 "한·일어 시상 형태에 관한 의미 기능 연구"(1999, 동아대학교)를 요약 보완한 것임.

다. 그런데 한 시제 영역 안에 놓인 상황이 그 안에서 어떤 위상으로 드러나는지를 나타낼 때에는 상적 표현이 된다. 곧 "그 애가 밥을 먹었다"가 나타내는 상황의 시간적 위치는 과거이며, 그 과거 시역에서 그 상황이 드러내는 시간적 위상은 완결상이다. 그에 반해 "그 애가 밥을 먹고 있었다"는 과거 시제이지만 그 과거 시역에서 상황이 끝나지 않고 미완결상을 나타낸다. 이처럼 한 문장에서 시제와 상은 공존하고 있음을 알 수 있다.

한·일어 시상 형태는 서로 융합되고 또한 그 형태 수가 적기 때문에 시상 형태의 의미 기능을 규명하는 데 초점을 두고 있다. 한·일어 시상 범주의 설정에는 크게 시제·상·서법을 각각 하위범주로 설정하는 경우(나진석 : 1971, 鈴木重幸 : 1972, 奧田靖雄 : 1978, 高橋太郎, 1985)와 시제는 인정하지 않고 상과 서법만을 설정하는 경우(남기심 : 1972, 三上 章 : 1972, 国広哲弥 : 1982), 그리고 시제와 상이 미분화된 시상 범주로 설정하는 경우(서정수 : 1976, 김석득 : 1974, 寺村秀夫 : 1984, 中右 実 : 1980, 紙谷栄治 : 1989)로 나누어진다.

이들 시상에 관한 연구는 어느 분야 못지않게 많이 다루어져 왔다. 그 결과 공시적 연구에서 통시적 연구에 이르기까지 상당한 수준에 이르게 되었다. 그런데 이들의 연구는 주로 시상의 전반적 이론―구조적인 상·어휘적인 상―이나 개별 형태소 위주가 중심이 되었다. 하지만, 시상 형태들의 개별 형태소의 통사적 기능이나 의미 기능만의 규명으로는 그 특성을 제대로 밝힐 수가 없다. 왜냐하면 하나의 문법 범주를 실현하는 각 요소들은 상호 밀접한 관련을 맺고 정연한 체계를 이루고 있으며 이러한 체계 속에서 각 요소들의 위치가 결정되기 때문이다.

따라서 본 연구에서는 한·일어 시상 형태에 관한 의미적 기능의 유사점과 차이점을 살펴보고자 한다.

1. 상적 특성에 따른 동사 분류

　시상 형태가 가지는 의미 기능의 분석에 있어서는 상적 동사의 하위분류가 매우 필요하다. 왜냐하면 각 시상형태의 의미는 그것과 어울리는 상적 동사의 특질에 따라 달리 해석되기 때문이다. 곧 동사 자체가 지닌 고유한 시상적 특질에 따라 시상형태의 의미 양상이 달라진다. 상적 동사의 하위분류는 여러 각도에서 제시된 바 있다. 한국어에서는 정문수(1984 : 83), 일본어에서는 金田一春彦(1954 : 9~12), 仁田義雄(1989 : 63) 등을 들 수 있다. 그런데 이들은 동사의 상적 특성의 전반적인 면을 전제로 하여 분류한 것이기 때문에 한 · 일어 시상의 대조 연구에 있어서는 혼란을 준다고 본다. 따라서 본 연구에서는 金田一春彦(1954 : 9~12)의 이론을 바탕으로 하여 분류하고자 한다.

1) 상적 특성을 가지지 않는 동사

(1) 상태동사

상태성을 가진 이들 동사는 [＋상태, ＋지속]의 의미자질을 가진다.

　(1) a. 서술명사＋이(다) / 있다 · 계시다 · 없다 · 할 수 있다 / 좋다 · 크다 · 푸르다 · 예쁘다 / 건강하다 · 행복하다 · 정직하다
　　 b. 서술명사＋だ / いる · ある · ない · できる / よい · 大きい · 青い · 痛い / 苦手だ · おろかだ · 静かだ

　(1)처럼 한국어에서는 지정사 · 상태동사 · 형용사, 일본어에서는 지정사 · 상태동사 · 형용사 · 형용동사 등이 포함된다. 이들 상태동사가 동작동사와 대조되는 특징은 아래와 같다.

① 한국어에서는 마침법 씨끝 {-ㄴ다/-는대}와 어울리지 못함

  (2) *나는 아프-ㄴ다 / *하늘이 푸르-ㄴ다 / *방 안에 사람이 있-는다 / *밖에는
      아무도 없-는다

(2)와 같은 특징은 한국어에서만 볼 수 있고 일본어에서는 볼 수 없다.

② {-고 있-}3) {-てい-}와 어울리지 못함

  (3) a. 이것은 책이다. / これは本だ。
      b. *이것은 책이고 있다. / *これは本でいる。

  (4) a. 이 꽃은 아름답다. / この花は美しい。
      b. *이 꽃은 아름답고 있다. / *この花は美しくている。

  (5) a. 저 남자는 바보스럽다. / あの男はおろかだ。
      b. *저 남자는 바보스럽고 있다. / *あの男はおろかでいる。

  (6) a. 그는 집에 있다. / 彼は家にいる。
      b. *그는 집에 있고 있다. / *彼は家にいている。

(3)~(5)처럼 사물의 성질이나 모양을 나타내는 상태동사나 (6)과 같은
존재동사들은 {-고 있-}, {-てい-}와 어울리지 못한다. 따라서 (3)~(6)b
는 비문이다.

③ 의지, 희망, 명령과 같은 서법적 요소4)와도 어울리지 못함

  (7) 이것은 {a. *책이겠다. b. *책이고 싶다. c. *책이어라.}
  (8) 이 꽃은 {a. *아름답겠다. b. *아름답고 싶다. c. *아름다워라.}
  (9) 저 남자는 {a. *바보스럽겠다. b. *바보스럽고 싶다. c. *바보스러워라.}
  (10) 냉장고 안에 쥬스가 {a. *있겠다. b. *있고 싶다. c. *있어라.}

---

3) 한국어의 {-고 있-}은 {-고1 있-}과 {-고2 있-}으로 나눈다. 하지만 여기에서는 상태
   동사 자체가 '진행'이나 '결과상태'와 어울리지 못하므로 {-고 있-}으로 쓰고자 한다.
4) 정문수(1984 : 56)는 이를 '행동주 문맥'이라 한다.

(7)~(10)과 같은 상태동사는 동작의 행위가 없기 때문에 의지, 희망, 명령과 같은 서법적 요소와도 어울릴 수 없다. 그래서 이들은 반드시 동작동사와 어울려야 하는 제약이 있다.

그런데 유정 명사에 '있다', 'いる'와 어울리는 (11)과 같은 문장은 예외이다.

> (11) a. 나는 여기에 있고 <u>싶다</u>. / 당신은 여기에 <u>있어요</u>. / 나는 여기에 <u>있겠다</u>.
> b. 私はここに<u>いたい</u>。/ あなたはここに<u>いなさい</u>。/ 私はここに<u>いる</u>。

(11)은 존재 상태를 그대로 나타내는 것이 아니라 없음에서 있음으로의 변화를 뜻한다. 이는 순수한 상태성의 한계를 벗어나서 상태적 변화 곧 동작성을 드러낸다. 이는 형용사성과 동사성의 양면성을 지닌다고 볼 수 있다.

(2) 形狀동사[5]

이 동사는 金田一春彦(1954 : 12)의 제4종 동사를 뜻하는데 이 동사의 의미자질은 [＋상태, −지속]으로써 {−어 있−}과 {−てい−}의 형식으로 사용되는 것이 상태동사와 다르며, 이들은 어떤 사람·사물의 속성을 나타내는 동사이다.

> (12) <한> 뛰어나다 / 빼어나다 / 뚱하다 / 빈둥거리다 / 잊다 / 닮다 / 살찌다 …
> <일> 優れる / おもだつ / ずばぬける(ずぬける) / ありふれる / 才気走る
> (才ばしる) / 才はじける / にやける / 馬鹿げる / そびえる / 富む /
> 似る / 太る / 曲がる / とがる / 高い鼻をする / 丸顔をする / 坊ちゃ
> ん坊ちゃんする / しんねりむっつりする / のんべんだらりとする…

(12)에서 일본어의 특징은 형태적으로 동사이지만 형용사의 속성을 가

지고 있다. 이것을 한국어로 해석해 보면 동사인 경우와 형용사인 경우가 혼합해 있다. 그리고 일본어에서는 반드시 {-てい-}와 어울리는 구문적인 특징이 있다.

그런데 (12)의 '잊다', '닮다', '살찌다' 따위를 金田一春彦(1954 : 10~11)는 순간동사로 인정하면서도 제4종 동사에 넣고 있다. 이것은 순수한 형상동사와는 다르다고 볼 수 있다.

    (13) a. 저 산은 높이 {*<u>솟는다</u>. / <u>솟아 있다</u>. / *<u>솟는 중이다</u>.}
        b. 日本と韓国の家屋はよく {*<u>似る</u>。 / <u>似ている</u>。 / *<u>似るちゅうだ</u>。}

(13)의 '닮다', '솟다'와 '似る', 'そびえる'는 {-∅}나 {-非た}와 어울리지 못하고 항상 {-고 있-}이나 {-てい-}와 어울린다. 이들 문은 진행상은 불가능하며 단순상태의 의미만이 가능하다. 이를 입증하기 위해 (14)를 보자.

    (14) a. <u>굽은</u> 길 / <u>뾰족한</u> 모자 / <u>녹슨</u> 칼
        b. <u>曲った</u>道 / <u>尖った</u>帽子 / <u>さびた</u>刀

(14)은 '曲っている道', '尖っている帽子', 'さびている刀'로 바꿀 수 있으나 (15)와 구별된다.

    (15) a. 안경 <u>낀</u> 사람 / 검정 옷을 <u>입은</u> 사람
        b. 目鏡を<u>かけた</u>人 / 黒い服を<u>着た</u>人

(14)와 (15)는 과거를 바탕하느냐 그렇지 않느냐의 차이가 있다. 곧, (14)는 과거를 바탕으로 하지 않는 '단순상태'이며 (15)는 과거를 바탕으로 한 '결과상태'이다. (14)는 그 전체로서는 형용사성을 지니고 있어 時枝誠記(1950 : 160)는 연체사(관형사)라 하였다.

이것을 (16)처럼 한국어를 가지고 활용 형태를 살펴보자.

(16) a. <u>먹은</u> 밥(과거) / <u>먹는</u> 밥(현재) / <u>먹을</u> 밥(미래)
b. <u>굽은</u> 길 / *<u>굽는</u> 길 / *<u>굽을</u> 길
c. <u>아름다운</u> 꽃 / *<u>아름답는</u> 꽃 / *<u>아름다울</u> 꽃

(16)a는 과정동사로서 모든 시역에 걸칠 수 있으나, (16)b~(16)c는 상태성의 의미를 지니고 있기 때문에 모든 시역에 걸쳐 활용을 할 수 없다.

2) 상적 특성을 가지는 동사

(1) 과정동사

이 동사의 의미자질은 [−상태, +지속]으로써 {-고 있-}과 {-てい-}의 형식을 가지며, 동작의 계속을 나타낸다.

(17) <한> 먹다 / 읽다 / 걷다 / 쓰다 / 보다 …
　　<일> 食べる / 読む / 歩く / 書く / 見る / 散る / 降る / 揺れる / 燃える …

(17)의 한국어는 {-∅}만으로도 계속(진행)을 나타내지만, 일본어에서는 {-非た}만으로는 계속(진행)의 뜻을 나타내지 못하는 차이점이 있다. (18)~(19)를 보면 알 수 있다.

(18) a. 아이들이 밥을 <u>먹는다</u>.
b. *子供がご飯を<u>食べる</u>。

(19) a. 아이들이 밥을 <u>먹고 있다</u>.
b. 子供がご飯を<u>食べている</u>。

(18)a~(19)a는 {-∅}와 {-고 있-}과 어울려 진행상을 나타내지만, (18)b는 계속(진행)의 뜻을 나타내지 못하고, (19)b만 {-てい-}와 어울려 진행상을 나타낸다. 다만 반복상이나 습관상인 경우에는 (19)는 모두 정

문이 될 수 있다.

(2) 결과동사

이 동사의 의미자질은 [−상태, −지속]으로써 {-고 있-/-어 있-}과 {-て
い-}의 형식을 갖게 되면 동작·행위가 일어나 그 결과의 상태를 나타내
는 동사를 말한다.

> (20) <한> 죽다 / 켜다 / 혼인하다 / 도착하다 / 입학하다 / 떠나다 / 서다 / 앉다 …
> <일> 死ぬ / 着く / 消える / 到着する / 入学する / 出発する / 立つ / 座る …

(20)의 한국어에서는 {-고 있-/-어 있-}, 일본어 동사에서는 {-てい-}와
어울려 결과 상태지속을 나타낸다.

> (21) a. 그는 {죽는다. / *죽고 있다. / 죽어 있다.}
>   b. 彼は{死ぬ。 / 死んでいる。}

> (22) a. 그 여자는 예쁜 옷을 {입는다. / 입고 있다.}
>   b. 彼はきれいな服を{着る。 / 着ている。}

(21)a의 '죽는다'는 앞으로 죽게 되는 것으로 죽음의 극한점에 이르고
있는 과정을 생각할 수 있지만, 죽음 그 자체는 일순간에 이루어지는 변
화에 불과하다. '죽고 있다'가 비문인 것은 결과동사가 진행의 의미를 나타
낼 수 없기 때문이고, 그래서 '죽었다'에 대한 결과 상태의 의미로 '죽어 있
다'는 정문이 된다. 이들을 김석득(1987 : 157)은 정태지속이라 하였다.
(21)b도 앞으로 일어날 일을 나타내거나, 죽어 있는 결과 상태를 나타
낸다. 한국어의 {-어 있-}은 {-었-}의 뜻으로 표현한다. (21)~(22)처럼 일
본어의 {-てい-}는 {-고 있-}과 {-어 있-}의 형태를 모두 지니고 있음을
알 수 있다.

그리고 이들 동사는 (23)과 같이 {-∅/-非た}, 또는 {-고 있-/-てい-}와 어울려 반복상이나 상례적인 사실을 나타낼 수 있다.

> (23) a. 이 버스는 늘 늦게 {떠<u>난다</u>. / 떠나고 <u>있다</u>.}
>   b. このバスはいつもおそく {出発<u>する</u>。 / 出発し<u>ている</u>。}

(23)은 '늘', 'いつも' 등의 부사와 어울려 반복상를 나타내지만, 이는 문맥 의존적 경향이 강하다. 그런데 동사에 따라 어느 상적 동사로 분류해야 할지 불투명한 것과 중복되는 것이 있다. 예를 들면 '오다/くる'를 보자. 이들은 본래 [−상태, −지속]의 자질을 가진다.

> (24) a. 학생이 여기에 <u>오고 있다</u>.
>   b. 学生がここに来<u>ている</u>。

(24)는 상황·문맥적 조건에 따라 결과동사가 "동작의 지속"을 나타내는 경우인데, '-에서', '-을', '-의 쪽으로'와 이동동사가 어울릴 경우 이런 특질을 지닌다.

2. {-∅}와 {-非た}의 의미 기능

{-∅}와 {-非た}는 어말어미라는 점에서 기능 분포상으로 같다. 하지만 동사의 상적 특질에 따라 {-∅}는 '현재상태'와 '현재진행', {-非た}는 '현재상태'를 나타내는 차이를 보인다. 그리고 시상과 관련이 없는 경우에는 두 나라 말 모두 '앞으로 일어날 일에 대한 의지나 추측'을 나타낸다. 또 부사와 어울릴 경우 여러 상을 나타내기도 하고 상황에 따라서는 화자의 심적 태도를 나타내기도 한다. 여기에서는 {-∅}와 {-非た}가 시상과 관련성을

가지고 있는 경우는 중심적 기능으로, 시제와 관련이 없거나 시제에서 벗어난 경우는 부차적 기능으로 나누어 이들의 공통점과 차이점을 고찰해 보고자 한다.

1) {-∅}와 {-非た}의 중심적 기능

(1) 현재상태

"현재상태"를 나타내는 경우 {-∅}와 {-非た}는 '상태동사'와 어울린다.

> (25) a. 영이는 <u>건강하다</u>. / 여기에 책이 <u>있다</u>.
>   b. 次郎は元気<u>だ</u>。/ 彼は風で休み<u>です</u>。

(25)처럼 현재의 어떤 상태를 나타내는 것이 보통이지만, (26)과 같이 앞으로 일어날 일에 대한 화자의 확신을 나타내기도 한다.

> (26) a. 일기예보에 의하면 올 겨울은 <u>춥다</u>. / 내년이면 그는 1학년<u>이다</u>.
>   b. 長期予報によれば、今年の冬は<u>暖かい</u>。

(26)은 앞으로 일어날 어떤 사태가 반드시 실현한다고 하는 화자의 확신이다. 그런데 "앞으로 일어날 일에 대해 화자의 확신"이 없을 경우에는 (26)′처럼 어색한 문이 된다.

> (26)′ a. ?잘 모르겠지만 올 겨울은 <u>춥다</u>. / ?잘 모르겠지만 그 아이는 내년이면 1학년<u>이다</u>.
>   b. ?よく分からないが、今年の冬は<u>暖かい</u>。

(26)′처럼 확신이 부족한 경우는 단정형인 {-∅}와 {-非た}는 어색하므로 (26)″처럼 되어야 한다.

(26)″a. 잘 모르겠지만 올 겨울은 추울 <u>것이다</u>. / 잘 모르겠지만 그 아이는 내
　　　년이면 1학년이 될 <u>것이다</u>.
　　b. よく分からないが、今年の冬は暖かい<u>らしい</u>。

(26)처럼 '잘 모르겠지만'과 같은 선행어와 어울리면 한국어에서는 {-겠-/
-ㄹ것-}이, 일본어에서는 {-だろう/-らしい} 등의 형태로 바뀌어 '앞으로
일어날 일에 대한 추측'을 나타낸다.

그리고 '어제부터', '지난주부터' 등의 과거에서 현재까지의 시간을 나타
내는 말과 어울렸을 경우에는 (27)처럼 어떤 상태가 과거에서 현재까지
계속되고 있음을 나타낸다.

(27) a. 지난주부터 계속 <u>바쁘다</u>. / 어제부터 계속 비가 <u>온다</u>.
　　 b. 先週からずっと暇が<u>ない</u>。/ 2、3日まえから体の具合いが<u>悪い</u>。

(27)은 '지금도 그런 중이다'라는 것을 함의하고 있는데, 이것은 조사
'부터 / から' 때문이다. 그런데 (27)′처럼 '부터 / から' 대신에 '까지 / まで'
로 바꾸면 뜻이 달라진다.

(27)′a. 지난주까지 계속 <u>바빴다</u>. / 어제까지 계속 비가 <u>왔다</u>.
　　 b. 先週までずっと暇が<u>なかった</u>。/ 2、3日まえまで体の具合いが<u>悪かっ
　　　　た</u>。

(27)′는 '전에는 그렇지만 지금은 그렇지 않다'라는 것을 함의하고 있다.

② 현재진행

{-∅}와 {-非た}는 과정동사와 어울렸을 때 한국어에서는 '현재진행'과
'앞으로 일어날 일에 대한 추측이나 의지'를 나타내는데 반해, 일본어는
'앞으로 일어날 일에 대한 추측이나 의지'만 나타내는 차이점을 보인다. 따
라서 여기에서는 '현재진행'을 중심으로 '앞으로 일어날 일에 대한 추측이

나 의지'까지 확대하여 고찰해 보고자 한다.

    (28) a. 저 학생은 지금 책을 읽는다.
        b. *あの学生は今本を読む。

    (28)′ a. 저 학생은 지금 책을 읽고 있다.
        b. あの学生は今本を読んでいる。

   (28)a의 {-∅}와 (28)′의 {-고1 있-} {-てい-}은 "현재진행"을 나타내지만, (28)b의 {-非た}는 "현재진행"을 나타낼 수 없다. 이것이 두 나라말의 가장 두드러진 차이점이다. 그런데 (29)처럼 한국어에서는 시간부사 '지금'이 없을 경우에는 중의적이다.

    (29) 영이야, 너 뭐 하니?→신문 읽는다.

   (29)는 "너 뭐 하니?" 혹은 "너 뭐 할 거니?"나 "신문, 읽고 있다"나 "신문, 읽을 것이다" 등으로 '현재진행'이나 '앞으로 일어날 일에 대한 의지'를 나타내지만, (30)처럼 일본어에서는 '앞으로 일어날 일에 대한 의지'만을 나타낸다.

    (30) 山田、あなたこれから何をするの？ → うん、新聞を読むよ。

   (30)은 "신문을 읽을 생각이다"인 화자 자신의 확신이나 의지를 나타낸다. 이때 "현재진행"을 나타내려면 (30)′처럼 {-てい-}로 묻고 대답해야 한다.

    (30)′ 山田、あなた今何をしているの？ → うん、新聞を読んでいるよ。

   한국어에서는 (31)처럼 '지금' 등의 시간부사나 {-고1 있-}과 어울리면 '현재진행'의 뜻이 더욱 뚜렷해진다.

    (31) a. 저 사람은 <u>지금</u> 어디 가지요?
         b. 저 사람은 어디 <u>가고 있어요</u>?

(31)a, b는 둘 다 "현재진행"을 나타내지만, b가 더욱 확실하다.

아래의 (32)~(33)은 "앞으로 일어날 일에 대한 확정이나 의지"를 나타
내는 것들이다.

    (32) a. 나는 너를 계속 <u>돕는다</u>. / 나는 내일 <u>출발합니다</u>.
         b. ぼくは来週ベルリンへ<u>発ちます</u>。 / わたしは明日家に<u>いない</u>。

    (33) a. 형은 뒤에 <u>떠난다</u>. / 그 사람은 다음 주에 일본에서 <u>옵니다</u>.
         b. 兄は後で<u>出発する</u>。 / 彼は四年ぶりに<u>帰国します</u>。

(32)는 '확정적 미래', (33)은 '미확정적 미래'를 나타내지만, 둘 다 공통
적으로 '앞으로 일어날 일에 대한 화자의 심적 태도'를 나타낸다. 곧, (32)
는 주어가 서술법에서는 1인칭, 의문법에서는 2인칭이어야 하고, (33)은
주어가 3인칭이어야 하는 인칭 제약을 받는다.

(32)~(33)과 같은 문을 서정수(1982 : 28)는 {-∅}와 {-非た}가 미래를
나타내는 시간부사어와 어울려 미래 상태나 사건을 나타낸다고 하지만,
이것은 부사의 영향이지 동사 자체의 문제가 아니라고 보기 때문에 가능
한 (34)처럼 부사를 배제한 문을 가지고 분석해야 한다.

    (34) a. 나는 밥을 <u>먹는다</u>. / 나는 집에 <u>없다</u>. / 형은 뒤에 <u>떠난다</u>.
         b. 私は<u>行く</u>。 / 私は家に<u>いない</u>。 / 兄は<u>出発する</u>。

(34)a는 '현재진행'이나 '현재상태' 혹은 '앞으로 일어날 일에 대한 의지
나 추측'을 나타내며, b는 '현재상태'나 '앞으로 일어날 일에 대한 의지나
추측'을 나타낸다. 그런데 (32)~(33)처럼 시간부사어를 바탕으로 {-∅}와
{-非た}의 본질을 설명하려는 방법은 많은 혼란을 준다. 따라서 (34)처럼
부사는 전제하지 않아야 한다.

앞에서 보았듯이 {-非た}는 '현재진행'을 나타내지 못하고 '앞으로 일어날 일에 대한 의지나 추측'만을 나타낸다. 그런데 {-非た}가 상태동사와 어울려서 현재 일어나고 있는 사태를 나타낼 때가 있다. 이를 '현재의 사태'라 하는데 아래와 같이 특별한 경우에 한정한다.

① 인간의 五官, 六官에 의해 포착된 외적 현상

이들 동사는 화자의 지각 활동과 그 지각의 대상인 외적 현상이 미분화된 형태를 나타낸다.

> (35) a. 저기에서 맛있는 <u>냄새가 난다</u>. / 옆방에서 이야기 <u>소리가 난다</u>.
>   b. 遠くから波の<u>音がする</u>。/ 微かに潮の<u>香りがする</u>。

(35)처럼 화자가 현재 미각, 후각, 청각, 촉각 등의 감각을 나타내는 현상의 표현은 한국어의 '-이 난다'와 일본어의 '-がする'가 전형적이다.

② 인간의 사고에 의해 포착된 외적 현상

이들 동사는 화자가 지금 생각하고 있는 사태인 경우 현재형인 {-∅}와 {-非た}를 사용한다. 이는 화자의 현재 마음의 움직임을 그대로 서술하는 경우이다. 그리고 청자의 현재 생각을 물을 때도 마찬가지이다.

> (36) a. 나는 그 사람이 착하다고 <u>생각한다</u>. / 너는 이쪽이 옳다고 <u>생각하니</u>?
>   b. 私は試験に受かると<u>思う</u>。/ あなたはそれが不可能だと<u>考えるの</u>?

(36)은 서술문에서는 1인칭, 의문문에서는 2인칭이라는 인칭 제약이 있다.

③ 인간의 감정에 의해 포착된 외적 현상

이들 동사는 화자가 지금 느끼고 있는 사태를 {-∅}와 {-非た}로 나타내는 것이다. 곧, 이들은 화자의 감각 활동과 내적 상태를 미분화로 나타

내는 경우이다. 그리고 주어가 1인칭 현재를 나타내는 경우에는 화자가 지금 느끼고 있는 것을 나타내는 것이다.

> (37) a. 그 이야기를 들으면 너무 <u>화가 나요</u>.
>   b. 本当に<u>むしゃくしゃする</u>。

(37)은 두 나라말 모두 {-∅}와 {-非た}를 나타내지만, (37)′는 두 나라 말이 형태적으로 다르다.

> (37)′ a. 어제 잠을 못 자서 아주 <u>피곤하네요</u>.
>   b. あ！のどが<u>乾きました</u>。

(37)′처럼 '피곤하다' '목이 마르다' '배가 고프다' 등의 생리적 변화를 나타내는 동사는 화자의 지금 상태를 나타내는데, 일본어에서는 반드시 과거형인 {-た}를 사용하지만, 한국어에서는 {-∅}를 그대로 사용한다. 이것은 표현상의 차이지, 의미상으로는 모두 '결과상태의 지속'을 나타내기 때문이다. 그리고 (37)′b가 부정형으로 될 경우에는 {-ていない}로 표현한다.

> (37)′ b′. お腹<u>空いた</u>？ → ううん、まだそんなに空い<u>ていない</u>。

2) {-∅}와 {-非た}의 부차적 기능

부차적 기능은 시제와는 관련성이 없고 상황이나 문맥 의존적인데, 의미적으로 반복과 비반복으로 나누고, 다시 비반복에는 진리, 역사적 현재, 이행순서, 놀람, 행위요구 등이 있다.

(1) 반복(습관)

{-∅}와 {-非た}는 동작동사와 어울려서 현재 '반복'을 나타낸다. '반복'을 나타내는 방법에는 부사를 동반하는 경우, 동사 그 자체의 어휘적 특성에 의한 경우, 복수 주어가 반복을 암시하는 경우, 목적어가 복수를 나타냄으로서 동작의 반복성을 나타내는 경우 등이다.

> (38) a. 그 여자는 <u>가끔</u> 빨간 옷을 입는다.
>   b. このレストランは来る<u>たびに</u>運悪く休みだ。

(38)은 선행 부사어와 어울리는 경우로서 각각 정기적 반복(습관적 반복)과 비정기적 반복을 나타낸다. 전자는 끝없이 이어질 수 있지만, 후자는 일정 기간 이상은 지속되지 못한다.

(39)는 동사 그 자체의 어휘적 특성에 의해 반복을 나타내는 경우이다.

> (39) a. 저 선생은 <u>국어를 가르친다</u>. / 한국 사람은 <u>밥을 먹는다</u>.
>   b. あの先生は<u>国語を教える</u>。/ うちの息子は<u>中学校に通う</u>。

(39)의 '가르치다', '먹다', '다니다'가 문맥에 따라 일회적인 동작으로 끝나는 것이 아니라 습관적, 반복적인 행위를 나타낸다. 이것은 의미가 확대되어 '직업'이나 '주어의 속성'을 나타내기도 한다.

그리고 (40)은 복수 주어에 의해 반복을 나타낸다.

> (40) a. <u>많은 사람들</u>이 죽어간다. / <u>많은 회사들</u>이 넘어간다.
>   b. <u>多くの人</u>が死んでいく。/ <u>たくさんの会社</u>が倒れていく。

(40)의 '죽다', '넘어가다' 등의 동사는 순간적이며 일회적이지만, 주어가 복수이기 때문에 '많은 사람이 죽어가고 있다'처럼 '반복'을 나타낸다.

(41)은 목적어가 반복을 나타냄으로서 동작의 반복을 나타낸다.

(41) a. 그는 <u>사람들을</u> 만난다. / 그는 <u>많은 책을</u> 읽는다.
     b. 彼は<u>人々に会う</u>。/ 彼は<u>多くの本を読む</u>。

(41)은 한 개인의 주어가 동작의 대상인 목적어를 복수로 함으로서 대상의 행위가 반복됨을 나타내는 것이다.

(2) 비반복

① 진리

비반복에 속하는 것들 중에는 진리, 본질, 경향 등을 나타내는 것들이 있다. 이러한 표현을 김일웅(1977 : 226)은 '필연성 표현'이라고 한다.

(42) a. 얼음은 물에 <u>녹는다</u>. / 해는 동쪽에서 뜨고 서쪽으로 <u>진다</u>.
     b. 日は東から上り西に<u>沈む</u>。/ プラスチックは日に<u>弱い</u>。

(42)는 초시간적인 사태—시간에 관계없이 성립하는 사태—를 나타내는 경우로서 사물의 본질, 진리 곧 언제나 그와 같은 것을 나타낼 때나 인간이 만든 규칙 등을 말한다.

(43) a. 물고기는 물에 <u>산다</u>. / 원숭이는 나무에서 <u>떨어진다</u>.
     b. 鳥は森に<u>住む</u>。/ 水におぼれた人はわらでも<u>掴む</u>。

(43)은 어떠한 경향을 나타내는 예들이며, 완전히 관용적으로 굳어진 표현들도 있다.

② 역사적 현재

{-∅}와 {-非た}를 사용하여 과거 사태를 나타낼 때가 있다. 그 전체 내용이 과거에 있었음이 알려진 경우를 말하는데 소설, 옛 이야기, 역사적 사실 등을 서술할 때 사용된다. 野田尚史(1992 : 592)는 이를 "역사적 현재"

라 했다.

   (44) a. 자욱한 운무 속에서 피리 소리가 <u>들려온다</u>. 그야말로 구슬픈 피리 소
        리<u>였다</u>. 그런데 그 피리 소리는 가까이 다가오지는 <u>않는다</u>. 그러니까
        박씨는 안달이 날 수밖에 <u>없었다</u>.
     b. 山崎がおじぎをして<u>出る</u>と、野口は丁寧に礼を述べ、疲れているから
        ここで失礼すると<u>言った</u>。和子が涙を拭いながら<u>送って出た</u>。

   (44)처럼 {-Ø}와 {-非た}, {-었}와 {-た}가 혼용한다. 이것은 전체적으로 과거 이야기임이 알려진 경우이다. 이처럼 {-Ø}와 {-非た}가 과거의 이야기를 서술하지만, 이때에는 무엇보다도 과거의 사실임을 알리는 '적절한 상황'이 필요하다. '적절한 상황'이라는 일률적인 규정은 상당히 어려운데, Miura(1974 : 97)는 문장들 가운데 첫 문장으로 전체 이야기가 과거사에 속함이 밝혀지면 {-非た}는 과거시를 나타낸다고 하였다. 한국어의 {-Ø}도 대체로 이에 속한다. 그 첫 문장으로 전체 이야기가 과거사에 속함을 밝히는 방식으로는 (45)처럼 첫 문장만은 과거시제 형태 {-었}과 {-た}로 표현하거나 주어나 목적어에 과거 인물 또는 과거사와 관련된 어구가 등장하는 것이다.

   (45) a. 그는 집에 <u>도착했다</u>. 초인종을 <u>누른다</u>. 방 안에서 누군가 <u>나온다</u>. /
        세종임금은 집현전을 <u>납신다</u>. 신하들이 그 뒤를 <u>따랐다</u>.
     b. 彼はようやく家に<u>到着した</u>。呼び鈴を<u>押す</u>。/ こうして、一四九二年コ
        ロンブスがアメリカ大陸を<u>発見する</u>。

③ 발견, 놀람

{-Ø}와 {-非た}는 문장문법에서는 서술의 뜻을 나타내지만, 바로 앞에서 일어나는 상황이나 장면을 보았을 때 '놀람'을 나타낸다.

   (46) a. 저기, 사람이 <u>온다</u>. / 기차가 이제 <u>도착하네</u>.
     b. 向こうからバスが<u>来る</u>よ。/ 汽車がただいま<u>到着する</u>よ。

(46)은 '사람이 오고 있는 것'이나 '기차가 도착하고 있는 것'을 보고 말하는 표현이다. 이에 반해 (46)′는 '결과상태의 지속'을 나타낸다.

(46)′ a. 저기에서 사람이 왔다. / 기차가 이제 도착했다.
　　　 b. 向こうからバスが来たよ。/ 汽車がただいま到着したよ。

④ 행위 요구

{-∅}와 {-非た}는 문장문법에서 서술이나 의문을 나타낸다. 그런데 상황이나 장면에 따라 화자가 청자에게 행위를 요구할 때가 있다.

(47) a. (친구들에게) 선생님 <u>오신다</u>! / 기사님, 빨리 가 주세요. <u>부탁해요</u>.
　　　 b. (低い声で)専務、頭取が<u>お帰りになります</u>。/ ドライブさん、急いでください。<u>頼みますよ</u>。

(47)의 '선생님이 오신다'는 서술이 아니라 '선생님이 오시니까 조용히 해라'와 같이 화자 자신의 행위보다는 상대방에게 대응하라는 강한 알림이나 행위를 요구하는 경우이다. 곧, 들을이에 대한 행위요구이다.

(48) a. 곧 <u>전화하겠습니다</u>. / 자주 <u>연락드리겠습니다</u>.
　　　 b. 私が<u>おつぎします</u>。/ ちょっと<u>診察します</u>。

(48)은 화자가 자신의 행위를 서술하고 그 서술에 대한 들을이에 대한 행위요구이다.

(49) a. 이제부터 우리는 열심히 <u>공부한다</u>.
　　　 b. 我々はこれより、昭和維新に向かって<u>前進する</u>。

(49)의 동작 주체는 화자와 청자이다. 이는 강한 알림이나 다짐을 나타내며, 상대의 행동을 요구하는 기능을 가진다.

(50) a. 선생님이 교실에 들어와서 학생들에게 「모두 <u>일어선다!</u>」라고 하셨다.
　　 b. 護送巡査はすぐ前の室の扉を開けて、「<u>はいる！</u>」と彼を押した。

(50)은 선생님이 학생에게 바로 행동을 지시하는 경우이다.

⑤ 이행 순서

서로 관련된 행동이나 변화가 순차적으로 일어나는 경우를 말하며 대개 어떤 일의 절차를 나타낼 때 사용한다. {-∅}와 {-非た}는 공통적이며, 이 경우에는 아래의 두 가지가 있다.

첫째는 몇 개의 사태를 순서대로 열거하여 나타낼 때 사용한다.

(51) a. 환자는 진찰권을 <u>산다</u>. 진찰실로 <u>들어간다</u>. 다음에 의사가 시키는 대로 <u>한다</u>.
　　 b. お客様が呼びリンを<u>押す</u>。主人が出る。主人がドアを<u>開ける</u>。お客様と主人は<u>入る</u>。

(51)처럼 순차적으로 이루어지는 행위를 나타낼 때 양국어는 모두 {-∅}와 {-非た}와 어울린다.

둘째로 물건의 사용법, 만드는 법 또는 취급법을 나타낼 때도 사용한다.

(52) a. 400cc 물을 <u>끓인다</u>. 잠시 후 면과 스프를 <u>먹는다</u>. 그리고 계란과 파도 <u>넣는다</u>.
　　 b. (ビデオ録音の準備)　現在時刻を確認<u>する</u>。かセットを正しく<u>入れる</u>。プログラムボタンでAに<u>する</u>。ダイレクトボタンで曜日、開始時刻を<u>合わせる</u>。(再生の仕方)電源を<u>入れる</u>。ビデオ専用チャンネルに<u>する</u>。

(52)a는 라면을 조리할 때 그 동작을 순차적으로 나열하는 경우이고, (52)b는 비디오 조작 방법을 설명하는 경우이다.

3. {-었-}과 {-た}의 의미 기능

한 · 일어의 시상 형태 {-었-}과 {-た}는 의미적으로 매우 유사한 점이
많다.

> (53) a. 그가 {걸-었-다. / 살-았-다. / 자-쓰-다. / 말하-였-다.}
>   b. 彼が {歩いた。/ 住んだ。/ 寝た。/ 話した。}
>
> (54) a. 그가 {걸었겠다. / 걸었을 것이다. / 걸었을 것 같다. / 걸었겠더라.}
>   b. 彼が {歩いただろう。/ 歩いたらしい。/ 歩いたようだ。/ 歩いたにち
>   がいない。}

다만, (53)~(54)와 같이 한국어의 {-었-}6)은 형태론적 체계에서 선어
말어미이며, 일본어의 {-た}7)는 어말어미로서 기능적 분포상의 차이를 보
인다.

이 두 형태는 동사의 어휘적 특질에 따라 시제인 과거와 상인 완결을
기본의미로 보고, 문맥 상황에 따른 화자의 심적 태도인 양태의 개념은
부차적 의미로 보고자 한다.

---

6) {-었-}의 변이형태는 /-었-~-았-~-쓰-/∞/-렀-/∞/-였-/, 매김꼴의 위치에서는 {-었-
　→-ㄴ/은}이 된다. 일반적인 기술은 {-었-}으로 하고 주어진 보기에 따라서는 {-았-}
　으로 하기도 한다(김석득, 1992 : 604). 이 글에서는 일반적인 기술을 따르고자 한다.
7) {-た}는 이래와 같이 용언의 종류에 따라 많은 변이형태를 보이며 씨끝 형태와는 분
　리되지 않는다.
　a. /ta/ : たべた, いた …
　b. /da/ : しんだ, よんだ …
　c. /datta/ : きれいだった, せんせいだった …
　d. /desita/ : がくせいでした, しずかでした …
　e. /masita/ : いきました, よみました …
　f. /katta/ : おおきかった …
　하지만 일반적으로 {-た}를 기본적인 형태로 보기 때문에 이를 기본형태로 삼고자 한다.

1) {-었-}와 {-た}의 중심적 기능

(1) 단순과거

단순과거란 어떤 사태가 과거시점에서 발생했거나 놓여 있음을 나타내는 것이다. 곧, 과정동사가 {-었-} {-た}와 어울려 동작이나 상태가 과거시점에서 벌어진 사실을 나타낸다.

> (55) a. 나는 어제 길에서 옛 친구를 만났다. / 우리 어머니는 자식들의 복을 빌었다. / 나는 어제 밤에 둥근 달을 보았어. / 그건 그 사람이 잘못했다.
> b. 先週、授業中にテニスをしました。/ 夏休みに、富士山に登りました。
> / チョムスキ-教授は昨年一月に来日し、セミナ-と講演を行った。

(55)는 행동이나 사태가 다만 과거에 벌어진 사실만을 지적하는 경우에 단순과거가 쓰였다고 본다. 곧, 발화시보다 이전의 시점에서 어떤 동작·사건이 일어난 것을 나타낸다. 하지만 (55)′처럼 부사어나 상황에 따라 상적 의미를 드러내기도 하는데, 이는 부차적 기능으로 처리해야 된다.

> (55)′ a. 나는 어제 밤에 둥근 달을 한참 쳐다보았어. / 늘 그 사람이 잘못했다.
> b. 夏休みの間は毎日三時間デッサンをした。/ 彼女は当時日曜毎にケーキを焼いた。

(55)′는 '한참', '늘', '毎日三時間', '日曜毎に' 등의 부사와 어울려 진행상과 반복상을 나타낸다. 이때는 단순과거라기보다는 상황과 문맥을 전제로 한 상적 의미로 다루어야 한다.

(2) 과거 상태

{-었-}과 {-た}는 상태동사, 형상동사와 어울려 과거 상태를 나타낸다.

(56) a. 날씨가 <u>좋았다</u>. / 길은 <u>멀었다</u>. / 그는 재주가 <u>있었다</u>. / 그 사람은 군
　　　 인<u>이었다</u>. / 나는 집에 <u>없었다</u>. / 그 여자는 <u>예뻤다</u>.
　　 b. ぼくが会ったとき、彼は元気<u>だった</u>。/ きのうは歯が<u>痛かった</u>。/ 彼は
　　　 二十歳のときコックの見習い<u>だった</u>。

(56)은 상태동사가 {-었-}과 {-다}와 어울려 과거시점을 중심으로 한
과거 상태를 나타낸다. 곧, 발화시보다 이전의 시점에 있어 주체의 상태를
나타낸다. (56)′와 같은 문인 경우에는 문맥에 따라 일본어에서는 '회상'을
나타내기도 한다.

(56)′ a. 옛날에는 먹을 것도 <u>변변찮았지</u>. / 그 여자는 참 <u>똑똑했었지</u>.
　　　 b. あの頃は食べ物もろくにない状態<u>だったね</u>。/ 次の日の試験、あれは難
　　　　 <u>しかったなあ</u>。/ 汽車を見につれていけって、よくせがまれ<u>たよ</u>。/
　　　　 そういえば、そんなこともあっ<u>たね</u>。出発時間を間違えてしまって。

(56)′a는 {-았-}이 종결어미 {-지} 등과 어울리고, (56)′b는 종조사와
함께 어울려 각각 '회상'을 나타낸다. 그런데 한국어에서 '회상'을 나타내는
형태소는 {-더-}이다. 하지만 일본어에서는 '회상'을 나타내는 형태소는 없
다. 그래서 일본어에서 나타내는 '회상'은 문맥, 상황을 전제로 하는 부차
적 기능으로 보아야 한다.

(57) a. 이 지방의 경관은 <u>아름다웠다</u>. / 그는 가톨릭교를 <u>믿었습니다</u>. / 나는
　　　 그 여자의 마음을 <u>알았습니다</u>.
　　 b. この地方の景色は<u>美しかった</u>。/ 彼は仏教を<u>信じた</u>。/ 私は彼女の心が
　　　 <u>わかった</u>。

(58) a. 지방의 경관은 1970년 초에 <u>개발했다</u>. / 그는 가톨릭 교리를 <u>배웠다</u>.
　　 b. この地方は1970年代に<u>開発した</u>。/ 彼は仏教についてたくさん<u>習った</u>。

(57)처럼 상태동사, 형상동사가 {-었-}, {-다}와 어울려 본질적으로 지
속상을 나타낸다. 이것은 (58)처럼 비상태성 용언의 단순과거의 표현과

대조되는 것이다. 왜냐하면, 단순과거는 그 사건이 그때 일어났음을 말해
줄 뿐이기 때문이다.

또한 과거 상태를 나타내는 {-었-}과 {-た}는 과거를 나타내는 부사와
어울리면 더 확실한 과거 상태 표현이 된다.

> (59) a. 그는 옛날부터 선생<u>이었다</u>. / 선생님은 어제부터 댁에 <u>계셨다</u>. / 오늘
>   은 아침부터 <u>개었다</u>. / 나는 그 학생을 일년 전부터 <u>알았습니다</u>.
>   b. 彼は昔から<u>先生だった</u>。/ 先生は昨日からお宅に<u>いらっしゃった</u>。/ 今
>   日は朝から<u>晴れた</u>。/ 私はあの学生を一年前から<u>分かりました</u>。

(59)처럼 '옛날부터', '어제부터', '아침부터', '일년 전부터' 따위의 부사를
넣으면 그 상태가 과거의 어떤 시점에서 비롯되는 상태를 나타낸다. 하지
만 앞에 부사가 없으면 단순한 과거상태이다.

(3) 완료

완료는 과거시역을 바탕으로 주로 결과동사와 어울린다. {-었-}과 {-た}
는 통시적으로 {-어 있-}과 {-たり}에서 온 것이다. 곧, {-었-}과 {-た}는
결과지속의 의미를 바탕으로 하고 있다.

> (60) a. 비행기가 <u>떴다</u>. / 봄이 오니 푸성귀가 <u>나왔다</u>. / 여보 박님이 <u>성공하였
>   소</u>.
>   b. 犬が<u>死んだ</u>。/ 庭にはきれいな花が<u>咲いた</u>。

(60)처럼 '떴다 → 떠 있다', '나왔다 → 나와 있다', '死んだ → 死んでい
る', 'さいた → さいている'로 치환이 가능한 동사는 '완료'를 나타낸다. 그
런데 앞에 오는 부사에 따라 과거, 완료의 기준을 삼으려는 경향이 있는
데 이는 체계를 흐리게 한다. (61)~(62)를 보면서 검토해 보자.

> (61) a. 나는 <u>이미</u> 편지를 썼다. / 그는 <u>벌써</u> 그 책을 다 읽었다.

  b. 私は<u>もう</u>手紙を書いた。／彼は<u>もう</u>本を読んだ。

(62) a. 나는 <u>어제</u> 편지를 썼다. / 그는 <u>어제</u> 그 책을 다 읽었다.
   b. 私は<u>昨日</u>手紙を書いた。／彼は<u>昨日</u>本を読んだ。

 (61)~(62)의 '쓰다 / 읽다'는 과정동사라는 어휘적 특성을 지니므로 {-었-},
{-た}와 어울릴 경우 '단순과거'로 봐야 한다. 그런데 (61)은 '이미 /벌써'와
같은 부사와 어울려 과거 시점에서 완결된 사건(completed action)으로 보는
'완료'로, (62)는 '어제'의 시간 부사와 어울려 '단순과거'를 나타낸다. 곧,
(61)~(62)는 앞에 오는 부사에 따라 단순과거와 완료로 구별하고 있는데
이것은 문맥 의존적이므로 기본의미와는 구별되어야 한다.
 이것은 (61)~(62)′에서도 마찬가지이다. (61)~(62)′는 (61)~(62)를
부정문으로 만들어 구별하려는 시도이다.

(61)′ a. 나는 아직 편지를 <u>안 썼다</u>.(<u>안 쓰고 있다</u>.) / 그는 아직 그 책을 다
     <u>읽지 않았다</u>.(<u>읽지 않고 있다</u>.)
   b. 私は未だ手紙を<u>書いていない</u>。（*書か<u>なかった</u>。）／彼は未だ本を読ん
     <u>でいない</u>。（*読ま<u>なかった</u>。）

(62)′ a. 나는 어제 편지를 <u>안 썼다</u>.(*<u>안 쓰고 있다</u>.) / 그는 어제 그 책을 다
     <u>읽지 않았다</u>.(*<u>읽지 않고 있다</u>.)
   b. 私は昨日手紙を<u>書かなかった</u>。（*書い<u>ていない</u>。）／彼は昨日本を<u>読ま
     なかった</u>。（*読ん<u>でいない</u>。）

 (61)′a의 {-었-}의 형태가 (61)′b에서는 {-ていない}의 형태를 하고 있
으며 {なかった}는 비문이 된다. 이것은 (61)의 뜻이 '완료'라는 것을 입증
해 주는 예이다. 왜냐하면 과거의 시점을 중심으로 '편지 쓰기', 또는 '책
읽기'가 이루어진 그 동작의 과정에는 문제되지 않고 그 행동 전체에 초점
이 놓이기 때문이다. 이에 반해 (62)′처럼 '어제'와 어울린 경우에는 {-て
いる}는 비문이고 {-た}가 정문인 것은 (62)가 단순과거임을 입증하는 예

이다. 이들도 부사에 따라 부정의 형태가 달라지기 때문에 기본의미를 구별하는 객관적인 기준법이 못 된다. 한편 (63)은 한·일어의 표현상 차이를 드러내는 예이다.

(63) a. 철수는 미국에 <u>갔습니다</u>. / 모두 <u>왔습니까?</u> / 다 <u>모였습니다</u>. / 영이는 <u>결혼했습니다</u>.
　　 b. 山田さんはアメリカへ<u>行っている</u>。/ みんな来<u>ています</u>か。/ みんなそ<u>ろっています</u>。

(63)은 '가다 / 오다 / 결혼하다' 따위의 결과동사가 {-었-}과 어울릴 경우 '완료'를 나타내며, 일본어에서는 {-てい-}의 형태를 나타낸다. 그런데 이 경우 {-た}의 형태는 비문이다. 하지만 다음의 부사가 들어가면 일본어에서 {-た}형은 가능하다.

(63)′ b. 山田さんは<u>いつ</u>アメリカへ行きましたか。/ <u>きのう</u>来ました。/ あなたは<u>いつ</u>結婚しましたか。

(63)′의 문은 부사의 영향으로 {-た}의 형태를 취해 과거의미를 가지나 원래는 (63)처럼 '완료'를 나타낸다. 이처럼 결과동사가 {-었-} {-た}와 어울려 '완료'를 나타내는 의미적 기준은 상적 동사의 어휘적 특성에 의존해야 한다고 본다. (64)가 그 예이다.

(64) a. 식사준비가 다 <u>되었다</u>. / 꽃이 예쁘게 <u>피었다</u>.
　　 b. ご飯の支度が<u>できた</u>。/ 桜の花がみごとに<u>咲いた</u>。/ 私の<u>選んだ</u>人を見て下さい。

(64)는 {-었-}이 결과동사와 어울려 '완료'를 나타내는 예들인데, 이들은 (64)′처럼 {-어있-}과 {-てい-}로 치환이 가능한 문장들이다.

(64)′ a. 식사준비가 다 <u>되어 있다</u>. / 꽃이 예쁘게 <u>피어 있다</u>.

　b. ご飯の支度が<u>できている</u>。/ 桜の花がみごとに<u>咲いている</u>。/ 私の<u>選んでいる</u>人を見て下さい。

　이것은 {-었-}과 {-た}가 각각 {-어 있-}이나 {-てあり-}에서 변천된 것이기 때문임을 알 수 있다. 물론 (64)는 완료, (64)′는 그 완료의 지속이라는 의미의 차이는 있다.

2) {-었-}와 {-た}의 부차적 기능

(1) 선행부사에 의한 부차적 기능

① 과거진행상

　{-었-}과 {-た}은 과거의 일정 시역에서 동작의 진행을 나타내기도 한다. {-었-}과 {-た}가 과거진행상을 나타낼 경우 과정동사와 어울린다. 그리고 반복은 나타내지 않는다.

　(65) a. 우리는 그 때 대문 앞에서 너를 한참 <u>기다렸다</u>.(<u>기다리고 있었다</u>.) / 사람들이 어제 밤에 바깥에서 10분 동안이나 <u>떠들었다</u>.(<u>떠들고 있었다</u>.) / 나는 그때 한참 술을 <u>마셨다</u>.(<u>마시고 있었다</u>.)
　　　　b. 私はあの時お酒を*<u>飲んだ</u>。(<u>飲んでいた</u>。)

　(65)a처럼 {-었-}이 과정동사와 어울려 과거시점을 중심으로 한 진행을 나타낸다. {-∅}이 현재 진행상을 나타내는 것과 대응한다. 그런데 (65)a의 기본의미는 단순과거이다. 하지만 문맥상으로 {-고 있었-}은 과거진행을 나타낸다. 곧, {-고 있었-}이 과거진행상의 기본의미이며 {-었-}은 문맥에 의존한 과거 진행으로 봐야 한다. 하지만 {-た}는 과거진행을 나타내지 못한다. 이것은 {-非た}가 현재진행상을 나타내지 못한 점과 같다. 이것이 한일어의 차이점이라 볼 수 있다. 일본어의 과거진행은 {-ていた} 형

으로 나타낸다. 하지만 (66)은 부사어와 어울려 그 상황이 전제되어야만
과거 진행을 나타내므로 기본의미에서 다루는 것은 옳지 않다. 그래서 부
차적 기능으로 본 것이다. 이 과거 진행상은 (66)처럼 결과동사와 어울리
면 어색한 문이 된다.

(66) ?그이는 그때 <u>한참</u> 불을 켰다. / ?그때 그 사람이 <u>한동안</u> 잠이 깨었다.

(66)은 결과동사로서 '불이 켜져 있는 상태'나 '잠이 깨어 있는 상태'를
나타내는 완료상일 뿐 진행상은 드러내지 못한다.

② 과거반복상 / 과거습관상

{-었-}과 {-た}는 앞의 부사와 어울려 과거 시점에서의 반복상이나 습
관상을 나타낸다.

(67) a. 그 사람은 남산에 <u>자주</u> 올라갔다. / 그이는 <u>그때</u> 그 직장에 다녔다. /
      그 나그네는 <u>해마다</u> 이맘때에 이 고장을 찾았다. / 그이는 <u>노상</u> 담배
      를 끊지 못하였다.
   b. 彼は<u>時だま</u>たばこを吸った。 / あの人は<u>毎日</u>会社に出た。

(67)처럼 {-었-}과 {-た}가 동작동사와 어울려 과거에서의 반복적, 또는
습관적 사건을 나타낸다. 이것은 {-∅}와 {-非た}가 반복이나 습관을 나타
내는 것과 마찬가지이다. 단, 기준시가 과거에 속한다는 것이다.
이런 과거 반복상은 빈도부사 '가끔', '자주', '날마다', '항시' 따위의 부사
와 호응하며, 과거부터 현재(또는 미래)에 걸쳐 계속되는 사건이 나타내는
일이다.

(68) a. 우리는 작년부터 <u>아침마다</u> 체조를 {하였다. / 한다.}
   b. わたしだちは昨年から<u>毎日</u>体操を {した。 / する。}

(68)은 {-∅}와 {-非た}와 바꾸어도 무방하다. 다만, {-었-}과 {-た}는 과거부터 현재까지의 상황을 강조하는 것이며 {-∅}와 {-非た}는 앞으로 계속 진행할 것을 나타낸다.

(2) 주관적 판단에 의한 부차적 기능

문의 구조적[8]인 면에서 볼 때 (2)는 제3단계인 순수 주관적인 단계로 볼 수 있다. 곧 사태(명제)에 호응하는 것이 아니라 화자나 청자와 호응하는 것이다. (70)을 보자.

(69) a. 내일이 너 <u>생일이었지</u>. / 아 그래! 너의 전공은 <u>공학이었지</u>.
　　 b. 明日が<u>休みだったね</u>。 / 明日は彼女の<u>誕生日だった</u>よ。

(69)의 {-었-}과 {-た}는 '내일이 너 생일이다'와 무관한 화자가 스스로 묻거나 또는 청자에게 묻는 것과 관련된 것이다. 곧, '내일이 너 생일이라고 전에 말했지'라는 뜻이다. 이것은 (69)′와 비교하면 알 수 있다.

(69)′ a. 어제는 너 <u>생일이었지</u>. / 그 사람 전공은 <u>공학이었지</u>.
　　 b. 昨日が<u>休みだったね</u>。 / 昨日は彼女の<u>誕生日だった</u>よ。

(69)′의 경우는 명제와 관련된 발화이전시로서 과거상태를 나타내고 있다.
(69)가 (69)′와 다른 점은 제2단계의 객관적 단계냐 제3단계의 주관적 단계냐에 따른 것이다. 그래서 이 장에서는 주관적인 단계에 이들을 바탕으로 부차적 의미를 알아보고자 한다.

---

8) 문의 구조는 격문법에서 보듯이 명제와 양태로 나눈다. 명제는 가장 순수한 객관적이며 양태는 객관적인 것과 주관적인 것이 혼합된 단계 그리고 순수한 주관적인 단계로 나눈다. 이때 2단계가 태, 상, 시제이며 주관적인 단계가 서법이다.

① 기대·예상의 실현

    (70) a. 아, 역시 여기에 <u>있었구나</u>. / 역시 여기에 <u>있었네</u>.
       b. あ、見つかった、ここに<u>あった</u>。 / やはり、ここに<u>いた</u>のか。

(70)은 발화의 시점에 앞서 어떤 것을 예상, 또는 기대하고 그것이 현실적으로 확인되거나 또는 실현한 경우이다. 찾고 있던 것을 발견했을 때 많이 쓰인다. 따라서 (70)′와 같은 단지 과거를 서술하는 용법과는 다르다.

    (70)′ a. 저 책이라면 어제 여기에 <u>있었어요</u>.(지금은 없다.) / 너는 어제 여기
         에 <u>있었지</u>.
       b. あの本なら、きのうここに<u>あった</u>よ。(今はもうない。) / 君はきのう
         ここに<u>いた</u>の。

(70)과 (70)′의 차이점은 그 사태를 인지하고 있었는지에 대한 여부이다. 또한 (70)은 화자의 주관적인 면이 개입된 서법적인 요소이며 (70)′는 객관적인 요소가 개입되며 명제의 사태와 관련성을 맺고 있다.

② 상기(깨달음)

잊어버린 것이 생각난 것을 나타내는 것이다.

    (71) a. 아, 맞다, 쇼핑이 <u>있었지</u>. / 아 그래, 너 전공이 일본어<u>이었지</u>. / 내일
         은 휴일<u>이었지</u>.
       b. 彼の出発は明日<u>だった</u>。 / 彼の名前は田中<u>だった</u>。

    (71)′ a. 김씨의 주전공은 <u>일본어이었지</u>. / 오늘은 <u>휴일이었지</u>.
       b. 昨日はおもしろい買物が<u>あった</u>。(んだ。) / 山田さんの専攻は<u>スペイ</u>
         <u>ン語</u>だった。

(71)′는 {-었-}과 {-다}가 명제의 사태나 사건에 관련되어 과거완료의 의미를 지니지만 (71)은 화자나 청자의 주관적 판단을 가지게 한다. 곧,

'내일은 휴일이었지'라는 예문에서 {-었지}는 '내일은 휴일이다'와는 무관하며 화자 스스로 묻거나 청자에게 묻는 경우이다. 따라서 (71)은 지금까지 깨닫고 있지 못했던 것을 어떤 계기로 깨달았을 때의 표현으로 서법(양태)의 입장에서 보아야 한다. 반면 (71)'는 이미 알고 있는 것을 서술하는 데 지나지 않는다.

③ 과거 현실의 假想

> (72) a. 조금만 조심했더라면 그 사고는 막을 수 <u>있었을 텐데</u>. / 사전에 말했더라면 <u>좋았을 텐데</u>. / 조금만 늦었더라면 구할 수 <u>없었을 것이다</u>. / 네가 가면 나도 <u>갔다</u>.
> b. 一時停車していれば、あの事故は<u>防げた</u>。 / 事前にいってくれれば、<u>よかった</u>。（のに）

(72)는 과거에 실제로는 일어나지 않았지만 그렇게 조치만 했더라면 실현했을 것이라는 마음을 나타낸다. 곧, 현실과 반대적인 의미를 지니기도 한다. 이 문은 조건절이나 가정절이거나 또는 그에 준한 문맥이어야 한다. 의미적으로 화자의 강한 바람이나 아쉬움, 또는 추정을 나타낸다.

④ 앞으로 있을 것에 대한 가상

앞으로 일어날 일을 미리 가상하여 판단하는 표현이다.

> (73) a. 너는 내일이면 <u>죽었다</u>. / 그렇다면 내가 <u>샀다</u>. / 여기가 안양이군. 서울에 다 <u>왔다</u>. / 저 사람이 <u>이겼다</u>!(<u>졌다</u>!)
> b. <u>止めたほうがいい</u>。 / わたし、これ<u>買った</u>。

(73)은 위협이나, 결정, 확정 따위를 나타내는 의미를 지니며 三上 章 (1972 : 220)가 말하는 심리적 완료로 볼 수 있으며, 사실적 완료와 구별된다. (73)'와 비교할 수 있으며 이들을 허웅(1995 : 1227~1228)은 다짐법, 또는 확인법이라고도 한다.

(73)′ a. 철수는 어제 <u>죽었다</u>. / 어제 내가 그것을 <u>샀다</u>. / 저 사람이 철수에게
         <u>이겼다</u>!(<u>졌다</u>!)
      b. 私は昨日これを<u>買った</u>。

(73)′는 이미 행한 사건(사태)에 대한 서술에 지나지 않는다.

⑤ 행위요구(명령)

상대에 대한 급한 요구를 하는 경우인데, 명령형은 아니지만 그렇다고
정중한 표현도 아니다.

(74) さあ、<u>どいた</u>、<u>どいた</u>。/ 売り切れるよ。부く、<u>買った</u>。<u>買った</u>。

(74)는 일본어에만 있고 한국어에는 볼 수 없다. 寺村秀夫(1971 : 39)는
화자의 입장에서 상대를 자기가 요구하는 쪽으로 끌어들이기 위해 긴박한
상황에 그 동작을 이미 실현한 것처럼 말하는 것으로 해석한다. 그리고
형태적인 면에서 金田一春彦(1954 : 7)는 'どいた / 買った' 등의 'た'는 종지
형이 아니라 'た'의 고어인 'たり'의 명령형 'たれ'에서 변화되었다고 한다.
곧, 일본어에서는 문어인 과거 명령형이 아직도 남아 있음을 알 수 있다.
또한 이것은 三上 章(1972 : 220)가 말한 심리적 완료로도 볼 수 있다.

4. {-고 있-/-어 있-}과 {-てい-}의 의미 기능

{-고 있-/-어 있-}과 {-てい-}의 의미기능에는 중심적 기능과 부차적 기
능이 있는데, 중심적 기능에는 '동작의 지속'과 '결과상태의 지속'으로 나눌
수 있다. 이 둘은 '지속'이라는 공통점을 가진다. 그런데 이들은 한국어에
서는 뚜렷이 보이지 않지만, 일본어에서는 '비지속'이라는 상적 의미를 나

타내는 '-非た'와 대립하면서 '동작의 지속'과 '결과 상태의 지속'의 차이를 가진다. 이 대립은 동사의 어휘적 의미의 차이에서 찾아볼 수 있다. 부차적 기능에는 '지속'이라는 상적 의미를 잃은 부차적 의미이다. 한국어에서는 뚜렷이 나타나지 않지만 일본어에서 보이는 '반복', '경험'은 '-非た'와 대립이 약하며, '단순상태'는 '-非た'와 대립이 되지 않는다.

이상과 같은 {-고 있-/-어 있-}과 {-てい-}의 의미구조를 중심적 기능과 부차적 기능으로 나누어 살펴보고자 한다.

1) {-고 있-/-어 있-}과 {-てい-}의 중심적 기능

(1) 동작의 지속

{-고1 있-}과 {-てい-}는 과정동사와 어울려 기본적으로 '동작의 지속'을 나타낸다. 동작의 지속이란 어떤 움직임이 시작되어 아직 끝나지 않은 상태에 있는 것을 말한다.

{-고1 있-}과 {-てい-}는 모두 '동작의 지속'을 나타내지만, 이 형태를 한국어의 {-∅}와 일본어의 {非た}로 바꾸면 그 용법의 차이가 있다.

> (75) a. 아이들이 밖에서 놀고 있다. / 물이 강으로 흐르고 있다.
>   b. あの人はせがれを心配している。/ 今度のコンサートのチケット、作ってるんですよ。

(75)a는 과정동사의 어간에 {-고1 있-}, (75)b는 {-てい-}가 붙은 것이다. 이들은 현재의 시점 곧 발화시점을 중심으로 "지금~하고 있는 중이다"라는 현재진행을 나타낸다.

그런데 (75)를 (75)′로 바꾸어 보면 양국어의 차이점을 알 수 있다.

(75)′ a. 아이들이 밖에서 <u>논다</u>. / 저 아이는 이가 아파서 <u>운다</u>.
    b. あの人はせがれを<u>心配する</u>。/ 今度のコンサートのチケット、<u>作る</u>のよ。

(75)′a처럼 한국어의 '-∅'는 "현재진행"을 나타내지만, (75)′b처럼 일본어의 '-非た'는 '현재진행'을 나타내지 못한다. 이것이 양국어의 가장 두드러진 의미적 차이이다.

(76) a. 사나이가 공중전화를 <u>걸고 있었다</u>. / 혜선이는 온 몸을 <u>긁고 있었다</u>.
    b. キッチンに置く隙間家具を買おうと思っ<u>てた</u>んですよ。

(76)이 (75)와 다른 점은 동작의 어떤 사태가 과거의 어떤 시점에서 '그때'를 중심으로 펼쳐 있었던 동작을 나타낸다.9) 다시 말해 과거시점에서의 진행을 나타내고 있다.

하지만, 과정동사가 {-고1 있-} {-てい-}와 어울려 기본적으로는 '동작의 지속'을 나타냈지만, 특별한 구문론적 조건이나 상황·문맥에 따라 '결과상태의 지속'을 나타내기도 한다.

① 지각 가능한 결과

과정동사라도 지각 가능한 결과를 남길 수 있는 사태를 나타내는 경우에는 {-고1 있-} {-てい-}와 어울려 "결과상태 지속"을 나타낼 수 있다.

(77) a. 누군가가 벌써 이 산길을 <u>걷고 있다</u>. / 누군가가 벌써 벽에 그림을 <u>그리고 있다</u>.
    b. さっきから雨が降っ<u>ている</u>わ。

---

9) 이것은 한국어의 {-었었-}과 깊은 관계가 있다. {-었었-}은 '단절'을 기본의미로 보는 것이 일반적이다. 남기심(1972)에서 {-었었-}은 단속상이라 말하고 있다. 곧, 이 형태는 현재와 단절된 과거 상황에서 벌어진 사건이나 상태를 나타내는 것이다. 이익섭 / 임홍빈(1983 : 186)에서는 '단절'의 기능이 이 형태에 있음을 지적하였다. 이처럼 단절은 {-었었-}이 중요한 형태라 보며 '회귀성'이나 '과거완료상'도 이 의미기능과 관련이 있다고 본다.

(77)처럼 비가 온 흔적을 왔거나, 벽에 그림이 그려져 있거나, 산길에 발자국이 남아 있는 상태, 곧 지각 가능한 결과를 가지는 경우에는 '결과상태 지속'을 나타낼 수 있다.

② 주체의 의지

주체의 의지를 나타내는 과정동사인 경우에도 (78)처럼 '결과상태의 지속'을 나타낼 수 있다.

> (78) a. 교수님은 연구실 문을 <u>닫고 계시</u>더라.
> b. 昨日行ったけれど、雨戸を<u>閉めていました</u>よ。

(78)은 현재시점에서의 '결과상태의 지속'을 나타낸다. 곧 앞의 동작이 끝나고 그 결과가 지속되는 뜻을 가진다.

③ 반복이나 습관에 의해 양적 변화에 초점

반복이나 습관에 의해 양적 변화에 초점을 두어 (80)처럼 '결과상태의 지속'을 나타낼 수 있다.

> (79) a. 그는 술을 꽤 많이 <u>마시고 있다</u>. / 철수는 상당히 담배를 많이 <u>피우고 있다</u>.
> b. 大分, <u>飲んでる</u>ね。/ 我々はもう十里位<u>歩いている</u>よ。

(79)는 동작량이나 변화량의 정도부사 등이 붙어 운동의 양적 변화에 초점을 두는 경우이다. 곧, '그 사람은 주량이 많은 사람이다' 나 '그는 애연가이다'라는 뜻을 나타낸다.

④ 시점의 차이

동사는 기본적으로 '현재진행'을 나타내지만 시점이나 초점의 차이에 따라 '결과상태의 지속'을 나타낼 수 있다.

(80) a. 나는 그 사람이 훌륭하다는 것을 <u>듣고 있다</u>.
　　 b. 手紙には五時に着くと<u>書いていたよ</u>。

(80)은 전달동사에 있어 전달을 나타내는 인용격 조사를 취해 전달활동
보다도 전달결과에 초점을 두는 경우이다.

(2) 결과상태의 지속

{-고2 있-/-어 있-}과 {-てい-}는 결과동사와 어울려 기본적으로 '결과
상태의 지속'을 나타낸다.

(81) a. 내가 잠<u>들어 있는</u> 사이에 그런 짓을 해 놓고 갈 사람은 그 사람밖에
　　　 없다.
　　 b. 東京にはない自然がまだまだいっぱい残<u>っています</u>。

(81)a는 {-고2 있-/-어 있-}를 취하며, (82)b의 {-てい-}와 대응한다.
그리고 이들의 의미는 '남다', '잠들다'라는 동작이 끝나고 그 결과로서 '남
아 있는 상태', '잠이 든 상태의 지속' 등 동작의 변화가 없는 지속을 나타
내고 있다.[10]

(82) a. 그는 예쁜 옷을 <u>입고 있다</u>. / 영이는 그 공식을 <u>외우고 있다</u>.
　　 b. 西洋風になってすべての生活が洋服を着<u>ていますね</u>。[11]

(82)a는 {-고2 있-/-어 있-}를 취하며, (82)b의 {-てい-}와 대응한다.

---

10) 김석득(1992 : 645~661)은 지속상을 동작이 없는 그대로 계속되는 '움직임 지속상'
　　과 정지상태가 계속되는 '정태지속상'으로 구분하고 있다. {-고 있-/-어 있-}는 '정태
　　지속상'에 해당되며 이를 다시 '단순정태 지속상'과 '완료정태 지속상'으로 구분하고,
　　전자는 움직임에 변화가 없는 동사에서 나타나고, 후자는 움직임 뒤의 결과가 지속
　　되는 동사 등에서 나타나는 것이다.
11) 일본어에서는 '着る', 'かぶる', 'はく', '(ネクタイを)しめる', '(ネクタイを)する', '(手袋
　　を)はめる' 등을 着裝動詞라 한다(吉川武時, 1989 : 114).

그리고 이들의 의미도 '입다', '외우다'라는 동작이 끝나고 그 결과로서 '입고 있는 상태'나 '외워 있는 상태'가 계속 남아서 지속되고 있음을 알 수 있다.

결과동사가 {-고2 있-/-어 있-} {-てい-}와 어울려 '결과상태의 지속'을 나타내지만, 특별한 구문론적 조건이나 장면, 문맥적 조건 아래에서는 '동작의 지속'을 나타내기도 한다.

주어가 복수인 경우 결과동사일지라도 (83)처럼 '동작의 지속'을 나타낼 수 있다.

> (83) a. 유명한 <u>사람들이</u> 자꾸자꾸 죽고 있다. / 대개의 <u>일본인들은</u> 연하의 여
>   자와 결혼하고 있다.
>   b. あご、鼻、耳からあふれた血は鋪道の熱気で<u>どんどん乾</u>いていた。

(83)은 '점점, 점차로, 서서히, 더욱 더, 자꾸자꾸, 조금씩' 등의 변화의 속도, 변화의 진행 상태를 규정하는 수식어가 붙어 '동작의 지속'을 나타낼 수 있다. 이들은 '-해 간다'나 '-고 있다'라는 진행의 의미를 가진다.

2) {-고 있-/-어 있-}과 {-てい-}의 부차적 기능

(1) 반복

{-고 있-/-어 있-}과 {-てい-}는 부사어와 어울려서 현재의 반복 또는 습관을 나타낸다.

> (84) a. 그는 가끔 산에 <u>올라가고 있다</u>. / 그는 요즈음 자주 술을 <u>마시고 있다</u>.
>   b. 私だちは毎日職場に<u>通っている</u>。/ 最近は重大事故が頻繁に<u>起こってい
>   る</u>。

(84)처럼 '가끔', '자주', '매일' 등의 부사와 어울려 어떤 일정한 긴 시간적 구간에 걸쳐 반복되는 사태를 나타낸다. 金田一春彦(1950)는 '반복'을 '반복진행태'와 '반복계속태'로 나누었다.12)

(85) a. 지금 유명인이 자꾸자꾸 <u>죽고 있다</u>.
　　　 b. 今、有名人がどんどん<u>死んでいる</u>。

(85)의 '死んでいる(죽고 있다)'는 '죽는 동작'이 아니라 '죽어 가고 있는' 상태를 나타내고 있음을 알 수 있다. 이를 '반복'이라 하고, 결과동사의 어휘적 특성보다 문맥의 의존성에 따른 결과라 볼 수 있다.

(2) 단순상태

물건의 外見, 성질, 상태 등을 나타내는 데에는 형용사가 많이 사용되지만, 동사가 사용될 때도 있다. 이들은 '결과상태'와 다른 점이 있기 때문에 '단순상태'라 부르고자 한다.

(86) a. 산이 높이 <u>솟아 있다</u>. / 저 아이는 아버지와 정말 <u>닮았다</u>.
　　　 b. ウイルダーネス・スクールはそのテーマにぴったり<u>合っている</u>ような気がするんです。

(86)은 어떤 상황에 적합하거나, 어떤 상태가 맑거나 복잡한 것을 묘사할 때, 또는 탑이나 산이 언제 '솟았는지'를 문제로 하거나 '솟는' 과정을 문제시 하는 것도 아니다. 곧 '솟아 있는' 그 상태에 초점을 두는 것이다.

---

12) '반복진행태'는 'この傾は栄養失調で人がどんどん死んでいる', '彼は毎朝バイブルを読んでいる'처럼 '어떤 동작・작용이 반복되어 행하고 있는 것'을 나타내고, '반복계속태'는 '将軍連が死につづけた', 'あれこれ本を読んできたが…'처럼 '어떤 동작・작용이 반복되어 행하는 것'을 나타낸다고 한다.

(3) 회상

일본어의 {-てい-}는 '회상'을 나타내기도 한다. '회상'은 '과거 완료상'의 표시와 기능적으로는 거의 같다. 그런데 한국어에서는 (87)처럼 {-고 있-}은 비문이다. 이것은 양국어의 차이점이라 볼 수 있다.

> (87) a. *후지산은 이전에 이 장소에서 두 번 <u>보이고 있다</u>.
> b. 富士山は、以前にこの場所から二度<u>見えている</u>。

(87)a가 정문이 되기 위해서는 {-고 있-}를 (87)′a처럼 {-었-}으로 바꾸어야 한다. 그리고 (87)b처럼 {-てい-}가 '회상'을 나타낼 경우는 상태동사와 과정동사가 '이전에', '3년 전에' 등의 과거의 시점을 지시하는 부사구와 어울려야 한다.

> (87)′ a. 후지산은 이전에서 이 장소에서 두 번 <u>보였다</u>.

한편, 근거를 바탕으로 할 경우에는 (88)처럼 '과거확정'을 나타내기도 한다.

> (88) a. 여기에서 지금은 후지산이 보이지 않지만, 기록에 의하면 분명히 두 번은 <u>보였다</u>.
> b. この場所から今は富士山は見えないが、記録によれば確かに2度は見え<u>ている</u>。

결과동사의 경우, 그것이 지각 가능한 결과를 남기는 사태를 나타내는 것이라면, 역시 과거의 시점을 지시하는 부사구와 어울리거나 문맥에 따라 '회상'을 나타낸다. 그러나 (89)처럼 '발견하다', '목격하다'와 같이 지각 가능한 결과를 남기지 않는 동사가 {-てい-} {-었-}와 어울렸을 경우 그것을 지시하는 語句와 문맥이 없어도 "회상"을 나타내게 된다.

(89) a. 콜럼버스는 1492년에 미국을 발견했다. / 철수는 역에서 범인을 목격
했다. / 순이는 작년에 결혼했다.
b. 花子は去年結婚している。/ コロンブスは1492年にアメリカを発見し
ている。/ 太郎は駅で犯人を目撃している。

(4) 경험

일본어의 {-てい-}는 '경험'을 나타내기도 한다. '경험'은 '과거 완료상'의
표시와 기능적으로는 거의 같다. 그런데 한국어에서는 (90)처럼 {-고 있-}
은 비문이다. 이것은 양국어의 차이점이라 볼 수 있다.

(90) a. 이 기사는 꼼꼼히 그 사건에 대해 적고 있습니다.
b. この筆者は要点をはっきりさせ、文章の組み立てを考えて書いている。

(90)a는 '결과상태의 지속'에 가까운 표현이며, (90)b는 '경험'으로 볼
수 있다.
그리고 이 문은 (90)′처럼 {-어 있-}과 {-てい-}를 {-었-}과 {-た}로 바
꾸어도 같은 뜻을 나타낸다.

(90)′ a. 이 기사는 꼼꼼히 그 사건에 대해 적었습니다.
b. この筆者は要点をはっきりさせ、文章の組み立てを考えて書いた。

(90)′는 '완료'의 의미를 나타내며, {-었-}과 {-た}가 문맥 상황에 따라
'경험'을 나타낼 수 있으므로 항상 문맥을 전제해야 한다고 본다.

5. 요약

문법연구에 있어서 가장 중요한 것은 체계적인 범주를 설정하고 그에

따른 현상을 보다 간결하게 규명하는 일이다. 마찬가지로 한·일어 시상법도 그 형태와 기능에 따라 의미 기능을 객관적이고 합리적으로 밝히는 것이 중요하다. 지금까지 시상에 관한 연구는 개별 형태소 위주가 중심이 되었지만, 이들만으로는 그 특성을 제대로 밝혀 낼 수가 없다. 따라서 본 연구는 한·일어 시상 형태가 나타내는 의미적 기능의 유사점과 차이점을 밝혀보자는 목적에서 시상 체계를 {-∅}와 {-非た}, {-었-}과 {-た}, {-고 있-/-어 있-}과 {-てい-}로 세웠다. 그리고 이들 시상 형태가 나타내는 의미 기능을 중심적 기능과 부차적 기능으로 나누어 살펴보았다.

이들 의미 기능을 합리적이고 체계적으로 밝히기 위해 먼저 '상적 특성을 지니지 않는 동사'와 '상적 특성을 지니는 동사'를 바탕으로 양국어의 상적 동사에 대해 하위분류를 시도했다.

다시 '상적 특성을 지니지 않는 동사'에는 '상태동사'와 '형상동사'로, '상적 특성을 지니는 동사'에는 '과정동사'와 '결과동사'로 나누었다.

이들의 상적 동사와 시상 형태 간의 어울림 관계에서 나타난 양국어의 시상법의 의미 기능을 살펴보면 아래와 같다.

{-∅}와 {-非た}의 중심적 기능은 '현재상태'와 '현재진행'이다. 그런데 '현재진행'은 동작동사와 어울리고 한국어에서만 가능하다. 일본어에서는 '앞으로 일어날 일에 대한 의지나 추측'만을 나타낸다. 부차적 기능에는 반복상과 비반복상으로 나눌 수 있는데, 비반복상에는 다시 진리, 역사적 현재, 이행 순서, 놀람, 행위요구 등의 여러 가지 뜻이 있다. 이들은 문맥적, 장면적 상황에 의존하여 이루어진다.

{-었-}과 {-た}의 중심적 기능은 과정동사와 어울리면 '단순과거', 상태동사와 어울리면 '과거상태', 결과동사와 어울리면 '완료'를 나타낸다. 한편, 부사나 상황에 의존하여 의미를 분류하려는 기존 연구는 체계상의 혼란의 이유로 배제하였다. 부차적 기능에는 선행부사에 의한 것과 주관적 판단에 의한 것으로 나누었다. 다시, 선행부사에 의한 주변 의미에는 '과거진행상'과 '과거반복상'으로 나누어 보았고, 주관적 판단에 의한 주변적

의미에는 '기대·예상의 실현', '상기', '과거현실의 가상', '앞으로 일어날 것에 대한 가상', '행위요구' 등으로 나누어 보았다.

{-고 있-/-어 있-}과 {-てい-}의 중심적 기능은 '동작의 지속'과 '결과상태의 지속'이다. '동작의 지속'은 양국어 모두 과정동사와 어울리는데, 한국어에서는 {-∅}과 {-고1있-} 모두 가능한 반면 일본에서는 {-てい-}만 가능하다. '결과상태의 지속'은 결과동사와 어울려 나타나는데 양국어 모두 같다. 그런데 형태적으로 한국어는 {-었-}을 많이 사용하는 반면 일본어에서는 {-た}는 잘 사용하지 않는 차이가 있다. 부차적 기능으로는 '반복', '단순형태', '회상', '경험'이 있는데, 양국어 모두 '반복', '단순상태'는 나타나지만, '회상', '경험'은 일본어에만 나타나는 특징이 있다. 단, 한국어에서 '경험', '회상'을 나타낼 때는 반드시 {-었-}과 어울려야 한다.

이상과 같이 본 연구는 양국어 시상 형태를 대조 연구하여 양국어에 내재한 시상의 보편성 연구에 기틀을 마련했다는 데 의의가 있다.

참고문헌

고영근(1986), "서법과 양태의 상관관계", 「국어학 신연구」, 탑출판사.

김석득(1974), "한국어의 시간과 시상", 「한불연구」 연세대1.

김석득(1987), "'완료'와 '정태지속'에 대한 역사적 정보", 한글학회.

김석득(1992), 우리말 형태론, 탑출판사.

김용경(1994), 국어의 때매김법 연구, 서광학술자료사.

김일웅(1977), "우리말 때매김 연구에 대하여", 「한글」 159, 한글학회.

김차균(1980), 우리말 시제와 상 연구, 태학사.

김차균(1999), 우리말의 시제구조와 상 인식, 태학사.

나진석(1971), 우리말의 때매김, 과학사.

남기심(1978), 국어문법의 시제 문제에 관한 연구, 탑출판사.

렴광호(1998), 종결어미의 통시적 연구, 박이정.

서정수(1976), "국어 시상형태의 의미분석 연구", 「문법연구」 3, 문법연구회.

서정수(1982), "한, 일 두 나라말의 시상", 한글학회.

안동환(1981), "우리말 관형절에서의 '-었-'과 'Ø'의 시제 표시 기능", 한글학회.

이익섭 · 임홍빈(1983), 국어문법, 학연사.

정문수(1984), "상적 특성에 따른 한국어 풀이씨의 분류", 「문법연구」 5, 광문사.

최현배(1937), 우리말본, 정음문화사.

하치근(1982), "국어의 시제연구", 「부산한글」 2집, 한글학회 부산지회.

하치근(1999), 우리 말본의 이해, 한국문화사.

하치진(1964), 조선어 ≪시-태≫에 관한 고찰, 과학원출판사.

奧田靖雄(1978), "アスペクトの研究をめぐって", 「ことばの研究　序説」, むぎ書房.

金田一春彦(1953), "国語動詞の分類", 金田一春彦 編(1976), むぎ書房.

紙谷栄治(1989), "テンスとアスペクト", 「北原保雄編『講座日本語と日本語教育　第4券　日本語文法・文体(上)』」, 明治書院.

国広哲弥(1982), "アスペクト辞'-ている"-てある'の機能", 「東京大学言語学論集」, 東京大文学部.

鈴木重幸(1972), 日本語文法・形態論, 麦書房.

高橋太郎(1985),　現代日本語のアスペクトとテンス(国語研報告82)，秀英出版.
寺村秀夫(1971), "'た'の意味と機能 -アスペクト・テンス・ムードの構文的位置づけ-",
　　　　「言語と日本語問題」，くろしお出版.
寺村秀夫(1984)，日本語のシンタクスと意味II，くろしお出版.
時枝誠記(1950)，日本文法，巌波全書.
中右 実(1980), "テンス・アスペクトの比較", 国広哲弥編,『日英語比較講座 第2券 文
　　　　法』，大修舘.
仁田義雄(1989)，日本語学の新展開，くろしお出版.
野田尚史(1992), "テンスから見た日本語の文体",『文化言語学-その提言と建設-』，三省堂.
細江逸記(1973)，動詞叙述の研究，篠崎書林.
松下大三郎(1974)，改選標準日本文法，勉誠社.
三上 章(1972)，現代語法序説，くろしお出版.
山田あきこ(1991)，外国人が日本語教師によくする100の質問，バベル・プレス.
山田孝雄(1936)，日本文法学概論，宝文館.
吉川武時(1982), "動詞のアスペクトについて",「日本語学」12月，明治書院.
吉川武時(1989)，日本文法入門，アルク.

‖ 강병주 ‖

한·일 호칭어 대조 연구

1. 호칭어 연구의 방향

1) 연구 배경 및 목적

인간은 누구나 어딘가의 집단에 소속되어 있고, 무수히 많은 사람들과의 의사소통을 통해 원활한 사회생활을 영위하고 있다. 다른 사람과의 의사소통에서 중요한 요소 중 하나가 바로 호칭어이다. 일반적으로 호칭어란 대화 중의 상대방을 가리키는 말이며, 넓은 의미로 자기 자신이나 제3자를 가리키는 경우를 포함하기도 한다.

서구문법의 시각에서 사람을 가리키는 말은 인칭대명사로 대표되며, 실제 우리들이 영어나 일본어와 같은 외국어를 공부할 때 가장 먼저 배우게 되는 말 중에 하나가 'I' 나 'YOU', 또는 'わたし(나)'나 'あなた(당신)'과 같은 인칭대명사이다. 그러나 영어에서의 'I' 나 'YOU'가 매우 광범위하게 사용되는 것과 비교해 볼 때, 우리들이 실제 언어생활에서 상대방을 가리켜

'너, 당신'과 같은 인칭대명사를 사용하는 경우는 매우 제한적이다. 그리고 친족이 아닌 사람에게도 '형'이나 '아버님'과 같은 말을 쓸 수 있지만, 이를 영어로 번역하여 'brother'이나 'father'로 한다면 매우 이상한 상황이 되어 버릴 것이다. 또한 한국어에서 모든 사람들이 다 가지고 있는 이름(実名)을 호칭어로는 좀처럼 사용하지 않는다.

이처럼 호칭어의 사용 양상은 먼저 인구어(영어)와 한국어에서 큰 차이를 보이지만, 같은 한국어 사용자 내에서도 세대나 사회적 위치 등에 따라 다시 다양한 형태로 차이를 보인다. 예를 들어 젊은 사람들 사이에서 쉽게 사용되는 '형'을 비교적 나이 든 세대에서는 편하게 사용하기가 어렵다. 이러한 다양성의 원인은 어떤 호칭어를 선택할 것인가 하는 선택 기준에 단어가 가지는 단순한 사전적 의미뿐 아니라 화자와 청자 간의 기본 관계와 더불어 사회적 위치, 대화 당시의 화자의 입장이나 의도 등 매우 복합적인 사회적 요인이 작용하기 때문이다.

사회의 발전 속도에 따라 언어 변화의 속도도 빨라지고 교통과 통신의 발달로 타 문화 간의 접촉도 빈번해 지면서, 언어 외적 요소의 영향을 받는 호칭어의 체계도 점차 복잡해진다. 이 글에서는 현대 한국어의 호칭어의 양상에 대하여 사회언어학적 관점에서 일본어와의 대조를 통하여 호칭어의 사용 형태를 분석하고, 각각의 호칭어의 특징을 파악함으로써, 호칭어 사용의 적절한 기준을 수립하는 데 도움을 주고자 한다.

2) 연구 방법

(1) 호칭어 연구의 방향

앞에서 영어의 'I'나 'YOU'는 한국어의 '나'나 '너'와는 달리 화자와 청자 간의 연령이나 사회적 지위에 상관없이 두루 사용될 수 있지만, 한국어와 일본어의 경우에 인칭대명사의 직접적 사용은 매우 제한적이라 하였다. 예를 들어 한국어에서는 학생이 선생님에게, 혹은 아들이 아버지에게 2인칭 대명사를 사용하기 보다는 대신에 '선생님, 아버지'와 같은 직업명이나 친족명을 쓴다. 이는 2인칭 대명사가 가지는 낮은 대우성으로 연장자에게 사용하기 어렵기 때문이다. 인칭대명사와 마찬가지로 고유명사인 실명도 윗사람에게는 직접 사용하기 어려워 직위명과 같은 다른 호칭어를 쓰는 것이 일반적이다.

영어권 국가의 호칭어 사용 형태가 한국어나 일본어와 매우 다르다는 것은 호칭어에는 언어 자체의 의미(langue)만이 아니라 그 언어권의 사회적 환경과 관습이 큰 역할을 하기 때문이다. 따라서 호칭어 연구는 좁은 의미에서의 언어적 지식만이 아니라 화자와 청자의 심리적 태도나 사회적 대인 관계, 그리고 이러한 의식을 주도하는 각 사회의 가치관 등을 포함하는 사회언어학적 연구가 필요하다.

柴田(1978)는 사회언어학적 조사의 목적에 대하여 어떤 언어현상의 정도를 비교하고, 성원의 언어적 차이를 불러일으키는 문화적 조건을 설명하고 이것에 의해 이후 언어 변화의 방향과 형태를 추측하는 것이라 하였다.[1] 尾崎喜光(1998)는 언어와 사회와의 밀접한 상호관계에 대한 설명으로 호칭어 연구에 있어서 사회언어학적 측면을 강조하고 있다.[2]

언어라고 하는 것의 본질이 사회생활, 즉 타인과의 의사소통을 전제로 한다면 특히 타인과의 인간관계의 성격이 드러나는 호칭어야말로 가장 사회적 영향을 많이 받는 언어 요소 중 하나라고 할 수 있으며, 그 호칭어에 대한 연구는 사회언어학적 관점이 반드시 필요한 분야라고 판단한다.

다음으로 비교언어학이 유사한 두 종류의 언어 사이의 공통점과 차이점

---

1) ある言語現状の程度を比較し、成員の言語的相違を引き起こしている文化的条件を説明し、これによって、今後の言語変化の方向と形とを推測すること。
2) ことばと社会との関係には、使われるべきことばを社会的な事柄が規定していくという側面と、実際に使ったことばが社会的な事柄を変化あるいは維持していくという側面(現実構成的な側面)とがある。

을 발견하는 것이라면, 대조언어학은 어떤 언어 사이에도 가능한 것으로 두 언어 간의 요소와 규칙을 밝히는 것이다. 高田 誠(1997)는 대조언어학에 대하여 '방법론적으로는 다른 언어 연구와 다를 것은 없다. 그러나 외국어를 알게 됨으로 해서 자기의 모국어를 다시 보게 된다. 또한 모국어를 통해서 외국어를 보게 해서 외국어를 정확하게 이해할 수 있게 된다. 이 쌍방향성이 대조 연구학의 포인트다.'라 하여 그 유용성을 언급하였다.

호칭어의 체계에 대한 분석을 통하여 일련의 특징을 발견한다 하여도 비교 대상이 없는 일방의 현상만으로 그 원인을 밝혀 문법적 규칙을 만들기 어려운 경우에, 대조 연구는 매우 유용한 방법이 될 것이다. 이 글에서는 호칭어와 관련하여 서구어와 달리 한국어와 유사성이 높은 일본어와의 대조 연구를 통하여 호칭어 체계의 차이와 각각의 호칭어가 가지는 특성을 밝히는 데 활용하고자 한다.

영어와 비교하여 일본어는 호칭어에 있어서 한국어와 많은 공통점을 가지고 있다. 인칭대명사의 제한적 사용이나, 상대적으로 친족어의 발달, 호칭어에 붙는 여러 종류의 접미사류 등과 같은 공통점이 있는 반면에, 친족어의 체계와 사용 범위, 실명 사용의 빈도차 등과 같은 차이점 또한 존재한다. 이와 같은 공통점과 차이점에 대한 대조는 한국어 호칭어의 사용 체계를 수립하고, 각각의 특징을 밝히는 데 간접적인 근거로 활용될 수 있을 것이다.

(2) 연구 내용 및 방법

언어 외적인 영향을 많이 받는 호칭어의 특성을 고려하여 사회언어학적 관점에서 한국어와 일본어의 대조를 통한 호칭어 체계의 수립과 각각의 특징을 밝히고자 하는 본 연구는 다음과 같은 방법으로 진행하고자 한다.

2장의 1)에서는 먼저 선행 연구들에 나타난 여러 자료들을 종합하여 호칭어의 정의 및 관련 용어에 대한 명확한 구분을 시도하고자 한다. 이 작업은 본 연구의 범위와 대상을 정하는 데 필요하다. 다음으로 호칭어의 체계 수립을 위한 기본적인 분류 기준을 설정하고 각각의 기준에 따라 호칭어의 기본적인 분류를 시도하겠다.

2)에서는 한국어 호칭어를 대상으로 몇 가지 기준에 따른 분류를 통하여 호칭어의 체계 수립과 각 호칭어 유형이 가지는 특징을 파악하겠다.

3)에서는 일본어를 대상으로 한국어 호칭어 체계와의 비교를 통하여 어떠한 체계와 특징을 가지고 있는지 대조해 보겠다.

본 연구에서 호칭어 분류를 위하여 한국어의 경우 국립국어연구원의 「우리말의 예절」에서 수록한 모든 호칭어를 대상으로 하였으며, 일본어는 호칭어 분류를 시도한 대표적 연구인 国広哲弥(1990), 亀井 孝(1996), 今村洋美(1996)에서 제시한 모든 호칭어를 대상으로 한국어의 호칭어 체계의 틀에 대조하는 방법을 취하였다. 그리고 호칭어 사용양상에 대한 자료는 임현정(2002), 홍민표(1999), 이용덕(2003)의 설문조사 내용을 바탕으로 하였다.

2. 한국어와 일본어의 호칭어 대조

1) 선행 연구와 그 문제점

호칭어와 관련된 연구를 영어, 한국어, 일본어로 나누어 전체적인 연구 경향과 대표적인 이론들을 알아보고, 이를 통해 본 연구의 방향과 분야를 설정하고자 한다.

(1) 영어의 호칭어 연구

영어권 국가의 호칭어 연구는 그 언어사회가 가지는 특성에 따라 주로 인칭대명사와 실명의 사용 방법에 대한 연구가 주를 이룬다. 이 중 가장 대표적인 것을 소개하면 아래와 같다.3)

① Brown and Gilman(1960)

호칭어 연구의 고전으로 불리는 「권력과 연대의 대명사」에서 유럽 제어의 2인칭 대명사를 친밀의 T계열 대명사(평칭형, familiar pronoun)와 공손의 V계열 대명사(경칭형, deferetial pronoun)로 나누고, T와 V 두 대명사의 사용 원리와 변화에 대하여 설명하였다. 2인칭 대명사의 사용을 수직적 권력의 차원과 수평적 연대감의 차원에 의해 구분했는데 이를 정리해 보면 <표 1>과 같다.

〈표 1〉

구 분	지시적 의미 (referential meaning)	사회적 의미 (social meaning)
T계열	동 일	낮춤(condescension), 친밀함(initimacy)
V계열		존경(reverence), 격식성(formality)

신분제도가 확립된 시대의 일반적인 인칭대명사의 선택 기준을 power에 두고, 상위자는 하위자에게 T를, 하위자는 상위자에게 V를 썼다. 그러나 시대의 변화와 함께 인간 상호간의 상하관계에도 변화가 생기며 19세기를 분기점으로 인칭대명사의 선택 기준이 power에서 solidarity로 변화했다고 한다. 대명사 호칭어 사용을 지배한 중심적 사회적 차원이 권력의 차원에서 연대감의 차원으로 이동한 것이다.

이 연구는 호칭어 사용에 있어서 그 원리에 대한 기준을 제시했다는 점에서 큰 주목을 받았다. 단, 권력과 연대감, 지위와 친밀성은 매우 추상적 수준에서 일반화된 개념으로, 이 기준이 개별 언어공동체에 적용될 때는

---

3) 영어 호칭어의 대표적 선행 연구는 왕한석(2005)과 林炫情(2002)을 주로 하여 재정리한 것이다.

보다 구체적인 수준의 사회적 변수로 재정의 되어야 한다. 개별 사회에 따라 지위나 친밀성의 실제적인 구성 성분의 차이, 지위나 친밀성의 차원이 갖는 상대적 중요성이 다를 수 있다.

② Brown and Ford(1961)

미국 사회의 호칭어 기본 형태를 다음 <표 2>와 같이 구분했다.

<표 2>

구 분	설 명	예 시
FN	이름(first name)	Jane, Tom
TLN	성과 칭호의 결합형(title+last name)	Mr.~, Dr.~
LN	성명(last name)	Brown
T	칭호(title)	professor

호칭어의 상호적 교환의 경우는 친밀성의 정도에 의해 결정되며, 친밀한 경우에는 FN의 상호적 교환, 친밀하지 않으면 TNL의 상호적 교환이 된다. 호칭어의 비상호적 유형의 경우는 첫째 기준으로 연령 차이에 의하고 두 번째 기준으로는 직업적 지위의 차이에 따라 상위자가 하위자에게 FN을 사용하고, 하위자는 상위자에게 TNL을 사용한다고 분류했다. 연령과 지위가 서로 상반될 경우, 즉 상위자가 연하인 경우에는 연령보다 지위가 우선되며, 상호 TLN에서 FN로의 호칭 변화는 상위자가 먼저 시도하는 것으로 보았다. 그리고 호칭어가 가지는 사회적 의미로는 TNL에는 거리감과 존대를, FN에는 친밀성과 낮춤을 들었다.

③ Ervin-Tripp의 미국 호칭어 연구(1969, 1972)

사회언어적 규칙의 제안과 이의 형식화를 시도하였고, 형식언어학에서 발달한 문법 규칙처럼 사회언어학적 현상도 규칙으로 기술한 점이 큰 특징이다. 호칭어 선택 기준의 주요 규칙을 다음 <표 3>과 같이 정리했다.

〈표 3〉

구 분	내 용
교체, 선택 규칙 (alternation rules)	여러 언어적 표현 중에서 사회적 맥락적 조건에 따라 적절한 것을 선택하는 규칙 계열적(paradigmatic) 관계에서 파악되는 규칙
공기 호응 규칙 (co-occurrence rules)	먼저 이루어진 특정한 언어적 표현의 선택이 이후의 선택을 강제하는 것 통합적(syntagmatic) 관계에서 파악되는 규칙

사회언어적 규칙을 명료한 그림양식으로 기술할 수 있는 형식화된 모델을 제시했는데, 언어행동의 맥락적 틀을 구성하는 여러 사회적 요인들을 독립변수로 하고, 선택되는 언어 형태를 의존변수로 하여 독립변수의 결합에 의해 어떤 유형화된 방식으로 독립변수가 선택되는 가를 흐름도(flow chart)와 같이 명료하게 형식화 한 것이 특징이다.

④ 한·일어 대조연구와의 비교

서구 호칭어 연구의 성과가 한국어와 일본어 호칭어 연구에 많은 영향을 끼쳤지만, 이를 그대로 직접 비교하는 것에 대하여 임현정(2002)은 아래와 같은 문제점을 지적하였다.

첫째, 한·일어에는 일단 호칭어의 수가 많다.

둘째, 2인칭 대명사는 특히 손윗사람에게는 거의 사용될 수 없고, 대신 친족명이나 직위/직업명을 사용하므로 대명사만을 독립적으로 분석하는 것은 의미가 없다.

셋째, 호칭의 진행에 시간적 요소가 관계되는데, 미국의 경우는 이 시간이 매우 짧지만 일본이나 한국의 경우는 상당히 길다.

넷째, 이름만으로 불리는 경우가 그 대상자의 사회적 범위가 넓어짐에 따라 무한히 확장되는 것이 미국의 경우라면 한국이나 일본의 경우는 가족 외의 사람들에게 이름만으로 불리는 것은 아무리 사회적 활동범위가 넓어져도 한정되어 있다는 차이점이다.

호칭어는 화자와 청자의 사회적 관계를 반영하는 가장 대표적인 언어 장치이다. 따라서 특정 언어의 호칭어 체계는 그 사회의 구조적 특성이 잘 반영되어 있다. 수평적 사회구조를 가진 영어의 사회구조의 특성이 반영된 호칭어 체계와 분류기준을 수직적 사회구조가 우선하는 한국어의 호칭어 체계에 적용하는 것은 많은 문제점과 한계를 가지리라고 예상된다. 즉, 주도적 사회가치관의 차이가 개인의 인식방법의 차이로 나타나기 때문이다. 김성철(2005)은 개인을 이름으로 지칭하는 것이 금지된 사회에서는 개인 간의 관계를 나타내는 용어로 특정 개인을 인식한다고 하여 아래 <표 4>와 같이 미국과 한국의 가치관과 개인의 인식 방법에 대한 차이를 비교하였다.

〈표 4〉

구 분	주도적 가치관	개인의 인식방법
미 국	개인주의적 사회가치관	이름
한 국	친족원 간의 강한 공동체 의식	친족명칭

결론적으로 인칭대명사나 개개인의 실명이 매우 유효한 호칭어로 작용하는 영어권 국가의 호칭어 체계나 분류 기준을 그 사회의 구조적 차이와 상이한 가치관으로 인하여 한국어의 호칭어 연구에 직접 적용하기에는 많은 한계를 가진다고 할 것이다.

(2) 한국어 호칭어 연구

한국어 호칭어 연구는 경어법의 관점에서 호칭을 다루는 것이 많았고, 최근에는 사회언어학적 관점에서의 연구로 확대되었다.

먼저 한국어 호칭어를 경어 체계의 일부로 취급한 연구로는 梅田博之

(1974, 1977), 서정수(1989), 한미경(1982), 김동준(1989) 등이 있는데, 인칭대명사와 경어 접미사에 관한 연구가 주류였다. 한미경은 절대경어로 분류되는 한국어에서 상대경어적 측면이 있음을 밝히고 있다. 이어서 친족명칭의 사용에 관한 연구로 강신항(1967, 1976), 최명옥(1982), 최주영(1993) 등이 있는데, 지역별, 계층별, 연령별 사용 실태에 관한 연구가 주를 이룬다.

사회언어학적 측면의 연구로는 먼저 이옥련(1987), 황보내영(1993) 등이 있는데, 호칭 사용의 주요 요인으로 기지/미지, 친밀도, 남녀, 연령, 공식/비공식 등의 기준을 들고 있다. 홍민표(1997)는 일본과 한국의 대학생을 중심으로 실시한 실태 조사의 결과를 토대로 한국어와 일본어의 호칭의 차이와 그 결과의 배경을 성별 차와 지역차 등을 고려하여 사회언어학적인 관점에서 분석한 것으로 친소 정도의 차이가 호칭어의 선택에 어떠한 영향을 끼치는가를 밝혔다.

이상의 한국어 호칭어의 선행 연구는 연구 초기 주로 경어법의 일부로 호칭어의 사례를 들고 있었고, 이후에는 전반적인 체계의 수립보다는 부분적인 특히 친족호칭어의 양상에 대한 연구가 많았으며, 비교적 최근에 사회언어학적 관점의 연구와 한·일어 대조 연구가 일부 소개되고 있다.

사회언어학적 관점의 한·일어 대조연구로는 홍민표(1999), 이용덕(2001, 2004), 임현정(2002) 등이 있다. 홍민표(1999)에서 한일 친족호칭의 대조적 고찰을 통하여 친족호칭어의 전반적인 체계를 수립하였으나, 대부분은 특정 호칭어에 대하여 제한된 지역과 제한된 연령층의 설문에 의한 사용 실태 조사에 그치고 있다.

(3) 일본의 호칭어 연구

일본어 호칭어 연구는 초기 문법학자에 의하여 서양문법의 체계 안에서 호칭어를 어떻게 취급할 것인가 하는 측면의 접근으로 松下(1901)는 체언의 격으로써 호격을 독립적으로 다루었고, 橋本(1938)는 독립어의 하나로 취급하였고, 渡辺(1971)는 문을 완성하는 5종류의 진술, [단정/의문/감동/호소/부름] 중 하나인 부름어로 취급하였고, 森岡(1973)는 대인관계용어로 인칭대명사, 고유명사, 신분용어, 친족용어를 들었다.

경어법의 시점에 의한 연구로는 山田(1924)의 「경어법 연구」에서 경의의 접사와 체언의 경어로써 겸칭(謙称)과 경칭(敬称)의 예를 들었고, 이후 大石(1975), 池上(1984) 등도 경어법의 일부분으로 취급한 연구가 있다.

다음으로 사회언어학적 관점의 연구 중 대표적인 것이 鈴木(1973)의 「言葉と文化」이다. 鈴木(1973)는 호칭어에 대하여 자칭사와 대칭사라는 새로운 개념을 만들고, 호칭 선택의 기준으로 年上과 年下라는 대립 개념을 제시하고, 일본어 호칭어에는 구체적인 역할 중시와 상호의존의 자기규정이라는 일본인 고유의 행동 양식과 사고방식이 결합되어 있다고 주장한다. 渡辺(1978)는 일본어 개인 친족어의 일부는 그 의미와 용법이 발전하여 다의어화하고 연령계 제어로써 사용되는 현상을 설명하였다.

대조언어학적 관점의 연구로는 F.C. パン(1982)이 「호칭의 사회학ㅡ미 · 일 비교」4)에서 미국과 일본의 언어사회학적 비교로 가족관계와 호칭에 따른 인간관계를 중심으로 호칭의 문제를 사회학적 입장에서 접근한 연구가 있다.

이상으로 호칭어와 관련한 영어, 한국어, 일본어의 선행 연구에 대해 검토해 보았다. 호칭어 분야의 연구로서는 주로 영어권 국가의 인칭대명사와 관련한 연구에서 출발하여 호칭어 선택 기준에 대한 연구가 활발히 진행되어 왔음을 알 수 있으나, 이것을 한국어 호칭어 연구에 적용하기에는 양 언어권의 사회적 차이만큼의 변수가 존재하여 그 효용성이 현저히 떨어지는 것으로 판단된다. 그리고 한국어 호칭어 연구는 초창기의 경어적 관점의 부분적인 연구에서 출발하여 최근에는 사회언어학적 관점의 접

---

4) 日英比較講座 第5卷, 文化と社会.

근에까지 이르렀지만, 전체적인 호칭어 연구를 종합하여 기본적인 용어의 정의나 체계의 수립이 필요한 것으로 보인다.

2) 호칭어의 정의와 분류

(1) 호칭어의 정의

인간은 다른 사람들과의 의사소통에 있어서 필수적으로 자신이나 타인을 특정화해야 할 필요가 있으며, 이를 위해 사람은 누구나 고유한 이름을 가지고 있다. 그러나 실제 언어생활에 있어서 상대방을 부를 때 그 사람이 가진 고유한 이름을 사용하는 경우는 매우 제한적이며 이름 외의 인칭대명사나 친족어, 직업/직위와 관련된 단어 등을 활용한다. 이와 같이 의사소통을 위해 상대방을 가리키는 말을 모두 호칭어라 한다.

호칭어에 대한 정의로 Braun(1988)은 '호칭 또는 호칭어(terms of address, forms of address)는 화자가 대화의 상대방과 말을 하는 동안에 그 상대방을 가리키기 위해 사용하는 단어(words), 어구(phrases), 또는 표현들(expressions)을 일반적으로 의미한다.'고 한다.5) 일본의 경우로는 国広哲弥(1990)가 호칭에 관하여6) '호칭이라는 명칭은 영어의 address form의 번역으로써 도입되는 것이라는 생각이 되고 영어와 같은 의미—상대방에게 직접 말을 걸거나 언급하는 말—을 가지는 말이라고 해석된다. (중략) 호칭이라는 명칭은 종래에는 사용되지 않았고, 대신 부름말이라는 말을 사용했었다.'고 정의하고 있다.

다음으로 사전적 의미를 찾아보면 다음과 같다.

---

5) 왕한석, 호칭어의 주요 이론과 연구시각, 2005 재인용.
6) 呼称という名称は英語のaddress formの訳語として導入されたものと考えられ、英語と同じ意味「話し相手に直接に呼びかけたり言及したりする語」を持つものとされる。(中略) 呼称という名称は従来いられず、代わりに呼びかけ語が見られた。

호칭
이름 지어 부르는 것, 특히 주의를 끌거나 말을 걸기 위해 상대를 부르는 것.
또는 그 이름(국어대사전, 1996, 금성출판사)

이상의 정의에서 호칭이란 대화의 상대방을 가리키는 것으로 정의되어
있다. 그러나 대화 중에는 상대방뿐 아니라 이야기하는 자기 자신을 가리
키거나 그 자리에 없는 제3자를 가리킬 경우도 있다.

    (1) 아버지가 아들에게 '집에 오면 <u>아버지</u>에게 전화해라'
    (2) 친구가 친구에게 　'<u>선생님</u>은 아직 안 오셨냐?'

문장 (1)에서 '아버지'는 이야기하는 자기 자신을 가리킨다. 또 문장 (2)
에서 '선생님'은 그 자리에 없는 제3자를 가리키는 것이다. 鈴木孝夫(1973)
는 이처럼 호칭어를 가리키는 대상에 따라 자기 자신을 가리키는 자칭사
(自称詞)와 상대방을 가리키는 대칭사(対称詞)로 나누고, 대칭사를 호격적
용법과 대명사적 용법으로 다시 나누었다. 호격적 용법은 상대의 주의를
끌거나 감정적으로 호소할 경우에 쓰는 부름말로 예를 들어 '철수야, 저기
좀 봐'에서 [철수]와 같은 것이고, 대명사적 용법은 상대방을 대화중인 문
장의 주어나 목적어로 사용하는 말인데, 예를 들어 '너도 같이 가자'에서
[너]와 같은 경우이다.
　호칭어와 관련하여 유사한 몇 가지 연관 개념 또는 범주와의 구분에 대
하여 왕한석(2005)은 아래 세 가지 개념을 들었다.

• 지칭어(terms of reference) : 화자에 의해 말해지는 대상을 화자가 지시하
　는 말
• 호출어(summonses, calls) : 청자인 상대방의 주목을 끌기 위해 사용하는 말
• 존댓말(honorifics) : 명사형 지시물 또는 청자에 대한 존댓말의 기호로 사
　용되는 특수한 언어 형태들

먼저 지칭어는 대화에 참여하는 자신과 상대방을 제외한 제3자에 대한

언급으로, 호칭어와는 구별할 수 있다. 호출어는 대화의 상대방을 가리키므로 호칭어와 같은 범주에 있으며 단지 사용목적에서 약간의 차이를 가지는 것으로 본다. 그리고 존댓말은 부분적으로 호칭어와 중복되는 부분이 있는, 분류의 기준이 다른 층위의 개념으로 본다.

　이상에서 호칭어와 관련하여 언급 된 몇 가지 용어들을 그것이 가리키는 인칭을 기준으로 정리해 보면 다음 <표 5>와 같다.

〈표 5〉 호칭 관련 용어

인 칭	Braun	왕한석	鈴木孝夫			国広哲弥
1인칭			호칭		자칭사	호 칭
2인칭	terms(forms) of address	호칭어		대칭사	호격적 용법	
					명사적 용법	
3인칭		지칭어				언급칭

　결론적으로 호칭어의 범위를 생각해 보면, 좁은 의미로는 2인칭, 즉 대화의 상대방을 가리키는 말로 한정될 수 있고, 넓은 의미로는 말하는 자기 자신(1인칭)과 대화 중에 언급되는 제3자(3인칭)까지 포함 할 수도 있다. 이 글에서 호칭어라 하면 대화의 상대방(2인칭)을 가리키는 것을 기본으로 하고, 자기 자신(1인칭)을 가리키는 말까지 포함하는 것으로 한다. 그리고 이 두 부류의 구분은 鈴木孝夫의 것을 따라 각각 대칭사와 자칭사로 부르겠다.

(2) 호칭어의 분류

　선행 연구에서 호칭어의 분류와 관련하여 다양한 기준과 용어가 적용되어 있는데, 이것을 크게 호칭어의 종류에 따라 대명사류, 이름류, 신분이나 직함류, 친족어류, 기타로 나누어 정리해 보면 다음 <표 6>과 같다.

<표 6>

분 류	왕한석(1989)	박정운(1997)	강석우(1998)	임현정(2002)
대명사류	대명사	대명사	대명사형	인칭대명사
이름류	개인명	이 름 별 명 호	성명형 일반명사형	실 명 애 칭
신분/ 직함류	직업명 지위용어	직 함 통칭적 호칭어	신분명형	직업/역할명 지위/직책형 경 칭
친족어류	친척호칭어 유사친척호칭어 종자명제	친족어 통칭적 호칭어	친족명형	친족명칭형 테크노나미 연령계제어
기 타	택 호	택 호 감탄사 영 형	택호형 감탄사형 외래어형 영 형	완충어구

　　이상의 호칭어 분류와 관련하여 몇 가지 문제점을 발견할 수 있다. 박
정운에서는 종자명에 대한 언급이 없고, 통칭적 호칭어는 다시 친족어의
일반화와 직함어의 일반화로 세분하는 것이 효과적일 것이다. 임현정은
일본어를 기준으로 한국어 호칭어를 대조한 것으로 특히 선생님이나 사모
님과 같은 사례를 단순한 직업명으로 분류하였는데, 직함어의 일반화와
같이 별도로 분리해야 할 필요가 있다.

　　이상과 같은 문제점들은 결국 일차적으로 호칭어와 관련된 용어의 정의
와 통일이 이루어지지 않았기 때문에 발생한 것으로 본다. 몇몇 학자들에
의해 시도된 호칭어의 분류에서도 다루고 있는 내용은 유사하지만, 통합
적인 분류기준이 성립되지 않아 불필요한 혼란을 야기할 수 있다는 것이
다. 예를 들어 왕한석의 유사 친척 호칭어와 종자명제, 박정운의 통칭적
호칭어나 임현정의 테크노나미, 연령계제어로 지칭한 특수한 용법은 모두
친족어를 활용한 동일한 범주의 용법을 가리키는 것이다. 또한 임현정이
별도로 분류한 경칭은 인칭대명사를 제외한 모든 호칭어에 접속하여 사용

할 수 있으므로 독립된 하나의 범주로 취급할 것인지도 고려해야 한다.

기존의 호칭어와 관련된 연구 결과를 종합해 볼 때, 일차적으로 호칭어의 유형 분류를 위한 적절한 기준을 세우고, 각 유형들이 가지는 사회언어학적 특징을 파악하는 것을 본 연구의 대상으로 삼고자 한다.

일본어 호칭어의 유형에 관한 연구 중 대표적인 것을 한국어의 기준에 적용해 대입해 보면, 다음 <표 7>과 같다.

<표 7>

	国広哲弥(1990)	亀井 孝(1996)	今村洋美(1996)
대명사류	대명사	대명사	대명사형 호칭
이름류	고유명사	성 명	개인 이름 애 칭
신분/ 직함류	직업명 직책명	직 위 지 위	직업명
친족어류	친족명칭	친족명	친족용어명 친족어의 응용
기 타	칭호(Mr. Ms. Dr.등) 접미사(さん, くん)	칭 호	애정어, 외래어 인간관계어 경칭, 칭호, 각하

위 표의 분류에서 한국어의 분류표와 비교하여 볼 때, 호칭어의 유형상 형태는 내용상으로 큰 차이를 보이지 않는다.

호칭어는 동일한 사람에게도 상대방에 따라, 혹은 상황에 따라 매우 다양한 유형이 존재한다. 예를 들어 어떤 사람이 가족에게는 '아버지', '당신', '할아버지' 등으로 불릴 수 있고, 사회에서는 '과장님'이나 '김과장'으로도 불릴 수 있으며, 또는 '손님', '아저씨' 등과 같은 호칭도 사용될 것이다. 또한 같은 두 사람 사이에서도 처음에는 성명 뒤에 접미사 [-씨]나 [-님] 등을 붙여 격식을 갖추다가, 점차 가까운 사이가 되면서 이름만 부른다거나 별명이나 애칭, 또는 '너'와 같은 인칭대명사를 사용할 수도 있다.

따라서 호칭의 방법이 다양한 만큼 호칭어의 체계를 수립하기 위한 기준을 세우는 것에도 한 가지 방법이 아니라 몇 가지의 기준을 설정해야 할 것이다.

이 글에서는 크게 세 가지 측면에서 호칭어의 체계 수립을 위한 기준을 설정해 보고자 한다.

첫째, 호칭어의 종류에 의한 분류가 있다. 호칭어를 종류에 따라 분류해 본다면 '너, 당신'과 같은 인칭대명사가 있고, 실명이나 애칭, 별명과 같은 이름류가 있다. 그리고 가족 내에서 사용하는 친족어와 사회에서 사용하는 직함어가 있다.

두 번째로는 어구성에 의한 분류가 가능하다. '김철수'나 '아버지'와 같은 단독어가 있고, '철수야', '과장님'과 같이 조사나 접미사가 붙는 형태가 있다. 그리고 '철수아버지', '김과장님'과 같이 [이름＋친족어]나 [성＋직함어]와 같은 복합어가 있다.

마지막으로 호칭어의 선택 방법에 따른 분류도 가능하다. 남편이 부인을 '여보'라고 부른다면 이것은 두 사람 사이의 직접적인 관계에 의한 호칭이다. 그런데, 남편이 부인을 '철수엄마'라고 부른다면 자식이라는 중간 매개체를 통한 간접적인 호칭법이 될 것이다. 그리고 가게의 종업원이 손님에게 '어머님'이라고 할 경우도 있는데, 이것은 직접적인 가족관계가 아니지만, 친족어를 활용하는 것으로 통칭적 호칭어에 해당한다.

이상의 분류 기준에 따른 호칭어의 분류를 정리해 보면 다음 표와 같다.

〈표 8〉 호칭어 종류에 따른 분류

구 분	설 명
이름류	개인이 가진 고유한 이름 (실명, 애칭, 호 등)
인칭대명사	사람을 가리키는 인칭대명사
친족어	친족 간의 관계를 가리키는 말
직함어	직업, 지위, 역할명
기 타	완충어구나 호칭어의 생략 등

〈표 9〉 어구성에 의한 분류

구 분	예 시
단독형	단일의 호칭어만을 사용하는 것
복합형	서로 다른 종류의 복수의 호칭어를 사용하는 것
접미사형	～씨, ～군, ～양, ～님과 같은 접미사를 사용하는 것

〈표 10〉 호칭어 선택방법에 따른 분류

구 분	설 명
직접 호칭어	자신과 상대방과의 직접적인 관계와 일치하는 호칭의 사용
간접 호칭어	상대방과 제 3자와의 관계를 이용한 호칭의 사용
통칭적 호칭어	사회적 통념과 상황에 맞춘 호칭어의 확대적 사용

특정인에게 특정한 하나의 호칭만이 존재하는 것이 아니며 상황에 따라 다양한 호칭법이 가능하기 때문에 단일의 기준으로 호칭어의 체계를 수립하는 것은 불가능하다. 결국 호칭어의 분류는 호칭어의 종류, 호칭어의 구성, 상대방과의 관계를 설정하는 방법과 같은 복수의 기준에 따라 분류하는 것이 가장 이상적일 것이다.

3) 한국어 호칭어의 분류와 특징

(1) 호칭어의 종류별 분류와 그 특징

호칭어 자체의 종류(<표 8>)에 따라 각각의 호칭어가 가지고 있는 특징들을 살펴보겠다.

먼저 이름류에는 성과 이름을 모두 사용하는 것과 성이나 이름만을 사용할 수 있는데, 성과 이름을 모두 사용하는 것이 보다 격식을 차린 표현으로 인식된다. 그러나 호칭어로 이름을 사용한다는 것은 보통 가깝거나 편한 아랫사람에게만 한정되어 있는데, 이는 이름 자체에는 그 사람을 다른 사람과 구분하여 특정화하는 역할 이외에 어떠한 사회적 위치나 관계를 나타내는 의미도 가지고 있지 않기 때문이다.

그리고 친밀감을 나타내는 호격조사 [-아/야]가 붙거나, 경의의 접미사 [-씨]나 [-님]을 붙여서 사용하기도 하는데, 이를 정리해 보면 다음 <표 11>과 같다.

〈표 11〉

구 분	이 름	이름+아/야	이름+씨	이름+님
예 시	김철수 철 수	철수야 *김철수야	김 씨 철수씨 김철수씨	김철수님 ?철수님 *김 님
격식성		−	+	
친밀감	+	+ +	+	

위의 표에서와 같이 친밀감을 나타내는 호격조사 [-아/야]가 성을 뺀 이름 뒤에서는 자연스럽게 사용되지만 성과 이름을 합친 경우에는 부자연스럽다는 점에서 단순한 이름보다 성까지 함께 부를 때, 어느 정도의 격식성이 생겨난다는 것을 알 수 있다. 그리고 접미사 [-님]은 '부장님', '사장님', '아버님', '아주버님'처럼 직함어나 친족어에는 자연스럽게 사용되지만 이름 뒤에서는 부자연스럽다는 점에서 호칭어로서 이름은 윗사람에게는 사용할 수 없다는 사실을 뒷받침하는 요소로 해석할 수 있다.

이 밖에도 별명이나 애칭, 号와 같은 것도 호칭어로서 이름과 동일한 역할을 하는데, 특정의 개개인에게만 붙여진 고유의 호칭이므로 이것은 이름류에 해당한다고 본다.

인칭대명사는 정의에 따라 그 범위가 달라질 수 있는데, 특히 영어의 'you'를 대체할 수 있는 형태를 모두 수집한다면 그 수는 수십 종에 이른다고 한다. cho(1982)에서 2인칭 대명사에 포함시킨 '어르신', '댁', '선생님'의 경우에는 각각의 어휘적 의미를 가지고 있기 때문에 인칭대명사로 구분하기 어렵다. 즉 '어른'이나 '어르신'은 연장자나 성인의 의미가 있고, '댁'은 집이라는 의미가, '선생님'은 교사라고 하는 어휘적 의미를 가지고 있으므로, 고유한 인칭대명사로 보기는 어렵다. 박정운(1997)은, 예를 들어 '댁', '어르신'과 같이 그 단어에 독자적인 어휘적 의미를 가지는 경우를 제외한 대명사만을 2인칭 대명사로 인정하였는데, 이것을 두 사람 사이의 서열에 따라 나누면 아래와 같다.

- 동격 : 당신, 그대, 자기
- 손아래 : 자네, 너

호칭어에서 2인칭 대명사는 주로 아랫사람이나 가까운 동료사이로 사용이 매우 제한적이며, 특히 손위 사람에게는 인칭대명사가 아닌 친족명이나 직함명을 쓴다. 다른 형태에서 나타나는 경어의 접미사 [-씨]나 [-님]은 사용되지 않고, 호격조사 [-아/야]가 붙는 경우도 '자기야'에 한정된다.

다음으로 친족어에 대해 살펴보기로 한다. 다른 나라와 비교하여 특히 한국어 호칭어에서 발달된 양상을 보이는 것이 친족어이다. 예를 들어 '백부', '큰아버지', '삼촌' 등 동일인에 대한 복수의 호칭어가 사용된다. 부계와 모계를 구분하여 모계에는 '外'를 붙이고, 결혼에 의한 부인 쪽 가족에도 '장인', '장모', '처형', '처남'과 같은 별도의 호칭어를 사용하는 등 매우 세분화된 양상을 보이는데, 이 점은 영어는 물론, 같은 동양권의 일본어와도 커다란 차이를 보인다.

호칭어로서 친족어의 특징 중 하나는 친족어의 사용이 손위 사람에게로 한정되어 있다는 점이다. 즉, 아들이 아버지에게는 친족어인 '아버지'를 호칭어로 사용하지만 아버지가 아들에게는 보통 이름으로 부른다. 두 번째 특징으로 동일한 세대의 친족에게도 엄격한 서열을 적용한다는 점이다. 예를 들어 '큰아버지', '작은아버지'나 '큰형', '작은 형'과 같이 서열화가 동반된다. 친족어가 윗사람에게만 사용된다는 점과 서열화가 중시된다는 점은 결국 친족어 자체의 성격이 자신과 상대방과의 관계, 즉 가족 내에서의 위치를 매기는 기능에 의해 상하를 구분한다는 격식성이 강하게 작용한다는 것으로 이해할 수 있다.

직함어란 가족이나, 개인적 친분관계가 아닌 직장이나 여러 가지 사회생활을 통해 접하게 되는 사람들에 대한 호칭어이다. 이러한 직함어에는 '기사님'이나 '선생님'과 같은 직업을 가리키는 말과 '과장', '사장'과 같은 지위를 가리키는 말, '손님'이나 '주인장'과 같은 역할을 가리키는 말이 있다. 직함어의 사용은 단독으로도 가능하지만, 뒤에 경어의 접미사 [-님]을 붙이는 경우와 姓과 함께 사용하는 경우가 대부분이다.

마지막으로 '여보세요, 저기요'와 같은 완충어구도 호칭어의 역할을 대신할 수 있으며, 경우에 따라서는 호칭어를 생략할 수도 있다. 두 사람의 관계가 특정한 호칭어를 사용할 만큼의 관계로 발전하기 전 단계일 때 주로 사용하는 방법이다.

(2) 호칭어의 어구성에 따른 분류

호칭어는 단일의 호칭어가 단독으로 사용되는 경우보다 호격조사나 접미사가 붙거나, 혹은 두 종류의 호칭어가 합쳐진 복합어의 형태가 더 빈번히 사용된다.

먼저 호칭어에 호격조사나 접미사가 붙으면 부가적인 의미가 발생할 수 있다. 호격조사 [-아/야]는 보다 친근한 느낌을 줄 수 있고, 접미사 [-님], [-씨]를 통하여 경의를 나타낸다. 또한 [-군], [-양]은 아랫사람에게 일정한 격식을 갖춘 태도를 나타낸다. 호칭어의 종류에 따라 호격조사나 접미사의 사용여부를 정리하면 다음 <표 12>와 같다.

〈표 12〉

구 분	아/야	님	씨	군/양
이름류	○	○	○	○
인칭대명사	△	×	×	×
친족어	△	○	×	×
직함어	×	○	×	×

(○는 모든 경우에 사용 가능, ×는 모든 경우에 사용 불가능, △는 부분적으로 사용 가능)

　호칭어의 종류에 따른 조사나 접미사의 접속 여부를 나타낸 표에서와 같이 이름류는 모든 종류의 접사나 조사가 자유롭게 사용된다. 반면에 인칭대명사의 경우는 '자기야'에서만 가능한 것으로 나타났고, 친족어나 직함어의 경우에도 존경의 접미사 [-님]만 사용할 수 있다.

　다음으로 두 개 이상의 단어가 합쳐진 호칭어에는 [성명+직함어]와 [한정어+친족어]의 두 가지를 들 수 있다. 예를 들어 '김과장', '김철수 교수님'과 같이 동일한 직급이나 지위에 있는 사람들 중에 특정인을 구분하기 위한 방법으로 사용하는 경우가 [성명+직함어]에 해당한다. [한정어+친족어]의 경우는 아래 세 가지 경우를 들 수 있다.

〈표 13〉

구 분	구 성	사 례
종자명제	자녀명+친족어	철수 엄마, 철수 할아버지
지역명제	지역명+친족어	부산댁, 서울 이모
직위명제	직위명+친족어	교수 삼촌

　위 표의 구분에서 사용한 용어는 김성철(2005)의 것을 차용한 것으로 從子 명제란 상대방의 이름보다 그 자식이나 손자의 이름을 빌려 부르는 것으로 상대방을 직접 호칭하는 데 부담을 느끼는 경우나 아래 사람의 이름을 통하는 것이 더 편리한 경우에 사용하는 보조 친족어이다. 어떤 아들의 아버지가 될 수도 있고, 손자의 할아버지가 될 수도 있는 동일인을 종

자명제로 호칭할 경우에는 보통 가장 낮은 세대의 이름을 통하여, 즉 손자 이름을 통하여 누구누구의 할아버지로 부름으로써, 아버지보다는 할아버지라는 더 높은 단계의 친족어 호칭에 의한 경어의 의미가 의도된 호칭법이라고 할 수 있다. 또한 종자(從子)명제는 친족 간은 물론, 실제 친족 간이 아닌 사람에게도 친족어를 사용할 수 있다. 예를 들어 옆집 아주머니를 그 집 아이이름과 함께 '누구누구 어머니'로 호칭하는 것이다. 이와 같은 호칭어는 가족관계를 중시하는 한국적 가족중심 문화와도 관련이 있는 것으로, 친족호칭의 사용을 통한 친밀감의 표현으로 보인다.

지역명제는 출신 지역이나 살고 있는 곳의 지명을 통한 호칭으로 지명 단독으로 사용되는 것은 아니고 [지명＋댁], [지명＋친족어]의 형태로 사용된다. [지명＋댁]의 형은 최근 사용 경향이 줄어들고 있으며, [지명＋친족어]는 동일한 관계에 있는 여러 친족 중에서 구별을 위한 방법으로 사용된다.

직위명제는 예를 들어 직업이 교수인 조카를 부를 때, 앞에는 직업명인 교수를 쓰고, 뒤에는 조카라는 친족어를 붙여서 '교수 조카'라는 호칭어를 완성한다. 일반적인 친족어 앞에 만약 상대방이 박사나 교수, 장관과 같은 사회적으로 성공적인 직위를 가졌을 경우에는 상대에 대한 존중의 의미로 직업／지위명을 붙여서 부르기도 한다.

복합 호칭어에서 [성명＋직함어]와 [한정어＋친족어] 중 지역명제나 직위명제가 주로 복수의 대상들 중에서 특정한 한사람을 구분하기 위한 보조적 방법으로 사용되고 있으며 따라서 호칭어적 성격보다는 지칭어로 더 빈번히 사용되는 것에 반하여 [한정어＋친족어] 중 종자명제는 호칭어적 성격도 강하며 상대방에 대한 단순한 구별이 아닌 경의나 친밀감의 표현이라고 하는 특수한 의도가 함축된 호칭어이다.

(3) 호칭어 선택 방법에 따른 분류

자신과 상대방과의 직접적인 관계에 따라 호칭어를 선택하는 일반적인 경우 외에도 제3자를 통한 간접적인 호칭법도 있고, 실제 상황과 상관없이 사회적 통념이나 특정한 관계를 가정하여 호칭어를 선택할 수도 있다.

먼저 친족어 사용에서 주목할 점으로는 '철수 아버지'나 '영희 할아버지'처럼 상대방을 친족어로 부를 때, 자기 자신을 기준으로 상대방의 친족관계를 설정하는 것이 아니라 가족 구성원 중 가장 낮은 세대의 사람을 기준으로 상대방의 친족관계를 설정하여 호칭어로 사용하는 것이다. 즉, 부인이 남편을 부를 때는 '자식의 아버지'로 부르고, 만약 손자가 있다면 '손자의 할아버지'로 부르는 형태이다. 일본어에서도 흔히 나타나는 이와 같은 사용 형태에 대해 鈴木孝夫(1973)는 상대방을 직접적으로 호칭하기 어려운 입장과 상대방에 대한 대우성을 높이고자 하는 의도가 들어 있다고 하였다. 이와 같은 친족어의 허구적 용법은 친족 이외 사람에게까지 확대되어 사용된다. 이웃사람에게 누구의 아버지나 어머니로 부르는 것도 자신과 상대방 사이에 제3자를 매개로 호칭하는 것인데, 이것은 대우성과 함께 친족어의 사용에 따른 친밀감도 함께 발생한다.

통칭적 호칭어란 친족관계가 아닌 사람에게 아버님이나 어머님과 같은 친족어를 사용하는 것과 실제 직업이 선생이나 사장이 아니라도 편의상 이와 같은 호칭을 사용하는 것을 말한다. 친족어의 일반화는 상식적으로 그 정도의 연령대에 들어 있는 대상에게 친근감을 나타내어 주로 사용되는데, '언니'의 경우에는 보통 자기보다 연장자에게 사용하는 것이 원칙이나, 경우에 따라서는 자기보다 나이 어린 사람에게도 사용하기도 한다. 예를 들어, 중년부인이 가게 종업원인 젊은 여자에게 '언니'라는 호칭이 현대국어에서 종종 발견된다. 이것은 종자명제와 같은 형태로 친족호칭어를 적용할 때, 세대가 가장 낮은 사람의 입장에서의 친족어를 사용하여 일종의 대우성을 나타내고자 하는 의도로 해석할 수 있다.

직위명의 일반화는 보통 상대방에 대한 존중의 의미를 나타내며, 상대방에 대한 정확한 개별 정보가 없는 사이에 흔히 통용된다.

이상의 호칭어 선택 방법에 따른 분류에 대하여 예를 들어 설명해 보겠다. 만약 상대방이 이웃에 사는 40대 주부일 경우에 다음과 같은 호칭이 가능할 것이다.

<표 14>

구 분		사 례	관 계
직접호칭	이름류, 대명사	은미야 너	아주 가까운 친구 사이
간접호칭	종자명제	영희엄마	약간의 친밀감을 나타내는 사이
통칭적 호칭	친족어	아주머니	특별한 의미가 없는 보통의 관계

호칭어의 선택방법과 상대방과의 친소 정도를 보면 위의 표와 같이 가장 가까운 사이에는 직접호칭을, 그리고 가장 먼 사이에는 통칭적 호칭어를 선택할 수 있다.

4) 일본어 호칭어 체계

일본어 호칭어의 양상은 기본적으로 한국어 호칭어와 같이 다양한 유형의 호칭어가 사용됨을 알 수 있다. 이름류, 인칭대명사, 친족어, 직함어로 구분되는 기본적인 호칭어의 종류는 물론, 친족어나 직함어를 일반화하여 확대 사용하는 용법, 종자명제/종자명제와 같은 특수한 용법도 동일하게 사용된다는 점에서 호칭어 사용에 관하여는 동일한 문화권에 있음을 가정할 수 있다.

(1) 일본어 호칭어의 종류별 특징

한국어와 같이 일본어 호칭어를 그 종류에 따라 분류해 보면 다음 <표 15>와 같다.

〈표 15〉

구　분		사　례
이름류	성　명	鈴木, 鈴木まさお, まさお
	애칭, 별명	くま
인칭대명사	동　격	あなた
	손아래	お宅, きみ, おまえ
친족어	친족명	あに, おじいちゃん, おとうさん
직함어	직업명	先生, 医者さん
	역할명	お客さん
	지위명	社長さん, 田中部長
기　타	완충어구	あの, すみません

일본어에서 이름은 중요한 호칭어 중 하나인데, 이름류 호칭에서 한일어의 공통점은 영어의 [名＋姓] 순이 아니라 [姓＋名] 순이라는 점이다. 그리고 이름류가 단독으로 사용되기보다 일본어에는 [-さん], [-くん], [-ちゃん] 등이 붙고, 한국어에는 [-씨], [-님], [-아/야]가 붙어서 사용되는 것이 일반적이다. 그리고 이름류의 호칭어 사용에 있어서 일본어에서는 한국어와 달리 姓만을 독립적인 호칭어로 사용하는 경우도 많다.

한국어에서 이름보다 친족어를 사용하는 경향이 더 많은 것과 비교하여, 일본어는 이름이 호칭어로서 더 빈번하게 사용된다. 친족어 사용 실태에 대해 임현정(2002)의 조사 결과를 보면 한국어와 일본어 간의 상당한 차이가 있음을 알 수 있다. 한국은 비친족원에게도 남성의 70.0%, 여성의 53.4%가 친족어를 사용하고 있음에 비하여, 일본은 동일한 환경에서 남성의 89.1%, 여성 83.3%가 이름을 사용하고 있다는 사실에서 이름류의 사용은 일본어에서 두드러진 현상으로 파악된다. 그리고 홍민표(1999)의

설문조사에서도 손위 형제에 대한 이름류의 사용이 한국어에서는 상대방이 형일 경우에 1.1%, 언니일 경우에도 5.4%에 그치지만, 일본어에서는 상대방이 오빠일 경우에 이름을 사용하는 비율이 8%에 그치지만 언니일 경우에는 30.6%나 되는 등 현저한 사용빈도의 차이를 보인다. 한국어와 달리 일본어 이름 뒤에는 접미사 [-さん]의 사용이 가능하기 때문에서 이러한 이름류 사용이 확대될 수 있는 것으로도 해석할 수 있다.

일본어 2인칭 대명사의 종류는 대체로 다음과 같다.

あなた　お宅　きみ　おまえ　きさま　てめえ

이상의 인칭대명사는 'あなた'를 제외한 나머지 모두가 동년배, 또는 손아래를 대상으로 하는 호칭어이다. 'あなた'도 윗사람에게 사용할 수는 있으나 최근 'あなた'의 사용에 대한 위화감이 생긴다는 지적도 있다. 결국 호칭어로써 인칭대명사의 사용은 한국어와 마찬가지로 매우 제한적으로 보인다. 한국어와 같이 경의가 충분하지 않기 때문에 그 사용기회도 줄어든 것인데, 이 점에 대해 鈴木(1973)는 상대방을 직접적으로 지칭하는데 대한 부담감이 작용하여 일종의 터부어가 된 것으로 해석하고 있다.7)

다음으로 친족어의 체계를 비교해 보면 한국어에 비해 일본어의 친족어

---

7) ところが、間接暗示性を基本とする迂言形式であるタブー語は、長く使用されると、この暗示性が失われてくるため、次つぎと新しく言い換えられなければならないという宿命を持っている。現代日本語のいわゆる人称代名詞が、自分及び相手そのものを直接に指し示すことばを持たず、常に間接迂言的な表現を用い、しかも歴史的にも頻繁に交替してきたという事實は、正にタブーの性格を持っていると言わねばならない。たしかに日本人は、前にも述べたように、できるだけ会話の中で人称代名詞を使わないで済まそうとする傾向が今でも強いのである。(그러나 간접 암시성을 기본으로 하는 迂言的 언어 형식인 타부어는 오래 사용하면 이 암시성이 없어져 계속 다른 말로 바꾸지 않으면 안 되는 것이 숙명이다. 현대 일본어의 소위 인칭대명사가 자신이나 상대방을 직접 가리키는 말은 없고 항상 간접 우언적인 표현을 쓰고, 그것도 역사적으로 빈번하게 교체되었다는 사실은 바로 타부어의 성격을 가진다고 할 것이다. 확실히 일본인은 가능하면 회화 상에서 인칭대명사를 쓰지 않고 대화를 끝내려는 경향이 강하다(鈴木 1973 : 145).

는 매우 간단한 편이다. 부계와 모계의 구분이나, 처가 쪽 친족에 대한 별도의 용어도 없으며 한국어와 같은 동일인에 대한 다양한 호칭의 분화 양상도 찾기 힘들다. 다음의 대표적인 친족어의 대조 사례를 보면 양국어 친족어의 차이를 쉽게 알 수 있다.

(한국어) 삼촌, 외삼촌, 백부, 숙부, 큰아버지, 작은아버지 = (일본어) おじさん

한국어와 일본어 친족어의 이러한 차이는 양국이 정하는 친족의 범위에서도 상당한 차이가 있다는 점과 유관한 것으로 본다. 한국과 일본의 민법이 설정한 친족의 범위는 다음과 같다.

<표 16> 한·일 친족범위 비교

한 국	일 본
8寸 以內의 血族	6親等 內의 血族
4寸 以內의 姻戚	配偶者
配偶者	3親等 內의 姻族

이와 같이 친족의 범위에서 일본의 경우가 한국보다 현저히 좁고, 세부적 명칭도 상당히 간소화되어 있다. 예를 들어 일본에서는 상대의 성별만을 구분하여 'あに'(兄), 'あね'(姉)로 부르지만, 한국에서는 '自己'(ego)의 성별에 따라 '형', '누나', '언니', '오빠'로 구분한다. 그리고 일본에서의 いとこ(사촌)은 한국과 같이 친가와 외가의 구분이나 성별의 구분도 없다.[8]

(3-1) 할아버지, 안녕하세요. (호칭어)
(3-2) 할아버지께서 주셨어요. (지칭어)
(4-1) 누나, 아빠가 빨리 오래. (호칭어)
(4-2) 누나는 지금 집에 없어요. (지칭어)

---

8) 한·일 친족어 체계에 대한 연구로는 홍민표, 한일 친족호칭의 대조적 고찰, 한국일본어학회, 1999에 자세히 정리되어 있다.

(5-1) おじいさん、こんにちは。(호칭어)
(5-2) そぶからいただきました。(지칭어)
(6-1) ねえさん、おとうさんがはやくこいって。(호칭어)
(6-2) あねはいまいないんですが。(지칭어)

문장 (3-1)에서 (4-2)와 같이 하나의 친족어가 호칭어와 지칭어로 통용되는 한국어와 달리, 문장 (5-1)에서 (6-2)와 같이 일본어의 친족어에는 호칭어와 지칭어가 서로 다른 경우가 있다. 즉, 'ちち'(父), 'はは'(母), 'そふ'(祖父), 'そぼ'(祖母), 'あに'(兄), 'あね'(姉)는 호칭어로 사용되지 않는다.

그리고, 부인이 남편을 부를 때 아이 이름을 붙여서 '누구누구のおとうさん'과 같이 부르거나, 어머니가 아들에게 자기 남편을 'おとうさん'으로 지칭하는 식의 사용 방법은 한국어와 일본어가 같다. 이것은 친족어의 선택에 있어서 친족 내에서 가장 연소자를 기준으로 친족호칭을 설정하는 것인데, 이점을 일종의 대우성의 실현으로 본다.

직함어에 있어서 한국어와 일본어의 차이는 크게 보이지 않는다. 직업, 지위, 역할과 관련한 호칭어의 양상을 정리하면 다음과 같다.

- 직업, 역할명 : 八百屋(야채 가게 주인), 運転手(운전수), お客(손님), 学生(학생)
- 지위명 : 部長(부장), 課長(과장), 社長(사장)

지위를 나타내는 '부장', '사장'과 같은 호칭어는 한·일어 모두가 단독으로 사용되기 보다는 '田中部長', '金社長'처럼 주로 姓과 함께 사용한다. 한편, 일본어 직함어 자체에는 그 지위에 해당하는 경의가 포함되어 있기 때문에, 한국어의 [-님]과 같은 별도의 접미사를 붙이지 않는 것을 원칙으로 한다.

(2) 일본어 호칭어의 어구성

일본어 호칭어에 붙는 접미사로는 [-さま(様)], [-さん], [-くん(君)], [-ちゃん]을 들 수 있는데, 이러한 접미사는 보통 성이나, 이름, 성명 뒤에 비교적 제한 없이 사용된다.

먼저 [-さま]는 상대방에 대한 존경을 나타내지만, [-さん]과 같이 일반적으로 광범위하게 사용되지는 않는다. 반면에 [-さん]은 존경과 함께 친밀감을 나타내며 가장 일상적으로 사용된다. [-くん]은 동년배 이하의 젊은 남자에게 친밀감을 나타내고자 사용하는 것이 원칙이나 최근 직장 등에서 젊은 여성에게도 사용되고 있다. 마지막으로 [-ちゃん]은 [-さん]에서 나온 말로 친밀감을 강조한다. 이 밖에 경의를 나타내는 [-先生]나 격식성을 강조하는 [-し(氏)]도 호칭어의 접미사에 포함하기도 한다.

한국어의 가장 대표적 접미사인 [-님]과 일본어의 [-さん]에 대한 비교를 보면 다소간의 차이를 발견할 수 있다.

〈표 17〉

종　류	~님		~さん	
이　름	*姓+님 ?이름+님 성명+님	*김님 ?철수님 김철수님	姓+さん 이름+さん 성명+さん	山田さん まさおさん 山田まさおさん
인칭대명사	×		×	
친족어	○	아버님	○	お父さん
직함어	○	사장님	△	部長さん

한국어 접미사 [-님]이 성명 뒤에 붙을 때, 제한이 있는 것과 비교해서 일본어 접미사 [-さん]은 비교적 자유롭게 사용할 수 있다. 그리고 직함어의 경우에는 반대로 한국어에서 자유롭게 사용하는 것에 비하여 일본어의 경우에는 그 사용이 제한적이다.

두 종류 이상의 단어가 합쳐진 복합호칭어의 경우에 [성명+직함어]는 물론, 한국어에서 나타나는 종자 명제나 지역 명제, 직위 명제도 공히 일본어에서 사용이 가능하다. 자식이나 손자의 이름을 붙여 [누구누구의 아버지나 어머니]라고 부르는 것을 teknonymy라 한다. 지역 명제나 직위 명제와 같은 다른 복합 호칭어의 기능이 주로 여러 명 중 특정의 한 명을 구분하기 위한 방법으로 주로 사용되는 것에 비하여, teknonymy가 가지는 특별한 의미는 일종의 경어적 의미가 포함되어 있다는 점이다.

지칭어(어머니가 아들에게)
(7-1) 아버지는 어디 계시니?
(7-2) おとうさんはいまどこにいるの？

호칭어(부인이 남편에게)
(8-1) 철수아빠, 지금 어디 있어요?
(8-2) おとうさん、いまどこですか。

문장 (7-1)에서와 같이 한국어에서 [(자식명)＋친족어]는 지칭어에서 일반적으로 자식명이 생략되지만, 호칭어로 사용할 때는 문장 (8-1)과 같이 [자식명＋친족어]의 형태를 갖춘다. 반면에 일본어에서는 문장 (7-2)와 (8-2)와 같이 지칭어나 호칭어 모두 앞의 자녀명을 생략한 'おかあさん', 'おとうさん' 등의 형태가 더 일반적이다.

(3) 일본어 호칭어의 선택 방법에 따른 분류

한국어 호칭어의 경우처럼 일본어 호칭어에도 제3자를 매개로 하는 간접 호칭법이나, 보편적인 친족어나 직함어를 빌려 사용하는 통칭적 호칭법이 가능하다.

자기 자신과 상대방과의 직접적 관계가 아니고, 아들이나 손자와 같은 제3자를 매개로 하여 상대방을 호칭하는 간접호칭어에 대하여 鈴木(1973)는 동일 가족 내에서 부인이 남편을 아버지로, 아들이 아버지를 할아버지

로 부르는 경우를 들어 그 이유를 「子供の立場、子供の視点へのこの歩み
よりを、私は共感的同一化とよんでいる。」(자식의 입장, 자식의 시점으로의 양
보를 나는 공감적 동일화라고 부른다)고 하였다. 친족어는 기본적으로 자기 중
심어(egocentric particulars)라고 하여, 자기 자신(ego)을 중심으로 상대방과
의 관계에 따른 호칭을 선택하다는 것인데, 일본어의 친족어 사용에서는
자기 자신(ego)이 아닌 자식의 시점에서 호칭어를 선택한다는 특징을 보인
다는 것이다. 물론 이 용법은 아직 자식이 없는 신혼부부 사이의 호칭으
로는 사용하지 않으며, 자식 앞에서 부부의 지칭어로 사용하게 된 것이
발전하여 부부 사이의 직접적인 호칭법으로 사용하게 된 것으로 본다.

　일본어에서 어린 남자아이에게 어른이 종종 'ぼく'라고 부르기도 한다.
1인칭대명사인 ぼく가 상대방을 가리키는 호칭어로도 사용된다는 점은 매
우 흥미로운 사실이다. 이것은 자기 자신을 중심으로 상대방과의 관계를
설정하는 것이 아니라 상대방의 입장에서 적절한 호칭어를 선택하기 때문
인데, 보통은 상대방을 일단 자신의 가족 범위 안에 넣고 그 가족 구성원
중 가장 나이 어린 세대를 중심으로 하여 두 사람 사이의 친족어를 선택
한다. 따라서 어린 아이라도 그보다 더 어린 동생이 있다는 가정 하에
'형'(あに)이나 '언니'(あね)라는 호칭을 쓸 수 있다. 그런데 정말 어린 아이
이기 때문에 더 어린 동생을 가정하기 힘든 경우에는 상대방 자신이 가장
어린 세대 즉, 두 사람 사이의 친족관계의 기준이 되어 버리므로 상대방
스스로가 기준의 출발인 '나'(ぼく)가 되는 것이다. 결국 'ぼく'의 사용은 鈴
木(1973)가 주장한 共感的 同一化의 극단적인 실현사례로 볼 수 있다.

　그리고 직접적인 친족관계가 아닌 사람에게 보편적인 친족어를 사용하
는 친족어의 일반화에 의한 통칭적 호칭은 일본어에서도 발견된다. 鈴木
(1973)는 虛構的 用法, 渡辺(1978)은 年齡階梯語라는 용어를 써서 '祖父', '祖
母', 'おじ', 'おば', '兄', '姉', '娘'를 각각 상대방의 性과 절대적 나이에 맞추
어 선택하여 사용한다고 했다. 鈴木(1973)의 것을 중심으로 이 용법의 주
요 규칙을 정리해 보면 다음과 같다.

제1 허구적 용법(fictive use)
첫째, 화자를 중심으로 상대방을 친족으로 가정하였을 때 자신과 상대방과의
　　　가상적인 친족 관계에 맞춘 친족어의 선택
둘째, 윗사람에게 제한적으로 사용하지만, 父와 母의 경우는 예외적으로 사용
　　　하지 않음
셋째, 아랫사람에게는 자신을 중심으로 하지 않고, 제3자를 매개로 하는 간접
　　　호칭법으로 친족어 사용

먼저 허구적 용법은 화자를 중심으로 상대방과의 가상적 친족관계를 설정한다. 예를 들어 젊은이는 중년남성을 'おじさん'으로, 노인에게는 'おじいさん'을 쓰는데, 이러한 사용 양상은 한국어와 같다. 그러나 'おとうさん'(아버지)나 'おかあさん'(어머니)를 허구적 용법으로 일본어에서 사용하지 않는 것에 비해 한국어에서는 예를 들어 가게 종업원이 손님에게 종종 '아버님'이나 '어머님'을 사용한다. 그리고 한국어에서 '아가씨', '언니', '이모' 등의 친족어를 상대방이 자신보다 어린 아랫사람에게도 비교적 폭넓게 사용하는 것과 비교하여 일본어에서 친족어의 통칭적 사용은 윗사람에게로 제한되어 사용한다.

한편 낯선 어린 여자아이에게 어른이 'おねえちゃん'으로 부를 수 있다. 이 경우는 그 여자아이에게 더 어린 동생이 있다는 가정을 하는 것으로 상대방을 단순히 어린 아이가 아닌 누군가의 언니라고 하는 위치를 부여하여 일종의 존중을 나타내는 용법인데, 자신과 상대방과의 가상적인 친족관계의 설정에 의한 통칭적 호칭이라기보다는 제3자를 매개로 하는 간접 호칭법에 속한다고 할 것이다.

한국어에서 형제가 다투고 있을 때, 그 부모가 '兄이 참아야지'라고 한다면 이때의 兄은 직접적인 상대방에 대한 호칭으로서의 용법이 아니라, 형과 동생이라는 두 형제를 두고 형으로서의 역할이나 책임에 대하여 이야기하는 것으로서, 대화 속에 등장하는 특정 인물을 가리키는 지칭어적 성격이 더 강하므로 일본어의 'おねえちゃん'과는 다소 차이가 있다.

친족어 외에 '사장님'이나 '선생님'처럼 상대방에 대한 정확한 정보를 가지지 못한 상태에서 적절한 경어적 용법으로 사용하게 되는 직함어의 통칭적 사용은 일본어에서도 발견되지만 한국어와 같이 빈번히 사용하는 것은 아니고, 'あの'(저기요)나 'すみません'(죄송하지만)와 같은 완충어구를 더 선호하는 경향이 있다.

3. 요약

사회가 발달함에 따라 호칭어의 체계도 복잡하게 확장되어 왔으며, 따라서 호칭어의 체계를 구축하기 위해서는 다양한 측면의 기준이 설정되어야 한다. 본고는 한국어 호칭어의 체계를 구축하고 각각의 호칭어가 가지는 특징을 파악하기 위하여 선행 연구에서 얻어진 여러 가지 호칭어 관련 정보를 종합하고, 특히 일본어 호칭어와의 대조를 통하여 한국어 호칭어의 성격을 정의하고자 하였다.

먼저 호칭어와 관련된 여러 가지의 용어들을 종합하여, 각각의 용어가 의미하는 범위에 대한 기준을 정하고자 하였는데, 이 글에서 호칭어는 좁은 의미로는 상대방을 가리키는 대칭(対称)사를 의미하고, 넓은 의미로는 자기 자신을 가리키는 자칭(自称)사까지를 포함하는 것으로 하였다.

한국어 호칭어의 체계를 구축하기 위하여 호칭어의 종류, 어구성, 그리고 호칭어를 선택하는 방법을 주요 기준으로 삼았다.

먼저 호칭어의 종류에는 이름류, 인칭대명사, 친족어, 직함어, 기타로 구분될 수 있는데, 한국어와 일본어에서는 인칭대명사의 사용이 극히 제한적이라는 공통점과 일본어에서 이름류의 사용이 더 빈번하다는 차이점이 있다.

어구성적 측면에서 보면 한·일 양국어의 호칭어는 단일어, 복합어, 조

사 / 접미사류로 나눌 수 있다. 양국어 모두 단일어보다는 조사 / 접미사류가 더 일반적인 형태인데, 한국어의 [-님]이 이름류보다는 친족어와 직함어류에 더 잘 사용되지만, 일본어의 [-さん]은 직함어류에는 극히 제한적이고 이름류와 친족어류에 더 잘 사용된다는 차이점이 있다.

호칭어를 선택하는 방법에 따라 화자 자신과 상대방과의 관계에 따른 직접호칭어, 제3자를 매개로 하는 간접호칭어, 그리고 일반적인 친족어와 직함어를 빌려 사용하는 통칭적 호칭어로 나누었다. 한국어와 일본어 호칭어는 직접호칭어 사용의 부담을 덜고 경의나 친근감이라고 하는 특별한 화자의 의도를 실현하기 위한 방법으로 가장 낮은 세대를 기준으로 하는 친족어를 사용하는 종자명제나 비친족원에게도 친근감을 표현하고자 성별과 연령을 고려하여 가상의 친족관계에 의한 친족어의 사용 등과 같은 양상은 매우 유사하다. 그러나 한국어 호칭어에서 ‘할아버님’, ‘어머님’, ‘형님’은 물론 ‘이모’나 ‘언니’와 같이 친족어의 통칭적 사용 범위가 매우 넓은 것이 특징이라면, 일본어에서는 ‘ねえちゃん’이나 ‘ぼく’와 같이 호칭어를 선택할 때, 자기 자신의 시점을 완전히 상대방과 동일시하는, 즉 상대방의 시점으로 이동시킨다고 하는 특징이 있다.

이상으로 이 글은 한국어 호칭어에 대하여 일본어와의 대조를 통하여 그 체계와 특징을 파악해 보았다. 그러나 본고는 주로 선행 연구에서 나타난 다양한 사례들을 종합하여 전체의 체계를 수립하고자 한 것으로 구체적인 사용 양상에 대한 직접적인 설문조사 등이 이루어지지 않았다는 점을 밝히면서, 호칭어 연구의 개념 파악에 일정 부분 도움이 될 것을 기대한다.

참고문헌

김성철(1995), "종자명제, 지역명제, 직위명제 : 보조친족명칭과 개인의 인식법", 「한국사회와 호칭어」.

박정운(1997), "한국어 호칭어 체계", 「사회언어학」 5.

왕한석(1989), "택호와 종자명 호칭", 「의민 이두현 교수 정년퇴임 기념논문집」, 서울대 사범대 국어교육과.

왕한석(1990), "한국 친족호칭 체계의 의미기술", 「한국문화인류학」 24집.

왕한석(2005), "호칭어의 주요 연구 이론과 시각", 「한국사회와 호칭어」, 역락.

이용덕(2002), "한·일 친족호칭어에 관한 사회언어학적 연구", 「일본어문학」 20집.

이용덕(2003), "한·일 양국의 연령별 호칭의 특징에 관한 연구", 「일본어문학」 25집.

조선일보사·국립국어연구원(1991), 우리말의 예절 : 화법의 실제와 표준, 조선일보사.

홍민표(1997), "한·일 양국호칭의 사회언어학적 고찰", 「일어일문학연구」 30집, 한국일어일문학회.

홍민표(1999), "한·일 부부호칭의 대조언어학적 연구", 「일본학보」 42집, 한국일본학회.

한영옥(2005), "한·일 호칭에 관한 사회언어학적 연구", 중앙대학교 대학원.

今村洋美(1998), "呼びかけ表現", 田中春美·田中辛子(編), 「社会言語学への招待」, ミネルヴァ書房.

尾崎喜光(1998), "生徒たちはどう呼ばれたいと思っているが", 「日本語学」 17集.

姜錫祐(1998), "待遇行動カとしての韓国語における人称表現, 「日本語学」 17集.

国広哲弥(1990), "呼称の諸問題", 「日本語学」 9集.

柴田 武(1978), 社会言語学の課題, 三者堂.

鈴木孝夫(1973), ことばと文化, 岩波新書.

美田正人(1990), "ある社会組織の中の呼称", 「日本語学」 9集.

吉田裕久(1990), "学校における先生·子供の呼称", 「日本語学」 9集.

林炫情(2001), "韓国語と日本語の呼称に関する社会言語学的研究", 「日本学報」 48集.

林炫情(2002), "日·韓両国語の呼称に関する対照研究", 広島大学大学院国際協力研究科.

渡辺友左(1978), "親族語彙の全国概観", 日本方言研究会 渡辺友左(編), 「日本方言の語彙」, 三省堂.

Braun, F.(1988), Terms of Address : *Problems of patterns and Usage in Various Language and Cultures*, Berlin : Mouton de Gruyter.
Cho, J.-H.(1982), A Study of Korean Pragmatics : Deixis and Politeness, Doctoral dissertation, Univ. of Hawaii.

‖ 다키구치 게이코(瀧口惠子) ‖

한국어 '하다' 동사와
일본어 'する' 동사의 대조 연구

한국어 '하다' 동사와 일본어 'する' 동사는(이후 '하다', 'する'라 칭함) 대응 관계에 있으며, 주지하는 바와 같이 양자는 각 언어에 있어서 매우 생산성이 높은 동사로 알려져 있다. 특히 '하다'의 경우, 결합되는 선행요소에 따라 동사뿐만 아니라 형용사로서 나타나기도 하므로 지금까지 수많은 국어학자들의 흥미와 관심을 끌어 왔다.

한국에서 '하다'에 대한 연구가 본격적으로 시작된 것은 주시경(1910)부터이며, 그 후 박성빈(1935), 최현배(1937)로 이어졌다.1) 그 당시는 '하다'가 나타나는 표면구조상의 환경에 입각하여 분석되었기 때문에 '하다'의 용법은 세분되었지만 이 분류들을 포괄하여 '(품사전성) 접미사'로 보는 견해가 우세하였다. 그 후, 서정수(1975)에서는 다양하게 나타나는 '하다'

---

* 이 글은 필자의 석사학위 논문 "한국어 '하다' 동사와 일본어 'する' 동사의 대조분석적 연구"(2002, 경북대학교)의 일부를 수정 보완한 것임.
1) 서정수(1975 : 4) 참조.

의 표면구조에 구애되지 않고 심층구조에 주목하면서 '하다'의 선행요소가 지니는 의미특성과 '하다'의 관계를 분석하였다. 그 결과 '하다'의 용법은 크게 형식동사와 대동사로 양분된다고 하였다. 이 연구 결과를 계기로 한국에서 '하다'에 대한 연구는 한층 더 활발해지고 '하다'는 어떤 환경에 있어서도 일률적으로 본동사, 대동사, 동사화소(verbalizer), 그리고 포괄동사(generic verb), 복합어 형성요소, 기능동사 등 다양한 견해가 나왔으며 현재도 '하다'는 연구의 주제로 잘 채택된다.

한편, 'する'에 대한 연구는 '하다'만큼이나 활발하게 이루어졌다고 하기는 어렵고 오히려 외국인들을 위한 일본어 교육의 발달과 함께 1970년대 후반부터 활발해지기 시작한 것으로 보인다. 'する'의 경우는 '하다'와 달리 애초부터 동사 기능만 구유하기 때문에 당연히 국어문법에서도 일본어학에서도 일반 동사로서 다루어지고 있다. 일본어 동사는 그 활용에 따라 분류되는데, 'する' 동사는 不規則変化動詞로 'する'만이 해당되는 'サ行 変格活用動詞', 이것을 줄여서 'サ変動詞'라 불리고 있다.2) 佐久間鼎(1936 : 186)3)에서 "「する」という中性的なもの(いわゆる形式動詞)"라는 한 구절에 보면, 국어학자 중에도 예로부터 'する'를 형식동사로 보는 견해가 있었음을 알 수 있다. 현재 'する'는 일본어학에서는 의미론적으로는 형식동사, 혹은 기능동사,4) 본동사로, 통사론적으로는 軽動詞(light verb), 重動詞(heavy verb)와 같은 기능이 있는 것으로 인식되고 있다. 그리고 조사의 개입 없

---

2) 일본어학이란 국문법과 또 다른 문법관으로 일본어를 연구하거나, 외국인들을 위한 일본어 교육의 문법을 말하는데, 동사 분류법은 국문법과 약간 다르다. 'する'는 같은 불규칙 동사인 '来る'와 묶어서 '3グループ(サ行・カ行変格活用動詞)'에 분류하고 또한 종래의 '五段活用動詞'는 '1グループ', '上一段・下一段活用動詞'는 '2グループ로 분류한다. 교재에 따라서는 '1類・2類・3類'라 부르는 것도 있다.

3) 佐久間鼎(1983)의 초간본.

4) 村木新次郎(1991 : 203~204)에 따르면 기능동사란 '実質的な意味を名詞にあずけて、みずからはもっぱら文法的な機能をはたす動詞'를 말하며 'する'동사는 그 전형적인 예라고 한다. 그리고 정도 차이는 있어도 어떤 특정한 명사와 결합되면 그 명사의 뜻을 특징짓기만 하는 동사는 다 기능동사로 할 수 있다고 한다. 예컨대, '연락을 하다'와 '연락을 취하다'를 볼 때 '하다'와 '취하다'를 기능동사로 볼 수 있다는 것이다.

이 선행요소와 ‘する’가 연결되어 하나의 동사를 형성할 때 전통적으로 ‘サ
変動詞’로 분류되는데, ‘하다’처럼 명사에 붙음으로써 품사를 동사로 전성
시킨다는 기능을 중시하여 ‘접미사’로 보는 견해는 거의 없다.5)

　‘하다’와 ‘する’에 대한 선행 연구의 흐름을 간단히 개관해 보았는데, 필
자는 서정수(1975)와 마찬가지로 ‘하다’는 기본적으로 형식동사와 대동사의
기능을 지닌다고 보고 있으며 ‘する’ 역시 ‘하다’와 같이 크게 그들 두 가지
기능을 지닌다고 본다. 이 글에서는 선행요소의 특성에 따라 ‘하다’를 분석
한 서정수(1975)의 방법론을 도입하여 ‘하다’와 ‘する’를 대조하면서 양자
사이에 존재하는 상이점을 구명하는 데에 연구 목적을 둔다.

1. 형식동사로서의 ‘하다’와 ‘する’

　의미적 특질, 어휘적 의미는 선행요소가 담당하고 ‘하다’, ‘する’는 실질
적 의미가 희박하거나 거의 잃어버리고 오직 서술적인 역할, 즉 문법에서
형식적 기능만을 담당하는 경우가 있다. 이때의 ‘하다’와 ‘する’를 형식동사
(dummy or empty verb)라고 한다.

　서정수(1975)는 ‘하다’가 형식동사로 기능할 경우의 선행요소를 ‘동작성
[＋Action]’과 ‘과정성[＋Process]’ 두 가지로 나누었다. 여기에서는 이들
선행요소와 ‘하다’, ‘する’의 관계를 관찰하고자 하는데, 서정수(1975)에서
의 방법론을 도입하기 때문에 ‘하다’부터 보도록 한다.

---

5) 生越直樹(2001b : 533)에는 ‘韓国語の하다動詞と日本語のサ変動詞(する)は、その構造・
　 用法がよく似ており、どちらも名詞、副詞、漢語構成要素に接尾辞하다、スルが付くこ
　 とによって動詞となる’라는 기술이 있는데, ‘する’를 이와 같이 ‘접미사’로 부르는 논고
　 는 결코 많지는 않다.

1) 형식동사 '하다'의 선행요소

(1) 동작성 선행요소

동작성 선행요소란, 그 명칭이 가리키는 바와 같이 명사이면서도 동작성의 의미 내용을 지니는 타동사적(transitively) 명사류를 지칭하여, 일반적으로 행위주(agent)가 능동적으로 의도를 가지면서 행할 수 있는 행동·동작을 나타낸다. '하다'의 동작성 선행요소는 대략 세 가지로 하위분류된다.

> A : 한자어
> 가도(假渡), 검표(檢票), 기약(期約), 교설(敎說), 다솔(多率), 대접(待接), 돌전(突戰), 만취(滿醉), 면대(面對), 병서(竝書), 산매(散賣), 시작(始作), 애민(哀愍), 엄단(嚴斷), 인도(引渡), 입주(入住), 직고(直告), 촉구(促求), 참석(參席), 호소(呼訴) …
> B : 한국 고유어
> (i) x＋접미사 '-ㅁ, -기, -이'
> 꾸지람, 나무람, 싸움, 칼부림, 헤엄치기, 줄다리기, 밤놀이 …
> (ii) 명사
> 가늠, 강짜, 구경, 마련, 마무리, 마중, 사냥, 짐작, 생각 …
> C : 외래어
> 데이트(date), 드라이브(drive), 댄스(dance), 스피치(speech), 코멘트(comment), 스타트(start), 스포츠(sports), 테스트(test) …

'A : 한자어'는 소위 동사적 명사(verbal noun)라 불리는 명사류이며, 동작성 선행요소 중에서 대다수를 차지한다. 위에 든 것들은 모두 일본어에는 없는 한자어들이다. 'B : 한국 고유어'의 (i)은 본래 동사인 것이나 통사적 복합을 이루는 구성의 동사 부분에다 명사전성접미사를 첨가함으로써 명사화시킨 것들이고, (ii)는 한국어 고유의 동사적 명사이다. 'C : 외래어'에서는 거의가 영어에서 차용되고 있다. 외국어를 차용할 경우, 일반적으로 원어에서 동사와 명사 용법을 지니는 단어들이거나 명사이면서도 동사적인 의미를 지니는 단어들이 잘 차용된다.

(1) a. 철수가 공부를 한다.
   b. 철수가 공부한다.
   c. 철수가 하는 것은 공부이다.
   d. 철수가 하는 공부
   e. 철수의 공부

위와 같이 동작성 선행요소는 변형문에 유연하게 대응한다. (1)a~c와 (1)d, e는 각각 동의관계를 유지하고 있으며, 특히 (1)e에서 '하다'를 완전히 삭제하여도 예문 (1) 전체의 동의성이 인정된다. 이 사실은 동작성 선행요소 그 자체가 서술력을 지닌다는 증거가 되고, 또한 이러한 특질을 지니는 선행요소와 '하다'가 결합되면 '하다'는 의미 구성을 이루지 않고 문법적 서술기능만을 다하는 형식적인 존재라는 것을 알 수 있다.

앞에서 든 선행요소 이외에도 본디 동작성 의미를 지니지 않는 명사 혹은 형용사 어근이지만 그들에 접미사 '-화(化)', '-시(視)', '-질', '-치레' 등을 붙여서 동사적 명사로 전성시킬 수 있는 것들이 있다.

(2) (i) 명사+화
      ㄱ) 비동작성 : 제품화, 상품화, 근대화, 구체화, 민주화, 국제화 …
      ㄴ) 상태성 : 복잡화, 정밀화, 단순화, 단일화, 심각화, 온난화 …
   (ii) 상태성 한자 어근+화
      ㄱ) 간략화, 간소화, 치밀화 …
      ㄴ) 강화, 약화, 악화, 격화, 순화, 둔화, 연화, 경화, 심화 …

(3) (i) 명사+시
      중요시, 극단시, 백안시, 도외시, 동일시, 적대시 …
   (ii) 한자 어근+시
      멸시, 경시, 중시, 질시, 주시, 직시, 응시, 숙시, 정시, 호시 …

(4) 명사+질
      ㄱ) 동작 반복 : 딸꾹질, 삽질, 걸레질, 대패질, 낚시질, 상앗대질, 바느질, 빗질, 손질, 발길, 칼질, 누비질, 박음질 …
      ㄴ) 경멸적 행위 : 서방질, 계집질, 선생질, 이간질, 주먹질, 도둑질 …

(5) 명사＋치레

　　얼굴치레, 몸치례, 집치례, 옷치례, 말치례, 병치례, 손님치례 …

　그런데, 한・일어에서 공통적으로 사용되는 명사 한자어 가운데, '하다'와는 직접 연결이 가능한데 'する'와는 불가능한 어휘들이 있다.

(6) 희생, 저당, 담보, 기한, 반분, 사형, 전제, 근거, 엄벌 …

　'する'의 경우, 문맥에 따라 조사 'に/と' 둘 중의 하나가 꼭 개입되어야 하며, 게다가 그 외의 조사류가 단독으로 개입되지는 못한다.6) 그러나 '하다'의 경우는 '희생하다', '기한하다'와 같은 복합은 물론, '담보'와 같이 조사 '(으)로'와 '을/를'과 공기하는 낱말도 있다.

　이와 같이 한・일어에서 같은 의미를 나타내는 한자어임에도 불구하고 결합에 있어서 이러한 차이가 생긴 것은, 양국에서 그들 한자어가 각각 자국으로 도입되면서 한자어가 지니는 의미의 어떠한 부분을 중시하고 어떤 식으로 해석하였느냐 하는 관점의 차이가 생겼기 때문이라 추측된다. 예컨대 '희생'의 경우, 한국어에서는 '다른 사람이나 어떤 목적을 위하여 자신의 목숨, 재산, 명예, 이익 따위를 바치거나 버리는 것. 또는 그것을 빼앗기는 것'임에 반해, 일본어에서는 '산 제물, 어떤 목적을 위하여 손실을 두려워하지 않고 소중한 것을 바치는 것, 또는 그 대상물 자체'로, 한국어에서는 그 행위에 초점이 있고 일본어에서는 그 물건에 초점이 있다고 볼 수 있다. 즉, 한국어에서는 동적인 동사적 명사로서, 일본어에서는 정적인 일반 명사로서 정착된 것으로 여겨지며, 따라서 (6)에 든 선행요소들과 '하다'는 복합이 가능하여 이때 '하다'는 형식동사가 되고, 반면에 'する'는 조사의 개입이 필수적인 대동사로, '정하다, 이용하다, 간주하다, 처

---

6) 'にも, とも', 'にさえ, とさえ', 'には, とは'처럼, 조사가 복합되어 나타나는 경우는 있
　는데, 'も', 'さえ', 'は' 등의 조사가 단독으로 나타나지는 못하고 'に/と'의 존재가 필수
　적이다.

하다'와 같은 의미를 대리한다고 생각된다.7)

(2) 과정성 선행요소

과정성 선행요소란 거의 모두가 자동사적(intransitively)이고 주체가 행위주로서 능동적으로 행동·동작을 할 수 없는 사항을 나타내는 의미를 지닌다. 다시 말하면, 앞 절에서 논급한 동작성 선행요소와 반대로, 주체는 의도를 가지지 않거나 혹은 의도에 관계없이 사상(event)에 관계되는 수동자(patient)가 된다. 다만, 이 선행요소 중에는 타동사적인 자질을 겸비한 것들도 포함되어 있고 이들은 황경에 따라 능동적인 행동·동작을 나타내기도 한다. 예컨대, 동작성 선행요소에서 든 'X+화(化)'는 행위주에 의하여 타동사적으로 쓰일 수도 있고 수동자에 의하여 자동사적으로 쓰일 수도 있는 어휘류로서, 양쪽 자질을 구비하고 있다.

> (7)　a. 그 사람이 사거(死去)하였다.
> 　　　b. *그 사람이 한 것은 사거이다.
> 　　　c. *사거는 그 사람이 하였다.
> 　　　d. 그 사람의 사거
>
> (8)　a. 아내가 증발하였다.
> 　　　b.?? 아내가 한 것은 증발이다.
> 　　　c.?증발은 아내가 하였다.
>
> (9)　a. 경찰이 교통 단속을 강화(를) 하였다.
> 　　　b. *교통 단속이 강화(를) 하였다.
> 　　　c. 교통 단속이 강화(가) 되었다.

---

7) (6)에서 '사형'의 경우, 일본어로 '死刑をする'라고 할 경우가 있지만 이때 'する'는 '行う·執行する'와 같은 의미를 담당하는 대동사로 생각된다. 그리고 '담보'의 경우, 小学館에서 발간된 사전인 '大辞泉'만은 이것을 'する'동사로 인정하고 있는데, 이것은 전문 용어로 쓰이며 그 뜻은 '보장하다'가 된다.

(7)에서 '사거'는 일반적으로 주체가 의도를 가지고 능동적으로 수행할 수 없는 사태를 나타내며, 따라서 주체는 수동적으로 '사거'라는 사상에 말려들거나 관계되는 수동자로 간주되기 때문에 (7)b, c와 같이 강조구문과 주제화문으로 변형시키면 의미적으로 허용되지 않거나 매우 어색한 문장이 된다. 또한, 이 과정성 선행요소에 속하는 동사적 명사는 그 의미 특질 때문에 명령형으로 변형시켜도 역시 비문이 되거나 어색한 문장이 되고 만다.

(8)에서 '증발'의 경우, 문맥에 따라서는 행위주가 의도적으로 행동할 수 있는 의미를 지닌 선행요소이다. '증발'이라는 말은 원래 액체가 조금씩 기화(気化)하는 현상을 말하지만 (8)에서처럼 주어가 유정물(animate)일 때는 비유적으로 쓰여서 '사라지다, 행방불명이 된다'라는 의미를 나타낸다. (8)a를 보면, 아내가 자신의 의도와 상관없이 어떤 사건에 말려들어서 결과적으로 '증발'이라는 상황이 되었다는 해석도 가능한 반면에 '아내'가 의도적으로 가출해서 '증발했다'는 해석도 가능하다. 즉, 주어가 전자의 경우는 수동자가 되고 후자의 경우는 행위주가 되는 것이다. 그런데 '증발'의 주어가 행위주가 될 수 있는데도 (8)b, c의 변형문이 부자연스러운 것은, 앞에서 언급하였듯이 원래 '증발'은 어떤 현상이나 상황을 제삼자가 보고하는 말이기 때문이다. 그러나 "나는 증발하고 싶다"라는 표현이 "도망가고 싶다, 사라지고 싶다"는 뜻으로 쓰이므로 행위주의 판단이 개입될 수 있는 선행요소라고 할 수 있을 것이다.

마지막으로 (9)의 선행요소인 '강화'의 경우, 타동사적으로 쓰일 때는 동작성 의미를 보여주는데, 자동사적으로 쓰일 때는 과정성 의미를 보여준다. (9)a는 주어인 '경찰'이 행위주가 되며 '강화'가 타동사적으로 쓰이고 있으므로 동작성을 보여준다. (9)b에서는 '강화'가 형식동사 '하다'와 결합될 때에는 타동사적인 성격이 노출되게 되므로 행위주가 유정물이어야 하는데 '교통단속' 그 자체는 무정물(inanimate)이기 때문에 비문이 되는 것이다. (9)c는 주어가 무정물이라서 '강화'가 자동사적으로 쓰이는 예문인데 이러한 경우에는 일반적으로 '되다' 동사와 결합된다. '강화'라는 선행요소 하나에 대해 (9)a에서는 '하다'가, (9)b에서는 '되다'가 나타나는데 환경에 따라 대체가 가능한 것이다. 그러나 교체가 이루어져도 (9)a, b를 보면 알 다시피 지적 의미(cognitive meaning)는 그대로 유지된다. 이와 같은, '하다' 에서 '되다'로의 교체가 '하다'의 과정성 선행요소의 큰 특질의 하나이다.

과정성 선행요소에는 아래와 같은 것들이 있다.

A : 과정성
 (i) 주체의 의도 개입 불가능
  유정물 : 사망·타계·탄생·진화·퇴화·부상·낙명·성장 …
  무정물 : 침몰·폭발·추락·건조·분화·발생·만발·침전·낙반 …
 (ii) 행위주의 의도가 경우에 따라서 개입 가능
  증발·도착·지갈·고생·진보·인상·인하·성공·승진·달성 …
B : 과정성과 동작성 양쪽 성질
 상품화·근대화·구체화·민주화·정밀화·약화·연화·완화 …

과정성 선행요소에는 '무엇인가의 원인을 인하여 결과적으로 그러한 상 태·사태가 되었다'라는 '원인→과정→종결'의 시간적 흐름을 거쳐 종결 후의 상태를 나타내는 의미도 있음을 알 수 있다.

2) 형식동사 'する'의 선행요소

(1) 동작성 선행요소

여기서는 '하다'의 흐름에 따라서 'する'의 선행요소를 관찰한다. 형식동 사 'する'의 동작성 선행요소로서 아래와 같은 것들이 있다.

A : 한자어[8)]
 用心, 邪魔, 賞賛, 看病, 勉強, 工夫(궁리), 降参, 喧嘩, 都合, 用意, 合図,

返答, 白状, 自供, 相席, 参列/列席, 孝行, 挨拶, 支度, 見物, 出前, 昼寝,
花見, 審尋, 浮気, 中座, 購求, 取引, 要説 …

B : 일본 고유어

店じまい, 安売り, 気晴らし, 夜更かし, 早引け, 墓参り, 里帰り, 子育て…

C : 외래어

ジャンプ(jump), リストアップ(list up), ショッピング(shopping), カッ
ト(cut), コミュニケーション(communication), ボイコット(boycott) …

'A : 한자어'와 'C : 외래어'는 '하다'의 경우와 똑같은 형식인데, 'B : 일본
고유어'는 일반명사나 부사적 요소와 동사의 연용형 명사가 복합한 복합
명사이다. 동사를 명사화할 때 한국어에서는 접미사를 부가해서 생성하지
만 일본어에서는 동사를 연용형(ます形)으로 활용 변화시켜서 생성한다.
그러나 자립형태소가 될 수 있는 것들은 오히려 한정되어 있으며 위 'B'에
서처럼 '명사＋술어' 구성에서 하나의 복합명사가 만들어질 경우가 많다.9)
이러한 통사적 구성을 이루는 문장에서부터 하나의 명사를 생성하는 조어
법은 한국어에서도 흔히 볼 수 있는데, 일본어에 있어서는 매우 생산적이
기 때문에 수가 많아, 일본어의 특징 중 하나로 꼽힌다.

(10) a. 子供達が 雑巾掛けをする。   (아이들이 걸레질을 한다.)
    b. 子供達が 雑巾掛けする。   (아이들이 걸레질한다.)
    c. 子供達が するのは 雑巾掛けだ。 (아이들이 하는 것은 걸레질이다.)
    d. 子供達が する 雑巾掛け。   (아이들이 하는 걸레질)

---

8) 한국어에 없는 동작성 명사를 제시하기 위해, 훈독으로 읽는 일본어 고유어도 '한자
어' 범주에 포함시켰다. 또한, 한국어에서는 '하다' 동사가 아니지만 일본어에서 'する'
동사에 속하는 선행요소로서 아래와 같은 것들이 있다.
故障, 恐怖, 麻痺, 万歳, 不足, 影響, 意見, 適合, 徹底, 無心, 原因 … 등
9) 影山太郎(1993 : 250~253)에서는 명사가 서술어(동사, 동사적 명사, 명사, 형용사,
형용동사)에 대해 주어와 목적어의 문법관계를 맺는 복합어를 '二次複合語'라 부르고
있는데, 다시 '語彙的 複合語'와 'S構造 複合語'의 두 개로 하위분류하여, 전자는 복합
되면 악센트의 경계가 없어지고 전체가 하나의 악센트로 발음되는 것, 후자는 복합
요소의 前項과 後項이 복합되더라도 각각 지니는 악센트를 유지하는 것으로 정의하
고 있다. 일반적으로 일본어 고유어의 이차 복합은 전자에 속한다고 한다.

   e. 子供達の する 雑巾掛け。　　　　　(아이들의 하는 걸레질)
   f. 子供達の 雑巾掛け。　　　　　　　(아이들의 걸레질)

  형식동사 'する'의 선행요소도 '하다'의 경우와 마찬가지로 서술력이 있기 때문에 (10)f에서 완전히 'する'가 삭제되어도 (10)a~f의 예문들은 동의성을 유지하고 있음을 알 수 있다. 이러한 종류의 선행요소와 결합되는 'する'는 '하다'와 마찬가지로 의미적으로 무내용이고 문법적인 기능만 다하고 있다고 할 수 있다.

  그리고 어휘적인 차이는 약간 있긴 하지만 '하다'의 동작성 선행요소에서 제시한 'X+化', 'X+視'도 기본적으로 형식동사 'する'의 선행요소로서도 받아들일 수가 있다. 또 그들 외에 'する'와 결합이 가능한 자격을 줄 수 있는 선행요소에는 아래와 같은 것들이 있다.

   (11) 접두사 'お'+동사 연용형
     お使い, お出掛け, おさらい, お知らせ, お参り, お誘い, お返し …

   (12) '-面(づら)'(-인 것을 뽐냄)
     先生面, 教師面, 上司面, 先輩面, 父親面, 母親面, 兄貴面, 姉貴面 …

  (11)의 복합명사는 동사 연용형에 접두사 'お'가 첨가되어야 비로소 'する'와 결합할 수 있게 되는 선행요소이고, (12)는 실체성 명사(substantial nominals : Lyons(1969))에다가 접미사 '-面(づら)'을 후접시킴으로써 동작성 의미가 주어진 선행요소들이다.

(2) 과정성 선행요소

여기서는 형식동사 'する'의 과정성 선행요소를 관찰한다.

  A : 과정성
    (i) 주체의 의도가 개입 불가능

유정물 : 死亡, 事故, 他界, 誕生, 進化, 退化, 忘却, 紛失, 油断 …
무정물 : 沈没, 爆発, 墜落, 乾燥, 分化, 発生, 満開, 破損, 生滅 …
(ii) 행위주의 의도가 경우에 따라서는 개입 가능
転倒, 到着, 苦労, 進歩, 成功, 昇進, 昇給, 降給, 達成 …
B : 과정성과 동작성 양쪽 성질
一本化, 近代化, 大衆化, 単純化, 簡素化, 年少化, 強化, 緩和 …

'する'의 경우도 '하다'와 동일하게 두 가지로 하위분류할 수 있으며 어휘도 거의 일치되고 있다. (2)에서 얻어진 '하다'의 과정성 선행요소와 '하다'의 결합 관계의 특징은, 첫째, 'A-(i)'의 선행요소로는 강조구문, 주제화문, 명령형으로 변환하면 비문이 되거나 어색한 표현이 된다는 것, 둘째, 'A-(ii)'의 선행요소의 경우는 주제가 수동자라면 주제화문과 강조문에서 의미적으로 허용되지 않거나 어색한 문장이 되는 것, 그리고 셋째, 과정성 선행요소의 대부분이 '하다'에서 '되다'로 교체 가능하다는 것이었다.

(13) a. *他界しろ。　　　　　　　(*타계해라.)
　　 b. *忘却しろ。　　　　　　　(*망각해라.)

(14) a. 友達が負傷した。　　　　　(친구가 부상하였다.)
　　 b. *?負傷は友達がした。　　(*?부상은 친구가 하였다.)
　　 c. *?友達がしたのは負傷だ。　(*?친구가 한 것은 부상이다.)

(15) a. 私は目標を達成した。　　　(나는 목표를 달성하였다.)
　　 b. 目標の達成は私が した。　(목표의 달성은 내가 하였다.)
　　 c. 私がしたのは目標の達成だ。 (내가 한 것은 목표의 달성이다.)

(13), (14)의 예문을 보면 알다시피, '하다'의 첫째와 둘째의 특징은 'する'의 결합 관계에도 그대로 적합하다고 할 수 있다. 그러면 셋째의 특징은 어떨까.

'되다'에 대응하는 일본어는 일반적으로 'される'이다.10)

(16) a. 赤ちゃんが誕生した。　　　　(아기가 탄생하였다.)
　　　b. *赤ちゃんが誕生された。　　 (아기가 탄생되었다.)

(17) a. 水分が蒸発した。　　　　　　(수분이 증발하였다.)
　　　b. *水分が蒸発された。　　　　 (수분이 증발되었다.)

(18) a. 彼が空港に到着した。　　　　 (그가 공항에 도착하였다.)
　　　a′. *彼が空港に到着された。　　(그가 공항에 도착되었다.)
　　　b. 飛行機が空港に到着した。　　(비행기가 공항에 도착하였다.)
　　　b′. *飛行機が空港に到着された。(비행기가 공항에 도착되었다.)

(19) a. 政府は法案を具体化した。　　 (정부는 법안을 구체화하였다.)
　　　b. 法案が具体化した。　　　　　(*법안이 구체화하였다.)
　　　c. 法案が具体化された。　　　　(법안이 구체화되었다.)

'하다'는 '되다'와 교체가 비교적 자연스럽게 이루어지는 데 반해, 'する'에서는 'B : 과정성과 동작성 양쪽 성질'의 선행요소 이외는 'される'로 교체되지 못함을 알 수 있다. 그러나 반드시 그러하지는 않고 'B'의 선행요소 중에서도 'される'로 교체되지 못한 것들도 있고 'A-(ii)'의 선행요소 중에 'される'로 교체되는 것들도 있다.

(20) a. 犯罪が年少化した。　　　　　 (범죄가 연소화하였다.)
　　　a′. *犯罪が年少化された。　　　(범죄가 연소화되었다.)
　　　b. ビニールが熱で軟化した。　　(비닐이 열로 연화하였다.)
　　　b′. *ビニールが熱で軟化された。(비닐이 열로 연화되었다.)
(21) a. 人間が環境を汚染した。　　　 (인간이 환경을 오염하였다.)
　　　b. 環境が汚染された。　　　　　(환경이 오염되었다.)

---

10) 'される'는 'する'의 활용형인 未然形 'さ'에다 수동형을 만드는 접미사(국문법에서는
　　조동사) 'れる'를 붙인 형태다. 또, 'される'는 'する'의 존경표현이기도 하므로 (18)a′
　　가 존경표현이면 문장은 적격이다. 그러나 이 존경표현인 'される'는 '되다'에 대응하
　　지 않기 때문에 여기서 이 용법은 제외한다. 덧붙여서 '-가 되다', '-(으)로 되다' 등
　　은 '-(に)なる'에 대응한다.

왜 자동사 용법의 'する'는 'される'와 교체될 때 이러한 행동을 보여 주는가?

한국어에서는 선행요소가 지니는 의미 내용에 대해 주체가 어떤 식으로 관계되는지, 능동적인지 수동적인지 또는 동작성을 강조하는지 상태성을 강조하는지 등의 요인에 따라 자동사 용법인 '하다'와 '되다'를 가려 쓰기도 한다.11) 주지하는 바와 같이, '되다'에는 수동표현뿐만 아니라 자동사로서의 기능도 있기 때문에 같은 자동사 기능을 지니는 '하다'와 상황에 맞추어 교체가 자연스럽게 이루어지는 것이다. 그러나 'される'에는 높임말이나 수동 기능이 있어도 자동사 기능은 없다.

일반적으로 일본어의 수동표현은 크게 '직접 수동(direct passive)'과 '간접 수동(indirect passive)'로 나누어진다. 후자인 '간접 수동'은 소위 '피해 수동'이라 불리는 것이고,12) 전자인 '직접 수동'은 능동태(能動態)에서 목적어인 것을 주어로 옮겨서 만들거나 '法律が改正される(법률이 개정된다)'와 같이 주어가 무정물인 '비정(非情) 수동'이라는 수동 표현을 생성한다. 그런데 이것은 '자동사로는 만들 수 없다'는 제약이 있다.13) 따라서 자동사 용법의 'する'는 수동형인 'される'와 교체할 수가 없으며 그대로 자동사로서 남아 서술 기능을 담당할 수밖에 없다.

'する'와 'される', '하다'와 '되다'의 대응 관계를 간략하게 도식화하면 다음과 같이 정리된다.

---

11) 生越直樹(2001b) 참조.
12) 간접 수동에는 '피해 수동(迷惑(被害)の受身)'이 포함되는데 이것은 반드시 '(-는) -한테 -(를) 당하다((-は)-に-される)'의 형식을 취한다.
13) 요컨대, (16)~(21)의 예문 중, 'する'가 'される'로 교체되지 못한 예문은 자동사 용법만 지니는 선행요소+'する'이고, 교체가 이루어진 것은 타동사 용법도 겸비한 선행요소+'する'라는 셈이다. 또 이런 식으로 자동사 용법과 타동사 용법을 겸비한 선행요소+'する'로 구성된 サ變 동사를 '兩用動詞(double-sided verb)'라 부르기도 한다.

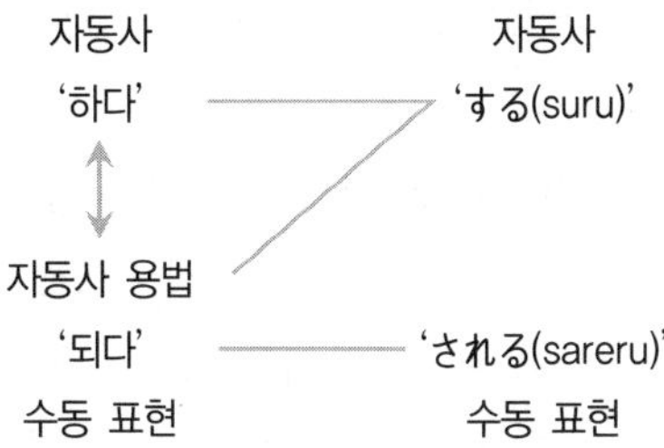

이와 같이 '하다'의 셋째 특징은 자동사 용법의 'する'에는 적용되지 않는 사실이 밝혀졌다.

또한, 과정성 선행요소와 'する'의 결합 관계에는 격표지(case maker)에 대한 문제가 있다.

(22) a. 子供が成長する。　　　(아이가 성장한다.)
　　 b. *子供が成長をする。　　(아이가 성장을 한다.)

(23) a. 地盤が沈下する。　　　(지반이 침하한다.)
　　 b. *地盤が沈下をする。　　(지반이 침하를 한다.)

과정성 선행요소 중에서 주체의 능동적인 행동・동작이 개입되지 못하고 주체가 수동자로서 어떤 사상에 관계되는 의미 내용을 나타내는 자동사적인 명사에는, 일본어에서 격표지를 첨가할 수 없다는 주장이 있다 (Kageyama 1977, Dubinsky 1989, Tsujimura 1990).[14]

이것은, 예컨대 (22) '성장', (23) '침하'와 같이 주체가 스스로 의도를 가지면서 행동할 수 없는 일이나 주체가 전혀 컨트롤할 수 없는 사태를 나타내는 동사적 명사에 목적을 나타내는 격조사 '를'는 부적절하여 허용되지 않는다는 것이다. 그러나 이에 반해 Park, Kabyong(1922), 金栄敏(2000)에 의하면 한국어에 있어서는 적절하여 격표지의 쓰임이 가능하다

---

14) 影山太郎(1993 : 66~73) 참조.

고 한다. 이러한 차이는 격조사 '을/를'과 'を'가 본래 지니는 의미 범주의 차이에 기인한다고 생각된다.

'을/를'과 'を'를 대충 대비해 보아도 'を'는 이동동사와 나타날 때 이외는 거의 목적격 조사로서의 문법 구실을 다한다. 그에 대해 '을/를'은 목적격 조사 외에도 여격 '에게(께)/에'와 구격 '(으)로' 대신에 쓰이기도 하고 또한 '믿어를 보겠다', '빨리를 간다'와 같이 명사 이외의 품사에도 후접하고 강조 의미를 부여하는 등, 그 사용·의미범위는 'を'보다 훨씬 넓다.15) 때문에 한국어에서는 '을/를'이 중출되는 문장이 흔히 보인다. 그러나 'を'는 한 문장 안에 중출될 수 없다는 '二重ヲ格の制約(Double-O Constraint : Shibatani 1973, Harada 1973)'도 있어, 'を'의 사용 범위는 제약적이다.16) 이와 같은 이유로, 주체가 의도와 상관없이 수동자로서 사태에 관계되는 의미를 지니는 경우, 목적격 조사 'を'와 공기하면 부적절한 문장이 되고 만다.

이와 같이 '하다'와 'する'의 과정성 선행요소는 어휘적으로도 그 의미적으로도 거의 일치하고, 이들 선행요소와 결합되는 '하다'도 'する'도 같은 형식동사임에도 불구하고 '되다'와 교체할 때와 격표지 문제에 있어서 이질성을 보여 준다.

또한 'する'는,

    (24) a. 目眩がする。　　(*현기증이 하다.)
         b. 雨漏りがする。　(*비 샘이 하다.)

(24)a의 '目眩', (24)b의 '雨漏り'와 같은 선행요소와 결합된다. 이 경우의 'する'는 자동사 용법이 되고 일반적으로 조사를 생략할 수 없다.

    (25) a. 寒気がしてよく眠れない。(*한기가 해서 잘 잘 수 없다.)

---

15) 홍사만(1995 : 97~107) 참조.
16) 이것은 표면구조상의 제약이다. Matsumoto Yo(1996 : 32~33), Park Kabyong (1992 : 177), 影山太郎(1993 : 108), 金榮敏(2000) 참조.

    b. *寒気してよく眠れない。(*한기해서 잘 잘 수 없다.)
    c. 寒気でよく眠れない。(한기 때문에 잘 잘 수 없다.)
    d. よく眠れないのは寒気がするためだ。(*잘 잘 수 없는 것은 한기가
      하기 때문이다.)
    e. よく眠れないのは寒気のためだ。(잘 잘 수 없는 것은 한기 때문이다.)

(26) a. 地震で地割れがした。(*지진으로 땅 갈라짐이 하였다.)
    b. 地震で地割れした。(*지진으로 땅 갈라짐하였다.)
    c. 地震で地割れ。(지진으로 땅 갈라짐)
    d. 地割れした原因は、地震だ。(*땅 갈라짐한 원인은 지진이다.)
    e. 地割れの原因は、地震だ。(땅 갈라짐의 원인은 지진이다.)

(27) a. この香水はいい香りがする。(*이 향수는 좋은 냄새가 한다.)
    b. *この香水はいい香りする。(*이 향수는 좋은 냄새한다.)
    c. この香水はいい香りだ。(?이 향수는 좋은 냄새다.)
    d. いい香りがする香水。(*좋은 냄새가 하는 향수)
    e. いい香りの香水。(*좋은 냄새의 향수)

위 (25)b, (27)b와 같이 조사가 생략되면 꽤 부자연스럽고 비문이 되지만, (26)의 '地割れ'에서 '地が割れる'처럼 '명사＋서술어' 구조에서부터 어휘적 복합을 이룬 명사의 경우는 (26)b에서 알 수 있듯이 조사가 생략되더라도 문제가 없다.

이들 선행요소와 자동사 용법인 'する'동사의 결합에서는 동작성 선행요소와의 결합처럼 다채롭게 변형문을 전개할 수 없고 약간 제약을 받는다는 점에서는 과정성 선행요소와 유사하다. 그리고 과정성 선행요소와 같이 이들 선행요소에도 분명히 동작성을 인정할 수 있으므로 이러한 선행요소와 결합되는 'する'는 자동사 용법이면서도 형식동사로 볼 수 있다.17)

---

17) 村木新次郎(1991 : 205~215)를 보면 역시 '-が する'의 결합에서 'する'를 기능동사로
    규정하고 있고 影山太郎(1993 : 196, 285~288)에서 (28-A, B)와 같은 선행요소들
    은 VN(동사적 명사)로 규정하고 "VN＋(を/が)する"구문에 있어 'する'는 끝가지나
    형식동사라고 기술하고 있다.

이들 선행요소에는 무엇인가의 원인(자극 등)을 받아서 그 결과로 나타나는 것이 느껴진다. 그 상태가 야기된다는 뜻도 가지므로 이 글에서는 이러한 선행요소를 '결과상태(resultant) 선행요소'라 부르기로 한다. 이에 속하는 선행요소로는 아래와 같은 것들이 있다.

> (28) 결과상태 선행요소
>   A : 자연 현상
>   雨漏り, 水漏れ, 稲光, 地割れ, 色落ち, 色褪せ, 形崩れ …
>   B : 병리(생리) 현상
>   目眩, 寒気, 悪寒, 腹痛, 頭痛, 筋肉痛, 動悸, 息切れ, 耳鳴り, 胃もた
>   れ, 吐き気, 肌荒れ, 予感 …
>   C : 기타
>   におい, 香り …

결과상태 선행요소는 어떤 현상이기 때문에 기본적으로 주제에 의도성이 없는 것은 과정성 선행요소와 동일하지만, 자동사인 'する'가 사용되고 조사가 기본적으로 'が'이어야 한다는 것, 일반적으로 조사는 생략을 허용하지 않다는 부분에서 분명히 차이를 부여주고 있다. 한편, 한국어에서는 위 선행요소에 '나다', '들다'와 같은 본동사와 결합되거나 '어깨가 뻐근하다', '비가 새다'처럼 통사 구조를 이루는 문장으로 표현하는 것이 통례이다.

3) 형식동사 '하다'와 'する'의 기능

지금까지 '하다'와 'する'가 형식동사로 간주될 때, 어떤 선행요소와 결합되는지 그리고 어떤 특징들을 지니는지를 살펴보았다. 선행요소는 두 가지, 동작성과 과정성으로 대분되며 후자는 사용 환경이 한정적이라 할 수 있지만 그들 양 선행요소 사이에는 근본적이고 매우 중요한 공통점을 찾을 수 있다. 그것은 바로 명사이면서도 서술력이 있다는 것이다.

(29) a. 친구의 결혼식에 참석한다.　　a′. 友達の結婚式に参列する。
　　　b. 친구의 결혼식에 참석.　　　　b′. 友達の結婚式に参列。

　(29)a, b와 (29)a′, b′를 보면 '하다'와 'する'를 삭제하여도 동의인 것을 확인할 수 있으며, 또 (29)b, b′를 보면 '-에/-に'라는 격은 '하다'와 'する'가 아니라 '참석/参列'이라는 동사적 명사가 부여하고 있음을 알 수 있다. 따라서 이와 같은 선행요소에 후속되는 '하다'와 'する'는 의미적으로 무내용(semantically empty)이며, 단지 서술적 문법 기능을 다하고 있을 뿐이다.

(30) a. 연락해 주세요.　　　　　　　a′. 連絡してください。
　　　b. 연락 주세요.　　　　　　　　b′. 連絡ください。

(31) a. 배달해 주시기 바랍니다.　　　a′. 配達してくださるようお願いします。
　　　b. 배달 바랍니다.　　　　　　　b′. 配達お願いします。

(32) a. 이 책은 일독할 가치가 있다.　a′. この本は一読する価値がある。
　　　b. 이 책은 일독의 가치가 있다.　b′. この本は一読の価値がある。

(33) a. 식사하기 전에 손을 씻자.　　a′. 食事する前に手を洗おう。
　　　b. 식사 전에 손을 씻자.　　　　b′. 食事前に手を洗おう。

　위와 같이 형식동사인 '하다'와 'する'는 본질적으로 아무 의미도 담당하지 않아서 소멸성이 높다는 것도 명백하다.

2. 대동사로서의 '하다'와 'する'

　대동사(pro-verb)란 어떤 특정한 동사를 대리하는 기능을 가지는 동사를 말한다. 이 장에서는 어떠한 선행요소와 결합되면 '하다'와 'する'를 대동사

로 간주되는가, 또 대동사로서의 '하다'와 'する'는 어떠한 의미범주를 지니
는가를 살펴보기로 한다.

1) 대동사 '하다'의 선행요소

(1) 실체성 선행요소

실체성 선행요소란 '사람', '동물', '장소'와 같이 구체적인 생물이나 물건
등을 가리키는 순수한 명사류를 지칭한다. 우선 '하다'와 결합되는 실체성
선행요소를 보도록 한다.

> A : 물건
>> 밥, 떡, 양념, 김장, (칼)국수, 반찬, 연지 곤지, 머리, 벨트, 마스크, 나
>> 무, 나무다리(의족), 술, 담배, 옷, 전화, 메모 …
> B : 직업
>> (i) 선생, 교장, 변호사, 의사, 간호사, 요리사, 회계사, 주부 …
>> (ii) 회사, 식당, 술집, 약국, 병원, 책방, 학원, 가게, 장사 …
>> (iii) 역사, 경제, 과학, 국어, 영어, 수학, 음악, 철학, 공학 …
> C : 기타
>> 100만원/얼마(금액), 시기/시각+쯤, 수량, 한 잔, 점심, 친구, 가을, 노
>> 래, 동창회, 문신, 1등/1위(등급, 순위) …

상기와 같이 대략 세 가지로 하위분류된다. 'A : 물건'은 구체명사로서
'물건' 자체를 지칭하는 것들, 'B : 직업'의 (i)은 직업 혹은 사회적인 지위
를 지칭하는 것들, (ii)는 경영하는 직업을 지칭하는 것들, (iii)은 그 사람
이 관계되는 (문학적) 전문분야를 지칭하는 것들, 마지막으로 'C : 기타'는
A와 B의 분류 외로 '하다'가 결합 가능한 것들이다. 특히 'A : 물건'의 음식
류나 '연지 곤지, 나무, 물건' 등과 'C : 기타'의 '시기/시작+쯤, 수량, 친구'
등은 한국 문화나 생활 습관 등이 반영된 한국어 독자적인 선행요소라고

할 수 있다.

(34) a. 어머님이 밥을 짓는다.
　　 b. 어머님이 밥을 한다.
　　 c. 어머님이 하는 밥
　　 d. * 어머님이 밥
　　 e. 어머님의 밥

(35) a. 그 가방이 100만 원(을) 한다.
　　 b. * 그 가방이 하는 100만 원
　　 c. 그 가방이 100만 원
　　 d. * 그 가방의 100만 원

　실체성 선행요소는 단순히 물건을 가리키고 동작성·과정성 선행요소와 달리 서술력이 없기 때문에 변형시켜보면 애매문이나 비문으로 나타나, 동사를 삭제하면 해석되는 의미가 달라지기도 한다. 예컨대, (34)e를 보면 '어머니'가 먹는 '밥'과 같이 해석될 수도 있고 주문인 (34)a와 의미가 크게 달라지고 만다. (34)에서는 동사 '짓다' 대신에, (35)에서는 '(돈을)내야 된다(낸다), 가치가 있다'와 같은 뜻으로 '하다'가 사용되고 있다. 그런데 대동사 '하다'는 아무 경우에나 사용 가능한 것은 아니라 어떤 상황에서 특정한 동사 대신에 사용되는 것이다.

　또한 '하다'의 경우,

(36) a. 반지를 한다.
　　 b. 네가 해.

(36)a에서 '하다'가 '반지를 끼다'의 본동사인 '끼다'의 대동사로서 사용되기도 하는데 결혼을 앞두고 '반지를 보러 가다, 주문하러 가다'와 같은 의미도 나타내고, (36)b에서는 일반적으로는 그 상황에서 '-(을/를) 네가 해라'라는 뜻으로 해석되지만 어떤 구체적인 물건 등을 보면서 '너에게 줄

테니까 네가 가져가라, 너한테 줄게'라는 뜻으로도 사용된다. 이와 같이 많지는 않지만, 특정한 선행요소와 '하다'가 어울려서 또 다른 특별한 의미를 형성하기도 한다.

2) 대동사 'する'의 선행요소

(1) 실체성 선행요소

대동사 'する'의 선행요소로 다음과 같은 것들이 있다.

> **A : 물건**
> イヤリング, ピアス, マフラー, ネックレス, エプロン, 指輪, 手袋, ボタン, マスク, 入れ歯, おむつ, かつら, 電話, 鍵, 塩, 胡椒 …
>
> **B : 직업**
> (i) 教師, 先生, 弁護士, 医者, 看護婦, 記者, 調理師, 美容師, 主婦 …
> (ii) 会社, 飲み屋, 洋品店, ビデオ屋, 本屋, 塾, 喫茶店, パーマ屋 …
>
> **C : 운동경기 · 놀이**
> (i) バスケットボール, テニス, 相撲, サッカー, 野球, スキー …
> (ii) かるた, トランプ, 花札, ブランコ, シーソー, 鉄棒, ゲーム …
>
> **D : 기타**
> 100만円/いくら, -時間/-日, 入れ墨, (演劇等)役 …

'する'의 실체성 선행요소는 '하다'와 달리 우선 네 가지로 하위분류된다. '하다'의 실체성 선행요소와 비교해보면, 'する'의 경우는 'A : 물건'에서는 신체에 착용하는 물건들에 집중되고, 'B : 직업'에서는 '하다'의 선행요소에 있는 '(i) 직업(사회적 지위)'와 '(ii) 경영하는 직업'은 일치를 보이고 있지만 '(iii) 관계되는 (학문적) 전문분야'가 없다.18) 그러나 반대로 '하다'에는 없

---

18) 'する'의 경우에는 예컨대, '哲学する', '芸術する', '音楽する'와 같이, 특별한 분야에 대해 'する'를 결합시켜서 '楽しむ', '神髄に迫る'와 같은 뉘앙스로 쓰이기도 하지만 사

는 'C : 운동경기・놀이'가 새로이 추가되어 있다.

> (37) a. 母がエプロンを付ける/掛ける。　　(엄마가 앞치마를 두른다.)
> b. 母がエプロンをする。　　　　　　(엄마가 앞치마를 한다.)
> c. 母がするエプロン。　　　　　　　(엄마가 하는 앞치마)
> d. *母がエプロン。　　　　　　　　(*엄마가 앞치마)
> e. 母のエプロン。　　　　　　　　　(엄마의 앞치마)

'A : 물건'의 선행요소는 서술어를 삭제하면 (37)d와 같이 비문이 되거나, (37)e처럼 애매문이 되는 특징이 있는데 이것은 'B-(ii)'에도 적합한 것은 이미 (1) '하다'에서 보았다. 'B' 전체로는,

> (38) a.??友達が先生をする。　　　　(친구가 선생을 한다/하겠다.)
> b.??先生をする友達。　　　　　　(선생을 하는/할 친구)

> (39) a. 友達が先生をしている。　　　(친구가 선생을 하고 있다.)
> b. 友達がしている先生。　　　　(친구가 하는/하고 있는 선생)
> c. 先生をしている友達。　　　　(선생을 하는/하고 있는 친구)
> d. 友達が先生。　　　　　　　　(친구가 선생)
> e. 友達の先生。　　　　　　　　(친구의 선생)

> (40) a. ??知人が会社をする。　　　　(지인이 회사를 한다/하겠다.)
> b. ??会社をする知人。　　　　　(회사를 하는/할 지인)

> (41) a. 知人が会社をしている。　　　(지인이 회사를 하고 있다.)
> b. 知人がしている会社。　　　　(지인이 하고 있는 회사)
> c. 会社をしている知人。　　　　(회사를 하고 있는 지인)
> d. *知人が会社。　　　　　　　(*지인이 회사)
> e. 知人の会社。　　　　　　　　(지인의 회사)

(39)e, (41)e와 같이 'する'가 생략되고 격조사 'の'로 바뀌면 주문이 의미

용 장면과 사용 세대가 비교적 한정적이고 아직 일반화되지 않았다고 생각된다.

하는 내용과 달라지고, (41)d에서는 비문이 되는 것도 대동사 '하다'의 경우와 동일하다. 그러나 타동사 용법인 'する'는 'する형'이면 일반적으로 미래시제와 습관을 나타내고 '하다'처럼 '하다형'으로 상태·진행상을 나타내는 '어/고 있다'의 의미를 커버하지 못하기 때문에 일본어에서 (38), (40)은 어색한 표현이 되고 만다. 일본어에서는 현재의 상태·진행상을 나타낼 때에는 (39)a~c, (41)a~c의 예문과 같이 반드시 'している형'이어야 한다.[19]

 'C : 운동경기, 놀이'의 선행요소로서, 일견 동작성 의미가 있는 듯이 보이지만 이들은 어디까지나 운동경기와 놀이의 명칭, 아니면 그때 사용되는 도구의 명칭에 불과하다. 그 증거로서,

> (42) a. 今日はクリケットというスポーツをしましょう。
>   (오늘은 크리켓이라는 운동/스포츠를 합시다.)
>   b. 皆とこまで遊ぶ。
>   (다들 같이 팽이로 논다.)

(42)a에서 '-라는 운동/스포츠를 하다'와 같은 표현이 성립되고, (42)b에서는 도구격인 'で(으로/로)'와 공기 가능하다. 따라서 그들 선행요소가 'する'와 결합되어야 비로소 그 운동경기나 놀이를 한다는, 동작성의 의미를 가지게 되는 실체성 선행요소인 것을 확인할 수 있다.[20] 한편, '하다'와 결합되는 '운동경기' 선행요소도 있다.

> (43) 축구, 배구, 농구, 씨름, 정구, 하키, 야구, 럭비, 소프트볼, 핸드볼, 수

---

19) 일본어에서 'B : 직업'의 선행요소로 의사·미래를 표현하고 싶을 때에는 'なりたい, 開きたい' 등의 적절한 동사를 사용하거나 'する'동사와 유의 관계에 있는 'やる'동사를 쓰고 'やる、やりたい、やるつもり'와 같이 표현하는 것이 일반적이다. 'やる'는 대충 'する'와 대체가 가능하지만 불가능한 경우도 있는데 '酒(술)', 'たばこ(담배)' 따위는 'やる'만이 결합되는 선생요소이다. 'やる'에 대해서는 安秉杰(2003 : 149~172) 참조.

20) 影山太郎(1993 : 187) 참조. 'こま遊び'(팽이치기), 'たこあげ'(연날리기), 'ブランコ乗り'(그네뛰기), '綱引き'(줄다리기) 등과는 구별된다.

구, 검도, 복싱, 사격, 승마, 양궁, 역도, 태권도…

한국어에서는 그 운동에 따라 ‘치다, 타다’와 같은 본동사를 사용해서 표현할 경우가 일반적인데 (43)에 든 것들은 일반적으로 ‘하다’를 사용한다. 이들 선행요소도 역시 경기의 명칭에 불과하고 ‘하다’와 결합되어야 비로소 ‘그 운동경기를 하다’라는 동작성 의미를 얻게 된다.

또한 ‘する’는 조사 ‘に’와 어울려서 관용 표현을 형성한다.

    (44) a. 彼女を嫁にする。(그녀를 아내로 한다.)
        a′. 彼女を嫁に決める/娶る。(그녀를 아내로 정한다/삼는다/맞다.)
        b. 夕食は焼き肉にする。(저녁밥은 고기로 한다.)
        b′. 夕食は焼き肉に決める/決定する。(저녁밥은 고기로 정한다/결정한다.)

위 (44)는 ‘하다’ 역시 비슷한 의미를 담당하는 용례이지만 ‘する’ 특유한 관용 표현으로서 다음과 같은 것들이 있다.

    (45) a. 馬鹿にする。   (바보 취급한다.)
        b. 前にする。   (앞에 둔다.)
        c. 楽しみにする。   (즐거움으로 삼는다, 기대한다.)
        d. 耳にする。   ((무의식적으로) 언뜻 들린다.)
        e. 口にする。   ((욕 등을) 입에 담는다, 조금 먹다.)
        f. 目にする。   ((사상, 풍경 등을) 본다.)
        g. 手にする。   (손에 쥔다, 입수한다.)
        h. 背にする。   (등에 진다, 등 뒤에 둔다.)
        i. 気にする。   (걱정하다, 마음에 두다.)
        j. あてにする。   ((나를 도와준다고) 기대하고 믿는다)
        ⋮

또한 劉恩聖(1998a)에서는 일본어에서는 ‘する’가 사용되는데 한국어에서는 ‘하다’가 사용되지 않는 표현으로 아래와 같은 용례를 들고 있다.

(46) a. 湖を埋めて市街地にした。(호수를 매립하여 시가지로 만들었다.)
　　 b. えさにする粟を、買ってきた。(사료로 쓸 좁쌀을 사왔다.)
　　 c. 一万円札を千円札にする。(만 엔짜리 지폐를 천 엔짜리 지폐로 바꾼
　　　　 다.)
　　 d. 女は横にした首を… (여자는 옆으로 돌린 목을 …)
　　 e. 子供達は人形を患者にして… (아이들은 인형을 환자로 가정하여 …)

(46)의 'する'도 역시 (46)a의 '造る', (46)b의 '使う', (46)c의 '替える, く
ずす, 両替する', (46)d의 '傾げる', (46)e의 '見立てる'와 같은 본동사를 대
신한다고 생각된다.

3) 대동사 '하다'와 'する'의 기능

실체성 선행요소와 결합되는 대동사 '하다'와 'する'도 원래 특정한 의미
를 지니지 않다는 점에서는 형식동사인 '하다'와 'する'와 아무 차이가 없다.

(47) a. 그 사람은 술을 한다.
　　 b. 그 사람은 술을 마신다.

(48) a. 언니는 노래를 한다.
　　 b. 언니는 노래를 부른다.

(49) a. 사장님이 돌아올 때쯤 해서 일이 터졌다.
　　 b. 사장님이 돌아올 때쯤 돼서 일이 터졌다.

(50) a. 母がエプロンをする。(엄마가 앞치마를 한다.)
　　 b. 母がエプロンを付ける/掛ける。(엄마가 앞치마를 두른다.)

(51) a. 塩をする。(소금을 한다.)
　　 b. 塩を振る。(소금을 뿌리다.)

앞에 든 용례들은 대충 1대 1로 본동사와 대응하는 대동사 ‘하다’와 ‘する’
인데 반드시 그렇지는 않고 특히 ‘하다’는 상황에 따라 유연성을 보여준다.

    (52) a. 그분이 철학을 한다.
          b. 그분이 철학을 전공한다.
          b′. 그분이 철학을 연구한다.
          b″. 그분이 철학을 가르친다.

    (52)와 같이 선행요소가 학문적인 전문분야인 경우, 상황에 따라서 ‘하
다’는 ‘전공하다’, ‘연구하다’, ‘가르치다’와 같은 의미를 담당하고 또한 ‘영
어’와 같은 어학에 있어서는 ‘말할 줄 안다’, ‘배우고 있다’와 같은 의미까지
커버할 수 있다. 또한 서정수(1975 : 85, 86)에서는,

    (53) a. 그분이 나무를 한다.
          b. 그분이 나무를 긁어모은다.
          c. 그분이 나무를 자른다.
          d. 그분이 나무를 장만한다.

    (54) a. 그분이 떡을 한다.
          b. 그분이 떡을 만든다.
          c. 그분이 떡을 빚는다.
          d. 그분이 떡을 찐다.

와 같은 예를 들어, “어느 것이 가장 알맞은 것으로 지정되느냐 하는 것은
그 문맥과 환경에 따르는 문제인데, 매우 미묘한 바가 있다. 대체로 대동사
‘하-’를 쓰는 경우를 분석하여 보면, 일종의 ‘복합적 동작(complex actions)’을
표현하는 일이 많다. (중략) 다시 말하면, 환경에 따라 이해될 만한 복합
적 동작을 일일이 딴 동사들을 써서 말하는 대신에 ‘하-’라는 포괄적인 대
동사를 써서 표현한다고 할 수 있다”고 기술하였다. 즉, 대동사 ‘하다’에는
어떤 목표를 향하는 과정에서 수행되는 일련의 동작을 포괄해서 표현하는

기능이 있다는 것이다. 예컨대 '가을을 한다'에서 보면,

> (55) a. 벼를 벤다.
> b. 벼를 묶는다.
> c. 벼를 말린다.
> d. 벼를 훑는다.
> e. 매갈이를 한다.

와 같은 연속된 동작을 상기시킨다. 이러한 '복합적 동작'을 나타내는 대동사 '하다'의 의미범주는 대동사 'する'에는 없다.

3. 요약

지금까지 현대 한국어 '하다' 동사와 일본어 'する' 동사에 대해 고찰하였다. 필자는 이들 양 동사가 각자 기본적으로 '형식동사'와 '대동사'의 두 가지 기능을 지닌다고 규정하며, 서정수(1975)에 의해 정의된 선행요소 분류를 바탕으로 양 동사의 동질성과 이질성을 살펴보았다. 특히 이 글에서는 양 동사에 내재하는 이질성을 구명하는 데에 그 목적이 있으므로 지금까지의 고찰에서부터 얻어진 결과에 의거하여 근본적 또는 핵심적인 이질성을 제시함으로써 결론으로 삼겠다.

1) 형식동사로서의 '하다'와 'する'

(1) "희생, 담보, 기한"과 같은, 어떤 특정한 선행요소와 '하다'가 결합될 때는 조사 '(으)로, 을/를'과 공기 가능한 '형식동사'로 간주할 수 있

다. 그러나 ‘する’의 경우에는 조사 ‘-に/と’만의 개입이 허용되면서 이들 생략도 불가능하기 때문에 ‘대동사’로 볼 수 있다. 다시 말해서, 형식동사 ‘하다’는 조사 ‘(으)로’와 공기 가능한데 반해 형식동사 ‘する’는 ‘-に/と’와의 공기가 불가능하다.

(2) 형식동사 ‘하다’와 ‘する’가 타동사 용법인 경우에, 피동(수동) 표현인 ‘되다’와 ‘される’와의 교체도 포함하여 똑같은 의미범주와 문법기능을 보여주지만, 자동사 용법인 경우에는 ‘하다’만이 ‘되다’와 교체 가능하다.

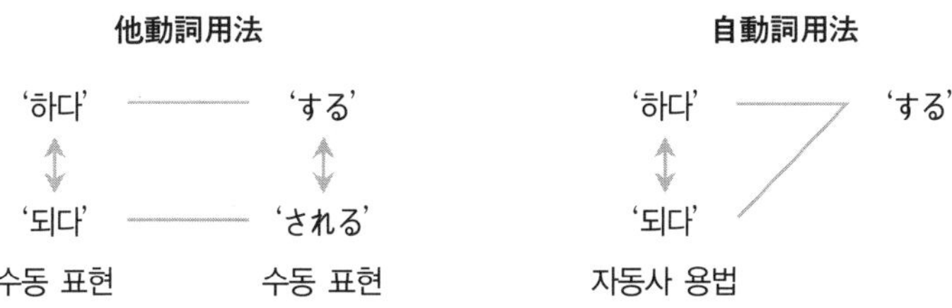

(3) 주체의 의도와 상관없이 일어나는, 혹은 컨트롤하지 못한 사태를 나타내는 과정성 선행요소+‘する’에 있어서 격표지는 부적절하지만 ‘하다’는 적절하다.

(4) 형식동사 ‘する’는 결과 상태 선행요소를 가진다.

위와 같은 사실에서부터 (2)와 (4)의 비중을 고려해 보면, 상대적으로 형식동사 ‘する’는 형식동사 ‘하다’에 비해 출현 범위가 넓다고 할 수 있다.

2) 대동사로서의 ‘하다’와 ‘する’

대동사 ‘하다’와 ‘する’가 가지는 의미범주 중에서 현저하게 독자성이 높은 것들을 들어보면 아래와 같다.

'하다'
(1) '학문적 전문분야'라는 선행요소를 가진다.
(2) '학문적 전문분야'의 선행요소와 결합되면 '전공하다', '연구하다', '가
    르치다'와 같은 뜻을 나타내고, 어학의 경우에는 '말할 줄 안다', '배
    우다'와 같은 뜻도 나타낸다.
(3) 복합적 동작을 나타낸다.
(4) 특정한 어휘와 결합되어 독특한 의미를 형성한다.

'する'
(1) '운동경기・놀이'라는 선행요소를 가진다.
(2) 조사 'に'와 함께 나타나서 관용표현을 형성한다.

위와 같은 특성들을 통합해서 정리해 보면, 대동사 'する'는 (2)의 표현
이 '동작성 선행요소+に/と する'와 '실체성 선행요소+に する'가 있어서
그 조합은 매우 다양하긴 하지만, 대동사 '하다'의 (2), (3), (4)의 특성으
로 미루어 대동사 'する'보다 의미 범주가 넓을 것으로 생각된다. 즉, 상대
적으로 대동사 'する'에 비해 대동사 '하다'는 変用性(versatility)이 높다고
할 수 있을 것이다.

참고문헌

高永根(1974), 現代國語의 接尾辭에 대한 構造的 硏究, 光文社.

고재설(1987), "國語의 合成動詞에 대한 硏究—'명사+하다' 구성을 중심으로—", 西江大 석사학위논문.

金栄敏(1997), "日韓両言語의 いわゆる対格助詞「ヲ」と「ul/lul(을/를)」について", 「筑波大学 筑波応用言語学研究」4.

金栄敏(2000), "軽動詞構文의 統語構造について", 「日本学報」第44輯, 韓国日本語学会.

김재열(1999), "'하다' 구문의 형성 과정에 대한 고찰", 「한글」 246호, 한글학회.

김창섭(2001), "'X하다'와 'X를 하다'의 관계에 대하여", 「語學硏究」 제37권 제1호, 서울대 어학연구소.

김창섭(2002), "輕動詞 '하다'의 두 가지 보어—'하다'—語根句와 '하다'—名詞句—", 「冠嶽語文研究」 第27輯 韓啓傳・李翊燮・沈在箕 敎授 停年退任紀念號, 서울大 國語國文學科.

南英福(2001), "「동작성명사+하다」와 「名詞+にする」,「名詞+の」구문에 대하여", 「日語日文学研究」 第39輯, 〔語学・教育 篇〕, 韓国日語日文学会,

劉恩聖(1998a), "日本語의「(～を)～にする」表現に関する考察", 「広島大学教育学部 紀要」 第二部 47号.

劉恩聖(1998b), "日本語의「連用名詞(を)＋する」表現に関する一考察", 「表現研究」 第69号.

劉恩聖(1999), "日本語의「～がする」表現を中心とした自然現象文について", 「奥田邦男先生退官記念論文集」, 渓水社.

劉恩聖(2001), "日本語의 「連用形名詞(助詞)する」表現에 대하여—韓国語와의 対照의 観点에서—", 「日語日文学研究」 第39輯 〔語学・教育 篇〕, 韓国日本語学会.

Park, Kabyong(1992), *Light verb Constructions in Korian and Japanese*, Doctoral Dissertation(University of North Carolina at Chapel Hill), Thae Hak Sa.

서정곤(1994), "'X를 하다'와 'X하다'의 상관성", 「國語學」 24, 國語學會.

서정수(1975), 동사 '하-'의 문법, 형설출판사.

서정수(1996), 개정 현대 한국어 문법 연구의 개관, 한국문화사

安秉杰(2003), "한・일 양어의 동사에 관한 대조 연구-한국어「하다」와 일본어「する」
　　　　　동사를 중심으로-", 圓光大 박사학위논문.

尹亭仁(2001), "韓国語と日本語における二重対格標示について-成立条件を中心に-",
　　　　　「日本学報」第47輯, 韓国日本学会.

李光秀(1985), "日本語「スル」動詞と韓国語「hada」動詞の対照的研究", 筑波大 国語国文
　　　　　学会 第五号.

이익환(1997), "'명사 도출-하동사'의 의미-개념 구조화 습득과정", 「언어학 이론과
　　　　　한국어 의미・통사 구조 습득」1, 민음사.

이창덕(1984), "동사 '하-'의 연구", 연세대 석사학위논문.

林八龍(1995), "日本語と韓国語における表現構造の対照考察", 宮地裕・敦子先生 古稀
　　　　　記念論集「日本語の研究」, 明治書院.

전정례(1998), "'하다'와 'suru'의 대조 연구", 「인문과학논총」제30집, 건국대 인문과학
　　　　　연구소.

정원수(1989), "'X＋하-' 유형의 어형성에 대한 연구", 「언어연구」충남대 6.

韓在永(2001), "韓国語動詞'하다'の総合的検討-資料編-", 筑波大 東西言語文化の類
　　　　　型論 特別プロジェクト 研究成果報告書 平成12年度.

홍사만(1995), 한・일어 대조언어학/논고, 탑출판사.

홍사만(2000), "韓・日両言語の格助詞省略に関する対照研究", 筑波大 東西言語文化の
　　　　　類型論 特別プロジェクト研究報告 平成11年度.

池上嘉彦(1981), 「する」と「なる」の言語学, 大修館書店.

生越直樹(2001a), "現代朝鮮語の하다動詞における하다形と되다形", 筑波大 東西言語
　　　　　文化の類型論特別プロジェクト 研究成果報告書 平成12年度.

生越直樹(2001b), "하다動詞の하다形・되다形の使い方について-インフォーマント調
　　　　　査の結果から-", 「梅田博之教授 古稀記念:韓日語文学論叢」, 大学社.

加賀信宏(1993), "形式動詞「する」と文法項の転送現象", 筑波大 言語文化論集」第37号.

影山太郎(1993), 文法と語形成, ひつじ書房.

木村睦子(1993), "代動詞「する」の用法について", 「国語研究」, 松村明先生喜寿記念会
　　　　　編, 明治書院.

佐久間鼎(1983), 現代日本語の表現と語法, くろしお出版(1951年度 改訂版 復刊版).

다키구치 케이코(2002), "한국어 '하다' 동사와 일본어 'する' 동사의 대조분석적 연구",
　　　　　경북대 국어국문학과 석사학위논문.

瀧口恵子(2005), "日本語「する」動詞と韓国語「하다」動詞に関する考察-代動詞として
　　　　　の用法を中心に-", 「徳島大 国語国文学論文集」第18号.

竹林一志(1997), “「する」の意味の本質”, 解釈学会「解釈」 4月号.
塚本秀樹(2001), “語形成と文法化”, 「梅田博之教授 古稀記念 韓日語文学論叢, 太学社.
野口 潔(1997), “名詞＋(を)＋動詞「する」の文構造を考える”, Sophia International
      Review(上智大学) Vol. 19.
平尾得子(1995), “VNガスルとVNスルとVNヲスル─サ変動詞語幹の意味と構文的制約─”,
      日本語類義表現の文法(上), くろしお出版.
Matsumoto, Yo(1996), *Complex Predicates in Japanese─A Syntactic and
      Semantic Study of the Notion 'Word'*, CSLI Publications,
      California & Kuroshio Publishers, Tokyo.
村木新次郎(1991), 日本語動詞の諸相, ひつじ書房.
油谷幸利(1978), “現代韓国語의 動詞分類─aspect를 中心으로─”, 「朝鮮学報」 第87輯.
鷲尾竜一(2001), “하다・되다를 日本語から見る”, 筑波大 東西言語文化の類型論 特別
      プロジェクト 研究成果報告書.

뉘앙스 풀이를 겸한 우리말 사전(1998, 1판 중쇄), 임홍빈, 아카데미하우스.
외국인을 위한 한국어 학습 사전(2006), 신원프라임.
韓日辞典(1996, 初版5刷発行), 小学館.

‖ 오선영 ‖

'일본인 학습자를 위한 한국어 문법 사전'에서의 기술 방법론 연구

– 한국어 연결어미 '–어서'의 의미 기술을 중심으로

본 연구는 한국어 학습 사전에서 연결어미가 어떻게 기술되고 있는지 그 실태를 살펴보고, '일본인 학습자를 위한 한국어 문법 사전'에서의 연결어미 '–어서'에 대한 기술 방법을 제시하는 데 목적이 있다.

한국어는 연결어미를 통해 절과 절 또는 절과 동사구 사이의 다양한 의미 관계를 나타낸다. 따라서 한국어를 제대로 구사하기 위해서는 연결어미의 적절한 사용이 필수적이다. 그러나 연결어미는 그 수가 대단히 많을 뿐만 아니라 용언의 성격에 따라 활용, 시제소나 주체존대소 결합, 주어 일치, 서법 제약 등 문법적인 양상이 복잡하여 한국어 학습자가 학습하는 데 큰 어려움을 겪을 수 있다(남수경·채숙희 2004 : 33~34). 연결어미 중에서도 원인·이유를 나타내는 인과관계 연결어미는 종류가 다양할 뿐만 아니라 사용 빈도도 높고, 인과관계를 표현하는 여러 어미 간에 의미적·통사적 유사점과 차이점이 있어 한국어 학습자들에게 학습하기 어려운 부분

---

* 이 글은 『문법교육』 2006년 제4호(한국문법교육학회)에 게재된 것을 수정·보완한 것임.

이 될 것으로 예상된다.

특히 한국어의 연결어미 '-어서'는 그 의미가 다양하고, 그에 대응하는 일본어 접속조사의 종류가 많다. 또한 인과관계의 의미를 가지는 '-어서'와 '-니까'의 경우, 그 둘 사이에도 유사점과 차이점이 있는데다가 그에 대응하는 일본어 접속조사와 비교할 때도 복잡한 대응관계를 보여서 학습상의 어려움이 예상된다.[1] 따라서 한국어를 학습하는 일본인 학습자들에게는 이런 대응 관계를 대조언어학적으로 분석한 사전 기술이 필요할 것으로 생각된다.

외국인 학습자들은 사전을 통해서 단순한 의미 정보만 찾지 않고 어휘나 문법 요소에 대한 사용법까지 알고 그 기능을 익히기를 원한다(백봉자 2003 : 116). 교실 안에서 교사를 통해 어휘와 문법에 대한 교육이 이루어진다고 하더라도 외국인 학습자의 입장에서는 어휘의 단순한 의미를 찾을 때뿐만 아니라 복잡한 의미와 기능을 가진 어휘나 문법 요소의 적절한 용법에 대해 알고 싶을 때에도 사전을 찾게 되고, 사전의 의미 기술에 의지하여 그 의미를 파악하게 될 것이다. 또 교실 밖에서도 모국어 화자에 비해 사전을 필요로 하는 경우가 더 많을 것이고, 사전에 의지하여 어떤 어휘를 대화에서 또는 작문에서 적절하게 사용할 수 있는지 알고자 할 것이다.

따라서 학습자 사전이라고 하면, 모국어 화자를 위한 일반적인 사전과는 분명히 달라야 할 것이다. 기본적으로 일반 사전에 들어가는 정보 중에서 외국인의 언어 학습에 중요하지 않은 정보는 제외하고, 외국인의 언어 학습에 반드시 필요한 정보는 더 상세히 기술하거나 일반 사전에는 없는 것이라도 필요에 따라 포함시켜 기술해야 한다.[2]

---

1) 원인·이유를 나타내는 한국어의 연결어미 '-어서'와 '-니까'는 일본어의 접속조사 '-て', '-ので', '-から'와 대응하는데, 양 언어의 접속표현이 '인과성'을 전제로 한다는 면에서는 기본적으로 유사성을 가지고 있으나 여러 변별 요소를 통해 본 대응관계에서는 상당한 이질성을 가지고 있다.

2) 유석훈(2003 : 14~15)에서는 학습 사전의 경우, 최근 말뭉치 언어학의 발전의 주요 산물의 하나라고 할 수 있는 어휘 빈도 정보가 추가될 수 있고, 언어 학습이 문화의

그동안의 학습자 사전에 대한 연구는 주로 기초 어휘 선정이나 어휘 의미의 기술에 초점을 두고 진행되어 왔으나, 앞으로는 외국인 학습자들에게 어떤 어휘가 가진 의미적, 통사적 특성을 사전에서 어떤 방식으로, 어디까지를 기술할 것인지에 대한 연구가 더 필요할 것으로 생각된다. 또한 한국어 학습자의 모국어와 한국어의 특성에 대한 대조 기술을 포함시키는 것에 관해서도 연구가 필요하다고 본다. 이러한 연구들을 바탕으로 기본적인 어휘 사전 외에도 문법 사전, 유의어 사전, 관용어 사전 등과 같은 학습자의 요구에 맞는 특수한 목적과 기능을 가진 사전이 많이 나와야 할 것이다.3)

이 글에서는 기존 한국어 학습용 사전에 제시된 '-어서'에 대한 기술을 분석하고 정리하여 외국인을 위한 문법 사전에 필요한 항목이나 기술 방식에 대해 새롭게 제안하고자 한다. 이러한 방법론적인 논의와 함께 한·일 양어를 대조언어학적으로 분석한 결과를 토대로 일본인 학습자를 위한 한국어 문법 사전에서의 연결어미 기술의 실례를 제시해 보고자 한다.

1. 한국어 학습 사전에서의 연결어미 기술 실태

이 장에서는 국내와 일본에서 현재까지 출판된 한국어 학습 사전의 실태를 알아보고자 한다. 우선 각 사전의 전반적인 기술적 특성을 살펴보고 특히 각 사전 내에서 연결어미 '-어서'를 어떻게 기술하고 있는지 자세히 살펴보고자 한다.

중요한 일부분이고 문화의 습득이 언어 학습을 촉진시킬 수 있다는 인식 하에 해당 문화에 대한 정보들도 추가되는 경우가 있다고 하였다.
3) 특히 한국어 학습에서 중요한 부분을 차지하는 '문형'을 이해하고 학습하기 위해서 문형의 용법을 자세히 기술한 사전도 필요할 것이다.

1) 국내의 한국어 학습 사전

국내에서 출간된 한국어 학습 사전은 아직까지 몇 권이 채 되지 않는다. 특히 문법 기술에 초점을 두고 만든 '문법 사전'이라고 할 수 있는 것은 외국어로서의 한국어문법사전(1999, 백봉자 저, 연세대학교 출판부), 외국인을 위한 한국어 문법 2-용법편(2005, 국립국어원 저, 커뮤니케이션북스) 등에 불과하다. 그 밖에 어미·조사만을 대상으로 한 한국어 학습용 어미·조사 사전(2001, 이희자·이종희 저, 한국문화사)이 있고, 문법 사전은 아니지만 한국어 학습 사전으로 나온 연세 한국어사전(1998, 연세대학교 언어정보개발연구원 편, 두산동아), 외국인을 위한 한국어 학습 사전(2006, 서상규 외 편, 신원프라임), 의미로 분류한 한국어·일본어 학습사전(2001, 신현숙 외, 한국문화사) 등이 있다. 후술하겠지만, 일본인을 위한 한국어 문법 사전은 물론이고, 한국어로 된 한국어 학습용 문법 사전조차 부족한 실정이라고 할 수 있다.

먼저 최초의 한국어 문법 사전이라고 할 수 있는 외국어로서의 한국어문법사전(1999, 백봉자 저, 연세대학교 출판부)은 외국인이 한국어를 배울 때 기본적으로 알아야 할 한국어의 특징이나 성격과 함께 문장 구성에서 기본 문형을 이루는 문법 형태나 외국인에게 한국어의 특징을 보여 줄 수 있는 것을 기준으로 499개의 표제어를 선정하여 제시하고 있다. 교육 현장에서의 학습자와 교수법을 고려하여 학교문법이 아닌 외국어로서의 한국어 문법의 틀을 새롭게 설정하고, 문법서가 가진 장점과 사전의 장점을 적절히 조화하여 제시했다는 점에서 의의가 있다고 생각된다.[4]

그러나 문법 용어의 사용이나 의미 기술, 용법 기술 등이 교육 현장에 있는 교수자에게는 유용하고 적절한 설명이 될 수 있겠으나, 외국인 학습자에게는 다소 난해할 수 있을 것 같다. 특히 초급 학습자들에게는 기본적인 문법 용어조차도 어려운 어휘로 인식되어 학습에 어려움이 있을 수

---

4) 이 사전의 일러두기 참조.

있다고 본다.

이 사전의 '-어서'에 대한 '구조' 정보에는 '-어서' 앞에 시상어미를 쓰지 못한다는 기술이 있다. 이런 기술은 한국어 학습자들이 '-어서' 앞에 '-었/았-'과 같은 시상어미를 사용하는 오류가 많은 것을 고려할 때5) 좀 더 자세하고 명확한 기술을 해 줄 필요가 있을 것이다. 학습자들이 자주 만들어내는 오류문을 같이 제시해 주어서 그것이 잘못된 문장임을 알리는 것도 필요할 것이다.6) 그리고 이 사전이 초급 학습자보다는 중급 이상의 학습자에게 적당한 것이라고는 해도 학습자들의 편의를 위해 '-어서'의 이형태에 관한 정보도 제공하는 것이 바람직할 것이다.

또한 통사적인 구조 정보에서 선행절과 후행절의 주어가 동일하다고 했는데 '-어서'의 의미 가운데 '시간적인 순서' 즉, '순차성'을 가지는 '-어서'의 경우는 선·후행절의 주어가 동일하다. 그러나 '원인'을 의미하는 경우에는 '네가 떠나서 (내가) 슬프다' 등과 같이 선·후행절의 주어가 일치하지 않은 경우도 많다. '-어서'가 '원인'을 의미할 때와 '순차성'을 의미할 때 통사적인 제약이나 조건이 다르므로 이에 대한 명확한 기술을 해야 할 것이다. 뿐만 아니라 '-어서'가 '순차성'을 의미할 때는 그와 유사한 의미 기능을 가지고 있어서 학습자들에게 혼동되기 쉬운 어미인 '-고'와의 비교 기술이 필요할 것이다.7)

이 사전에서는 참고 상자8)와 같은 '붙임'란을 통해 '-니까'와 '-어서'의

---

5) 배희임·강영(2001)에서 조사된 실제 학습자들의 오류문을 보면 '*눈이 많이 왔어서 택시를 탑니다', '*친구와 약속이 있었어서, 밖으로 나갔습니다' 등과 같다.

6) 다만 오류문을 이용할 때는 학습자가 오류문을 모범문으로 오해하지 않도록 장치를 잘 해야 한다는 지적도 있다(백봉자, 2003 : 126).

7) 특히 일본어의 경우 순차성을 지닌 접속조사로 '-て'가 있는데, 이 경우 한국어의 '-어서'와 '-고' 모두에 대응하므로 일본인 학습자들이 '-어서'를 사용해야 하는 문장에서 '-고'를 사용하는 오류를 많이 범하는 것으로 보인다.

8) 참고 상자는 일반적으로 학습 사전에서 'usage', 'note', 'usage note'라는 표제어의 정보항목으로 제시되는 것으로, 문법적 패턴이나 결합 관계 등이 복잡한 경우나 특정 어휘군의 통합적·계열적 어휘 관계 등 별도의 설명이 필요한 경우 활용한다(남길임 2006 : 138~139).

비교 기술을 하고 있는데 이런 시도는 참고할 만하다. 다만 이 경우는 '-어서'가 '원인'을 의미하는 경우라는 점이 명시되어야 할 것이다. 또 '-어서'가 '일반적으로 원칙을 표시한다.'라고 하는 것이나 '특정 질문에 대한 대답이 아니고 일반적인 원인을 말할 때 쓴다.' 등의 설명은 구체적인 예문이나 자세한 설명이 없어 애매한 기술로 보인다.

다음으로 한국어 학습용 어미·조사 사전(2001, 이희자·이종희 저, 한국문화사)은 외국인들이 한국어를 학습할 때 가장 중요하고도 어렵다고 할 수 있는 어미와 조사 2천여 개를 대상으로 그 갈래, 뜻풀이, 용례, 참고 정보 등을 기술하고 있다. 특히 한국어 교재 말뭉치와 기초 학습용 말뭉치에서 용례를 추출하여 쉽고 전형적인 예문을 싣고 있고, 꼴이 같은 표제어를 구분해 주는 역할을 하는 '길잡이말'[9]이라는 것을 붙여서 조사나 어미와 같은 문법형태소들을 사전에서 찾기 쉽도록 한 것이 특징이다. 또한 도움말 상자를 통해 비슷한 말끼리 비교 기술을 하고 있어서 학습자들의 학습에 도움이 되도록 하고 있다.[10]

이 사전에서 '-어서'의 기술은 상당히 자세하고, 다양한 의미를 모두 기술해 주고 있어서 학습자들에게 많은 정보를 줄 수 있다. '-어서'의 의미를 크게 세 가지로 나누어 기술하고 있는데, '-어서'의 의미를 표현할 수 있는 거의 모든 예를 든 것이 아닌가 하는 생각이 들 정도로 자세한 기술을 하고 있다. 예문 또한 한국어 교재나 기초 어휘 말뭉치를 활용하였기 때문

---

9) 길잡이말은 표제어의 오른쪽 괄호【 】속에 붙인다. 예를 들면 다음과 같다(이 사전의 일러두기 참조).
　다[1]【사과다 귤이다】(조사)
　-다[2]【가다】(기본형을 나타내는 어미)
　-다[3]【이것은 책이다】(해라체의 종결어미)
　-다[4]【한국 축구 올림픽 티켓 따다】(하라체의 종결어미)
10) 특히, 도움말을 통해 인과관계 연결어미들 간의 비교 기술을 한 예가 많이 보인다. 예를 들어 [원인]을 나타내는 어미들 '-기에, -느라고, -니까, -므로, -어서', '-기에'와 '-어서'의 비교, '-니까'와 '-므로'의 차이, '-니까'와 '-어서', '-기 때문에'의 차이, '-니'와 '-니까'의 차이, '-어서'와 '-니까'의 비교 등이 있다.

에 실질적이고 전형적인 예가 많아서 학습자에게 더욱 도움이 될 것이라 생각된다. 그리고 옆의 참고란을 통해 앞·뒷절의 주어 관계나 서술어의 종류, 서법 상의 제약 등을 참고 사항으로 제시하고 있는데, 이것 또한 학습에 도움이 될 것이다.

그런데 '-어서'의 의미를 원인과 이유로 구분하여 기술하는 데 대해서는 좀 더 논의가 필요할 것으로 생각된다. 이 사전에 제시된 의미 기술과 예문을 보면 다음과 같다.

> 3. 앞절이 뒷절의 원인을 나타낸다.
>   이 댁 따님이 어머니를 닮아서 상냥하더군요.
>   한국어 실력이 늘지 않아서 걱정이에요
> 4. 앞절이 뒷절의 이유를 나타낸다.
>   그녀는 잔뜩 화가 나서 입술을 꼭 다물었다.
>   숙제가 많아서 늦게 잤어요.

'-어서'가 주로 인과관계[11] 연결어미로 다루어지고 있는 이유는 '-어서'의 다양한 의미 가운데 원인이나 이유를 나타내는 기능이 두드러진다는 것을 뜻한다. 그러나 '원인'과 '이유'를 구별하는 것은 모국어 화자에게도 쉽지 않다. 이 사전에 제시된 위의 예문을 통해서도 '원인'과 '이유'가 쉽게 구별되지 않는다.[12]

이 사전은 앞의 사전과는 달리 부사적인 기능과 관용적인 쓰임에도 많은 지면을 할애하여 기술하고 있는데, 이것은 '-어서'가 용언과 결합하면서 부사적으로 쓰이는 경우도 모두 '-어서'가 가진 의미로 보고 있기 때문

---

11) '인과관계'에 관한 논의는 김승곤(1978 : 1~2), 장경희(1993 : 343~344), 남기심·루코프(1986 : 3~4), 배현숙(1994 : 312~313), 이은경(2000), 임은하(2001 : 174~183) 등 참조.

12) 기존 연구들에서 '-어서'가 '-니까'와 함께 '원인'이나 '이유'의 의미를 모두 가지고 있다는 견해도 있고(김승곤 : 1981, 김진수 : 1987, 성낙수 : 1978, 이은경 : 2000), '-어서'는 주로 '원인'을, '-니까'는 주로 '이유'를 나타난다고 해서 '-어서'의 의미로 '원인'만을 드는 견해도 있다(남기심 : 1978, 1983, 윤평현 : 1989, 정정덕 : 1986).

인 것으로 보인다. 그런데 이런 경우를 모두 보여주는 것이 과연 학습자에게 유용하기만 할지, 모두 보여줄 수 없다면 어디까지를 기술해 주어야 할지에 대한 논의가 필요하다고 본다.

또한 '-어서'의 의미 기술과 함께 도움말 항목에서 '-어서'와 '-고'의 비교, '-어서'와 '-니까'의 비교, '-어서'와 '-아 가지고'의 비교를 하고 있다. '-어서'와 '-니까'의 비교에서, 분명한 통사적인 차이를 제시하여 둘을 비교하고 있다.13)

끝으로 외국인을 위한 한국어 문법 2-용법편(2005, 국립국어원 저, 커뮤니케이션북스)의 경우, 가장 최근에 나온 학습용 문법사전으로 표제어 900여 개, 가표제어 500여 개의 문법 형태에 대한 의미, 결합 정보, 사용 맥락, 오류 양상 등을 일일이 예를 들어 설명하고 있다.

사전 구성을 보면 표제어 아래에 주요 용법을 간략하게 작은 활자체로 표시해 주고, 분류, 관련어 정보, 형태 정보, 가표제어 등을 기술하고 있다. 또 용법에서 의미 설명과 용례를 제시하고, 결합 정보에서 결합 제약이나 준말, 발음, 관용 표현과 관련한 정보를 주었다. 보충·심화에서는 표제어에 대한 학계의 다양한 견해를 제시하거나 다른 표제어와의 비교 대조를 비교적 상세하게 문법적으로 설명하고 있다.

특히 알기 쉬운 말로 용법을 설명하고, 다양하면서도 쉬운 용례를 통해 각각의 의미를 제시하고 있어서 학습자들이 표제어에 대한 정보를 얻는

---

13) 그런데 이러한 비교 기술은 두 어미에 대한 차이점을 분명하게 해 줄 수는 있으나, 여전히 해결되지 않는 문제는 학습자들이 '왜 그러한가?'하는 의문을 제기할 수 있다는 점이다. 학습자들이 대부분 성인 화자이고 모국어에 대한 지식을 가진 사람들임을 고려할 때 그런 의문에 대한 대답은 없이, 단지 '-니까'가 '미안하다, 고맙다' 등의 형용사 앞에서는 잘 쓰이지 않는다는 기술만을 하게 되면 한 단어의 뜻을 외우는 것과 마찬가지로 단순히 '외워야 하는' 하나의 항목이 되어 학습의 부담감만 늘게 될 것이다. 그렇다고 해서 언어학적으로 논의되어야 할 것까지 사전에 싣는다면 지면상의 문제가 생길 뿐만 아니라 외국인 학습자들에게는 어떤 것이 유용하고 필요한 정보인지 가려내는 것이 쉽지 않으므로 어디까지를 기술할 것인가는 더 연구되어야 할 부분이다.

데 용이할 것으로 생각된다. 또한 관련어 정보가 자세하여 유사한 의미를 가지는 다른 연결어미를 찾아보기 쉽고, 형태 정보도 예를 들어 함께 제시하고 있어 알아보기 쉽다. 용법에서도 많은 용례를 들고 용례에 대한 분석까지 아래에 기술하고 있어서 이해하기 쉽다.

'-어서'에 대한 기술을 보면, '-어서'가 원인이나 이유의 의미를 가지는 경우, 후행문에 명령문이나 청유문을 쓸 수 없는 통사적 제약을 '-니까'와의 비교를 통해 보이고 있다. '보충·심화'란을 통해서도 관련된 다른 연결어미와 비교하여 기술하고 있는데, 유사점과 차이점을 의미·통사적으로 비교하여 많은 용례와 함께 제시하고 있어서 이해하기 쉽게 되어 있다.

앞에서 살펴 본 한국어 학습용 어미·조사 사전과는 달리 '-어서'의 다양한 의미 가운데 핵심적인 것을 중심으로 의미를 기술하고 있고, 부사적 기능이나 입말에서 쓰이는 다양한 관용적 표현 등에 대한 기술은 별로 없다. 단지 '-어서'의 형태를 포함하고 있는 관용적 표현은 다른 문형으로 보아 별도의 표제어로 기술하고 있다.

그 밖에 외국인을 위한 한국어 학습사전(2006, 서상규 외 편저, 신원프라임)은 말뭉치를 기반으로 한국어 어휘 빈도를 조사하여 한국어 학습의 초·중급 단계에 필요한 어휘들의 용례와 용법을 수록한 사전이다. 기본 어휘를 수록하고 있는 사전이므로 이 글의 연구 대상이 되는 '-어서'에 대해서는 의미와 문형 정보, 활용 정보 등만 나와 있고 용법이나 사용상의 제약 등은 자세하게 기술되어 있지 않다. 명사나 부사어 등의 비교 기술은 참고 상자를 통해 제시되고 있으나, 유의한 어미 간의 비교 기술은 없다. 그렇지만 핵심적인 정보를 간략하면서도 알기 쉬운 용어로 풀어서 전달하고 있어서 학습자들이 어휘를 학습하는 데 많은 도움을 줄 것으로 생각된다.

또한 의미로 분류한 한국어·일본어 학습사전(2001, 신현숙 외, 한국문화사)은 일상생활에서 많이 쓰이는 15,000개 정도의 단어를 43개의 의미범주로 구분하여 한국어에 대응하는 일본어 단어를 제시한 것이다. 따라서 표제어 가운데 연결어미와 같은 문법적 형태는 없다. 다만 부록을 통해

기능어에 대한 간단한 기술이 있으나 이것 역시 한국어와 일본어를 1 : 1
로 대응시키고, 간단한 용례를 제시하고 있을 뿐이다.14)

이상에서 살펴본 국내의 한국어 학습 사전에 나타난 '-어서'에 대한 기
술을 비교하여 정리하면 다음과 같다.

<표 1> 국내 한국어 학습 사전에서의 '-어서'에 대한 기술 비교

	백봉자 (1999 : 361~363)	이희자·이종희 (2001 : 655~660)	국립국어원 (2005:528~531)
의미 기술	선행 동작이나 상태가 후행절의 원인이나 조건이 됨 1. 원인 2. 시간적인 순서	1. 종속적인 연결어미 ① 시간의 앞뒤 순서 ② 동작의 지속 ③ 원인 ④ 이유 ⑤ 관용적인 인사말 ⑥ 목적 2. 부사적인 기능 ① 시간적 한정 ② '어느 시기에 이르러'의 뜻 ③ 시간이나 공간의 범위 ④ 시간의 경과 ⑤ 시간이 얼마 지나지 않음을 의미 ⑥ 행동의 방식이나 수단 ⑦ '말하다', '예를 들다'에 쓰여 설명함을 표현 3. 관용적인 쓰임 ① '-서(는) 없다'로 쓰여 조건을 표현 ② '-어서(야) 되겠는가'의 꼴로 쓰여 '그래서는 안 됨'을 강조	('-하다'를 제외한15) 동사와 형용사 어간에 붙어) 두 행위나 상태, 사실을 연결함을 나타내는 어미 •용법 1. 시간 순서 2. 원인이나 이유 3. 앞선 행위가 목적임을 표현 4. 행위가 일어난 시간

---

14) 예를 들면 '-(어/아)서'는 '-て', '-ので', '-から'에 대응되고, '-(으)니까'는 '-から', '-の
    で', '-たら', '-と'에 대응된다는 정도이다.
15) 이 사전에서는 '하다'에 붙는 '-여서'의 경우를 별도의 표제어로 기술하고 있다.

	백봉자 (1999 : 361~363)	이희자·이종희 (2001 : 655~660)	국립국어원 (2005:528~531)
의미 기술		③ 부사형을 만드는 데 쓰임 ④ '에, 로, 와' 등의 조사와 몇몇 용언들과 함께 관용적 표현으로 쓰임.	
형태 · 통사 정보	• 범주 : 연결어미 • 구조 : 동작동사, 상태동사, 이다 동사에 붙어서 선행절을 후행절에 종속적으로 연결한다. '-어서' 앞에는 시상어미 '-았-, -겠-, -더-' 등을 쓰지 못하고, 후행절에 시상어미를 씀으로써 시제를 나타낸다. 선행절과 후행절의 주어는 동일하다.	• 연결어미 • 이형태 정보 제시	• 분류 : 어미(연결) • 관련어 : -고^3, -느라고, -라서, -아^2, -여서, -으니까 • 형태 정보 : -어서, -어서, 여서 • 가표제어 : -어서 • 결합 정보 1. 관용적인 표현에 쓰이는 경우('-에 따라서, -에 있어서, -로 미루어서' 등에서)

제약에
대한
정보
	1. 원인의 의미일 때
	  • 대개 일반적인 사실 설명을 할 때 쓰인다.
	  • 선행절이 후행절에 대하여 강한 원인이나 조건을 나타내지 않으므로 '왜'라고 하는 특정 질문에는 많이 쓰이지 않는다.
	  • 후행절에 '-ㅂ시다, -ㅂ시오, -ㄹ까요?'는 쓰지 못한다.
		• 옆 참고란을 통해 각 의미 항목마다 주어 동일 제약이나 서술어 제약, 뒷절의 문장 서법 제약을 제시하고 있음.	• 원인이나 이유의 의미일 때 뒤 문장에 명령문, 청유문을 쓸 수 없어 '-(으)니까'와 좋은 대조를 보인다고 하면서 예문을 제시하고 있음.

참고
상자의
유무
	• 붙임 '-니까'와 '-어서'의 비교	• 도움말 '-어서'와 '-니까'의 비교	• 보충·심화
			  1. '-아^2'로 바꿔 쓸 수 있음.
			  2. 용법 2의 '-어서'와 '-느라고'의 비교
			  3. '-고'와 비교

2) 일본의 한국어 학습 사전

일본에서 출간된 한국어 학습 사전은 대표적인 것으로 コスモス朝和辞典(1988, 간노 히로오미(菅野裕臣) 외, 白水社)과 朝鮮語辞典(1993, 유타니 유키토시(油谷幸利) 외, 小学館) 등이 있다. 둘 다 문법 사전이 아닌 어휘 중심의 사전으로 연결어미에 대한 상세한 의미 기술이나 다양한 용법에 대한 기술은 기대하기 힘든 것으로 보인다.

이외에 문법 사전이라고 할 수 있는 것은 韓国語文法辞典(2004, 白峰子, 三修社)이 유일한데, 이것은 국내 한국어 학습사전인 외국어로서의 한국어문법사전(1999, 백봉자 저, 연세대학교 출판부)을 일본어로 번역한 것이다.

위에서 언급한 두 사전의 '-어서'에 대한 기술은 유사하다. 모두 '-어서'의 핵심적인 의미라고 할 수 있는 '순차성'과 '원인·이유'에 중점을 두고 기술하고 있다. 또한 형태 정보만 나와 있고, 통사적인 제약에 대한 정보나 참고 상자를 통한 다른 어미와의 비교 기술이 전혀 제시되지 않았다는 점, 관용적 표현에 많은 지면을 할애하고 있다는 점16)이 공통적인 특징이다. 한국어의 '-어서'와 대응되는 일본어 접속조사와의 비교 기술은 전혀 이루어지지 않고, 단지 대응되는 일본어 어휘만을 제시하고 있을 뿐이다.

朝鮮語辞典(1993)의 경우, 의미 기술에서 3의 의미로 '어떤 특정한 때'를 제시하고 있는데, 의미 1이나 2와 비교해 볼 때, 이것만 단독으로 의미 기술을 할 만큼 큰 비중을 차지할 만한 것인지 의문스럽다. 왜냐하면, 이것은 '-어서'가 시간을 표현하는 부사어처럼 기능하는 경우인데, '-어서'가 문장에서 부사어처럼 기능하는 예는 이것 외에도 많이 있기 때문이다. 앞에서 본 국내 사전 중 이희자·이종희(2001)에서 '-어서'가 부사적인 기능을 하는 예로 제시한 것이 7개 정도가 되는 것을 감안한다면17) 사전에서 어디까지 정보를 줄 것인가는 여전히 논의되어야 할 부분으로 남는다.

---

16) 이것은 이 사전이 이중언어사전이기 때문에 그러한 것으로 보인다.
17) 앞의 <표 1>을 참조.

이상, 일본에서 출간된 일본인 학습자를 위한 한국어 학습 사전에서 '-어서'의 기술을 표로 정리하면 다음과 같다.

〈표 2〉 일본의 한국어 학습 사전에서의 '-어서'에 대한 기술 비교

	コスモス朝和辭典(1988)	朝鮮語辭典(1993)
의미	1. 선행(先行) : -して 먼저 식당에 가서 식사부터 하십시다. 2. 양태(樣態) : -して 거기까진 걸어서 갔습니다만 나머지는 버스 탔습니다. 3. 이유, 근거(理由, 根據) : -して * 관련어 : -라서 비가 와서 구경을 중지했다.	1. ① 선행행위 : -して 앉아서 의논합시다. ② 행동의 양식 : -して 절차를 밟아서 수속을 하다 2. 원인, 이유, 근거 등 : -ので 옷이 작아서 못 입는다. 3. 때 : -のころに 어려서 본 사주에는 모든 것에 욕심이 없다고 하였다.
형태, 통사 정보	• [用尾](용언어미), ((接續形)) • 관련어 정보 : -아, -서부터	• 양성어간(陽語幹)에 붙는 접속어미, 음성어간(陰語幹)에는 -어서, 하-변칙용언어간에는 -여서
제약에 대한 정보	없음	없음
참고 상자 유무	없음	없음
일본어와 대응관계	• 의미 1~3을 모두 '-して'에 대응하는 것으로만 기술하고 있음.	• 의미 1의 ① 선행행위, ② 행동의 양식은 '-して'에 대응하고, 2는 '-ので'에, 3은 '-のころに'에 대응하는 것으로 기술하고 있음.
기술상 특징	• 관형적 표현에 대한 예를 모두 표제항으로 넣어서 같이 다룸. • '-어서'의 의미 기술보다는 관용적 표현에 지면을 더 많이 할애함.	• '-어서'의 가장 핵심적인 의미만 기술함. • '-어서'를 포함하고 있는 관형 표현에 대한 기술이 많음.

이상에서 국내와 일본의 한국어 학습 사전에 대해 살펴보았다. 우선 양적으로 매우 적은 편인데, 국내에 나와 있는 한국어 학습 사전 가운데 '외국인을 위한 한국어 문법 사전'은 몇 권이 되지 않고, 일본에서 출간된 사전의 경우도 일본인만을 위한 한국어 문법 사전은 번역된 것을 제외하면

아예 없는 실정이다.

국내의 문법 사전에서는 각 사전마다의 기술 내용에 차이가 많고, 기술의 명시성에도 문제가 있어 보인다. 무엇보다 해당 연결어미와 관련된 의미, 형태, 통사, 화용적 요소 등에 대한 더욱 자세한 기술이 필요하다. 또 형태나 통사 면에서의 제약에 대해서 기술할 때, 외국인 학습자들이 자주 범하는 오류를 분명하게 제시하여 오용을 미리 방지하는 것도 필요할 것이다.

또한 일본인을 위한 한국어 학습 사전에서 나타난 '-어서'의 의미 기술에 부족한 점이 많다. 한국어 '-어서'에 대한 자세한 기술도 나와 있지 않을 뿐만 아니라 학습자가 일본인이라는 것을 고려하여 그에 대응하는 일본어 접속조사와 비교하는 기술 또한 시도되지 않았다. 일본인을 위한 한국어 문법 사전 자체가 유일무이하므로 문법 사전 편찬에 대한 필요성을 느끼는 동시에, 대조언어학적 연구를 바탕으로 한 기술을 포함하고 있는 문법 사전이 제작되어야 할 필요성도 느낀다.

2. 일본인 학습자를 위한 한국어 문법 사전에서의 연결어미 기술의 실제

이 장에서는 일본인 학습자를 위한 한국어 문법 사전에서 '-어서'가 어떻게 기술되면 좋을지 기술 항목을 설정하고, 실제적인 기술 예를 제시해 보고자 한다. 먼저 '-어서'의 개별적 특성을 체계화하여 기술하고, 다음으로 '-어서'에 대응되는 일본어 접속 조사와의 비교 기술의 예를 보이고자 한다.

1) 기술 항목의 설정

사전을 구성하는 큰 틀이라고 하면, 거시 구조와 미시 구조로 나눌 수 있다. 거시 구조는 사전에 수록된 표제어를 구성하는데, 표제어를 선정하고 배열하고 분할하는 방식 따위와 같이 표제어에 관련된 제반 사항을 말한다. 미시 구조는 하나의 표제어에 관한 정보들로 구성되는데, 표제어에 대한 발음 기호, 문법 범주, 활용형, 어원, 뜻풀이, 예문, 관용구, 구문 정보 따위를 말하는 것이다.[18]

남길임(2006 : 138)에서는 학습자 사전에서는 이러한 미시 구조적 장치, 즉 표제어의 표현적 지식을 신장시킬 수 있는 정보 항목의 개발 및 정보 항목의 차별화한 기술이 필요하다고 하면서 표제어에 대한 쉽고 적절한 뜻풀이 외에, 어휘, 문법, 화용의 각 언어적 층위에서의 정보, 즉 광의의 용법 정보가 제시될 필요가 있다고 하였다.

또한 백봉자(2003 : 124~130)에서 외국인을 위한 한국어 학습 사전의 조건으로 제시한 것을 보면,[19] 사전에서 의미 풀이가 정확하게 잘 되어 있어야 함은 물론이지만, 외국인을 대상으로 하는 사전이므로 기능에 대한 설명도 빼놓을 수 없는 항목이라고 하고 있다. 문장에서 어떻게 쓰이는지 보여주고 문형을 주어 문장 표현으로 이어질 수 있게 해야 한다는 것이다. 특정 어간과 어미의 활용과 제약 관계, 불규칙 동사 활용과 같은 기능 관련 정보는 한국어 학습자들에게는 고민을 덜어주는 좋은 안내서가 될 것이라고 하였다. 유사어와 반의어도 의미 관련 정보로 제시되어야 하며 유사점을 설명함과 동시에 차이점을 분명히 밝혀야 한다고 하였다. 그리고

---

18) 이희자(2003 : 55~59) 참조. '거시 구조(Makrostuktur)' 및 '미시 구조(Mikrostruktur)'는 Rey-Debove(1971)가 '새로운 사전학 연구'라는 논문에서 소개한 것으로, H. Wiegand(1983, 1989)에서 일반적인 사전 편찬 이론의 틀 속에서 일반화되었다고 한다.
19) 여기에서는 외국인을 위한 한국어 학습 사전의 조건으로 1) 실용성, 2) 설명의 구체성, 3) 언어 이해와 문장 생산성, 4) 간편성, 5) 난이도, 6) 번역 등을 들고 있다.

어휘나 문법 설명은 구체적으로, 분명히, 명확하게 해야 함을 강조하였는데 이를 위해 적절한 예문의 사용이 필수적이라고 하였다. 또 모국어와 한국어 특성을 대조해서 언어 간의 차이를 알고 접근해야 한다는 지적도 있다.

여기서는 위의 연구에서 지적하고 있는 바를 반영하고, 앞에서 본 국내외 문법 사전의 기술을 참고로 하여 일본인을 위한 한국어 문법 사전에서 '-어서'의 정보로 기술되어야 할 것을 새롭게 체계화하고자 한다. 우선 외국인 학습자를 위한 사전에서 당연히 제시되어야 할 항목을 정하고, 거기에다 일본인 학습자만을 위한 차별화된 기술로서 대조언어학적 관점에서 한·일 양어를 대비한 것을 참고 상자 형태로 제시할 것이다.

'-어서'의 기술을 위해 필요한 정보 항목과 그 내용을 제시해 보면 다음과 같다.

〈표 3〉 일본인 학습자를 위한 한국어 문법 사전에서 기술되어야 할 '-어서'의 정보 항목 및 내용

정보 항목	내　　　　용
의미 정보	어휘적 의미, 통사적 의미, 화용적 의미
형태 정보	음성 환경에 따른 이형태 정보, 결합 정보
통사 정보	통사론적 특성 및 제약(주어 일치, 시제, 서법 등)
어휘 정보	관련어, 유의어(어휘 사이의 비교 기술 포함), 관용적 표현
참고 정보	대조언어학적 관점에서 일본어와의 대비(참고 상자 활용)

물론 이 모든 정보를 다 주려면 지면 관계상 어렵고, 사전에서 모든 어휘를 기술할 때마다 이렇게 많은 정보를 주는 것도 현실적으로 불가능할 것으로 생각된다. 그러나 이는 특별한 경우를 제외하고는 '-어서'의 기술에서뿐 아니라 다른 연결어미나 문법 형태에 대한 기술에도 적용될 수 있을 것이다. 단, 외국인 학습자를 위한 문법 사전이므로 설명이 간결하면서도 체계적으로 핵심적인 정보를 제공할 수 있어야 할 것이다.[20]

---

20) 유석훈(2003 : 15)에서 학습자는 항상 어휘량이나 관련 지식의 종류와 양에 있어서

2) 기술 방식의 예

각 항목의 기술에 앞서 사전에서 '-어서'의 정보를 기술할 때 가장 먼저 제시되어야 할 것은 '-어서'의 문법적 범주를 정하는 것이다. 지금까지의 선행연구21)에서 '-어서'를 대부분 '연결어미'로 정의하고 있으므로 사전에서도 '연결어미'라고 기술하는 것이 좋을 듯하다. 단, 외국인 학습자들에게 '연결어미'라는 용어는 어려울 수 있으므로 표제어 아래에 풀어서 설명하는 것이 좋은 방법일 것이다.

또한 일본인 학습자를 위한 사전의 경우, 한국어 연결어미에 대응하는 일본어의 문법적 범주는 '접속조사'이므로 이것을 기술해주면 그 문법적 기능이나 특성을 아는 데 도움이 될 것이다.

정리하여 기술하면 다음과 같다.

* '-어서'의 문법적 범주

  '-어서' : 연결어미

      두 문장을 연결할 때 쓰는 어미. 앞과 뒤의 사실, 상태, 행동 등을 연결함.

      ※ 한국어의 연결어미는 일본어의 접속조사에 주로 대응한다.

전문가 혹은 고급 화자와 비교하여 큰 차이를 보일 수밖에 없기 때문에 표제어에 대한 설명에 있어서도 제한된 수준과 범위 내의 평이한 표준 어휘들을 사용하여야 한다고 지적하고 있다. 또한 주요 사전들 중에는 표제어의 의미 설명을 위하여 이용되는 단어들의 난이도 수준과 숫자를 엄격히 제한하는 경우가 많다고 하였다.

21) 선행 연구에서 '-어서'와 '-니까'에 대한 많은 연구가 있다. 대부분 '-어서'를 인과관계 연결어미로 보아 '-니까'와 비교한 것이다. 같은 인과관계를 표현하면서도 의미, 통사, 화용적인 차이를 보이는 '-니까'와의 대비가 당연한 것이겠으나, '-어서'의 개별적 특성에만 주목하여 기술한 논문은 그다지 많지 않다. 이미혜(1990), 이상복(1978) 등이 있다.

(1) 의미 정보

학습자 사전에서 '-어서'의 의미 정보를 주기 위해서는 '-어서'의 의미를 어디까지 담을 것이냐는 논의가 선행되어야 한다. '-어서'의 의미가 다의적일 뿐만 아니라 의미 설정에 대해서 논자에 따라 많은 차이를 보이고 있기 때문에 그 의미를 체계화하는 것이 쉽지 않다. 그간의 연구들을 통해 '-어서'의 의미를 정리해 보면 다음과 같다.[22]

> (1) 1. 나는 친구를 <u>만나서</u> (그 친구와 함께) 영화를 보았다. (시간의 선후관계 / 계기적 연결)
> 2. 영희는 건물 앞에 <u>서서</u> (거기에서) 친구를 기다렸다. (완료·상태지속)
> 3. 저 아이는 <u>어려서</u> 아주 예뻤다. (시간적인 상황·배경)
> 4. 아기가 <u>기어서</u> 엄마에게 갔다. (방법)
> 5. 비가 <u>와서</u> 강물이 불었다. (원인·이유)

앞에서 살펴 본 사전들에서는 '-어서'의 의미를 주로 '시간의 선후 관계'(순차성)와 '원인·이유'로 크게 나누어 기술하고 있었다. '-어서'가 그 두 가지 의미로 많이 사용되는 것을 고려한 결과일 것이다. 그렇기는 하지만 한국어를 학습하는 외국인 학습자에게는 좀 부족한 정보가 아닌가 한다.

물론 이희자·이종희(2001)에서처럼 그렇게 많은 정보를 모두 줄 필요가 있는지는 생각해 볼 문제이다. 지면상의 문제는 차치하더라도 '-어서'가 부사적으로 쓰이는 경우나 관용적으로 쓰이는 경우는 상당히 넓은 범위에 걸쳐 사용되고 있기 때문에 모든 용례를 보이는 게 불가능하다. 또한 (1)의 2번의 경우는 4번과 같은 '방법'의 의미가 전혀 없다고도 말할 수 없어서 구분이 애매하다. '-어서'가 부사적으로 쓰일 때는 이런 예들이 많이 나올 수 있다. 이것을 전체적으로 봐서 '-어서'의 개별적 의미로 처리할지, 연결어미로 쓰였는지 부사적으로 쓰였는지 명확히 구분해서 처리할지

---

22) 졸고(2004 : 28) 참조.

가 문제이다.

가장 최근에 나온 외국인을 위한 한국어 학습사전(2006, 서상규 외)의 경우, 말뭉치를 기반으로 한국어 어휘 빈도를 조사하여 한국어 학습의 초·중급 단계에 필요한 어휘들의 용례와 용법을 수록한 사전이므로 이런 문제를 해결하는 데 참고할 만하다. 이 사전에 제시된 ‘-어서’의 의미 기술을 보면 7가지로 나누어 제시하고 있는데, 다음과 같다.[23]

> (2) 1. 시간적으로 이어서 일어남. ‘무엇을 하고 이어서’의 뜻
>   2. 동작의 결과가 지속됨. ‘-은 상태로’, ‘-인 채로’의 뜻
>   3. 원인, 이유. ‘-기 때문에’의 뜻
>   4. 목적
>   5. 시점, 시간의 경과 ‘~(었)을 때’, ‘어느 시기에 이르러’의 뜻
>   6. 행동의 방식, 수단
>   7. (죄송하다, 미안하다, 반갑다 등에서) 관용적 쓰임

여기에서는 연결어미로서의 기능과 부사적 기능, 관용적 쓰임까지 모두를 섞어서 한꺼번에 제시하고 있는데, 이것은 학습자들에게는 어떤 어휘를 의미나 기능적으로 잘 분류하는 것보다는 더 많이 쓰이고 중요한 정보를 잘 익힐 수 있게 배열하는 것이 훨씬 중요할 수 있다는 점을 생각하게 한다. 즉, 이 사전에서는 ‘-어서’의 여러 의미 가운데 1번의 ‘순차성’이 가장 핵심적이면서도 많이 사용되는 의미라고 보았음을 알 수 있다.[24]

이상의 논의를 종합하여 ‘-어서’의 의미를 재배열하고 기술해 보면 다음과 같다.

---

23) 그리고 여기에서 의미의 뜻을 ‘ ’ 안에서 다시 쉬운 어휘로 풀이하고 있는 것은 유용하다고 생각한다.

24) 결국 이 ‘순차성(또는 계기성)’으로 인해 ‘원인’이나 ‘이유’와 같은 의미를 획득하는 것으로 볼 수 있다. ‘A 아서 B’의 문장 구조에서 B절의 내용이 A절의 내용과 의미상 밀접한 관련이 있는 것으로 시간적이나 생각의 순서로나 A에 뒤따른다는 ‘상관적인 계기성’(related sequence)을 통해 A가 B의 원인임을 나타낼 잠재적 가능성을 가지게 되는 것이다(남기심·루코프 1986 : 3~4 참조).

(3) '-어서'의 의미 정보
1. 앞의 일을 하고 나서 뒤의 일을 함. 시간의 순서 (순차성)
2. 앞의 일 때문에 뒤의 일이 일어남. (원인·이유)
3. 앞의 일이 뒤에까지 이어짐. (상태 지속)
4. 시간을 나타냄. (시간적인 한정)
5. 행동의 방식이나 수단을 나타냄. (방법)

각 항목은 학습자들의 이해를 돕기 위해 가능한 한 쉬운 말로 풀어서 제시해야 한다. 다만 기술의 경제성을 위해서는 마지막 부분의 괄호 속에 명시적으로 '순차성', '원인·이유' 등을 표시해 주어 그 다음에 오는 여러 기술에 활용하면 좋을 것이다.[25]

여기에 덧붙여 다음과 같이 '-어서'가 관용적으로 쓰이는 여러 표현들이 있다.

(4) 1. '미안하다, 죄송하다, 고맙다, 반갑다' 등과 함께 쓰여 인사말처럼 쓰이는 경우
2. '며칠', '얼마' 등과 '안', '못' 등의 부정을 나타내는 말과 함께 시간의 경과를 나타내는 경우
3. 목적을 나타내는 경우. '~을/를 찾아서', '~을/를 위해서' 등
4. 조건을 나타내는 경우. '~서(는) 없다'
5. 그렇게 하면 안 된다는 것을 강조하는 경우. '~아서(야) 되겠는가'
6. 설명하는 경우. '예를 들어서', '다시 말해서' 등
7. 부사형. '계속해서', '더불어서', '덧붙여서', '번갈아서', '연달아서'
8. -에, -(으)로, -와/과 등의 조사와 몇몇 용언이 함께 쓰이는 경우. '~에 따라서', '~에 관해서' 등

이것은 '-어서'의 '의미'에 대한 기술이라기보다는 '-어서'가 여러 상황에서 다양하게 쓰이는 '용법'의 기술이라고 할 수 있다. (4)의 1번은 '-어서'

---

25) 의미기술과 관련된 용어 또는 문법 용어 등이 교재나 문법 사전에서 통일되어 사용되면 좋을 것이다. 이에 대한 것은 앞으로 더 논의가 필요한 부분이다.

가 화용론적 기능을 가지는 경우라고 하겠는데, 의미적으로는 '원인'이나 '이유'를 나타내는 것으로 보이나, '-니까' 등으로는 전혀 쓰이지 않고 관용적으로 '-어서'하고만 쓰이는 것이다. 화자가 공손하고 정중한 태도를 보여야 하는 상황에서는 관습적으로 '-어서'를 쓰는 경우이다.26) 이것은 실제 발화에서 자주 쓰이는 표현이므로 학습자 사전에서 '-어서'의 용법으로 명시해 줄 필요가 있다. 그러나 (4)의 2번부터 8번까지는 예문에서 함께 쓰이는 어휘와 더불어 의미가 드러나는 것이거나 '문형'을 연습함으로써 익히게 되는 것들이기 때문에 사전에서 모두 기술해 주지 않아도 될 것이다.27)

(2) 형태 정보

이미 많은 사전에서 제시하고 있듯이 한국어 학습자 사전에서도 음성 환경에 따른 이형태 정보는 반드시 기술되어야 한다. 일본인 학습자뿐 아니라 모든 외국인 학습자들에게 한국어 어미의 형태적인 틀은 낯선 것임에 틀림없다. 따라서 '양성 모음 뒤에는 '-아서'가, 음성 모음 뒤에는 '-어서'가, '-하다'로 끝나는 단어 뒤에는 '-여서'가 붙어서 '-해서'가 된다'는 식의 기술이 제시되어야 한다.

이것은 교실 환경에서 많이 학습되는 부분이긴 하지만, 한국어의 용언 가운데 불규칙 용언이 많다는 점을 감안하고, 한국어 고급 단계의 화자에

---

26) 이런 경우 '-어서'가 인과관계를 표현하고 있으나 '-니까'로 바꾸어 쓰면 어색하거나 무례한 표현이 되고 실제로 그렇게 쓰이는 경우가 거의 없다. 따라서 '-니까'의 비교 기술이 함께 있으면 좋을 것이다. 후술하겠지만 한국어의 '-니까'에 대응하는 일본어 '-から'의 경우에도 이런 경우 역시 어색한 문이나 비문이 된다. '-어서'가 정중한 태도를 표현하는 문에서 사용되는 것은 이에 대응하는 일본어 '-て'와 '-ので'의 경우에도 마찬가지라서 의미상 유사점이 많다.

27) 특히 이에 대응하는 일본어 표현이 대부분 있기 때문에 일본인 화자에게는 이것에 대한 자세한 기술이 필요하지 않을 듯하다. 만약 기술을 한다면 대응되는 것끼리 묶어서 보기 좋게 제시하는 게 좋을 것이다.

게서도 불규칙 활용에 대한 오류가 잦은 것을 고려하면[28] 사전에 반드시 명시돼야 할 것이다. 기초 단계에서부터 어간의 모음 환경에 따라 어미가 변화하는 형태에 익숙하지 않으면 계속해서 한국어의 용언을 활용하는 데 많은 어려움을 겪을 것이기 때문이다.

형태 정보에 대해 단순히 음성적 환경만을 주었을 때는 혼란을 줄 수 있다. 결합되는 형태를 대표적인 예문을 통해 자세히 보여줄 필요가 있다. 불규칙 용언에 대한 것은 대표적인 몇 개의 예라도 기술하는 것이 좋다. 그리고 이것을 설명하는 데 사용하는 용어는 가능하면 쉽게 하여 학습자들이 학습하는 데 용이하도록 해야 한다.

다음과 같이 정리해 보겠다.

---

(5) '-어서'의 형태 정보[29]

'-아서'는 앞의 모음이 'ㅏ, ㅗ'일 때 붙는다. 예 가서, 와서, 잡아서, 놓아서

'-어서'는 앞에 'ㅏ, ㅗ' 이외의 모음(ㅓ, ㅜ, ㅣ, ㅡ 등)이 올 때 붙는다.

예 먹어서, 배워서, 가르쳐서, 끊어서

'-여서'는 '하다' 뒤에 붙는데, 줄여서 보통 '-해서'로 쓴다.

예 공부해서, 일해서, 숙제해서

* 불규칙 용언에서

걸어서(걷다), 들어서(듣다), 써서(쓰다), 바빠서(바쁘다), 불러서(부르다), 달라서(다르다), 하얘서(하얗다), 까매서(까맣다)

---

(3) 통사 정보

통사 정보는 특히 외국인 학습자들에게 중요한 정보가 된다. 학습자들

---

28) 실제로 한국어 중급 수준의 학습자들에게서도 '-해서'를 '하서'라고 한다든지 '-어/아/여' 형태를 빼고 어간에 바로 '-서'만 연결하는 등의 오류가 보인다. 이것이 간섭에 의한 오용인지, 학습이 덜 되었거나 단순한 실수에 의한 것인지는 구별이 다소 힘들다.

29) 물론 이때 '가+아서', '만나+아서'처럼 동일한 음성이 중복되는 경우에 대한 언급이나 '오+아서'는 '와서'만 되지만 '주+어서'의 경우 '주어서'와 '줘서'가 모두 되는 것에 대한 기술 등은 교재나 교실 학습에서 습득될 것으로 보고 기술하지 않았다.

의 오류문을 보면, 대부분이 통사적인 특성을 제대로 학습하지 못해서거나 제약에 대한 선행 학습이 되지 않아서 오류를 보이는 경우가 많다. 특히 두 문장의 주어 일치, 시제, 서법, 문장의 종결 형태 등에서 오류를 많이 보인다.

앞과 뒤의 문장의 주어가 일치하는 경우는 '-어서'가 '순차성', '상태 지속', '방법' 등의 의미를 지닐 때이다. 앞과 뒤의 문장의 주어 일치 제약이 없는 경우는 '원인·이유', '시간적인 한정'의 의미일 때이다. 그리고 '-어서' 앞의 서술어로 동사만이 오는 경우는 '순차성'의 의미를 가질 때인데, 이에 비해 '원인·이유'의 의미를 가지는 경우는 제약이 없다는 사실도 제시해야 한다.

또한 '-어서' 앞에 과거나 완료를 나타내는 시제 형태소 '-었/았-'이나 회상의 '-더-'가 올 수 없는 것은 모든 의미의 경우에 공통적이다. 특히 '-어서'가 이미 앞의 행위나 상태가 완료된 것이 지속되는 의미를 가진다는 것을 인식하지 못하는 외국인 학습자들은 '-어서' 앞에 '-었/았-'을 넣어서 과거나 완료를 표시하려는 경향이 많다. 그러므로 학습자 사전에서 오류문을 미리 보여주어서 오용을 막는 것이 중요하다. 과거 시제를 표현하려면 문장의 끝에 '-었/았-'을 넣으면 된다는 것을 덧붙여 제시하고,30) 앞 문장의 사실이 완료된 것을 표현하기 위해 '-었/았-'을 씀으로써 생기는 오류를 막기 위해서는 그런 경우에 '-고 나서' 등을 쓰면 된다는 언급을 해 주면 될 것이다.

마지막으로 '-어서'가 가지는 통사적 제약 중의 하나로 반드시 기술되어야 할 것이 뒤 문장의 종결 형태에 관한 것이다. '원인·이유'의 의미를 가지는 '-어서'는 청유문이나 명령문에 쓰일 수 없다. '-어서'의 다른 의미와도 변별되는 차이점이면서 '-니까'와 비교할 때 가장 큰 차이점이 되므로 반드시 사전에서 제시되어야 할 것이다.

---

30) 물론 이것은 한국어 접속절의 대부분이 그렇지만, 이러한 특성을 잘 모르는 외국인 학습자들을 위해서는 부연 설명이 필요할 것이다.

이상의 논의를 정리하면 다음과 같이 제시해 볼 수 있을 것이다.

---

(6) '-어서'의 통사 정보

1. '순차성', '상태 지속', '방법'의 의미일 때는 앞뒤 문장의 주어가 같아야 한다. '원인·이유', '시간적인 한정'의 의미일 때는 주어가 같아도 되고 달라도 된다.
   '순차성'의 의미일 때는 '-어서' 앞에 동사만 와야 하지만, '원인·이유'의 경우는 그렇지 않다.
2. 모든 경우에 '-어서' 앞에 '-었/았-'과 '-더-' 등을 쓰지 않는다.
   과거 시제를 표현할 때는 문장의 끝에 '-었/았-'을 쓰면 된다.
   예 어제 <u>아팠어서</u> 병원에 갔어요.(×) → 어제 <u>아파서</u> 병원에 갔어요.(○)
   앞 문장의 완료를 표현할 때는 '-고 나서'를 쓰면 된다.
   예 아침을 <u>먹었어서</u> 학교에 갔어요.(×) → 아침을 <u>먹고 나서</u> 학교에 갔어요.(○)
3. '원인·이유'의 의미일 때는 뒤에 청유나 명령의 문장을 쓸 수 없다.

---

(4) 어휘 정보

어휘 정보에서는 관련어나 유의어 정보를 주어서 학습자들이 '-어서'와 다른 어미 간의 비교가 가능하도록 해야 한다.

'-어서'와 관련된 어휘를 보면, '-고', '-어/아',[31] '-니까', '-기에(길래)', '-느라고', '-기 때문에', '-어/아 가지고',[32] '-었/았을 때' 등이 있다. 이 가운데 '순차성'의 의미를 가질 때는 '-고'와, '원인·이유'의 의미일 때는 '-니까'와 가장 많은 유사성을 가지기 때문에 이에 대한 비교 기술이 필요하다. 이

---

[31] '-어/아'는 '-어서'와 큰 의미적 차이가 없다. '-어서'가 '시간적인 한정'의 의미를 가질 때 다소 제약이 있는 것을 제외하고는 거의 대부분의 '-어서'는 '-어/아'로 바꿀 수 있다. 그 경우 다소 문어적으로 느껴진다거나 용언과 용언을 이어 합성어를 만드는 연결어미처럼 보일 수 있다.

[32] 이희자·이종희(2001 : 659)에서 '-어서'는 기본적으로 '가짐'의 뜻을 가지고 있어서 많은 경우에 '-어/아 가지고'로 바꿔 쓸 수 있다고 하고 있다. '-어/아 가지고'에 대해서는 더 논의가 필요한 부분이라고 생각되나, 실제 담화에서 자주 사용되는 부분이므로 학습자를 위한 사전에서 제시될 필요가 있다고 본다.

러한 비교는 특히 일본인 학습자들에게 중요한데, 일본어의 '-て', '-から' 등과의 유사성과도 관련이 깊은 부분이기 때문이다. 실제로 일본인 학습자의 연결어미 사용 양상을 보면 '-고'와 '-어서'의 오류가 많이 나타난다.[33]

유의어와의 비교 기술은 여러 관련어 중에서도 '-어서'와 가장 많은 유사성을 가지는 '-고'와 '-니까'에 국한하는 것이 바람직할 것이다. 너무 많은 유의어 정보를 주는 것도 학습자들에게 오히려 혼란을 줄 수 있으므로, 가장 많이 쓰이고 오류가 많은 것에 대해서만 필요한 정보를 주면 될 것이다. 유의어와 가장 두드러진 차이점을 부각시켜서 핵심적인 정보만 전달해야 한다. 다음과 같이 관련어를 먼저 모두 제시하고 그 아래 어미 간의 비교기술이 제시되면 좋을 것이다.

---

(7) '-어서'의 어휘 정보
    1. 관련어 : 1) 순차성 : -고, -어/아, -어/아 가지고
                2) 원인·이유 : -어/아, -어/아 가지고, -니까, -기에(길래), '-므로', -느라고, -기 때문에[34]
                3) 시간적인 한정 : -었/았을 때
    2. '-어서'와 '-고'의 비교[35]
      '-어서'가 '시간의 순서(순차성)'를 나타내는 경우, '-고'와 바꿔 쓸 수 있는 경우가 있지만 의미가 다르다. '-고'는 '나열, 시간적 순서, 상태 지속, 원인·이유' 등 여러 가지 의미를 가지고 있다.
      '-고'가 시간적 순서를 나타낼 때에는 단순히 시간의 앞뒤만 나타낸다. '-어서'는 뒤의 행동이 앞의 행동과 관련 있는 조건이나 목적이 되는 일이어야 한다.
      예 어제 나는 도서관에 가서 친구를 만났다.
         ⅰ) 어제 도서관에 간 후에 도서관에서 친구를 만났다.
         ⅱ) 어제 친구를 만나러 도서관에 갔고 도서관에서 친구를 만났다.

---

33) 김중섭(2002 : 92~93) 참조. 이 연구를 통해 보면 '-어서'와 '-고'의 대치는 일본인 학습자들 외의 다른 언어권 학습자들에게서도 공통적으로 나타나는 경향이 있다.
34) 안주호(2002 : 174~175)에서는 이 외에도 원인을 나타내는 연결구로 '-는 바람에', '-는 김에', '-는 통에' 등이 있지만, 학습자들이 이런 연결구를 자주 사용하지 않으

---

3. '-어서'와 '-니까'의 비교36)

　　1) '-어서'가 '원인·이유'의 의미일 때 '-니까'와 바꿔 쓸 수 있다. 그렇지
　　　　만 '-어서'는 뒤에 명령이나 청유를 나타내는 문장이 올 수 없고, '-니
　　　　까'는 모두 올 수 있다.

　　　　예 비가 와서 우산을 쓰세요(×)/씁시다(×)/쓸까요?(×)

　　　　　　비가 오니까 우산을 쓰세요(○)/씁시다(○)/쓸까요?(○)

　　2) '미안하다, 죄송하다, 고맙다, 반갑다' 등의 인사말과 관계있는 표현에
　　　　서는 '-어서'를 사용할 때가 많고 '-니까'는 거의 사용하지 않는다.37)

　　　　예 늦<u>어서</u>(○)/늦었<u>으니까</u>(×) 죄송합니다.

　　　　　　만나<u>서</u>(○)/만나<u>니까</u>(×) 반갑습니다.

관용적 표현에 대한 언급은 위의 (7)의 3-2) 정도만 명시하고, 앞에서
언급했듯이 (4)에서 제시한 여러 관용적 쓰임에 대해서는 간단한 예를 한

며 화용적으로 비적격한 문장을 만든다고 하였다. 특히 교실 학습에만 의존하
는 학습자들의 경우에 '-니까', '-기 때문에' 등을 선호하여 사용하는 경향이 있다
고 한다.

35) 이희자·이종희(2001 : 659)에 제시된 '-어서'와 '-고'의 비교에서는 '-고'가 단순히 시
간적인 앞뒤 순서만 드러내지만 '-어서'는 앞절의 행동이 뒷절의 전제가 되고 뒷절
의 행동이 앞절의 행동의 목적이 된다고 하고 있다. 그러나 여기서는 '-고'에 대한
의미가 다양해서 여러 가지 해석이 가능한 것을 간과하고 있고, 제시한 예문을 통
해서 뚜렷한 차이를 알기도 힘들다.

36) '-어서'와 '-니까'의 차이를 '원인'과 '이유'에서 본다면 이런 경향성을 설명하기가 쉽
다. '-어서'는 보편적이고 일반적인 원인을 나타내는 데 비해 '-니까'는 개인적이고
주관적인 이유를 표현하는 특징이 있다는 데 큰 의미적 차이가 있다. 따라서 '-니까'
는 주로 어떤 행동에 대한 추론적인 전제 또는 근거 등을 제시하는 데 많이 쓰이게
되는 것이다. 또한 이로 인해 뒤에 명령이나 청유문이 올 수 있고, 감정을 나타내는
인사말과 함께 쓰이는 것은 자연스럽지 못한 것이다. 그러나 앞에서도 언급한 것처
럼 원인과 이유의 경계를 긋기가 논리적으로 힘들고, 의미적인 차이를 명확하게 학
습자들에게 전달하는 것이 무리이다. 그러므로 학습자를 위한 사전에서는 이것에
대한 설명은 배제하는 것이 나을 것이라 생각된다.

37) 모두 인과관계를 표현하고 있지만 '-니까'로 바꾸어 쓰면 아주 어색하거나 무례하게
느껴지고 실제로 그렇게 쓰이는 경우도 없다. 화자가 공손하고 정중한 태도를 보여
야 하는 경우 관습적으로 '-어서'가 선호되는 것인데, 이것은 화자가 자신의 감정의
변화가 자연스럽게 그렇게 되었다는 식으로 표현함으로써 좀 더 정중한 태도를 보
이고자 하는 의도로 보인다.

두 개씩만 보여주는 방식으로 처리하는 것이 좋을 것이다.

(5) 참고 정보 – 대조언어학적 관점에서 일본어와의 대비

외국인을 위한 한국어 문법 사전의 기술은 한국어를 학습하는 외국인 학습자를 위한 것이므로 외국인을 위한 한국어 교육과도 밀접한 관련이 있다. 문법 사전에서 정확하고 분명한 기술을 해 주면, 한국어를 가르치는 교사에게도 좋은 지침서가 될 것이고, 학습자에게도 좋은 문법서로서의 역할을 할 수 있을 것이다. 특히 특정 언어권 화자를 위한 사전이라면 모국어와의 비교 기술은 필수적이다. 이는 학습자가 모국어의 지식을 통해 목표언어를 학습하는 데 도움을 받을 수도 있고, 모국어에 의한 간섭을 받아 오류를 보이는 것을 미리 방지할 수 있다는 점에서 유용하다고 본다.

따라서 일본인을 위한 한국어 문법 사전을 제작한다고 하면, 참고 정보로서 '-어서'에 대응하는 일본어와의 대조언어학적 비교 기술을 포함시켜야 한다. '-어서'에 대응하거나 관련성이 깊은 일본어 접속조사로 '-て', '-ので', '-から' 등이 있는데, 대조언어학적 관점에서 각각의 유사점과 차이점을 기술해 주는 것이 좋을 것이다.

우선 '-어서'와 '-て'의 경우는 '순차성'을 기본의미로 하여 다양한 의미를 가진다는 점에서 유사하다. '-어서'가 다의적인 것과 마찬가지로 '-て' 역시 문맥적으로 다양한 의미를 가지는데,[38] 정리하면 다음과 같다.[39]

---

[38] 森田良行(1975 : 9)는 일본어의 '-て'가 다른 접속조사와 달리, 그 자체가 특별한 의미를 지니고 있지 않다고 하였다. 時枝誠記(1984 : 191~193)에서도 '-て'가 전건과 후건을 결합하는 역할을 하는 것처럼 보이기 때문에 그 자체가 접속기능을 가진 것처럼 간주하기 쉽지만, 그 자체에는 접속기능이 없다고 하고 있다. 奧津敬一郎 外(1986)도 역시 '-て'가 이유를 나타내는 경우가 있기는 하지만, '-て'는 단순히 두 문을 시간적 계기로 연결시키는 것뿐으로, 적극적으로 이유를 의미하는 것은 아니라는 설이 있음을 지적한 바 있다.

[39] 庵 功雄 外(2002) 참조. '-て'는 「PてQ」의 문형으로, 동작이나 사건이 이어서 일어난다거나 병렬적인 관계임을 나타내는데, P와 Q의 술어의 종류나 내용에 따라, P의 의미는 이과 같이 여러 가지로 해석될 수 있다고 하고 있다.

(8) 1. 手を上げて道路を渡った。(부대상황 : 付帯状況)
　　 2. 牛乳パックを使っておもちゃを作った。(수단 : 手段)
　　 3. 早くうちに帰ってご飯を食べましょう。(계기 : 継起)
　　 4. 子供が生れて、家がにぎやかになりました。(원인·이유 : 原因·理由)
　　 5. おじいさんは山へ行って、おばあさんは川へ行きました。(병렬 : 並列)
　　 6. この図書館は広くて新しい。(병렬 : 並列)

　(8)에서 1, 5, 6의 경우는 한국어 '-고'에 대응하는 것으로, 즉 '-て'는 '-어서'의 의미 가운데 '순차성', '원인·이유', '방법' 등과 대응함을 알 수 있다. '-어서'가 부사적 기능을 하는 경우도 '순차성'에서 비롯하는 것임을 감안한다면 사실상 '-て'는 한국어 '-어서'의 대부분의 의미와 가장 유사한 문법 형태라고 할 수 있다. 특히 '-어서'가 보편적이고 일반적인 원인이나 이유를 의미하는 경우에 '-て'와 거의 완전한 대응을 이룬다고 볼 수 있다.40) 그리고 (9)에서처럼 '-어서'가 '원인·이유'의 의미일 때 명령문이나 청유문에서 쓰일 수 없었던 것과 마찬가지로 '-て'의 경우에도 그렇다.

　(9) 비가 <u>와서</u> 우산을 <u>쓰세요</u>.(×)/<u>씁시다</u>.(×)/<u>쓸까요?</u>(×)
　　　 雨が降っ<u>て</u>来<u>て</u>傘をさしてください。(×)/さしましょう。(×)/さしましょうか。(×)

　뿐만 아니라 앞에서 '-어서'가 '죄송하다, 반갑다' 등의 서술어 앞에 쓰여 청자에 대해 공손하고 정중한 태도를 보이는 경우가 있음을 보았는데, 이것 역시 '-て'와 대응한다. '-ので'를 쓸 수도 있지만, '-て'가 더 자연스럽다. 이것을 비교해 보면 다음과 같다.

　(10) a. <u>늦어서</u> 죄송합니다.
　　　　 <u>遅れて</u>すみません。/ ?<u>遅れたので</u>すみません。
　　　 b. <u>만나서</u> 반갑습니다.
　　　　 <u>会えて</u>うれしいです。/ ?<u>会えたので</u>うれしいです。

---

40) a. <u>아파서</u> 병원에 갔다. 具合が<u>悪くて</u>、病院へ行った。
　　 b. 차가 <u>많아서</u> 길이 복잡하다. 車が<u>多くて</u>、道が混む。

그런데 '-어서'가 '-ので'와 '-から'에 대응하는 경우는 인과관계 즉, '원인·이유'를 표현할 때에 국한한 것이다. '-ので'와 '-から'의 주된 의미 기능이 인과관계이기 때문이다.

'-ので'는 주관이 개입되지 않고, 객관적으로 앞뒤 문장의 인과관계를 나타내고 '-から'는 주로 주관적인 판단의 이유나 근거를 의미하는 인과관계 접속조사로 쓰인다.41) 즉, '-ので'와 '-から'는 모두 '-て'와는 달리 '-어서'가 '원인·이유'의 의미를 가질 때만 대응된다. 그러나 이 두 접속조사 간에도 차이점이 있어서 '-어서'의 의미와 이들 간의 대조를 위해서는 그것도 고려해야 할 것이다.

'-어서'는 뒤에 명령문이나 청유문이 올 수 없는 데 비해 '-ので'와 '-から'의 경우는 모두 명령문이나 청유문이 올 수 있다.

> (11) 비가 <u>와서</u> 우산을 <u>쓰세요.</u>(×)/<u>씁시다.</u>(×)/<u>쓸까요?</u>(×)
> 　　　雨が降っている<u>ので</u>傘をさしてください。(○)/さしましょう。(○)/さしましょうか。(○)
> 　　　雨が降っている<u>から</u>傘をさしてください。(○)/さしましょう。(○)/さしましょうか。(○)

단, '-ので'는 정중문에서는 뒤에 명령문이나 청유문이 올 수 있는 데 비해 정중하지 않은 표현에서 뒤에 명령문이나 청유문이 오면 자연스럽지 않다. 이것은 문말 표현에 제약이 없는 '-から'와 대조적인 것이다.

---

41) 国立国語研究所(1985 : 35)에서 '-ので'에 대해 설명한 것을 보면, "-ので'는 원인·이유·근거·계기 등을 나타내고, 표현자의 가정(仮定)에 의하지 않아도 사실인 사태를 원인·이유의 관계로 나타낸다. 그 조건들의 독립성은 '-から'보다 약하다'라고 되어 있다. 따라서 '-ので'는 주관이 개입되지 않고, 객관적으로 전·후건의 인과관계를 나타내는 것으로 생각할 수 있다. 그에 반해 '-から'에 대해서는 '원인·이유를 나타낸다. 표현자가 전건을 후건의 원인·이유로 지정하여 연결시키는 말하기 방법이다. 「ので」와 비교하면, 조건의 독립성이 아주 강하다.'라고 설명하고 있다. 따라서 '-から'는 후건에 대한 이유나 근거를 주관적으로 설명하는 것으로 볼 수 있다.

(12) 아파서 병원에 **가.**(×)/**가자.**(×)/**갈래?**(×)
　　　具合悪<u>いので</u>病院へ行け。(?)/行こうよ。(?)/行かない。(?)
　　　具合が悪<u>いから</u>病院へ行け。(○)/行こうよ。(○)/行かない。(○)

또한 '-から'가 '죄송하다, 반갑다' 등의 서술어 앞에서는 잘 쓰이지 않는 점이 '-어서'와 대응하지 않는 부분이 된다.

(13) a. <u>늦어서</u> 죄송합니다.
　　　　*遅れた<u>から</u>すみません。
　　　b. 만나서 반갑습니다.
　　　　?会えた<u>から</u>うれしいです。

그런데 '-어서'와 '-ので', '-から'의 큰 차이점은 앞 단어와의 연결 형태에 있다. '-て'의 경우는 한국어의 연결어미처럼 활용을 하지만, '-ので'와 '-から'의 경우는 그렇지 않다. 한국어에서 본다면 기본형에도 붙을 수 있고, 종결어미에 해당하는 형태에도 붙을 수 있다는 점이 다르다. 즉, 아래 (14)에서처럼 '-ので' 나 '-から'의 앞에 과거 시제 형태소 등이 올 수 있다는 점이 '-어서'와 가장 큰 차이라고 할 수 있고, 이것이 일본인 학습자로 하여금 오류문을 많이 생성하게 하는 간섭의 요인이 된다고 하겠다. 이에 대한 기술을 사전을 통해 제시함으로써 일본인 학습자들의 오용을 막을 수 있을 것이다.

(14) <u>아파서</u> 병원에 갔다.
　　　具合が<u>悪かったので,</u> 病院へ行った。
　　　具合が<u>悪かったから,</u> 病院へ行った。

이상의 내용을 정리하여 '-어서'에 대한 참고 정보로서 일본어 접속조사와의 대비 기술의 실례를 보이면 다음과 같다.

(15) ‘-어서’의 참고 정보 – 일본어 접속조사와의 대비 기술
　1. ‘-て’와의 비교
　　‘-어서’의 의미 가운데 ‘순차성’, ‘원인·이유’, ‘방법’ 등과 대응해서 ‘-어서’와 가장 비슷한 접속조사이다.
　　그러나 ‘-て’가 ‘나열’의 의미를 가질 때는 한국어의 ‘-고’와 대응하므로 사용에 주의해야 한다.
　　‘원인/이유’의 의미를 가질 때 뒤에 명령문이나 청유문이 올 수 없다는 점과 뒤의 서술어가 ‘죄송하다, 반갑다’ 등이 올 때 관습적으로 쓰인다는 점에서 ‘-어서’와 비슷하다.
　　a. 비가 와서 우산을 쓰세요.(×)/씁시다.(×)/쓸까요?(×)
　　　雨が降って来て傘をさしてください。(×)/さしましょう。(×)/さしましょうか。(×)
　　b. 늦어서 죄송합니다.　　　遅れてすみません。
　　　만나서 반갑습니다.　　　会えてうれしいです。
　2. ‘-ので’, ‘-から’와의 비교
　　‘-ので’와 ‘-から’는 주로 인과관계 의미를 표현하기 때문에 ‘-어서’가 ‘원인·이유’의 의미를 가질 때 가장 유사한 의미를 가진다. 그러나 두 접속조사 모두 ‘-어서’와 다르게 뒤에 명령문이나 청유문이 올 수 있다. 뒤의 서술어가 ‘죄송하다, 반갑다’ 등이 올 때는 사용하면 어색하거나 이상한 표현이 되어서 ‘-어서’와는 다르다. 즉, ‘-어서’가 ‘원인·이유’의 의미를 가질 때 두 접속조사가 의미상으로는 유사하지만, 통사적인 제약은 다르다.
　　a. 비가 와서 우산을 쓰세요(×)/씁시다(×)/쓸까요?(×)
　　　雨が降っているので傘をさしてください。(○)/さしましょう。(○)/さしましょうか。(○)
　　　雨が降っているから傘をさしてください。(○)/さしましょう゜(○)/さしましょうか。(○)
　　b. 늦어서 죄송합니다.　?遅れたのですみません。　*遅れたからすみません。
　　　만나서 반갑습니다.　?会えたのでうれしいです。　?会えたからうれしいです。
　　또 ‘-ので’나 ‘から’와는 다르게 ‘-어서’ 앞에서는 과거나 완료를 나타내는 말을 쓰면 안 된다.
　　　아팠어서 병원에 갔어요.(×)
　　　具合が悪かったので、病院へ行った。
　　　具合が悪かったから、病院へ行った。

3. 요약

지금까지 한국과 일본의 한국어 학습 사전에서 연결어미 '-어서'가 어떻게 기술되고 있는지 그 실태를 살펴보고, 일본인 학습자를 위한 한국어 문법 사전에서의 '-어서'에 대한 기술 방법을 제시해 보았다.

외국인들의 한국어 학습에서 연결어미는 학습하기 어려운 것 중의 하나로, 문법 사전에서 의미나 통사, 화용 등의 여러 부분을 잘 기술해 주어야 할 필요성이 있다. 그럼에도 불구하고 기존의 한국어 학습 사전은 어휘 중심의 사전이 많아서 연결어미에 대한 문법적 기술에 부족한 점이 많고, 사전마다 기술이 일관적이지 못한 부분이 많았다. 특히 문법 사전이라고 나와 있는 것은 국내에도 몇 권 되지 않고, 일본에서는 아예 없는 실정이다.

따라서 이 연구에서는 다의적인 의미를 가진 연결어미 '-어서'에 대한 기술 예를 보였다. 한국어 학습 사전에서 기술해야 할 정보 항목으로 의미, 형태, 통사, 어휘 등을 설정하여 각각의 실례를 제시했다. 특히 참고 상자를 통해 대조언어학적 관점에서 한국어 '-어서'와 그에 대응하는 일본어 접속조사를 대비한 기술의 실례를 제시해 보았다. 이것은 일본인 학습자들의 오용을 줄이고, 학습자들에게 '-어서'의 의미를 보다 분명히 알 수 있게 하는 역할을 할 것으로 기대한다.

또한 '-어서' 외의 여러 어휘나 문법 형태의 기술에 있어서도 이러한 방법을 적용하여 학습자에게 반드시 필요하면서 학습하는 데에 실질적인 정보를 줄 수 있는 사전이 제작되어야 할 것이다. 특히 앞으로 양국에서 한국어와 일본어의 어휘 사전뿐 아니라 대조언어학적 관점에서 양어의 문법을 대비한 문법 사전이 나와야 한다고 생각한다. 그러기 위해서는 더 활발한 연구가 진행되어야 할 것이다. 이 글에서 논의된 것이 다소나마 실질적이고 유용한 정보를 제공할 수 있기를 기대해 본다.

참고문헌

단행본 및 논문

김영안・강신권 역(2002), 사전편찬론－예술성과 장인 정신(시드니 I. 랜도우 저), 한국문화사.

김제열(2001), "한국어 교재의 문법 기술 방법 연구", 「외국어로서의 한국어교육」 25・26, 연세대 언어연구교육원 한국어학당.

김중섭(2002), "한국어 학습자의 연결 어미 오류 양상에 관한 연구, －언어권별 오류 양상을 중심으로－", 「한국어교육」 13-2, 국제한국어교육학회.

남기심・루코프(1986), "논리적 형식으로서의 '-니까' 구문과 '-어서' 구문", 「국어의 통사・의미론」, 탑출판사.

남길임(2006), "'외국인을 위한 한국어 학습 사전'에서의 어휘 기술 방법론 연구, －시간 표현을 중심으로－", 「한글」 271, 한글학회.

남수경・채숙희(2004), "한국어 학습자의 연결어미 사용 연구", 「한국어교육」 15-1, 국제한국어교육학회.

배주채・곽용주(2000), '외국인 학습자를 위한 초급 한국어 사전 개발'에 대한 연구 보고서, 문화관광부, 한국어세계화추진위원회.

배희임・강영(2001), "외국인의 학습 과정을 고려한 '한국어문법 학습사전' 집필에 대한 연구", 「이중언어학」 18, 이중언어학회.

백봉자(2001), "외국어로서의 한국어 교육문법－피동/사동을 중심으로", 「한국어교육」 12-2, 국제한국어교육학회.

백봉자(2003), "외국어 학습 과정과 한국어 학습사전", 「한국어 교육과 학습 사전」(서상규 편), 한국문화사.

안주호(2002), "한국어 교육에서의 〔원인〕 연결어미에 대하여", 「한국어교육」 13-2, 국제한국어교육학회.

오경진(2003), "인과관계 의미표현류－, '-느라고, -길래, -(으)므로, -는 바람에, -는 통에'－", 「한국어 교육을 위한 한국어 문법론」, 한국문화사.

오선영(2004), "한・일어 인과관계 접속표현의 대조연구, －한국어의 '-어서', '-니까'와 일본어의 '-て', '-ので', '-から'를 중심으로－", 경북대학교 석사학위 논문.

유석훈(2003), "영어 학습 사전의 현황", 「한국어 교육과 학습 사전」(서상규 편), 한국문화사.

유타니 유키토시(油谷幸利)(2003), "조선어 사전의 편찬-학습자를 위한 한일사전", 「한국어 교육과 학습 사전」(서상규 편), 한국문화사.

이은경(2000), 국어의 연결 어미 연구, 「국어학총서」 31, 태학사.

이효정(2001), "한국어 학습자 담화에 나타난 연결어미 연구", 「한국어교육」 12-1, 국제한국어교육학회.

이희자·이종희(1999), 사전식 텍스트 분석적 국어 어미의 연구, 한국문화사.

이희자(2001), "길잡이말을 이용한 어미·조사의 한국어 교육 방법론 연구", 「외국어로서의 한국어교육」 25·26, 연세대 언어연구교육원 한국어학당.

이희자(2003), "독일어 사전 편찬 이론과 외국어로서의 「독일어(DaF) 학습 사전」", 「한국어 교육과 학습 사전」(서상규 편), 한국문화사.

정상근(2001), "일본어권 한국어 학습자를 위한 학습용 한일사전 연구", 경희대 교육대학원 석사학위논문.

정연희(2001), "연결어미의 의미확장과 한국어 교육", 「외국어로서의 한국어교육」 25·26, 연세대 언어연구교육원 한국어학당.

진정란(2003), "학습자 중심으로 본 이유의 연결표현", 「한국어 교육을 위한 한국어 문법론」, 한국문화사.

최호철 외(2000), 한국어 문형 사전 개발 사업 보고서, 문화관광부, 한국어 세계화 추진 위원회.

홍사만(2002), 한·일어 대조분석, 도서출판 역락.

永野 賢(1952), "「から」と「ので」はどう違うか", 「国語と国文学」 29-2, 東京大国語国文学会.

寺村秀夫(1982), 日本語の文法(下), 「日本語教育指導参考書 5」, 国立国語研究所.

庵 功雄 外(2002), 初級を教える人のための日本語文法ハンドブック, (株)スリーエーネットワーク 제이앤씨.

庵 功雄 外(2002), 中級を教える人のための日本語文法ハンドブック, (株)スリーエーネットワーク 제이앤씨.

三上 章(1963), 日本語の構文, くろしお出版.

奥津敬一郎 外(1986), いわゆる日本語助詞の研究, 凡人社.

森田良行(1975), 複文の文型練習, -「たら」,「て」を含む文型を中心に-, 「講座日本語教育」 11.

時枝誠記(1984), 日本文法 口語篇, 岩波書店.

사전류

국립국어원(2005), 외국인을 위한 한국어 문법, 커뮤니케이션북스.

백봉자(1999/2001), 외국어로서의 한국어문법사전, 연세대학교 출판부.

서상규 외(2006), 외국인을 위한 한국어 학습사전, 신원프라임.

신현숙 외(2001), 의미로 분류한 한국어・일본어 학습사전, 한국문화사.

이희자・이종희(2001), 한국어 학습용 어미 조사 사전, 한국문화사.

간노 히로오미(菅野裕臣) 외(1988/2001),「コスモス朝和辞典」第2版, 도쿄 : 白水社.

유타니 유키토시(油谷幸利) 외(1993),「朝鮮語辞典」, 도쿄 : 小学館.

한국어와 중국어 대조론

‖ 배용득 ‖

한·중 화제 구문 대비 연구

흔히 우리가 SVO 어순을 가진 언어로 알고 있는 중국어는 의외로 우리 한국어처럼 전문적 화제 표기 조사를 지닌 언어보다도 더 화제 중심의 언어 구조적 특징을 나타낸다. 그래서 Li and Thompson은 중국어가 화제 (topic-prominent)가 두드러진 언어 구조적 특징을 지녔다면 영어는 주어 (subject-prominent)가 두드러진 언어 구조적 특징을 보인다. 그리고 한국어는 이 두 가지를 겸비한 언어 구조적 특징(both subject-prominent and topic-prominent)을 나타낸다고 했다.[1]

우리말에서는 "아빠, 책(을) 사러 갔어요."와 "당신, 책(을) 사 왔어요?" 에서의 '책'의 화용적 의미기능이 차이가 없어 보인다. 그리고 구조적으로도 특수조사나 격조사와 같은 어떤 서로 다른 표지를 첨가할 필요가 없다.

---

1) (Li and Thompson, 1976 : 17)這一最新研究提出了一些重要的論点漢語同邏邏緬甸語族的傈僳、拉祜語都是主題(topic-prominent)明顯的語言，而英語是主語明顯(subject-prominent)的語言。口語則是主語与主題幷顯的語言(both subject prominent and topic-prominent)，菲律賓語是主語与主題皆不顯的語言(neither topic-prominent and subject-prominent).

그러나 중국어에서는 이 두 문장의 통사구조는 완전히 다르며 또한 화용적 기능도 다르게 나타난다. 즉 전자는 SVO 어순구조를 취하고 후자는 '책'이 화제가 되는 구문형식인 SOV 어순구조를 취하게 된다.

그래서 이 글은 SVO 어순구조와 SOV 어순구조를 동시에 겸비한 중국어와 SOV 어순구조를 지닌 한국어 사이의 한·중 목적어 구문 대비연구를 통해서 그 공통점과 차이점을 알아보고 아울러 중국어 구조에 대한 좀 더 올바른 이해를 돕고자 하는 데 그 목적이 있다.

1. 화제(topic) 구문

중국어에서는 화제에 대한 두 가지 설이 공존한다. 하나는 형식주의 이론에 근거한 화제이동설이며 다른 하나는 기능주의에 근거한 원시위치설이다. 원시위치학설에서는 화제를 출발점으로 해서 다른 성분들의 위치도 정해진다고 본다. 여기에서 우리가 주목할 점은 화제와 목적어의 위치이다. 하나는 우리가 일반적으로 알고 있는 중국어에서 목적어는 기본적으로 세 가지 위치를 갖는다. 첫 번째는 우리가 흔히 알고 있는 SVO 어순(아래 예문 (1))의 목적어 위치이다. 두 번째는 한국어와 마찬가지로 중국어의 목적어가 화제화 되어서 문두에 놓이게 되는 문두의 최상위 위치이다. 그리고 세 번째는 SOV 어순의 목적어 위치로서 기본적으로 한국어 어순구조와 일치하는 특징을 보인다. 따라서 두 번째와 세 번째의 구조적 특징은 한·중 언어가 유사한 특징을 나타내게 된다.

(1) 你干嘛呢?　　　　당신 뭐 해요?
　　我看电视呢。　　　저 텔레비전 봐요.

(2) 晚饭吃了吗?　　　저녁 먹었어요?

还没吃呢。　　　　　　아직 안 먹었어요.

(3) 我把表卖掉了。　　　　내가 그 시계 팔아버렸어요.

1) 중국 언어학계의 화제에 대한 관점

기능주의 언어학계에서는 화제를 문장의 원시적 성분의 하나로 보는 반면 형식주의의 생성문법적 이론을 기초로 한 학자들은 이와 상반된 견해를 나타낸다. 예를 들어 黃正德(Huang : 1982), 李艳惠(A. Li : 1990), 蒋自新(Jiang : 1992) 등은 먼저 세 가지 수지도를 결합해서 관련 개념들을 소개한다. 그리고 이들은 첨가(adjunction)에 대하여 Haegeman의 형상적 비유를[2] 인용하면서 형식주의 언어학의 틀 아래에서 화제에 대한 다양한 토론을 벌이게 된다. 먼저 黃正德(1982)은 그의 박사논문에서 중국어의 화제 구조는 영어의 의문문 구조와 유사하다고 하면서 모두 이동에 의해서 생성된다는 견해를 제시한다. 다시 말해서 그는 영어의 wh-이동에 대한 묘사를 원용하여 중국어의 화제구조를 다음과 같이 제시했다.

<그림 1>

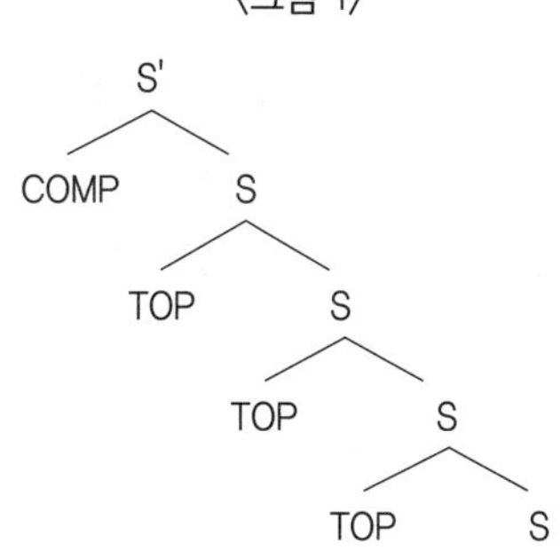

---

2) 그녀는 "첨가 성분은 베란다에 서 있는 사람과 같아서 완전히 방 밖에 있지도 않고 그렇다고 완전히 방 안에 있지도 않다. 따라서 이것은 아주 쉽게 방 안의 담화에 참가할 수도 있고 또한 방 밖에 있기 때문에 쉽게 비에 젓을 수도 있다"(Haegeman 1994 : 387).

그는 화제(topic)는 내포절 S에서 이동된 후 S 왼쪽에 첨가되어서 S의 자매교점이 됨과 동시에 이 첨가과정이 새로운 S교점을 형성하게 된다. 그리고 화제는 반복적으로 첨가될 수 있어서 중국어에서는 여러 개의 화제를 지닌 문장이 만들어 지고 S와 COMP는 모두 S'의 아래에 놓이게 된다.

기타 李行德(Lee : 1986), 汤志真(Tang : 1990) 그리고 曲延风(Qu : 1994) 등도 화제는 교점 아래 자매첨가된 것으로 보지만 黄正德과 다른 점은 이들은 이동된 것으로 보지 않고 원시위치에서 생성된 것으로 본다는 것이다. 이것은 바로 기능주의 언어학파의 화제관과 일치하는 것이 된다. 그리고 이들이 제시한 화제구조는 상호 간에 아주 유사하지만 각자 사용한 술어에서는 약간의 차이를 보인다. 汤志真과 曲延风이 지배—결속이론의 틀 아래에 제시한 화제구조를 제시하면 다음과 같다.

〈그림 2〉

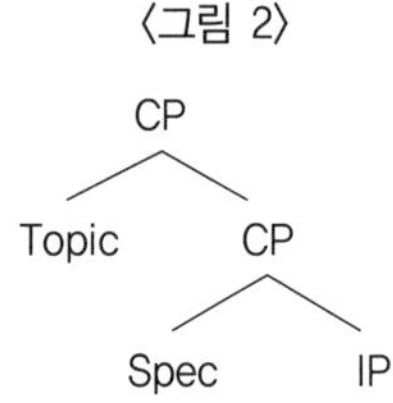

이 구조도를 아래에서 위로 볼 때, Spec과 IP는 CP의 아래에 놓여 있으며(여기서는 첨가 전과 첨가 후의 두 CP에 대해서 더 구분하지 않고 통칭해서 CP라고 부름), 그 다음 Topic은 자기의 원시위치에서 기저 생성되어서 CP와 자매교점을 형성한 다음 다시 하나의 새로운 CP 교점을 형성하게 된다.

이처럼 형식주의 문법의 틀에서는 구조식을 이용해서 화제를 묘사함으로써 기능주의의 나열식 방법보다 훨씬 간단하기는 하지만 화제와 평언의 관계에 대한 표현에 있어서 불명확한 점이 단점으로 꼽힌다. 그래서 Xu & Langendoen(1985)은 중국어 화제구조에 대하여 비교적 체계적인 묘사와 분석을 한 후 구조식과 서술을 결합하는 방식으로 화제를 다음과 같이 정의하였다.

> 1) 구조식 〔S′X 〔S…Y…〕〕에서 X는 문장의 주요 성분이지만 Y는 빈 성분일
>   수 있다. 또한 Y와 X는 상관관계를 지닌다.

여기서 보듯이 Xu & Langendoen 또한 화제는 이동해서 만들어진 것이 아니라고 보고 있다. 또한 화제는 반드시 평언 속의 어떤 위치와 상관관계를 지닌다는 것이다.

결론적으로 말해서 기능주의 언어학의 화제의 성질에 대한 묘사는 비교적 확실하지만 좀 복잡한 반면 형식주의 언어학에서는 비록 간단하기는 하지만 화제와 평언 사이의 결속관계에 대한 설명이 부족하다. 따라서 본고에서는 형식주의와 기능주의를 결합해서 화제구조를 분석하고 묘사하게 된다.

이 글에서는 화제는 다음과 같은 몇 가지 중요한 특징을 지닌다고 본다.

> a) 화제는 평언3) 앞의 NP 위치에 놓인다.
> b) 화제 다음에는 휴지가 따르거나 화제 표지가 첨가될 수 있다.
> c) 화제 명사구는 반드시 한정 명사구이거나 전칭 명사구이다.
> d) 화제는 문장 속의 동사와 의미적으로 선택 관계를 유지하지 않아도 되지만
>   평언과는 어떤 상관성을 지니게 된다.

그리고 구조적으로는 汤志真(1990)과 曲延风(1994)이 제시한 화제구조, 즉 Topic이 하나의 기저위치에서 생성되어 원시최대투사인 CP 자매교점에 첨가됨과 동시에 양자가 새로운 CP교점(<표 3> 참고)을 형성한다고 본다. 따라서 한국어에서 일반적으로 상위문으로의 이동으로 보는 화제에

---

3) 화제의 특징 기술에 있어서 필자가 "문두"라는 일반적 표현과는 달리 평언이라는 표현을 쓰게 된 이유는 하나의 문장에 화제가 하나 이상일 수 있다는 전제 때문이다. 예를 들어 아래 예문의 밑줄 친 부분도 화제에 해당한다고 본다.
   a. 칠수는 <u>밥은</u> 많이 먹었다.
   b. 哲洙<u>把飯</u>吃好了。

대한 우리 학자들의 관점4)과는 좀 다르다고 하겠다.

2) 화제와 주어

(1) 중국어에서의 양자에 대한 구분

중국어 연구에 있어서 "화제" 개념이 도입된 후 두 가지 관점, 즉 기능
주의 언어학의 관점과 형식주의 언어학의 관점이 서로 대립되면서 "화제"
와 "주어"에 대한 구분을 두고 일련의 논쟁이 발생하게 되는데, 당시에는
세 가지 종류의 관점이 대두되게 된다.

> 1) 중국어에는 주어만 있고 화제는 없다는 관점
>   대표적 논자 : 吕叔湘(1979), 朱德熙(1982), 陆俭明(1986) 등
> 2) 중국어에는 화제만 있다는 관점(주어는 곧 화제와 동일하다는 관점)
>   대표적 논자 : 赵元任(1968)
> 3) 둘 다 있다는 관점(양자는 서로 다른 문법 범주에 속한다고 봄)
>   대표적 논자 : Li & Thompson(1976), 曹逢甫(1977), 黄正德(1982), 李
>   行德(1986), 汤志真(1990), 曲延风(1994), 徐烈炯과 刘丹青(1998), 石定
>   栩(1998), 石毓智(2001) 등

하지만 중국어에 대한 진일보된 이론적 논증을 거치는 과정에서 앞의
두 관점은 "SVO" 어순이 아닌 기본문장 형식을 설명할 수 없게 된다. 그
래서 세 번째 관점에 대체로 의견의 일치를 나타내게 된다. 이렇게 중국
어에서 주어와 화제에 대한 토론이 일어나게 된 이유는 바로 일부 문두에
오는 성분이 화제와 주어의 기능을 동시에 지니고 있어서 사실상 엄격한
구분이 불가능하였기 때문이다. 아래 예문 (4)와 (5)를 보자.

---

4) 만약 화제가 상위문의 이동으로 생성된다고 하면 화제가 두 개일 때는 두 개의 상위
   문이 생성되어야 하며, 이때 평언과의 상관성 관계의 유지에 있어서도 그만큼 소원
   해지게 된다고 할 수 있다(위 주3 참고 바람).

(4) a. 小张啊, 他不来了。　　　　　　(화제, 주어 공존)
　　　 장군, 그 친구는 못 온대.

　　 b. 小张啊, 〔 〕不来了。　　　　　(화제만 존재)
　　　 장군, 못 온대.

　　 c. 〔 〕, 他不来了。　　　　　　　(주어만 존재)
　　　 그 친구는 못 온대.

　　 d. 〔 〕, 〔 〕不来了。　　　　　　(화제, 주어 모두 부재)
　　　 못 온대.

(5) 小张不来了。
　　 장군은 못 온대.

(4)b의 문장은 분명한 화제표지인 "啊"가 있지만, 일단 (5)와 같은 형식으로 바뀌게 되면 문장 속의 "小张"이 주어인지 화제인지 판단하기가 아주 어려워진다. 그래서 일부 학자들은 화제와 주어의 구분법으로 다음과 같은 방법을 제시했다.

(2) 화제와 주어의 서로 다른 구조적 위치

徐烈炯과 刘丹青은 구조적 위치의 관점에서 화제와 주어에 대한 구분을 하였다. 이들은 앞의 예문 (4)에 대한 수지도를 다음과 같이 제시하였다.

〈그림 3〉

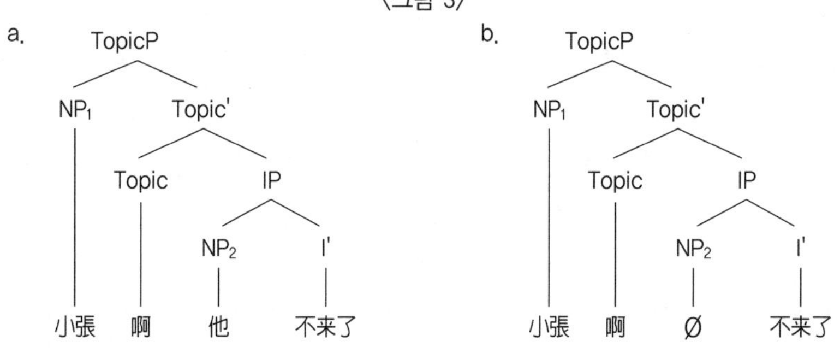

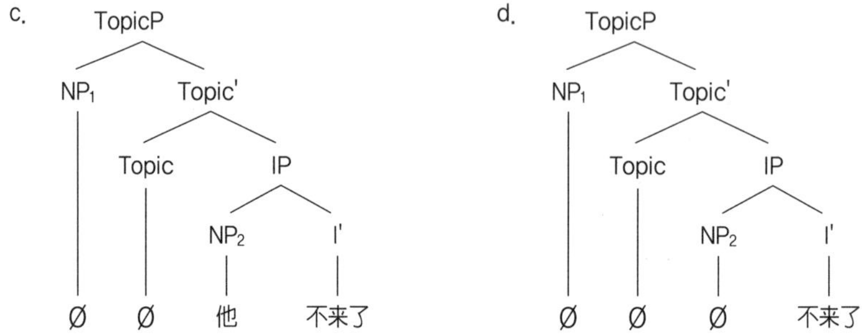

이들은 TopicP(湯志真과 曲延风의 수지도에서는 CP에 해당됨)의 Spec 위치에 오는 NP₁은 화제로 보고 IP의 Spec 위치에 오는 NP₂는 주어라고 보았다. 따라서 이들은 화제와 주어의 구조적 위치를 다음과 같이 구분한다.

<화제는 TopicP의 지배 하에 있지만 IP의 관할 밖에 있고 주어는 IP의 지배 하에 있지만 VP의 관할 밖에 있다.>

그래서 예문 (5)와 같이 화제와 주어가 중복된 문장은 곧 "구조적으로 중의성을 지닌 문장(ambiguous sentence)"이 된다. 하지만 어휘적 중의성 문장이 되는 것은 아니다.

화제와 주어를 구별할 때 일부 학자들은 화제는 화용론적 개념이고 주어는 문장론적 개념이라고 간단하게 말해 버리는 경우가 있다. 물론 이런 차이가 존재한다. 하지만 우리는 동시에 화제우선형 언어와 화제-주어가 모두 두드러진 언어에서의 화제는 통사 구조적 측면에서도 아주 중요한 위치를 차지하게 된다는 점을 간과해서는 안 된다. 그래서 徐烈炯과 刘丹靑은 "화제"란 술어는 실제적으로 두 가지 함의를 지닌다고 보았다. 하나는 문장성분의 하나로 보는 "화제"의 관점으로서 주로 화제우선형 언어와 화제-주어가 모두 두드러진 언어에서 쓰이고, 다른 하나는 특정 담화기능을 지닌 담화성분으로서의 화제로서 인류의 각종 언어에 적합한 개념이 된다. 이 글에서는 첫 번째 개념으로서 화제와 주어는 문장구조에 있어서 서로 다른 계층에 놓인 통사적 성분(syntactic element)이라고 간주한다.

(3) 화제와 주어의 서로 다른 특징

Li & Thompson(1976/1981)은 "화제"에 대한 범주 정립과 동시에 화제와 주어의 서로 다른 특징을 다음과 같이 제시했다.

1) 화제는 문두에 위치함. 그러나 주어는 문중에 위치할 수도 있음.

2) 화제는 전문적 화제표지(topic marker)가 있을 수 있음. 예를 들어 구어에서 화제 다음에는 "呢, 嘛, 吧, 呀" 등(한국어의 -은/는에 대응됨)의 첨가가 가능함. 그리고 문어에서는 화제 다음에는 쉼표의 첨가가 가능하지만 주어 다음에는 이 모두가 불가능함(이는 한국어와 기본적으로 일치함).

3) 화제는 언제나 한정적(definite)이지만 주어는 비한정적일 수도 있음.
   예) a. <u>那本书</u>, 我还给小明了。　　(한정적 화제)
   　　그 책은 내가 이미 명 군한테 돌려 줬다.
   　b. <u>一个人</u>不能吃十个馒头。　　(비한정적 주어)
   　　한 사람이 10개의 만두를 먹는 것은 불가능하다.

4) 화제와 평언 사이에는 일종의 상관관계(aboutness)를 이루지만 주어와 술어 사이에는 의미적인 선택 관계를 이룸. 즉, 주어와 동사 사이의 관계가 "주어는 무엇을 하다/무엇이다(doing/being)"의 관계를 이룸.

3) OV 어순의 주화제 구문

일반 언어에서 두드러지게 나타나는 현상 중의 하나가 목적어가 상승되어 문두에서 주화제[5]의 기능을 담당하게 되는 것이다. 이런 현상은 영어

---

5) 중국어에서는 문법적 형태소가 발달하지 않음에 따라 정보의 특징과 소리의 특징을 고려해서 화제를 결정하게 되는데, 일반적으로 다음과 같은 주요 특징을 지닌다고 본다. a. 화제는 지칭 기능을 나타내거나 그런 기능을 수행한다고 볼 수 있는 것 : b. 문장

는 물론 중국어와 한국어에서도 동일하게 일어난다.

(6) a. (王五,) 书买来了吗 ?　　　　 b. 买来了。
　　　왕오 씨, 책은 사 왔어요?　　　 사 왔어요.

　　 c. *王五, 买了书来了吗 ?　　　　 d. *买了书来了。
　　　*왕오 씨, 책을 샀는데 왔어요?　*책 샀는데 왔어요.

　　 d. 王五买书来了吗 ?　　　　　 e. 买书来了。
　　　왕오 씨, 책 사러 왔어요?　　　 네, 책 사러 왔어요.

(7) a. <u>我要的东西</u>都买来了吗 ?
　　　<u>내가 부탁한 물건</u>은 다 사 왔어요?

　　 b. 菜呢, 都买来了, 可是好的牛肉呢, 没买着。
　　　반찬은 다 사 왔는데 책은 못 사 왔어요.

(8) a. <u>晚饭</u>吃了吗? / 吃晚饭了吗 ?　　 b. 还没吃(晚饭)呢。
　　　<u>저녁</u>은 먹었어요?　　　　　　 아직 안 먹었어요.

(9) a. <u>论文</u>写完了吗?
　　　<u>논문에 대한 일</u>은 다 끝났어요?

　　 b. 论文啊, 昨天刚写完。
　　　쓰는 것은 어제 막 끝냈어요.(하지만 아직 인쇄하러 보내진 못했어요.)

(10) a. <u>挂号信</u>收到了吗?
　　　<u>등기우편</u>은 받았어요?

　　 b. 挂号信通知单看到了, 信还没见到。
　　　등기우편 통지서는 봤는데 편지는 아직 못 봤어요.

(11) a. <u>礼物</u>给朋友送过去了吗?　　 b. 送过去了。
　　　<u>선물</u>은 친구한테 보내줬어요?　 보내줬어요.

의 앞 부분에 위치함 : c. 기지의 정보 또는 한정적일 것 : d.의문문이 상정될 수 있을
것 : e. 적절한 화용조건 하에서 생략이 가능할 것 : f. 일정한 조건 아래에서 화제만
출현이 가능할 것 : g. 화제 다음에 쉼표 또는 그에 해당하는 문법적 형태소의 첨가가
가능할 것 : h. 초점이 아닐 것 : I. 서술의 대상으로서 다음에 평언이 있을 것 등.

(12) a. <u>房间</u>打扫干净了吗?　　　b. 差不多了。
　　　<u>방</u>은 깨끗이 청소했어요?　　　대부분 다 깨끗이 청소했어요.

(13) a. <u>电脑</u>修了吗?　　　b. (电脑)修了 。　　　c. ?修电脑了。
　　　<u>컴퓨터</u>는 수리했어요?　　　수리했어요.

(14) a. <u>客人</u>接来了吗?
　　　<u>손님</u>은 잘 모셔 왔어요?
　　b. 接来了, 都安排好了。
　　　잘 모셔 와서 방까지 잘 모셔 드렸어요.

(15) a. <u>试卷</u>都改完了吧。
　　　<u>시험지 채점</u>은 다 끝났지요?
　　b. 试卷, 我是看完了, 可成绩还没算呢。
　　　개별항목 채점은 다 했지만 최종점수 계산은 아직 못 했어요.

위의 예문들을 통해서 볼 수 있듯이 중국어에서도 타동사의 목적어가 문두로 상승되어 주화제의 기능을 담당하게 되는 경우가 아주 많다. 그리고 이 문장들을 한국어로 번역했을 때에는 화제표지 '-은/는'과의 결합이 아주 자연스러움을 알 수 있다. 하지만 한국어와 좀 다른 점은 이 목적어들을 VO 어순으로 원위치시키게 되면 일반적으로 비문이 되어 버린다는 점이라고 하겠다.

2. 부화제 구문

1) 부화제로서의 바(把)자 구문

바(把)자 구문이란 한국어의 목적어에 해당하는 성분이 한국어처럼 동사 앞에 놓이는 구문형식을 말하며, 이때 반드시 바(把)라고 하는 문법형 태소(한국어의 목적격 조사와 유사함)를 동반한다고6) 하여 바(把)자 구문이라고 한다. 바(把)자 구문은 형태적으로는 VO 어순과 대립되는 OV 어순형 태를 취하며 기능적으로는 평언이 아닌 화제의 기능7)을 담당하게 된다. 이러한 바(把)자 구문의 바(把)의 기능에 대한 관점은 크게 둘로 나뉜다. 하나는 바(把)를 일반 전치사와는 다른 일종의 특수기능어(명사구)로 보는 관점이고 다른 하나는 바(把)를 전치사(전치사구)로 보는 관점이다. 이 글에서는 전자의 관점을 지지한다. 즉, 한국어의 부사적 성분이 아닌 목적어 성분을 이끄는 것으로 보는 것이다. 따라서 한국어와 거의 일치하는 어순이 중국어에도 존재한다고 보는 것이 논자의 관점이 된다.8) 다음 예문을 보자.

(16) a. 放在这儿的书去哪儿了?
　　　 여기에 있던 책들이 어디로 갔지?
　　 b. 我把它卖掉了。
　　　 내가 그 책들을 팔아버렸어.
　　 c. (我把它)卖掉了。
　　　 팔아버렸어.
　　 d. *我卖掉它了。

(17) a. 放在这儿的书你怎样处理了?
　　　 여기에 있던 책들을 어떻게 했어요?
　　 b. 我把它卖掉了。
　　　 내가 그 책들을 팔아버렸어.

---

6) 바(把)자 구문의 바(把)는 목적격조사와는 달리 필수적 문법형태소로 그 위치가 고정 되어 있으며, 또한 바(把)를 탈락시킨 목적어만을 동사 다음으로 이동시키게 되었을 때 비문이 된다는 점에서 목적어 이동과 관련된 요소로 보기도 어렵다.
7) 사유위(2005 : 5)는 술어동사 앞에 오는 명사성 성분 또는 일부 개사("关于, 至于, 对 于, 把")로 인도되는 성분은 모두 화제성을 지닌다고 했다.
8) 여기서 주의할 점은 목적어구의 위치가 같다는 것이지 목적어의 구성형식이 같다는 것이 아니다. 즉, 중국어는 문법형태소가 전치되는 형식을 취하고 한국어는 후치되는 형식을 취하므로 그 구성형식은 서로 다르게 된다.

      c. 卖掉了。
        팔아버렸어.
      d. *我卖掉它了。

위의 대화문을 통해서 알 수 있듯이 책은 부화제(기지의 정보)로서 동사의 앞에 위치하게 된다. 또한 부화제로서 주어와 함께 생략될 수도 있다. 하지만 동사 다음에는 올 수 없다. 이렇게 중국어에서도 한국어처럼 SVO 어순이 아닌 SOV 어순을 취하는 중국어 고유의 문장형식이 존재하고 있음을 알 수 있다.

(1) 바(把)자 구문의 출현 배경

중국어에서 바(把)자 구문이 출현하게 된 배경으로는 다음과 같은 이유를 들 수 있다.

① 구조적 필요성 : 중국어는 문법형태소가 덜 발달된 관계로 서로 다른 문법적 기능을 나타내기 위해서는 구조적 대립관계를 통해서 나타낼 수밖에 없으며 따라서 이런 대립 관계를 나타내기 위해서 X자형 통사적 대칭 구조[9]가 발달하게 되었다.

② 화제(낡은 정보)의 문두화 : 한국어에서도 주제격(화제)조사 '-은/는'과 결합된 성분인 화제(구정보)는 일반적으로 문두에 위치하게 된다. 아울러 이들 화제(구정보)와 관련성이 높으면 높을수록 그 화제에 인접한 위치에 놓이게 된다. 따라서 화제가 되기에 가장 쉬운 성분 중의 하나인 목적어가 문두의 주화제의 위치나 또는 주화제와 인접한 부화제[10]의 위치에 놓이는 것은 자연스러운 일이라고 하겠다.

---

9) 필자(2001)의 박사학위 논문 참고 바람.
10) 사유위(2005 : 5)는 화제성에 대한 측정실험을 통해서 화제를 강화제와 약화제 그리고 비화제로 3구분한다. 그리고 바(把)자 구문은 문두에 오는 비한정적 주어와 함께 약화제로 볼 수 있다고 했다.

다음은 임의로 뽑은 중국어의 화제 구문에서 목적어가 화제 기능을 담당하게 되는 비율을 조사해 본 것이다.11)

(18) 这本书1我今天已経看完〔0₁〕了。
　　　이 책은 내가 오늘 이미 다 보았습니다.

(19) 其次呢, 就是最近的销售情况。
　　　그 다음은 바로 최근의 판매 상황에 관한 것입니다.

(20) 这个人把他家里的书1全都卖〔0₁〕了。
　　　그 사람은 자기 집의 책을 모두 팔아버렸다.

(21) 关于房子问题₁我们打算以后再讨论〔0₁〕。
　　　방 문제에 대해서는 나중에 다시 토론할 예정입니다.

(22) 王红我总觉得在哪儿见过她。
　　　왕홍 씨는 제가 어디선가 꼭 본 것 같아요.
　　　(我总觉得在哪儿见过王红。)
　　　(제가 어디선가 왕홍 씨를 꼭 본 것 같아요.)

(23) 这几个人咱们今天就不见他们了吧。
　　　이 사람들은 우리가 오늘 꼭 만나야만 되는 게 아니죠?
　　　(咱们今天就不见这几个人了吧。)
　　　(이 사람들은 우리가 오늘 꼭 만나야 되는 게 아니죠?)

(24) 水果我最喜欢吃苹果。
　　　과일은 전 사과를 제일 좋아해요.
　　　(谈到水果我最喜欢吃苹果。)
　　　(과일로 말하자면 전 사과를 제일 좋아해요.)

(25) 这壶水我浇花。
　　　이 주전자의 물은 제가 꽃밭에 뿌려 줄게요.

---

11) 본 예문들은 사유위(2005 : 5)의 논문(예문 21~25)과 장단단(2007 : 8)의 논문(예문 19~23)에서 임의로 뽑은 화제에 관한 예문들이다.

(至于这壶水我浇花吧。)
(이 주전자의 물은 제가 꽃밭에 뿌려 줄게요.)

(26) <u>这首歌</u>我越听越喜欢。
이 노래는 들으면 들을수록 좋아져요.
(我越听越喜欢这首歌。)
(저는 이 노래를 들으면 들을수록 좋아져요.)

우리는 위의 10개의 예문들을 통해서 보면 예문 (19)는 자동사 구문, (20)은 부화제 구문, (21)은 서술대상을 전문적으로 인도하는 개사(일종의 전치사) 구문, (25)는 개사의 목적어인 도구를 화제로 삼은 문장들이다. 다시 말해서 화제가 문장 서술어의 목적어와 직접적으로 관련이 없는 문장은 2개에 불과하다. 그리고 이 중 하나도 비록 서술어의 목적어는 아니지만 전치사의 목적어로 사용된 것이다. 물론 이 예문들에는 어느 정도 오차가 있을 수 있겠지만 그래도 우리는 문장 속의 목적어가 가장 많이 그리고 쉽게 화제로 전환될 수 있음을 인정하지 않을 수 없다.

③ 화제로서의 화자나 청자 주어의 중립적 생략 기능 : 한국어는 화제 표지와 주어 표지가 분명하게 구분되는 반면 영어는 주어 표지만 있고 중국어는 그 중간적 성격을 띤다고 할 수 있다. 따라서 화자나 청자 주어의 생략에 있어서 가장 제약을 많이 받는 언어가 영어라면 가장 적게 받는 언어가 한국어나 일본어이고 중국어는 그 중간적 위치에 해당된다. 다음 예문을 보자.

a. 你好!   b. 你去哪儿?
안녕하세요!   어디 가세요?

위의 예문에서 볼 수 있듯이 중국어에서는 화자나 청자가 주어의 위치에 올 때 일반적으로 생략하지 않는 것이 더 자연스러운 반면 한국어에서는 생략하는 것이 더 자연스러움을 알 수 있다. 따라서 중국어에서는 주화제가 화자나 청자가 될 때 바(把)자 성분이 부화제 기능을 담당하게 되는 것이 자연스런 이치라 하겠다.

④ 화제 중심의 언어구조의 발달 : 화제가 두드러진 언어 구조적 특징을 보이는 중국어에서 바(把)자 성분은 부화제로서 주화제와의 관련성이 높을 수밖에 없다.

2) 바(把)자 구문의 구조적 특징

사유위(2005 : 5)는 바(把)자 구문의 구조적 특징을 다음과 같이 제시했다.

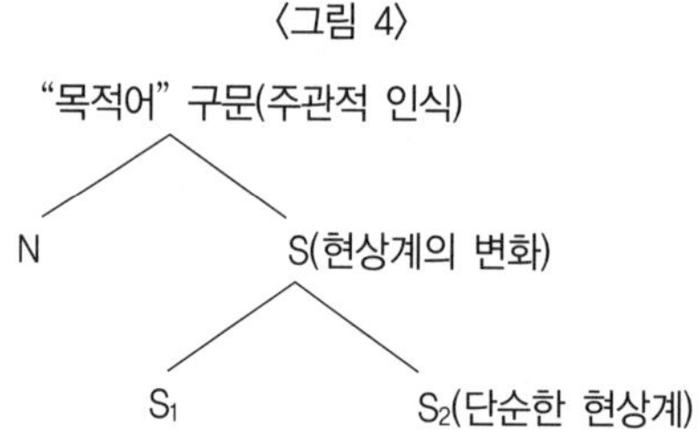

이 그림에서 볼 수 있듯이 "把"자 구문의 의미구조는 하나의 계층구조를 이루고 있는 복합명제 체계로서, 그 표층구조는 화자의 N과 S 사이의 연유 관계에 대한 주관적 인식을 나타내게 된다. 그리고 그 중간층은 현상계의 변화(S)를,[12] 그리고 그 심층구조가 나타내는 것은 현상계에 관계의 변화가 발생했으며, 그 변화는 객관적 현상들의 단순명제인 S_1과 S_2 사이의 변화를 나타낸다. "把"자 구문의 주관성은 주로 N과 S의 관계에서 나타나게 되며 "把"자 구문의 현상계의 변화성은 주로 S의 범주 안에서 표현되게 된다.

---

12) 여기서의 의미는 철학적 개념이 아니라 문장이 나타내는 의미 또는 현상의 전환 또는 는 변화를 말하며, 서로 다른 계층과 서로 다른 유형으로의 변화를 의미함.

3) 바(把)자 구문의 공시적 논리 관계

중국어는 그 언어의 특성상 문법적 형태소가 덜 발달한 관계로 인하여 단어나 성분 사이의 상호관계를 통하여 그 논리적 의미관계를 파악할 수밖에 없다. 따라서 여기서는 인지언어학의 이론에 근거해서 타성(Momentum)의 유형, 타성의 모식, 타성의 결과 등의 측면에서 볼 때, 중국어의 "성분 연결체계−부림" 구조는 최소한 다음과 같이 구분할 수 있다. "직접적 부림／간접적 부림", "객관적 부리／주관적 부림", "정방향 부림／역방향 부림", "실질적 부림／형식적 부림", "부림 행위／부림 결과" 등. 우리는 이런 특징을 이용해서 이들 구문 및 그 상관 구문형식을 묘사할 수 있다.

〈표 1〉

	직접적 부림	주관적 부림	정방향 부림	실질적 부림	부림 결과
"把"자 구문	−	+	+	−	+
"給"구문	−	+	±	−	+
사동 구문	−	−	+	−	±
이중성분 문	−	−	+	+	±

"把"자 구문은 동작유발의 주체와 부림 결과의 실현체(즉, 객체)가 서로 다르기 때문에 간접적 부림 방식이 된다. 그리고 "把"자 구문에서는 일종의 결과성의 부림을 강제적으로 요구하게 되는데 이 점이 다른 목적어 구문과 다르다고 하겠다. 다시 말해서 이 구문은 반드시 어떤 현상계의 변화결과가 동반되어야 한다는 것이다. 예컨대, "小王把碗打碎了(왕 군이 그릇을 깨뜨렸다)."고 했을 때 부림 이전의 깨지지 않은 그릇이 부림의 결과 깨어진 상태의 그릇으로 변화가 일어나야만 한다는 것이다. 주관성 문제는 생략하기로 한다. 그리고 "把"자 구문의 부림 방향은 정방향이 된다. 현대 중국어에서 "給"자 구문은 다시 수혜격13)의 "給"자·구문과 피동의미의 "給"자 구문으로 나뉜다.14) 피동의미의 "給"자 구문이란 "小王给小李打伤了(왕

군이 이 군한테 맞아서 다쳤다)."15)와 같은 문장을 말한다. 이중성분 구문은 간접적, 객관적, 정방향적, 실질적 의미의, 비결과적 부림 형식을 지니게 된다. 여기서 간접적이란 동작유발의 주체와 동작의 실현체가 다르다는 것이다. 예컨대, "老师命令学生写作业(선생님께서 학생에게 숙제를 하라고 시켰다)." 이 구문의 동작유발의 주체는 "老师(선생님)"이 되고 동작실현의 주체는 "学生(학생)"이 된다. 객관적이란 이중성분 구문이 하나의 사실명제를 진술하고 있음을 말한다. 정방향이란 이중목적어 구문의 타성 전달방식이 앞에서 뒤로 전달되는 방식을 의미한다. 실질적 의미 부림이란 이중성분 구문의 a가 실질적 의미성을 지닌다는 것을 말하며, 비결과적 부림이란 이중성분 구문의 s가 일반적으로 하나의 동작과정을 나타냄을 말하는 것이다. 예컨대 "小王劝小李买东西(왕 군이 이 군한테 물건을 사라고 권했다)."와 같이 아직 어떤 결과가 발생하지 않았음을 말한다. 사동구문은 비직접적, 객관적, 정방향적, 형식적 의미의, 그리고 결과 부림은 있을 수도 있고 없을 수도 있는 문장형식을 나타낸다. 사동구문은 하나의 사실을 서술하게 되며, 그 동력원이 정방향으로 전달되게 된다. 이 점은 이중성분 구문과 일치하지만 사역구문은 형식적 부림으로써 일종의 사동관계를 나타내게 된다. 또한 사역구문이 과정(妈妈让孩子写作业 : 엄마가 아이한테 숙제를 하라고 했다)을 시킬 수도 있고 결과(妈妈让孩子写完作业 : 엄마가 아이한테 숙제를 다 하라고 했다)를 시킬 수도 있다.

만약 단지 "把"자 구문과 사동구문 그리고 이중성분 구문에 대한 사역의 부림관계만을 말한다면 다음과 같이 간결하게 개괄할 수 있게 된다.

---

13) 한국어에서는 문장의 주체를 기준으로 하여 여격조사로 보지만 중국어에서는 객체를 기준으로 하여 수혜격이라고 부름.

14) 이 외에도 "把"자 구문의 "把" 기능과 동일하게 쓰이는 경우도 있지만 여기서는 따로 구분하지 않고 "把"자 구문의 범주에 포함시킨다.

15) 이 경우 비록 소수의 예이지만 "把"와 동일한 의미기능으로 보아 "왕 군이 이 군을 때려서 다치게 했다."로 해석될 수도 있음.

〈표 2〉

	행 위	변 화
부림 관계	이중성분 / 사역 구문	피동문 / "把"자 구문

이런 관계를 이용해서 다음과 같은 예문을 설명하면 아래와 같이 된다.

(27) 妈妈让孩子写作业。(형식적 의미에 의한 행위의 부림)
　　　엄마가 아이한테 숙제를 하게 시켰다.

(28) 领导叫她上楼。(실질적 의미에 의한 행위의 부림)
　　　부장이 그녀한테 위층으로 올라오라고 했다.

(29) 她被妈妈说哭了。(형식적 의미에 의한 행위의 부림)
　　　그녀는 엄마의 꾸중을 듣고 울었다.

(30) 妈妈把她说哭了。(형식적 의미에 의한 행위의 부림)
　　　엄마가 그녀한테 꾸중을 해서 울게 했다.

(1) 경계의 변화와 현상계의 변화에 대한 개념

① 경계의 변화란 일반적 의미의 변화와는 서로 다른 개념임

둘 다 변화를 가리키는 말이기는 하지만 서로 다른 계층에 속하는 서로 다른 유형의 변화를 의미하는 것이다. 이것은 분자와 원자가 서로 다른 계층의 물질 구성요소인 것과 같이 의미유형으로서의 변화는 활동과 상태와 더불어서 사물현상들의 유형을 묘사하는 의미범주이기는 하지만 활동이나 상태와는 서로 다른 계층의 범주에 속한다고 보는 것이다. 그리고 상태는 활동과 마찬가지로 원시적 사물현상에 속하지만 변화는 복합형사물현상으로 완결형 변화와 달성형 변화를 포함하게 된다. 여기서 완결형 변화란 하나의 경계면 내의 모든 과정 활동이 실현되었음을 의미한다. 이에 반해 달성형 변화는 활동 또는 상태가 서로 다른 경계면인 A→B로의 전환이 이루어졌음을 나타낸다. 이들은 모두 동사의 의미구조 내에서의 유형 구분에 해당한다.

② 현상계의 변화는 의미세계의 변화와는 서로 다른 개념임

현상계의 변화란 {N$_2$ $_{(X)}$ $_{V2}$ $_{(C/O)}$}가 나타내는 사건의 전체변화를 가리키는 것으로, {(X)V2 $_{(C/O)}$}의 변화와 N2의 변화를 모두 포괄하게 된다. 이것은 곧 "把"자 구문의 현상계의 변화가 두 부분을 포괄한다는 의미라고 할 수 있다. 하나는 {(X)V2 $_{(C/O)}$}가 나타내는 동사의 상의 경계의 변화이고 다른 하나는 N$_2$의 변화가 된다. "把"자 구문에서 이 두 가지 변화 중 하나라도 없어서는 안 된다. 화자로 말할 것 같으면 N$_2$는 두 개가 되는 것이다. 하나는 변화 전의 N$_2$이고, 다른 하나는 변화 후의 N$_2$가 된다. 다음 예문을 보자.

(31) 小王把碗打碎了。(변화 전 : 그릇이 깨어지지 않음)
    왕 군이 그릇을 때려 부수었다. (변화 후 : 그릇이 깨어짐)

(32) 雷声把她从梦中惊醒了。(변화 전 : 그녀가 잠을 자고 있었음)
    천둥소리가 그녀를 꿈에서 깨어나게 했다. (변화 후 : 잠에서 깨어남)

(33) 她把钱包丢了。(변화 전 : 지갑을 잃어버리지 않음)
    그녀가 지갑을 잃어버렸다. (변화 후 : 지갑을 잃어버림)

N$_2$의 변화 전의 상태는 이미 알고 있는 것이며, 하나의 전제로서 이미 존재하는 것이 된다. N$_2$의 변화 후의 상태는 새로 알게 된 것이며 정보전달의 핵심으로서 존재하게 된다. "把"자 구문의 N$_2$는 동작을 입은 후에는 반드시 변형체가 되어야만 한다. 만약 N$_2$에 변화가 일어나지 않게 되면 이 "把"자 구문은 성립하지 않게 되고 만다. 다음 예문을 보자.

(34) a. ?小王没把书还了。
       ?왕 군이 그 책은 돌려주지 않았다.
   b. ?小王没把杯子打碎了。

　　?왕 군이 그 컵은 때려 부수지 않았다.

　"把"자 구문은 일반적으로 부정문 형식을 취하지 않게 되는데 그 이유는 바로 "把"자 구문의 부정문은 곧 N_2의 변화를 부정하는 것이 되기 때문이다. 이것은 일반적으로 N_2가 한정적 명사구이기 때문으로 알려져 있다. 하지만 N_2가 때로는 "一(숫자)＋量词(양사)＋名词(명사)" 형식으로 이루어진 구문도 쉽게 발견할 수 있게 된다. 다음 예문을 보자.

　　(35) a. 她把一杯水端到我面前。 그녀가 물 한 잔을 들고 내 앞으로 왔다.
　　　　 b. 他把一百快钱送给了我。 그 사람이 돈 백 원을 나한테 주었다.

　이런 비한정적 형식을 취한 "把"자 구문도 결코 예외라고 할 수 없다. 얼핏 보아 비한정적인 것처럼 보이지만 실제로 대화 쌍방 간에는 충분히 한정적이라고 할 수 있으며 특히 이미 알고 있는 정보의 기능을 수행한다고 할 수 있다. 그래서 청자는 화자의 말을 듣고 나서 결코 '무슨 물' 또는 '어느 나라 돈'하고 묻지 않을 것이다. 사실 한정적과 비한정적 그리고 특정 지칭과 불특정 지칭 이런 개념은 좀 더 세밀하게 다듬어질 필요가 있다고 하겠다. 더욱이 언어교류 중에서 사람들은 상대방의 오류를 포용하고 나아가 그가 실제로 표현하고자 했던 표현을 추측해서 바로 잡아 이해할 수 있는 능력이 있으며 여러 언어형식상의 비한정적 형식을 구체적 교류활동 속에서 한정적 성분으로 이해할 수도 있기 때문이다. 다음 예문을 보자.

　　(36) a. 他把水递给了我。 그 사람이 나한테 물을 건네주었다.
　　　　 b. 妈妈把碗洗了。 엄마가 그릇을 씻었다.

　이 두 "把"자 구문 속의 N_2는 모두 범칭형식의 보통명사이다. 그러나 언어 교류활동 중에서 우리는 이들을 한정적 성분으로 이해하지 결코 비한정적 성분으로 이해하지 않는다. 사실 "把"자 구문에서의 N_2는 그것이 한정적이냐 아니냐에 있는 것이 아니라 그것이 총체적 지칭기능을 수행하느냐 않느냐에 있다고 할 수 있다. 총체적 지칭기능의 수행이란 화자로 말할 것 같으면 "把"자 구문의 N₂가 최소한 지칭기능에 있어서 경계선이 분명한 하나의 총체를 지칭하는 것을 말하는 것이다. 다음 예문을 보자.

    (37) a. ?小王把三封信烧了。?왕 군이 편지 세 통을 태워 버렸다.
          b. 小王把那三封信烧了。왕 군이 그 편지 세 통을 태워 버렸다.
          c. 小王把三封信都烧了。왕 군이 편지 세 통을 모두 태워 버렸다.

예문 (37)a 속에서의 "信"은 객관적으로 세 개의 총체가 존재하지만 지칭기능상으로는 세 개의 개체를 지칭하고 있다. 이는 단지 수량사의 계수기능만을 수행할 뿐, 총체적 지칭기능을 수행할 수 없다. 따라서 비문이 되는 것이다. 그러나 (37)b와 (37)c에서는 "那(그)"와 "都(모두)"를 이용해서 "三封信(편지 세 통)"으로 하여금 총체적 지칭기능을 획득하게 함으로써 문법적 문장이 될 수 있는 것이다. 필자는 한정적 형식이든 "一(수사)＋量(양사)＋名(명사)" 형식이든 범칭의 보통명사 형식이든 간에 "把"자 구문의 N₂ 기능을 수행할 수 있는 가장 중요한 이유는 총체적 지칭기능의 수행 여부에 있다고 본다. 그리고 나아가 "把"자 구문의 N₂가 총체적 지칭기능을 수행해야 한다고 하는 이유는 바로 현상계 변화의 요구 때문이라고 할 수 있다. 총체적 기능이 없는 N₂는 현상계 변화의 변형체가 될 수 없기 때문이다.

또 하나의 중요한 문제 중의 하나는 马真(1985)이 지적한 왜 "把"자 구문의 동사는 동태조사 "过"와 결합할 수 없는가 하는 것이다. 다음 예문들을 비교해 보자.

    (38) a. 她把苹果吃了。그녀가 사과를 먹어버렸다.
          b. 你把碗端着! 네가 그릇을 좀 들고 있거라!
          c. ?她把北京去过。?그녀가 북경을 가본 적이 있다.

동태조사 "了, 着"는 똑같이 "把"자 구문에 삽입되어 "把"자 구문을 형성하는데 문제가 없지만 "过"는 사용이 불가능하다. 그 이유는 무엇 때문인가? 그 이유는 바로 "把"자 구문의 동사에 "了, 着"를 첨가했을 때는 현상계의 변화를 나타낼 수 있지만 "过"는 그렇지 않기 때문인 것이다.

③ 현상계의 변화란 새로운 상황의 출현이나 장면의 전환과는 그 의미가 다름

그 차이는 다음과 같다.

$$\begin{cases} \text{현상계의 변화} : 1 \rightarrow 2 \\ \text{새로운 상황의 출현} : 0 \rightarrow 1 \\ \text{장면전환} : 1 \rightarrow 1 \end{cases}$$

이것은 곧 현상계의 변화란 이미 알고 있는 현상이 새로운 현상으로 바뀌는 것을 말하는 것으로 무에서 유로의 새로운 상황이 나타나는 것(즉, 모르는 현상을 새로 알게 되는 것)이나 새로 알게 된 현상으로부터 또 다시 알게 된 현상으로 장면이 바뀌는 것과는 서로 다른 것이다. 다음 예문은 새로운 상황의 출현을 보여주는 것이다.

(39) a. 비가 와요.
　　 b. 불이 났어요.
　　 c. 날씨가 추워졌어요.

다음은 장면의 전환을 보여주는 예이다.

(40) a. 앞에 산이 하나 있고 그 산 속에는 절이 하나 있으며 절에는 스님과
　　　　 불도가 있다.
　　 b. 비가 와서 물방울이 튀자 자라가 모자로 삼아 썼어요.

끝으로 현상계의 변화를 나타내 주는 예문들이다.

(41) a. 他把碗打碎了。 그 사람이 그릇을 때려 부수었다.
     b. 他把钱包丢了。 그 사람이 지갑을 잃어버렸다.

4) "把"자 구문에서의 현상계의 변화에 대한 구분

(1) {N₂ (x)V₂ (C/O)(把 다음의 명제문)}의 의미특징상의 구분

{N_2 $_{(X)V_2}$ $_{(C/O)}$(把 다음의 명제문)}의 의미특징으로 볼 때 다음과 같이 구분할 수 있다.

① 외적(인위적) 힘에 의해서 발생된 변화

(42) 小王把信写好了。
왕 군이 편지를 잘 썼다. (의도적 동작 / 의도된 결과)

(43) 小王把地址写错了。
왕 군이 주소를 잘못 썼다. (의도적 동작 / 비의도된 결과)

(44) 孩子的哭声把妈妈吵醒了。
아이의 울음소리가 엄마를 깨게 했다. (비의도적 행위 / 비의도적 결과)

(45) 远处飘来的歌声把孩子逗乐了。
멀리서 들려온 노랫소리가 아이를 신나게 만들었다. (비의도적 행위 / 의도된 결과)

①형 "把"자 구문의 S_1은 행위를 나타내는 문장이고, S_2는 상태 / 결과를 나타내는 문장이 된다. 그리고 S_1과 S_2 사이에는 행위의 유발과 피유발의 관계가 성립되게 된다. 그리고 의도적 행위에 의해서 일어나게 된 변화의 문장에서는 유발자의 의도성이 따르지만 그 의도대로 되었느냐 아니냐 하는 결과는 화자의 관점에 의거하게 된다.

② 자연적으로 일어나게 된 변화

(46) 小王把钱包丢了。
  왕 군이 지갑을 잃어버렸다.

(47) 他去年又把老婆死了。
  그 사람은 작년에 아내도 잃게 되었다.

②형 "把"자 구문의 S_1은 일반적으로 존재나 소유 구문이 되고, S_2는 일반적으로 S_1과 상대적인 현상을 나타내는 문장이 된다. 그리고 S_1과 S_2 사이에는 행위의 유발과 피유발의 관계는 성립되지 않고 일종의 자연적 변화의 관계를 나타내게 된다.

(2) 구조 유형상의 구분

구조의 유형으로 볼 때 "把"자 구문 중의 {(X) V2 $_{(C/O)}$} 현상계의 변화를 나타내는 구조유형은 대체로 다음과 같다.

① 동사구조 의미 내에서의 경계의 변화

형식상으로 볼 때 바로 "V了"형 경계의 변화를 말한다. 이것은 최소 형식의 경계의 변화를 말하는 것이다. 张黎(2003b)는 중국어 동사는 郭锐(1993)가 제시한 바 있는 양성적 동작과정의 구조를 구비한 것 이외에도 음성적 의미구조를 지니고 있다고 제시한 바 있다. 그리고 동사의 현실성적 과정의 구조에 대하여 말한다면 동사 내부의 음성적 의미구조의 유형들이 서로 다르고 이들의 "把"자 구문 속에서의 통사적 표현도 서로 다르다고 할 수 있다. 예를 들어,

(48) a. 他去年把丈夫死了。   b. ?他把那个问题想了。   c. ?她把她是了。
  他昨天把钱包丢了。   ?她把他喜欢了。   ?小王把她有了。

에서 (48)a 유형의 "V了" 중의 V는 상태동사이며, "V了"는 동작실현 후의 동작의 지속상태를 나타내게 된다. 그리고 "V了"의 전후와 동작의 경계면의 상태는 서로 다르다고 할 수 있다. 그러므로 경계의 변화가 발생했다고 할 수 있는 것이다. 그러나 b(심리동사)와 c(관계동사)의 "V了" 형식은 일반적으로 단독으로 사용되지 않는다. 그 이유는 이런 유형의 동사의 의미구조 유형은 "V了"로 하여금 경계의 변화를 나타내게 할 수 없기 때문이다. 동사의 함의적 의미구조는 "把"자 구문에 대한 통사적 표현에 커다란 영향을 미치게 된다. 다음 예문(张伯江 : 2000 참고함)을 비교해 보자.

(49) a. 我把古董卖了。제가 골동품을 팔아 버렸어요.
     b. ?我把古董买了。제가 골동품을 샀어요.

(50) a. 你把衣服脱了。옷 벗으세요.
     b. ?你把衣服穿了。옷 입으세요.

(51) a. 你把书还了。책을 반환하세요.
     b. ?你把书借了。책을 빌리세요.

(52) a. 他把旧房子拆了。그는 헌집을 허물었다.
     b. ?他把新房子盖了。그는 새집을 지었다.

"买(사다)－卖(팔다)", "穿(입다)－脱(벗다)", "借(빌리다)－还(반환하다)", "盖(짓다)－拆(허물다)"와 같은 유형의 반의어는 공동으로 하나의 동작과정을 구성하게 된다. "卖"는 "买"를 함의하고, "脱"는 "穿"을, "还"은 "借"를, "拆"는 "盖"를 각각 함의하고 있다. 즉, "卖→买", "脱→穿", "还→借", "拆→盖"로의 함의관계는 성립하지만 그 반대는 성립하지 않게 된다. 따라서 이런 반의어에 잠재된 개념의 전체구조로부터 봤을 때, "买, 穿, 借, 盖"는 동작 논리과정의 시작이라 할 수 있으며, "卖, 脱, 还, 拆"는 동작 논리과정의 끝이라고 할 수 있게 된다. 바로 이런 이유 때문에 후자는 동작종료의 의미를 내포한 "了"를 첨가해서 결과적 변화를 나타낼 수 있지만 전자는 "了"를 첨가해서 동작실현을 나타낼 수는 있으나 이것이 결과적 변화를 나타내는 것이 아니기 때문에 사용할 수 없게 되는 것이다. 바로 이런 점이 한국어 목적어 구문과는 다른 중국어 "把"자 구문의 고유한 특징이라고 할 수 있다.

또 다른 유형의 예문(吳葆棠 : 1987 참고함)을 한 번 보자.

   (53) a. 把手烫了。 손을 데었다.
        b. 把他骗了。 그를 속였다.(그는 속았다.)
        c. 把庄稼涝了。 (비가) 농작물을 침수되게 했다.
        d. 把衣服湿了。 (비가) 옷을 젖게 만들었다.

이와 같은 이른바 "반의지적" 바(把)자 구문에서 V의 함의적 의미구조 중에 "반의지적"인 것과 상대적인 "의지적" 의미가 있다. 예를 들면 "데었다 ─데지 않기를 바람", "속았다─속지 않기를 바람", "침수되었다─침수되지 않기를 바람", "젖었다─젖지 않기를 바람" 등과 같다. 이런 "소원─불원"의 대립이 바로 이와 같은 "반의지적" 바(把)자 구문 중의 V의 의미구조에 있어서의 함의적 심리상태의 "경계의 변화"라고 할 수 있다.

② 물성의 결과적 경계의 변화형 : (VO)了형

물성의 결과적 경계의 변화형이란 사물과(곧 목적어 부분) 상관된 성질의 결과적 경계의 변화를 말한다. 즉, 동사의 동작행위 발생 후 목적어가 나타내는 사물의 경계면에 변화가 발생했음을 의미하는 것이다. 이런 유형은 동작행위가 타동사의 목적어로 하여금 경계면의 변화를 발생시키게 된다고 할 수 있다.

이는 곧 "把"자 구문의 V와 관련된 타동성 성분(O)의 경계의 변화를 나타낸다고 할 수 있는데, 예를 들면 다음과 같다.

   (54) 小王把这个消息告诉了<u>小李</u>。 (대상)
        왕 군이 그 소식을 <u>이</u> 군한테 가르쳐 주었다.

(55) 他把面都包了饺子。(결과)
그 사람이 면을 모두 <u>만두</u>를 빚는 데 써 버렸다.

(56) 小李把橘子剥了<u>皮</u>。(피동작물)
이 군이 귤을 <u>껍질</u>을 벗겼다.

(57) 他从没把我当<u>个人</u>。(빈사)
그 사람은 나를 한 번도 <u>사람</u>으로 대접해 주지 않았다.

(58) 他把那些米过了<u>秤</u>。(도구)
이 사람이 저 쌀들을 <u>저울</u>로 달았다.

③ 동작 양상의 결과적 경계의 변화 : (V)C / X(V)형

동작양상의 결과적 경계의 변화란 동사와 상관된(vc : 술보구조 / xv : 동사 수식구조) 결과적 성질의 변화를 의미한다. 즉, 동사와 그 전후 성분에 공통으로 발생되는 경계의 변화를 가리키는 것이다. 이런 유형은 주로 "把" 자 구문의 V 후의 자동성 성분(C) 또는 V 앞의 수식성분(X)이 동사와 결합해서 나타내는 경계의 변화를 가리키는 것이라고 할 수 있다. 예를 들면 다음과 같다.

(59) a. 你把这杯子端<u>着</u>。이 컵 좀 들고 <u>있어</u> 줘요. (V着点儿)
    b. 你把自行车扶<u>着点</u>。이 자전거 <u>좀 잡고 있어</u> 줘요.

(60) a. 小王把酒喝<u>多</u>了。왕 군이 술을 <u>많이</u> 마셨어요. (VC/得C类)
    b. 田中把房间打扫得<u>干干净净</u>。텐중이 방을 <u>깨끗이</u> 청소했다.

(61) a. 你把这封信看<u>看</u>。이 편지 <u>한 번</u> 보세요.
    b. 你把马遛遛。이 말 좀 산책시켜 줘요. (VV类)

(62) a. 他把那封信看了<u>一下</u>。그 사람이 그 편지 <u>한 번</u> 보았다.
    b. 他把衣服试了<u>一下</u>。그가 이 옷 <u>한 번</u> 입어 보았다. (V一下)

(63) a. 他把钱往<u>兜儿里</u>揣。그가 돈을 <u>주머니 속으로</u> 감추었다.
     b. 你把胳膊<u>往上</u>抬。팔을 <u>위로</u> 올려 보세요. (XV类)

각 문장 속의 밑줄 친 표지들이 바로 경계의 변화가 일어나는 부분이 되는데, 위와 유사한 표지들이 첨가되기만 하면 거의 대부분의 동사구가 모두 "把"자 구문을 형성할 수 있게 된다.

상술한 {(X)V2 $_{(C/O)}$}형 경계 변화의 특징은 부가성분을 통해서 V의 물리적 변화(즉, 이동이나 타동성, 성상, 양의 증감, 상태 유지, 결과적 양상의 변화 등)를 나타내는 것이라고 할 수 있다. 결론적으로 말해서 {(X)V2 $_{(C/O)}$}형의 경계변화는 "了"형과는 다르다는 것이다. 즉, V 그 자체의 변화가 아니라 V와 관련된 외계의 변화를 나타낸다고 하겠다.

3. 요약

이상의 분석을 통해서 우리는 다음과 같은 결론을 얻을 수 있게 된다. 먼저 중국어는 언어 유형적으로 봤을 때, 한국어와 같이 전문적인 화제 표지 조사를 지닌 언어보다도 더욱 더 화제가 두드러진 화제 우선형 언어에 속하는 것으로 보았다. 그리고 통사적으로는 중국어에서의 화제는 상승 이동되어서 생성된 것이 아니라 원시적 위치에서 복사된다고 보았다. 또한 중국어의 화제성을 세 계층으로 구분하게 되면 강화제와 약화제 및 비화제로 구분할 수 있는데, 이 중 "把"자 구문은 약화제에 속한다고 보았다.

그리고 "把"자 구문의 의미구조는 하나의 계층적 구조를 지닌 복합명제의 형체를 지니게 되는데, 그 가장 바깥쪽 표층구조는 화자의 N과 S 사이의 연유관계에 대한 주관적 인식을 나타내며, 그 중간층은 "현상계의 변화"를, 그리고 그 기저구조에서 나타내고자 하는 것은 현상계의 변화관계와 객관적 현상의 단순명제인 S_1과 S_2의 관계였다. "把"자 구문의 주관성은 주로 N과 S의 관계에서 표현되며 "把"자 구문의 현상계의 변화는 주로 S의 범주 내에서 나타난다.

또한 "把"자 구문은 중국어 특유의 구문형식으로서 그 의미정보의 응결성은 다른 언어의 유사한 구문형식에서는 찾아보기 힘든 것이었으며, 이런 사실은 그 자체로써 중국어 "把"자 구문의 인지언어학의 유형학적 가치를 나타낸다고 하겠다. 그리고 "把"자 구문의 해석적 성격을 통해서 현상계의 변화를 서술하고 있는 것도 중국어만의 특징이라고 하겠다.

종합적으로 말하면, 먼저 통사적으로 한·중 언어의 목적어가 모두 문두의 화제 위치로 상승될 수 있다는 점과 더불어 (S)OV 어순구조도 존재한다는 공통점을 지닌 반면, 차이점으로는 중국어에서는 한국어에는 없는 VO 어순 구조와 더불어 OV 어순 구조에서도 "把"자 구문이라는 중국 고유의 독특한 형식을 취한다는 점이었다. 그리고 이 "把"자구는 부화제로서 주로 한정적(definite) 명사구와만 결합하는 특수성을 지닌다는 점이었다. 그리고 인지언어학적으로 중국어는 "把"자 구문의 해석적 성격을 통해서 현상계의 변화를 서술하고 있는데, 이런 해석적 성격의 현상계의 변화를 나타내는 구문형식은 한국어나 영어, 그리고 기타 언어에서는 존재하지 않는 것이었다.

끝으로 이 글은 아주 부분적이며 초보적인 대비 연구에 불과하다고 하겠다. 앞으로 좀 더 심도 있고 전면적인 연구가 이루어질 수 있기를 바라는 바이다.

참고문헌

曹逢甫(1995), 主題在汉语中的功能研究－迈向语段分析的第一步, 谢天蔚译, 北京：语文出版社.

陈承泽(1920/1957), 国文法草创, 北京：商务印书馆.

吕叔湘(1979), 汉语语法分析问题, 北京：商务印书馆.

史有为(1999), "语言中的人和意义－语言的起点思考",「语文研究第」2期, 1-8页.

徐　杰(2003), "主语成分、话题特征及相应语言类型",「语言科学」第1期, 3-22页.

赵元任(1979), 汉语口语语法, 吕叔湘译, 北京：商务印书馆.

戴 维·克里斯特尔(2004), 现代语言学词典, 北京：商务印书馆.

石定栩(1998), "汉语主题句的特性",「现代外语」第2期, 40-57.

石定栩(1999), "主题句研究",「共性与个性－Ž－汉语语言学中的争议」 徐列炯主编, 北京：北京语言文化大学出版社, 1-35.

石毓智(2001), "汉语的主语与话题之辨",「语言研究」第2期, 82-91.

朱德熙(1982), 语法讲义, 北京：商务印书馆.

徐烈炯·刘丹青(1998), 话题的结构与功能, 上海：上海教育出版社.

袁毓林(1996), "话题化及相关的语法过程",「中国语文」第1期, 251-259.

张伯江·方梅(1994), "汉语口语里的主位结构",「北京大学学报」第2期.

Xu, Liejiong & D. T. Langendoen(1985), Topic Structures in Chinese, *Language* 61－1-27.

Li, Charles N. & Thompson, S. A.(1981), *Mandarin Chinese : A Functional Reference Grammar*, Berkeley, California : University of California Press.

Li, Charles N. & Thompson, S. A.(1976). Subject and topic : a new typology of language, In Charles N. Li (eds), *Subject and Topic*(pp.457-461), Austin : University of Texas Press.

Haegeman, Liliane(1994), *Introduction to Government and Binding Theory*, Cambridge, Massachusetts : Blackwell

Tsao, F.(1977), *A functional study of topic in Chinese : the first step towards* discourse analysis, Doctoral dissertation, University of Southern Califormia.

배용득(2001), "'的'字结构研究", 중국 南开大学 박사학위 논문.

서태룡(1982가), "국어의 조건과 주제", 「성심여대 논문집」 13.

이기동(1977), "대조·양보의 접속어미의 연구", 「어학연구」 13-2.

이홍배 역(1989), 촘스키의 확대표준 통사론, 한신문화사.

이상태(1995), 국어 이음월의 통사·의미론적 연구, 형설출판사.

임홍빈(1972), "국어의 주제화 연구", 「국어연구」 28.

홍사만(1986), 국어 특수조사론, 학문사.

‖ 염 철 ‖

한국어와 중국어의 이동동사 대조 연구
– ‘오르다’와 ‘上’을 중심으로

    문장은 동사를 중심으로 하여 그것과 관계를 맺는 여러 성분들이 통합됨으로써 형성된다.[1] 그러나 하나의 동사는 하나의 의미만 가지는 것이 아니고 쓰이는 문맥이나 상황에 따라 여러 가지 의미를 가진다. 특히 이동동사는 그것이 가지고 있는 방향성으로 보는 시점에 따라 쓰임을 달리하고 있다.

    전수태(1987 : 89)는, 이동동사는 통사적인 관점과 의미적 관점 두 가지로 규정할 수 있다고 설명했다. 통사적 관점에서 이동동사는 장소 보어를 가지고 있으며 목적에 잇달아 실현될 구체적인 동작을 나타낸다. 즉, 목적 있는 장소이동을 의미한다. 의미적 관점에서 이동동사는 출발점이나 목적어를 나타내는 말과 함께 쓰일 수 있다.

    한국어의 ‘오르다’는 낮은 곳에서 높은 데로 이동한다는 원형의미 이외에 은유적인 의미를 가지고 있다. 또한 다른 동사와 합성동사를 이룰 때

---

1) 홍재성(1987 : 89) 참조.

도 이동동사의 방향성을 상실하지 않고 이동성과 방향성 두 가지 의미를
다 갖고 있다. 예컨대, '뛰어 오르다', '괴어오르다'에서처럼 '오르다'는 [+
이동성]과 [+상향성] 두 가지 의미 자질을 다 가지고 있게 되어 보조동사
가 아닌 본동사의 역할을 하고 있는 것이다.

　'오르다'와 대응되는 중국어의 '上'도 유사한 의미 자질과 쓰임을 가지고
있지만 방향성이 없는 다른 동사 앞에 놓이거나 후행할 경우 보조동사의
의미 자질을 가지게 된다. 예컨대, '考上((시험에) 합격하다)', '爱上(사랑하게
되다)'에서 '上'은 [-이동성], [-상향성]인 보조동사로 [+실현], [+시작]의
의미 자질을 가지고 있다.

　이 글은 한국어와 중국어의 이동동사 중에서 수직 이동을 나타내는 '오
르다'와 '上'을 대상으로 이들이 어떤 원형의미와 확장의미를 갖고 있는지
를 분석하여 보고, 나아가 이들의 대응관계를 분석하여 보고자 한다.

1. 선행 연구

　① 한국어에서 '오르다'에 대한 연구는 이건환, 김경신, 위혜진 등이 있다.
　이건환(1997)은 '오르다'를 원형의미와 확장의미 두 가지로 나누고 모두
[+이동성]과 [+상승성]의 의미자질을 가진다고 설명하였다. 원형의미는
'실제로 지각할 수 있는 물리적 세계에서'의 낮은 곳에서 높은 데로 이동
하는 것이고, 확장의미에서 또 은유적 확장과 주관화 확장 두 가지로 나
뉘는 바 은유적 확장에는 추상적인 [+이동성, +상승성]에 대한 부류가
포함되었고, 주관화 확장의미는 화자의 심리적 주관화를 거친 것이라고
설명하였다.
　김경신(1999)은 방향성의 개념으로부터 '고정 기준점'을 가진 동사들을
'방향성 동사1'이라 하고, '상황 기준점'을 가진 동사는 '방향성 동사2'라고

설명하면서 '오르다 / 내리다'를 '방향성 동사1'에 포함시켰다.

위혜진(2003)은 한국어와 일본어에서의 이동동사 '上がる / 오르다'와 '下りる / 내리다'의 기본적인 의미와 쓰임을 분석하여 보고 '공간이동', '추상이동', '생산', '완성', '속성변화', '종료' 등 항으로 대응관계를 비교하였다.

② 중국어에서 '上'에 관한 연구는 보조동사로서의 의미기능에 대한 연구가 주류를 이루고 있다.

'上'의 이동동사로서의 의미기능에 대해 뤼쑤시앙(呂叔湘, 2000)의 『현대한어팔백사(現代汉语八百词)』는 '上'의 본동사로서의 의미를 '낮은 곳에서 높은 데로 가다', '전진하다', '첨가하다', '(경기장, 공연장 등에) 출장하다', '부착하다', '바르다, 칠하다', '게재하다', '돌리다, 죄다', '출근하다, 수업하다', '도달하다' 등으로 설명하였다.

보조동사 '上'에 대한 연구로는 멍충(孟琮), 리우웨화(刘月华), 쓰시야오(史锡尧), 리우광허(刘广和), 지앙화(蒋华)가 있다.

멍충(孟琮, 1987)은 방향을 나타내는 보조동사를 동작의 결과와 동작의 상태를 나타내는 두 가지로 분류하고, '上'은 동작의 '위치이동', '얻다', '출현하다', '접촉하다' 등 의미자질을 가지고 있다고 설명하고 있다.

리우웨화(刘月华, 1988)는 방향동사의 의미를 방향의미, 결과의미, 상태의미 등 세 가지로 규정짓고 있다. '上'은 방향의미에서 인간이나 사물의 동작행위의 종점을 가리키고, 결과의미에서 '접촉 및 고정'의 의미를 지니고 있으며, 상태의미에서는 사물이 정적인 상태에서 동적인 상태로 변화됨을 나타낸다고 설명하고 있다.

쓰시야오(史锡尧, 1993)는 보조동사로서의 '上'을 결과를 나타내는 보어성분으로 보고 '낮은 곳에서 높은 곳으로', '첨가', '완성', '폐합', '도착', '시작' 등 의미를 지니고 있다고 설명하고 있다.

리우광허(刘广和, 1999)는 보조동사 '上'을 동작동사의 방향성과 관련이 있는 '上1'과 동작동사의 방향성과 무관한 '上2'로 분류하고 '동사＋上2'를

'동사＋접미부분'으로 방향성을 나타내는 보조동사가 아닌 하나의 통합된 동사로 설명하고 있다.

지앙화(蔣华, 2003)는 보조동사 '上'의 문법화 과정을 공간이동의 의미자질에서 시간을 나타내는 의미자질로의 과정이라고 설명하였다.

2. 이동동사 '오르다'와 '上'의 의미와 쓰임

이동동사 '오르다'와 '上'의 원형의미는 '낮은 곳에서 높은 데로 가다'는 방향성이다. 그러나 언어의 자연생태적인 발전 속에서 그것의 확대의미는 원형의미의 방향성 바탕에서 더 많고 복잡한 의미를 가지고 있다. 아래에 이들 이동동사의 의미를 '이동성', '결과성', '상태성' 세 가지로 분류하여 양 언어 각각의 의미와 쓰임을 관찰하고 대조 분석하여 보려고 한다.

1) 이동동사 '오르다'의 의미와 쓰임

(1) 이동성

이동성은 이동동사의 원형 의미로서 사람이나 사물의 동작이 행하는 방향을 말한다. 이 글에서의 방향성은 주로 [＋공간이동]의 의미자질을 말하며 사람이나 사물이 기존의 장소에서 떠나 다른 장소에 나타나는 것을 말한다.

① 하나의 공간에서 '낮은 곳에서 높은 데로 가다'의 [＋공간이동]과 [＋상향성]의 의미자질을 가지고 있다.

(1) 산에 <u>오르다</u>.
(2) K는 그들의 손을 잡고 악수를 했다. 그리고는 뒤돌아서서 비행기 탑승대를 <u>오르기</u> 시작했다.
(3) 자동차가 힘겹게 산을 <u>올랐다</u>.
(4) 겉봉에 구멍 하나만 내고 뜨거운 물을 부으면 김이 무럭무럭 <u>오르는</u> 먹음직스런 음식이 된다.
(5) 저녁부터 <u>오르는</u> 가벼운 안개는 힘겨워선가 무거워선가 높은 령 중턱에서 잠들고 말았다오.
(6) 아낙이 방공호를 나왔을 때, 마을의 지붕들 위로는 연기가 <u>오르고</u> 있었다.
(7) 막이 <u>오르면</u> 산새들이 지저귄다. 졸졸졸 개울물 소리도 들린다.
(8) 갑자기 어둠을 사르며 조명탄이 <u>오르고</u> 서치라이트가 밤바다를 어지러이 핥았다.

위의 예문들 (1)~(8)은 모두 낮은 곳에서 높은 곳으로 가는 것으로 '오르다'는 [+공간이동]과 [+상향성]의 의미자질을 가지고 있다. 그러나 예문 (1)~(3)은 사람이나 사물이 자체의 힘으로 위 방향으로 이동하는 것이다. 예문 (4)~(8)은 모두 [-유정체]가 수직상승이동을 하는 것인데, 예문 (4)~(6)은 자체의 속성에 의하여 자연적인 수직상승이동을 하는 것이며, 예문 (7)과 (8)은 다른 힘의 작용으로 수직상승이동을 하는 경우이다.

② 한 공간에서 다른 공간으로의 이동으로 [+공간이동], [-상향성], [+전이]의 의미자질을 가지고 있다.

(9) 택시에 <u>오르면서</u> 귀국하는 대로 묘적의 흔적을 좇아 보아야겠다고 생각했다.
(10) K가 버스에 <u>오르자</u> 운전사는 몹시 신경질적으로 차를 출발시켰다.
(11) 떨리는 가슴을 억누르며 차표를 샀고 재빨리 개찰구를 빠져 나가 열차에 <u>올랐다</u>.
(12) 항구에는 선창이 없어 사람 등에 업혀 뭍에 <u>오르는</u> 수밖에 없다.
(13) 현석과 세 명의 동료들이 허리를 낮춰 뭍으로 <u>오르는</u> 순간 조명탄이 오르고 연발 사격음이 어둠을 찢었다.

위의 예문 (9)~(13)은 모두 [+유정체]가 한 공간에서 다른 공간으로의 전이를 나타낸다. 예문 (9)~(11)에서 선행한 장소는 모두 교통수단으로 '오르다'는 어떤 교통수단에 탄다는 의미로 쓰였고, 예문 (12)와 (13)에서는 바다나 하천에서 육지로 장소를 바꾼 것으로 모두 평행이동을 한 것이다. 이 경우 [+상향성] 의미 자질을 가진 '오르다'를 사용할 수 있는 것은 택시나 버스 같은 교통 도구는 모두 지면 위에 있는 것으로 상향성의 의미 자질에 부합되는 것이며, 뭍은 수면보다 더 위쪽에 있기 때문이다. 이 경우 '오르다'는 [+공간이동], [−상향성], [+전이]의 의미자질을 가지며 이동해가는 목적지 공간은 [+구체성] 의미자질을 가지고 있다.

③ 음식물이 상으로 놓여질 경우 '오르다'를 사용한다.

(14) 점심시간, 불고기가 메뉴로 <u>올랐다</u>.
(15) 어쩌다 고기반찬이 <u>오르면</u> 제일 좋은 토막은 할아버지 상에 올린다.

위의 예문 (14)와 (15)는 '밥상'이라는 사물의 '위'에 놓일 수 있다는 것과, 손님과 할아버지는 존경해야하는 '윗사람'이라는 인지체험에서부터 [+상향성] 의미자질을 가지고 있는 동사 '오르다'를 사용하게 된 것이지만 실제적으로 아래에서 위로의 이동을 나타내지는 않는다. 위의 예문들은 요리가 첨부되었다는 뜻으로 쓰여 '오르다'는 [+공간이동], [−상향성], [+첨가]의 의미자질을 가지고 있다.

이상에서 '오르다'의 이동성에 대해 분석하여 보았다. 이동성 의미에서 '오르다'는 [+공간이동] 의미자질을 공동으로 가지고 있으며 이 밖에 [+상향성], [−상향성, +전이], [−상향성, +첨가]의 의미 자질을 가지고 있음을 알 수 있다.

(2) 결과성

결과성이란 이동동사의 동작으로 어떤 결과를 얻게 될 경우를 말한다.

① 아래의 예문들은 계급이나 직위가 높아질 경우 '오르다'를 쓴 것이다.

> (16) 장남보다는 차남, 삼남의 왕자들이 왕위에 <u>오르는</u> 일이 많다는 설이 있
> 었다.
> (17) 카피라이터 출신으로서 간부직에 <u>오르기</u> 전에 머릿속을 송두리째 강탈
> 당하지 않은 인간은 거의 없었던 것이다.
> (18) 남들이 신뢰할 수 있을 만한 위치에 <u>오르기까지</u> 닦은 그의 도가 이제 드
> 러나기 시작하여…

위의 예문 (16)~(18)은 모두 계급이나 직위가 높아지는 것으로 낮은 곳에서 높은 데로의 이동이지만 앞에서 분석한 예문 (1)~(8)처럼 선행하는 지향점이 구체적인 장소인 것이 아니라 눈으로 상정할 수 없는 추상적인 것이다. 이 경우 '오르다'는 이미 일정한 목표에 도달하였음을 나타내며 [−공간이동], [+상향성], [+도달]의 의미 자질을 가지고 있다.

② 실적이나 효과가 나타날 경우에 '오르다'를 사용한 예문을 보자.

> (19) 그 동안 자기네 둔재 아들놈의 성적을 약간 <u>오르게</u> 한 그녀를 좋게 보았다.
> (20) 10월 16일에 시작한 '월드 투데이' 때문에 CNN의 6~7시대의 시청률이
> 80퍼센트나 <u>올랐다고</u> 한다.

위의 예문 (19)는 성적을 낮은 데서 높게, 예문 (20)은 시청률이 낮은 데서 높아졌다는 뜻으로 '오르다'를 썼다. 이 경우 모두 일정한 기준에서 더 높이는 것을 목표로 삼고 그것을 실현하였다는 뜻으로 '오르다'를 사용하였으며 [+실현]의 의미자질을 가지고 있다. 즉, '오르다'는 [−공간이동], [+상향성], [+실현]의 의미자질을 가지고 있다.

③ 아래의 예문들은 이름이 어떤 곳에 등재되었을 때 '오르다'를 사용한 것이다.

> (21) 이런 이름은 족보에는 <u>오르지</u> 않고 아이 적에만 불리는 것이었다.
> (22) 학적부에 낙제생이라는 기록이 <u>오르면</u> 그것은 전과가 있는 범죄자처럼 평생 지울 수 없는 오점이다.
> (23) 마음 약한 아나운서들은 그 명단에 <u>오르지</u> 않으려고 울며 겨자 먹기 식으로 우리말로 새롭게 바뀐 용어들을 어색하지만 쓰기 시작하였다.

위의 예문 (21)~(23)은 모두 서면으로 된 것에 이름이 등재된다는 뜻으로 쓰였는데 이는 서면 위에 이름이 존재한다는 '상향성'으로 '오르다'를 사용한 것이며, 등재되면 장기간 존재하는 속성이 있다. 이때 '오르다'는 [−공간이동], [−상향성], [+존재]의 의미자질을 가지고 있다.

④ 다음의 예문들은 이야깃거리가 될 때 '오르다'를 쓴 것이다.

> (24) 조선 초기에 이사제가 논의선상에 <u>올랐던</u> 것은 기존의 생활공동체 신앙들이 음사로 매도되어 폐지됨에 따라…
> (25) 금송. 왜, 그것이 화제에 <u>올랐을까</u>.

위의 예문 (24)와 (25)에서 숨겨져 있던 이야깃거리가 입이나 화제에 오른다는 것은 표면에 들어난다는 것이며 이는 마치 물밑에서 수면 위로 올라오는 것과 유사한 인지적 체험을 가지고 있기 때문에 '오르다'를 사용한 것이다. 이야깃거리가 된다는 것은 위의 [+존재]의 경우와 달리 잠시 나타나는 것으로 '오르다'는 [−공간이동], [−상향성], [+첨가]의 의미자질을 가지고 있다.

지금까지 우리는 '오르다'의 결과성에 대해 분석하여 보았다. 결과성 의미에서 '오르다'는 [−공간이동]의 공통된 의미자질을 가지고 있으며, 또

[+상향성, +도달], [+상향성, +실현], [−상향성, +존재], [−상향성, +첨가]의 의미자질을 가지고 있다.

(3) 상태성

상태성이란 사람이나 사물의 상태변화를 말한다.

① 추상적인 사물의 상태변화를 나타낼 때 '오르다'를 사용한다.

> (26) 그런 만큼 작업상여금에 대한 관심도 컸고 10원 20원이 <u>오르고</u> 내리는 데도 신경을 곤두세웠다.
> (27) 모든 물가가 하늘 높은 줄 모르고 <u>오르는</u> 세상인데 대전에선가 아주 희한한 사람들의 얘기가 텔레비전에 나왔다.
> (28) 심각한 불황을 겪지 않고 번영의 길을 달렸고 주식 가격은 끝없이 <u>오르고</u> 있었기 때문이다.

위의 예문 (26)~(28)은 모두 사람의 눈으로 상정할 수 없는 '상여금, 물가, 가격' 등 추상적인 사물에 '오르다'가 사용된 것이다. 일반적으로 재화가 많아지는 것은 양적으로 수량의 증가이며 우리는 흔히 물가나 가격의 상승과정을 가로관계와 세로관계의 그래프에서 직선상승을 나타내는 세로관계에서 나타내고 있다. 이는 모두 [+상향성]의 의미자질에 부합되는 것이며 '오르다'는 재화의 양적인 증가를 나타냄으로 [+증가]의 의미자질을 가지고 있다. 즉, [−공간이동], [+상향성], [+증가] 의미자질을 가지고 있다.

> (29) 기온이 <u>오르면</u> 명자는 봉오리를 열고 가지 끝에다 다닥다닥 꽃을 피운다.
> (30) 아무리 비벼도 열은 <u>오르지</u> 않고 귓불만 따가웠다.

위의 예문 (29)와 (30)에서 주체는 모두 사람의 체감으로 느낄 수 있는 대상이며 일상생활에서 온도계 등 계기의 눈금의 상승과 수치의 증가로 판단할 수 있는 대상으로 [+상향성]의 의미자질을 가질 수 있다. 즉, '오르다'는 [−공간이동], [+상향성], [+증가]의 의미자질을 가지고 있다.

> (31) 어떤 때는 재미로, 어떤 때는 어리둥절, 또 어떤 때는 약이 <u>오르기도</u> 하고 또 어떤 때는 화가 머리끝까지 <u>올라서</u>…

위의 예문은 '약'이나 '화' 등의 정서가 나타나는 것으로 신체적인 구조에서 마음에서 두뇌까지 상승하는 [+상향성]을 띠고 있다. 또한 그런 정서가 없는 데서 있게 되고 적은 데서 많아지는 증가의 추세도 있기 때문에 '오르다' 역시 [−공간이동], [+상향성], [+증가]의 의미자질을 가지고 있는 것이다.

> (32) 식사, 마음의 평화, 게다가 까망이와 재미있게 뒹굴다보니 두혁은 살이 슬슬 <u>오르기</u> 시작했다.

위의 예문 (32)의 '살이 오르다'도 양적으로 많아지는 것으로 [+증가]의 의미자질을 가지지만 위로의 상승을 나타내는 [+상향성]의 의미자질을 가지는 것이 아니라, 좌우 방향으로의 증대를 나타낸다. 즉, '오르다'는 [−공간이동], [−상향성], [+증가]의 의미자질을 가지고 있다.

② 아래는 취기 같은 것이 몸에 퍼질 경우 '오르다'를 사용한 예문이다.

> (33) 술기운이 <u>오르자</u> 우리의 마음속에는 알 수 없는 불안과 회한이 자리를 넓혀갔다.
> (34) 빈속에 거푸 술이 들어가 취기가 크게 <u>오르던</u> 판이다.

위의 예문 (33)과 (34)는 사람의 눈으로 확인 불가한 술기운이 몸에 퍼지는 것으로 쓰였는데, 이 경우 역시 신체구조에서 위장 속에 축적되었다가 얼굴이나 머리 같은 위 부분까지 퍼져나간 것으로 '오르다'는 [−공간이동], [+상향성], [+확산]의 의미자질을 가지고 있다.

(35) 굴뚝 아래로부터 땅거미가 <u>오르기</u> 시작했다.
(36) 산기슭이 짙은 어둠 속에서 더디 <u>오르는</u> 달빛으로 농밀한 그림자로 보였다.

위의 예문 (35)와 (36)에서 어둠이나 달빛이 땅위를 덮는 범위가 넓어진다는 것으로 [+확산]의 의미를 가지고 있으나, 위로 이동하는 상향성은 소실되었다. 이 경우 '오르다'는 [-공간이동], [-상향성], [+확산]의 의미자질을 가지고 있다.

③ 병독이나 악귀 등이 몸에 옮거나 덮칠 때 '오르다'를 쓰고 있다.

(37) 옴이 <u>오르다</u>.
(38) 신이 <u>오른</u> 무당

위의 예문 (37)과 (38)은 병독이 몸에 옮은 경우와 악귀 같은 것이 몸에 덮친 경우로서 몸에 이상이 나타났다는 뜻으로 [-공간이동], [-상향성], [+출현]의 의미자질을 가지고 있다.

이상의 상태성의 분석으로부터 '오르다'는 [-공간이동]의 공통된 의미자질을 가지고 있으며, 또한 [+상향성, +증가], [+상향성, +확산], [-상향성, +증가], [-상향성, +확산], [-상향성, +출현]의 의미자질을 가지고 있음을 알 수 있다.

지금까지 분석한 한국어 이동동사 '오르다'의 의미자질을 아래의 도표로 표시할 수 있다.

<표 1> '오르다'의 의미자질

	이동성		결과성		상태성	
공간이동	+		−		−	
상 향 성	+	−	+	−	+	−
		전이, 첨가	도달, 실현	존재, 첨가	증가, 확산	증가, 확산 출현

2) 이동동사 '上'의 의미와 쓰임

(1) 이동성

① 일반적으로 중국어에서 이동동사 '上'도 '낮은 곳으로부터 높은 데로'의 [＋공간이동]과 [＋상향성]의 의미자질을 가지고 있다.

(39) 我刚上了楼。
(40) 主任医师杨景义领着8名医疗队员，上了海拔5000多米的唐古拉山。

위의 예문 (39)와 (41)은 '아파트에 오르다', '해발 5000미터인 산에 오르다'의 뜻으로 '上'은 모두 낮은 곳이나 아래에서 높은 곳이나 위로 '오르다'의 뜻으로 쓰였다. 여기서 주체가 어떤 장소나 목적지로 [＋공간이동]을 하는 것으로 모두 [＋상향성]의 방향성을 띠고 있다.

(41) 缕缕炊烟飘上了天空。
(42) 终于拉上了帷幕。

위의 예문 (41)과 (42)는 '밥 짓는 연기가 하늘로 오른다'와 '막이 끝내 올랐다'는 뜻으로 '上'은 보조동사로 쓰였다. 이때 선행하는 동사 '飘'와 '拉'는 '뜨다'와 '당기다'의 의미를 가지고 있고 '上'은 위로의 방향을 가리킨다.

② 다음은 교통수단이나 뭍에 오른다는 뜻으로 '上'을 사용한 경우이다.

    (43) 上了车才想起忘了带件毛衣。
    (44) 上岸后给我打电话。
    (45) 你的货刚上码头。

예문 (43)은 '차에 오르다'의 뜻으로 쓰였고, 예문 (44)와 (45)는 '뭍에 오르다'와 '부두에 오르다'는 뜻으로 사람이나 사물이 한 곳에서 다른 데로의 공간이동을 나타내고 있다. 이동성의 의미자질에서 예문 (39)~(42)와 같은 명확한 [+공간이동]의 의미자질을 가지고 있으나 [+상향성]의 의미는 소실되고 한 장소에서 다른 장소로의 [+전이]의 의미자질로 평행이동을 하였다. 이 경우 '上'은 [+공간이동], [−상향성], [+전이]의 의미자질을 가지고 있다.

③ 주체가 [+인간]인 아래의 예문들을 보자.

    (46) 老张快上，投篮！
    (47) 见困难就上，见荣誉就让。
    (48) 这一场球我们五个先上。
    (49) 上海队的九号上，四号下。

위의 예문 (46)과 (47)의 '上'은 '나서다'의 뜻으로 쓰인 것이며, 예문 (48)과 (49)의 '上'은 '출장하다'의 뜻으로 쓰였다. 모두 사람이 어떤 장소에 앞장서 나타나는 것으로 이때의 '上'은 [+공간이동], [−상향성], [+등장]의 의미자질을 가지고 있는 것이다.

④ 아래의 예문들을 보자.

    (50) 今天上了不少货。

   (51) 我正<u>上</u>着螺丝呢。
   (52) 枪上都<u>上</u>了刺刀。

  위의 예문 (50)~(52)는 '물건을 들이다', '나사못을 탈아 넣다', '총에 칼을 달다'는 뜻으로 모두 한 사물이 다른 곳에 첨가되거나 부착되는 것으로 [+첨가]의 의미자질을 가지고 있다. 이때 '上'은 [+공간이동], [−상향성], [+첨가]의 의미자질을 가지고 있다.

  ⑤ 이밖에 '上'은 [+공간이동]만 나타내는 경우가 있다.

   (53) 张华, 你<u>上</u>哪儿？
   (54) 明天我陪你<u>上</u>医院。

  위의 예문 (53)과 (54)는 '어데 가니', '내가 함께 병원에 갈께'라는 뜻으로 '上'은 모두 이동동사 '去(가다)'로 대체할 수 있다. 이때 '上'은 [+공간이동]의 의미자질만을 가지고 있다.

  위에서 우리는 '上'의 이동성에 대해 분석하여 보았다. 이 경우 '上'은 [+공간이동]이라는 공통적인 의미자질을 가지고 있으며, 그 밖에 [+상향성], [−상향성, +전이], [−상향성, +등장], [−상향성, +첨가] 의미자질을 가지고 있다.

(2) 결과성

  ① 계급이나 직위가 높아질 경우 'V+上'의 형태를 취한다.

   (55) <u>登上</u>了王位。
   (56) <u>走上</u>了干部职位。

위의 예문 (55)는 '왕위에 오르다'는 뜻으로 쓰였고, 예문 (56)은 '간부직에 올랐다'는 뜻으로 쓰였다. 선행하는 동사 '登'과 '走'은 일반 동작동사로서 방식을 나타내며 보조동사 '上'은 [+상향성]으로 후행하는 목적어의 위치에 도달하였음을 나타낸다. 이 경우 '上'은 [−공간이동], [+상향성], [+도달]의 의미자질을 가지고 있다.

(57) 这回我要在北京多住上几个月。
(58) 最近失眠，每天只能睡上三、四个小时。
(59) 没说上几句话车就开了。

위의 예문 (57)은 '베이징에서 몇 달 있겠다'는 것이며, (58)은 '불면증으로 하루에 3~4시간만 잘 수 있다'는 것이며, (59)는 '몇 마디 못하였는데 차가 떠났다'는 것으로 모두 수량을 나타내는 요소를 필요로 하고 있으며 일정한 수량에 이르렀음을 나타낸다. 이 경우 보조동사 '上'을 생략하여도 의미상 거의 변화가 없으며 보조동사 '上'은 [−공간이동], [−상향성], [+도달]의 의미자질을 가지고 있다.

② 'V+上'의 형식으로 어렵게 어떤 목표에 이르렀음을 나타낸다.

(60) 努力了一个学期，他终于赶上了班里学习最好的学生。
(61) 考上了大学。

위의 예문 (60)은 노력으로 우등생을 따라잡은 것을 나타내며, 예문 (61)은 대학교에 입학하게 되었음을 나타낸다. 이때 보조동사 '上'은 모두 동작의 [+실현] 의미자질을 가지며 생략할 수 없다. 즉, [−공간이동], [+상향성], [+실현]의 의미자질을 가지고 있다.

③ 아래의 예문들에서 '上'은 이름이나 사적 등 추상적인 사물이 어떤 곳에 나타난다는 뜻으로 쓰였다.

(62) 他的名字<u>上</u>过光荣榜。
(63) 老张的事迹<u>上</u>了报了。

　위의 예문 (62)와 (63)은 '표창판에 이름이 오르다', '사적이 신문에 오르다'의 뜻으로 '이름'과 '사적' 등 추상적인 사물이 다른 곳에 존재하는 것이다. 이 경우 '上'은 [−공간이동], [−상향성], [+존재]의 의미자질을 가지고 있다.

(64) 连走廊也<u>站上</u>人了。
(65) 这个地段特别繁荣不好停车，你看连饭店正门口都<u>停上</u>车了。

　위의 예문 (64)는 '복도에까지 사람들이 서 있다'는 것이고, (65)는 '자동차가 음식점 정문에까지 주차되어 있다'는 것으로 어떤 사물이 어떤 곳에 존재하고 있다는 의미를 가지고 있다. 이때 구문의 술어는 'V+上'의 형태를 취하며 '上'은 보조동사로 [−공간이동], [−상향성], [+존재]의 의미자질을 가지고 있다.

　④ 아래의 예문들을 보자.

(66) 这台机器该<u>上</u>油了。
(67) <u>上</u>了药再走。
(68) 刚用铅笔画了个草稿，还没<u>上</u>颜色的。

　위의 예문 (66)~(68)은 '기름을 바르다', '약을 바르다', '색을 칠하다'는 뜻으로 '上'은 [+첨가]의 의미자질을 가지고 있다. 이 경우 객체가 어떤 물체 위에 첨가된다는 것으로 '上'을 사용하게 되었으며 공간이동 경과는 소실되었다. 이때 '上'은 [−공간이동], [−상향성], [+첨가]의 의미자질을 가지고 있다.

(69) 衣服镶上了一道花边。
(70) 池塘里养上鱼了。

위의 예문 (69)는 옷에 꽃무늬를 수놓은 것이고, (70)은 못에 고기를 기른 것으로 보조동사 '上'은 역시 [＋첨가]의 의미자질을 가지고 있다.

⑤ 출근과 수업함에 동사 '上'을 사용하여 화석화되어 있는 경우가 있다.

(71) 明天不上班。
(72) 三四节上什么课？

위의 예문 (71)과 (72)는 '내일은 출근하지 않는다', '3, 4교시에 무슨 수업하니?'의 뜻으로 쓰였다. 이 경우 '上'은 공간이동을 나타내는 것이 아니며 또한 [＋상향성]의 의미를 가지지도 않는다. 그러나 '집'과 '직장'을 비교하여 볼 때 '직장'은 '집'보다 더 상층구조에 속하는 것이며, '수업'하는 것으로 새로운 지식을 배우게 되어 지식이 증가된다는 것으로부터 '上'을 쓴 것이다. 이 경우 '上'은 [－공간이동], [－상향성], [＋진행]의 의미자질을 가지고 있다.

위에서 '上'의 결과성을 분석하여 보았다. 결과성 의미에서 '上'은 [－공간이동]의 공통된 의미자질을 가지고 있으며, 그 외에 [＋상향성, ＋도달], [＋상향성, ＋실현], [－상향성, ＋도달], [－상향성, ＋존재], [－상향성, ＋첨가], [－상향성, ＋진행]의 의미자질을 가지고 있다.

(3) 상태성

① 일정한 수량이나 정도에 이르렀을 경우 '上'을 사용하는 구문들을 볼 수 있다.

(73) 上了年纪，身子骨就不太灵便了。
(74) 全校学生最多的时候上过两万。

위의 예문 (73)과 (74)는 '나이가 드니 몸이 무겁다', '학생수가 2만이 넘다'는 뜻으로, '上'은 수량을 나타내는 성분을 필요로 하며 [+도달]의 의미자질을 가지고 있다. 이때 공간이동이 아닌 상태의 변화를 나타내며 수량적으로 증가하는 것으로 '上'의 원형의미인 [+상향성]과 부합되는 것이다. 이 경우 '上'은 [−공간이동], [+상향성], [+도달]의 의미자질을 가지고 있다.

② 다음은 술기운 등이 몸에 퍼질 경우 '上'을 사용한 예문이다.

(75) 一喝酒就上脸。

위의 예문 (75)는 '술만 마시면 얼굴에 오른다'는 뜻으로 취기가 몸에 확산된다는 의미를 가지고 있다. 이 경우 '上'은 [−공간이동], [+상향성], [+확산]의 의미자질을 가지고 있다.

③ 기세 등 정서적인 것이 증가 될 때도 '上'을 사용한다.

(76) 越干越上劲。
(77) 你上什么火？有话好好说。

위의 예문 (76)과 (77)은 '할수록 흥이 나다', '네가 화를 내긴? 말로 하면 되잖니'의 뜻으로 신체구조적인 특성으로 '上'은 [+상향성]의 의미자질을 가지게 되었다. 즉, '上'은 [−공간이동], [+상향성], [+증가]의 의미자질을 가지고 있다.

(78) 吃饱了，不是玩，就是睡，当然上膘了。

예문 (78)은 '배불리 먹고는 놀지 않으면 잠을 자니 살이 오를 수밖에'의 뜻으로 '上'은 [-공간이동], [-상향성], [+증가]의 의미자질을 가지고 있다.

④ 시계의 태엽 같은 것을 감을 때 동사 '上'을 사용하고 있다.

(79) 闹钟已经上过了。
(80) 发条上得太紧了。

위의 예문 (79)와 (80)은 '시계에 밥을 주다', '태엽을 너무 꽉 감았다'로 모두 태엽 사이가 조여져 서로 접촉하는 것이다. 즉, 이때의 '上'은 [-공간이동], [-상향성], [+접촉]의 의미자질을 가지고 있다.

(81) 窗户关上了。
(82) 你把门锁上！
(83) 闭上眼睛好好想一想。

위의 예문 (81)은 '창문을 닫았다'는 것이고, (82)는 '문을 잠그라'는 것이며, (83)은 '눈을 감고 잘 생각해 봐라'는 것으로 보조동사 '上'은 모두 한 사물이 다른 사물과 접촉하여 닫힘을 나타내고 있다.

⑤ 병독 같은 것이 몸에 나타날 때 '上'을 쓰고 있다.

(84) 眼睛红红的，一定是上了火。

위의 예문 (84)는 '상초열이 올랐다'는 뜻으로 '上'은 [-공간이동], [-상향성], [+출현]의 의미자질을 가지고 있다.

⑥ 어떤 동작이 시작되어 지속되는 경우에도 보조동사 '上'을 사용하고

있다.

    (85) 会还没开，大家就议论上了。
    (86) 注意别传染上流感。
    (87) 爱上自己的工作。

  위의 예문 (85)는 '회의가 시작하지도 않았는데 모두들 의논하기 시작하였다', (86)은 '유행성 감기에 걸리지 않게 조심해', (87)은 '자기의 사업을 사랑하게 되다'의 뜻을 나타내고 있으며 '上'은 동작동사의 방향성과 무관하다. 이 경우 보조동사 '上'을 생략할 수 있지만 동작을 시작한다는 의미가 상실된다. 보조동사 '上'은 [−공간이동], [−상향성], [+시작]의 의미자질을 가지고 있다.

  이상에서 '上'의 상태성에 대해 분석하여 봤다. 상태성 의미에서 '上'은 [−공간이동]의 공통된 특징을 가지고 있으며, 그 밖에 [+상향성, +도달], [+상향성, +증가], [+상향성, +확산], [−상향성, +증가], [−상향성, +접촉], [−상향성, +출현], [−상향성, 시작]의 의미자질을 가지고 있다.

  이상에서 중국어 이동동사 '上'의 의미자질과 쓰임에 대해 분석하여 보았다. '上'의 의미 자질을 도표로 표시하면 아래와 같다.

<표 2> '上'의 의미자질

	이동성		결과성		상태성	
공간이동	+		−		−	
상 향 성	+	−	+	−	+	−
		전이, 등장, 첨가	도달, 실현	도달, 존재, 첨가, 진행	도달, 증가, 확산	증가, 접촉, 출현, 시작

3) 이동동사 '오르다'와 '上'의 대조분석

2)에서 분석한 한국어 '오르다'와 중국어 '上'의 의미자질을 대조하여 보면 아래와 같다.

<표 3> '오르다'와 '上'의 의미자질 대조표

	이동성		결과성		상태성	
공간이동	+		−		−	
상 향 성	+	−	+	−	+	−
오르다		전이, 첨가	도달, 실현	존재, 첨가	증가, 확산	증가, 출현, 확산
上		전이, 첨가, 등장	도달, 실현	존재, 첨가, 도달, 진행	증가, 확산, 도달	증가, 출현, 접촉, 시작

아래에 위의 도표에서 나타나는 '오르다'와 '上'의 공통점과 차이점을 이동성, 결과성, 상태성에서 자세히 분석하여 보기로 하자.

(1) 이동성에서의 공통점과 차이점 및 대응 형식

① 공통점

가) '오르다'와 '上'은 원형의미인 [＋공간이동, ＋상향성]에서 같은 의미자질을 가지고 있다.

(88) a. 할아버지가 산에 <u>오르다</u>.
     b. 자동차가 힘겹게 산을 <u>올랐다</u>.

(88)′ a. 我刚<u>上</u>了楼。
     b. 汽车终于<u>上</u>了山。

위의 예문들은 모두 동작 주체가 스스로의 힘으로 목적지를 향해 이동하는 것이며 낮은 곳에서 높은 데로의 이동을 나타내고 있다.

    (89) a. 안개가 <u>오르다</u>.
        b. 막이 <u>오르다</u>.

    (89)´ a. 缕缕炊烟<u>飘上</u>了天空。
        b. 终于<u>拉上</u>了帷幕。

    한국어에서는 '안개, 김, 연기, 막, 조명탄' 등 자체에 내재된 힘으로 동작을 할 수 없는 [−활동체] 명사들도 원형의미를 가진 [+공간이동, +상향성] 동사 '오르다'와 어울릴 수 있다. 그러나 중국어에서 동사 '上'은 [+활동체] 명사들과만 공기가능하다. 중국어에서 '막, 안개' 등 [−활동체]명사의 이동을 나타낼 경우 다른 동작 동사가 필수되며 '上'은 보조동사로 [+상향성] 이동의 의미만 가지고 있다.

    나) 주체가 교통수단이나 뭍으로의 이동을 나타내는 [+공간이동, −상향성, +전이] 의미에서 '오르다'와 '上'은 같은 의미와 쓰임을 보이고 있다.

    (90) a. 택시에 <u>오르다</u>.
        b. 뭍으로 <u>오르다</u>.

    (90)´ a. <u>上</u>车。
        b. <u>上</u>岸。

    다) 음식물이나 요리 등 객체를 상에 첨가하여 줄 때 '오르다'와 '上'은 [+공간이동, −상향성, +첨가의 의미로 동등한 대응을 보이고 있다.

    (91) a. 불고기가 메뉴에 <u>올랐다</u>.
        b. 할아버지 상에 고기반찬이 <u>오르다</u>.

    (91)´ a. <u>上</u>了 3 瓶啤酒。

b. 现在就给我们<u>上</u>菜吧。

② 차이점과 대응 형식

가) 예문 (46)~(49)에서 중국어 '上'은 사람이 경기 등 어떤 장소에 앞장서 나설 경우 쓰였다. 사람의 심리에서 '上'의 공간이동과 위 방향으로의 의미자질이 돌출되어 나온다는 의미자질과 유사성을 가지고 있는 것이다. 한국어에서는 '나서다, 등장하다, 출장하다' 등 구체적인 동작 동사로 대응된다.

나) 앞의 예문 (50)~(52)에서처럼 중국어에서는 어떤 사물이 한 곳에서 다른 곳으로 이동하여 다른 사물의 위에 첨가될 경우에도 이동동사 '上'을 사용한다. 이럴 경우 한국어는 구체적인 동작 동사를 사용하고 있다.

다) 예문 (53)과 (54)에서처럼 중국어에서는 사람이 어떤 목적지까지의 이동에 대해서도 '上'을 사용하는데 이 경우 '上'에는 더 좋은 장소로 간다는 상향성의 심리가 작용하는 것이다. 한국어에서는 '가다'로 대응된다.

(2) 결과성에서의 공통점과 차이점 및 대응 형식

① 공통점

가) [-공간이동, +상향성, +도달]의 의미자질에서 계급이나 직위가 낮은 곳에서 높은 데로 가는 의미에서 공통성을 가지고 있다.

(92) a. 왕위에 <u>오르다</u>.
    b. 간부직에 <u>오르다</u>.

(92)′ a. <u>登上</u>了王位。
    b. <u>走上</u>了干部职位。

이 경우 한국어와 대응되는 중국어 술어는 'V+上'의 형식으로 '上'은 보조동사로서 동작의 상향성을 나타내고 있다.

나) 보조동사 '上'은 '오르다'와 [−공간이동, +상향성, +실현]의 의미자질에서 공통성을 가지고 있다.

(93) a. 성적을 <u>오르게</u> 하다.
　　 b. 시청률이 80%로 <u>올랐다</u>.

(93)′ a. 努力了一个学期, 他终于<u>赶上</u>了班里学习最好的学生。
　　 b. <u>考上</u>了大学。

위의 예문 (93)′에서 '우등생을 따라 잡게 되다'와 '대학교에 입학하게 되다'로 보조동사 '上'은 한국어에서 '~게 되다'에 대응된다.

다) '오르다'와 '上'은 [−공간이동, −상향성, +존재]의 의미로 이름 등이 어떤 곳에 등재될 경우 공통성을 가지고 있다.

(94) a. 이름이 족보에 <u>오르다</u>.
　　 b. 학적부에 기록이 <u>오르다</u>.

(94)′ a. 名字<u>上</u>过光荣榜。
　　 b. 事迹<u>上</u>了报。

② 차이점과 대응 형식

가) <표 3>에 의하면 '오르다'와 '上'은 모두 [−공간이동, −상향성, +첨가의 의미자질을 가지고 있다고 하였다. 그러나 구체적인 쓰임에서 차이점을 보이고 있다.

(95) a. 논의석상에 <u>오르다</u>.

     b. 화제에 <u>오르다</u>.

(96) a. 机器该<u>上</u>油了。
     b. 还没<u>上</u>颜色。

위의 예문 (95)에서 '오르다'는 사람의 눈으로 상정할 수 없는 추상적인 사물에 쓰인 것이고, 예문 (96)에서 '上'은 구체적인 사물에 쓰였다. 이들의 대응형식은 아래와 같다.

(95)´ a. <u>提</u>到议程上来了。
      b. <u>成为</u>话题。

(96)´ a. 기계에 기름을 <u>바르다</u>.
      b. 색을 <u>입히다</u>.

위의 예문 (95)´에서 알 수 있듯이 a에서는 말을 꺼낸다는 의미로 동사 '提(제기하다)', b에서는 화제로 된다는 뜻으로 동사 '成为(~으로 되다)'를 사용하였다. 예문 (96)´에서는 구체적인 동작동사 '바르다'와 '입히다'가 대응된다.[2]

   나) 중국어의 보조동사 '上'은 [−공간이동, −상향성, +도달]의 의미자질을 가지고 있다.

(97) a. <u>住上</u>几个月。
     b. <u>睡上</u>三、四个小时。

(97)´ a. 몇 달을 <u>거주하다</u>.
      b. 3, 4시간을 <u>자다</u>.

---

2) 한국어에서 '오르다'의 사동사 '올리다'는 '기둥에 칠을 올리다 / 예전에는 한지에 기름을 올려서 썼다'에서 처럼 '물건의 거죽에 칠 따위를 입히다'의 뜻으로도 쓰이고 있는데 이 경우 중국어 '上'의 의미자질과 동등하다. 타동사 '올리다'와 '上'에 대한 대조연구에 후일에 진행하기로 한다.

위의 예문에서 보조동사 '上'은 선행하는 동작행위가 후행하는 수치에 도달하게 된다는 의미로 쓰였다. 한국어에서는 일반 서술구문으로 대응된다.

다) 앞의 예문 (71)과 (72)에서처럼 중국어의 '上'은 '上班(출근하다)'과 '上课(수업하다)'에 한하여 [−공간이동, −상향성, +진행]의 의미자질로 화석화되어 쓰이고 있다. 이 경우 한국어에서는 구체적인 '출근하다'와 '수업하다'로 대응된다.

(3) 상태성에서의 공통점과 차이점 및 대응 형식

① 공통점

가) [−공간이동, +상향성, +증가]의 의미자질에서 정서적인 것이 나타날 경우 '오르다'와 '上'은 공통적인 쓰임을 보이고 있다.

> (98) a. 약이 <u>오르기도</u> 하고 화가 머리끝까지 <u>올라서</u>…
>   b. 기세가 <u>오르다</u>.

> (98)´ a. 你<u>上</u>什么火 ?
>   b. 越干越<u>上</u>劲。

나) 술기운 같은 것이 나타날 때 '오르다'와 '上'은 공통된 [−공간이동, +상향성, +확산]의 의미자질을 가지고 있다.

> (99) 술기운이 <u>오르다</u>.
> (99)´ 一喝酒就<u>上</u>脸。

다) 신체상에서 살이 점점 많아지는 경우 '오르다'와 '上'은 [−공간이동, −상향성, +증가]의 공통된 의미자질을 가지고 있다.

(100) 두혁은 살이 슬슬 <u>오르기</u> 시작하였다.
(100)´ 吃饱了就是睡, 当然<u>上</u>膘了。

라) 병이거나 피로 등으로 건강상태에 문제가 나타날 때 [−공간이동,
−상향성, +출현]의 의미자질을 가지고 있다.

(101) 옴이 <u>오르다</u>.
(101)´ 眼睛红红的, 一定是<u>上</u>了火。

위의 예문에서 '오르다'와 '上'은 병독 등으로 인하여 몸에 무엇인가 두
드러져 올라오는 곳에 쓰이고 있다. 눈으로 상정할 수 없는 '감기' 등 병독
에는 사용되고 있지 않다.

② 차이점 및 대응형식

가) '오르다'는 추상적인 [−활동체] 사물에 쓰여 그것의 [+증가] 혹은
[+확산]의 상태변화를 나타내고 있으나 '上'은 그렇지 못하다.

(102) a. 물가가 <u>오르다</u>.
      b. 기온이 <u>오르다</u>.
      c. 땅거미가 <u>오르다</u>.

(102)´ a. 物价<u>上</u>涨。
       b. 气温<u>上</u>升。
       c. 夜幕<u>降</u>临。

위의 예문 (102)´에서 '물가'와 '기온' 등 수치로 증가된 상태변화를 알
수 있는 것에 대해 중국어는 '上涨'과 '上升'의 '上'이 선행된 동사가 대응된
다. 그러나 이때의 '上'은 이동동사가 아니라 방향성 명사이다. '涨'과 '升'는
'증가하다'와 '상승하다'라는 뜻으로 모두 상향성을 띤 동사이다. 확산을 나
타내는 '땅거미가 오르다'에는 두 가지 언어의 인지적인 사고형식의 부동

함에 따라 중국어로 '夜幕降临(밤 장막이 내리다)'는 표현을 쓰고 있다.

나) 악귀가 몸에 덮친다는 뜻으로 '오르다'가 [−공간이동, −상향성, +출현]의 의미자질을 가지고 있지만 중국어에서는 '上'을 쓰는 것이 아니라 '덮친다'의 의미를 가지고 있는 구체적인 동사를 사용한다. 즉, '魔鬼附体' (마귀가 몸에 덮치다)라는 표현을 쓰게 된다.

다) 중국어의 '上'은 일정한 수량이나 정도에 이르렀을 경우 [−공간이동, +상향성, +도달]의 의미자질을 가지고 있다.

(103) a. <u>上</u>了年纪。
　　　 b. 学生最多的时候<u>上</u>过两万。

(103)´ a. 나이를 <u>먹다</u>.
　　　　b. 학생이 많을 때는 2만이나 <u>되었다</u>.

위의 예문 (103)에서처럼 중국어에서는 목적보어가 반드시 수량이거나 수량을 나타내는 단어여야 하며 숫자의 증가를 나타냄으로 '上'을 쓰게 된 것이다. 한국어에서는 목적보어에 따라 구체적인 동사가 오게 된다.

라) 예문 (79)와 (80)은 '上'이 시계의 태엽 등을 감을 경우 [+접촉]의 의미로 쓰이고 있는 것이며 예문 (81)~(83)은 한 사물이 다른 사물과 접촉하여 닫힘을 나타낼 때 사용된다. 한국어에서는 구체적인 동사로 대응되고 있다.

마) 보조동사 '上'은 [−공간이동], [−상향성], [+시작]의 의미자질을 가지고 있는데 한국어에서는 직접 '시작하다'로 대응된다.

(104) a. 会还没开, 大家就<u>议论上</u>了。

    b. <u>爱上</u>自己的工作。

(104)′ a. 회의가 시작하기 전에 모두 의론하기 <u>시작하였다</u>.
      b. 자신의 사업에 애착을 갖기 <u>시작하였다</u>.

3. 요약

이 글은 한국어 이동동사 '오르다'와 중국어의 '上'의 공통점과 차이점을 '이동성', '결과성', '상태성'에서 대조 분석하여 보았다.

중국어에서는 구체적인 사물이 어떤 곳 위에 존재한다는 의미에서 '上'을 많이 사용하고 있다.

우선 '오르다'와 '上'은 모두 '낮은 곳에서 높은 데로의 이동'이나 '한 곳에서 다른 곳으로의 장소 이동'의 원형의미를 가질 경우(이동성), 직위가 높아지거나 어떤 목표를 실현하거나 신문 등에 등재될 경우(결과성), 사람의 신체상태 변화를 나타낼 경우(상태성) 공통된 의미 자질을 가지고 있다. 자세히 분석하여 보면 모두 사람을 중심으로 발생하는 것들에서 공통성을 가지고 있는 것이다.

다음으로 한국어의 '오르다'는 은유적인 확장으로 추상적인 사물에 많이 쓰여 [+증가], [+확장], [+첨가] 등의 의미자질을 가지고 있다. 그러나 중국어의 '上'은 주로 구체적인 사물이 어떤 곳 상부(윗면)에 [+첨가]의 의미로 많이 쓰이고 있으며, 구체적인 수량에 도달하였다는 의미자질, 그리고 화석화되어 '출근하다, 수업하다'로 사용되는 경우가 있으며 어떤 동작이 시작되어 진행되고 있음을 나타내기도 한다.

중국어의 '上'이 보조동사로서의 의미자질과 쓰임, 그리고 한국어에서의 대응형식에 대한 더 깊은 연구는 다음에 더 논의가 되어야 하며, '내리다'와 '下'에 대한 연구도 진행하여야 한다.

참고문헌

고영근・남기심(1993), 표준 국어문법론(개정판), 탑출판사.

고영근・남기심(1983), 국어통사 의미론, 탑출판사.

김경신(1999), "합성동사의 대립관계 연구", 서강대 문과대학원.

전수태(1987), 국어이동동사의 의미 연구, 한신문화사.

이준희(1999), "상하 이동동사의 의미연구", 한양대학교 석사학위논문.

이건환(1996), "국어 이동동사의 의미 분석, −'가다/오다/오가다'와 '오르다/내리다/오
　　　　　　르내리다'를 중심으로", 전남대 박사학위논문.

위혜진(2003), "한・일 양어 이동동사 연구 : 상하이동을 나타내는 '上がる/오르다'와
　　　　　　'下りる/내리다'를 중심으로", 경상대 석사학위논문.

홍재성(1987), "한국어 사전에서의 다의어 처리와 동형어 처리의 선택". 「동방학지」
　　　　　　54집, 연세대 어학연구원.

孟　琼(1987), "动趋式语义举例", 「句型和动词」, 语文出版社.

史锡尧(1993), "动词后'上', '下'的语义和语用", 「汉语学习」.

吕叔湘等(2000), 现代汉语八百词, 商务印书馆.

刘月华(1988), "趋向补语的语法意义", 「语法研究和探索」, 北京大学出版社.

刘广和(1999), "说上, 下, 起来", 「汉语学习」.

蒋　华(2003), "趋向动词'上'语法化初探', 「东方论坛」.

‖ 민영란 ‖

한·중 동형이의어의 의미 대조 연구

1. 연구의 대상 및 목적

한국어의 어휘체계는 고유어, 한자어, 외래어로 이루어졌다. 15세기 한글이 창제되기 전까지 한국은 한자를 차용하여[1] 언어생활을 영위하여 왔다. 비록 고유문자인 한글이 창제되어 국어로 통용되었으나 한자어는 폐지되지 않고 그 언어 자체의 특수성으로 말미암아 오늘날까지도 한국어의 언어 속에 깊숙이 침투되어 있으며 한국어 어휘체계에서 거의 70%에 가까운 비중을 차지하고 있다.[2] 한자가 전래되어 온 시기가 정확히 언제부

---

* 이 글은 필자의 석사학위 논문 "韓·中 同形漢字語의 意味 對照硏究"(2001, 경북대학교)의 일부를 수정 보완한 것임.
1) 강신항(1988 : 14)에서는 언어가 차용되는 환경이나 조건을 다음과 같이 세 가지 면으로 설명했다. 첫째는 정복에 의해, 둘째는 고도의 문화를 가진 언어가 문화 수준이 낮은 언어로 흘러 들어가는 경우, 셋째는 이웃하고 있는 언어끼리의 교섭에서 자연스럽게 주고받게 되는 경우라고 했다.
2) 김광해(1989 : 106)에서는 국어의 어휘류별 구성비를 다음과 같이 제시하고 있다.

터인지는 알 수 없으나3) 오랜 기간동안 한자어가 한국어 어휘체계의 일
부로 굳건히 자리 잡고 있다는 점, 대중들에게 널리 애용되어 온 점, 또
현재 중국과의 빈번한 교류 등을 고려할 때, 한자어의 사용은 계속 높은
비중을 차지하게 될 것으로 짐작된다. 따라서 일상생활과 출판물에서 심
심찮게 접할 수 있는 한자어를 빼 버릴 경우 언어생활에 큰 불편을 초래
할 것은 의심할 나위 없다.

한자어의 사용은 같은 한자권에 있는 중국인이나 한국인 내지는 일본인
들이 상대의 언어를 배울 때 비한자권에 있는 사람들에 비해 서사나 의미
의 해독에서 어려움을 적게 겪고 있는 것이 사실이다. 하지만 모든 한자
어의 의미를 자국의 한자로 이해하여 1:1로 대응시켜 해독한다면 의미의
파악에 오류를 가져올 수 있는 소지가 충분히 있다. 이를테면 한국에서
결혼한 남자를 그 아내에 상대하여 "남편(男便)"이라고 한다. 그런데 중국
어에는 '男便'이라는 詞4)가 없다. 때문에 '男便'이라는 단어를 보고 그 누구
도 그것이 한국에서 말하는 '남편'이라고 생각하지 않을 것이다. 거북한 말
이지만 혹시 '남자의 便'이5) 아닌가고 착각할 수도 있을 것이다. 그것은
한국에서 비록 한자를 수용하여 사용하고 있으면서도 또 자체의 수요에
따라 한국식의 한자어를 만들어 썼기 때문이다.6) 반대로 중국어에서 '마

사전별	고유어	한자어	외래어
한글학회 큰사전(1957)	45.46%	52.11%	2.43%
이희승 편 국어대사전(1961)	24.4%	69.32%	6.28%

3) 박병채(1987)에서는 漢四郡(B.C.198)을 거쳐 삼국시대까지를 한자, 한문의 접촉과
유입 및 수용의 단계를 거쳐 한자어가 생성된 시기로 보았고, 박병채(1997 : 15)에서
는 본격적인 발달 과정은 통일신라 후반기, 한자어의 보편화는 고려중기 이후에 확
립된 것으로 보았다. 김종훈(1979)에서도 신라가 삼국을 통일한 7세기경에 한자어의
보급이 활발하였고 고려시대에 들어와서 더욱 증가 일로를 보여 국어 생활에 급격히
침투하게 되었다고 했다.
4) 사(詞)란 일정한 소리와 일정한 의미가 서로 결합된 언어 단위(정헌철·송상미 2003 :
40)인데 한국어의 '단어'에 해당된다.
5) 중국에서 화장실을 전에 "변소(便所)"라고 했다. 지금은 '衛生間'이나 '洗手間'이라고 하
지만 농촌에서는 아직도 '便所'혹은 '厠所'라고 한다.
6) 한국의 한자어는 크게 세 가지로 나뉜다. 첫째는 중국에서 들어 온 것. 둘째는 일본

누라, 처'를 가리키는 '老婆'라는 한자를 봤을 때 한국인들은 그것을 '늙은 여자'라고 생각하지 '마누라'나 '처'로 생각하지 않을 것이다. 이 외에도 처음에는 같은 의미로 사용되었을 한자어가 현재에 와서 양쪽에서 전혀 다른 의미로 사용되거나, 혹은 어느 한쪽에서 변화를 일으켜 다른 의미로 사용되는 한자어도 적지 않다. 언어란 고정불변한 것이 아니라 사회의 수요에 따라 변화하는 산물이라는 것을 감안 할 때 이는 이상한 일이 아니다.

현재 한 · 중 양국에서 사용되는 한자어는 통용되는 어휘도 많으나 반면에 통용되지 못하는 이질화된 어휘들도 적지 않다. 이를테면 동일한 의미를 표현하는 데 표기가 전혀 다른 異形同義語, 표기는 같지만 의미가 전혀 다른 同形異義語, 그리고 동형이의어 중에서도 완전히 의미가 다른 完全異義語, 부분적으로 다른 部分異義語, 음절의 도치(倒置)로 해서 오는 의미의 같은 점과 다른 점(<표 1> 참조), 이 외에도 감정적 가치나 사용법에서 우리가 평소에 주의하지 못했던 의미적 변화와 미세한 차이들을 발견할 수 있다. 이러한 한자어들은 양국어를 배우는 사람들에게 자국의 언어 간섭으로 인한 오류를 쉽게 범할 수 있게 하므로 언어학습에서 결코 간과할 수 없는 것들이다.

에서 들어 온 것. 셋째는 한국에서 자체로 만든 것. 이에 대해 심재기(1971 : 370)는 다음과 같이 한자어의 기원적 어원에 대해 다섯 가지로 상세히 정리하였다.
1. 중국 고전에서 연유하는 것.
2. 중국을 경유한 불교경전에서 나온 것.
3. 중국의 구어 즉 백화문에서 원유 하는 것.
4. 일본에서 만든 것.
5. 한국에서 독자적으로 만든 것.

〈표 1〉 한자어 이질화의 유형

유 형		종 류	한자어	한국에서의 의미/표현	중국에서의 의미/표현
한 중 한 자 어 이 질 화 의 유 형	동형 이의어	완전 이의어	書房	남편	책 읽는 방(서재)
			方便	목적을 위해 이용되는 일시적인 수단	편리
		부분 이의어	無心	① 아무 생각이 없음 ② 남의 일을 걱정하거나 관심이 없음	① 同左 ② 고의적이 아님
			不服	① 복종하지 않음 ② 服罪하지 않음	① 同左 ② 습관 되지 않음
	이형 동의어	형태가 유사	감기	感 氣	感 冒
			문병	問 病	探 病
			번호	番 號	號 碼
			오전	午 前	上 午
		형태가 다름	사진	寫 眞	照片/像片
			내일	來 日	明 天
			남편	男 便	丈 夫
			형편	形 便	情 況
	음절의 도치	의미가 같음	언어	言 語	語 言
			소개	紹 介	介 紹
			평화	平 和	和 平
			치아	齒 牙	牙 齒
		의미가 다름	出發/發出	목적지를 향해 나아감 어떤 일을 시작 함.	발생, 發表(물건이나 편지 따위를)를 보냄
			愛人/人愛	애인	사람을 사랑하다
			山下/下山	산 아래	산에서 내리다
			仮說/說仮	가설	거짓말 하다
			※ " / " 왼쪽 것은 한국한자어, 오른쪽 것은 중국한자어		

이 글에서는 형태는 같지만 의미가 완전히 다르거나 부분적으로 다른 동형어의 의미적 차이를 밝힌 후 그 현상을 유형화하는 것을 목적으로 한다. 주로 도표의 윗부분에 있는 同形異義語에 중심을 두고 유형을 나누어

의미적 차이를 대조7)함으로써 한·중 양국어를 배우는 사람들에게 실용되고 나아가서 두 나라 언어를 연구하는 사람들에게 도움을 주고자 한다.

2. 선행 연구와 연구 대상 및 연구 방법

날로 활성화되는 한·중 양국의 교류는 의사소통에서 가장 중요한 언어 학습의 붐을 일으켰다. 한국에서의 중국어 열풍, 중국에서의 한국어 열풍은 날이 갈수록 더해져 도처에서 한국어학원, 중국어학원이 설립되면서 한자어와 중국어 어휘 교육의 필요성이 의사일정에 오르게 되었다.8) 따라서 한자어와 중국어 어휘에 대한 연구가 점점 활기를 띠고 있는 상황이다.

한자어에 대한 연구는 크게 두 부류로 나누어 고찰해 볼 수 있다. 첫 번째 부류는 한국 내의 학자들에 의한 연구로 거의가 한국 한자어에 집중된 연구이고 다른 한 부류는 한국에 유학하는 중국학자들을 중심으로 한 중국어와 한자어의 대조적 연구이다. 전자에 대한 연구는 주로 다음 몇 가지로 고찰해 볼 수 있다.9) ① 한자어의 형태 및 구조에 대한 연구로 가장 활발하게 이루어진 것인데, 여기에는 심재기(1987), 송기중(1992), 김규철(1997), 김광해(1987), 노명희(1990), 정민영(1994), 김창섭(2001) 등이 있다. ② 한자어의 기원적 계보와 연원에 관한 연구에는 심재기(1971), 이강로(1987), 박영섭(1986), 최범훈(1973) 등이 있고, ③ 한자어의 의미나 국어에서 담당하는 기능 측면에 대한 연구로는 이용주(1974), 박영섭(1995), 김

---

7) 홍사만(1995 : 7)에서는 '대조언어학은 언어 간에 내재하는 동질성과 차이성을 대비적으로 추구함으로써, 일반 언어의 보편성을 모색함과 동시에 개별적인 언어의 특수성을 탐색하는 것이라고 하면서 주로 양어의 이질성에다 초점을 맞춘 것이라고 했다.
8) KBS1 TV <도전! 골든벨>에서는 거의 매주 한 문제 이상의 한자 문제를 출제하여 현 학교교육에 있어서의 한자 교육의 중요성을 진단하고 있다.
9) ①~③은 김광해(1998 : 164)를 참조.

광해(1989. 1998), 김용한(1998) 등이 있으며, ④ 현재에는 한자어의 교육적 측면에 초점을 맞춘 연구들이 나오고 있다. 두 번째 부류로는 한국에 유학하는 사람들을 중심으로 한[10] 학자들에 의한 연구로서 주로 비교·대조적 차원에서 한자어와 중국어 어휘의 형태적, 의미적 차이에 대한 논의를 주류로 이루어지고 있다. 여기에는 왕극전(1994), 묘춘매(1998), 추이진단(2001) 등이 있다. 이들의 연구는 두 나라 언어의 공통점과 차이를 밝혀 서로의 언어 구조를 이해하고 배우는 데 많은 시사점을 주고 있다는 데서 그 의의를 찾아볼 수 있으나 그 연구가 전반적이지 못하고 단편적으로 이루어지고 있다는 아쉬운 점을 남기고 있다.

한·중 한자어[11]의 이질화[12]는 주로 형태는 같지만 의미가 다른 한자어와 의미는 같지만 형태가 다른 한자어에서 많이 나타난다. 이 글에서는 기존의 연구를 바탕으로 형태는 같지만 뜻을 달리하는 동형이의 한자어에 중심을 두고 의미적 차이를 밝히면서 그 현상을 유형화하려고 한다.

이 글에서는 공시적 입장에서 현재 양국에서 현용되고 있는 사용빈도수가 비교적 높은 2음절 어휘를 주요 연구대상으로 한다. 이는 한자어 가운데서 2字로 된 것이 절대 다수를 차지하고 있기 때문이다. 3음절, 혹은 4음절 한자어는 모두 2字 한자어를 기초로 만들어진 것이다. 2字로 된 어휘 중 반복 구성을 보이는 "各各, 代代, 雙雙"과 같은 어휘는 제외하며 고유명사와 제도명, 학술용어, 전문용어도 제외시킨다. 한자의 자순이 도치되어 형태가 다른 것은 의미 차이가 있을지라도 제외시킨다. 이를테면 '馬上(즉시)↔上馬(말에 오르다)'. 다음, 이 글의 논의 대상이 형태에 따른 의미 차

---

10) 물론 중국 내에서도 소수의 학자들에 의해 연구가 이루어졌고 또 중국어를 전공한 일부 한국인 학자들에 의해서도 연구가 이루어졌지만 소수에 불과하다.
11) 중국의 한자어란 말은 한국 한자어에 상대해서 한 말이다. 중국의 한자어란 사실 중국의 漢語를 말한다. 중국에서는 中國語라 하지 않고 漢語라고 한다. 여기에서는 서술의 동일성을 기하기 위하여 중국에서 사용하는 한어를 中國漢字語, 한국에서 사용하는 한자어를 韓國漢字語라고 하겠다.
12) 이질화란 형태는 같은데 의미가 서로 다르거나 부분적으로 다르게 쓰이는 同形異義語 어휘를 말한다(김순녀, 1999 : 28).

이이므로 성조에 따라 뜻을 달리하는 한자어도 무시한다. 예를 들면 '丈夫'에서 '夫'자의 성조가 平聲인가 輕聲인가에 따라 '대장부'와 '남편'을 가리킨다. 마지막으로 중국 한자어의 의미 해석에서 방언의 뜻도 무시한다. 이는 이 글의 연구 대상이 표준으로서 표준어의 해석을 목표로 하기 때문이다.

이상의 것을 제외한 이 글에서 언급되는 어휘들은 중국의 권위 있는 출판사에서 펴낸 「現代漢語詞典」13)과 한국의 이희승 편 「국어사전」,14) 민중 실용 「국어사전」15)에서 선정하였다. 따라서 어휘 해석은 위 사전의 해석을 기준으로 하되 실제 언어생활에서 사용되는 면까지도 최대한으로 고려하여 예문과 같이 고찰해 본다. 이 사전을 선택한 이유는 두 나라에서 모두 실용성이 높고 권위성이 있으며 또 최근에 나온 개정판으로서 현대 사용되는 어휘를 가장 잘 반영하고 있기 때문이다. 그 외의 자료로는 한자어와 관련이 있는 한 · 중 양국의 저서 및 논문을 두루 참고한다.

본 연구의 의의는 우선 언어 교육적 면에서 한 · 중 언어 교육에 기여할 것이다. 한 · 중 양국어를 배우는 학습자와 교사들에게 실용적인 자료를 제공하여 중국에서의 한국어 교육과 한국에서의 중국어 교육에서 어휘의 의미해석과 이해에 도움을 줄 수 있으며, 특히 실제 언어생활에서 쉽게 범할 수 있는 오류를 지적해 줌으로써 언어적 의미 차이로 해서 오는 오류를 방지할 수 있다. 따라서 단지 어휘의 의미적 차이뿐만이 아니라 어휘의 사용 용법에 대한 차이까지 파악할 수 있도록 정보를 제공하여, 때와 장소에 맞는 적절한 어휘 사용에 도움을 줄 것이다.

다음으로 두 나라 언어를 연구하는 언어학자들의 연구에 다소나마 기여

---

13) 中國社會科學院語言硏究所詞典編輯室編(2001), 北京. 商務印書館. 이 사전은 1978년 처음 출판된 후로 네 차례의 수정을 거쳐 2001년 4월까지 270차에 달하는 인쇄를 하였다. 그만큼 권위 있는 이 사전에는 字, 詞, 詞組, 熟語, 成語 등이 약 6만여 개 수록되어 있다.
14) 민중 엣센스 「국어사전」(2001). 민중서림, 전면개정판인 이 사전에는 고유어. 한자어. 외래어 및 신어. 전문어. 고어 등을 망라하여 15만여의 표제어가 수록되었다.
15) 민중 실용 「국어사전」(2001). 민중서림 편집국 편, 8만 3천여 개의 실용어휘가 수록되었다.

를 할 것이다. 의미적 차이나 표현과 의미의 관계에 있어서의 차이 등을 연구하는 데 도움이 될 것이다. 더 나아가서 한국어와 중국어의 동질성과 이질성을 밝혀냄으로써 비친족 계통 어휘의 동질성과 차이성을 설명하며, 일반 언어의 보편성을 모색하고 개별적인 언어의 특수성을 탐색하는 데 도움이 될 것이다.

3. 한·중 동형이의어의 의미 대조

同形異義語란 한자의 형태16)는 같으나 그 형태가 지니고 있는 의미가 서로 다른 어휘를 말한다. 예를 들어 '點心(점심)'은 한국에서는 '점심에 먹는 음식'을 가리키고 중국에서는 '간식으로 먹는 과자나 빵'을 가리키며, '工夫'를 한국에서는 '학문이나 기술을 배우고 익힘'을 뜻하고 중국에서는 '무엇을 하는 데 걸리는 시간이나' 혹은 '어떤 실력이나 조예'를 뜻한다.

김광해(1998 : 173)에서는 한자를 공유하고 있는 한국, 중국, 일본에서 사용되는 한자어 중 형태가 동일하면서 의미를 달리하는 일련의 한자어를 불투명어로 다루고 있다.

그러면 同形異義語 한자어를 크게 완전이의어와 부분이의어 두 가지로 나누어 살펴보자.

1) 완전이의어(의미가 완전히 다른 것)

완전이의어는 형태는 같으나 그 뜻이 전혀 다른 한자어로서 오해를 불

---

16) 여기서 '형태'라고 하는 것은 한자의 어소의 배열 위치를 말한다. 하여 어떤 학자들은 동형어를 同素語라고도 한다.

러일으킬 가능성이 가장 높은 한자어이다. 이를 (1) 지칭대상이 다른 경우, (2) '하다'를 붙일 수 있는 경우, (3) 문법범주가 바뀌는 경우 등 세 가지로 나누어 고찰해 보기로 한다.

(1) 지칭대상이 다른 경우

동일한 한자어를 쓰면서도 그 한자어가 표시하는 지시대상이 완전히 다른 경우이다. 여기에는 명사 한자어가 대부분인데 그 예를 보면 다음과 같다.

▌기차(汽車)

韓 증기 기관을 원동력으로 하여 궤도 객차나 화차를 끌고 다니는 차량. (오후 네 시 기차를 타고 서울로 올라갔다.)

中 가스, 휘발유, 증유 등을 연료로 하는 발동기를 달고 그 동력으로써 바퀴를 돌려 도로 위에서 달리는 차. 사람이나 물건을 싣고 다님. 이때 '汽車' 앞에 오는 단어에 따라 나타내는 차의 종류도 다르다. 이를테면, 長途汽车(장거리 운행 버스), 公共汽车(시내버스), 小汽车(승용차), 运货汽车(화물자동차, 짐차, 트럭). 이때는 '货车'라고 많이 쓴다.

한국 한자어 '汽車'에 해당되는 중국어는 '火車, 列車'인데 사람이 타고 다니는 기차는 주로 '列車'라고 부른다. 중국의 '汽車'에 해당되는 차는 상술한 것과 같은 차들이다.

坐278次列車來的. 278번 열차 / 기차를 타고 왔다.

▌긍지(矜持)

韓 자신의 재능이나 능력을 믿음으로써 가지는 자랑스러운 마음. (대학생으로서의 긍지를 갖다.)

中 (말이나 언행이)조심스럽다. 구속하거나 속박하다.

> 他第一次上臺發言, 顯得有点矜持.
> 그는 처음으로 무대에 올라 발언을 해서인지 좀 조심스러워하는 것 같다.

한국 한자어 '矜持'에 해당되는 중국 한자어는 '自豪'나 '驕傲'이다.

▎노파(老婆)

韓 늙은 여자. 할머니. 할멈.
中 아내.

> 老婆是和我同班同學. 아내는 나와 같은 학급의 동창이다.

만일 이 예문을 한국 한자어의 뜻에 준해 '아내'가 '늙은 할머니'로 대역이 된다면 웃음거리가 될 것이다. 한국 한자어 '老婆'에 해당되는 중국 한자어는 '老婆兒', '老婆婆'(할머니), '老婆子'(할멈)'이다.

▎도사(導師)

韓 ① 도를 닦거나 도교를 믿고 수행하는 사람.
  ② 승려.
  ③ 법회의 장의에서 여러 승려를 거느리고 의식을 행하는 승려.
中 ① 대학교나 연구기관에서 글을 가르치거나 지도하는 사람.
  ② 큰 사업이나 대운동 중에서 방향을 지시하고 정책을 장악하는 사람.

위에서 보듯이 중국에서 사용되는 '導師'는 한국과 지칭대상이 완전히 다르다. 한국에서의 '導師'는 '도를 닦거나 도교를 믿고 수행하는 사람, 승려'를 가리키지만 중국에서는 '사회적으로 영향력이 큰 사람, 지식 수준이 높은 학자'를 가리킨다. 특히 ②의 뜻을 나타내는 '導師'는 정부의 최고 지도자에게 쓰인다.

偉大的導師毛澤東. 위대한 도사 모택동(중국의 1세대 지도자인 나라 주석 모 오쩌뚱에게 쓴 호칭이다).

중국어 ①은 한국의 대학교에서 석사, 박사과정생을 지도하고 가르치는 교수를 말한다.

這位是我的導師. 이분은 나의 지도교수님이시다.

▌고등학교(高等學校)

韓 중학교 교육의 기초 위에 중등 교육 또는 실업 교육을 하는 학교.
中 종합대학, 단과대학, 전문대학의 총칭.

한국의 '高等學校'에 해당되는 중국어는 '高中'이다. 즉, 중학교와 대학교 사이에 있는 3년제 교육과정을 말한다. 중국에서 '高等學校'는 대학을 가리킨다. 때문에 중국의 학생들이 한국어 '高等學校'라는 말을 들을 때 왕왕 '대학교'로 오해하는 수가 많다.

永浩去年畢業于慶南高中, 去了漢城的一所高等學校. 영호는 지난해 경남고등학교를 졸업하고 서울에 있는 모 대학에 들어갔다.

▌분촌(分寸)

韓 '일분일촌'이라는 뜻으로 아주 적음을 이르는 말(分寸을 다투다)
中 (일이나 말의)적당한 정도나 범위(분별, 한계, 한도, 분수)

說話要有分寸. 말은 분별 있게 해야 한다.
不知分寸. 제 분수를 모른다.

한국 한자어 '分寸'의 의미를 중국어로 나타낼 때는 '分寸'이라 하지 않고 '分秒'라고 표현한다.

時間是寶貴的, 要爭取<u>分秒</u>. 시간은 귀중한 것이니 <u>분촌</u>을 다투어라.

▌서방(書房)

韓 ① 남편

② 성 뒤에 붙여 사위나 손아래 친척 여자의 남편. 아래 동서 등을 호칭할 때 쓰는 말. (김<u>서방</u>, 어서 와 앉게)

中 독서하고 글을 쓰는 서재

在<u>書房</u>看書. 서재에서 책을 본다.

이때 '書齋'라는 말로도 표현할 수 있는데 문어체에 많이 쓰인다.

▌사정(事情)

韓 ① 일의 곡절이나 형편. (딱한 <u>사정</u>으로 올 수 없었다)

② 처하고 있는 처지. 정상. (가정 <u>사정</u>이 어렵다)

③ 딱한 처지를 하소연하여 용서나 도움을 비는 일. (아무리 <u>사정</u>해도 소용이 없었다)

中 ① 인류 사회 중의 일체 활동과 부딪치는 모든 사회현상.

事情多, 忙不過來. 일이 많아서 어쩔 새 없다.

② 일이나 실수, 혹은 틀림.

不能馬虎, 出了<u>事情</u>就糟了. 소홀히 하다 <u>실수</u>하면 큰일이야.

③ 직업. 工作.

你的<u>事情</u>怎么樣? 너 <u>일(직업)</u>은 어떻게 되었니?

한국어 ①에 대응되는 중국어는 '情況'이고 ②에 대응되는 중국어는 '狀

況'이며 ③에 해당되는 중국어는 '懇求'나 '求情'이다. 반대로 중국의 ①에 해당되는 한국어는 '일'이나 '사건'이 되겠고(有件事情想跟你商量 / 당신과 상의하고 싶은 일이 하나 있다), ②에 해당되는 한국어는 '오류'나 '착오', '실수'가 되며(出了事情就麻煩了 / 실수가 생기면 큰일이다), ③에 해당되는 한국어는 '직업'이 될 것이다(在公司里找了一個事情 / 회사에서 일거리를 하나 찾았다).

▌배심(背心)

[韓] 배반하는 마음 (강한 배심을 느끼다.)
[中] 조끼, 런닝

　　買了兩件背心.(두 장의 런닝을 샀다.)

　현재 한국에서는 '배심'이란 한자어 대신에 '배신'을 많이 쓴다. 따라서 '배신'이란 한자어는 필자가 자료로 삼은 민중서림에서 나온 '실용국어사전'에는 수록되지 않았으나 이희승 감수 '민중 엣센스 국어사전'에는 수록되어 있었다. 한국에서 많이 안 쓰이는 한자임을 알 수 있다. 그러나 굳이 이 한자어를 예로 드는 것은 중국에서 '背心'이 아주 상용적으로 쓰는 어휘이기에[17] 그 의미를 알지 못하거나 오해하는 일을 막기 위해서이다. 한국어 '背心'에 대응되는 중국 한자어는 '背叛(배반)'이다.

▌총장(總長)

[韓] 현재 한국에서는 '종합대학의 장'을 가리키는 의미로 많이 사용
[中] 北洋軍閥시기 중앙정부 各部의 最高長官을 나타냄.

　한국어 '總長'에 맞는 중국어는 '校長'이다. '校長'은 한국에서는 초등학

───────────────

17) 이를테면 백화점 속옷 파는 곳에 가면 글로 적은 것을 볼 수도 있고 또 런닝셔츠를 살 때면 꼭 해야 하는 말이다.

교, 중학교, 고등학교의 장을 가리키나 중국에서는 구별하지 않고 학교의 행정적인 사무를 책임진 최고의 직위를 가진 사람을 가리킨다. 대학교의 총장도 '校長'이라고 부른다.

지칭 대상이 완전히 달라 오해를 일으키기 쉬운 단어들은 매우 많은 바, 상술한 한자어 외에도 '名物, 名銜, 明天, 老姑, 病院, 小品, 人間, 人便, 客戶, 金店, 老師, 媽媽, 身上, 名分, 作業, 早飯' 등이 있다.

그중 몇 개를 도표로 제시하면 다음과 같다(<표 2> 참조).

<표 2> 지칭대상이 다른 한자어

한 자 어	한국에서의 의미	중국에서의 의미
명천(明天)	① 밝은 하늘 ② 모든 것을 명찰하는 하느님	① 내일 ② 멀지 않은 장래
노고(老姑)	할미, 노파	막내 고모
명물(名物)	① 지방의 특산물 ② 남다른 특징이 있어 인기 있는 사람	사물의 명칭(名物詞 / 명물을 나타내는 단어)
명함(名銜)	성명, 주소, 직업, 신분, 전화 번호 따위를 적은 종이쪽(명함을 주고 받다.)	(관직이나 학위 따위의)직함 즉 頭銜. 別拿部長這个頭銜來嚇人(장관이라는 직함을 가지고 사람 겁주지 말라)

상술한 한자어들은 형태는 같지만 그 뜻이 다르므로 어느 한쪽의 의미대로 이해를 하다가는 의사소통이 안 되거나 오해를 살 수가 있다.

(2) "-하다"를 붙일 수 있는 경우

중국의 한자어가 한국에 들어올 때 대부분 명사의 형태로 들어오는데, 원어가 명사일 경우에는 그대로 들여오고, 원어가 명사가 아닌 경우에는 대개 한국어의 명사로 변형시켜서 들여왔다. 만일 이들을 용언으로 사용하고자 할 때에는 접미사 '-하다'를 붙여서 사용했다. 그래서 우리가 쓰고 있는 대부분의 한자어는 명사로 쓰일 수 있는 동시에 '-하다'만 붙이면 용언으로도 쓰일 수 있어서 실제 언어생활에서는 더 많은 한자어를 사용하고 있다(강신항, 1988 : 15). 한·중 한자어휘를 대조해 보면 이런 유의 한자어들의 수가 매우 많다.

▌ 강구(講究)

韓 좋은 대책과 방법을 연구함.(대책을 강구하다. 방법을 강구하다)

中 ① 중시하거나 推敲할 만한 내용.(講究衛生 / 위생을 중시하다)
   ② 정교하다.(會場布置得很講究 / 회의장을 아주 정교하게 잘 꾸몄다)

한국 한자어 뜻에 대응되는 중국어는 '研究'나 '謀求'이다. 위의 예문을 가져와 대역을 한다면 "대책을 강구하다, 방법을 강구하다"는 '研究對策, 謀求方法'가 될 것이다.

▌ 결속(結束)

한국에서는 주로 '덩이가 되게 묶음, 결합하다'와 '뜻이 같은 사람이 서로 결합함'(함께 결속을 다짐하다)이란 뜻으로 쓰이고, 중국에서는 주로 '끝나다, 마치다, 종결하다, 종료하다'의 뜻으로 사용된다.

代表團結束了對北京的訪問.(대표단은 북경에 대한 방문을 마쳤다)

한국어 '結束'에 해당하는 중국어는 '捆'과 "團結"이다.

▌ 출세(出世)

韓 사회적으로 높은 지위에 오르거나 유명해짐. (그는 큰 회사의 사장으로 출세했다.)

中 ① 출생
   这城市就是他出世的地方. 이 도시는 그가 출생한 곳이다.

② "(사회제도) 같은 것이 産生"이라는 의미인데 잘 쓰이지 않음.

한국에서의 '출세'의 뜻은 '사회적으로 높은 지위에 오르거나 유명해짐'을 나타내고 중국에서는 '사람의 出生이나 어떤 제도의 産生'을 말한다. 한국어의 '출세'에 해당되는 중국어는 '出息'나 '飛皇騰達'이다.

▌간병(看病)

韓 딸의 정성어린 <u>간병</u>으로 어머니의 건강은 날로 좋아졌다.
中 醫生給人<u>看病</u>去了. 의사선생님은 환자의 <u>병을 보러</u> 갔다.
　　到醫院<u>看病</u>去. 병원에 <u>병 보러</u> 간다.

'看病'은 한국에서는 '병구완'이란 뜻으로 사용되지만 중국에서는 '의사가 환자의 병을 보거나 또는 아픈 사람이 병원에 가서 병을 보는 것'을 가리킨다. 한국의 '간병'에 해당되는 중국어는 '看護'나 '護理'이다. 만일 '병구완을 잘 한다'라는 뜻을 중국어로 대역할 때 한국식으로 '病看得好'라고 한다면 중국 사람들은 모두 '의사의 의술이 높아 병을 잘 보다'는 것으로 오해할 것이다.

▌유념(留念)

韓 다시는 이런 일이 없도록 내 말을 <u>유념</u>하세요.
中 照像<u>留念</u>. 사진을 찍어 <u>기념으로 남기다</u>.

한국에서는 '유념'을 '잘 기억해두고 생각함'이라는 뜻과 '주의'의 뜻으로 쓰지만 중국에서는 '이별이나 갈라질 때 선물을 주어 기념으로 남기다'의 뜻으로 사용된다. 때문에 한국의 '유념'은 추상적인 것에 반해 중국의 '留念'은 구체적이다. 한국어 '유념'에 해당되는 중국어는 '注意', '留心'이다.

▌조심(操心)

　한국에서 '조심'은 '실수가 없도록 마음을 삼가서 경계함'이라는 뜻으로 '산불조심', '말을 조심하다'와 같은 경우에 사용된다. 그러나 중국에서는 '마음을 쓰다, 걱정하다, 애태우다, 심려하다'의 뜻으로 사용된다.

　　這件事, 你不必操心了. 이 일에 대해 <u>신경 쓸</u> 필요 없다.

　한국어 '조심'에 해당되는 중국어는 '小心'(소심)이나 '注意'이다.

　　上街時, <u>小心汽車</u>. 거리에 나갈 때 자동차를 <u>조심하라</u>.

▌요리(料理)

韓 조리한 음식이나 또는 음식을 조리하는 것. (<u>料理</u> 솜씨가 뛰어나다)
中 어떤 일을 다루거나 처리하다. (<u>料理家務</u> / 가무 일을 <u>처리하다</u>)

　위의 예에서 보듯이 한국에서는 '음식을 만들거나 하는 것'을 '요리'라고 하는데 중국에서는 이를 '做菜', '烹飪'으로 표현한다. 중국에서 '料理'는 '가무나 일'에 관해서 쓰이고 음식에 관해서는 쓰이지 않았으나 요즘은 동남아시아 한자어를 쓰는 나라들과의 교류가 빈번해짐에 따라 메뉴나 음식점의 창문(광고용으로 씀)에 '四川料理, 東北料理'라고 쓰는 것을 가끔씩 볼 수 있다. 사회가 언어변화 원인의 한가지임을 알 수 있다.

▌암산(暗算)

韓 筆算, 수판, 계산기 등을 쓰지 않고 머릿속으로 계산하는 것. (<u>암산</u>이 빠르다)
中 暗中에서 타인을 상해하거나 해침. (遭<u>暗算</u> / 피해를 보다)

만일 한국식의 생각으로 계산이 빠르다는 것을 중국어로 대역할 때 '他 暗算得很快'라고 한다면 '사람을 해치는 데 날래다'는 의미로 사용되어 큰 오해를 일으키기 쉽다. 한국어 '암산'에 해당되는 중국어는 '心算(심산)'이나 '默算'이고, 중국어 '暗算'에 해당되는 한국어는 '음모를 꾸미다'나 '노리다' 이다.

상술한 유형에 속하는 한자어들은 위의 것을 제외하고도 '기특(奇特), 청 초(淸楚) 초연(超然), 타산(打算), 주선(周旋), 다심(多心), 구차(苟且), 동반(同 伴), 몰두(沒頭), 소요(逍遙), 속사(速寫), 독파(讀破), 기발(奇拔), 구경(求景)' 등의 단어들이 있다(<표 3> 참조).

〈표 3〉 '-하다'를 붙일 수 있는 한자어

한 자 어	한국에서의 의미	중국에서의 의미
청초(淸楚)	깨끗하고 곱다	분명하다. 명백하다. 뚜렷하다
타산(打算)	이해관계를 따져 셈쳐 봄. 또는 그 속셈	고려, 계획, 생각
다심(多心)	마음이 안 놓여 지나치게 생각하거나 걱정함이 많음	마구 의심을 하는 것
구차(苟且)	군색스럽고 구구함. 가난함	눈앞의 일만 돌봄. 대수 응부함. 남녀사이의 부정당한 관계
독파(讀破)	처음부터 끝까지 다 읽음	중국어에서 同字異音語가 생겼을 때 통상적인 발음대로 읽지 않는 방법
기발(奇拔)	엉뚱하고 기묘할 정도로 우수하다.	(산봉우리가) 기괴하게 솟아있다
주선(周旋)	일이 잘 되도록 이리저리 힘씀	공중이나 주위를 돌거나 맴돌다 교제하다
기특(奇特)	말이나 행동이 기이하고 귀염성이 있다	(사물이나 현상이) 특별하다. 기괴하다
몰두(沒頭)	어떤 일에 온 정신을 다 기울임	물이 키를 넘는 것

(3) 문법범주가 다른 경우

여기서 문법범주가 다르다는 것은 형태론적 구성을 하고 있는 한국 한자어들이 중국에서는 통사적 구문으로 표현되는 것을 이르는 말이다. 즉, 한국에서는 하나의 품사적 단위로 인식되는 것이 중국어에서는 통사적 구조로 표현되는 것이다. 양국의 한자어를 대조하는 중에서 이러한 예들이 적지 않게 발견되어 한 유형으로 묶어보았다.

▌선학(先學)

한국에서 '선학'은 명사로 '선학들의 가르침을 받다'와 같이 '학문상의 선배'를 가리키는데 중국에서는 '~을(를) 먼저 배우다'라는 의미로 부술구조로 표현된다.

先學了一段. 한 단락을 먼저 배웠다.

▌정녕(丁寧)

'이 일은 정녕 네가 한 짓이렷다'와 같이 한국에서 부사 '정녕'은 '추측건대 틀림없이'라는 뜻을 나타낸다. 중국에서는 부술구조로 '(~을/를 하라고) 재삼 부탁하다 / 신신 당부하다'로 표현된다.

他娘千丁寧万囑咐, 叫兒子一路上多加小心. 어머니는 아들에게 길에서 조심하라고 신신 당부했다.

▌병고(病故)

韓 病故로 결근하다.
中 他去年病故了. 그는 지난해에 병으로 사망했다.

위의 예는 자칫 큰 오해를 일으키기 쉬운 예이다. '병고'는 한국에서는 명사로서 '병으로 인한 질고'를 나타내지만 중국에서는 부술 구조로 '병으로 인하여 죽다'라는 의미를 나타낸다. 이렇게 해석이 전혀 다른 원인은 양국에서 한자의 의미를 적용하는 범위가 다르기 때문이다. '故'의 사전적 해석을 보면 ① 사고, ② 원인, ③ 故意, ④ 所以, ⑤ 原來的, ⑥ 朋友, ⑦ (人)死亡이다. 한국에서는 ②의 뜻으로, 중국에서는 ⑦의 뜻으로 사용하였기에 한・중어 간에 의미차이가 나게 된 것이다.

▌객기(客氣)

韓 말이나 행동이 쓸데없고 실없는 행위. (객기를 부리다)
中 ① 상대방을 대함에 있어 겸손하며 예절이 있다.

他對人很客氣. 그는 남을 아주 공손하게 대한다.

② 사양을 하다

請不要客氣. 사양하지 마세요.

위의 해석을 보면 두 나라에서 사용되는 의미가 다르다. 한국에서의 客氣는 '행위가 실답지 못한 것'(명사)을 일컫는 반면에 중국에서의 客气는 '아주 공손하고 예절이 있다. 사양을 하다'(목술 구조)는 뜻으로 상대를 대하는 태도가 반대임을 알 수 있다.

▌사과(謝過)

韓 잘못에 대해 용서(容恕)를 빎.
中 고마움을 표했다.(목술 구조)

'謝過' 역시 내용이 서로 상반되어 오해를 일으키기 쉬운 한자어이다. 만일 "저의 잘못에 대해 당신에게 사과하겠습니다"를 한국의 한자 의미대로 "*對我的錯, 向你謝過"라고 한다면 사과를 받아야 할 상대방은 어리둥절하거나 괴씸해 할 것이다. 왜냐하면 '謝過'는 중국어에서 '감사를 표했다'는 의미인데 양해를 구하지 않고 고맙다고 하니 말이다. 이때는 '道歉'이나 '陪罪'라는 말을 써야 한국의 '사과'의 뜻을 제대로 표현할 수 있다.

對我的錯, 向你道歉. 저의 과오에 대해 <u>사과드리겠습니다</u>.

이외에도 다음과 같은 어휘들이 여기에 속한다(<표 4> 참조).

<표 4> 문법범주가 바뀜에 따라 의미가 다른 한자어

한 자 어	한국에서의 의미와 품사	중국에서의 의미와 통사구조
개동(開冬)	초겨울. 음력 시월(명사)	겨울이 되었다.(주술구조)
교서(敎書)	대통령이 국회나 국민에게 보내는 정책이나 입법에 관한 의견서(명)	글을 가르치다. (목술구조)
선호(選好)	가려서 좋아함(명. 동) (남자 선호 사상)	(무엇을) 잘 고르거나 선택하다 (부술구조)
생병(生病)	몸에 생긴 병, 꾀병. 자기스스로 공연히 앓는 병(명)	몸에 병이 나다. (주술구조)

이상의 한자어들은 문법범주가 달라짐으로 하여 의미적 차이를 가져온 것들이다.

2) 部分異義語(의미가 부분적으로 다른 것)

같은 뜻을 가지고 있으면서도 어느 한쪽이나 혹은 양쪽에서 또 다른 뜻으로 의미변화가 일어난 것이다. 이를 (1) 공통의미 외에 각각 다른 의미가 있는 것, (2) 공통의미 외에 어느 한 쪽만 의미가 더 있는 것, (3) 뜻 해석이나 용법상으로 미세한 차이만 드러내는 것으로 나누어 살펴보겠다.

(1) 공통의미 외에 각각 다른 의미가 있는 것

▌인물(人物)

공통의미 : ① 어떤 면에서 뛰어났거나 쓸모 있는 사람. (당대의 <u>인물</u>)

　　　　　② 인물을 중심으로 한 인물화.

다른 의미 : 韓 ① 사람의 됨됨이나 인품. (그가 참 <u>인물</u>이다)

　　　　　② 사람의 얼굴 모양. 용모. (<u>인물</u>이 좋다)

　　　　中 문학과 예술 작품 중에서 묘사되는 인물.

　　　　　　曹操是反面<u>人物</u>形象. 조조는 반면 <u>인물</u> 형상이다.

　　한국어의 ①에 해당되는 중국어는 '人才'이고 ②에 해당되는 중국어는 '長相'이나 '模樣'이다.

▌선생(先生)

공통의미 : 선생, 교사.

다른 의미 : 韓 ① '학예가 뛰어난 사람'의 존칭. (퇴계<u>선생</u>)

　　　　　② 어떤 부문에서 경험이 많거나 잘 하는 사람.(장기에서 는 그가 <u>선생</u>이다)

　　　　　③ 남의 경칭(성. 직함 등의 뒤에 씀). (변호사 <u>선생</u>)

　　　　中 ① 다른 사람의 남편이나 남 앞에서 자기의 남편을 이름.

　　　　　　這是我家<u>先生</u>. 이분은 나의 <u>남편</u>이다.

　　　　　② 옛날 장부를 관리하는 사람.

　　　　　　在商号當<u>先生</u>. 상점에서 <u>회계를</u> 맡다.

　　　　　③ 옛날 관상쟁이, 점쟁이 등에 대한 존칭.

　　　　　　算命<u>先生</u>. <u>점쟁이</u>

　　한국어 ②에 대응되는 중국어는 '老師'나 '老行家'이고 ③에 대응되는 중국어는 '先生'이다.

▌운전(運轉)

공통의미 : 자본이나 어떤 일 같은 것을 움직여 나아가게 함.

다른 의미 : 韓 ① 기계나 자동차 따위를 움직여 굴림. (혼자 <u>운전</u>을 하
　　　　　　　　　　다)

　　　　　　　中 ① 일정한 궤도를 따라 돌다.

　　　　　　　　　行星繞着太陽<u>運轉</u>. 행성이 태양을 둘러싸고 <u>운행한다</u>.

　　　　　　　　② 기계가 돌아가다.

　　　　　　　　　發電機<u>運轉</u>正常. 발전기가 정상적으로 <u>돌아간다</u>.

　　　　　　　　③ 어떤 組織이나 機構 등이 工作을 진행함을 비유.

　　　　　　　　　公司開始<u>運轉</u>. 회사가 <u>돌아가기</u> 시작했다.

한국어의 ①에 해당되는 중국어는 '駕駛'이다.

▎충실(充實)

공통의미 : 내용이 알참. 필요한 것을 충분히 갖춤. (내용이 <u>충실하다</u>)
다른 의미 : 韓 몸이 굳세어서 튼튼함. (아이가 <u>충실하다</u>)

　　　　　　　中 충족시키다.

　　　　　　　　選拔優秀幹部<u>充實</u>基層. 우수한 인재를 선발하여 기층조직을 <u>강화하다</u>.

한국어의 '몸이 굳세어서 든든함'에 맞는 중국어는 '結實'이다.

▎출입(出入)

공통의미 : 나감과 들어옴. (<u>출입</u>이 자유롭다)
다른 의미 : 韓 ① 잠깐 다녀올 셈으로 집밖으로 나감. (주인은 <u>출입</u>하고
　　　　　　　　　　안 계신다.)

　　　　　　　中 (數目, 內容) 등이 맞지 않음.

　　　　　　　　你倆說的話有<u>出入</u>. 너의 둘의 말에는 <u>오차</u>가 있다.

한국어의 ①의 뜻을 중국어로 표현하려면 '出門'이라고 해야 한다.

이에 속하는 한자어는 비교적 많은데, 상술한 것 외에도 '풍류(風流), 심

목(心目), 천고(千古), 두뇌(頭腦), 명쾌(明快), 동체(胴體), 거리(距離), 후배(後輩), 만재(滿載), 구사(驅使), 가도(街道), 명패(名牌)' 등이 있다(<표 5> 참조).

〈표 5〉 공통의미 외에 각각 의미가 더 있는 것

한자어	공통의미	한국어의 의미	중국어의 의미
명쾌 (明快)	(말, 글)의 소리가 분명하고 시원하다	밝고 말끔하여 기분이 좋다	성격이 밝고 시원시원하다
후배 (後輩)	학문이나 경험, 資力, 나이 등이 자기보다 낮거나 뒤진 무리	같은 학교를 늦게 졸업하거나, 같은 근무처 등에서 나중에 들어온 사람	후대. 자손을 일컬음
동체 (胴體)	목, 팔, 다리를 제외한 가운데 부분. 몸통(주로 동물에)	함선. 비행기 등의 몸체 부분	사람의 몸뚱아리(주로 여자의 몸)
거리 (距離)	공간상, 두 곳 사이의 떨어진 정도	사람과 사귀는데 있어서의 간격	① 시간상의 거리 ② 보는 견해의 차이
불편 (不便)	(생활함에)편리하지 못하다	병으로 몸이 편하지 못함.	쓸 돈이 부족
분별 (分別)	세상물정을 알아서 가림변	사물을 종류에 따라 구별하여 가름	離別. 不同. 各自

(2) 공통의미 외에 한쪽만 의미가 더 있는 것

① 한국어에 더 있는 것

▌방심(放心)

공통의미 : 안심하다.

韓 더 있는 것 : ① 마음을 다잡지 못하고 놓아 버림. 정신을 차리지 않음.
(방심은 금물이다.)

현재 한국에서는 '안심하다'의 뜻으로는 잘 사용하지 않고 '마음 놓지 못한다'는 의미로 더 많이 사용하고 있다. ①에 대응되는 중국어는 '松弛'나 '放松警惕'이다.

▌결과(缺課)

공통의미 : 학생이 수업이나 강의 시간에 빠짐.
韓 더 있는 것 : 과업을 쉼.

중국에는 '과업을 쉬다'라는 뜻은 없고 '수업시간에 빠지는 것'만 나타내는데 이때 '缺課' 외에도 '缺席'이란 말도 많이 쓴다.

   這學期李剛沒缺席過一次. 이번 학기 李剛은 한번도 결석하지 않았다.

▌비위(脾胃)

공통의미 : 사물에 대해 좋고 나쁨을 분간하는 기분.
韓 더 있는 것 : ① 음식의 맛에 대해 좋고 나쁨을 분간하는 기분.
                 ② 아니꼽고 싫은 일을 잘 견디는 힘. (비위 좋은 사람)

한국어 ①에 맞는 중국어는 '口味'이고 ②에 맞는 중국어는 '臉皮厚'이다.

   這个菜不合我的口味. 음식이 비위에 안 맞는다.
   叫他走也不走, 眞是臉皮厚啊. 가라고 해도 안 가는 걸 보면 정말 비위 좋은 사
                             람이야.

▌세련(洗練)

공통의미 : (언어, 문자, 技藝 등이) 잘 다듬어짐. (문장이 세련되다)
韓 더 있는 것 : 수양을 쌓아, 인격이 원만하고 성품이나 취미가 고상하고
   우아하게 함. (세련된 언동, 옷차림이 세련되다.)

한국어에 해당되는 중국어는 '老練'이나 '精練'인데 태도나 말과 관련해서는 '老練, 精練'이 자연스럽고 옷차림과 관련될 때는 '得体'라고 해야 어색한 표현이 되지 않는다.

今天她穿得很<u>得体</u>. 오늘 그녀의 옷차림은 아주 <u>세련되었다</u>.

▌천생(天生)

공통의미 : 하늘로부터 타고 남. 또는 그런 바탕.

韓 더 있는 것 : 이미 정해진 것처럼 어쩔 수 없이.

한국어에 맞는 중국어는 '沒辦法'나 '只好'이다.

沒有車, <u>沒辦法只好</u>走着去了. 車가 없으니 <u>천생</u> 걸어가는 수밖에 없다.

▌외면(外面)

공통의미 : 밖이나 겉에 나타난 모양.

韓 더 있는 것 : ① 보기를 꺼려 얼굴을 돌려버림. (서로 <u>외면하고</u> 지나갔
다)
② 어떤 일을 인정하지 않고 도외시 함. (현실을 <u>외면하
다</u>)

중국에서 '外面'의 사용되는 예를 보면 '外面很冷 / 밖은 아주 춥다'나 '這
座樓房看外面很堅固 / 이층 집은 겉면이 아주 단단하다'로 표현되지 해석
①과 ②의 뜻은 전혀 없다. 이때 ①에 대응되는 중국어 표현은 '背過瞼去'
이고 ②에 대응되는 표현은 '回避'이다.

不忍目睹眼前的慘景, 大家都<u>背過瞼</u>去了. 눈앞의 참상을 차마 볼 수가 없어 모
두들 얼굴을 돌려 버렸다.
對昇級問題, 他一<u>直回避</u>着. 승진에 대해 그는 줄곧 회피하였다.

이런 유에 속하는 한자어들은 아주 많다. '기사(技士), 말기(未期), 만점
(滿點), 독자(獨自), 생수(生水), 선수(先手), 선수(選手), 도취(陶醉), 자진(自
盡), 장자(長者), 세간(世間), 말단(未端), 측근(側近), 풍미(風味), 희박(稀薄),

대강(大綱)' 등도 위와 같은 유형에 속하는 한자어이다(<표 6> 참조).

<표 6> 한국어에 의미가 더 있는 것

한자어	공통 의미	한국어에 더 있는 것
毒酒	독약을 탄 술	매우 독한 술
末期	어떤 시기의 끝장 무렵 (조선말기)	어떤 일의 끝 무렵(말기 증상)
滿點	규정된 점수에 꽉 참 (백점 만점을 맞았다)	부족함이 없이 만족할 만한 정도 (음식 솜씨가 만점이다)
獨自	저 혼자	그 자체에만 특유함(독자적인 견해)
技士	기술 자격 등급의 하나	운전기사(버스기사)
生水	(끓이지 않은)맑은 물	생명수. 먹는 샘물(샘물을 사 먹다)
無色	아무 빛깔도 없음	부끄러워서 볼 낯이 없음(가수가 무색 할 정도로 노래를 잘 한다)

② 중국어에 더 있는 것

▌대상(對象)

공통의미 : 행동이나 사고 시 목표가 되는 사람이나 사물. (연구대상)
🀄 더 있는 것 : 연애의 상대.

> 他都三十多了, 还没有对象? 이미 서른이 넘은 그가 아직도 여자 친구가 없단 말이
> 에요?

중국에서는 연애의 상대를 '對象'이라고도 하고 '男(女)朋友'라고도 한다. 여기서 주의해야 할 것은 꼭 앞에 '男'이나 '女'를 붙여 '남자친구' 혹은 '여자친구'라고 해야 한다는 것이다. 그렇지 않고 '朋友(친구)'라고 하면 보통 친구도 가리키기 때문에 연애의 상대자에게는 꼭 '男(女)'를 붙여준다.

> 永洙的女朋友來了. 영수의 여자 친구가 왔다.

'對象'의 의미는 이외에도 결혼할 상대를 나타내기도 한다.

有對象嗎? 我給你介紹一个? 결혼 할 상대가 있니? 내가 소개해 줄까?

▌의사(意思)

공통의미 : 마음먹은 생각. 뜻. (양보할 의사가 없다.)

中 더 있는 것 : ① 문장에 내포된 의미나 뜻.

　　　了解文章的中心意思. 문장을 뜻을 이해하다.

② 생각. 의견. 願望.

　　　大家的意思是一起去. 다 같이 가는 것이 모두의 생각이다.

③ (선물에 담겨져 있는) 친밀한 정. 감사의 표시. 성의.

　　　這是我的小意思, 請您收下. 저의 작은 성의이니 받아주세요.

④ (미안하거나 거북한) 기분.

　　　不好意思說話. 말하기 거북하다.

⑤ 재미. 흥미. 흥취.

　　　玩得眞有意思. 정말 재미있게 놀았다.

⑥ (상대방의 행위에) 서운함을 느끼다.

　　　你這麼做, 眞不够意思. 당신이 이렇게 하니 정말 서운하다.

　위에서 본 바와 같이 중국어의 '意思'는 한국에서와 달리 여러 가지 뜻으로 쓰이고 있어 그 의미를 잘 알아야 의사소통에 불편이 없을 것이다. 가령 한국 한자어의 의미대로 ④를 '意思가 안 좋은 말'이라고 한다든가 ⑥을 '당신이 이렇게 하니 意思가 안 닿는다'라고 대역한다면 의사전달이 정확하지 않아 많은 오해를 가져올 것이다.

▌방학(放學)

공통의미 : 학교에서 학기가 끝난 뒤에 수업을 일정 기간 쉬는 일. (여름
　　　　방학)

中 더 있는 것 : ① (학생들이) 학교에서 하루의 수업을 마치고 파하다.

　　　放學以後, 請到我的辦公室來一趟. 수업이 끝난 후 내 연구실에 왔다가요.

중국에서 '放學'은 ①의 뜻으로 많이 사용되고 있으며 '학교에서 일정기간 수업을 쉬는 일'이란 의미를 나타낼 때에는 '放學'보다는 '放假'를 쓴다.

今年國慶節放了七天假. 올 국경절에는 일주일을 쉬었다.

▌생기(生氣)

공통의미 : 생명력과 활력. 활발하고 생생한 기운. (생기가 넘치다.)
中 더 있는 것 : ① 마음에 들지 않아 불쾌해서 화를 내다.

孩子不聽話, 媽媽很生氣. 애가 말을 듣지 않아 어머니가 몹시 화를 내고 있다.

중국에서는 生氣를 ①의 뜻으로 많이 사용하고 있으며 공통의미의 뜻을 나타낼 때에는 '生氣勃勃'를 쓴다.

▌창구(窓口)

공통의미 : ① 창문.
② 사무실 따위에서 창을 통해 손님과 응대하고 돈의 출납 등 사무를 보는 곳. (은행 창구)
中 더 있는 것 : ① 어떤 도경이나 경로를 비유함.
門市部是了解市場信息的窓口. 소매부는 시장의 정보를 了解하는 도경이다.
② 정신 면, 물질 면에서 각종 현상이나 상황을 반영할 수 있는 곳을 비유.
王府井是北京商業的窓口. 왕부정은 북경 상업의 창구이다.

'窓口'의 해석 ①은 원래의 의미이고 ②의 의미는 중국의 개혁개방 이후에 나타난 것으로 ②의 의미로 사용될 때의 '창구'는 신조어나 다름없다. 현재 중국에서는 간행물이나 방송에서 '대외 개방의 窓口'라는 말로 '정보, 정황 전달의 창구'를 가리켜 많이 쓰고 있다.

▌고저(高低)

공통의미 : 높고 낮음(높낮이).

🀄 더 있는 것 : ① 우열, 승부, 정도.

> 两个人的技術水平差不多，很難分出高低. 두 사람의 수준은 서로 비슷하여 우열을 가리기 어렵다.

② (말이나 일의)심도, 경중.

> 不知高低. 일의 경중을 모른다.

이에 속하는 한자어도 상당수를 차지하는데, 위의 것 외에도 '대상(對象), 안색(顔色), 자기(自己), 명랑(明朗), 명성(明星), 동결(凍結), 명백(明白), 검토(檢討), 천추(千秋), 출문(出門), 탐문(探問), 편의(便衣), 편의(便宜), 하류(下流), 작풍(作風), 작용(作用), 발전(發電), 성취(成就), 장인(丈人), 조화(調和), 인가(人家), 사활(死活)' 등이 있다(<표 7> 참조).

〈표 7〉 중국어에 의미가 더 있는 것

한자어	공 통 의 미	중국어의 의미
顔色	얼굴에 나타나는 기색, 얼굴 빛(안색이 나쁘다.)	① 색채. 색 ② 용모. (顔色憔悴/얼굴이 초췌하다) ③ (남에게 내보이는)위엄이나 본때. (給他一点兒顔色看/그에게 본때를 보여줘)
自己	자기자신. 자기	사이가 가까운 것. (都是自己人/모두 自己사람들인데 뭘 따지냐?)
明朗	밝고 쾌활함(성격)	① (실외의)광선이 충족하다 ② 분명하다. 명백하다. (態度明朗/태도가 명백하다) ③ 공명 정대하다
明白	분명하다. 명확하다	① 숨김없다. 솔직하다. (說明白/솔직하게 말하다) ② 총명하다. 현명하다. (他是明白人/그는 현명한 사람이다) ③ 이해하다. 알다. (不明白他的意思/그의 뜻을 알지 못하다)

한자어	공 통 의 미	중국어의 의미
便衣	평상시에 입는 편복	사복군인. 사복경찰(便衣警察)
作風	작품에 나타난 예술가의 독특한 수법이나 특징	(사상, 일, 생활상에서)표현되는 행위. (生活作風端正/생활 작풍이 단정하다)
發電	전기를 일으킴	전보(電報)를 하다(給家發電/집에 전보를 보내다)
人家	사람이 사는 집. 人戶	① 집안. 가문. 가정(淸白人家/청백한 가문) ② 여자의 장래 시댁, 정해둔 신랑감(她已經有人家了/그는 이미 신랑감이 있다) ③ (대명사로 상황에 따라) 남. 그 사람. 나를 가리킴(快把人家請回來/빨리 그를 청해오라)

(3) 뜻 해석이나 용법상에서 미세한 차이만 드러내는 것

어떤 한자어들은 양국의 사전 상의 해석으로는 뚜렷한 차이가 없지만 사용법 상에서 미세한 차이를 보임에 따라 의미에 있어서도 미세한 차이를 보이고 있다.

▌교육(敎育)

해석 : 가르치어 기름. 지식과 기술 따위를 가르치어 개인의 능력을 신장시키고 바람직한 인간성을 갖추도록 지도함. (9년 의무교육)

'敎育'에 대한 두 나라의 사전상의 해석은 같지만 '교육'이란 단어를 중국에서는 보통 학교에서 행해지는 배양과정을 가리킬 때 쓴다. 때문에 '며칠간 서울에 교육 받으러 갔다 왔다'라는 말에서 '敎育'을 '硏修'라고 해야 중국어 어감에 맞는 표현이 된다. 이때 '교육'이란 말을 쓰면 어딘가 '좀 잘못했거나 부족하여 받는 훈계식 교육'이란 뜻을 내포한다. "你去敎育敎育他 / 당신이 가서 좀 교육(훈육)하세요."

▌식당(食堂)

해석 : 건물 안에 식사를 할 수 있도록 설치하여 놓은 방

　　의미 해석은 역시 위와 마찬가지로 두 나라에서 차이가 없지만 중국에서의 食堂은 학교, 기관, 단체에서 본 직장 사람들에게 식사를 제공하는 곳을 말한다. 때문에 '宿舍食堂'(기숙사 식당), '公司食堂'(회사 식당)이라고는 말하지만 한국에서 말하는 '간단한 음식물을 만들어 파는 가게'(식당에서 매식하다)는 食堂이라 하지 않고 '小飯店', '飯館'이나 '餐廳'이라고 한다. 좀 규모가 큰 것은 '飯店'이라고 하지만 작은 규모의 음식점도 '飯店'이라고 하고 있다. '金蘭飯店' 등.

▌곡해(曲解)

　　한국에서 '曲解'는 '사실과 어긋나게 잘못 이해함'의 뜻이고 중국에서 '曲解'는 '객관 사실이나 다른 사람의 의사를 틀리게 해석하다'라는 뜻인데 많이는 일부러 그럴 때 쓰인다. '친구의 의사를 곡해했다'라는 예를 한국어의 뜻으로 해석하면 '어떤 의도가 없이 그냥 잘못 이해했다'는 의미가 되겠고 중국어의 뜻으로 해석하면 '어떤 목적을 가지고 일부러 사실을 왜곡하다'는 뜻이 된다. 이처럼 '스스로'와 '일부러'에 그 차이점이 있다.

▌주임(主任)

　　'한 개 부문이나 기구의 주요 임무를 담당한 사람'이라는 의미로 사전상으로 해석되는 것은 거의 같으나 사용범위에서 다소 차이가 있다. 중국에서 '主任'은 행정기관이나 학교에서 일정한 부문의 담당자에게 두루 쓰이므로 한국에서보다 사용범위가 넓다. 이를테면 한국에서 말하는 '학과장'을 중국에서는 '系主任'(계주임)이라고 한다. 그 외에도 학교의 일상사무를 맡아보는 사람을 '校辦主任', 학과의 행정사무를 맡아보는 사람을 '辦公室主任', 담임교원도 '班主任'이라고 한다.

▌총각(總角)

양국에서 다 '미혼의 청년'을 나타내는데 중국에서는 '고대 미성년의 사람', '幼年의 남자'를 가리킨다. 지금 한국의 '미혼청년'에 해당되는 현대 중국어는 '小伙子'이다. '總角'이란 말은 사전 상으로 남아있지 실생활에서는 잘 쓰지 않고 있다.

▌경리(經理)

한국에서는 '일을 경영하여 처리하거나 회계, 급여에 대한 사무를 처리하는 사람'이라는 의미로, 중국에서는 '어떤 기업이나 사업체의 책임자(지배인)'의 의미로 쓰인다. 즉, 중국에서 '經理'는 한 회사의 총 책임자를 가리키는 것이므로 한국어의 '사장'에 해당된다. 때문에 한국의 '經理'보다 직급이 높은 직무이다.

下午, 李經理去北京了. 오후에 이 사장님은 북경으로 가셨다.

이외에도 '개강(開講), 강좌(講座), 사은(謝恩), 상념(想念), 만류(挽留), 여지(餘地), 청심(淸心), 청채(靑菜), 조우(遭遇), 탈모(脫毛), 천륜(天倫), 설파(說破)' 등의 한자어들이 이 유형에 속한다(<표 8> 참조).

<표 8> 의미나 용법상에서 미세한 차이를 보이는 한자어

한자어	같거나 비슷한 의미	의미나 사용법상의 차이	예
開講	강의 같은 것을 시작함	(한) 한학기의 강의가 시작	다음 학기의 개강파티를 어디서 할까
		(중) 한 시간의 강의나 어떤 학과목의 강의를 시작	이 章은 이미 開講했어
挽留	붙들고 말림	(한) 하려는 것을 말림	사직을 만류했다
		(중) 떠나가려는 사람을 못 가게 말림	挽留客人/손님을 만류했다

한자어	같거나 비슷한 의미	의미나 사용법상의 차이	예
謝恩	감사히 여김	(한) 감사히 여겨서 사례함	고객 사은 대잔치
		(중) 감사를 하다	向他謝恩/그에게 감사를 표했다
想念	생각	(한) 마음속에 품은 여러 가지 생각	상념에 잠긴 그녀
		(중) 그리워하다. 생각하다	想念遠方的兒子/먼 곳에 있는 아들을 그리워하다
遭遇	(일이나 사람을) 만나다	(한) 우연히 만남	친구를 조우하다
		(중) 순조롭지 못하거나 불행한 일을 만나거나 당했을 때 씀	不幸的 遭遇/불행한 일을 당하다

4. 요약

　지금까지 한·중 同形異義漢字語의 의미를 대조하여 보았다. 그 내용을 요약하는 것으로 결론을 대신하고자 한다.

　처음 한국에서 한자를 수입했을 때는 그 음가와 의미가 중국과 같았을 것이다. 그러나 그 후 오랜 동안 사용하여 오는 과정에서 자체의 문화와 생활 습관, 그리고 언어체계 등 여러 가지의 변화를 입어 원래의 뜻에서 의미의 차이를 가져오게 되었다. 이는 중국도 마찬가지였다. 언어의 변화는 음운의 변화, 문법의 변화보다 어휘의 변화에서 가장 현저하게 나타나는 바 한·중 한자어의 변화도 예외가 아니었다. 형태는 같지만 의미가 다른 同形異義語와 형태는 다르지만 의미가 같은 異形同義語에서 양국 한자어의 차이가 뚜렷하게 나타났다. 이 글에서는 동형 한자어 중에서도 同形異義語에 중심을 두고 의미변화의 유형과 의미적 차이를 밝히면서 그 현상을 유형화하였다.

다음 同形異義語를 다시 완전이의어와 부분이의어로 나누어 고찰해 보았는데 이를 도표로 제시하면 다음과 같다.

<표 9> 의미대조의 양상

동형어	의미 대조의 양상			예
同形異義語	완전이의어 (의미가 다른 것)	지칭대상이 다른 경우		汽車, 身手
		'-하다'를 붙일 수 있는 경우		留念, 操心
		문법범주가 바뀌는 경우		先學, 丁寧
	부분이의어 (의미가 부분적으로 다른 것	공통의미 외에 각각 다른 의미가 있는 것		失手, 充實
		공통의미 외에 한쪽만 의미가 더 있는 것	한국어에 더 있는 것	毒酒, 滿點
			중국어에 더 있는 것	對象, 死活
		뜻 해석이나 용법상에서 미세한 차이만 드러내는 한자어		家族, 說破

이상과 같이 한·중 한자어 중 형태가 동일하나 의미가 완전히 다르거나 또는 조금 다른 同形異義語의 의미를 대조하고 그 유형을 분류하여 보았다. 특히 이 글에서는 동형이의어의 의미적 차이에 주목을 하였는데 적지 않은 한자 어휘들이 복합적인 의미양상을 띠고 있었다. 즉, 어느 한 가지 뜻으로 의미 차이가 생기는 경우보다는 복합적으로 작용하여 동형이의어가 생기는 것이 많았다. 이는 한자어가 어느 하나의 의미만을 나타내려고 생겨난 비효율적인 어휘가 아니고 하나로 여러 가지 내용을 표현하는 언어의 노력경제에도 잘 부합되는 어휘임을 단적으로 보여주고 있다.

이 글에서 채 다루지 못한 동형이의어가 생기는 원인에 대한 규명은 공시적인 연구보다는 통시적인 연구에서 이루어져야 하므로 후술로 미루어 둔다.

참고문헌

사전

이희승 감수(2001), 엣센스 국어사전, 민중서림.
민중서림(편)(2001), 실용국어사전, 민중서림.
中國社會科學語言研究所編(2001), 現代漢語辭典, 北京·商務印書館.
康實鎭 외 3人(編)(1997), 中韓辭典, 中國·黑龍江朝鮮民族出版社.
權浩潤·鄭英玉(1994), (실용)韓中辭典, 진명출판사.

저서

김광해(1993), 국어 어휘론 개설, 집문당.
김광해(1989), 고유어와 한자어의 대응현상, 국어학회.
김종택(1993), 국어 어휘론, 탑출판사.
노대규(1988), 국어 의미론 연구, 국학자료원.
민재홍(2000), 現代中國語의 二音節 複合語 研究(중국학 박사학위논문 총서10. 중국
　　　　도서 문화중심).
박영섭(1995), 國語漢字語彙論, 도서출판 박이정.
박영순(1996), 한국어 의미론, 고려대학교 출판부.
符淮靑(1985), 現代漢語語彙研究, 中國·北京大學出版社.
蘇新春(1992), 漢語詞義學, 廣東教育出版社.
蘇寶榮(2000), 詞義研究與辭書釋義, 北京·商務印書館.
심재기(1982), 국어 어휘론, 집문당.
이익환(1985), 意味論 概論, 翰信文化社.
이상태(1992), 국어 이음월의 통사·의미론적 연구, 형설출판사
임지룡(1992), 국어 의미론, 탑출판사.
유창균(1980), 韓國 古代漢字音의 研究 1, 계명대학교 출판부.
王　力(1993), 漢語語彙史, 北京·商務印書館.
장홍권(1999), 조선어, 한어, 일본어 현대어휘와 그 변이에 대한 대비연구, 북경·민
　　　　족출판사.

周　薦(1995), 漢語詞彙硏究史綱, 北京·語文出版社.
천시권·김종택(1981), 國語意味論, 형설출판사.
최봉춘(1989), 漢朝語語彙對比, 중국·연변대학출판사.
홍사만(1993), 國語語彙意味硏究, 학문사.
홍사만(1995), 한·일어 대조어학/논고, 탑출판사.

논문

강신항(1988), "한자어 사용의 현실과 처리 문제", 「국어생활」 14호, 14~24.
김규철(1980), "한자어 단어형성에 관한 연구, -고유어와 비교하여-", 서울대 석사
　　　　논문.
김광해(1998), "漢字語의 의미론", "의미론 연구의 새 방향", 「이숭명박사 화갑기념논
　　　　총」.
김순녀(1999), "중국 조선어와 한국어의 어휘 비교 연구", 서울대 석사논문.
김종훈(1979), "고유한자어의 어휘론적 고찰", 「省谷論叢」 제10집, 222~242.
김희선(1998), "韓·日 漢字語 比較硏究, -同形異義語·異形同義語를 중심으로-",
　　　　중앙대 석사논문.
노명희(1990), "한자어미의 형태론적 특성에 관한 연구", 서울대학교 석사논문.
남풍현(1968), "中國語 借用에 있어 直接借用과 間接借用의 問題에 對하여", 「이숭녕
　　　　박사 송수기념논총」, 213~223.
묘춘매(1998), "韓國語素倒置漢字語의 生成과 그 意味", 고려대학교 석사논문.
박일동(1992), "國語漢字語의 成分倒置現象에 대한 硏究", 강릉대 석사학위논문.
박병채(1987), "한국 한자음의 모태와 변천", 「국어생활」 3, 국립국어연구원, 6~14.
박영섭(1986), "국어 한자어의 기원적 계보 연구", 성균관대학교 박사학위논문.
성원경(1977), "한·중 양국에서 現用하는 한자어휘 比較考", 「성곡논총」 제8집.
　　　　284~325.
성환갑(1987), "고유어의 한자어화 과정", 「국어생활」 3, 국어국립연구원, 40~50.
신창순(1969), "漢字語 小考", 「국어국문학」 42, 43합병호, 국어국문학회, 249~267.

심재기(1971), "漢字語의 傳來와 그 起源的 系譜", 「金亨奎박사 송수 기념논총」, 355~370.

심재기(1987), "한자어의 구조와 그 조어력", 「국어생활」 3 제8호, 25~39.

이용주(1983), "韓國語 漢字語系 動詞의 語彙論的 機能", 「국어학자료논문집」 4집, 大題閣, 575~617.

이익섭(1968), "漢字語 造語法의 類型", 「이숭녕박사 송수 기념논총」, 475~483.

이익섭(1969), "漢字語의 非一音節 單一語에 해하여", 「김재원박사 회갑 기념논총」, 837~844

이기문(1972), "한자의 釋에 관한 연구", 인하대학교.

이을환(1990), "漢字語의 意味論的 特性", 「어문연구」 제18권.

이강로(1978), "한국한자어의 어휘의미의 연구, —"上, 下"字를 구성요소로 한 낱말을 중심으로", 「한글」 162, 243~270.

이현규(1994), "한자어 차용에 따른 차용어와 고유어의 변화", 「우리말연구의 샘터」, 703~728.

왕극전(1994), "한. 중 한자어에 관한 비교연구", 서울대 박사논문.

정민영(1994), "국어 한자어의 단어형성 연구", 충북대학 박사논문

정은혜(1998), "韓・中 漢字語의 異質化 硏究", 이화여자대학교 교육대학원 석사논문.

程崇義(1987), "한・중 한자어의 변천에 관한 비교연구", 「국어연구」 80호, 국어연구회.

최규일(1990), "漢字語의 語彙形成과 漢字語에서의 接辭처리 문제", 「국어학논문집」, 강신항 교수 회갑기념 논문집, 393~409.

최범훈(1976), "漢字系 歸化語에 대하여",

채연강(1977), "韓國漢字語에 대하여", 성균관대 석사논문.

한재균(1999), "同素同義逆序詞在漢語韓語中的差異表現", 「漢語學習」 제3기, 46~49.

허 벽(1977), "漢字의 同字異音研究", 「동방학지」 20집, 117~145.

‖ 이영자 ‖

중국 이중언어 사용자의 언어사용에 대한 일고찰
−일·미 이중언어 사용자와의 대조를 중심으로

1. 연구배경

세계적으로 정치, 경제, 문화의 활발한 교류는 글로벌시대의 서막과 함께 세계화라는 획기적인 시대를 열어놓았다. 이로써 세계는 순수한 단일민족이나 나아가서 단일어 국가의 존재가 거의 불가능하게 되었다. 대다수 국가가 다민족·다언어사회로 변화되고 있는 현 시점에서 이중언어 현상은 사회현상의 한 형태로 존재할 뿐만 아니라 국제적인 문제로 다루어지고 있다. 이러한 현실은 사회언어학적인 측면에서 이중언어 사용자들의 언어실태를 밝히고 그에 맞는 언어교육을 실시하는 사업이 사뭇 중요함을 시사해 주고 있다. 특히 동일한 언어를 모국어로 하는 한 민족이 국경을 경계로 각기 다른 나라에 분포되어 있고, 또 그 나라의 언어(제2언어)를 모국어처럼 받아들이거나 사용하는 상황은 아주 흥미 있는 현상이다. 학계

---

*이 글은 필자가 중국어로 작성한 석사학위 논문 "日, 美, 中三国朝鲜族双语使用者语言使用情况比较研究"(2001, 연변대학교)를 국역하여 수정한 것임.

에서는 한 민족이 국경을 사이에 두고 다른 여러 나라에 걸쳐 있지만 하나의 모국어를 공유하고 있을 경우, 이러한 민족 언어를 "국경언어(跨境語言)"라고 정의한 바 있다(戴庆厦, 1993). 중·일·미 3국에 있어서 "국경"의 개념에 이의를 제기할 수도 있겠지만 이 글에서는 광의적 시각으로 본 국경으로서 동일한 모국어를 사용하지만 다른 국가에 분포되어 있는 이중언어 사용자들의 모국어-한국어를 "국경언어"의 범주에 넣고 연구대상으로 삼고자 한다. 이들의 언어사용은 해당 국가의 정치(정책), 경제, 사회 등 요소의 제약을 받고 있지만 가장 중요한 것은 언중들의 내적 태도나 의지 및 언어능력이라고 할 수 있다.

이 글에서 언급하고자 하는 제2언어는 3국 이중언어 사용자들이 우선 한국어를 습득한 다음에 사용한 각국의 대표언어, 즉 중국어, 일본어, 영어를 가리킨다.

徐大明 외(1997) : "이중언어 사용자"에 대한 표준은 첫째, 두 언어의 숙련 정도가 모두 모국어 수준에 도달한 사람, 둘째 한 언어의 숙련 정도가 모국어 수준과 비슷하고 다른 언어는 그 언어를 모국어로 사용하는 사람들과 정상적인 소통을 할 수 있는 사람이다. 다시 말하면 한 언어의 수준이 모국어 능력보다 다소 떨어지더라도 그 언어를 모국어로 하는 사람들과의 정상적인 교류가 이루어지는 경우를 말한다.

이 글에서 가리키는 "이중언어 사용자"는 상기 2가지 표준 중 하나에 부합되는 사람들로서 그들의 모국어는 한국어임을 밝혀둔다.

중국·일본·미국 이중언어 사용자들의(한국어를 모국어로) 언어실태에 대한 설문조사와 통계를 통해 그들의 2가지 언어에 대한 태도, 모국어와 제2언어 사용능력, 언어선택 등의 측면에서 나타난 차이점을 밝히고 상황에 따른 원인도 제시할 것이다.

본 연구는 서로 다른 언어환경 속에서 3국 이중언어 사용자들의 언어사용 실태에 대한 상이점을 제시함으로써 跨境雙語 연구에 통계적 분석 자료를 제공할 뿐만 아니라 세계 속에서의 한국어 실태연구에 가치 있는 정보를 제공해 줄 것으로 기대한다.

본문에서 일본과 미국 교포들에 대한 통계 자료는 임영철(1995)을 참조하였다.

구체적인 설문조사 내용은 아래와 같다.

- 기간 : 2000년 4월~11월
- 조사 범위 : 중국 연변주 내, 심양, 통화 등 지역
- 조사 내용 : 任榮哲(1995) : 문제1~문제13
- 조사 방법 : 우선 해당 사항에 부합되는 인군(人群) 및 인수(人數)를 정하고 각 분류 층에서 무작위로 뽑은 대상자들에 한해 설문조사를 진행하였다. 무효 설문지(예 : 다항선택 등)와 수치의 정확성을 고려하여 실지 조사인수는 더 많았고 그중에서 최종 431부의 설문지를 확정 선택하였다.[1] 아래는 3국 응답자 속성 일람표이다.

<표 1> 중·일·미 이중언어 사용자 속성 일람표

국가명		중	일	미
총인수(명)		431	426	431
성 별	남	211	204	211
	여	220	222	220
나 이	15~19세	95	78	95
	20~29세	102	81	102
	30~39세	76	111	76
	40~49세	87	59	87
	50~59세	42	52	42
	60세 이상	29	45	29
학 력	저학력	55	80	55
	중등학력	191	116	191
	고학력	185	223	185
직 업	공무원	133	145	133
	자영업자	83	96	83

---

1) 일부 항의 합계가 100%에 못 미치는 경우는 응답자에 의한 무응답이거나 무효응답 (다항선택)으로 인한 것임.

국가명		중	일	미
총인수(명)		431	426	431
직 업	주부	23	46	23
	학생	172	114	172
	기타	20	22	20

주 : 자영업자 : 중국 농민 40명 포함. 기타 : 미취직과 퇴직인 포함
저학력 : 소학교, 초중교 이하, 중학력 : 중학교~전문고등학교, 고학력 : 고등학교 및 그 이상

2. 언어태도

이익섭(2000)은 "언어의 많은 현상은 사람들의 언어태도 여하에 따라 좌우될 수 있다. 언어가 존속되고 발전하느냐 아니면 쇠퇴하고 멸망하느냐 하는 것도 언어태도에서 비롯된다고 할 수 있으며 제2언어 학습 성취도 역시 언어태도의 영향을 직접적으로 받을 수 있다. …… 언어 공통체의 형성도 결국은 언어태도가 같은 사람끼리 한 언어 공동체를 형성하는 방식으로 이루어지는 것이어서 이 또한 언어 태도와 절대적인 관계에 있다고 볼 수 있다."고 했다. 이와 같이 언어태도는 한 민족 공동체 언어의식, 나아가 한 국가에 존속하는 다양한 언어 공동체들 사이의 언어사용과 현상을 정확히 파악하는 데 중요한 요인으로 작용한다.

언어생활에서 사용자가 어떤 언어를 선택 사용하는가 하는 것은 이러한 언어 태도와 절대적인 연관이 있다. 張偉(1991) : "언어태도는 개인이 어떤 언어에 대한 가치 판단이나 행위 경향을 가리킨다. 여기에는 인식, 정감과 의향의 3가지 요소가 포함되는데, 인식요소는 어떤 언어에 대한 이해나 인식 혹은 찬성과 반대를 말하고 감정요소는 언어에 대해 갖고 있는 감정, 즉 좋아하거나 싫어함, 존경 혹은 멸시, 의향요소는 해당 언어에 대한 행위 경향을 가리킨다."

　언어태도는 좁게는 언어 자체에 대한 태도만을 가리키는데, 특정 언어 사용자에 대한 태도까지를 포괄하는 넓은 의미로 쓰이는 것이 더 일반적이다. 언어 및 그 언어 사용자에 대한 태도가 곧 언어태도라고 할 수 있다(이익섭, 2000 : 276).

　언어태도는 거시적으로 정부의 정책적인 간섭 여부에 따라 "上加的 언어태도"와 "下加的 언어태도"로 나뉜다. 전자는 정부의 명문화된 법규를 배경으로 하고 후자는 사회적, 자연발생적 형성을 전제로 한다. 다중 언어가 공존하는 사회를 놓고 말할 때 정부의 역할은 중요한 요소로 작용한다(陈松岑, 1999).

　어떠한 민족, 부락, 단체나 개인은 모두 자신의 모국어에 대해 강한 집착과 긍정적 감정을 가지는데 이런 감정을 "언어감정"이라고 한다(田惠刚, 1994). 언어감정은 일단 형성되면 쉽게 바뀌지 않지만 특수한 환경에 따라서는 "불안정성"을 보인다. 韓民族과 같이 각기 다른 국가에 산재하고 있으면서 해당 국가의 언어를 구사하는 이중언어 사용자들의 언어감정은 두 언어의 지위와 교제 능력 크기의 차이에 따라 변화를 가져온다. 이런 언어감정은 언어태도와 직결된다.

　언어태도는 인류 언어생활의 중요한 부분이며 일반적으로 언어 사용을 통하여 반영된다. 아울러 언어사용은 또한 언어능력에 의해 결정되는데, 3자는 긴밀한 관계를 맺고 있다. 한 언어의 능력은 곧바로 그 언어집단에서 차지하는 해당 언어의 강도를 반영하는 바, 이는 언중들의 언어사용뿐 아니라 차세대의 언어태도에 대해서도 긍정적이거나 소극적인 영향을 미친다. 이중언어 사용자들의 언어 태도는 특히 모국어와 제2언어 태도에서 집중적으로 반영된다.

1) 모국어에 대한 태도

모국어에 대한 태도는 "모국어 학습에 대한 태도"와 "차세대 모국어 학습에 대한 태도", "사전의 사용률" 등 세 부분에 나뉘어 고찰하고자 한다.

(1) 모국어 학습에 대한 태도

이중언어 사용자의 모국어 태도는 "유지(찬성)"와 "포기(반대)" 2가지로 나뉜다. 모국어에 대한 '찬성' 태도는 감정요소가 작용한 결과이다. 이런 감정은 결국 민족 친화력과 동질성(Identity)으로 응집된다. 모국어 '포기' 태도는 반대로 감정 요소가 적고 인식요소가 더 많은 작용을 한다(张伟, 1991). '모국어 학습'에 대한 질문은 모국어에 대한 긍정적 감정을 명시적으로 드러내며 모국어에 대한 태도를 정확하게 반영할 수 있는 효과적인 경로이다.

> 문제 1 : 당신은 모국어를 배울 필요가 있다고 보십니까?
> ① 필요 있다.
> ② 필요 없다.
> ③ 잘 모름.

〈그림 1〉 모국어 학습에 대한 태도

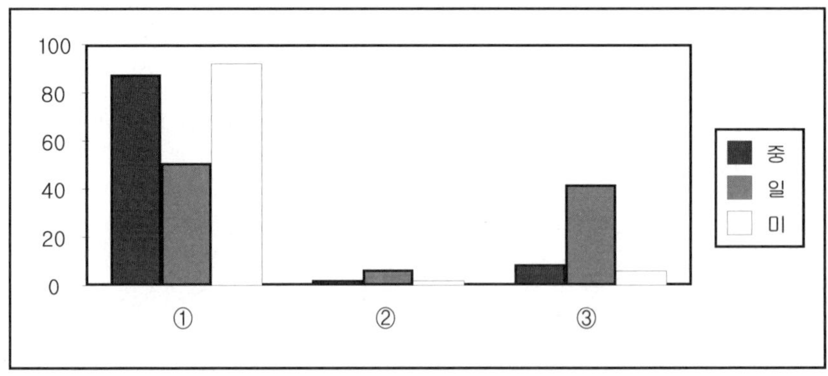

①번 선택률은 3국 화자가 모국어에 대한 태도를 직관적으로 보여준다. 모국어 습득에 대한 태도에서 미국과 중국 이중언어 사용자들이 높은 비율을 보이는 바, 이는 그들의 민족 동질감과 친화력이 일본에 비해 더 강함을 반영한다. 이와는 대조적으로 일본은 ①번에서는 현저하게 낮은 수치를 나타내고 ③번에서는 가장 높은 수치를 보인다. 이는 3국 이중언어 사용자 중 일본 교포들이 모국어를 포기하려는 경향이 다른 두 나라에 비해 훨씬 강함을 시사한다. 다시 말하면 이들의 언어 선택은 민족 친화력이나 민족 동질성에서 오는 감정요소보다도 사회생활로부터 얻은 언어 인식적 요소가 훨씬 크게 작용한다고 볼 수 있다.

(2) 차세대 모국어 학습에 대한 태도

문제 2 : 당신은 차세대 모국어 학습에 대하여 어떤 태도를 가지고 있는가?
   ① 반드시 배워야 한다.
   ② 조건이 허락된다면 배우도록 권할 것이다.
   ③ 본인이 원한다면 배우게 할 것이다.
   ④ 배워야 할 필요를 별로 느끼지 못한다.
   ⑤ 학습하지 않아도 된다.
   ⑥ 잘 모름.

〈그림 2〉

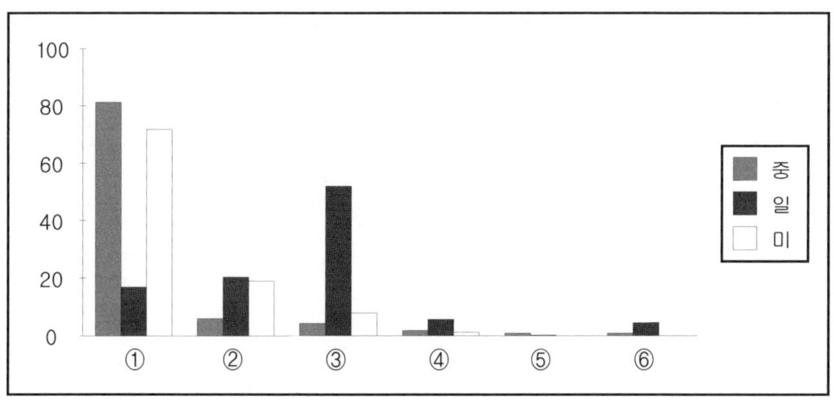

①은 모국어에 대한 무조건적인 선택을 말하는데 "문제 1"보다 한 단계 더 나아간 접근방식이다. <그림 2>에서 중국이 가장 높은 비율을 나타내고 그 다음은 미국이고 일본은 여전히 현저하게 낮은 수치를 보인다. 중·미 두 나라의 선택률은 모두 높지만 중국은 미국과 다른 원인을 내포하고 있다. 즉, 중국은 국가에서 제정한 언어 사용 법규의 영향이 큰 요소로 작용한다. 연변조선족자치주에서 실시하는 모국어 위주 교학 방식은 차세대 언어교육에 절대적인 영향을 미친다. 이는 앞선 언어태도 분류 중 "上加的 언어태도"로 볼 수 있는 것으로 "下加的 언어태도"에 비해 모국어에 대한 긍정적 효과를 더 많이 기대할 수 있다.

③은 적극적이고 능동적인 선택보다도 소극적이고 피동적인 선택으로 볼 수 있다. 일본 사용자들의 ④, ⑥의 선택 비율이 다른 두 나라에 비해 훨씬 높은 바, 이는 역시 다른 측면에서 모국어 '포기' 경향이 상당히 강함을 방증한다.

(3) 사전의 사용률

사전은 언어습득에 없어서는 안 될 필수서이다. 특히 모국어사전 사용의 일상화는 그만큼 모국어와 가까운 거리를 유지하고 있다는 증거이며 모국어 태도에 대한 간접 반영이다. 따라서 모국어와의 유대관계를 측정하는 주요한 척도로 작용하기도 한다.

> 문제 3 : 당신은 모국어 관련 사전을 사용하고 있습니까? (예를 들면, 한-중,
> 한-일, 한-영 등)
> ① 자주 사용한다.
> ② 가끔 사용한다.
> ③ 자주 사용하지 않는다.
> ④ 전혀 사용하지 않는다.
> ⑤ 관련 사전이 비치되어 있지 않다.

〈그림 3〉

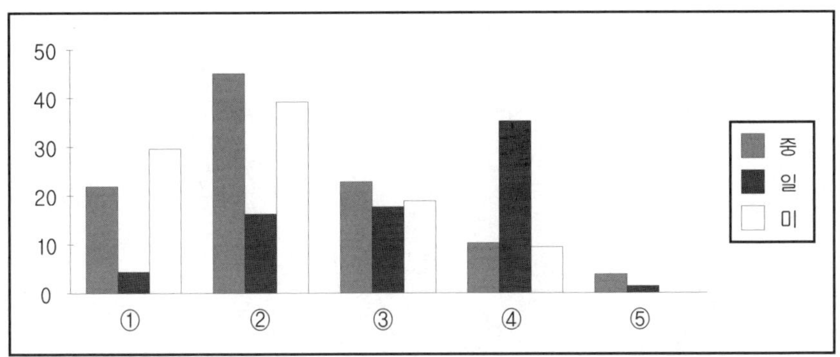

<그림 3>의 ①, ②는 '긍정' 대답으로 볼 수 있는데 중국과 미국 수치가 일본을 훨씬 앞서고 있다. 반대로 일본은 ④ '전혀 사용하지 않는다'에서 높은 비율을 보인다. 역시 중국과 미국에서 모국어에 대한 '긍정'이 일본에 비해 상당히 높고 일본은 모국어에 대한 '부정'이 선명함을 보여주는 예증이라 할 수 있다.

이상 3국 모국어 태도(긍정)에 대한 순위는 차례로 중국, 미국, 일본으로 정리할 수 있다.

2) 제2언어에 대한 태도

제2언어에 대한 태도는 "외국어에 대한 연상(聯想)" 질문으로 알아보았다. 광의적 범주에서 보면 외국어는 제2언어에 속한다 할 수 있다. 즉, 언어습득의 순위에서 관찰한다면 모국어를 습득한 뒤에 학습하는 언어는 제2언어로 간주될 수 있다. 이중언어 화자들에 있어서 핵심은 모국어를 제1언어로 그 뒤의 것을 제2, 제3…… 언어로 한다는 데 있다. 단지 '순수 외국어(純外國語)'는 국경을 달리한 '외국의 언어'를 가리킨다. 모국어를 제1언어로 하는 화자가 습득, 사용하는 거주국의 대표 언어를 '차외국어(次外國

語)'라 할 수 있다. 즉, 국경의 내부와 외부 사이의 차이다.

"외국어에 대한 연상"으로 이들의 제2언어태도를 알아보았다.

문제 4 : 외국어라고 하면 어떤 언어가 가장 먼저 떠오르는가? 떠오르는 순서
대로 적어 주세요.
① (   )어   ② (   )어   ③ (   )어

〈그림 4〉

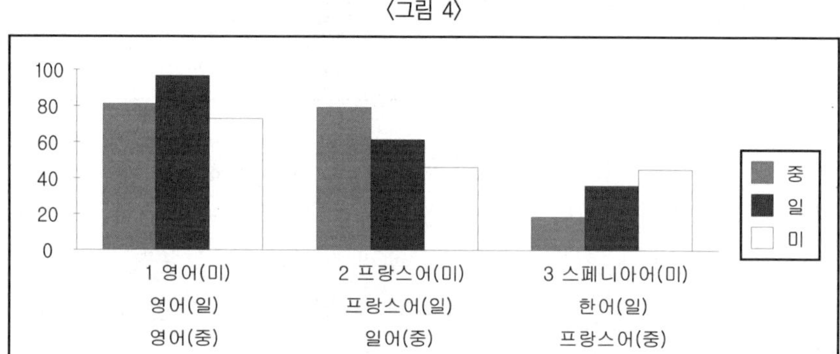

3국 이중언어 사용자들이 떠올린 '외국어' 1순위는 모두 '영어'였다. 중
국과 일본에서 '영어'를 선택한 것에 비해 미국 이중언어 사용자들이 '영어'
를 제1순위 외국어로 떠올렸다는 점은 흥미로운 일이다.

盛炎(1996) : 언어환경은 "학습"과 "습득"을 구분하는 주요 기준이다. 즉,
"학습"은 주로 교실에서 진행되며 "습득"은 주로 자연적인 목표어 환경에서
진행된다. 아동의 모국어 습득, 아동의 이중언어 습득, 성인의 목표어 환
경에서의 목표어 습득(자연언어환경) 등은 모두 "습득" 범주에 속한다. 여기
에 비춰 볼 때, "순수 외국어"의 '학습' 경향은 "차외국어(次外語)"에 비해 강
하며 "차외국어"의 '습득' 경향은 "순수 외국어"에 비해 강하다. 언어능력으
로 보면 '순수 외국어'의 능력은 당연히 "차외국어"에 비해 떨어진다. 전자
는 반드시 비목표어 언어환경 속에서 의식적이고 대량적이며 반복적인 훈
련을 거쳐야만 습득되고 후자는 자연스런 언어환경 속에서 무의식적이고

반복적인 사용을 통해서도 습득 가능하다는 일반성을 띠고 있다. 목표어 환경에 노출되어 있다는 것은 그만큼 목표어와 손쉽게 접촉하고 시공간적으로 목표어 교제 속에 있음을 말한다. 양자의 근본적 차이는 바로 여기에 있다.

외국어에 대한 연상이라 하면 사람들 머릿속에 우선 떠오르는 것은 당연히 "순수 외국어"일 것이다. 그러나 미국에서는 반대로 "차외국어"에 해당하는 "영어"가 1순위에 올랐다. 이와 같은 현상은 그들이 비록 목표어 환경 속에 살고 있지만 심리적으로는 강한 거리감을 느끼고 있음을 나타낸다. 이는 결국 미국 이중언어 사용자들의 이주 역사, 이주 배경과 거주 환경과 연결된다.

미국 이중언어 사용자들의 상기와 같은 인식으로 말미암아 후술하다시피 3국에서 미국의 제2언어(영어) 능력은 중국(중국어)과 일본(일본어)에 비해 크게 떨어지고 있다. 거주국의 목표언어를 "순수 외국어"로 받아들이는가 아니면 '차외국어'로 받아들이는가는 제2언어에 대한 또 다른 태도로 볼 수 있다. 즉, '수용'은 하지만 그 이면에는 거부감을 내포하고 있다. 한 국가 내에 존속하는 모국어 외 다른 언어는 각각 제2언어나 제3언어 등으로 명명되며 외국어와는 다소 거리가 있는 개념이다. "외국어"의 함의는 국경을 달리 한 다른 나라의 말을 일컫는 것이다. 그만큼 미국 모어 사용자들은 영어를 제2언어로 받아들이는 심리적 거리감이 다른 두 나라보다 훨씬 크다는 것을 말해준다. 이는 그들의 모국어에 대한 강한 애착과 사뭇 대조적이다.

반면에 중국과 일본의 외국어 제1순위에서는 결코 중국어와 일본어를 찾아 볼 수 없었는데 목표언어를 대함에 있어서 미국과는 다른 태도를 갖기 때문이다.

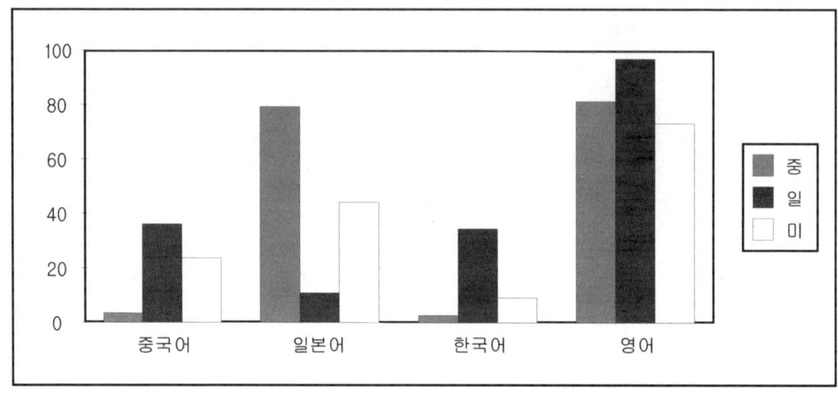

〈그림 5〉 거주국의 언어를 외국어로 선택한 경우

<그림 5>는 거주국의 언어를 외국어로 떠올린 통계이다. 미국의 '영어' 선택을 제외하면 가장 흥미 있는 것이 일본 이중언어 사용자들이 "한국어"를 외국어로 떠올렸다는 점이다.

일본에서 "한국어"를 외국어로 떠올린 비율이 34.3%나 되어 민족의식과 언어태도의 약화를 다시 한번 확인해 준다.

3국 화자들의 제2언어태도를 종합하면 거주국의 언어를 외국어로 떠올린 비율은 각각 미국, 일본, 중국 순위이다. 특히 미국은 중, 일에 비해 극명한 대조를 보인다.

"유지"와 "포기" 측면으로부터 보면 3국 모두 거주국의 제2언어에 대해 상당히 적극적인 "수용"과 "유지" 태도를 보인다. 이것은 제2언어가 이들의 생활과 밀접한 연관이 있으며 언어생활과도 불가분의 관계가 있기 때문이다.

3. 언어능력

盛炎(1996)는 "언어능력이란 내화된 언어지식 체계를 가리킨다."라고 하였는데 의식적이고 조직적인 훈련을 거쳐 정확히 언어를 사용할 수 있는 능력을 말한다. 이 글에서 가리키는 언어능력은 언어사용, 즉 교제능력을 가리키는데 여기에는 주로 듣기, 말하기, 읽기, 쓰기 등 4가지 기능이 포함된다.

　그중 언어 사용자들의 모국어와 제2언어에 대한 숙지도는 일상적인 교제와 학습생활에 영향을 줄 뿐 아니라 민족문화 전통의 보존과 계승발전 및 타민족 문화에 대한 포용도에도 큰 영향을 미친다.

1) 모국어능력

　문제 5 : 당신은 자신의 모국어능력에 대하여 어떻게 생각합니까?
　　　　　(듣기, 말하기, 읽기, 쓰기)
　　　　　① 아주 높음.
　　　　　② 괜찮은 정도.
　　　　　③ 그다지 잘 하지 못함.
　　　　　④ 전혀 모름.

<그림 6> 긍정(①+②)

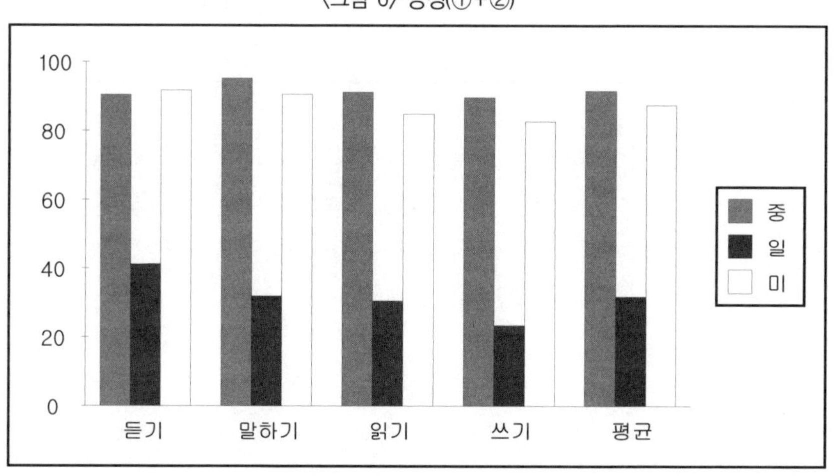

<그림 6>은 3국 이중언어 사용자들의 모국어 능력에 대한 통계인데 거의 모든 항목에서 중국이 가장 높게 나타났고 다음은 미국이며, 일본이 가장 낮은 비율을 보인다. 이러한 순위는 2)의 (1)에서의 모국어 태도와 극적인 일치를 보인다. 모국어에 대한 강한 애착은 그 전승과 능력 향상에 지대한 영향을 미쳤고, 언어태도와 언어능력 사이의 정비례적 역학관계를 잘 보여준다.

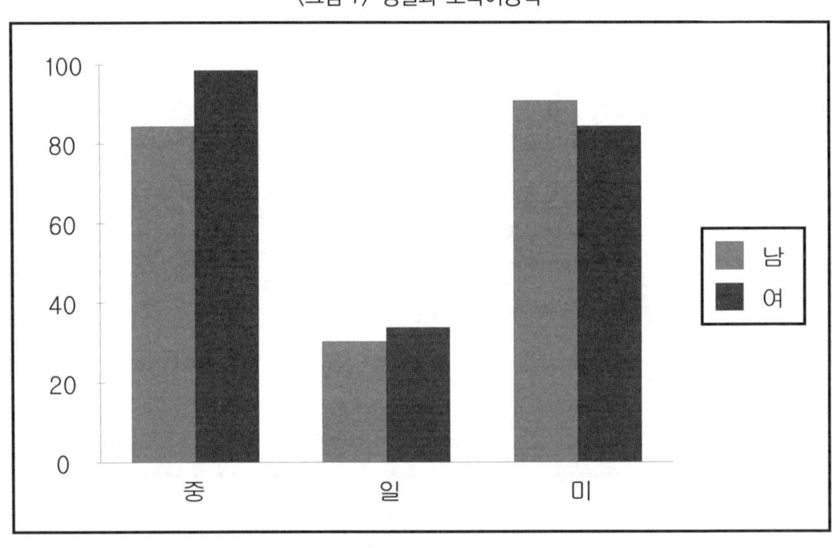

〈그림 7〉 성별과 모국어능력

중국과 일본 여성화자들의 모국어 능력이 남성보다 높게 나타났다. 중국의 경우 약 14%의 차이가 나고 있다. 이와 같은 현상은 3국에 있어서 모국어를 보존하고 전승하는 주요 역할을 중국과 일본에서는 여성이, 미국에서는 남성이 담당하고 있음을 말해준다.

〈그림 8〉 연령과 모국어 능력

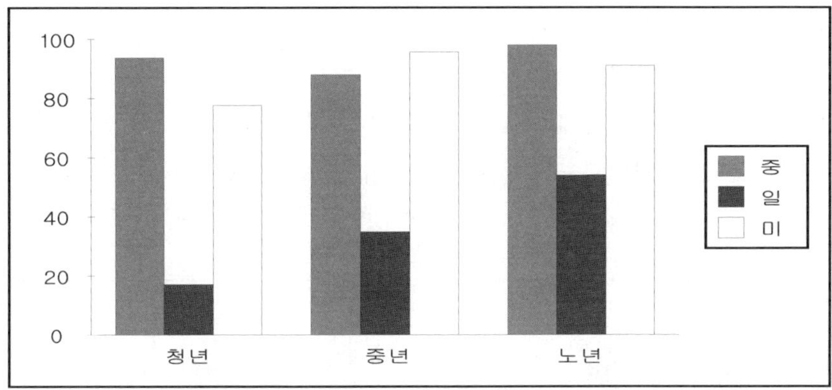

우선 모국어 '포기' 경향이 강한 일본의 경우 모국어 능력은 연령이 증가함에 따라 높아간다. 중국과 미국의 경우 청년층, 중년층에서의 변화 차이는 선명하지 않다. 총체적으로 3국의 공통한 특징은 모두 '노년'층에서 비교적 높은 비율을 보였다는 점이다. 이는 대체적으로 모국어에 대한 정감요소가 '노년층'에 집중되었음을 시사하는 바 그만큼 '모국어'에 대한 의존도가 높기 때문이기도 하다. 그러므로 제2언어능력은 다른 층에 비해 당연히 떨어진다.

〈그림 9〉 학력과 모국어능력

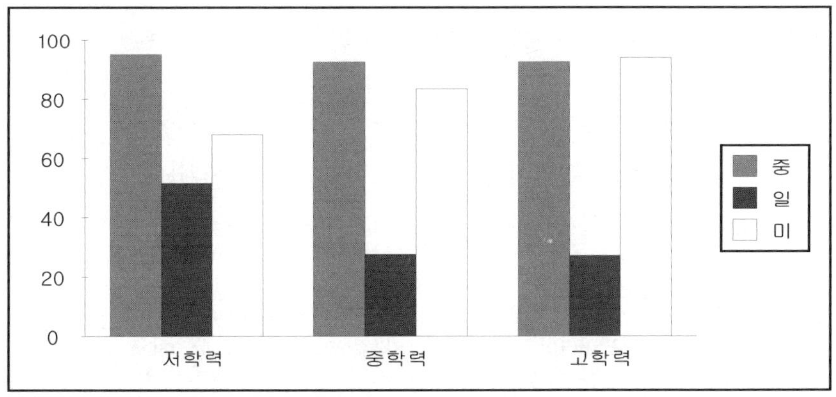

<그림 9>는 '학력'층에서 중국은 차이가 거의 없고 상당히 균형적인 그 래프를 보이고 있다. 다시 말하면 중국 이중언어 사용자들은 학력에 관계 없이 높은 모국어 능력을 나타낸다. 그러나 일본과 미국은 그 차이가 선 명한 것을 알 수 있는데, 미국은 고학력일수록 모국어 능력이 높게 나타 나고 일본은 저학력일수록 모국어 능력이 높게 나타난다.

<그림 10> 직업과 모국어능력

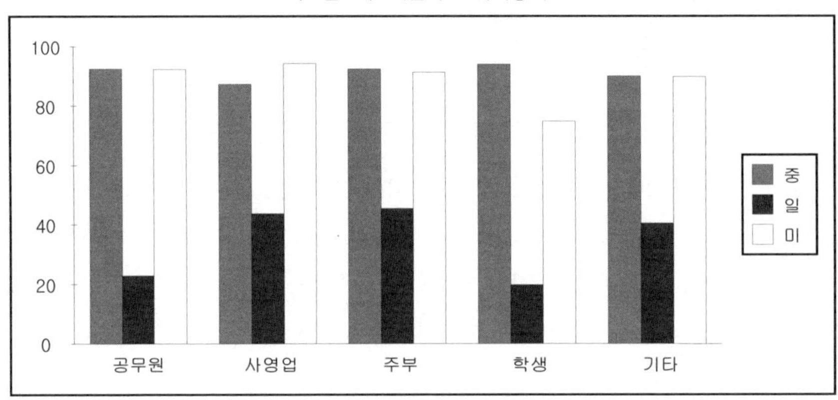

중국과 미국의 경우, 직업별 차이는 선명하지 않다. 일본은 '학생'층에 서 가장 낮은 비율을 보이는데, 이는 학교에서의 모국어교육이 제한적으 로 이루어지거나 아니면 전혀 이루어지지 않기 때문이다.2) 미국도 '학생' 층의 모국어 능력이 가장 낮은 것으로 나타났는데 이는 학교에서 모국어 를 배울 기회가 적거나 아예 없기 때문이다. 대조적인 것은 중국 '학생'층 은 모든 계층에서 모국어 능력이 가장 높은 것으로 조사되었는데 이는 피 조사지구인 연변에서 한국어를 모국어로 하는 학생들에게 중·한 이중언 어교육을 실시한 데서 연유된 것이다. 즉, 국가적 차원의 "上加的 언어태

---

2) 吳淸達 외(1996) : 1985년 통계에 따르면 한국인 중 약 86% 되는 인구가 일본학교에 진학하고 있는 걸로 나타났고 한국인학교가 집중되어 있는 大阪조차도 88%되는 한 인이 일본학교에 다니고 있었다.

도"의 결과로 간주된다.

2) 제2언어(중국어, 일본어, 영어) 능력

모국어와 제2언어능력은 이중언어능력의 두 축을 이루고, 이들은 상호
작용하며 언어선택에 영향 주고 있다. 같은 방법으로 3국 이중언어 사용
자들의 제2언어능력을 고찰할 수 있는데, 그 결과는 <그림 11>과 같다.
중, 일, 미 3국의 제2언어 중국어, 일본어, 영어를 각각 조사한 것이다.

문제 6 : 당신은 자신의 제2언어능력에 대하여 어떻게 생각하십니까?
　　　　　① 아주 잘 한다.
　　　　　② 괜찮은 정도다.
　　　　　③ 그다지 잘 하지 못함.
　　　　　④ 전혀 모름.

<그림 11> 긍정적 대답(①+②)

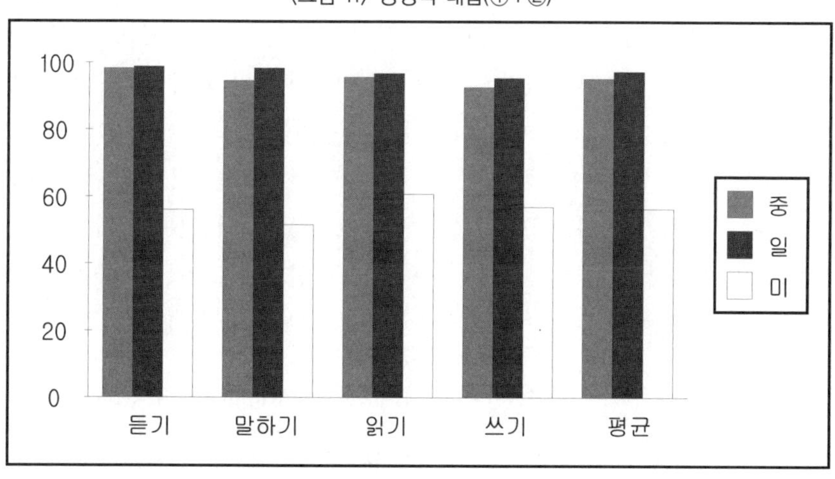

〈그림 12〉 부정적 대답(③+④)

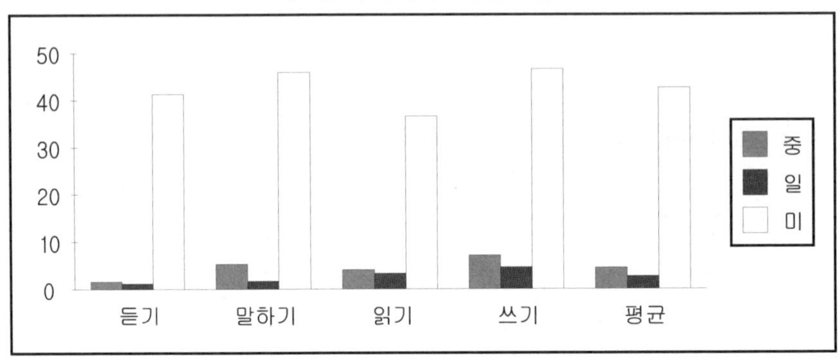

　　제2언어능력에서는 중국과 일본이 현저하게 높은 비율로 미국을 앞서고 있다. 듣기, 말하기, 읽기, 쓰기 등 모든 언어기능 면에서 중국과 일본의 긍정 대답이 미국에 비해 훨씬 높다. 비록 미국에서 영어는 절대적으로 우세한 위치에 놓여 있지만 미국 이중언어 사용자들의 제2언어능력이 같은 상황에 처한 중국이나 일본에 비해 현격한 차이를 보이는 것은 "영어"를 외국어로 인식하는 미국인들의 언어태도와 무관하지 않다. 이러한 "외국어" 의식은 이주 역사의 短期性과[3] 뿌리 깊은 "영어＝외국어"라는 인식과 밀접하게 관련되어 있다. "외국어"와 "제2언어"의 가장 큰 차이는 자연스런 목표어 환경인데, 미국 이중언어 사용자들은 목표어 환경에 있으면서도 "제2언어"가 아닌 낯선 "외국어"로 '영어'를 대하는 복잡한 언어심리가 크게 작용한 것이다. 이러한 경향은 결코 그들이 제2언어 영어에 대한 부정을 의미하지는 않는다. 기타 두 나라와 마찬가지로 미국 이중언어 사용자들의 제2언어에 대한 수용과 유지 감정은 상당히 강하다.

---

3)　전병선(1992) : 중국 조선족의 이주 역사는 19세기 중엽부터 시작되어 20세기 10년대~30년대에 전성기를 이루었다.
　　吳淸達 외(1996) : 일본 이주민들의 역사는 일본의 조선 식민지 통치 시기부터이다. 1910년 전후부터 1930년대까지 전성기였는데 약 30만 인구가 있었다.
　　정판룡(1999) : 미국 한인들의 이주는 1950-65년 사이에 전성기를 맞았고 70년대부터 이민인수가 급격한 증가를 보였다.

제2언어 능력에 영향을 주는 요소는 언어태도 외에도 거주국의 사회 언어환경 및 이문화에 대한 수용, 국가적 차원의 배려 등 여러 가지가 있을 것으로 보이는데 실지 설문조사에서 미국 이중언어 사용자들의 이문화 적응(수용) 정도가 가장 낮았다.4)

이익섭(2000) : "제2언어 학습 성취도도 언어태도의 직접적인 영향을 받을 수 있다." 제2언어태도에 대한 차이는 결국 단편적이나마 언어능력의 차이로 드러난다.

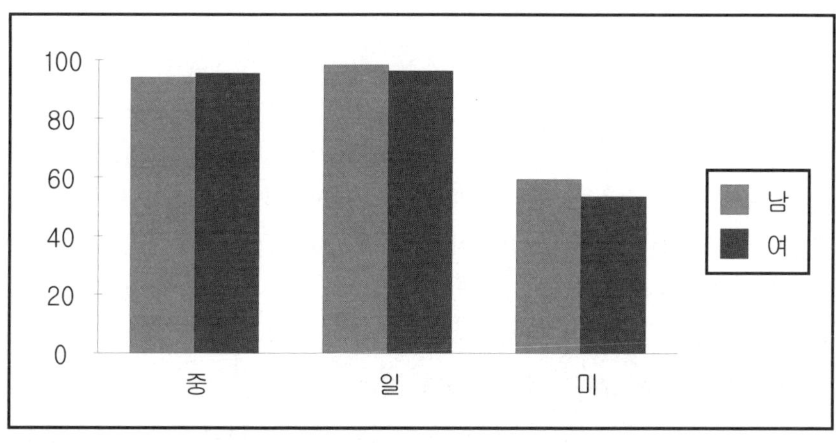

〈그림 13〉 성별과 제2언어능력

성별 차이는 선명하지 않다. 다만 미국 '남성'이 여성보다 6%정도 높은 비율을 보인다. 이는 미국 '주부' 계층의 제2언어능력이 다른 두 나라에 비해 낮기 때문이다.

---

4) 이영자(2001) : "당신의 이문화 적응정도는 어떠한가?" "① 쉽게 적응"의 선택률을 보면 중국은 80%, 일본은 61.8%, 미국은 32.3%, "② 노력하고 있지만 어렵다."에서는 중국은 12.1%, 일본은 5.3%, 미국은 48.8%. 미국은 ①항 응답자의 퍼센트는 가장 적게 나온 반면 ②번에서 가장 높은 수치를 나타낸다.

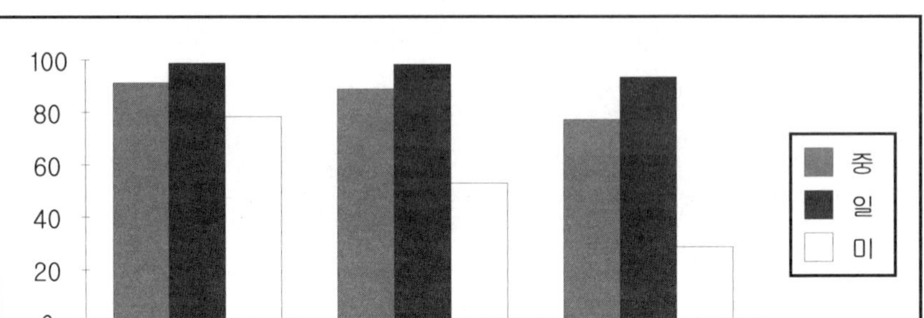

〈그림 14〉 연령과 제2언어능력

　일본은 모든 연령층에서 상당히 높은 제2언어 사용능력을 보인다. 이는 일본어 사용자들의 이문화 적응 능력과 일본 사회집단의 단일화 추구 등과 무관하지 않다. 즉, 일본 언어 사회 집단은 이문화에 대해 강한 "배타성"을 보이며 그 수용 능력 역시 다른 두 나라에 비해 약하여 한국어를 사용할 공간이 상대적으로 폐쇄되어 있다. 때문에 일본 이중언어 사용자들의 일본 귀화는 빠른 속도로 진행되고 있으며 그만큼 민족어 포기 경향이 강하다. 일본의 이와 같은 현상은 다민족, 다언어 배경 아래에 있는 중, 미 이중언어 사용자들과 대조를 이룬다.

　중국은 노년층에서 비율이 약간 떨어지고 미국도 연령대가 높아감에 따라 언어능력이 현저하게 떨어진다. 이는 대체적으로 사회생활에 참여하는 50대까지는 항상 제2언어환경 속에 노출되어 있기에 그 언어환경으로부터 자유로울 수 없지만 그 이상의 연령대는 "강압적인 일 공간"으로부터 상대적으로 자유로운 언어환경(안정적인 모국어 가정환경)에 놓이게 되면서 모국어 사용에 적극적인 자극을 줄 수 있기 때문이다. 특히 '주부'층의 높은 모국어 능력을 감안한다면 이 계층 화자들의 제2언어능력 저하는 자연스러운 결과이다.

〈그림 15〉 학력과 제2언어능력

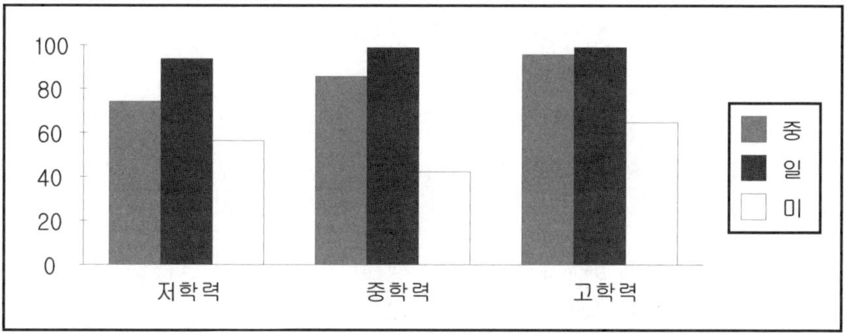

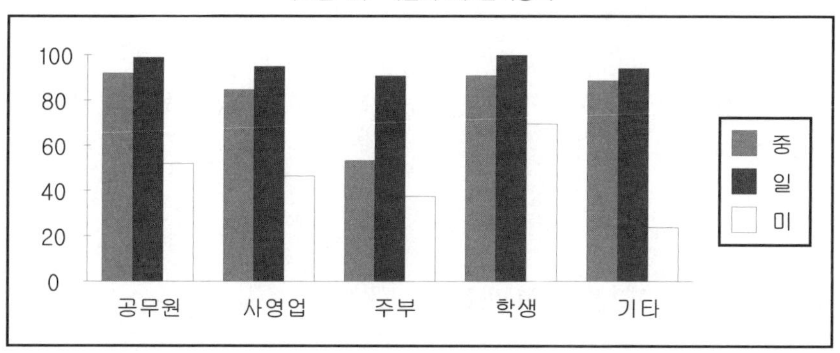

제2언어능력은 중, 일 모두 고학력일수록 높은 양상을 보인다. 단, 일본의 경우 각 단계별 학력 차이가 미세하지만 중, 미 두 나라는 비교적 선명한 차이를 보인다.

〈그림 16〉 직업과 제2언어능력

중·일 두 나라는 모두 '주부'층에서, 미국은 '기타'층에서 가장 낮은 수치를 나타내고 3국 모두 '학생'층에서 가장 높은 수치를 보인다. 이는 다른 계층보다 사회생활과의 유대관계에서 멀어진 '주부'층이 제2언어를 사용할 기회가 그만큼 적은 데서 기인한 것이다. 가장 높은 능력을 보인 '학생'층은 상대적으로 밀폐된 공간에서 가장 집중적으로 제2언어를 배우는 계층이다. 때문에 이들의 제2언어능력이 기타 층보다 훨씬 높다.

각 유형별로 살펴본 3국 이중언어 사용자들의 제2언어능력은 대체로 아래와 같은 경향으로 요약된다.

(1) 일본은 각 유형에서 모두 균형적인 비율을 보인다. 즉 성별, 연령, 학력, 직업 등의 요소에 제약을 받지 않고 모든 계층에서 높은 제2언어능력을 나타낸다.

(2) 중국은 '성별'항에서는 큰 차이가 없었지만 연령, 학력, 직업 등의 요소에서는 약간의 차이를 보인다. 특히 직업에서 '주부'층의 제2언어능력이 상당히 낮은 것으로 나타났다.

(3) 미국 역시 '성별' 항에서는 별 차이가 없다. 다만 중국과 달리 연령, 학력, 직업 등 면에서 개별 속성 간의 차이가 선명하다. '연령'에서는 '청년'과 '노년'의 차이가 현격하며 '학력'에서는 '중학력'과 '고학력'의 차이가 선명하며 '직업'에서는 '주부'층의 제2언어능력이 기타 층에 비해 많이 떨어진다. 제2언어능력에서 '학생'층이 높은 수치로 다른 계층과 대조를 이룬다.

3국 이중언어 사용자들의 제2언어능력은 차례로 일본>중국>미국의 순위로 정리된다.

3) 모국어와 제2언어능력 비교

盛炎(1996)은 모국어능력의 특징을 다음과 같이 언급하였다. "듣기와 말하기 기능은 실제 교제 생활에서 자연스럽게 습득할 수 있는 것이지만 읽기와 쓰기는 전문적 훈련을 거쳐야만 습득할 수 있다. 듣기와 말하기는 구어교제 범주에 속하는 언어기능이고 읽기와 쓰기는 문어교제 범주에 속하는 것이다." 구어교제 범주의 "습득" 경향은 문어보다 더 강하고 문어교제 범주의 "학습" 경향은 구어교제 범주보다 강하다. "습득" 성분이 많을수록 "모국어"에 가깝고 "학습"성분이 많을수록 "외국어"성향이 더 강하다.

　3국 이중언어 사용자의 구어와 문어교제에서 나타난 제2언어능력 차이
는 각각 <그림 17>, <그림 18>과 같다.

<그림 17> 구어교제

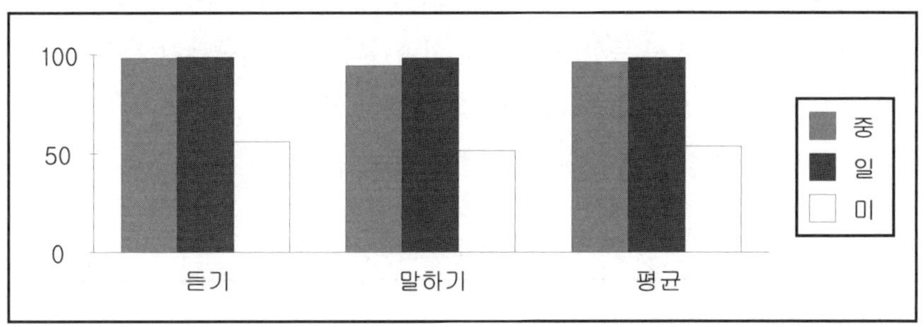

<그림 18> 문어교제

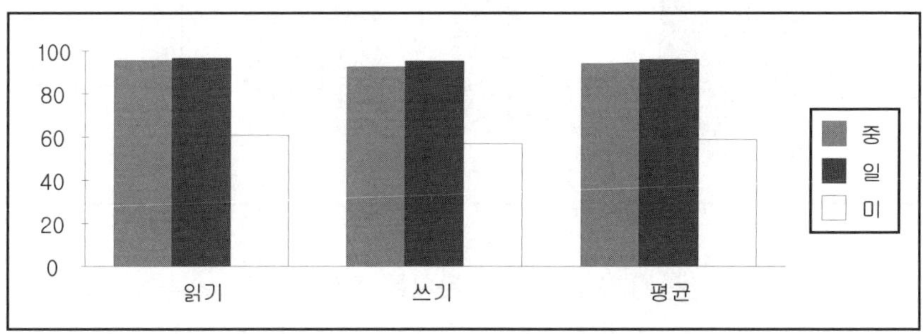

　위의 표에서 드러나듯이, 일본의 제2언어 구어교제 능력 평균치는 문어
교제 능력을 초과하고 있으며,5) 이와 반대로 미국 교포의 "읽기와 쓰기"

---

5)

제2언어 교제기능 대조

	구어교제			문어교제		
	듣기	말하기	평균	읽기	쓰기	평균
중　국	98.3	94.5	96.4	95.6	92.6	94.1
일　본	98.8	98.4	98.6	96.7	95.3	96.0
미　국	56.1	51.5	53.8	60.8	56.8	58.8

능력은 구어능력을 앞서고 있다. 이는 중·일 교포의 제2언어(중국어. 일어)의 "습득" 경향이 "학습"보다 크다는 것을 의미하는 것인데, 이들이 제2언어를 장악함에 있어서 심리적으로 "모국어"와 동등한 위치에 놓고 있음을 암시한다. 반면에 미국 교포들의 제2언어 "학습" 경향은 "습득"보다 훨씬 큰 비율을 차지하는데, 이는 2)의 (2)의 논의에서 언급했듯이 제2언어를 "외국어"로 인식하고 습득한다는 것을 의미한다. 3국 이중언어 사용자들이 제2언어를 대하는 이러한 심리 차이는 그들의 제2언어능력과 사용에서 입증된다.

〈그림 19〉 모국어와 제2언어능력 대조

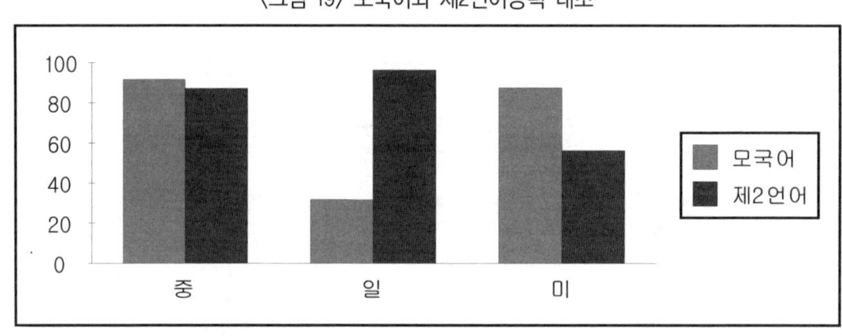

〈그림 19〉는 앞선 3.-1)과 3.-2) 논의를 집약적으로 보여주는 표이다. 이혜란 외(1995)에 준하여 이상 모국어와 제2언어와의 비교를 통한 3국 이중언어 사용자의 유형을 아래와 같이 정의할 수 있다.6)

- 중국 : '균형형'   모국어 ≈ 제2언어
- 일본 : '지배형1' 모국어 < 제2언어
- 미국 : '지배형2' 모국어 > 제2언어

---

6) 이혜란·정동빈 외 역(1995).
   균형형 이중언어 사용자 : 두 언어능력이 상대적으로 동등한 수준에 있는 사람.
   지배형 이중언어 사용자 : 두 언어 중 한 언어가 다른 한 언어보다 능숙한 사람.

중국은 모국어와 제2언어능력에서 균형을 보이고 두 언어의 사용이 후자들보다 능숙함을 시사해 주고 있다. 물론 중국 이중언어 사용자들의 모국어와 제2언어 사용능력은 일본과 미국의 그것에 비해 상대적으로 균형을 이루지만 두 언어 모두 똑같이 완벽하게 높은 수준에 있다는 것은 아니다.

일본은 제2언어 일본어가 능숙하지만 모국어 능력이 현저히 떨어지는 지배형1에 속하고 미국은 모국어 능력이 제2언어 영어에 비해 훨씬 강한 지배형2에 속한다.

이러한 언어능력은 3국 이중언어 사용자들의 언어사용에 직접적인 영향을 주는 것으로, 비록 성별, 연령, 학력, 직업 등 구체적 속성에 따라 약간의 차이를 보이지만 최종적인 언어 선택은 언어능력과 절묘한 일치를 가져온다.

4. 언어선택

이혜란·정동빈 외 역(1995) : "언어선택(code selection)은 이중언어 사용자들이 교제 활동에서 A언어를 포기하고 B언어를 선택하는 판단이나 결정을 가리킨다. 선택된 언어는 두 언어 중 사용자와 청자 교제 능력의 합이 가장 큰 언어이다."

한 언어사회가 이중언어로 이루어졌을 경우 두 언어능력의 지위는 결코 대등하지 않다. 속에는 사용자의 감정, 인식에 따른 역학관계가 작용하며 두 언어능력 사이에는 세기의 차이가 존재한다. 두 언어 사이의 우위관계가 이미 확정된 상황에서 언어능력상의 차이는 언어선택과 코드전환에 결정적 요소로 작용한다(金钟太, 2000).

언어능력 외에도 언어선택에 영향 주는 중요한 요인은 언어태도, 언어

심리인데 이 밖에도 모국어의 우열성, 청자에 대한 배려, 화제, 사회규범, 언어의 지위 등의 요소들을 들 수 있다. 그러나 3국 이중언어 사용자들의 언어 선택은 궁극적으로 언어능력에서 기인된다.

이중언어 사용자의 언어행위는 '정경'과 '대상'을 중심으로 고찰한다.

1) 대상에 따른 언어 선택

문제 7 : 당신은 누구와 함께 생활하고 있습니까? A~F 중 해당 자모에 "✓"
를 표시하고 ( ) 안에 ①, ②, ③ 중 하나를 선택하여 주십시오.
A. 조부모( )　　B. 부친( )　　　　C. 모친( )
D. 배우자( )　　E. 형제자매( )　　F. 아이( )
① 모국어　② 제2언어(중국어/일본어/영어)　③ 두 가지 언어 병용

기술의 편의를 위하여 이 글은 각기 다른 층위의 가족성원들을 '연장자', '동년배', '후배' 등의 술어로 묶어서 기술하려 한다. '연장자'는 A~C, '동년배'는 D~E, '후배'는 F를 가리킨다.

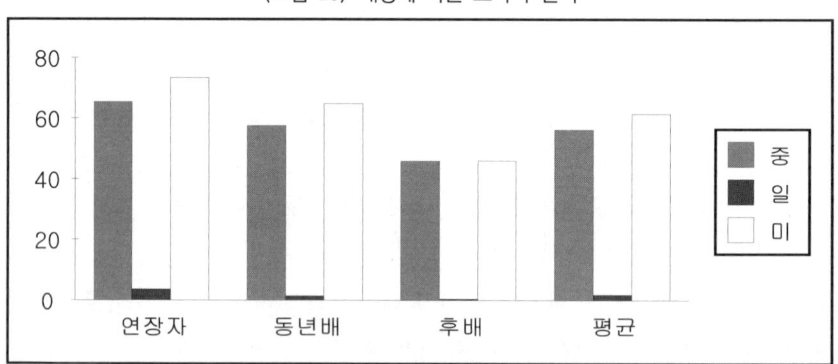

〈그림 20〉 대상에 따른 모국어 선택

3국 모두 연장자에 한해 모국어를 사용하는 비율이 기타 2개 집단에 비

해 훨씬 높다. 이러한 원인은 아래와 같은 두 가지 이유에서 찾아볼 수 있다. 첫째, 한국어는 존대법이 발달한 언어이다. 존대법의 사용은 청자 존대로 이루어지며 존대의 대상은 당연히 연장자나 자신보다 높은 위치에 있는 사람이다. 둘째, 조선민족의 고유한 전통 문화 풍속과 습관상 연장자와 교제함에 있어서 존댓말을 쓰는 것은 사회 성원들이 암묵적으로 지켜야 하는 언어적 약속과 규범으로 공감을 얻고 있다. <그림 20>에서 '연장자'에 대한 모국어의 높은 선택은 바로 이러한 "연장자에 대한 대우"−'우리말로 대답하고 높임말을 써야 한다'는 심리 암시가 크게 작용하였기 때문이다. 일본 이중언어 사용자들은 제2언어능력 위주이다 보니 중·미보다 그 비율이 현저하게 낮다.

<그림 21> 대상에 따른 제2언어 선택

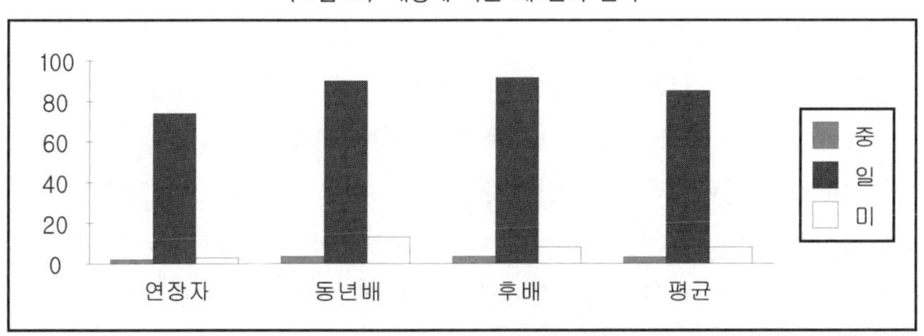

<그림 21>에서 일본의 제2언어 선택률이 전반적으로 중국과 미국에 비해 많은 차이를 보이고 있는데 나이가 감소함에 따라 그 비율이 증가함을 알 수 있다. 이는 젊은 층으로 갈수록 일본 이중언어 사용자들의 일본어 사용률이 크게 증가함을 의미한다. 일본의 이와 같은 현상은 모국어와 일본어의 능력 차이를 극명하게 보여준다.

　중국은 '연장자'에서 '후배'로 갈수록 제2언어 선택률이 높아진다. 미국은 '연장자' 비율이 가장 낮고 '동년배'에서 최고치를 보이다가 '후배'에서 약간 저하된 모습을 보인다.

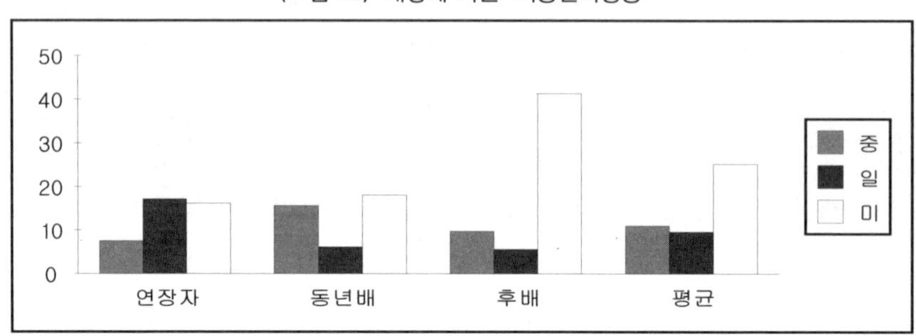

〈그림 22〉 대상에 따른 '이중언어병용'

  '이중언어병용'에서 보면 총체적으로 미국 사용자들의 선택률이 다른 두 나라보다 훨씬 높다. '연장자'층에서 일본과 미국이 가장 많았고 '동년배'층에서는 일본이 가장 적고 미국과 중국이 그 다음이다. '후배'층에서는 미국이 현저한 차이로 앞자리를 차지하고 중국과 일본이 그 뒤를 잇고 있다.

  '이중언어병용'은 두 언어의 능력이 완벽한 등가 관계에 있거나 혹은 두 언어 중 한 언어의 능력이 다른 한 언어에 비해 저하되는 경우 모두 포함한다. 이중언어 사용자들은 대체적으로 교제 과정 중 두 언어 중 우세한 언어를 쓰기 마련인데 해당 언어가 열세에 처할 때 특히 '이중언어병용'이란 방식을 많이 사용할 수밖에 없다. 미국 이중언어 사용자들은 제2언어 능력이 모국어에 비해 많이 떨어지기 때문에 실제 언어교제에서 다른 두 나라에 비해 '이중언어병용'이 큰 비중을 차지하고 있다.

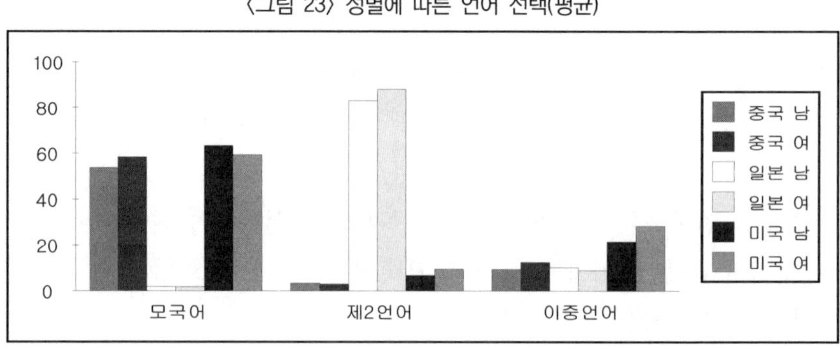

〈그림 23〉 성별에 따른 언어 선택(평균)

　가족 구성 성별에 따른 언어 선택은 <그림 23>과 같이 나타나는데, '모국어'에서는 미국 '남성'층이 가장 높고 제2언어에서는 일본 여성이, '이중언어병용'에서는 미국 여성이 가장 높았다. 총체적으로 일본 남녀 모국어 수준이 모두 10%에도 못 미치었는데, 이는 제2언어의 높은 선택 비율과 대조적이다. '이중언어병용'에서 미국 남녀 모두 다른 두 나라보다 높은 수치를 보이는데, 미국 이중언어 사용자들이 특정 범위―'가족 성원'들 사이에서 모국어와 제2언어 병용이 가장 빈번함을 시사하는 것이다.

<그림 24> 학력에 따른 언어 선택(1 저학력, 2 중학력, 3 고학력)

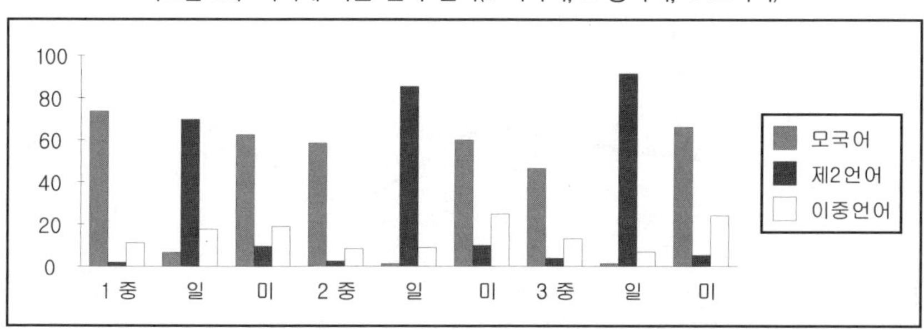

　<그림 24>은 가족 내 '학력'별 언어선택을 살핀 통계이다. 중국은 학력이 높을수록 '모국어' 사용이 떨어지고 '고학력'으로 갈수록 제2언어사용이 높다. 그러나 미국에서의 모국어 사용은 학력의 영향을 거의 받지 않는다. 그래프에서 보다시피 '저, 중, 고' 학력 차이가 선명하지 않다. 이와 같은 현상은 미국 가족 내 '이중언어병용'이 다른 두 나라보다 높다는 데서 그 원인을 찾을 수 있다. 그들은 한편으로 영어를 사용하지만 그에 못지않게 모국어 사용률도 높다. 즉, 모국어에 대한 긍정적 수용심리―자율적인 "下加的 언어태도"가 언어선택에 반영된 것이다.

　'모국어 선택' 면에서 중·미 양국의 다른 점은 중국은 '저학력'에서, 미국은 '고학력'에서 최고치가 나타났다는 점이다. 중국 이중언어 사용자들의 경우, 저학력일수록 체계화된 학교교육을 받은 시간이 짧기 때문에 제

2언어를 학습하는 기회가 그만큼 줄어든다. 학교 밖의 언어생활은 자율적인 것으로 제2언어가 모국어만큼 능숙하지 못한 부류, 특히 조선족 집거구 이중언어 사용자들의 모국어 우선 선택은 지극히 자연스러운 것이다.

일본의 경우, 학력과는 무관하지만 중·미와 반대로 제2언어 선택률이 가장 높다. 이는 일본 이중언어 사용자들의 낮은 모국어 능력과 직결되는 한편 제2언어 일본어 사용이 모국어인 한국어보다 훨씬 더 "강요"된 사회임을 방증하는 한 예로 간주할 수 있을 것이다.

〈그림 25〉 직업에 따른 언어선택 - 모국어 선택

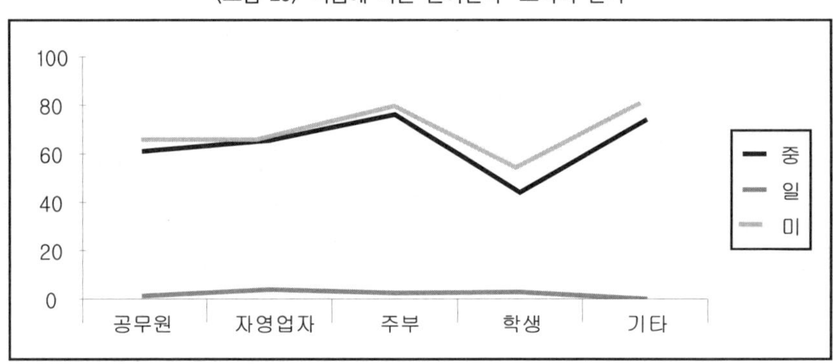

〈그림 26〉 직업에 따른 언어 선택 - 제2언어 선택

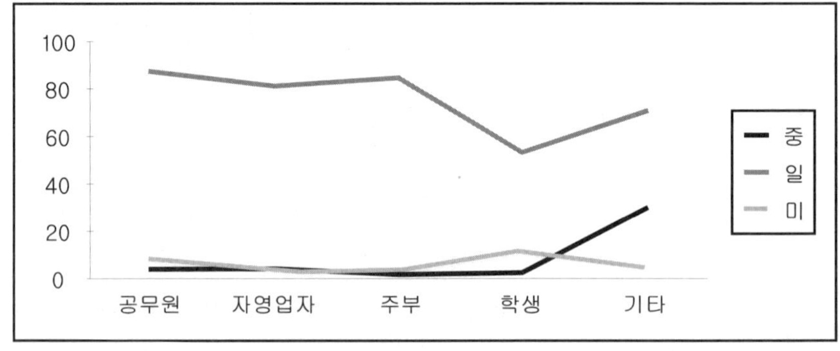

〈그림 27〉 직업에 따른 언어 선택-'이중언어병용'

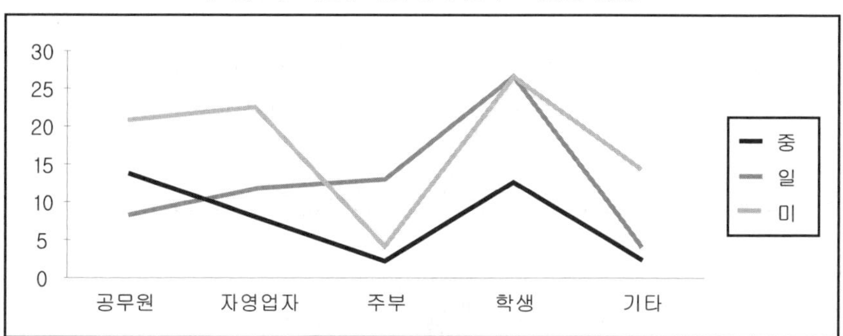

직업별 '모국어' 선택에서 중국과 미국은 '주부'층, 일본은 '자영업'층이 가장 높다. 단, 일본의 경우 직업에 따른 차이가 거의 없이 어떤 계층에서든지 상당히 낮은 비율을 보인다.

'제2언어'에서는 우선 일본이 다른 두 나라에 비해 훨씬 높은 수치를 보이고 일, 미는 모두 '학생'층에서 가장 낮다. 중국은 반대로 '학생'층에서 가장 높게 나타났다. 이는 중국 정부의 '上加的 언어태도'의 한 측면을 반영한다. 정부의 언어정책은 두 가지 측면으로 분석할 수 있는데, 하나는 민족언어의 학습과 사용을 보장하는 것이고 다른 하나는 중국어에 대한 학습과 사용을 의미하는 것이다. 제2언어에 대한 여러 가지 형식의 조직적인 학습이 학교에서 이루어지기 때문이다. 따라서 가장 집중적으로 효율적인 학습을 하는 '학생'층의 제2언어 선택이 가장 높게 나타났다.

'이중언어병용'에서는 중, 일, 미 3국 모두 '학생'층에서 가장 높게 나타났고 '주부'층에서 가장 낮은 수치를 보인다.

2) 장면에 따른 언어선택

이 글은 개방적 장소-"노상"과 상대적으로 폐쇄된 장소-"버스 혹은 기차 안"이라는 두 가지 경우를 장면으로 설정하였다.

문제 8 : 당신이 '노상'에서 사용하는 언어는 아래 중 어느 항에 해당합니까?
① 모국어   ② 제2언어   ③ 이중언어병용

〈그림 28〉 국별에 따른 '노상'에서의 언어 선택

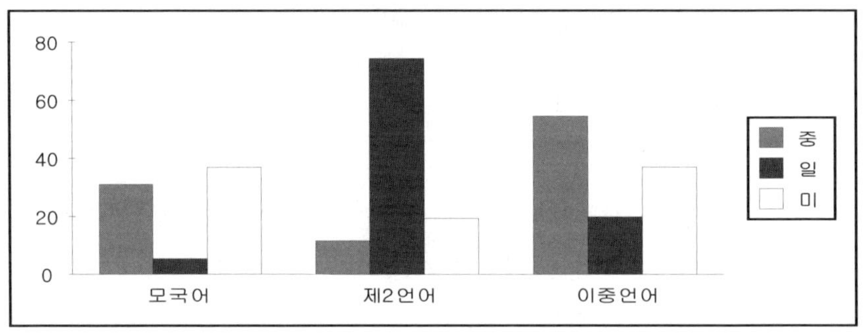

'노상'에서의 언어 선택을 보면 미국은 '모국어', 일본은 '제2언어', 중국은 '이중언어병용' 순위이다.

〈표 2〉 사회적 계층에 따른7) 모국어 선택

	중 국	일 본	미 국
성 별	남	남	남
연 령	10대	10대	60대
학 력	저학력	저학력	고학력
직 업	주부	학생	기타

〈표 3〉 제2언어 선택

	중 국	일 본	미 국
성 별	여	여	여
연 령	20대	20대	10대
학 력	고학력	중학력	중학력
직 업	학생	공무원	기타

---

7) 사회적 속성에 따른 통계는 부록 〈그림 36~38〉 참조.

〈표 4〉 이중 병용 선택

	중 국	일 본	미 국
성 별	여	남	여
연 령	40대	60대	10대
학 력	중학력	저학력	저학력
직 업	공무원	주부	학생

문제 9 : 당신은 '버스나 기차' 안에서 아래 중 어느 언어를 사용합니까?
① 모국어   ② 제2언어   ③ 이중언어병용

〈그림 29〉 국별에 따른 '버스/기차'에서 언어 선택

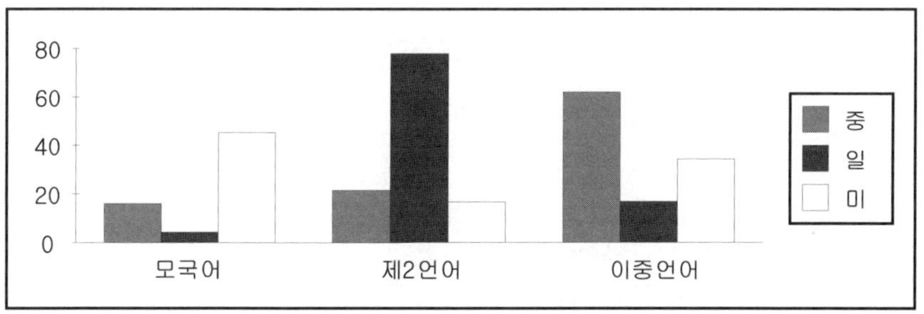

'버스나 기차'에서의 3국 이중언어 사용자들의 언어 선택은 '노상'과 같은 양상을 보인다(부록 <그림 39~40> 참조).

<그림 29>를 보면, 중국은 '이중언어병용'이 '모국어'나 '제2언어'에 비해 훨씬 높다. 상대적으로 밀폐된 공간에서의 언어 교류에 있어서 이중언어 사용자는 복잡한 존대 체계를 가진 모국어 사용으로 인한 호칭, 청자대우 등 불편을 최대한 기피하려는 심리가 크게 작용하고 또 강한 모국어 능력과 제2언어를 구사할 수 있는 능력이 기본적으로 갖추어져 있기 때문에 대상에 따른 코드전환을 빨리 진행할 수 있기 때문인 것으로 생각된다.

일본은 '제2언어'의 선택률이 절대적으로 높다. 미국은 '모국어'와 '이중언어병용'이 같은 비율을 보인다. 이러한 결과는 중국 이중언어 사용자들의 균형적인 언어능력, 일본 사용자들의 '제2언어' 능력의 절대적 우세와

미국 사용자들의 강한 '이중언어병용' 경향과 모국어 유지 태도가 중요한
요인으로 작용한 것이다.

3) 특수한 언어 선택

'의성어', '의태어', '속셈', '꿈속에서의 언어 현상' 등은 이중언어 사용자
들의 잠재의식 속에 존재하는 언어경향을 가장 잘 반영한다고 할 수 있다.
그것은 이러한 상황에서의 언어선택은 청자가 없는 조건하에서 진행되기
때문이다.

(1) 의성어

> 문제 10 : 개 짖는 소리를 가장 잘 표현한 것은 무엇입니까?
> ① 모국어 "멍-멍"
> ② 일본어 "わんわん", 汉语 "旺旺", 英语 "Bow-Wow"
> ③ 상황에 따라 다르다.

〈그림 30〉 국가별

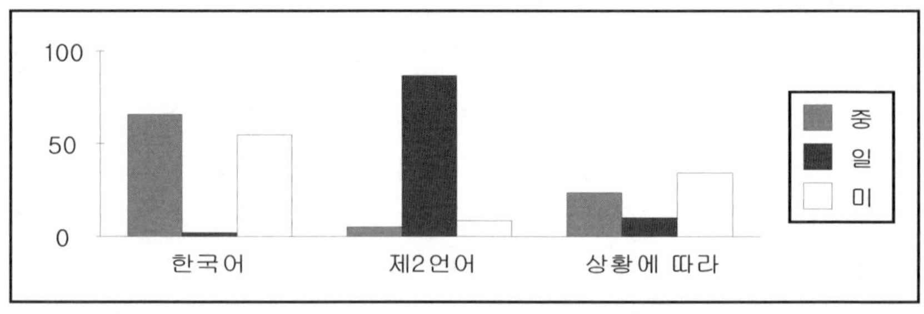

총체적으로 보아 중, 미 양국의 '의성어' 언어 선택은 매우 흡사한 모습
을 보이고 있다. 다만 일본은 제2언어 선택이 절대적 우세를 차지하여 전
자와 대조적인 양상을 보인다. 이런 현상의 출현은 앞에서 논의했던 언어

태도, 언어능력과 상당히 큰 연관이 있다. 구체적 속성에 따른 양상을 보면 아래와 같다.

<그림 31> 계층에 따른 모국어 선택

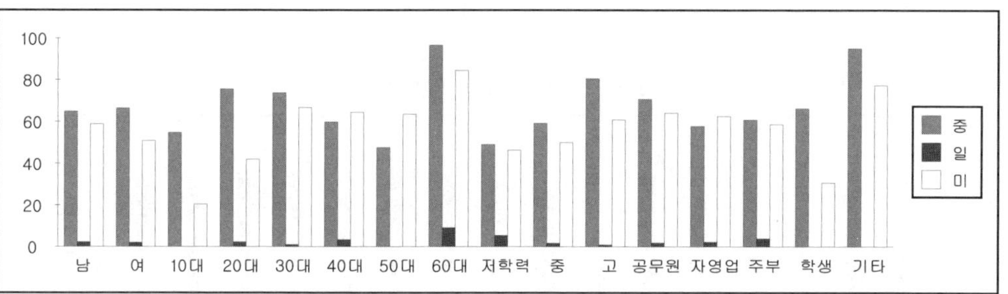

성별로 보면 중국은 여성이 남성보다 모국어 선택률이 높고 미국은 남성이 여성보다 높다. 일본은 남녀 각각 2.2%와 1.9%로 대체로 비슷하다. 3국 '성별' 차이를 보면 중국은 1.5%, 미국은 7.9%로 차이가 현저하다.

연령대로 보면 중국과 미국은 60대에서 모국어 선택률이 가장 높게 나왔다. 이는 이 연령대가 역시 모국어에 대한 유대감을 가장 많이 가지고 있음을 재입증해 주고 있다.

일본에서도 마찬가지로 60대가 모국어 선택률이 훨씬 높다. 비록 중, 미에 비해서는 아주 낮은 수치지만 기타 연령층과 대조를 이룬다는 점에서 의미가 크다.

중국은 50대, 미국과 일본 모두 10대에서 최저치를 나타낸다. 중국에서 10대가 다른 연령층에 비해 약간 떨어지는 느낌이 있기는 하지만 미국과 일본에 비해 그 비율이 상당히 높다. 미국과 일본 교포들은 아래 세대로 내려올수록 모국어와의 유대감이 떨어져 잠재적 언어의식 속 민족 동질성이 저하됨을 알 수 있다. 반대로 같은 연령대이지만 중국 10대들의 민족 동질성은 상대적으로 강하다. 이는 전술했던 중국의 이중언어 교육 정책과 관련이 있다.

학력 상 중국과 미국은 고학력으로 갈수록 모국어 선택 경향이 강하다. 일본은 반대로 고학력으로 갈수록 선택 비율이 낮아진다.

직업별로 볼 때, 중국과 미국은 '기타'에서, 일본은 '주부' 계층에서 가장 많은 선택을 보인다.

<그림 32> 계층에 따른 제2언어 선택

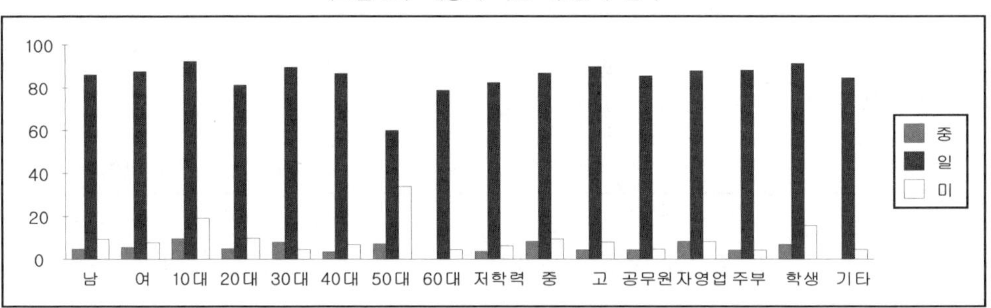

제2언어 선택은 앞선 내용과 정반대의 상황을 나타내고 있다.

일본 제2언어 선택은 모든 계층에서 절대적인 우세로 중국과 미국을 앞서고 있다. 이는 궁극적으로 일본 이중언어 사용자들의 강한 제2언어능력에 귀결되는데 성별에서는 '여성'이, 연령대에서는 10대, 학력에서는 '고학력', 직업에서는 '학생'이 맨 앞자리를 차지했다.

"의성어" 선택에서 중, 미 양국은 비교적 고른 분포를 보이지만 미국은 50대의 제2언어 사용이 선명하게 높다.

(2) 의태어

문제 11 : 아래 토끼가 달리거나 뛰는 모양을 나타내는 의태어 중 어느 것이
　　　　　가장 생동적이라고 느껴집니까?
　　　　　① 모국어 "깡충깡충"
　　　　　② 일본어 "〔piog-piog〕", 중국어 "蹦蹦跳跳", 영어 "Boing-Boing"
　　　　　③ 상황에 따라 다르다.

<그림 33〉 국가별

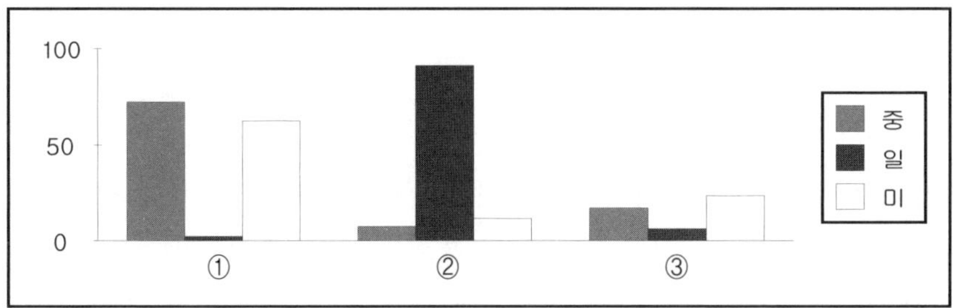

'의태어' 조사 분석 역시 '의성어'와 같은 결과를 보인다. 총체적으로 중국과 미국의 모국어 선택이 가장 높고 일본은 일관하게 제2언어에서 높은 선택률을 보인다. 사회적 속성에 따른 통계표는 각각 아래와 같다.

<표 5〉 '모국어' 선택

	중 국	일 본	미 국
성 별	여	남	남
연 령	60대	20대	60대
학 력	고학력	고학력	고학력
직 업	기타	학생	기타

<표 6〉 '제2언어' 선택

	중 국	일 본	미 국
성 별	여	남	남
연 령	30대	30대	10대
학 력	저학력	고학력	저학력
직 업	주부	학생	학생

'성별'로 볼 때, 중국 '여성'은 '모국어', 일, 미 '남성'은 '제2언어'에 쏠리는 점이 흥미롭다. 이러한 결과는 3)의 (1)과 (2)의 논의와 일치한 면을 보인다.8) 즉, 중국 '여성'의 '모국어' 능력은 '남성'보다 높게 나타났고 미국은 '남성'이 '여성'보다 높게 나타났다(<그림 7> 참조). '제2언어'능력은 일본

과 미국 '남성'이 '여성'보다 높게 나타났고, 중국은 '여성'이 '남성'보다 높다(<그림 13> 참조).

연령별 '모국어' 선택은 중, 미 모두 '연장자'층에, 일본은 '젊은 층'에 분포되었다. '제2언어선택'은 3국 모두 '젊은 층'에 집중되었다.

이러한 분포는 언어감정이나 언어사용 빈도에 따른 결과로 간주된다. 중, 미 노년층의 언어감정, '제2언어사용'의 절박함과 사용 빈도 등에 의해 "의태어"나 "의성어"와 같은 민족적 색채가 짙은 고유어에 대한 반응은 달라진다.

(3) 속셈과 숫자 헤아리기

野元菊雄(1973)는 "모국어나 제1언어습득 시 가장 어려운 것 중의 하나가 숫자이며 그것은 인간언어의 기저에 있는 언어능력"이라고 하였다. 속셈과 숫자 헤아리기에 대한 설문을 통하여 이들 이중언어 사용자들의 기저에 있는 언어는 무엇인지 그 경향을 알아보고자 한다.

문제 12 : 당신은 숫자를 세거나 속셈할 때 어느 언어를 사용합니까?
① 모국어   ② 제2언어   ③ 이중언어병용

〈그림 34〉 국별(전체 평균)

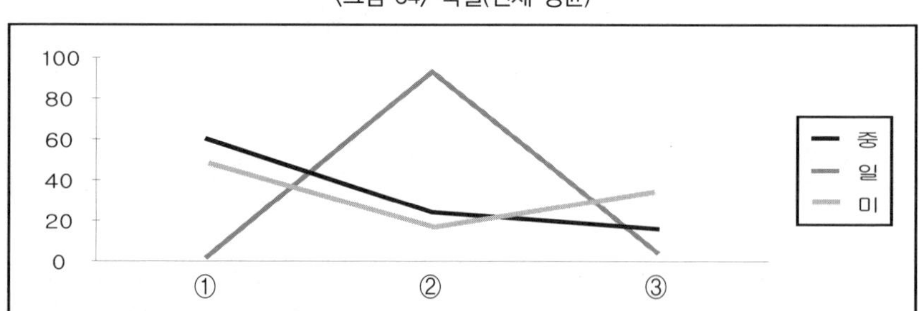

---

8) 일본의 경우, '모국어'의 선택에서 언어능력과 상반되는 결과가 나타났는데 특정 층위 -'고학력', '20대', '학생'의 조건을 구비한 계층의 '남성'이 모국어를 더 많이 선택한 것으로 해석된다.

<그림 34>의 결과를 보면 중국과 미국은 '모국어'가 가장 높고 '제2언어'에서 가장 낮으며, 일본은 제2언어가 가장 높고 '모국어'와 '이중언어병용'이 상당히 낮다(각각 2.3%, 4.6%).

그래프의 최고치와 최저치가 모두 '제2언어'에 집중되었다는 점이 흥미롭다. 그만큼 제2언어를 사용함에 있어서 3국 이중언어 사용자들의 본능적 언어선택의 차이는 큰 것이다. 중, 미는 제2언어에서 최저치를 나타낸 반면 일본은 최고치를 보인다. 중국과 미국의 '모국어' 선택 비율은 다른 2개 항에 비해 훨씬 높다.

(4) 꿈속에서의 언어선택

이중언어 사용자들의 꿈속에서의 언어는 이들 잠재의식 속 언어 경향을 가장 잘 반영하는 척도의 하나로 간주할 수 있다.

芳賀 純(1988)은 "꿈속에서의 외국어(제2언어) 사용은 모국어에 대한 코드 전환으로 볼 수 있다. 꿈속에서의 외국어 사용은 흔히 외국어를 배운 뒤 수개월 뒤 혹은 몇 년 뒤에 나타나는 바, 그 주요 원인은 외국어를 배우는 의도, 필요성이거나 외국어 사용 과정에서 나타난 불안과 긴장감 등으로 인한 것이다. 꿈속에서의 외국어 사용은 대개 현실과 밀접한 연관을 가진 학교나 외국에 임시 거주하고 있는 경우이다. 사용 대상은 대부분 실제 생활에서 잦은 거래가 있는 외국인이나 친구이다."라고 했다. 이로부터 장소나 대상에 따른 선택 다양성은 이중언어 사용자들의 꿈속 언어의 특점으로 간주할 수 있다.

문제 13 : 꿈속에서 나타나는 언어는 아래 중 어느 것 입니까? (하나만)
　　　　① 모국어　　② 제2언어　　③ '이중언어병용'

〈그림 35〉 국가별(전체적)

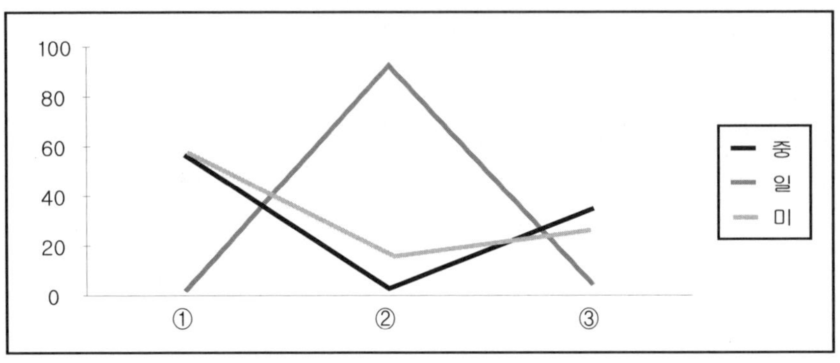

'꿈속에서의 언어선택' 역시 '속셈과 숫자 헤아리기'에서와 똑같은 양상을 보이므로 <그림 34>에 대한 설명으로 대체하고자 한다.

이상 4.의 1)에서 4)까지의 설문을 통하여 의식적인 언어행위든 무의식적인 잠재의식이든 간에 3국 이중언어 사용자들의 언어선택은 거의 일치함을 알 수 있었다. 이러한 결과는 이들의 언어의식, 언어태도 및 언어능력과 밀접한 연관이 있을 뿐만 아니라 한 언어 집단의 사회적 거주 환경, 국가적 배려 등의 요인과 불가분의 관계에 있음을 재입증하고 있다.

5. 요약

이상 언어태도, 언어능력, 언어선택 등 세 측면에서 한국어를 모국어로 하는 중, 일, 미 3국 이중언어 사용자들의 언어실태를 비교 분석하였다.
그 결과를 표로 정리하면 아래와 같다.

<표 7>

	언어태도	언어능력	언어선택
중 국	모국어 : 수용, 유지 제2언어 : 수용,유지 上加的 언어태도	균형형 : 모국어≈제2언어	모국어≥제2언어
일 본	모국어 : 포기 제2언어 : 수용, 유지	지배형 i : 모국어<제2언어	모국어<제2언어
미 국	모국어 : 수용, 유지 제2언어 : 수용, 유지 下加的 언어태도	지배형 ii : 모국어>제2언어	모국어>제2언어

　한 언어 집단의 언어태도 형성은 그 언어가 지역어에서 차지하는 지위, 언어 사회의 이문화 포용력 및 국가적 차원의 언어정책 등 여러 요소가 작용한다. 언어사회 환경에 따른 언어태도, 능력, 선택 등의 요소는 언어생활을 영위해 가는 연속체의 매개 고리로 존재하는 반면, 역으로 언어선택은 언어능력에 영향을 주며 언어능력은 또한 해당 언어의 지위 향상에 적극적으로 작용함으로써 언중들의 언어태도에 긍정 혹은 부정적 역할을 하는 것이다. 이들 요소는 순환하는 계통 속에서 일정한 언어집단의 언어사용에 복합적으로 작용한다.

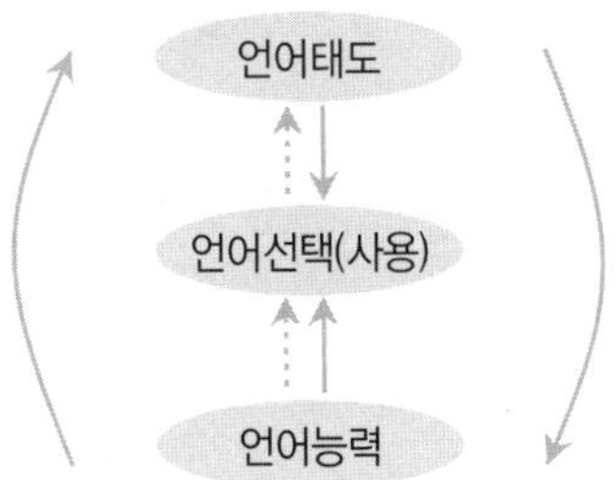

　3국 이중언어 사용자들의 각기 다른 언어사용 실태는 한국어가 모국어인 사용자들에 대한 언어정책 제정과 언어교육 실행에 있어서 각기 다른 방식을 취해야 함을 시사하고 있다. 더욱이 급변하고 있는 정치, 경제, 문

화 속에서 모국어와 제2언어 간의 선택 갈등에 따른 교육현황은 언어교육자들의 깊이 있는 연구와 대책이 요망된다. 그 일례로 중국 이중언어 사용자 집단의 변화를 들 수가 있다. 저출산으로 인한 인구감소와 경제성장에 따른 제2언어사용에 대한 언중들의 인식변화가 급변함에 따라 모국어 유지, 전승과 함께 전체 이중언어 사용자 집단의 모국어 존속이 위협받고 있으며, 이를 보호·유지하는 것이 이중언어사회의 준엄한 과제로 떠오르고 있다.

이 글에서 깊이 있게 다루어지지 못했던 "학력", "연령", "직업"과 "언어선택"과의 관계 등 제 문제는 앞으로의 연구에서 계속 보완해야 될 부분임을 밝혀두면서 논의를 마친다.

부 록

<그림 36> '노상' 모국어선택

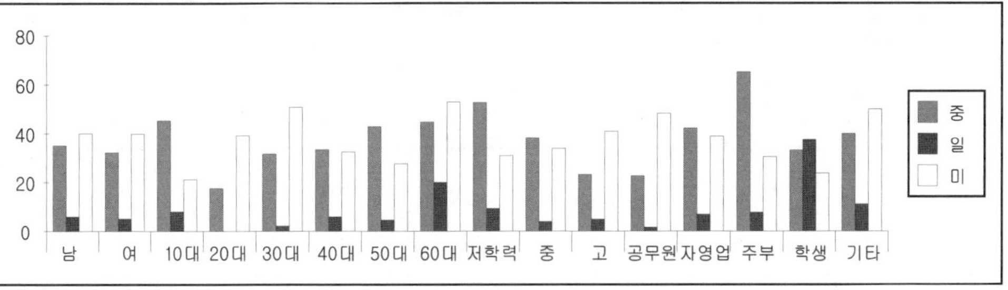

<그림 37> '노상' 언어 제2선택

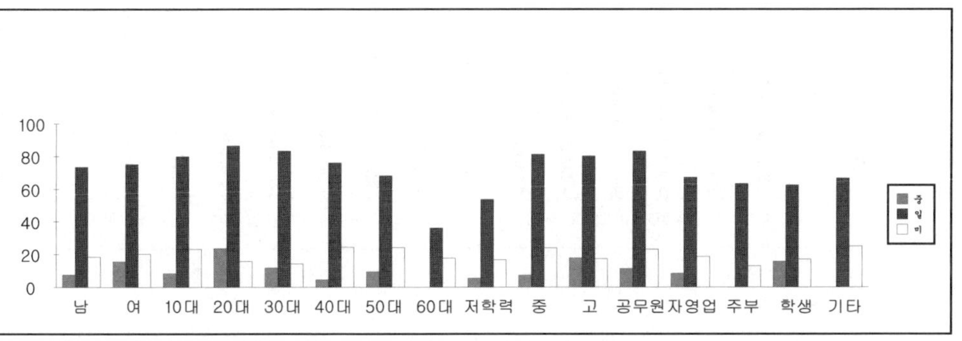

<그림 38> '노상' 이중언어 사용

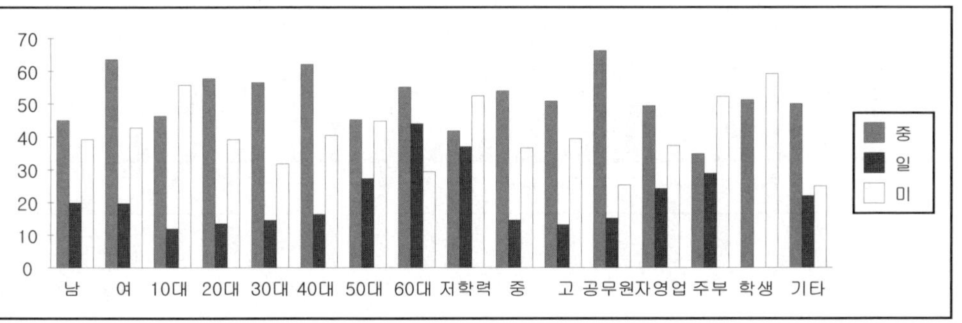

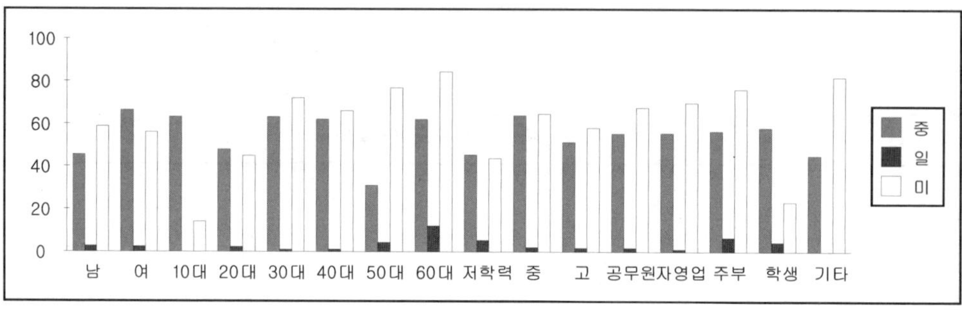

〈그림 39〉 '버스/기차' 계층에 따른 모국어 선택

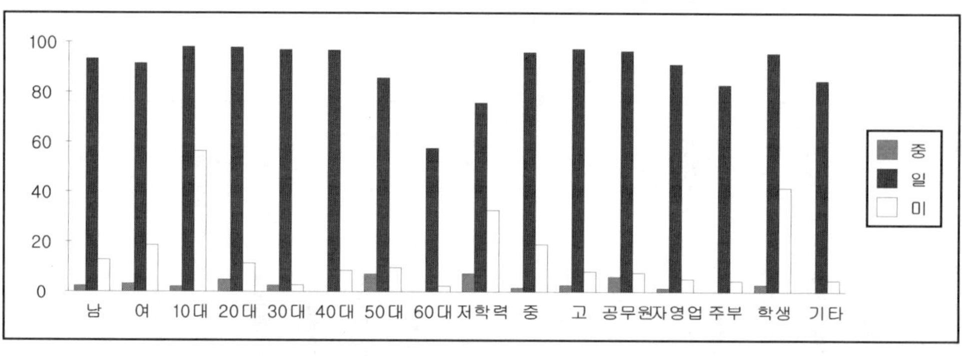

〈그림 40〉 '버스/기차' 계층에 따른 제2언어 선택

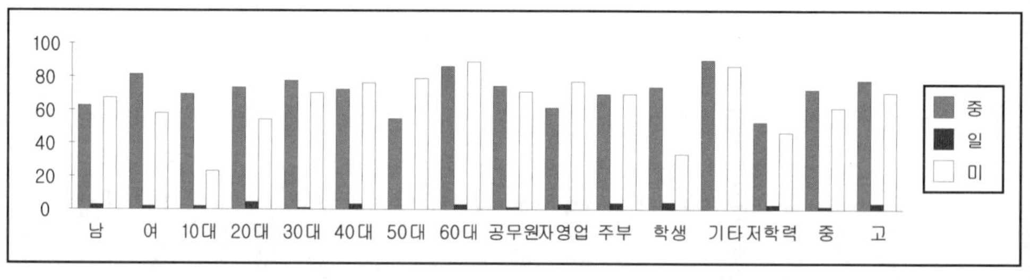

〈그림 41〉 '의태어' 계층에 따른 모국어 선택

〈그림 42〉 '의태어' 계층에 따른 제2언어 선택

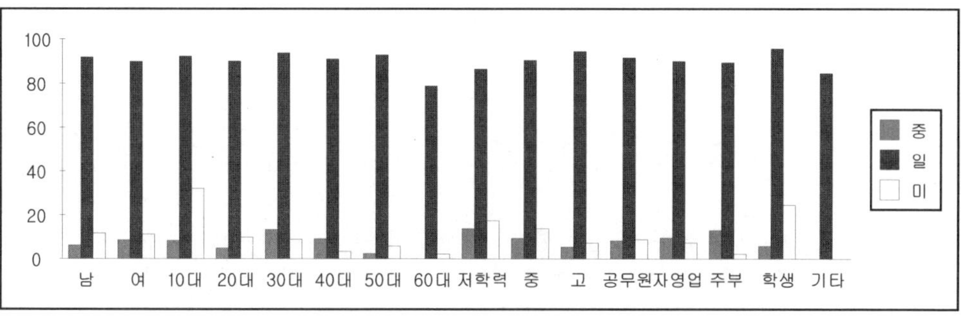

〈그림 43〉 '속셈' : 계층에 따른 모국어 선택

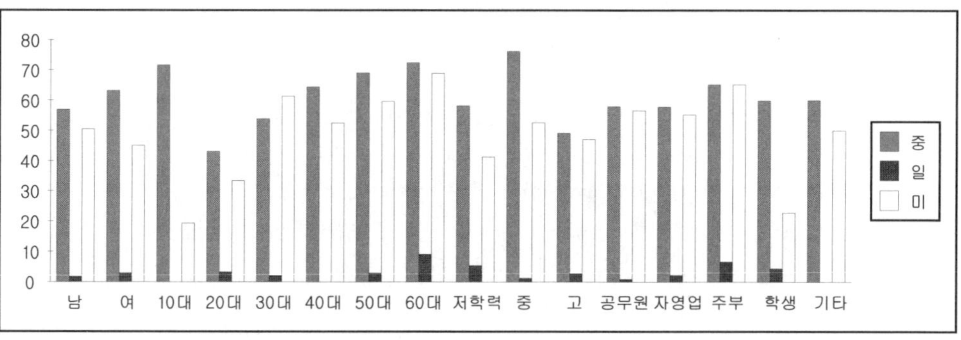

〈그림 44〉 '속셈' : 계층에 따른 제2언어 선택

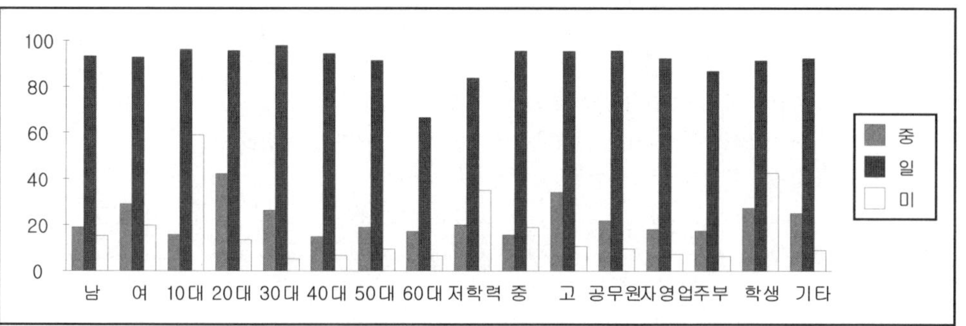

참고문헌

강순화(1993), 연변조선족의 생활 형태에 대한 조사 연구, 「정신문화연구」 16.

김민수(1990), 언어와 민족의 문제 중국에서의 한국어 교육(1), 「중국에서의 한국어 교육(1)」, 이중언어학회.

박영순(1990), 이중언어 이론과 중국에서의 한국어 문제, 「중국에서의 한국어 교육(1)」, 이중언어학회.

심재기(1987), 재미교포의 민족정신 해외에서의 한국어 교육, 「중국에서의 한국어 교육(1)」, 이중언어학회.

이익섭(2000), 사회언어학, 민음사.

J. F. Hamers & M. H. A. Blanc 著 이혜란, 정동빈 공역(1995), 『Bilinguality and Bilingualism』, 2개 언어상용과 그 이론, 한국문화사.

임영철(1995), 해외한국인의 사회언어학 연구, 중앙대학교 출판사.

崔吉元(1983), "朝鲜族朱河龙一家五代人的单、双、三语情况调查", 「中国语文」 3.

陈　原(1985), 语言与社会生活, 生活·读书·新知 三联书店.

陈　原(1994), 社会语言学, 学林出版社.

陈松岑(1999), "新加坡华人的语言态度及其对语言能力和语言使用的影响", 「语言教学与研究」 1.

戴庆厦(1993), 跨境语言研究, 中央民族大学出版社.

芳贺纯(1979), 二言并用的心理, 朝仓书店.

关辛秋(1998), "社会政治变迁与中国朝鲜族的双语教育", 「双语教学与研究」(1), 中央民族大学出版社.

顾　越(1981), "母语与第二语言的学习", 「汉语学习」 6.

金原左门·石田玲子等(1986), 日本的韩国人·朝鲜人·中国人, 明石书店.

金钟太(2000), 朝汉双语语码转换研究, 延边大学出版社.

李英子(2001), 日, 美, 中三国朝鲜族双语使用情况比较研究, 延边大学 硕士学位论文.

李英子(2005a), "略谈中, 日, 美三国朝鲜族双语使用者的语言选择", 「第二语言(汉语)教学与研究」, 延边大学出版社.

李英子(2005b),“中国，日本，美国朝鲜族双语使用者语言能力的比较分析”,「对韩(朝)汉
　　　　语教学研究」,延边大学出版社
林亨载(2001),中国朝鲜族双语使用情况及其语言社会的研究,延边大学博士学位论文.
吕必松(1996),对外汉语教学概论,国家汉办.
全炳善(1992),“延边朝鲜族的双语教育”,「民族语文」2.
神鸟武彦(1976),语言间的接触,岩波书店.
盛　炎(1996),语言教学原理,重庆出版社.
田惠刚(1994),“双语–多语现象”,「语言教学与研究」1.
吴清达·吴有纪 著 柳春旭 译(1996),“在外朝鲜人族的现状”(上，下),「民族语文」12.
吴硕官(1991),“领域，角色关系与语码转换”,「语言·社会·文化」,语文出版社.
徐大明·陶印红·谢天蔚(1997),当代社会语言学,中国社会科学出版社.
严学窘(1991),中国对比语言学浅说,华中工学院出版社.
张　伟(1991),“论双语人的语言态度及其影响”,「语言·社会·文化」,语文出版社.
祝畹瑾(1997),社会语言学概论,湖南教育出版社.
郑判龙(1999),世界朝鲜民族总综览,辽宁民族出版社.

한국어 조사와 중국어 개사(介詞)의 대조 연구
─ 한국어 격조사 '-로'를 중심으로

　외국어 학습에 있어서 모국어와 비슷하거나 같은 내용은 쉽게 빨리 배울 수 있는 반면, 모국어와 같지 않는 내용은 학습의 난점이 된다.

　언어의 형태소는 사물, 동작 등 실질적인 개념 의미를 가진 어휘형태소와, 문법적인 관계만을 표시해 주는 문법형태소로 나눌 수 있다. 한국어 조사와 현대 중국어 개사는 문법형태소에 속하고,[1] 의미와 기능상 유사점이 있기 때문에 많은 중국인 한국어 학습자와 한국인 중국어 학습자는 한국어 조사와 중국어 개사는 완전히 대응한다고 생각하고 있다.

　한국어 조사 '-로'는 그 의미가 다양하기 때문에 중국어로 표현하는 데

＊이 글은 필자의 석사학위 논문 "한국어 조사와 중국어 개사(介詞)의 대조 연구"(2005, 경북대학교)의 일부를 수정 보완한 것임.

1) 이익섭·채완(2003 : 49)은 '한국어에서 명사, 동사나 형용사의 어간, 부사 등은 어휘형태소이고, 조사와 어미는 문법형태소이다.'라고 하였다. 김종호(1998 : 34)는 '현대 중국어에서 명사, 동사나 형용사 등은 어휘형태소이고, 개사, 조사, 접속사 등은 문법형태소이다.'라고 설명하였다.

어려움이 있다. 이 글은 한국어 조사 '-로'에 대응하는 다양한 중국어 표현에 대해 살펴봄으로써 중국어 개사와 한국어 조사의 대응여부를 알아보려는 데 그 목적이 있다.

지금까지 한국어 조사와 중국어 개사의 대조 연구는 그다지 많지 않은 것으로 보인다. 하지만 한국어와 중국어 문법에 대한 대조를 연구하는 학자는 많다. 대표적인 사람으로 崔健을 들 수 있다. 崔健(2002)은 한국어와 중국어의 범주표현을 지칭, 위치, 처소, 추향, 존재, 시간, 수량, 도구와 재료, 비교, 범위, 정도, 빈도, 부정, 접속 15가지로 나누어 기술하고 있다. 그는 처소, 도구와 재료 범주에서 중국어 개사 '在, 从, 往/向/朝, 从……到, 用/以'가 '-에서, -에서(부터), -을 향하여, -(으)로, -까지, -에, -로(써)'와 대응되는 것으로 본다. 하지만 그는 한국어 조사에 대응하는 다양한 중국어 표현에 대해서 자세히 기술하지 않았다. 그리고 고육양(2007)은 한국어와 중국어의 호칭어를 대조 연구한 바 있다. 그는 순수 언어적 대조연구에 기초를 두고 사회언어학적 시각에서 사회언어학적 방법을 동원하여 한국어와 중국어 간의 대조연구를 보완하고자 했다.

한국어 조사와 중국어 개사 대조 연구에 대한 논문으로는 박창수(2005)가 대표적이다. 이 논문에서 한국어 격조사 '-에, 에서'를 중심으로 중국어와 어떻게 대응하는가를 고찰한 바 있다. 그는 '-에'와 '-에서'가 나타내는 의미를 부류별로 예문을 선정하고 그 예문들의 중국어 표현을 찾아 검토했다. 그는 많은 경우에 있어 '-에'와 '-에서'는 중국어 개사 형식이 아닌 다른 요소로 표현된다고 결론을 내렸다. 그 외, 柳英绿(2000)의 <한·중 피동문의 대조(韩汉语被动句对比)>, 柳英绿(2002)의 <한·중 비교문의 대조(韩汉语比较句对比)>, 황미연(2006)의 <한국어와 중국어의 관용표현 대조 연구>가 있다.

1. 한국어 조사와 중국어 개사

1) 한국어 조사의 정의 및 분류

한국어에서 조사란 자립성이 있는 말에 붙어 그 말과 다른 말의 관계를 나타내거나 어떤 뜻을 더해주는 기능을 하는 품사로 '토씨'라고도 한다. 남기심·고영근(1993)과 임홍빈·안명철·장소원·이은경(2001) 등도 조사에 대한 정의가 이와 별로 다른 것이 없다. 하지만 이익섭·이상억·채완(1997)에서는 이와 달리 한국어 조사에서 격표지의 역할을 강조하여 '조사는 주로 명사에 첨가되어 그 명사의 격을 표시해 주는 일이 그 주된 기능인 품사다'라고 정의하고 있다.

한국어 조사의 분류에 있어 남기심·고영근(1993)과 임홍빈 외(2001)는 크게 격조사, 접속조사, 보조사(특수조사) 세 가지로 분류하고 있다. 하지만 이익섭 외(1997)는 조사를 격조사와 특수조사 두 가지로 분류하고 있다. 이는 조사의 격표지 기능을 강조하기 때문이었다. 남기심·고영근(1993)과 임홍빈 외(2001)의 다른 것은 서술격조사를 인정하지 않았고 보격조사를 따로 분류하지 않고 주격조사에서 설명하고 있는 것이다. 그리고 접속조사를 격조사의 하위분류인 공동격으로 처리했으며 부사격조사를 처격과 구격으로 나누었다.

대다수의 학자들의 견해에 따라 한국어 조사의 분류는 다음과 같이 정리해 보았다.

〈표 1〉

조사 분류		어 휘
격조사	주격 : 이/가, 께서, 에서	
	목적격 : 을/를	
	보격 : 이/가	
	서술격 : 이다	
	관형격 : 의	
	부사격 : 에, 에서, 으로/로, 에게, 한테, 처럼, 부터	
	호격 : 아, 야, 여, 이시여	
접속조사	이랑/랑, 하고, 와/과	
보조사 (특수조사)	은/는, 까지, 도, 마다, 마저, 만, 부터, 뿐, 이나/나, 이나마/나마, 이야말로/ 야말로, 이야/야, 조차	

2) 한국어 조사에 대응하는 중국어 표현 형태

한국어 조사의 하위분류 체계의 주 기능을 중심으로 이와 상응하는 중국어 표현 형태를 다음의 표와 같이 정리해 보았다.

〈표 2〉 한국어 조사와 상응하는 중국어 표현 형태

		한 국 어	중 국 어
격 조 사[2]	주 격	이/가	∅
	관형격	의	조사 '的'
	목적격	을/를	∅
	보 격	이/가	∅
	처 격	에/에서	개사 '在', '向' 등
	향 격	로	개사 '向', '往' 등
	여 격	에게	개사 '给'
	구 격	로	개사 '用', '由', '被'

---

2) 이 표에서 나오는 격조사의 분류는 홍사만(1993)을 참고하였다.

		한 국 어	중 국 어
격 조 사3)	비교격	보다	개사 '比'
		처럼	관용형 '像…一樣'
		만큼	관용형 '像…那樣', '和…差不多'
	시발격	에서, 부터	개사 '從'
	호 격	아/야	조사 '啊', '呀', '哇'
특수조사4)		는/은	∅
		도	부사 '也'
		만	부사 '只'
		뿐	부사 '仅仅'
		조차, 까지, 마저	개사 '连'
		야	부사 '才'
		나	접속사 '或'; 부사 '都'; 부사어 '倒不如'
		든지	부사 '不管'
		라도	부사 '就算'; 부사어 '倒不如'
		나마	부사어 '倒不如'; 부사 '虽然'
		부터	부사어 '就算是'
		밖에	부사 '只'
		마다	대사 '每'
		ㄴ 들	부사 '再', '不管'
		야말로	부사 '就', '才'
접속조사		랑	개사 '和'
		하고	개사 '和'
		과/와	개사 '和'

다음에는 각 조사에 따라서 예문을 들기로 한다.5)

---

3) 이 표에서 나오는 격조사의 분류는 홍사만(1993)을 참고하였다.
4) 이 표에서 나오는 특수조사는 홍사만(2002)를 참고하여 열거한 것이다.
5) 여기서 든 예문은 대부분 「실용한중사전」(넥서스CHINESE)의 예문을 인용해 온 것
   이다. 특수조사의 경우는 예문의 일부분을 홍사만(2002)에서 인용해 왔다.

▮격조사

• 주격 : 한국어 주격조사 '-이/가'에 대응하는 중국어 품사는 없다.

> (1) a. 딸기<u>가</u> 맛있어요?
>   草莓好吃吗？(∅)
>   b. 안경<u>이</u> 없어졌습니다.
>   眼镜没了。(∅)

한국어 주어는 조사 '-이/가'로 표현되는데 중국어의 주어는 어순으로 표현된다. 중국어 문장 성분의 기본 배열순서는 다음과 같다.

> '주어＋서술어＋목적어 / 보어'

그러므로 중국어 문장에서 주어는 문장의 앞에 위치하는 것을 쉽게 볼 수 있다.

• 관형격 : 한국어 관형격조사 '-의'에 대응하는 중국어 품사는 조사 '的'이다.

> (2) a. 누구<u>의</u> 가방입니까?
>   谁<u>的</u>书包？
>   b. 이 책<u>의</u> 내용이 재미있습니까?
>   这本书<u>的</u>内容有意思吗？

• 목적격 : 한국어 목적격조사 '-을/를'에 대응하는 중국어 품사는 없다.

> (3) a. 신문<u>을</u> 봅니다.
>   看报纸。(∅)
>   b. 커피<u>를</u> 마십니다.
>   喝咖啡。(∅)

한국어에서 목적어는 조사 '-을/를'로 표현되는데 중국어 목적어는 어순으로 표현된다. '주어＋서술어＋목적어 / 보어' 이 형식을 보면 목적어는 바로 서술어 뒤에 위치한다는 것을 알 수 있다.

• 보격 : 한국어 보격조사 '-이/가'에 대응하는 중국어 품사는 없다.

   (4) a. 그는 야구 선수가 아니다.
       他不是棒球选手。(∅)
     b. 오빠는 군인이 되어 전방에서 근무한다.
       哥哥成了军人在前方工作。(∅)

중국어에서는 보어와 목적어가 같은 자리에 위치한다. 즉, 바로 서술어 뒤에 위치한다.

• 처격 : 한국어 처격조사 '-에/에서'에 대응하는 중국어 표현은 '在', '向'이다.

   (5) a. 창호는 도서관에 갔고, 영수는 김포공항에 갔다.
       昌镐向图书馆走了，永洙向金浦机场走了。
     b. 산에 나무를 심는다.
       在山上种树。
     c. 집에서 공부한다.
       在家学习。

한국어에서는 처소를 표현할 때 처격조사 '-에/에서'가 쓰인다. 중국어에서 처소를 표현할 때는 주로 개사 '在', '向'이 쓰인다. '在'는 행동을 하는 장소를 나타내고, '向'은 행동의 지향점을 나타낸다.

• 향격 : 한국어 향격조사 '-로'에 대응하는 중국어 표현은 '向', '往' 등이 있다.

   (6) a. 오른쪽으로 돌아가세요!

请<u>往</u>右拐！
　　b. 어린이들이 손에 손을 잡고 학교<u>로</u> 갑니다.
　　　孩子们手拉着手，<u>向</u>学校走去。

　한국어에서 방향을 표현할 때는 향격조사 '-로'가 쓰이는데 중국어에서 방향을 표현할 때는 주로 개사 '向', '往', '朝', '到' 등이 쓰인다.

• 여격 : 한국어 여격조사 '-에게'에 대응하는 중국어 표현은 주로 '给'이 쓰인다.

　　(7) a. 친구<u>에게</u> 전화를 했습니다.
　　　　　<u>给</u>朋友打电话。

• 구격 : 한국어 구격조사 '-로'에 대응하는 중국어 표현은 주로 '用', '由', '被'가 쓰인다.

　　(8) a. 한국말<u>로</u> 말합시다.
　　　　　<u>用</u>韩国语说吧。
　　　b. 연골은 연골 세포와 많은 세포 사이의 물질<u>로</u> 구성된다.
　　　　软骨是<u>由</u>软骨细胞和很多细胞间的物质构成的。
　　　c. 방 안은 책<u>으로</u> 꽉 차 있다.
　　　　房间<u>被</u>书堆满了。

　한국어에서 도구, 수단, 방법을 표현할 때는 구격조사 '-로'가 쓰이는데 중국어에서는 개사 '用', '由', '被'가 쓰인다. 개사 '用', '由', '被'의 차이점은 제2장에서 자세히 설명하겠다.

• 비교격 : 한국어 비교격조사 '-보다', '-처럼', '-만큼'에 대응하는 중국어 표현은 주로 '比', '像…一样', '像…那样', '和…差不多'가 쓰인다.

(9) a. 쓰기가 말하기<u>보다</u> 쉬워요.

　　　写<u>比</u>说容易。

　 b. 호수가 거울<u>처럼</u> 맑구나.

　　　湖水<u>像</u>镜子<u>一样</u>明净。

　 c. 창호 키가 벌써 형<u>만큼</u> 컸구나.

　　　昌镐的个子已经<u>和</u>哥哥<u>差不多</u>了。 / 昌镐的个子已经<u>像</u>哥哥<u>那样</u>高了。

　　한국어에서 비교를 표현할 때는 비교격조사 '-보다', '-처럼', '-만큼'이 쓰인다. 중국어에서 '-보다'와 상응하는 중국어 표현은 개사 '比'이고, '-처럼'과 상응하는 중국어 표현은 '像…一样'이고, '-만큼'과 상응하는 중국어 표현은 '像…那样', '和…差不多'이다. 한국어 조사 '보다'는 차등(差等) 비교의 의미를 나타내는 조사이고, 이에 해당하는 중국어 표현은 개사 '比'이다. '처럼', '만큼' 이 두 조사는 동등(同等) 비교의 의미를 나타내는 조사이고, 중국어에서는 이런 경우에 '동사＋부사'('像…那样', '和…差不多')의 형식으로 표현한다.

• 시발격 : 한국어의 시발격조사 '-에서', '-부터'에 대응하는 중국어 표현은 주로 '从'이 쓰인다.

　(10) a. 미국<u>에서</u> 한국까지 몇 시간 걸려요?

　　　　<u>从</u>美国到韩国要多长时间 ?

　　 b. 월요일<u>부터</u> 금요일까지 공부합니다.

　　　　<u>从</u>周一到周五学习。

• 호격 : 한국어 호격조사 '-아', '-야'에 대응하는 중국어 표현은 조사 '啊', '哇', '呀'가 있다.

　(11) a. 소야<u>야</u>, 어서 일어나, 벌써 일곱시다.

　　　　小也<u>啊</u>, 快起来, 已经七点了。

　　 b. 창호<u>야</u>, 빨리 와서 이것 좀 도와 줘.

　　　　昌镐<u>哇</u>, 快来帮个忙。

c. 나비야, 나비야, 이리 날아 오너라.
蝴蝶呀, 蝴蝶呀, 飞到这里来吧。

한국어에서는 어떤 대상을 부를 때 '-아', '-야'가 쓰이고 중국어에서는 조사 '啊', '哇', '呀'가 쓰인다. '啊'는 경성(輕聲) /a/로 읽는다. 앞의 하나의 음절 끝에 자음 혹은 모음의 연속으로 /ya/, /wa/ 등의 변음이 있고 '呀', '哇' 등으로 구별하여 쓴다.

▌특수조사

• -는/-은 : 한국어 특수조사 '-는/-은'은 화제와 대비6)의 표지로 쓰이고 이에 대응하는 중국어 표지가 없다. 중국어에서 화제와 대비를 표현할 때는 문장 어순으로 표현한다. 즉, 문장 맨 앞에 위치하는 것이다.

(12) a. 어린이는 나라의 보배다.
　　 儿童是国家的宝贝。(∅)
　　b. 철수는 총명하지만, 동생은 그렇지 않아요.
　　 哲洙很聪明, 但是弟弟却不是。(∅)

• -도 : 한국어 특수조사 '-도'에 대응하는 중국어 표현은 부사 '也'이다.

(13) a. 사과를 먹었습니다. 수박도 먹었습니다.
　　 吃了苹果, 也吃了西瓜。

• -만 : 한국어 특수조사 '-만'에 대응하는 중국어 표현은 부사 '只'이다.

(14) a. 한 마디만 이야기하고 싶다.
　　 只想说一句话。

---

6) 이익섭·채완(1999 : 203) 참조

• -뿐 : 한국어 특수조사 '-뿐'에 대응하는 중국어 표현은 부사 '仅仅'이다. 특수조사 '-뿐'은 중국어 부사 '仅'과 대응되지만 흔히 중첩해서 '仅仅'로 쓴다.

> (15) a. 하나뿐이다.
>   仅仅一个。
>   b. 그것뿐이 아니다.
>   不仅仅是那样。

• -조차, -까지, -마저 : 한국어 특수조사 '-조차', '-까지', '-마저'에 대응하는 중국어 표현은 주로 개사 '连'이다.

> (16) a. 너조차 나를 못 믿는구나.
>   原来连你也不相信我。
>   b. 아내까지 그의 곁을 떠났다.
>   连妻子也离开了他。
>   c. 김 씨는 사업 실패로 집마저 팔았다.
>   金先生因为事业失败, 连房子都卖了。

• -야 : 한국어 특수조사 '-야'에 대응하는 중국어 표현은 부사 '才'이다.

> (17) a. 이제야 깨달았어?
>   现在才明白 ?

• -나 : 한국어 특수조사 '-나'에 대응하는 중국어 표현은 부사어 '倒不如', 부사 '都', 접속사 '或'이다.

> (18) a. 극장에나 가거라.
>   倒不如去剧场。
>   b. 사이다나 콜라를 마신다.
>   喝汽水或可乐。
>   c. 벌써 10시나 되었네.

都已经10点了。

중국어 부사 '倒'가 '不如'와 동반하여 한국어 특수조사 '-나'에 대응하는 데, '소극적인 선택'의 뜻을 나타낸다. 접속사 '或'는 '일반적인 선택'의 뜻을 나타내는 '-나'에 대응하고, 부사 '都'는 강조적인 기능을 나타내는 '-나'에 대응한다.

• -든지 : 한국어 특수조사 '-든지'에 대응하는 중국어 표현은 부사 '不管'이다.

    (19) a. 많든지 적든지 니가 다 먹어.
          不管多少, 你都吃了吧。

• -라도 : 한국어 특수조사 '-라도'에 대응하는 중국어 표현은 부사어 '倒不如', 관용형 '就算…也'이다.

    (20) a. 잠이라도 자자.
          倒不如睡觉。
        b. 이 문제는 천재라도 풀 수 없다.
          这个问题就算天才也解不开。

특수조사 '-라도'는 '소극적인 선택'의 뜻을 나타낼 때 중국어 부사어 '倒不如'와 대응하고, '극단 예시', '보편 수량화'의 뜻을 나타낼 때 중국어 부사 '就算'이 부사 '也'와 결합하는 '就算…也'의 형식에 대응한다.

• -나마 : 한국어 특수조사 '-나마'에 대응하는 중국어 표현은 부사어 '倒不如', 부사 '虽然'이다.

    (21) a. 잠이나마 자자.
          倒不如睡觉。
        b. 헌 옷이나마 수재민에게 보냅시다.

<u>虽然</u>是旧衣服，也给灾民寄去吧。

특수조사 '-나마'는 '소극적인 선택'의 뜻을 나타낼 때 중국어 부사어 '倒不如'와 대응하고, '양보', '불만'의 의미를 나타낼 때 중국어 부사 '虽然'과 대응한다. '-나', '-라도', '-나마'는 유의적인 조사인데 '소극적인 선택'의 의미를 표현할 수 있기 때문에 모두 중국어 부사어 '倒不如'와 대응할 수 있다.

• -부터 : 한국어 특수조사 '-부터'에 대응하는 중국어 표현은 부사어 '就算是'이다.

(22) a. 나<u>부터</u>라도 하기 싫다.
  <u>就算是</u>我也不愿意做。

한국어 특수조사 '-부터'와 대응하는 중국어 표현은 부사 '就算'이 '긍정', '어의(語義) 지향'의 의미를 나타내는 '是'와 결합하여 같이 쓰이는 부사어 '就算是'이다.

• -밖에 : 한국어 특수조사 '-밖에'에 대응하는 중국어 표현은 부사 '只'이다.

(23) a. 오늘 회의는 한 시간<u>밖에</u> 하지 않았다.
  今天的会议<u>只</u>开了一个小时。

• -마다 : 한국어 특수조사 '-마다'에 대응하는 중국어 표현은 대사(代詞) '每'이다.

(24) a. 우리는 날<u>마다</u> 아침 체조를 한다.
  我们<u>每</u>天做早操。
  b. 마을<u>마다</u> 풍년의 기쁨이 흘러넘친다.
  <u>每</u>个村子都沉浸在丰收的喜悦中。

• -ㄴ들 : 한국어 특수조사 '-ㄴ들'에 대응하는 중국어 표현은 부사 '再', '不管'이다.

> (25) a. 아무리 큰들 이것보다 클까?
>   再怎么大, 能比这个还大吗 ?
>   b. 어디를 간들 이런 좋은 경치가 있겠습니까?
>   不管到哪儿, 还能有比这更好的风景吗 ?

'형용사 어간+ㄴ들'의 형식에 대응하는 중국어 표현은 부사 '再'이고 '동사 어간+ㄴ들'의 형식에 대응하는 중국어 표현은 부사 '不管'이다.

• -야말로 : 한국어 특수조사 '-야말로'에 대응하는 중국어 표현은 부사 '就', '才'이다.

> (26) a. 그야말로 세계 제일의 선수다.
>   他就(才)是世界第一的选手。

'-야말로'는 '일반적인 강조'의 의미를 표현할 때 중국어 부사 '就'와 대응하고 '대비 강조'의 의미를 표현할 때 중국어 부사 '才'와 대응한다.

┃접속조사

• -랑 : 한국어 접속조사 '-랑'에 대응하는 중국어 표현은 개사 '和'이다.

> (27) a. 누구랑 왔니?
>   和谁来的 ?
>   b. 소랑 돼지를 기른다.
>   养牛和猪。

• -하고 : 한국어 접속조사 '-하고'에 대응하는 중국어 표현은 개사 '和'이다.

(28) a. 사과<u>하고</u> 감을 사 와라.
　　　　买苹果<u>和</u>柿子来。
　　b. 나<u>하고</u> 가자.
　　　　<u>和</u>我一起去吧！

• -과/-와 : 한국어 접속조사 '-과/-와'에 대응하는 중국어 표현은 개사 '和'
이 쓰인다.

(29) a. 철수<u>와</u> 영희가 결혼했다.
　　　　哲秀<u>和</u>英姬结婚了。
　　b. 이 가수는 한국<u>과</u> 일본에서 인기가 높다.
　　　　这个歌手在韩国<u>和</u>日本都很有名。

'-와/-과'는 또한 공동격 조사로 볼 수 있다. 중국어에서 공동 의미를 나
타내는 표현은 역시 개사 '和'이다.

　이상으로 보면 한국어 조사는 중국어에서 다양한 품사로 표현되는 것을
알 수 있다. 그 중에서 특수조사는 대부분 중국어의 부사로 표현된다. 한
국어 특수조사는 어떤 한 가지 격을 담당하지 않을 뿐 아니라 아예 격 표
시와 같은 문법적 기능 없이 의미를 담당하는 것을 주 임무로 하는 조사
이다.7) 중국어 부사는 문장의 주요 성분이 되지 못하고 단지 부가적 성분
인 부가어만을 이루며 동사, 형용사, 명사(구) 및 기타의 부사를 수식하거
나 제한한다. 현대 중국어 부사의 어휘의미는 實在的이지 않으며 수식 기
능을 통하여 정도, 범위, 상태, 시간 및 빈도, 어기(語氣), 부정(否定) 등 다
양하고 추상적인 문법의미를 나타낸다. 한국어 특수조사가 중국어 부사와
대응하는 것은 한국어 특수조사가 부사적 수식 기능을 가지기 때문이다.8)
이런 대응은 영어의 경우와 같다.9)

---

7) 이익섭·채완(1999 : 200) 참조.
8) 홍사만(2002 : 73) 참조.

3) 중국어 개사의 정의 및 분류

중국어 개사는 조사, 접속사와 같이 허사에 속한다. 그중에 조사는 자립성이 제일 약하고, 어휘의미가 매우 실제적이지 않은 일종의 특수한 허사이다. 접속사는 단어, 구 혹은 절 사이를 연결시켜 어떤 논리관계를 표시하는 기능을 가진 허사의 일종이다.

개사는 일반적으로 명사(구) 앞에 위치하여 '시간, 장소, 방향, 방법, 수단, 대상, 범위, 원인, 목적, 비교' 등의 각종 문법의미를 표시하는 허사의 일종이다. 개사의 정의에 대하여 학자들은 거의 같은 견해를 가지고 있지만 개사의 분류에 대해서는 다른 견해를 갖고 있다. 黄伯荣, 廖序东(1997)은 개사가 나타내는 의미에 따라 개사를 다섯 가지로 나누고 있다. 다음 표와 같이 정리한다.

〈표 3〉

개사 분류	어 휘
시간, 장소, 방향	从, 自从, 自, 打, 到, 往, 在, 由, 向, 于, 至, 趁, 当, 当着, 沿着, 顺着
방식, 방법, 근거, 도구, 비교	按, 按照, 遵照, 依照, 靠, 本着, 用, 通过, 依据, 据, 拿, 比
원인, 목적	因, 因为, 由于, 为, 为了, 为着
시사(施事), 수사(受事)	被, 给, 让, 叫, 归, 由, 把(将), 管
관계, 대상	对, 对于, 关于, 跟, 和, 给, 替, 向, 同, 除了

邢公畹(1994)도 개사를 다음 표와 같이 다섯 가지로 나누고 있다.

---

9) 홍사만(2002 : 73)에서는 '실제로 국어나 일본어의 특수조사(부조사)에 대응하는 영어 어휘를 뽑는다면 대체로 부사에 상응하는 것만은 사실이다.'라고 하였다.

〈표 4〉

개사 분류	어 휘
시수(施受)개사	把, 被, 叫, 让, 给, 拿, 用
방식개사	按, 照, 按照, 照着, 依照, 依, 沿, 沿着, 顺, 顺着, 随着, 依据, 通过
시공(时空)개사	自, 往, 向, 到, 在, 由, 打, 自从, 起, 当, 赶, 及至, 至, 从, 趁, 趁着
대상개사	对, 对于, 跟, 和, 同, 管, 与, 比, 较, 较之, 给
관계개사	关于, 至于

상술한 두 가지 분류는 원인을 나타내는 '因为, 由于'가 개사인가 아니면 접속사인가 하는 점에서 차이가 있다.[10)]

중국어 조사와 개사의 차이점은 중국어 조사는 단지 문법 의미만을 표시하며 실사나 구 혹은 문장에 부가되어 쓰이고 중국어 개사는 일반적으로 명사(구) 앞에 위치하여 '시간, 장소, 방향, 방법, 수단, 대상, 범위, 원인, 비교' 등의 각종 문법의미를 표시하는 것이다. 중국어는 주어, 목적어, 보어가 문장 어순으로 표시하는 것을 제외하고 개사의 각 문법의미는 대부분 한국어 격조사와 비슷하다. 하지만 중국어 조사는 '시간, 처소, 방법, 비교' 등 의미를 표시할 수 없기 때문에 한국어 격조사에도 대응하지 못한다.

4) 한국어 조사와 중국어 개사의 대조[11)]

첫째, 개사와 조사는 모두 어휘형태소가 아닌 문법형태소이다.

둘째, 개사는 다른 개사와 연이어 사용되지 않지만 조사는 하나의 조사에 조사가 덧붙어 사용되기도 한다. 주로 격조사와 특수조사, 특수조사와 특수조사가 함께 쓰인다.

셋째, 위치에 있어 중국어 개사는 명사(구) 앞에 위치하며 한국어 조사

---

10) 본문에서는 모두 개사로 보겠다.
11) 박창수(2005) 참조.

는 명사 뒤에 붙는 후치사이다.

넷째, 중국어 개사와 한국어 특수조사는 원래 실사에서 변해 온 것이다.[12] 일부 개사는 아직까지 실사의 성질을 가지고 있어, 때에 따라 실사와 개사 역할을 겸하고 있다. 이에 비해 조사는 실사에서 변해 왔는데 어형도 변하여 오로지 조사 역할만 담당한다.

2. 한국어 격조사 '-로'에 대응하는 중국어 표현

조사 '-로'는 격표지의 기능만 담당하는 주격이나 목적격의 표지와는 달리 앞선 명사구나 뒤따르는 동사 혹은 문장전체의 상황적 의미를 도와주는 기능을 담당하는 부사격 조사이다. 사실 향격 '-로'와 구격 '-로'는 같은 '-로'가 아니고 '동음이의어'로 생각된다.[13] 그러나 이 글에서는 이것을 무시하고 어형만을 중시하며 '-로'의 각 의미에 따른 중국어 표현 형태를 살펴보겠다. 실제 분석을 위해서는 기준이 필요한데 그 기준을 본 논문에서는 '-로'의 의미에 따라 예문을 분류하고 그에 대응하는 중국어 표현을 분석하고자 한다.

<표 5>는 여러 논자들이 '-로'에 대해 분류한 의미들을 비교 정리한 것이다. 표에서 알 수 있듯이 방향, 원인, 시간은 각 논자들이 모두 설정하고 있는 의미이며, 그 외의 의미들은 비록 다소 용어에 차이가 있거나 그 의미가 포함하는 범위나 내용에 있어 다소 차이가 있지만 대체로 대동소이하다.

---

12) 조사의 연원에 대해서는 김승곤(1986)에서 상세히 기술하고 있다.
13) 최교진(1997 : 117)에서는 '향격 '-로'와 구격 '-로' 두 의미가 선명하게 다르기 때문에 두 의미기능을 이어주기란 어렵고 외면적으로는 다의적인 용법이라기보다는 동음이의적인 용법이 아닌가 의심하게 된다. 그러나 비록 선행연구나 사전에서 논증이 이루어지지는 못했지만 향격과 구격이 '-로'의 다의적인 용법임을 묵시적으로 밝히고 있다.'라고 하였다.

<표 5> '-로'의 의미 기능

	유동석 (1984)	표준국어 대사전	연세국어 사전	이희자, 이종희 (1998)	이희자, 이종희 (2001)	서정수 (1994)
1	방향	방향	방향, 지향점		방향, 지향점	방향, 지향점	방향
2	경유	경유			행동의 경로	
3		변화의 방향	변화, 변성		변화, 변성	변화	
4	재료	재료나 원료	재료, 도구, 수단, 방법		재료, 도구, 수단, 방법	재료, 원료	
5	방법	수단, 도구			도구, 수단	수단
6	양상	방식이나 양상	방식, 양상	부 사 격 조 사	방식, 양상	방식, 양상	
7	원인	원인이나 이유	원인, 이유		원인, 이유	원인, 이유	까닭
8		지위나 신분 또는 자격	자격, 신분, 명성		자격, 신분, 명성	자격,신분, 명성	자격 (로(서))
9	시간	시간	시간		시간	시간	시작점 (로부터)
10		한계	판단		판단	판단	
11		대상			'-처럼'	모양	
12					선택	선택	
13					'-인 바' '-인 데'	설명	
14				강조 용법			
15				다른 말에 붙어 부사를 만듦	강조 용법		

여기에서는 「연세국어사전」에 실린 내용을 중심으로 '-로'에 대응하는 중국어 표현을 살펴보기로 한다.

1) 방향, 지향점

'-로'의 가장 대표적인 의미가 바로 방향이다. 예문을 통해 살펴보도록 하자.

> (30) a. 내일 새 집으로 이사를 합니다.
>   明天搬到新家。(明天搬新家。)
>   b. 우리 집으로 와.
>   到我家来吧。(来我家吧。)
>   c. 새로운 단계로 나아갑니다.
>   进入到新阶段。(进入新阶段。)

(30)은 지향점을 나타낸다. (30)a, b의 예문들은 지명을 나타내는 말이나 '집, 운동장'과 같이 일정한 면적을 가진 지점을 나타내는 말에 붙어, '~을 목적지가 되게 하여'의 뜻을 나타내는 예문들이다. 이런 서술어는 주로 '가다, 오다, 오르다' 류로 이루어진다. 이런 경우에는 한국어 조사 '-에'로 대체할 수 있다. (30)의 c예문은 추상적 공간을 나타내는 말에 붙어 '~을 추구하여, ~을 지향하여'의 뜻을 나타내는 예문이다. 서술어는 주로 '들어서다, 접어들다, 돌아서다' 류로 이루어진다. (30)에 해당하는 중국어 표현은 개사 '到'가 쓰인다.

이 예문들을 중국어로 번역하면 표현이 하나만 있는 것이 아니다. 한국어에서 '목적지'를 조사 '-로'만으로 표현할 수 있는 데 반해 중국어에서 개사 '到'로 '목적지'를 이끌어낼 수도 있고 직접 '동사+목적어'의 형식으로 표현할 수도 있다. 이것은 중국어 문장의 주어, 목적어, 서술어가 어순으로 표현되기 때문이다. 개사 '到'가 동사 '到'에서 변해 오기 때문에 아직도 '도착하다'의 의미를 가지고 있다. 그래서 조사 '-로'가 목적지를 나타낼 때 중국어 개사 '到'와 대응할 수 있다.

> (31) a. 금강산이 있는 쪽으로 둥실둥실 떠갑니다.

向(朝/往)金剛山方向飄去。
    b. 학교 방향으로 달려갔다.
       向(朝/往)学校方向跑去了。
    c. 그는 의자를 넉넉하게 뒤로 뺐다.
       他把椅子向(朝/往)后移出了足够的空间。

(31)은 구체적으로 '쪽, 방향, 방면'을 나타내는 말에 붙어 '~의 쪽으로, ~을 향하여'의 뜻을 나타내는 예문들이다. 서술어는 주로 '떠나다, 들다, 꺾어지다, 가다' 류로 이루어진다. 이런 경우에는 조사 '-에'로 바꿔 쓸 수 없다. 예문을 통해서 방향을 나타낼 때 한국어에서는 단지 조사 '-로'만으로 표현하고 중국어에서는 개사 '向, 朝, 往' 세 개 개사로 표현하는 것을 알 수 있다. 중국어에서 개사 '向, 朝, 往'은 방위, 방향을 나타내는 말 앞에 쓰이고 모두 동작의 방향을 표현할 수 있지만 용법이 다르다. '朝'는 동사 뒤에 위치할 수 없다. 그래서 '通向果园'과 '通往果园'라고 할 수 있는데 '通朝果园'라고 할 수가 없다. 그리고 뒤에 목표를 나타내는 명사가 있으면 '向'을 사용해야 되고 '往'을 사용할 수 없다. 예를 들어서, '走向胜利'는 맞는 표현이고 '走往胜利'는 틀린 표현이다. 그래서 '-로'는 방향을 나타낼 때 중국어 개사 '向, 朝, 往'과 대응할 수 있다.

    (32) a. 주인집 대문으로 가자면 내 방을 지나야 한다.
            要从(由)主人家的大门走, 就一定要路过我的房间。
         b. 차가 들판으로 지나갔다.
            车从(由)田野经过。
         c. 시위대열은 시청 앞 광장으로 지나갔다.
            示威队伍从(由)市政府前的广场经过。

(32)는 행동의 경로를 나타낸다. 예문 (32)a는 '길, 다리, 문'과 같은 말에 붙어 '~을 통하여'의 뜻을 나타내는 예문이다. 서술어는 이동의 의미를 지닌 것으로 표현되는 '걸어다니다, 건너다, 지나가다' 류로 이루어진다. (32)b, c 예문은 행동의 구체적인 경로를 나타내는 말에 붙어 '~을 통과

하여'의 뜻을 나타내는 예문이다. 서술어는 주로 '다니다, 지나가다, 날아가다' 류로 이루어진다. '-를'로 대치될 수 있다. 중국어 개사 '从'과 '由'는 각자 많은 의미를 가지고 있는데 서로 공동점도 있다. 둘은 모두 동작의 기점(起點)을 나타낼 수 있다. 예를 들어서, '八点从学校出发', '八点由学校出发'. 동작의 경로를 표현하는 데 있어도 별 차이가 없다. 하지만 동작을 하는 사람을 표현할 때 '从'을 사용하지 않고 '由'만 사용한다. 예를 들어서, '会议由副校长主持'라고 할 수 있는데 '会议从副校长主持'라고 할 수 없다. '-로'는 동작의 경로를 나타낼 때 중국어 개사 '从, 由'와 대응할 수 있다.

상술한 바와 같이 한국어에서는 구체적인 방향, 장소나 추상적인 방향, 공간 또한 행동의 경로를 모두 조사 '-로'로 표현하는데, 중국어에서는 상황에 따라 각각 중국어 개사 '到, 向, 朝, 往, 从, 由'로 표현한다. 이것은 한국어 격조사 '-로'의 의미 기능적 외연이 넓어서 하나의 어휘형태로 여러 가지 격의미를 포괄적으로 표현하고 있는 데 반해, 중국어의 격형태는 개체적이므로 격의미에 따라서 각각 다른 어휘형태를 취해 분화적으로 표현하기 때문이다.

2) 방식, 양상

행동의 방식, 양상을 나타내는 말에 붙어, '나오다, 맞다, 대하다' 류로 표현하는 서술어와 함께 쓸 때 '~을 가지고, ~로써'의 뜻을 나타낸다.

> (33) 그는 반가운 얼굴로 학생들을 쳐다본다.
> 　　　他以喜悦的笑容看着学生们。(他面带笑容地看着学生们。)

예문 (33)은 이 동작 발생 시 사용하는 방식이나 가지는 양상, 즉 '带着喜悦的笑容(반가운 미소를 가지고)'을 나타낸다. 중국어 개사 '以'는 '행동방식'

의 의미를 나타낼 수 있다. 이때 '-로'는 개사 '以'에 대응할 수 있는데 표현 습관으로 '他面带笑容地看着学生们'의 표현이 더 자연스럽다. 이것은 중국 어가 표현상에서 간단하고 요약할 것을 추구하는 특점을 갖고 있기 때문 에 '以喜悦的笑容' 대신에 '面带笑容' 이런 사자어휘를 보다 많이 사용한다.

> (34) a. 이 도시는 위치적으로 발전 가능성이 많다.
>   这个城市在地理位置方面(上)有很大的发展潜力。
>   b. 이 논문은 내용적으로 성과가 높다.
>   这篇论文在内容方面(上)成就很突出。
>   c. 시간상으로 서울이 대구보다 더 걸릴 것이다.
>   在时间上(从时间上来看), 到汉城比到大邱花费的要更多一些。
>   d. 법률상으로 이 사람은 패소할 것이다.
>   在法律上(从法律上来看), 这个人将会败诉。

예문 (34)a, b는 '~적으로'의 꼴로 쓰이어 '~인 면에서'의 뜻을 나타내 는 예문이고 이 경우에 "在……上"과 "在……方面"의 형식을 사용한다. (34)c, d 예문들은 '~상으로'의 꼴로 쓰이어 '~로 보면'의 뜻을 나타내는 예문들이고 이 경우에 '在……上'과 '从……来看'의 두 가지 형식을 모두 사 용할 수 있는데 '在……上'보다 '从……来看'의 표현이 더 많이 쓰인다.

3) 재료, 도구, 수단, 방법

어떠한 상태를 이루는 재료를 나타내는 말에 붙어 '되다, 이루어지다, 차다' 류로 표현되는 서술어와 함께 쓸 때 '~를 재료로 하여'의 뜻을 나타 낸다.

> (35) a. 운동장은 잔디로 덮여 있다.
>   运动场被草地覆盖着。
>   b. 방안은 책으로 꽉 차 있다.

房间<u>被</u>(<u>叫/让</u>)书堆满了。
c. 이 식품은 단백질과 지방<u>으로</u> 이루어져 있다.
这个食品是<u>由</u>蛋白质和脂肪组成的。
d. 이 논문은 서론, 본론, 결론<u>으로</u> 구성되어 있다.
这个论文<u>由</u>绪论, 本论, 结论构成。
e. 나무<u>로</u> 집을 짓다.
<u>用</u>木头盖房子。

예문 (35)a, b는 '본래의 재료는 아니고 ~에 의해서 하다'의 피동적 의미를 표현하는 예문들이고 중국어에서는 이런 경우에 개사 '被'로 표현한다. 하지만 예문 b에서 '被' 외에 '叫'와 '让'도 사용할 수 있다. 중국어 개사 '被, 叫, 让'은 모두 동작의 주체를 이끌어낼 수 있는데 차이점이 있다. '叫'와 '让'은 동사에서 변해 온 개사이다. 그래서 동사의 의미도 가지고 있다. b를 보면 '房间'은 책으로 차 있지만, 동작의 주체는 책이 아니고 사람이다. 책은 간접적 동작의 주체라고 봐야 한다. a 예문은 좀 다르다. '운동장'은 잔디로 덮여 있고 잔디는 바로 동작의 주체가 된다, 즉, 동작의 직접 주체다. 그래서 '叫'와 '让'을 사용할 수 없다. (35)c, d는 '~로부터 이루어 졌다'의 뜻을 나타내고 객관적 사실을 진술하는 예문들이다. 侯学超(1998)와 吕叔湘(1980)은 '由'가 방식을 나타내는 내용을 설명할 때 모두 '构成, 建成, 组成' 등 동사와 같이 쓰인다고 했고, '碘化盐由碘和盐加工而成'과 '原子核由质子和中子组成'처럼 예문도 제시했다. 이때 '-로'는 개사 '由'와 대응할 수 있다. (35)e는 '사람이 어떤 재료를 이용하여 ~하다'의 뜻을 나타낸다. 이 경우에 '-로'는 중국어 개사 '用'에 대응할 수 있다.

도구나 수단을 나타내는 말 뒤에 붙어서 '~를 도구로 하여'의 뜻을 나타내기도 한다.

(36) a. 믹서기<u>로</u> 주스를 만든다.
<u>用</u>(<u>拿</u>)搅拌机榨果汁。
b. 바구니<u>로</u> 음식을 날랐다.
<u>用</u>(<u>拿</u>)篮子运送食物。

(37) a. 물건은 배와 기차로 운반된다.
　　　　用(拿)船和火车运东西。
　　b. 차로 학교에 간다.
　　　　开车(坐车)去学校。
　　c. 주식 투자로 돈을 벌기는 어렵다.
　　　　用(拿)投资股票的方式来挣钱是很难的。

　예문 (37)a, b는 구체적인 운송 수단을 나타내는 말에 붙어 '~을 이용하여, ~을 가지고'의 뜻을 나타내는 예문들이다. (37)c는 일반적인 수단, 방법을 나타내는 말에 붙어 역시 '~을 이용하여, ~을 가지고'의 뜻을 나타내는 예문이다. 도구, 방법, 수단을 나타낼 때 가장 많이 쓰이는 개사는 '用'과 '拿'이다. 하지만 b 예문은 중국어로 직역(直譯)하면 '以车为工具去学校'라고 해야 하고, 즉, '운전하거나 차를 타고 학교에 간다'. 이 경우에 중국어로 한 개 개사로 표현할 수 없고, '开车(운전하다)'나 '坐车(차를 탄다)'의 동사구로 명확히 표현해야 한다.
　이상에서 볼 수 있듯이 '-로'는 재료를 나타낼 때 상황에 따라서 각각 중국어 개사 '被,叫, 让, 由, 用'에 대응할 수 있고 도구, 수단, 방법을 나타낼 때 중국어 개사 '用, 拿'에 대응할 수 있다.

4) 변화, 변성(變成)

(38) a. 물이 수증기로 변한다.
　　　　水变成水蒸汽。
　　b. 우리 회사를 주식회사로 바꿨다.
　　　　将我们公司变成股份公司了。(将我们公司变成了股份公司。)

　변화되어 이루어진 대상을 나타내는 말에 붙어 '변하다, 바꾸다, 화하다' 등 변화의 의미를 지닌 서술어와 함께 쓰일 때 '~이 되도록/되게'의 뜻을 나타낸다. '~로'는 그 명사가 변해서 새로 생긴 모양이나 상태를 나타내는 것으로 이때의 '-로'는 다른 형태로 바꿔 쓸 수 없다. '~에서 ~로'의 꼴로 쓰이기도 하고 '에서'는 생략되기도 한다. 그러나 대체로 복원 가능하다. 이 경우에 대응하는 중국어 개사를 찾을 수 없다. '수증기'와 '주식회사'는 최종의 변화 결과이고 중국어에서 동작의 변화 결과를 나타낼 때 '变＋成' 과 같은 동보(动补)구조14)를 사용한다. 이때 '-로'에 대응하는 것은 개사가 아니고 동사 '成'이다.

상술한 바와 같이 '-로'가 변화, 변성을 나타낼 때 중국어 동보구조 중의 동사 '成'에 대응한다.

5) 자격, 신분, 명성

신분, 지위, 자격을 나타내는 말에 붙어 '삼다, 태어나다, 부르다' 류로 표현되는 서술어와 함께 쓰일 때 '~의 신분/지위/자격을 가지고'의 뜻을 나타낸다.

> (39) a. 누군지 그녀를 아내로 맞는 사람은 행복할 것이다.
>   不管是谁，娶她为妻都会很幸福。
>   b. 그는 기자 신분으로 시사회에 갔다.
>   他以记者的身份去参加了首映式。

예문 (39)를 보면 알 수 있듯이 모두 신분을 나타내는데 중국어 표현은 다르다. a 예문을 보면 '妻子(아내)'의 신분은 원래 가지고 있는 것이 아니고 다른 사람이 부여해서 가지게 된 것이다. 이때 '为'의 발음은 2성 /wéi/

---

14) 중국어 문장 중의 보어는 동사의 결과, 정도, 추향(趨向), 가능, 상태, 수량을 나타
    내는 문장성분이다. 그리고 보어의 분류로는 결과보어, 추향보어, 가능보어, 수량보
    어, 상태보어, 정도보어가 있다.

이고 품사도 개사가 아니고 동사이다. 예문 b 중의 '记者(기자)' 신분은 한 가지의 직업이고 원래 가지고 있는 신분, 지위이다. 이 경우에 '他(그)'는 '기자의 신분을 빌어 시사회에 참가하다'란 뜻이고 '以'는 '구실로 삼는 대상'을 이끌어낸다.

> (40) a. 이 곳 사벌 평야는 예부터 곡창 지대로 유명한 곳이었다.
>   这片沙地原是个以粮仓闻名的地方。
>   b. 허락하신다면 저도 당신을 형님으로 부르겠습니다.
>   如果同意,我也叫(称)您(为)大哥。

예문 (12)a는 명성을 나타내는 말에 붙어 '통하다, 소문나다, 유명하다'와 같은 말과 함께 쓰이고 '~이라고 알려져서'의 뜻을 나타내는 예문이다. 이때도 '구실로 삼다'란 뜻이고 개사 '以'로 유명한 자격을 나타낸다. (40)b는 명칭을 나타내는 말에 붙어 '부르다, 칭하다' 류로 표현되는 서술어와 함께 쓰이고 '~이라고'의 뜻을 나타내는 예문이다. 이 경우는 (39)a와 비슷하고 사람에게 어떤 신분이나 자격을 부여하는 뜻을 나타내는데 같이 동사 '为'로 표현한다. 하지만 예문 (40)b 중에 '为'를 사용하면 앞에 동사 '称'과 같이 써야 한다. 그리고 '为'를 사용하지 않고 '叫您大哥'처럼 쌍빈어(雙賓語)구조로 표현할 수도 있다.

'-로'가 자격, 명성, 신분을 나타낼 때 상황에 따라 각각 중국어 개사 '以'와 동보구조 중의 동사 '为'에 대응한다.

6) 판단

판단의 결과를 나타내는 말에 붙어 '밝혀지다, 치다, 손꼽다' 류로 표현되는 서술어와 함께 쓰여 '~이라고, ~의 자격으로 셈하여/간주하여'의 뜻을 나타낸다.

(41) 가장 훌륭한 어머니로 손꼽는 사람은 맹자의 어머니다.
　　　<u>作为</u>最出色的母亲，屈指可数的应该是孟子的母亲。

예문 (41)은 형식으로 보면 (39)a, (40)b와 같은데 모두 동보구조(作＋为)이다. 사실은 '作为'는 개사다. 어떤 신분, 성질을 가지고 있는 내용을 이끌어내는 것이다. 그래서 이 경우에 '-로'는 중국어 개사 '作为'에 대응한다.

그렇게 간주되는 대상임을 나타내는 말에 붙어 '치다, 여기다, 이해하다'와 같이 판단을 뜻하는 것으로 표현되는 서술어와 함께 쓰여서 '~이라고'의 뜻을 나타낸다.

(42) 나는 조선 후기학자들의 사상을 근대 지향적인 것<u>으로</u> 이해했다.
　　　我将朝鲜后期学者的思想理解<u>为</u>近代指向性的东西。

예문 (42)는 마찬가지로 '理解＋为'의 동보구조로 표현한다. '-로'가 판단을 나타낼 때 중국어 개사 '作为'와 동보구조 중의 동사 '为'에 대응한다.

7) 원인, 이유

(43) 이 전쟁<u>으로</u> 비롯된 자연적 재해는 엄청나다.
　　　<u>由于(由/因为/因)</u>这场战争引发的自然灾害是很<u>严重</u>的。

원인이 되는 말에 붙어 '비롯되다' 류로 표현되는 서술어와 함께 쓰이고 '~때문에'의 뜻을 나타낸다.

(44) a. 오랜 감기<u>로</u> 발생한 폐렴이다.
　　　　　是<u>由于(由/因为/因)</u>长期感冒引起的肺炎。
　　　b. 부부 싸움은 늘 하찮은 일<u>로</u> 생긴다.
　　　　　夫妻之间的争吵，常常是<u>由于(因为/因)</u>琐碎的小事。

‘원인, 이유, 근거’가 되는 말에 붙어 ‘~가 원인이 되어’의 뜻을 나타낸다. ‘~로 인하여/인해서/인해’, ‘~로 말미암아’, ‘~로 하여’의 꼴로 자주 쓰이는데 ‘인하여’, ‘말미암아’ 등은 생략되기도 한다.

    (45) 선생님 덕택<u>으로</u> 이 논문을 쓸 수 있었습니다.
        <u>由于(因为/因)</u>有了老师的帮助，所以写出了这个论文。

   예문 (45)는 ‘탓, 이유, 덕택’과 같이 직접 원인이나 이유를 나타내는 말에 붙어 ‘그것이 직접 원인이 되어’의 뜻을 나타내는 예문이다.
   중국어 ‘由于, 由, 因为, 因’는 모두 원인을 나타낼 수 있는데 ‘由’는 어떤 사건의 책임자를 강조하는 것이고 항상 ‘引起, 引发’ 등 동사와 같이 쓰인다. 그래서 (44)b와 (45)에서 ‘由’를 사용할 수 없다.
   ‘-로’가 원인을 나타내는 용법에서 중국어 원인을 나타내는 개사 ‘由于, 由, 因为, 因’에 대응하는데 특별 경우에 ‘由’를 사용할 수 없다.

8) 시간

   행동이 이루어지는 계속적인 시간을 나타내는 말에 붙어 ‘그러한 때에’의 뜻을 나타낸다.

    (46) a. 그는 아침, 저녁<u>으로</u> 운동을 한다.
        他(<u>在</u>)早晨和傍晚运动。
      b. 봄 가을<u>로</u> 찾아오는 새
        (<u>在</u>)春秋飞来的鸟

   중국어에서 시간을 나타낼 대 개사 ‘在’를 사용한다. 앞에 부사가 없으면 ‘在’가 생략될 수도 있다.

(47) a. 어제<u>로</u> 논문이 끝났다.
　　　<u>到</u>昨天(<u>为止</u>)论文完成了。

(47)은 시간을 나타내는 말에 붙어 '~까지 포함해서 말하면'의 뜻을 나타낸다. 동작이나 상황이 끝나거나 시작됨을 나타내는 말과 함께 쓰인다. 중국어 개사 '到'는 동작이 '어떤 시간'까지 지속하는 것을 나타낼 수 있는데 '为止'와 같이 쓰이면 의미를 더 강화시킬 수 있다.

몇몇 시간을 나타내는 말에 붙어 '~부터, ~를 기점으로 하여'의 뜻을 나타낸다.

(48) a. 그 여자는 남편이 죽은 후<u>로</u> 딸 둘, 아들 하나를 혼자 힘으로 키웠다.
　　　<u>自从</u>(<u>自/从</u>)丈夫死后, 她就自己抚养两个女儿, 一个儿子。
　　b. 그가 떠난 후<u>로</u> 나는 계속 슬픔에 잠겨 있었다.
　　　<u>自从</u>(<u>自/从</u>)他离开后, 我就一直沉浸在悲伤中。

중국어 개사 '自从, 自, 从'은 모두 시간의 기점(起點)을 나타낼 수 있지만 사실 차이가 있다. 그중에 '从'의 용법은 제일 많고 '自'는 단지 시간과 공간(空間)의 기점(起點)을 나타내며 '自从'은 단지 시간의 기점(起點)만 표현할 수 있다. 그리고 '自'는 일반적으로 서면어에 쓰이고 '自从'과 '从'은 안 된다. 또한 '自'와 '从'은 과거, 현재, 미래 상황에 모두 적용하는데 '自从'은 단지 과거 상황에만 적용한다.

이와 같이 한국어 조사 '-로'는 지속적 시간, 종점(終點)시간, 기점(起點)시간을 모두 나타낼 수 있는 데 반해 중국어는 각 다른 표현으로 나타낸다.

3. 요약

이 글은 한국어 조사와 현대 중국어 개사의 대응여부를 알아보는 데에 그 목적이 있다. 이를 위해 한국어 조사 '-로'에 상응하는 중국어 표현을 예문을 통해 비교 분석해 보았다.

이 글에서는 한국어 조사와 중국어 개사의 정의 및 분류를 먼저 살펴보았다. 한국어 조사란 자립성이 있는 말에 붙어 그 말과 다른 말의 관계를 나타내거나 어떤 뜻을 더해주는 기능을 하는 품사이다. 그리고 조사에 대한 분류는 학자에 따라서 다르지만 대다수의 학자들의 견해가 일반적으로 대동소이하다 할 수 있겠다. 이를 기준으로 조사는 격조사, 보조사(특수조사), 접속조사 세 가지로 분류할 수 있다. 한국어 조사에 상응하는 중국어 표현은 개사(介詞)로 표현되는 것도 있고, 동사로 표현되는 것도 있으며, 상응하는 표현이 없는 것도 발견되었다. 격조사의 경우, 중국어에는 한국어의 주격, 목적격에 대응하는 중국어 표지가 없고 문장 어순으로 이를 대신 표현한다. 이것은 한국어는 교착어로 조사가 매우 발달하여, 문장 성분을 조사를 통해서 표현하고 중국어는 고립어라서 문장의 성분을 어순으로 표현하기 때문이다. 그리고 한국어 격조사는 대부분 중국어 개사로 표현되기 때문에 한국어 격조사와 중국어 개사간의 문법 기능은 완전히 같지 않지만 어느 정도의 유사성이 있다고 말할 수 있다.

중국어에서 자주 사용하는 개사를 한국어로 번역하였을 때 조사 '-로'가 가장 많이 출현한다. 이에 '-로'를 연구대상으로 정한 후 한국어와 중국어의 표현 대조를 위해 우선 '-로'가 나타내는 의미를 분류하였다. 이렇게 분류된 의미에 해당하는 예문을 선정하고 그 예문들의 중국어 표현을 찾아 검토한 결과 '-로'의 각각의 의미와 이에 대응하는 중국어 표현 형태를 다음과 같이 정리해 보았다.

(1) 방향, 지향점
　목적지를 나타낼 때 : 개사 到 / 동사＋목적어
　방향을 나타낼 때 : 개사 向, 往, 朝
　행동의 경로를 나타낼 때 : 개사 从, 由

   (2) **방식, 양상**

      '어떤 양상을 가지고', '어떤 양상으로써'의 뜻을 나타낼 때 : 개사 以

      '~인 면에서'의 뜻을 나타낼 때 : 관용구 在……上, 在……方面

      '~로 보면'의 뜻을 나타낼 때 : 관용구 在……上, 从……来看

   (3) **재료, 도구, 수단, 방법**

      재료를 나타내는 표현에서,

        피동적인 의미를 표현할 때 : 개사 被, 叫, 让

        객관적인 사실을 진술할 때 : 개사 由

      '어떤 재료를 이용하여 ~하다'의 뜻을 나타낼 때 : 개사 用

     도구, 수단, 방법을 표현할 때 : 개사 用, 拿

   (4) **변화, 변성** : 동사 成('동사+成'의 동보(动补)구조)

   (5) **자격, 신분, 명성**

      '~의 신분 / 지위 / 자격을 가지고'의 뜻을 나타낼 때 : 동사 为, 개사 以

      '~이라고 알려져서'의 뜻을 나타낼 때 : 동사 为, 개사 以

   (6) **판단**

      '~의 자격으로 간주하여'의 뜻을 나타낼 때 : 개사 作为

      '~이라고'의 뜻을 나타낼 때 : 동사 为

   (7) **원인, 이유**

      '~때문에'의 뜻을 나타낼 때 : 개사 由于, 由, 因为, 因

      '~원인이 되어'의 뜻을 나타낼 때 : 개사 由于, 由, 因为, 因

      '그것이 직접 원인이 되어'의 뜻을 나타낼 때 : 개사 由于, 因为, 因

   (8) **시간**

      '~그러한 때에'의 뜻을 나타낼 때 : 개사 在

      '~까지 포함해서 말하면'의 뜻을 나타낼 때 : 개사 到(……为止)

      '~부터', '~를 기점으로 하여'의 뜻을 나타낼 때 : 개사 自从, 自, 从

이 글은 흔히 한국어의 조사는 중국어 개사의 형식으로 표현될 것이라는 일반적인 생각에 대한 의문에서 출발하였다. 그러나 연구의 결과는 위에서 보듯이 많은 경우에 있어 개사 형식이 아닌 다른 요소로 표현된다는 것을 보여주고 있다.

이 글을 통해서 다음과 같이 결론을 정리해 보았다.

1. 한국어 조사와 중국어 개사의 분포는 일반적으로 명사어(명사상당어)

에 붙는 것으로 공통점이 있다. 다만 그 위치가 다를 뿐이다.

2. 개사와 조사는 모두 어휘형태소가 아닌 문법형태소이다.

3. 중국어 개사는 실사에서 변해 온 것으로 실사가 허사화한 것이다. 그리하여 변하기 전의 본유의 실사 의미를 지닌다. 한국어에서 특수조사도 이런 특징을 가지고 있다. 예를 들어서 한국어 특수조사 '까지'는 어원적으로 중세 한국어의 명사 'ᄀᆞᆺ·ᄀᆞ(边·极)'으로부터 발달된 것이고 '미침(到及)', '미침의 점', '최종' 등의 의미를 지니고 있다. 그리고 '조차'는 어원적으로 중세 한국어의 용언 '좇다(追·从)'로부터 전성된 것이고 '더함', '추가', '덧붙임' 등 '첨가'의 의미를 아직도 지니고 있다.15)

4. 한국어 조사와 중국어 개사는 모두 명사어에 붙어 쓰이는데, 위치에 있어 조사는 명사 뒤에 붙는 후치적인 표지이고 개사는 명사(구) 앞에 위치하는 전치적인 표지이다.

5. 한국어 조사는 의미 기능상 포괄적인 다의성을 지니고 있는 데 반해, 중국어 개사는 기능상 분화적으로 표현한다.

6. 한국어는 교착어의 구조를 가진 언어로, 후치적 문법 형태인 조사의 분포와 기능이 매우 발달되었다. 그러나 중국어는 고립어의 구조를 가지며, 문법적인 표현에 있어 개사의 의존도가 낮다. 같은 의미의 문장을 개사로 표현하는 것보다 실사로 표현하는 것이 더 자연스럽고, 또한 빈도도 높은 사실을 볼 수 있다.

7. 중국어에서 개사의 용법은 개사 하나만으로도 쓰이지만, 이것이 다른 단어와 어울려 관용적으로 쓰임으로써 문장의 의미를 강화하는 경우가 많다.

언어 사이에는 공통된 일반적 또는 보편적인 요소들이 있으며, 개별 언

---

15) 홍사만(2002 : 339, 343) 참조.

어의 특수성도 내재한다. 이는 한국어와 중국어도 마찬가지이다. 위에서 정리해 본 7개의 결론에서 1, 2, 3은 한국어와 중국어 상호간의 동질성 표현이고, 4, 5, 6, 7은 상호간의 이질성 표현이다. 동질성이 있기 때문에 두 언어는 학습하기가 상대적으로 용이하기도 하지만, 양자 사이에는 이질성이 있어 학습하는 데 난점이 있다.

한국 사람이 중국어 개사를 학습하거나 중국 사람이 한국어 조사를 학습할 때 초급 단계에서는 모국어의 원리를 투영하는 경우가 많다. 특히 양 언어의 이질적인 요소인 4, 5, 6, 7의 항목에 있어서는 학습 상 주의를 요한다. 4는 한국어 조사와 중국어 개사 위치의 차이점인데, 외국어 교사는 학생에게 먼저 이 차이점을 설명해 주어 학생들의 언어 운용을 도와주어야 한다. 특히 조사 '-로'의 경우, 한국어에서는 여러 가지 격의미를 하나의 조사로 표현하는 데 반해, 중국어에서는 개사가 분화되어 각기 다른 형태로 표현한다. 그래서 한국 사람은 중국어 개사를 배울 때 같은 조사에 대응하는 중국어의 여러 개의 개사를 찾아 이런 개사들 간의 차이점을 익히는 것이 매우 중요하다. 6에 대해서 외국어 교사는 먼저 한국어와 중국어는 다른 언어 구조와 체계를 가졌다고 하는 개별 언어의 특징을 가르쳐 주어야 한다. 한국어는 교착어이므로 교착요소인 조사와 어미가 발달된 것임을 이해시켜야 한다. 특히 격의 표시가 격조사에 의해 형성되는 특징이 있다. 중국어는 고립어이며, 문장 성분을 어순으로 표현하는데 개사는 전치적인 격 표지 역할을 부분적으로 수행하는 허사의 일종이다.

결국 한·중 양 언어에서 조사와 이에 대응되는 개사의 용법을 익히는 것은 쌍방의 동질성에 기초를 두고 이질성에 역점을 두어 가르치고 학습해야 할 것이다. 다시 말하면 언어 보편성의 기저 위에서 양 언어의 조사와 개사가 가진 특수성에 대한 면밀한 이해가 뒤따라야 할 것이다.

참고문헌

사전류

「국어사전」(2001), 민중서림 편집국, 이희승 감수, 민중서림.
「연세국어사전」(2001), 언어정보개발연구원, 연세대학교.
「現代中韓大辭典」(2001), 도서출판 한얼.
「학습중한사전」(2002), 넥서스 CHINESE.
『現代漢語常用詞用法詞典』最新版(2002), 顧士熙 主編, 北京, 中國書籍出版社.
『現代漢語詞典』增補本(2002), 中國社會科學院語言硏究所詞典編輯室, 北京, 商務印書館.

한국어 자료

고육양(2007), 한·중 호칭어의 대조 연구, 서울 : 박이정.
김종호(1998), 현대중국어문법, 서울 : 신아사.
김현철·김시연(2002), 중국어학의 이해, 서울 : 학고방.
남기심(1993), 국어 조사의 용법, 서울 : 서광학술자료사.
남기심(2001), 현대 국어 통사론, 서울 : 태학사.
남기심·고영근(1993), 표준 국어문법론개정판, 서울 : 탑출판사.
남기심·이상억·홍재성(1999), 한국어 교육의 방법과 실제, 서울 : 한국방송대학교
　　　　　출판부.
남기심·이정민·이홍배(1995), 언어학 개론개정판, 서울 : 탑출판사.
맹주억(1992), 현대중국어문법, 서울 : 청년사.
박정구(1998), "中國語 介詞 硏究", 「中國語文學誌」 제5집, 349~376, 중국어문학회.
박창수(2005), "한국어 조사와 중국어 전치사의 대조", 한국 외국어대학교 대학원 중
　　　　　어중문학과 석사학위논문.
서정수(1994), 국어문법, 서울 : 뿌리깊은나무.
손다옥(1999), "現代中國語 介詞 "對" 硏究", 전북대 대학원 중어중문학과 석사학위 논문.
이수련(2001), 한국어와 인지, 서울 : 도서출판.
이익섭(2000), 국어학개설, 서울 : 학연사.
이익섭·이상억·채완(1997), 한국의 언어, 서울 : 신구문화사.

이익섭 · 채완(2003), 국어문법론강의, 서울 : 學硏社.

이희자 · 이종희(1998), 사전식 텍스트분석적 국어 조사의 연구, 서울 : 한국문학사.

이희자 · 이종희(2001), 의미 · 조사 사전, 서울 : 한국문화사.

임지룡(1997), 인지의미론, 서울 : 탑출판사.

임홍빈 · 홍경표 · 장숙인(1997), 외국인을 위한 한국어 문법, 서울 : 연세대 출판부.

임홍빈 · 안명철 · 장소원 · 이은경(2001), 바른 국어생활과 문법, 서울 : 한국방송통신
　　　　대학교출판부.

최교진(1997), "國語助詞 '-로'의 多義性 研究", 경북대 대학원 석사학위논문.

최병덕(1997), "'向' 介詞構造에 관한 연구", 「中國語文論叢」 제12집, 55~75, 중국어문
　　　　연구회.

최병덕(1998), "現代漢語 介詞 '朝, 往, 向'에 관한 연구", 「中文學論叢」 제7집, 한국중
　　　　국문화학회.

허성도(1992), 현대 중국어 어법 연구, 서울 : 도서출판 서울.

홍사만(2002), 국어특수조사 신연구, 서울 : 도서출판 역락.

홍사만(1993), 한 · 일어 대조어학/논고, 서울 : 탑출판사.

황미연(2006), "한국어와 중국어의 관용표현 대조 연구", 경희대교 교육대학원 석사논문.

중국어 자료

北京大学中文系现代汉语教研室(2004), 现代汉语(重排本), 北京 : 商务印书馆.

陈昌来(2002), 介词与介引功能, 合肥 : 安徽教育出版社.

陈　一(2002), 现代汉语语误, 哈尔滨 : 黑龙江人民出版社.

崔　健(1999), "韩汉方位隐喻对比", 「延边大学学报(社会科学版)」 第32卷第4期.

崔　健(2000a), "韩汉终点的表达形式对比", 「东疆学刊」 第17卷第1期.

崔　健(2000b), "韩汉经由点概念的表达形式对比", 「延边大学学报(社会科学版)」 第33卷
　　　　第2期.

崔　健(2002), 韩汉范畴表达对比, 北京 : 中国社会科学出版社.

范　晓(1991), 短语, 北京 : 商务印书馆.

高更生 · 谭德姿 · 王立廷(1992), 现代汉语知识大词典, 济南 : 山东教育出版社.

侯学超(1998), 现代汉语虚词词典, 北京 : 北京大学出版社.

胡裕树(1995), 现代汉语(重订本), 上海 : 上海教育出版社.

黄伯荣 廖序东(1997), 现代汉语(增订二版), 北京 : 高等教育出版社.

金琮镐(2001), "韩中比较程度副词与〔＋关系〕述语共现对比", 「汉语学习」.

李荣久(1986), 汉朝对照汉语词类详解, 延边 : 延边教育出版社.

李如龙 · 张双庆(2000), 介词, 广州 : 暨南大学出版社.

刘丹青(2003), 语序类型学与介词理论, 北京 : 商务印书馆.

柳英绿(1999), 朝汉语语法对比, 延边：延边大学出版社.

柳英绿(2000), "韩汉被动句对比-韩国留学生"被"动句偏误分析", 「汉语学习」第6期.

柳英绿(2002), "韩汉语比较句对比", 「汉语学习」第6期.

刘月华·潘文娱·故韦华(2001), 实用现代汉语语法(增订本), 北京：商务印书馆.

陆俭明(2003), 现代汉语语法研究教程, 北京：北京大学出版社.

吕冀平(2000), 汉语语法基础, 北京：商务印书馆.

吕叔湘(1984), 汉语语法论文集(增订本), 北京：商务印书馆.

吕叔湘(1980), 现代汉语八百词, 北京：商务印书馆.

吕叔湘(1999), 现代汉语八百词(增订本), 北京：商务印书馆.

吕叔湘·朱德熙(2002), 语法修辞讲话, 沈阳：辽宁教育出版社.

彭小川. 李守纪. 王红(2004), 对外汉语教学语法释例201例, 北京：商务印书馆.

朴正九(1986), 汉语介词研究, 清华大学语言学研究所博士论文.

石毓智·李讷(2001), 汉语语法化的历程, 北京：北京大学出版社.

王　力(1985), 中国现代语法, 北京：商务印书馆.

韦旭升·许东振(1995), 韩国语使用语法, 北京：外语教学与研究出版社.

邢公畹(1994), 现代汉语教程, 天津：南开大学出版社.

朱德熙(1982), 语法讲义, 北京：商务印书馆.

张敏·黄一仙(1995), 韩国语口语教程, 北京：北京大学语文出版社.

‖ 박향화 ‖

한 · 중 부정 표현의 대조 연구
─ 한국어 '안', '못'과 중국어 "不", "沒(有)"

　언어는 인류생활의 수단이자 도구이며 우리 인간에게 있어서의 필수품
이다. 우리의 사회생활은 언어 없이는 성립되기 어려우며, 우리의 사고 또
한 언어 없이는 이루어지기 어렵다. 우리는 그만큼 매일 언어 속에 파묻
혀 산다고 할 수 있으며, 누구나 자기 모국어 하나는 능숙하게 구사할 줄
알게 된다.1) 이 때문에 우리들은 언어가 어떤 엄격한 규칙으로 이루어져
있다는 사실을 미처 깨닫지 못하는 수가 많다. 외국어를 배워 보는 것이
언어가 규칙으로 이루어져 있다는 것을 아는 가장 빠른 길인지도 모른다.
언어란 마치 규칙의 뭉치라는 느낌을 외국어를 배워 본 사람은 누구나 받
아 보았을 것이다.

　이러한 언어교류에 있어 긍정과 부정은 판단을 나타내는 언어의 두 가

---

* 이 글은 필자의 석사학위 논문 "한 · 중 부정 표현의 대조 연구"(2006, 경북대학교)를
　수정 보완한 것임.
1) 이익섭 · 채완(2003 : 11) 참조.

지 기본 형식으로 부정 표현은 외국어를 배우는 학습자들이 기초단계에서 반드시 습득하여야 할 기본적인 문법표현으로 구조적으로나 의미론적으로 복잡한 성격을 갖고 있다. 한국어와 중국어는 부정 표현에 있어 부정을 나타내는 요소들의 기능이 다르기 때문에 한국어 부정문을 중국어로 표현하는 데 어려움을 겪는다.

    (1) a. 나는 밥을 <u>안</u> 먹는다.
        b. 나는 밥을 먹지 <u>않는다</u>.
        c. 我<u>不</u>吃饭。

    (2) a. 나는 학교에 <u>못</u> 갔다.
        b. 나는 학교에 가지 <u>못했다</u>.
        c. 我<u>没能</u>去学校。

위의 예문은 한국어 부정문과 중국어 부정문의 대응인데 서로 다르게 표현된다는 것을 보여주고 있다.

이 글은 한국어와 현대 중국어의 부정 표현에 대한 대조 연구이다. 한국어와 중국어에 나타나는 부정사, 부정 표현에 대한 상호대응을 대조 연구함으로써 한·중 두 언어를 배우는 학습자들에게 부정 표현을 배우고 이해함에 도움이 되었으면 하며 언어 교육적인 자료가 되었으면 한다.

부정문이란 무엇이고 부정문이 가질 수 있는 특성들로는 어떤 것들이 있을 수 있겠는가 하는 문제가 관심의 대상으로 떠오른 것은 어제 오늘의 일이 아니다.

한국어의 부정 표현에 대한 연구는 주로 통사 이론과 관련하여 새로운 이론이 등장할 때마다 일차적으로 검토의 대상이 될 만큼, 한국어에서 주요한 언어 현상 중의 하나로서 인식되었다.

한국어에는 하나의 긍정문에 대응되는 듯이 보이는 두 가지 종류의 부정문이 존재하며 이로 인하여 그간 학계에서는 이와 관련된 몇 가지 종류의 문제를 놓고 활발한 논의를 전개하여 왔다. 그 대표적인 예가 두 가지 부정문이 의미가 같은가 그렇지 않으면 다른가 하는 것이었는데, 이에 대한 기존의 논의들이 언급한 것은 사실상 의미의 동의성과 이의성에 대한 것이 아니라, 두 가지 종류의 부정문이 의미의 차이를 유발한다는 것이었으므로 앞으로의 논의는 이 같은 의미의 차이를 유발하는 원인이 무엇인가 하는 문제에 집중되어야 할 것임을 알 수 있다.[2]

중국어의 부정 표현을 정확하게 이해하려면 우선 중국어 부사와 부정부사에 대해 알아야 한다. 부정부사의 범주란 결국 부사의 범주 안에 포함되며, 상호 밀접한 관련을 가지고 있기 때문이다.

현대 중국어의 품사 중에서 가장 복잡하고, 단어[3]의 용법과 기능 파악이 난해한 것은 바로 부사라고 하겠다. 부사는 부사어의 역할을 하며 앞뒤 단어와 단어, 구와 구를 수식, 제한해 주는 기능을 한다. 물론 일부의 부사는 단독으로 사용되는 것도 있다. 그러나 부사 전체를 놓고 볼 때 부사가 단독으로 사용되는 경우는 극히 적으므로 허사(虛詞)라고 일컫는다. 부사에 관한 연구는 허사 연구의 일환으로서 중요하다고 생각되며, 특히 부정부사와 다른 언어의 대조 연구는 부정부사의 성격을 규명하는 데 매우 의의 있는 작업으로 여겨진다.

이 글의 취지는 한국어 부정 표현과 중국어 부정 표현과의 관계를 체계적으로 서술하기에 힘을 기울였으며 이 방면의 연구에 조그마한 참고가 되었으면 하는 바람이다.

이 글에서는 언어학의 방법론에 따라 부정 표현에 대한 선행연구의 기초

---

2) 박정규(2002 : 252) 참조.
3) 이것은 현대중국어 문법 단위로 '詞'를 말한다. 즉, '詞'는 최소의 독립 운용할 수 있는 의미를 가진 언어 단위를 말한다. 예를 들면 "學生"은 하나의 '詞'이다. 왜냐하면, 첫째, 의미를 가지고 있고, 둘째, 단독으로 말하거나 단독으로 물음에 대답할 수 있기 때문이다. 따라서 문법 단위를 작은 단위에서 큰 단위로 표시하면 다음과 같다. 語素(형태소) → 詞(단어) → 句/短語(구) → 句子/文(문장)(劉月華, 1983 : 1~3)

에 대조언어학의 관점으로부터 한국어와 중국어의 부정 표현을 분석하고 양자가 어떤 면에서 비슷하고 어떤 면에서 다르게 표현되는가를 검토한다.

대조언어학은 언어의 대조 연구를 통해 개별어의 언어 특성을 밝히고, 언어의 본질을 추구하는 언어학의 한 영역이다. 대조언어학의 연구 성과는 외국어 교육에 직접적으로 응용되며 그 기초가 되는 것이다. 대조 분석의 결과물은 언어교재, 교과 과정, 평가 및 조사 연구 중에 직접 활용된다. 특히 양 언어 사이에 노출되는 상이점의 분석은 특정 언어 학습자가 범하기 쉬운 오류를 예측하고, 그것에 따라 언어교재에 언어학적 입력을 제공하는 것이다.4)

아래는 각 장의 내용을 간략하게 서술한 것이다.

제1장에서는 한국어와 중국어 부정에 대한 총괄적인 내용을 설명한다. 우선 한국어 부정법에 사용되는 부정사 '안', '못'과 특수 부정어들을 설명하면서 한국어 부정문의 분류를 통사론적, 의미론적으로 분류해 본다. 다음 중국어 부정법에 사용되는 중국어 부정부사에 대하여 간단히 설명하고 다음 중국어 부정부사 "不"와 "没(有)"의 구별에 대하여 구체적으로 논의한다.

제2장은 이 글의 본론 부분이다. 먼저 통사론적으로 분류된 한국어 단형 부정과 장형 부정에 대하여 논의하고 이에 대응되는 중국어 부정표현을 대조 분석한다. 그리고 한국어 부정법과 달리 중국어 부정에는 단형 부정만 있고 장형 부정이 없는 이유를 찾고 문제 해결을 시도한다. 다음 의미론적으로 분류된 한국어 '안'·'못' 부정과 이에 대응하는 중국어 부정 표현을 대조 분석하고 한국어 '안'·'못'과 중국어 "不"·"没(有)" 사이의 대응관계를 정리한다. 그다음 한국어와 중국어 부정어의 위치에 따른 여러 가지 의미해석을 대조하고 이중부정에 대한 대조 분석도 진행한다.

---

4) 전재호·홍사만(2005 : 251) 참조.

1. 한국어와 중국어 부정법

1) 한국어 부정법

현대 한국어에서는 어떤 문장에 덧붙어 그 명제의 진위(眞僞)를 정반대로 바꾸는 일을 하는 요소를 부정사라 하고 이런 부정사가 들어 있는 문장을 부정문이라 하여 부정사가 들어 있지 않은 긍정문과 구별한다. 긍정을 인정하지 않은 문법 범주를 부정법이라 부른다.5)

(1) 부정어 '안', '못', '아니하-', '못하-'

한국어의 대표적 부정사는 부사인 '아니/안', '못', '아니하-', '못하-'이다. 한국어 부정문은 가장 간편하게는 예문 (1), (3)의 b와 같이 긍정문의 서술어 앞에 '아니/안'(주로 '안'이 쓰인다)이나 '못'을 덧붙임으로써 만든다. 다만 '못'은 형용사의 부정에는 잘 쓰이지 못한다.

(1) a. 철수는 책을 읽는다.
   b. 철수는 책을 {안, 못} 읽는다.
   c. 철수는 책을 읽지 {않는다, *않다, 못한다}.

(2) a. 철수는 책을 읽니?
   b. 철수는 책을 {안, 못} 읽니?
   c. 철수는 책을 읽지 {않니, 못하니}?

(3) a. 철수는 배가 아프다.
   b. 철수는 배가 {안, *못} 아프다.
   c. 철수는 배가 아프지 {않다, *않는다, *못하다}.

---

5) 허재영(2002 : 17~18) 참조.

(2) 부정문의 분류

- **긍정문**
  (4) 철수는 책을 읽는다.

- **단형 부정문**
  (5) a. 철수는 책을 <u>안</u> 읽는다. ⇒'안' 부정
      b. 철수는 책을 <u>못</u> 읽는다. ⇒'못' 부정

- **장형 부정문**
  (6) a. 철수는 책을 읽지 <u>않는다</u>. ⇒'안' 부정
      b. 철수는 책을 읽지 <u>못한다</u>. ⇒'못' 부정

위 예문에서 앞 두 가지 방식의 부정문을 구별하여 '안'과 '못'이 서술어 앞에 위치하는 방식의 부정문을 단형 부정문이라 하고, '안'과 '못'이 서술어 뒤에 위치하는 방식의 부정문을 장형 부정문이라 한다.[6] 실현되는 문장의 종결 형식에 따라 구분하면 아래의 도표와 같이 된다.[7]

〈표 1〉 종결 형식에 따른 한국어 부정 형식 구분

구 분	단 형	장 형
평서문·의문문·감탄문	'안'	'-지 않다'
	'못'	'-지 못하다'
명령문·청유문	–	'-지 말다'

---

6) 이러한 용어는 부정문 논의와 관련하여 일반화된 용어로 받아들여지고 있는데, 여기서도 이러한 용어를 그대로 따르기로 한다. 그런데 '단형 부정문'이니 '장형 부정문'이니 하는 용어가 단순히 음절수의 차이에 기인한 '문장 길이'의 차이에서 비롯된 것으로 오해하는 경우가 있어 문제를 일으키기도 하는데, 기존의 논의에서 이들 용어는 단순한 음절수의 차이만을 반영하는 것이 아니라, 일반적으로 단형 부정문은 '단문'으로 처리하고 장형 부정문은 '복문'으로 처리하는 구조적 관점을 최대한으로 반영한 용어라는 것이다. 우형식(2003 : 28, 254)에서는 '짧은 형'과 '긴 형'이란 용어를 사용하였고 劉英綠(2002 : 73)에서는 '선행 부정문'과 '후행 부정문'이라는 용어를 사용하였다. 용어의 문제가 그다지 큰 문제를 일으킬 것 같지는 않기 때문에 이 글에서는 '단형 부정문'과 '장형 부정문'이라는 용어를 사용하기로 한다.

7) 우형식(2003 : 254) 참조.

한국어 부정문은 이처럼 단형과 장형의 두 가지 방식 외에, '안'과 '못'에 의해 다시 나뉘어 '아니(안)' 부정문, '못' 부정문으로 구분하여 부르기도 한다.[8]

여기에서 '안'이나 '못'과 비슷하게 부정의 의미를 나타내는 접두사 '不', '否', '非', '无', '未'에 대해 언급해 두는 것이 좋겠다. 이들이 결합된 단어가 들어간 문장을 접두 부정법[9]이라 하여 부정문으로 보기도 하는데 이러한 경우는 문장 전체의 뜻은 부정적이라 하더라도 통사적으로는 부정문으로 보지 않는다. 이런 문장들이 의미상 부정이라 하더라도, 그 자체를 서술어로 하는 긍정문일 뿐이다. 따라서 이는 문법적 범주가 아니기 때문에 이 글에서는 이들을 논의 대상으로 삼지 않는다.

(3) 특수부정어

이 글에서는 특수부정어로 '말다'와 '아니다'를 살펴보기로 한다.[10]

▌'말다'

한국어에서는 명령문과 청유문을 부정할 때는 '안'이나 '못'이 쓰이지 못하고 보조동사 '말다'가 쓰인다. 이때 부정 '-지 말아라/말자' 구성은 장형만을 허용한다. '말-'은 중국어 "別"와 대응되는 것으로 볼 수 있다.

　(7) a. 철수야, 책을 읽지 {말아라, *않아라, *못하여라}.

---

8) 이익섭 · 채완(2003 : 316) 참조.
9) 이익섭 · 채완(2003 : 316) 참조.
10) '없다', '모르다'도 특수부정어로 보는 견해도 있다. 이익섭 · 채완(2003 : 317)에서는 '모르다', '없다'도 어휘적으로 부정의 의미를 지닌 것으로 특수부정어에 넣었다. 아 글에서는 '없다'나 '모르다'가 '부정'의 의미를 가지는 것은 틀림없는 사실이나, '없다'는 '있다'를 부정한 '안 있다'와 동치의 관계에 있는 반의어이고, '모르다'는 '알다'를 부정한 '안 알다'와 동치의 관계에 있는 반의어로서, 그 자체로서는 '부정의 의미를 가진 긍정어'이므로 이들이 서술어로 쓰인 문장은 부정문이 아니라 '긍정문'의 범주에 넣었다.

　　哲洙, <u>别</u>读书。
b. 철수야, 책을 {*안, *못, *말} 읽어라.

(8) a. 철수야, 책을 읽지 {<u>말자</u>, *않자, *못하자}.
　　哲洙, <u>别</u>读书吧。
b. 철수야, 책을 {*안, *못, *말} 읽자.

'말다'는 문장 형식이 명령이나 청유가 아닌데도 쓰인다. 즉 '바라다, 희망하다, 기대하다' 등 바람이나 희망을 나타내는 동사가 서술어일 때고 또한 서술어가 형용사인 문장에서는 쓰이지 않는 것이 일반적이나, '말-'이 형용사 서술어를 부정하는 경우에는 명령이나 청유의 뜻이 아니라 기원의 의미로 해석된다.

▍'아니다'

'아니다'도 특수 부정어라 할 만하다. '아니다'는 계사 '이다'의 부정어인데 이 경우에는 '아니다'가 '이다' 자리에 들어앉았을 뿐 아니라 주격조사를 더 도입하여 '체언＋이다' 구성을 '체언＋이 아니다'로 바꾸는 특이한 절차를 필요로 한다. 이와 대응되는 중국어 부정 형식은 "不＋是"이다.

(9) a. 영희는 회사원<u>이다</u>.
　　英姬<u>是</u>公司职员。
b. 영희는 {*안, *못} 회사원이다.
c. 영희는 회사원이 {<u>아니다</u>, *못이다}.
　　英姬<u>不是</u>公司职员。

2) 중국어 부정법

중국어의 부정법은 부정을 나타내는 부정형태가 포함되어 있는 문장을 말하며 부정구(否定句)라고 부른다. 중국어에서 부정법은 보통 부정부사로

표현되는데 흔히 사용되는 부정부사로는 "不", "没", "没(有)", "別"가 있다.[11]

(1) 중국어 부정부사

아래 <표 2>는 여러 학자들이 부정부사의 분류에 대한 선행연구 내용을 종합하여 정리한 것이다.[12]

<표 2> 중국어 부정부사에 대한 분류

陈承泽(1982)	不, 弗, 未
史存直(1982)	不, 不是
胡百华(1984)	不, 没, 別
呂叔湘(1985)	不, 勿, 未, 莫, 休, 別
王 力(1985)	不, 未, 別, 没(有)
太田辰夫(1987)	고대한어 : 无, 莫, 勿, 亡, 弗, 非 현대한어 : 不, 没, 別, 甭, 休, 莫, 不必, 未必, 未, 非
한학중(1993)	不, 没(有)
徐 枢(1993)	不, 没
찰스 N. 리·샌드라 A (1996)	不, 没
朱德熙(1997)	不[13]
김종호(1998)	不, 没(有)
刘月华(2001)	不, 没(有), 未, 別, 莫, 休, 勿
柳英绿(2002)	不, 没

중국어의 부정부사에 대한 연구에서 보면 중국어의 부정을 표시하는 것으로 "不", "没(有)", "別", "未", "莫", "休", "勿", "非" 등이 있으나, 이 글에서는 한국어 부정과의 대조분석을 중점으로 하기 때문에 한국어 '안', '못'과 대응되는 "不"와 "没(有)"에 대해서만 중점적으로 논의한다.

---

11) 찰스 N. 리·샌드라 A. 톰슨(1996 : 393) 참조.
12) 박기용(1995 : 13~20) 참조.
13) 주덕희(1997 : 423)에서는 '구어체에서 자주 쓰이는 부정사 가운데 오직 "不"만이 진정한 부사이며, 그 밖의 "没·没有·別·甭" 등은 모두 동사이다.'고 하였다.

(2) "不"와 "沒(有)"의 구별

"不"와 "没(有)"는 중국어에서 부정을 표현함에 있어서 가장 많이, 또한 가장 흔히 쓰는 표현이라고 할 수 있다. "不"와 "没(有)"는 부정부사로 술어 (주로 동사, 형용사) 앞에 사용하며 부정을 표시한다. 하지만 의미와 용법은 서로 다르다.

▌ "不"

"不"는 주로 부정표현에 쓰일 수 있는 것 외에 가정을 나타낼 수도 있고 또한 경우에 따라 단독으로 쓰일 수 있다.

(10) 不吃药治得好病吗 ?
     약을 먹지 않으면 병을 치료할 수 있을까?

(11) a. 你同意吗 ?
        당신은 동의합니까?
     b. 不, 我不同意。
        아니오, 동의하지 않습니다.

▌ "沒(有)"

중국어에서 "没有"는 두 가지 품사로 쓰인다. 동사로 쓰이는 경우와 부사로 쓰이는 경우가 있다.[14)

동사 "没有"는 명사와 서로 호응하여 "有"(있다)의 부정으로, 예를 들면 "没有人(사람이 없다)"(긍정 형식은 "有人(사람이 있다)"이다)과 같은 경우이다.

부사 "没(有)"는 동사 또는 형용사와 결합하여, '동사(또는 형용사)+了'의 부정으로, 예를 들면 "没有去(가지 않았다)"(긍정 형식은 "去了(갔다)"이지 "有去(*가는 것이 있다)"는 아님)과 같은 경우이다. 이 경우 "有"는 생략할 수도 있다.

---

14) 吕叔湘(1985 : 245)에서는 "不"와 "沒(有)"를 부정사라 칭하고, "不"는 부사로, "沒(有)" 는 동사와 조동사로 쓰인다고 하였다. 그러나 "沒(有)"가 조동사로 쓰이는 근거를 명 확히 제시하지 않았다.

동사 : <u>没有</u>书看(볼 책이 없다), <u>没有</u>钱花(쓸 돈이 없다)
부사 : 有书<u>没(有)</u>看(책은 있으나 보지 않았다), 有钱<u>没(有)</u>花(돈은 있으나 쓰지 않았다)

"没有"는 중국어에서 주로 부정을 표현하지만 특수한 부정의 형식으로 또한 비교문에도 쓰일 수 있다. 특히 이 문형은 부정의 형식으로 상용되는 비교문이다.

<표 3> 중국어 비교문 구조[15]

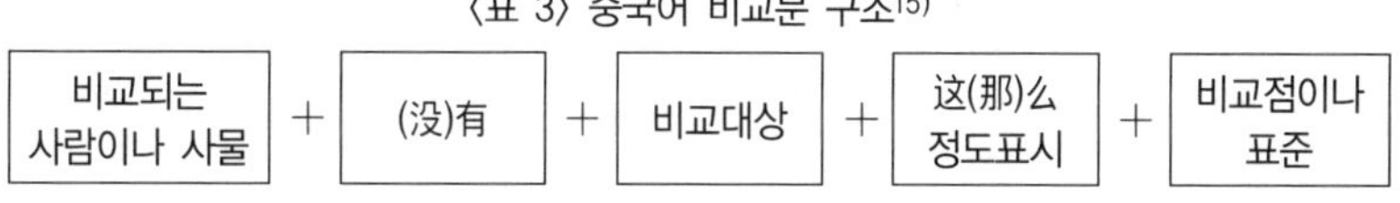

(12) 这间屋子<u>没有</u>那间那么大。
  이 방은 그 방만큼 그렇게 크지 <u>않다</u>.

▌"不"와 "沒(有)"

"不"와 "没(有)"가 부정표현에서의 구별을 도표로 정리하면 다음과 같다.

<표 4> "不"와 "没(有)"가 부정표현에서의 구별

구 별	"不"	"没(有)"
의미기능	주관적인 의지, 판단, 바람, 사실 성질을 부정	객관적인 행위의 발생, 상태의 실현을 부정
완결상황	완결을 포함하지 않음	완결을 부정
시 제	과거, 현재, 미래	과거, 현재

<표 4>를 통하여 "没(有)"가 과거시제 부정부사가 아님을 명백히 알 수 있다. 왜냐하면 "不"도 과거시제의 부정을 나타낼 수 있고, "没(有)"가 비과거 시제의 부정을 나타낼 수도 있기 때문이다. 따라서 "不"와 "没(有)"의 차이점은 완결과 미완결이다.[16]

---

15) 김종호(1998 : 369) 참조.

"不"와 "没(有)"는 모두 동사와 형용사를 부정할 수 있지만 그들이 표시하는 의미적 특징은 다르다.

▌동사 부류에 따른 부정의 유형

동사 부류에17) 따른 "不"와 "没"의 부정 형태를 아래의 표와 같이 정리할 수 있다.

<표 5> 동사 부류에 따른 "不"와 "没"의 부정 형태

부정형태 동사분류	"不"	"不"로만 부정	"没"	"没"로만 부정
행위동사	+		+	
상태동사	+		+	
심리동사	+		+	
추향동사	+		+	

---

16) 찰스 N. 리·샌드라 A. 톰슨(1996 : 407) 참조.

17) 중국어에서 동사는 여러 가지 기능으로 분류한다. (1) 의미에 따라 : 행위동사, 심리동사, 관계동사, 능원동사, 추향동사 등. (2) 통사적 특징에 따라 : 타동사와 자동사, (3) 동작의 지속성 유무에 따라 : 지속동사, 비지속동사로 나눌 수 있다(김종호, 1998 : 95). 劉月華, 潘文娛(2001 : 152~156)에서는 위 분류 외에 또 及物動詞与不及物動詞, 按所帶的賓語로도 분류하였다. 행위동사 : 행위나 동작을 나타내는 동사이다. 상태동사 : 인간이나 동물의 정신, 생태적이거나 심리상태를 표시한다. 심리동사 : 심리활동이나 지각활동을 나타낸다. 추향동사 : 어느 한 방향으로의 움직임을 나타낸다. 관계동사 : 모종의 관계, 즉 판단, 소유, 존재, 유사함 따위의 관계를 표시한다. 조동사 : 능원동사라고도 하며 염원, 가치의 주관판단, 사건 발생의 가능성에 대한 판단 등을 나타낸다. 아래 도표는 의미에 따른 동사의 분류와 그에 따른 단어들의 예를 든 것이다.

중국어 동사의 분류와 예

동사분류	예
행위동사	吃(먹다), 买(사다), 学习(공부하다) …
상태동사	饿(배고프다), 醉(취하다), 困(졸리다) …
심리동사	爱(사랑하다), 想(생각하다), 喜欢(좋아하다), 怕(두렵다) …
추향동사	上来(올라오다), 下去(내려가다), 进来(들어오다), 出去(나가다) …
관계동사	是(이다), 等于(-와 같다), 好像(마치-과 같다), 有(있다) …
조 동 사	能(-수 있다), 要(-려고 하다), 会(-줄 알다), 愿(바라다), 可以(-해도 좋다)…

부정형태 동사분류	"不"	"不"로만 부정	"没"	"没"로만 부정
관계동사	+	是, 等于, 好像	–	有
조 동 사	+		能, 要, 肯, 敢	

▌형용사 부류에 따른 부정의 유형

형용사18)는 일반적으로 "不"로 부정한다. 이는 형용사는 모두 상대적인 개념이 존재하며, 속성에 대한 판단 또는 평가적인 의미특성을 가지며, 시제 면에서도 완결성이 없기 때문이다.

(13) 这本书不好。
　　　이 책은 좋지 않다.
　　　*这本书没好。

"没"는 "红/붉다, 绿/푸르다, 亮/밝다, 暗/어둡다, 热/덥다, 凉/차갑다, 老/늙다, 好/좋다, 坏/나쁘다, 少/적다, 长/길다, 胖/뚱뚱하다, 湿/축축하다, 脏/더럽다, 乱/어지럽다, 发达/발달하다, 糊涂/어리석다" 등 상태 변화를 일으킬 수 있는 형용사만 부정한다.

(14) a. 妈妈不胖。
　　　　어머니는 뚱뚱하지 않다.
　　 b. 妈妈没胖。
　　　　어머니는 뚱뚱해지지 않았다.

성질을 나타내는 형용사, 예컨대 "聪明/총명하다, 漂亮/이쁘다, 对/맞다, 错/틀리다, 大/크다, 小/작다" 등은 보통 "不"로 부정하지만 이런 형용사 뒤에 "过/-적이 있다"를 붙이면 "没"로 부정할 수 있다.

---

18) 중국어의 형용사는 의미 차이와 기능에 의하여 성질형용사, 상태형용사, 구별형용사로 분류한다(김종호, 1998 : 105).

(15) 他从来没错过。
   그는 여태껏 <u>틀린 적이 없었다</u>.

이처럼 "不"와 "没"는 서로 다른 의미 구조를 가지고 있다. 위의 내용을 정리하면 아래와 같다.

① 의미상으로 "不"는 주관적인 의지, 판단, 바람, 사실, 성질을 부정하지만 "没"는 객관적인 행위의 발생 혹은 상태의 실현을 부정한다.[19]

(16) a. 我<u>不打</u>乒乓球。(바람, 사실을 부정)
   나는 탁구를 <u>치지 않는다</u>.
   b. 我<u>没打</u>乒乓球。(행위의 발생을 부정)
   나는 탁구를 <u>치지 않았다</u>.

(17) a. 那个西红柿<u>不红</u>。(성질을 부정)
   그 토마토는 <u>붉지 않다</u>.
   b. 那个西红柿<u>没红</u>。(상태의 변화를 부정)
   그 토마토는 <u>붉지 않았다</u>.

② "没"의 기본적인 기능은 행위, 동작의 발생 또는 완결을 부정하는 것이다. 다시 말해서 행위가 아직 발생하지 않았거나 완결되지 않았음을 나타낸다. 그러나 '미완결'이 의미론적으로 과거시제의 부정과 동일한 것은 아니라는 사실을 주의해야 한다. 왜냐하면 "不"도 과거시제의 부정을 나타낼 수 있고, "没"가 비과거시제의 부정을 나타낼 수도 있기 때문이다. "不"는 시제와는 무관하며, 완결을 포함하지 않는 부정이다. 따라서 "不"와 "没"의 차이점은 완결과 미완결이다.

(18) a. 以前这个地方<u>不穷</u>。("不"가 과거시제를 부정하는 경우)
   전에 이 곳은 가난하지 <u>않았다</u>.
   b. *以前这个地方<u>没穷</u>。("没"가 과거시제를 부정할 수 없는 경우)

---

19) 劉月華・潘文娛(2001 : 256) 참조.

③ "没"는 행위의 발생을 부정하기에 다만 과거와 현재의 부정에만 쓰이
고 미래에는 쓰이지 못한다. 하지만 "不"는 과거, 현재, 미래에 모두
쓰일 수 있다.

(19) 我过去不喜欢你, 现在不喜欢你, 将来也不会喜欢你。
나는 과거에 너를 좋아하지 않았고, 현재 너를 좋아하지 않으며, 미래에
도 너를 좋아하지 않을 것이다.

(20) 早上没看书, 现在也没看书。
아침에 책을 보지 않았고, 지금도 책을 보지 않는다.

(21) a. 我明天不来。
나 내일 오지 않는다.
b. *我明天没来。

④ "不"와 "没"는 동사와 형용사를 부정하는 상황이 다르다. 이는 동사와
형용사 자체의 의미 범주가 다르기 때문이다.

2. 부정 표현의 대조 분석

1) 단형 부정과 장형 부정

(1) 단형 · 장형 부정의 구별

단형 부정과 장형 부정은 언중들이 대체로 같은 것으로 인식한다. 예컨
대, '민수는 학교에 안 갔다/가지 않았다'와 같이 장 · 단형이 모두 허용되
는 대부분의 문맥에서는 그 의미 차이가 거의 없으나 단형과 장형 사이에
는 차이가 있다고 보는 입장이 일반적이다.[20]

우선 표면구조로 볼 때 장형 부정문은 보문소 '-지'가 이끄는 보문을 가지는 구성이고 단형 부정문은 부정사 '아니(안)'이나 '못'을 가지는 단문으로서 분명한 차이가 있다. 또 부정 명령문과 부정 청유문을 구성하는 '-지 말아라/말자' 구성은 장형만을 허용하는 점 등을 지적할 수 있을 것이다. 그 밖에 그 분포나 의미에서 부정의 영역, 서술어의 제약, 관용적 용법 등 면에서 차이를 보인다.

(2) 대조 분석

▌단형 부정의 대조 분석

한국어 단형 부정문에서 늘 쓰이는 부정사는 '아니/안'과 '못'이다. 그 중 '아니'는 '안'으로 줄어지기도 한다.

> (22) a. 나는 학교에 <u>안</u> 간다.
> b. 我<u>不去</u>学校。

> (23) a. 나는 학교에 <u>못</u> 간다.
> b. 我<u>不能</u>去学校。

> (24) a. 나는 학교에 <u>안</u> 갔다.
> b. 我<u>没</u>去学校。

> (25) a. 나는 학교에 <u>못</u> 갔다.
> b. 我<u>没能</u>去学校。

예문과 같이 (22)a의 '안'과 예문 (23)a의 '못'은 모두 중국어의 "不"와 대응되지만 예문 (24)a의 '안'과 예문 (25)a의 '못'은 모두 중국어의 "没(有)"와 대응된다. 이것은 중국어의 "不"와 "没(有)" 사이의 차이와 한국어 '안'과

---

20) 이익섭·채완(2003 : 328) 참조.

'못' 사이의 차이에 명확한 구별이 있기 때문이다. 위 예문은 동사가 술어인 문장인데 중국어 "不"에 대응되는 '안 간다'와 '못 간다'는 모두 정태적인 부정, 즉 행위가 완결되지 않은 상황이다. 그러나 중국어 "沒(有)"에 대응되는 '안 갔다'와 '못 갔다'는 동태적인 부정, 즉 행위가 이미 완결된 것이다.

    (26) a. 오늘은 날씨가 <u>안</u> 덥다.
         今天天气<u>不热</u>。
      b. 어제는 날씨가 <u>안</u> 더웠다.
         昨天天气<u>沒热</u>。

    (27) 날씨가 {*<u>못</u> 춥다/*<u>못</u> 추웠다.}

    (26)은 형용사가 술어인 문장이다. a는 중국어 부정부사 "不"에 대응하는데 '안 덥다'는 단순히 오늘 날씨에 대한 주관적 판단을 내렸지 그 어떤 상태의 변화를 일으키지 않았기 때문이다. 그러나 b는 중국어 부정부사 "沒(有)"와 대응된다. 이는 상태변화를 나타내는 형용사 '덥다'가 '안 더웠다'로 되면서 이미 실현된 상황이 되기 때문이다. (27)은 비문이다. '못'은 단형 부정문에 쓰이는 경우에는 형용사를 부정할 수 없다.

    한국어 단형 부정에 쓰이는 부정사 '아니/안'과 '못'은 완결되지 않은 행위, 혹은 상황을 부정함에 있어서 중국어 부정부사 "不"에 대응되었고 완결된 행위, 혹은 상황을 부정함에 있어서는 중국어 부정부사 "沒(有)"에 대응된다. 이는 중국어 부정부사 "不"와 "沒(有)"의 특징으로부터 알 수 있다.

    ▌장형 부정의 대조 분석

    한국어 장형 부정문은 부정하려는 용언에 '-지'를 붙이고 뒤에 '아니하-/않-'과 '못하-'를 사용하여 만들어진 구조다. 그중 '아니하다'는 '않다'로 줄어지기도 한다.

    (28) 나는 지금 학교에 가지 <u>않는다</u>. [-완결]

　　　我现在<u>不</u>去学校。

　(29) 나는 지금 학교에 가지 <u>못한다</u>.　　[-완결]
　　　我现在<u>不能</u>去学校。

　(30) 나는 내일 학교에 가지 <u>않는다</u>.　　[-완결]
　　　我明天<u>不</u>去学校。

　(31) 나는 내일 학교에 가지 <u>못한다</u>.　　[-완결]
　　　我明天<u>不能</u>去学校。

　(32) 나는 어제 학교에 가지 <u>않았다</u>.　　[+완결]
　　　我昨天<u>没</u>去学校。

　(33) 나는 어제 학교에 가지 <u>못했다</u>.　　[+완결]
　　　我昨天<u>没能</u>去学校。

　　예문 (28)~(31)은 중국어의 부정부사 "不"와 대응된다. 이 예문들은 모두 [-완결]의 행위를 부정하였다. 이는 부정부사 "不"가 실현되지 않은 행위를 부정하기 때문이다. 예문 (32), (33)에 대응되는 중국어 부정부사는 "没(有)"이다. 이는 부정부사 "没(有)"가 [+완결]의 행위를 부정하기 때문이다. 위 예문은 동사가 술어인 문장이다.
　　아래는 형용사가 술어인 문장을 보자.

　(34) a. 이 교실은 깨끗하지 <u>않다</u>.
　　　　 这个教室<u>不</u>干净。
　　　 b. 이 교실은 깨끗하지 <u>못하다</u>.
　　　　 这个教室<u>不</u>干净。

　(35) a. 저 산은 높지 <u>않다</u>.
　　　 b. 那座山<u>不</u>高。
　　　 c. *저 산은 높지 <u>못하다</u>.

한국어 장형 부정 '-지 않다'는 자유롭게 형용사를 두루 다 부정할 수 있지만 '-지 못하다'는 개별적인 형용사밖에 부정하지 못한다. 따라서 모두 "不"와 대응된다. 이는 이 예문이 모두 상태의 변화를 일으키지 않은 상황을 부정하였기 때문이다.

여기에서 반드시 알아두어야 할 것은 중국어에는 한국어처럼 부정문이 단형 부정문과 장형 부정문으로 나누어져 있는 것이 아니라 단형 부정문밖에 없다는 점이다. 위의 예문들을 종합해 보면 다음과 같다.

(36) a. 나는 학교에 <u>안</u> 간다.
　　 b. 나는 학교에 가지 <u>않는다</u>.
　　 c. 我<u>不</u>去学校。

(37) a. 나는 학교에 <u>못</u> 간다.
　　 b. 나는 학교에 가지 <u>못한다</u>.
　　 c. 我<u>不能</u>去学校。

(38) a. 나는 어제 학교에 <u>안</u> 갔다.
　　 b. 나는 어제 학교에 가지 <u>않았다</u>.
　　 c. 我昨天<u>没</u>去学校。

(39) a. 나는 어제 학교에 <u>못</u> 갔다.
　　 b. 나는 어제 학교에 가지 <u>못했다</u>.
　　 c. 我昨天<u>没能</u>去学校。

각 예문에서 a는 모두 단형 부정문이고 b는 장형 부정문이다. 하지만 이에 대응하는 중국어 문장은 c 하나밖에 없다. 따라서 중국어 문장에서는 한국어의 단형 부정과 장형 부정을 변별할 수 없다. 이처럼 한국어에서 부정어는 술어 핵심어의 앞, 뒤에 나타나 단형, 장형 부정을 이룰 수 있지만 중국어 부정어는 술어 핵심어 앞에만 나타나 단형 부정만을 이룬다. 이는 중국어에는 장형 부정이 없음을 말해준다.

<표 6> 한국어에 대응되는 중국어 부정 형식

한 국 어		중 국 어
단 형	장 형	단 형
'안'	'-지 않다'	"不", "没(有)"
'못'	'-지 못하다'	

　　이 문제를 한국어의 문법적 특성으로부터 그에 대응하는 중국어 문법적 특성을 대조하면서 살펴보자. 한국어는 여러 가지 면에서 다른 언어와는 구별되는 문법적 특성을 가지고 있다. 문장의 기본 구조에서부터 통사 절차에 이르기까지 그 차이는 꽤 광범위하다.[21]

　　① 한국어의 가장 두드러진 특성의 하나라 할 만한 점은 첨가어에 속한다는 것이다.

　　중국어에는 한국어처럼 어미와 같은 문법 형태소들이 없고 조사가 있다. 중국어 조사는 일부 기능이 매우 다른 허사로 구성되었다. 중국어에서는 조사를 보통 기능에 의거하여 3가지로 분류한다.[22] 중국어의 이런 조사들은 어기조사가 문장의 마지막에 오는 것 외 나머지 구조조사와 동태조사들은 단독으로 사용되지 못하고 스스로 의미가 없지만 실사, 구, 혹은 문장에 붙어 의미를 나타낸다.

---

21) 이익섭·채완(2003 : 21~26) 참조.
22) 중국어 조사 분류(김종호, 1998 : 137~143)

조사분류	예
結構助詞(구조조사)	的, 地, 得, 所, 給, 似的(地), 等 …
動態助詞(동태조사)	了, 着, 過, 来着 …
語気助詞(어기조사)	啊, 嗎, 呢, 吧, 了, 的, 嘛, 么, 罷了 …

- 구조조사 : 낱말들을 연결시켜 어떤 구조를 이루게 하는 일종의 문법표지 기능을 한다.
- 동태조사 : 언어 가운데서 동작과 상태의 각종 상황을 설명하는 것이 일정한 형식으로 표현되는 것을 이른다. 이러한 동태는 동작의 시작. 지속(진행) 중복, 완료, 경험 등의 양상으로 나타난다. 즉, 동태조사는 이러한 동작이나 행위의 양태가 어떠한가를 표시하는 꼭 필요한 일종의 조사이다.
- 어기조사 : 일반적으로 문미에 위치하여 화자의 어투가 어떠한가를 표시하는 조사이다.

　한국어 장형 부정은 보문소 '-지'가 이끄는 보문 구성으로 '-지 아니하-/않-', 또는 '-지 못하-'로 표현된다. 그러나 중국어 조사들의 뒤에는 보통 명사, 동사, 형용사들이 오고 가끔 부사가 오기도 하지만 이 경우의 부사는 부사를 포함한 명사구나 동사구, 형용사구 혹은 이런 수식어들이다. 그리고 중국어 문장에서 부정부사 "不·沒(有)" 뒤에는 조사가 놓이지 않는다. 따라서 장형 부정문이 있을 수 없는 것이다.

　② 한국어는 타동사문의 구조로 보았을 때 주어 다음에 목적어가 오고 서술어가 문장 끝에 오는 SOV 언어에 속하고 중국어는 SVO 언어이다. 이 양자의 두드러진 차이는 서술어가 문장 끝에 오느냐 아니냐에 있지만, 다른 한편으로는 SOV 언어는 대체로 후치적 언어이고 SVO 언어는 대체로 전치적 언어라는 점이다.

　한국어에서는 조사는 반드시 체언 뒤에 와야 하고 어미나 선어말 형태들도 반드시 어간 뒤에 와야 한다. 이러한 후치적 특징이 서술어가 문말에 온다는 특성과 어울려 결과적으로 문법의 많은 주요한 사항들이 문장 끝 무렵에서 결정되는 성질을 가지는 것이 중요한 특성의 하나라 할 만하다.

　중국어는 SVO 형태를 가진 전치사 언어이고 어미가 없고 조사의 위치도 정해져 있기 때문에 중국어 부정부사인 "不·沒(有)"가 조사 뒤에 오는 장형 부정문과 같은 문장은 나타날 수 없는 것이다.

　③ 한국어는 첨가어로서 부속형식들이 문장 성분을 드러내 주기 때문에 어순이 비교적 자유롭다. 그래서 흔히 이를 두고 자유어순이라 부르기도 한다. 그런데 서술어만은 그렇지 못하다. 서술어만큼은 문말 위치를 지켜 주어야 하는 것이다. 서술어 문말 어순이 때로는 일탈을 허용하는데 반해 '수식어-피수식어' 어순은 그렇지 않다. 늘 수식어, 즉 꾸미는 말이 피수식어, 즉 꾸밈을 받는 말 앞에 와야만 한다. '수식어-피수식어'의 어순은 확고부동하게 고정되어 있는 것이다. 한국어 수식 구성은 예외 없이 '관형사(혹은 관형사형)+명사', '속격+명사', '부사(혹은 부사형)+용언', '부사+부사' 등과 같이 수식어가 피수식어 앞에 온다.

중국어의 어순은 이미 알고 있는 정보, 새로운 정보 등 정보구조와 장절 등 요소의 제약을 받는다. 그 외에 중국 한족들의 사고방식과 문화 등 요소의 영향도 받는다. 중국어의 자연어순(自然語順)은 다음과 같다.

主语(定语 ＋名词) —— 状语 —— 动词 —— 补语 —— 宾语(定语＋名词)
주어(관형어＋명사) —— 부사어 —— 동사 —— 보어 —— 목적어(관형어＋명사)

하지만 중국어도 한국어와 마찬가지로 수식어 어순과 일부 품사의 어순은 고정되어 있다. 특히 부사의 어순은 더욱 그러하다. 중국어에서 부사는 동사, 형용사 앞에 놓여 수식, 한정의 작용을 하는 단어를 말한다.[23] 중국어 부정문은 부정부사에 의해서만 이루어질 수 있다. 따라서 우리가 연구하는 "不・没(有)"는 부정부사로 반드시 동사, 형용사 앞에만 올 수 있다. 그 때문에 중국어에는 장형 부정문이 있을 수 없다.

위와 같은 측면에서 중국어에는 단형 부정문만 있고 장형 부정문이 없음을 검토해 보았다. 그 외에 또 다른 요인이 있을 수도 있다. 이는 이 글을 정리하고 완성한 후 계속 연구할 가치가 있는 문제라고 본다.

2) '안' 부정과 '못' 부정

(1) '안'・'못' 부정의 구별

한국어 '안' 부정은 단순 부정을 나타내거나 의도 부정을 나타낸다. '못' 부정은 의도는 있지만 능력이 부족하거나, 또는 타의에 의해 주체의 의지대로 되지 않는 일을 나타내므로 흔히 능력 부정(能力否定), 혹은 타의 부정(他意否定)이라 불린다.

의도나 의지의 의미를 나타낸다는 것이 '못' 부정문과 비교하여 '안' 부

---

23) 劉月華・潘文娛(2001 : 209) 참조.

정문의 특징인데 이것은 다음 예문에서 뚜렷이 드러난다.

(40) 선수는 편파적 판정에 항의하는 의미로 시합에 나가지 {않았다, *못했
다.}

(41) 철수는 대문이 잠겨서 집에 들어가지 {*않는다, 못한다.}

(2) 대조 분석

중국어를 학습할 때 '안' 부정은 중국어의 "不"와 대응하고 '못' 부정은 중
국어의 "没"와 대응된다고 여길 수 있는데, 이것은 사실에 부합되지 않는
생각이다.[24)]

(42) a. 나는 어제 밥을 <u>안</u> 먹었다.   [+완결]
b. 我昨天<u>没</u>吃饭。
c. *我昨天<u>不</u>吃饭。

(43) a. 나는 오늘 밥을 <u>안</u> 먹는다.   [−완결]
b. 我今天<u>不</u>吃饭。
c. *我今天<u>没</u>吃饭。

(44) a. 나는 내일 밥을 <u>안</u> 먹는다.   [−완결]
b. 我明天<u>不</u>吃饭。
c. *我明天<u>没</u>吃饭。

(45) a. 나는 어제 밥을 <u>못</u> 먹었다.   [+완결]
b. 我昨天<u>没能</u>吃饭。
c. *我昨天<u>不能</u>吃饭。

(46) a. 나는 오늘 밥을 <u>못</u> 먹는다.   [−완결]
b. 我今天<u>不能</u>吃饭。
c. *我今天<u>没能</u>吃饭.

---

24) 劉英綠(2002：82) 참조.

(47) a. 나는 내일 밥을 못 먹는다.　　[−완결]
　　　b. 我明天不能吃饭。
　　　c. *我明天没能吃饭。

　예문 (42)~(44)는 '안' 부정문이고 (45)~(47)은 '못' 부정문이다. 하지
만 중국어 부정부사 "不"와 "没"에 모두 대응될 수 있다.

　한국어 부정사 '안'과 '못'은 구별이 있는 만큼 대응되는 중국어 부정 표
현도 다르다. 한국어에서 완결된 행위의 부정 '안'과 '못'은 중국어 "没"와
대응되고, 완결되지 않은 행위의 부정 '안'과 '못'은 중국어 "不"와 대응된
다. 그리고 한국어 '못' 부정은 보통 중국어 표현에서 중국어 부정부사 "不"
와 "没"의 뒤에 오는 중국어 동사 앞에 모두 조동사 "能(-ㄹ 수 있다)"이 붙는
다. 이는 '못' 부정의 의미 기능이 능력을 부정하는 중국어 능원동사 "能"의
의미 기능과 같기 때문이다.25)

　그러므로 한국어 부정사 '안'에 대응하는 중국어 표현을 "不, 没"라 하고
'못'에 대응하는 중국어 표현을 "不能, 没能"으로 보는 학자들도 있다.26)

(48) a. 나는 어제 옷을 사지 못했다.
　　　b. 我昨天没能买衣服。
　　　c. 我昨天没买着衣服。

(49) a. 나는 어제 그의 집에 가지 못했다.
　　　b. 我昨天没能去他家。
　　　c. 我昨天没去成他家。

(50) a. 나는 어제 영화를 보지 못했다.
　　　b. 我昨天没能看电影。
　　　c. 我昨天没看上电影。

---

25) 劉月華·潘文娛(2001 : 180) 참조.
26) 韋旭升·許東振(1995 : 40) 참조.

위 예문들의 b는 중국어 부정부사 "没"의 뒤에 오는 동사 앞에 조동사 "能"을 붙여서 구성되었다. 그리고 이런 과거의 부정은 또한 c처럼 굳이 "能"을 사용하지 않고 부정부사 뒤에 있는 중국어 동사 뒤에 결과를 나타내는 보어(補語) "着", "成", "上" 등을 붙여 표현할 수도 있다.

한국어 '안' 부정과 '못' 부정은 중국어 부정 "不"와 "没"에서 아래와 같이 대응된다.

<표 9> 한국어 '안', '못'과 중국어 "不"와 "没(有)"의 대응

안 ···[-완결]··· 不
안 ···[+완결]··· 没(有)

못 ···[-완결]··· 不能
못 ···[+완결]··· 没能

3) 부정어의 위치

(1) 부정어의 위치

부정문에 쓰이는 부정어가 술어 핵심어와의 위치에 대하여 살펴보기로 하자.

(51) a. 明天<u>不可能</u>下雨。
　　 b. 내일은 비가 <u>안 온다/오지 않는다</u>.
　　 c. *내일은 <u>안 비가 온다</u>.

(52) a. 明天<u>可能不</u>下雨。
　　 b. 내일은 아마 비가 <u>안 올 것이다/오지 않을 것이다</u>.
　　 c. *내일은 아마 <u>안 비가 올 것이다</u>.

　　예문을 보면 한국어 부정어는 술어 핵심어와만 붙어서 나타난다. 그리하여 예문의 c는 모두 비문이 된다. 하지만 중국어 부정어는 다른 성분들 앞에도 나타날 수 있다. 이런 변화는 문장의 의미 변화를 일으킨다. 예문 a가 각각 그러하다.

　　중국어 부정부사 "不"와 "没"는 문장에서 놓이는 위치에 따라 문의 의미가 달라지며 통사구조도 다르게 된다. 이는 부정문에서는 부정에 영향을 주는 요소와 부정어들의 위치 등이 부정표현에 영향을 주어 부정의 의미가 변하게 되는 것이다.

　　"不"와 "没"는 부사27)가 있는 문장이 부정형으로 바뀔 때 위치가 일정하지 않다.

(53) a. 他以前不抽烟。
　　　　그는 전에 담배를 피우지 않았다.
　　b. *他不以前抽烟。

(54) a. 雨又不下了。
　　　　비는 또 내리지 않는다.
　　b. *雨不又下了。

(55) a. 你没去, 他也没去。
　　　　니가 가지 않았고 그도 가지 않았다.

---

27) 중국어 부사는 아래와 같이 분류할 수 있다(김종호, 1998 : 120, 劉月華·潘文娛, 2001 : 212).

중국어 부사 분류와 예

분　류	예
시간부사	已经(이미), 刚(방금), 正(한창), 总(늘), 以前(이전), 有时候(어떤 때)…
빈도부사	又(또), 再(다시), 也(-도), 经常(항상), 不断(부단히), 反夏(거듭), 每天(날마다)…
정도부사	很(매우), 太(몹시), 最(가장), 更加(더욱), 稍微(조금), 比较(비교적)…
범위부사	都(다), 全(전부), 统统(모두), 只(단지), 仅仅(오직), 唯独(오직), 一起(같이)…
상태부사	自然(물론), 猛然(갑자기), 依然(여전히), 逐渐(점차), 亲自(몸소), 互相(서로)…
긍정부사	一定(반드시), 准(틀림없이), 必定(기필코), 必然(필연적으로)…
부정부사	不/没(有)(안/못), 未(아니), 别(-지 말-), 休(-마라), 勿(-해서는 안된다)…
어기부사	幸亏(다행히), 难道(설마), 何尝(언제), 到底(도대체), 反正(어차피), 也许(아마)…

　　　b. *你没去，他没也去。

(56) a. 他非常不用功。
　　　　그는 매우 열심히 하지 않는다.
　　　b. *他不非常用功。

(57) a. 他总不去。
　　　　그는 늘 가지 않는다.
　　　b. 他不总去。
　　　　그는 늘 가지는 않는다.

(58) a. 他经常不喝酒。
　　　　그는 자주 술을 마시지 않는다.
　　　b. 他不经常喝酒。
　　　　그는 자주 술을 마시지는 않는다.

(59) a. 他没有再来。
　　　　그는 다시 오지 않았다.
　　　b. 他再没有来。
　　　　그는 다시는 오지 않았다.

(60) a. 这个地方很不好。
　　　　이곳은 매우 좋지 않다.
　　　b. 这个地方不很好。
　　　　이곳은 그다지 좋지 않다.

(61) a. 这张画太不好。
　　　　이 그림은 아주 좋지 않다.
　　　b. 这张画不太好。
　　　　이 그림은 별로 좋지 않다.

(62) a. 我一定不参加。
　　　　나는 반드시 참가하지 않는다.
　　　b. 我不一定参加。
　　　　나는 반드시 참가하지는 않는다.

(63) a. 这些桌子<u>都不好</u>。 (완전 부정)
         이 책상들은 <u>다 좋지 않다</u>.
     b. 这些桌子<u>不都好</u>。 (부분 부정)
         이 책상들은 <u>다는 좋지 않다</u>.

(64) a. 客人<u>都没来</u>。 (완전 부정)
         손님들이 <u>다 오지 않았다</u>.
     b. 客人<u>没都来</u>。 (부분 부정)
         손님들이 <u>다는 오지 않았다</u>.

위에서는 일부 부사들과의 위치 분포를 살펴보았는데, "不"와 "没"는 부사의 앞에 올 수도 있고 뒤에 올 수도 있으며, 일부 부사의 앞 혹은 뒤에 놓여 서로 다른 의미를 나타내기도 한다. 이는 "不"와 "没"의 앞뒤에 오는 부사들과 관련이 있기도 하고 중요한 것은 "不"와 "没"는 그에 상응하는 위치 분포에 따라 문장의 의미가 달라지기 때문이다.

아래는 "不"와 "没"가 기타 성분들과의 위치 분포에 따른 의미 변화이다.

(65) a. <u>虫子在瓶子里不爬出来</u>。 28)
         벌레는 병에서 <u>기어 나오지 않는다</u>.
     b. <u>虫子从瓶子里爬不出来</u>。
         벌레는 병에서 <u>기어 나오지 못한다</u>.

(66) a. <u>他没在办公室喝酒</u>。 29)
         그는 사무실에서는 술을 마시지 않았다.
     b. <u>他在办公室没喝酒</u>。

---

28) "不"는 문장의 중심동사 "爬"와 추향동사 "出來"의 앞에 놓이면 '벌레는 병에서 기어 나오려고 하지 않는다'는 의도부정을 나타내지만 중심동사와 추향동사의 사이에 놓이면 '벌레가 나오려고 하는데 어떠한 조건의 미달로 나오지 못하는' 능력부정을 나타낸다.

29) 예문에서 "没"가 장소와 중심동사구 앞에 놓인 a문장은 주요하게 '행위가 진행된 장소가 사무실이 아니고 다른 곳임'을 나타내고, "没"가 장소와 중심동사구 사이에 놓인 b문장은 '사무실에서 술을 마신 것이 아니라 다른 행위를 하였다'는 의미를 나타낸다.

그는 <u>사무실에서 술을 마시지는 않았다</u>.

위의 예문들을 검토해 보면 "不"와 "沒"는 그에 상응하는 위치 분포에 따라 문장의 의미가 달라진다는 것을 알 수 있다. 즉, 중국어에서는 부정부사 "不"와 "沒"의 위치 분포가 의미를 변별한다.

이런 현상들은 중국어 사용자의 언어적 전통 혹은 언어적 습관이라고 말할 수 있을 것이다. 이에 대한 보다 상세한 연구가 진행된다면 부정형만을 수반하는 부사들의 어떠한 공통적 특성이 발견될지도 모르며, 그렇게 된다면 이를 단순히 중국어 사용자의 언어적 전통이나 습관이라고 단정하는 단계를 넘어서게 될 것이다.[30]

(2) 이중부정

원칙적으로 하나의 문장에 통합될 수 있는 부정사의 개수는 제한이 없어 보인다. 이럴 경우 이중부정[31]이 이루어지게 된다. 이중부정법은 부정법이 하나의 문장에 두 번 적용되는 것으로 의미상 긍정이 되지만 통사적으로는 부정문이다.[32]

---

30) 허성도(1992 : 304) 참조.
31) 이 용어는 사실상 문제가 있다. 즉, 단순히 '이중부정'이라고만 하면 하나의 문장에 반드시 부정사가 두 번만 나와야 한다는 의미로 받아들여질 수도 있기 때문이다. 그러나 하나의 문장에 부정사가 두 번만 통합되어야 한다는 제약은 어디에서도 찾아 볼 수가 없다. 하나의 문장이라고 하더라도 문장이 어떤 식으로 확대되어 쓰이느냐에 따라 부정사는 몇 번이고 얼마든지 통합될 수 있기 때문이다. 예를 들면 아래와 같은 문장이다.
 (1) 영이가 밥을 <u>안 안 먹었다</u>.
 (2) 영이가 밥을 <u>안 안 안 먹었다</u>.
 (3) 영이가 밥을 <u>먹지 않지 않았다</u>.
 (4) 영이가 밥을 <u>먹지 않지 않지 않았다</u>.
 하지만 용어가 그리 큰 문제를 일으킬 것 같지는 않기 때문에 기왕의 용어를 그대로 사용하기로 한다(박정규, 2002 : 203~205).
32) 이익섭·채완(2003 : 317) 참조.

한국어 이중부정문은 하나의 서술어를 중심으로 앞, 뒤에 부정사가 통합된 경우를 말한다. 이 글에서도 이와 같은 경우를 논의의 대상으로 삼을 것이다. 예를 들어 아래와 같은 문장이다.

> (67) a. 그는 학교에 <u>안 가지 않았다</u>.
>   b. 그는 학교에 <u>가지 않지 않았다</u>.
>   c. 他<u>没有不去</u>学校。
>
> (68) a. 그는 한자를 <u>못 쓰지 않는다</u>.
>   b. 그는 한자를 <u>쓰지 못하지 않는다</u>.
>   c. 他<u>不是不能</u>写汉字。

위의 예문에서 a는 단형 형식과 장형 형식의 부정이 동시에 나타나는 이중부정이고, b는 장형 형식의 부정이 거듭되는 이중부정이다.[33] 장형 형식의 부정이 거듭되는 경우는 단형과 장형 형식이 동시에 나타나는 이중부정 경우보다 자연스럽지 못하다. c는 대응되는 중국어 이중부정문이다. 앞에서 말했듯이 중국어에는 장형 부정이 없기 때문에 a와 b에 대응되는 중국어 부정문은 물론 c 하나만 존재한다.

아래의 예문들을 살펴보면서 이중부정의 서로 다른 면을 더 알아보기로 하자.

중국어에서의 이중부정은 다음과 같은 형식들이 있다.[34]

① "不 + 동사 + 不 + 동사(구)"형

이 형식에는 "不是不…", "不能不…", "不得不…", "不会不…", "不该不…", "不可不…", "不…不行/可"[35] 등이 있다.

---

33) 박정규(2002 : 205)에서는 '이중부정문'이란 어디까지나 "하나의 서술어에 단형의 형식과 장형의 형식이 동시에 거듭 나타나 있는 부정문"으로 정의하고 논의의 대상으로 삼기도 하였다.

34) 김종호(1998 : 354) 참조.

35) 劉月華·潘文娛(2001 : 257) 참조.

(69) 我<u>不</u>是<u>不</u>喜欢。
　　 내가 좋아하지 <u>않는 것이 아니다</u>.

(70) 现在他<u>不</u>能<u>不</u>工作。
　　 현재 그는 일을 하지 <u>않을 수 없다</u>.

(71) <u>不</u>得<u>不</u>起来。
　　 일어나지 <u>않을 수 없다</u>.

(72) <u>不</u>会<u>不</u>遇到困难。
　　 난관에 부딪치지 <u>않을 수 없다</u>.

(73) <u>不</u>该<u>不</u>听他的劝告。
　　 그의 충고를 듣지 <u>않으면 안 된다</u>.

(74) <u>不</u>可<u>不</u>处处小心。
　　 어디든지 조심하지 <u>않으면 안 된다</u>.

(75) <u>不</u>写<u>不</u>行 !
　　 <u>안</u> 쓰면 <u>안</u> 돼!

　위 예문들을 보면 중국어 이중부정문에는 모두 두 개 동사가 있으며 그 중 하나는 반드시 조동사로 나타나면서 단순히 두 개 "不" 사이의 동작을 행한다는 정도에서 변화를 일으켜 그 동작의 수행에 대한 화자 혹은 주어의 당위성이나 필연성을 강조한다.

② "非＋(V, VP, N, NP, S)＋不＋동사"형36)

　이 형식은 부정부사 "非"가 여러 형식과 결합한 다음 동사 혹은 동사구와 결합된 "不"와 함께 동시에 문장에 나타나면서 이중부정을 나타내는 표현이다.

---

36) V는 동사, VP는 동사구, N은 명사, NP는 명사구, S는 문장

  (76) 他非走<u>不可</u>。
     그는 떠나지 <u>않으면 안 된다</u>.

  (77) 家里人都说非小王<u>不行</u>。
     집안 사람들은 모두 왕씨가 <u>아니면 안 된다</u>고 한다.

  (78) <u>非</u>大家一起去<u>不可</u>。
     모두들 함께 가지 <u>않으면 안 된다</u>.

위의 형식의 부정문들을 보면 "不" 뒤에는 일반적으로 조동사 "可, 行" 등이 오지만, 비교적 복잡한 동사구도 올 수 있다. 위의 예문들을 통해 "不"는 부정어 "非"로 전제된 내용에 대하여 '그렇게 하지 않으면 안 된다'는 화자의 강한 심리적 태도를 보인다. 이는 부정부사 "不"가 이중부정을 통하여 초점을 강화하는 좋은 예라 하겠다.

③ "不"와 "没有"의 연용

이 형식은 예외가 없음을 강조하여 "所有的…都"나 "全部…", 즉 '하나도 빠짐없이, 모든'의 의미를 나타낸다.

  (79) <u>没有人</u>不休息。
     쉬지 <u>않는 사람이 없다</u>.

  (79)′ <u>所有的人都</u>休息。
     <u>모든</u> 사람이 쉰다.

이와 같은 형식으로 "无不……"가 있다.

  (80) 观众<u>无不</u>起立鼓掌。
     관중들은 일어나 박수를 치지 않는 <u>사람이 없었다</u>.(모두 일어나 박수를 쳤다.)

(81) 这种东西, <u>不无可用之处。</u>
　　　 이러한 물건은 도무지 쓸모가 <u>없는 것이 아니다.</u>(조금은 쓸모가 있다.)

　그러나 "不无……"로 표현되면 의미가 변하는데, '없지 않다, 조금은 있다'의 의미를 나타낸다. 이는 위치 분포에 따라 의미가 변하는 또 하나의 예다.

　위의 예문들을 검토해 보면 한국어와 중국어의 이중부정에서 다음과 같은 이질성을 알 수 있다.

　한국어에는 단형과 장형 형식의 부정이 거듭되는 경우와 단형 형식과 장형 형식의 부정이 동시에 나타나는 경우가 존재한다. 하지만 중국어에는 장형 부정이 없기 때문에 한국어 여러 형식에 대응되는 문장은 하나만 존재한다.

　한국어 이중부정은 하나의 서술어를 중심으로 앞뒤에 부정사가 통합된 것을 말한다. 그러나 중국어 이중부정에는 여러 형식이 존재하는데, "不"가 두 번 나타나는 경우에 "不"는 각각 부정하는 동사가 다르고 그중 한 개 동사는 조동사로 나타난다는 것을 알 수 있다.

3. 요약

　한국어와 중국어에 대한 부정의 성격을 정확히 이해하고, 한국어와 중국어 부정 표현에 대하여 대조 연구하면서 동질성과 이질성을 명백히 규명하여 이를 실제의 언어생활에 정확하게 응용하는 것이 중요하다고 본다. 이 글은 한국어와 중국어의 부정 표현에 대하여 통사론적, 의미론적인 측면을 살펴보았으며 부정문에서 발생하는 부정표현의 성격을 검토하였다.

　이 글에서 논의한 내용을 정리하여 다음과 같은 결론을 내릴 수 있다.

1. 한국어 부정에서 부정은 통사론적으로 단형 부정과 장형 부정으로 분류된다. 이에 대응되는 중국어 부정을 분석하면 중국어는 단형 부정만 있고 장형 부정은 없다. 따라서 중국어 부정문에서는 단형 부정과 장형 부정을 변별할 수 없다.

2. 한국어 부정문은 의미론적으로 '안' 부정과 '못' 부정으로 분류된다. 이에 대응되는 중국어 부정문을 분석하면 완결된 행위의 부정 '안'과 '못'은 중국어 "没(有)"에 대응되고, 완결되지 않은 행위의 부정 '안'과 '못'은 중국어 "不"에 대응된다. 여기서 '못' 부정에 대응되는 중국어 표현에는 중심동사에 능력의 의미를 표현하는 보조어가 붙어야 하는데, 보통 주관적으로 어떤 능력을 가지는 '-수 있다' 의미를 나타내는 조동사 "能"이 붙는다. 이는 '못' 부정의 의미 기능이 능력을 부정하는 중국어 조동사 "能"의 의미 기능과 비슷하기 때문이다.

3. 한국어에는 '말다', '아니다'와 같은 특수한 부정어가 있지만 중국어에서는 이와 같은 특수 부정어는 부정 표현에 별도로 넣지 않고 부정 부사 "不"와 "没(有), 別"로 부정을 표현한다. 그리하여 한국어는 특수 부정어가 발달되어 있는 전체적으로 부정법을 적극적으로 운용하는 언어라 할 수 있다.

4. 한국어 부정어는 술어 핵심어의 앞뒤에 나타날 수 있고 중국어 부정어는 술어 핵심어 앞에만 나타난다. 한국어에서는 부정어가 앞뒤 어디에 오든 상관없이 문장의 술어와 붙어서 나타나지만 중국어는 다른 문장 성분에 붙을 수도 있다. 이는 한국어 부정어의 위치가 중국어보다 더 고정적이라는 것을 말해준다.

5. 한국어에서 부정어 위치의 이동은 부정문의 의미를 개변시키지 못하지만 중국어에서 "不"와 "没(有)"는 그에 상응하는 위치 분포에 따라 문장의 의미가 달라진다.

6. 이중부정에서 한국어에는 단형과 장형 형식의 부정이 거듭되는 경우와 단형 형식과 장형 형식의 부정이 동시에 나타나는 경우가 존재하

지만 중국어에는 장형 부정이 없기 때문에 한국어의 여러 형식에 대응되는 문장은 하나만 존재한다. 그리고 한국어 이중부정은 하나의 서술어를 중심으로 앞, 뒤에 부정사가 통합된 것을 말하지만, 중국어 이중부정에는 여러 형식이 존재하며 "不"가 두 번 나타나는 경우에 "不"는 각각 부정하는 동사가 다르고 그중 한 개 동사는 조동사로 나타난다.

참고문헌

한국어 자료

김 근(1988), 새 중국어문법, 계명대 출판부.

김동식(1980), "현대국어 부정법의 연구", 「국어연구」 42호, 국어연구회.

김석득(1981), "한국어 부정법에 대하여", 「현대국어문법」, 계명대 출판부.

김방한(1989), 일반언어학, 형설출판사.

김종택(1988), 국어화용론, 형성출판사.

김종호(1994), "현대한어 부사에 관한 통사·의미론적 연구", 연세대 중문학과 박사논문.

김종호(1998), 현대중국어문법, 신아사.

김인숙(1984), "한국어 부정의 제약에 관한 연구", 연세대 대학원.

남풍현(1976), "국어 부정법의 발달", 「문법연구」, 3, 광문사.

맹주억(1992), 현대중국어어법, 청년사.

박기용(1995), "현대한어 부정부사 연구", 성균관대 중문학 박사논문.

박정규(2002), 국어 부정문의 체계적 연구, 보고사.

박종갑(2001), "국어 부정문의 중의성에 대하여(1)", 「한민족어문학」 38집.

박춘범(1990), 현대중국어실용문법, 중문출판사.

사은영(2005), "중국어 교육상에서의 「沒有」 비교구문 고찰", 「중국어문학」 45기.

서상규(1984), "부사의 통사적 기능과 부정의 범위", 「우리말연구」, 2, 홍문각.

서정수(1974), "국어의 부정법 연구에 대하여", 「문법연구」, 1, 광문사.

송석중(1981), "한국말의 부정의 범위", 「한글」 173·174합본호, 한글학회.

심원재(1987), "현대국어부정표현에 관한 연구", 「국어국문학논문집」 제26집, 서울대
　　　　　　사범대 국어국문학연구회.

우형식(2003), 한국어 문법론, 부산외국어대 출판부.

이경우(1983), "부정소 '아니'와 '못'의 의미", 「국어교육」 44.

이기용(1979), "두 가지 부정문의 동의성 여부에 관하여", 「국어학」, 8, 국어학회.

이익섭·채완(2003), 국어문법론강의, 학연사.

이재인(1982), "부사의 결합체계에 대한 연구", 서강대 국어국문학 석사학위논문.

이환묵(1982), "부정표현 '아니'의 통사범주와 그 의미", 「어학연구」 18-1, 서울대.

임홍빈(1973), 부정의 양상, 서울대 교양과정부.

임홍빈(1987), "국어 부정문의 통사와 의미", 「국어생활」 10.

장태원(1988), "조사 「了」의 어법기능연구", 「중국어문학」, 영남중국어문학회.

전재호·홍사만(2005), 韓·日言語文化 對照研究, 도서출판 역락.

주덕희 저(1997), 허성도 역 「현대 중국어 어법론」, 사람과 책.

찰스 N. 리·샌드라 A. 톰슨 지음, 박정구·박종환·백은희·오문의·최영하 옮김
　　　　　(1996), 표준중국어문법, 한울아카데미.

한　길(1977), "한국어 부정어에 관한 연구", 연세대 대학원.

한학중(1993), "고한어의 否定素 「不」의 부정양상", 「중국학논총」 제2집, 충청 중국학회.

허성도(1980), "중국어에 있어서의 「不」와 「不是」의 부정의 범위", 「언어」 제1집, 충남
　　　　　대어학연구소.

허성도(1992), 현대 중국어 어법 연구, 서울 : 도서출판 서울.

허재영(2002), 부정문의 통시적 연구, 도서출판 역락.

홍사만(1993), 한·일어 대조어학/논고, 탑출판사.

홍사만(2002), 한·일어 대조분석, 도서출판 역락.

중국어 자료

陈　平(1991), 现代语言学研究-理论·方法与事实, 重庆出版社.

陈　群(1993), "试探副词修饰否定结构", 「四川师范大学学报(社科版)」, 第1期.

邓守信 著, 张旭 译(1984), "论汉语否定结构", 「语言研究译业」(第1集), 南开大出版社.

符达维(1986), "对双重否定的基点探讨", 「福建论坛」, 第6期, 福建论坛杂志社.

甘於恩(1985), "试论现代汉语的肯定式与否定式", 「暨南学报(哲社版)」, 第3期.

胡裕树(1992), 现代汉语, 三聊书店(香港)有限公司.

黄伯荣(1991), 现代汉语(下), 高等教育出版社.

李芳杰(1993), 汉语语法和规范问题研究, 武汉大学出版社.

李英哲·徐杰(1993), "焦点和两个非线性语法范畴", 「中国语文」, 中国社会科学出版社.

李子云(1991), 汉语句法规则, 安徽教育出版社.

刘月华 外(1983), 实用现代汉语语法, 外语教学与研究出版社.

潘文娱·刘月华(2001), 实用现代汉语语法, 商务出版社.

刘英绿(2002), 汉中翻译教程, 延边大学出版社.

陆俭明·马真(1985), 现代汉语虚词散论, 北京大学出版社.

吕叔湘(1981), 现代汉语八百词, 商务印书馆.

吕叔湘(1985), "疑问·否定·肯定", 「中国语文」, 第4期.

吕香云(1985), 现代汉语语法学方法, 书目文献出版社.

马清华(1986), "现代汉语里的委婉否定格式", 「中国语文」, 第6期.

屈成熹(1991), 语言教学与研究, 北京语言学院出版社.

宋隆准(1991), 现代中国语文法的诸多问题, 中文出版社.

石毓智(1992), 肯定和否定的对称与不对称, 台湾学生书局.

史存直(1982), 语法新编, 华东师范大学出版社.

史锡尧(1995), "「不」否定的对象和「不」的位置", 「汉语学习」, 第1期.

王　力(1981), 汉语语法纲要, 上海教育出版社.

王建华(1987), "语境歧义分析", 「中国语文」, 第1期, 中国社会科学出版社.

温聪美(1977), "国语否定与量词的研究", 辅仁大学语言学研究所硕士论文.

韦旭升·许东振(1995), 韩国语实用语法, 外语教学与研究出版社.

武柏素(1988), 现代汉语常用各式例译, 商务印书馆.

肖辉薰(1984), "否定词「没有」语义的及其指向", 「汉语学习」, 第6期.

许维翰(2004), 现代韩国语语法, 北京大学出版社.

徐枢 外(1993), 实用语法修辞, 安徽教育出版社.

张　静(1980), 新编现代汉语(上册), 上海教育出版社.

赵淑华(1985), "关于否定句的两个问题", 「第3届科学报告会论文选」, 北京语言学院出版社.

‖ 김소야 ‖

한국어 '평음/경음/기음'에 대한 중국인의 지각적 범주와 습득에 관한 연구

　우리가 성인이 되어 외국어를 학습할 때는 이미 형성돼 있는 모국어에 의해 많은 영향을 받게 된다. 외국어에 있는 발음, 어휘, 문법적 특징이 모국어에는 없거나 모국어와는 차이가 있을 때 그러한 요인들로 인해 외국어 습득에 어려움을 겪게 된다. 이 글은 중국인들의 한국어 학습에 관한 것으로, 특히 한국어를 학습하는 중국인들이 구별하기 어려워하는 한국어의 평음, 경음, 기음을 연구 대상으로 하였다. 한국어의 파열, 파찰음은 아래 <표 1>과 같이 기식성과 긴장성을 변별특질로 하여 평음, 경음, 기음으로 나뉘는 3중 체계(마찰음은 2중 체계)이다. 그러나 중국어의 파열, 파찰음은 기식성만으로 송기음(送氣音)과 불송기음(不送氣音)으로 나뉘는 2중 체계(마찰음은 대립이 없음)이다. 그리고 한국어와 달리 중국어의 파찰음과 마찰음의 경우는 조음 위치가 설첨전음, 설첨후음, 설면음으로 나뉘어

＊이 글은 필자의 석사학위 논문 "한국어 자음에 대한 중국인의 자각적 범주와 습득 연구"(2006, 경북대학교)를 요약 보완한 것임.

있다. 따라서 한국어와 중국어의 음운 체계가 다름으로 인해 중국인 학습 자들은 한국어의 파열, 파찰, 마찰음 학습에 어려움을 겪는다.

〈표 1〉 한국어와 중국어 파열, 파찰, 마찰음의 체계

	한 국 어			중 국 어	
	평 음	경 음	기 음	불송기음	송기음
파열음	ㅂ[p] ㄷ[t] ㄱ[k]	ㅃ[p'] ㄸ[t'] ㄲ[k']	ㅍ[pʰ] ㅌ[tʰ] ㅋ[kʰ]	b[p] d[t] g[k]	p[pʰ] t[tʰ] k[kʰ]
파찰음	ㅈ[tɕ]	ㅉ[tɕ']	ㅊ[tɕʰ]	j[tɕ] zh[tʂ] z[ts]	q[tɕʰ] ch[tʂʰ] c[tsʰ]
마찰음	ㅅ[s]	ㅆ[s']			x[ɕ] sh[ʂ] s[s]

이러한 어려움에 대해서는 이미 선행된 많은 연구들에서 지적되고 있다. 태평무(2000), 하동매(2001), 유춘희(2002), 박숙자(2002), 주옥파(2002), 추이진단(2001, 2002), 장향실(2002), 박해연(2004)에서는 한국어와 중국어의 상이한 음운체계로 인해 중국인 학습자들이 한국어 평음, 경음, 기음의 구별에 어려움이 있음을 언급하며 이에 대한 교육 방안을 제시하였다. 또한 고미숙(2000), 박진원(2001)에서는 음운 체계의 대조에서 나아가 실험 음성학적 분석을 통해 두 언어 간의 음향적 차이를 보여줌으로써 발음 교육을 위한 기본적인 자료를 제시하고 있다. 하지만 대부분 한국어의 3중 대립음소를 구별하기 어려워한다고는 지적하나 어떤 음을 더 구별하기 어려워하는지 또 얼마만큼 구별하기 어려운지, 앞으로의 습득 가능성은 어떠한지에 대한 실증적인 자료를 제시하지는 못했다.

이 글에서는 음운 체계와 음향적 특성의 상이성이 중국인들의 한국어 3중 대립음소 지각에 어떤 영향을 미쳤는지 알아보고자 했다. 즉, 말소리 지각의 측면에서 중국인 학습자들의 한국어 파열, 파찰, 마찰음에 대한 지

각적 범주를 조사하고 그 유형에 따라 음의 구별과 습득이 어떻게 나타나는지 조사하는 것을 이 글의 목적으로 하였다. 말소리의 지각은 음향적 신호를 어휘의 의미적 표상으로 처리하는 과정으로 음소, 음절, 강세 등과 같은 음운적 요소들이 광범위하게 사용된다. 이러한 음운적 요소들은 언어마다 차이가 있어 외국어의 소리를 지각할 때 모국어에서 사용되는 음운적 요소들로 인해 방해를 받기도 한다.[1] 따라서 같은 음향적 성질을 가진 소리라도 그 사람이 가지고 있는 음운 체계에 따라 달리 지각될 수 있는 것이다. 학습자들의 모국어 음운 체계가 외국어 말소리 지각에 큰 영향을 미친다는 인식과 함께 최근 들어, 외국어의 말소리 지각과 관련된 이론들이 많이 나오고 있다. 현 말소리 지각의 이론 중 유력한 모델로는 Best의 Perceptural Assimilation Model(PAM)과 Flege의 Speech Learning Model(SLM) 등이 있다. 국내에서도 말소리 지각과 관련된 연구들이 늘어나고 있다. 외국어 말소리의 지각과 관련된 국내 논문으로는 김수진·조혜숙·황유미·남기춘(2002)의 '일본어 화자의 한국어 평음/기음/경음 지각오류', 황유미·조혜숙·김수진(2002)의 '일본어 화자의 한국어 평음/기음/경음 지각과 산출', 김지현(2005)의 '한국어 3중 대립음소에 대한 일본인의 지각적 범주화', 김윤현·김정오(2005)의 '일본인의 한국어 치경폐쇄음의 변별지각 학습에서 표상의 변화' 등이 있다.

Best의 Perceptural Assimilation Model(PAM)과 Flege의 Speech Learning Model(SLM)은 외국어의 소리를 잘 구별하고 못하고는 외국어 소리가 모국어의 소리와 어떠한 유사관계를 가지느냐에 달렸다고 보았다. 이 두 이론에서는 외국어 음운이 모국어 음운 체계에 어떻게 동화되느냐

---

1) 외국어를 지각할 때 나타나는 지각적 환상은 기본적으로 세 개의 유형이 있다(Sebastian-Galles, 2005 : 546). ① Deafness : 차이점을 들을 수 없을 때. 예) 일본어 화자들이 /r/과 /l/을 구별하지 못하는 것. ② Mirage : 신호로 존재하지 않는 것을 생성. 예) 스페인 화자들이 영어의 /string/을 /estring/으로 지각하는 것. ③ Mutation : 소리를 다른 소리로 바꾸는 것. 예) 미국인 화자 /tl/이 불어 청자에게는 /tr/나 /kl/로 지각되는 것.

에 따라 외국어 음운의 구별 정도가 다르고 습득 가능성이 달라진다고 본다. 외국어 음운이 모국어의 음운 체계에 지각적으로 동화되는 방식은 세 가지로 구분할 수 있다. 첫 번째는 외국어의 음이 모국어의 음과 아주 유사하여 동일한 범주로 동화되는 경우, 두 번째는 모국어의 음과 유사한 범주로 지각되나 그 일치도가 낮은 경우, 세 번째는 모국어의 음으로 동화되기에는 일치도가 너무 낮아 범주화되지 않는 경우로 나뉜다.

SLM에서는 모국어로의 동화도가 낮을수록 습득 가능성이 높아진다고 보았다. 학습 기간이 길어질수록 모국어로의 동화도가 낮았던 음을 더 정확하게 습득하는 것이다. PAM에서는 모국어 음운 체계로 동화되는 유형에 따라 구별의 어려움 정도가 다르다고 보았는데 다음과 같이 동화의 유형을 나누었다(Best, 1994 : 191). ① 두 개의 외국어 음이 각각 두 개의 모국어 범주로 동화되는 경우인 1대 1 범주 대응(Two Categories, TC), ② 두 개의 외국어 음이 모두 하나의 모국어 범주로 동화되는 경우인 2대 1 범주 대응(Single Categories, SC), ③ 두 개의 외국어 음이 모두 하나의 모국어 범주로 동화되는데 동화 정도에 차이가 나는 경우인 불완전 2대 1 범주 대응(Category-Goodness, CG), ④ 두 개의 외국어 음이 모두 모국어와의 불일치성이 커서 말소리로 인식되지 못하는 경우인 범주 비동화(Nonassimilable, NA).

외국어의 대립음 구별은 대립음들과 모국어 음운과의 관계에 따라 모국어 음운에 의해 방해를 받을 수도 있고 도움을 받을 수도 있다. 또한 영향을 받지 않을 수도 있다. 만약 TC처럼 두 개의 음이 나뉘어져 모국어 음운에 동화된다면 외국어의 두 대립음 구별에 도움을 줄 것이고 외국어의 두 대립음이 하나의 모국어 음운으로 동화되는 SC의 경우는 구별에 방해가 될 것이다. 만약 NA처럼 두 소리 모두 말소리로 인식되기 어려운 음들이라면 모국어 음운에 의해 도움을 받지도 방해를 받지도 않을 것이다. CG유형은 모국어와 두 대립음의 불일치 정도에 따라 구별 정도도 다양해질 수 있다. 두 개의 외국어 음소 중 하나는 모국어 음소와의 유사성이 크고 다른 하나는 유사성이 작다면 둘 다 작은 차이를 가지는 것보다는 구별이 더 쉬울 것이다. 정리하면 TC의 구별은 쉬울 것이고 CG와 SC의 경우는 구별이 어려울 것이다. TC>CG>SC와 같은 순서로 구별을 잘할 것이라 본다.

올바른 외국어 발음의 교육을 위해 모국어에 맞게 형성돼 있는 음의 지각 구조가 외국어음의 지각에 미치는 영향을 이해하는 것은 중요하다. 이 글에서는 실험 1을 통해 2중 대립체계를 가진 중국인 학습자들이 3중 대립체계를 가진 한국어의 파열, 파찰, 마찰음을 어떻게 지각하고 있는지를 조사하여 중국인들이 어떠한 음의 구별을 더 어려워하는지, 어떠한 음의 습득 가능성이 높은지를 PAM과 SLM의 이론에 맞춰 예측해 볼 것이다. 그리고 실험2에서는 자음 구별 테스트를 통해 PAM과 SLM 이론이 예견하는 대로 음운 구별의 어려움과 습득이 일어나는지 살펴볼 것이다.

1. 실험 1 : 지각적 동화 정도의 측정 과제

실험 1에서는 중국인들이 한국어의 평음, 경음, 기음을 어떻게 지각하고 있는지 알아보고자 했다. 지각적 범주를 추론[2]하기 위하여 이 글에서는 지각적 동화 정도의 측정 과제를 이용하여 지각적 유사성을 평가하였다. 지각적 동화 측정 과제에서는 먼저 피실험자들에게 외국어의 소리를 들려준 뒤 그 소리와 유사하다고 생각되는 모국어의 분절음으로 분류하게 한다. 그리고 그 소리가 선택된 범주에 얼마만큼 적합하다고 생각하는지

---

2) 지각적 범주를 추론하는 방법으로 Best와 Flege를 비롯하여 다른 연구들에서 (1) 분절음소에 대한 인상적인 기술을 대조, (2) 모국어와 비모국어 분절음 사이의 유사성에 관한 청취자들의 전사 및 보고, (3) 비모국어 분절음에 대한 두 언어 간의 청각적 구조 비교 등이 있다(김지현, 2005 : 7).

를 점수화하게 한다. 선택된 분절음의 빈도와 점수로 외국어 소리와 모국어 분절음 간의 동화 정도가 도출된다.

1) 실험 대상

15명의 중국인 화자로 계명대학교 한국어학당 초급반 학생 12명과 경북대학교 중문학과 대학원생 3명을 대상으로 하였다. 중국어와 한국어 음성의 지각적 유사성을 위한 실험이므로 참가자들은 기본적인 한국어 발음은 이해하지만 한국어 발음에 대한 경험이 길지 않은 학생들로 했다.

<표 2> 실험 참가자

	이름	성별	나이	출신지	학습기간	체류기간	직 업
1	ST	남	24세	흑룡강성	1개월	1개월	대학원생
2	Ch	남	24세	흑룡강성	1개월	1개월	대학원생
3	Tie	여	23세	흑룡강성	6개월	6개월	어학연수생
4	Yu	여	26세	길림성	8개월	2년	대학원생
5	Ren	여	23세	요녕성	3개월	3개월	어학연수생
6	Xiao	여	24세	요녕성	3개월	3개월	어학연수생
7	Sun	남	24세	하북성	6개월	6개월	어학연수생
8	Fu	남	29세	하북성	3개월	3개월	어학연수생
9	Feng	여	33세	하북성	3개월	3개월	어학연수생
10	Jun	남	20세	하남성	3개월	3개월	어학연수생
11	Lin	여	20세	하남성	3개월	3개월	어학연수생
12	Ting	여	22세	하남성	3개월	3개월	어학연수생
13	Hang	남	19세	산동성	3개월	3개월	어학연수생
14	Nan	남	24세	산동성	6개월	6개월	어학연수생
15	Han	여	19세	산동성	6개월	6개월	어학연수생

참여자 모두 중국어 음운 구조와 중국어 병음(拼音) 표기에 대한 이해를

하고 있는 학생들이다. 또한 표준 중국어를 사용할 수 있는 지역 출신자들로 제한3)하여 진행했다.

2) 실험 재료

실험에 사용된 한국어 자극음과 중국어 자극음은 모두 한국어 모국어 화자와 중국어 모국어 화자가 각각 녹음한 음성 자료를 편집하여 사용하였다. 중국어 자극음은 표준 중국어를 사용하는 중국인 6명(20대 초반 여성 3명과 남성 3명이 녹음함. 출신 지역별로는 하얼빈 3명, 장춘 1명, 하남성 1명, 대련 1명)이 녹음하였다. 한국어 자극음은 한국인 8명(대구 출신의 남자 5명, 여자 3명으로 20대 6명, 30대 초반 1명)이 녹음하였다.4)

한국인 8명은 각각 "이것은 _____다, 이것은 _____"라는 문장을 녹음했으며 중국인 6명은 같은 의미의 중국어 문장 "这是_____"라는 문장을 녹음했다. 이번 실험에 사용된 자음들은 한국어의 양순파열음 /ㅂ/, /ㅍ/, /ㅃ/, 치경파열음 /ㄷ/, /ㅌ/, /ㄸ/, 연구개파열음 /ㄱ/, /ㅋ/, /ㄲ/, 파찰음 /ㅈ/, /ㅊ/, /ㅉ/, 마찰음 /ㅅ/, /ㅆ/ 14개와 중국어의 양순파열음 /b/, /p/, 치경파열음 /d/, /t/, 연구개 파열음 /g/, /k/, 파찰음 /j/, /q/, /x/, 치음파찰

---

3) 실험 참가자들의 출신지는 모두 북방방언을 사용하는 지역으로 제한되어 있고 한 지역의 집중을 막기 위해 각 성별로 3명씩이 포함되도록 구성하였다. 북방방언은 북방 대방언(북방관화, Mandarin) 중의 하나로 북경을 포함한 하북, 하남, 산동, 요녕, 길림, 흑룡강 등의 지역에서 사용하는 방언이다. 북방 대방언은 보통화(普通話)의 기본 방언으로 북경어를 대표로 하여 내부적인 일치성을 강하게 보이는 방언이다. 실험 참가자들의 출신 지역은 북방 대방언 중에서도 북방방언을 사용하는 지역 출신들로 제한되어 있다.

4) 경상 방언 화자의 음가와 표준어 화자의 음가가 조금 다를 수 있지만 이 실험은 청취 실험이므로 음향적 특성의 차이가 음소의 지각에 크게 영향을 미치지 않는다면 약간의 음향적 차이는 무시될 수 있다. 그럼에도 불구하고 실험에 표준적인 음가를 사용하는 것은 중요하기 때문에 최대한 표준적 발음을 구사하는 사람들을 녹음자로 하였다. 특히, 마찰음의 경우에는 각별히 주의를 주었다.

음 /z/, /c/, /s/, 권설파찰음 /zh/, /ch/, /sh/ 15개이다.

각 자음의 뒤에는 '아'모음을 붙였으며('이것은 바다', '这是ba') 예외적으로 /ㅅ/, /ㅆ/, /ㅈ/, /ㅊ/, /ㅉ/ 뒤에는 /ㅏ/모음과 함께 /ㅣ/ 모음을 붙인 자극도 함께 사용하였다. 이것은 중국어의 마찰음과 파찰음의 경우, 구개음 /x/, /j/, /q/는 /ㅣ/ 모음하고만 결합을 하기 때문이다.

녹음은 경북대학교 방송국의 방음실에서 진행되었다. 녹음된 전체 문장에서 실험에 사용될 음절(/가/, /파/, /까/, /ga/, /ka/ 등)만을 잘라내었다. 모음의 길이가 자음구별에 단서로 되는 것을 막기 위해서 모든 모음을 비슷한 길이로 잘랐다. 그리고 모든 자극은 65dB로 동일하게 세팅했다. 그런 후 좋은 샘플들만을 가려내기 위해 한국인 4명과 중국인 4명에게 각 샘플들을 듣게 한 후 가장 좋은 4개 샘플들만 자극음으로 선택하였다.

3) 실험 절차

15명의 피실험자들은 조용한 교실에서 한 명씩 헤드폰으로 한국어와 중국어의 자극음들을 듣게 된다. 한 사람이 듣게 되는 자극음은 총 272개이다. 한국어 자극 19개와 중국어 자극 15개, 총 34개의 자극을 4번씩 나오게 하였으며 자극의 순서는 무작위로 배열하였다. 한 자음에 대한 자극횟수는 120개(8×15)이고 총 자극수는 4,080개(272개×15명)이다. 참여자들은 자극음을 듣고 컴퓨터 모니터에 나와 있는 중국어 병음 중에서 들은 소리와 비슷하다고 생각되는 중국어 자음을 하나 선택한다. 그리고 나서 즉시 그 범주에 대한 적절성을 '아주 좋지 않다(1)'에서 '아주 좋다(7)'까지 점수로 매기게 된다. 한 자극음에 대한 버튼 선택이 끝나면 다음 자극음으로 넘어가게 된다. 참여자들이 컴퓨터에서 보게 되는 화면은 아래와 같다.

〈그림 1〉 지각적 동화 정도의 측정 과제

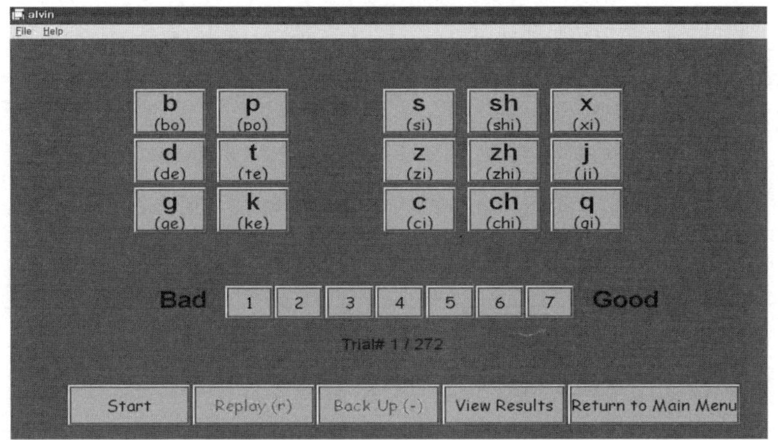

소리는 Creative사의 Sound Blaster Audigy 2 NX 외장형 사운드 카드가 장착된 노트북에 Sennheiser사의 HD212Pro 헤드폰을 연결하여 들려주었다. 한 자극은 replay 버튼으로 여러 번 다시 들을 수 있으며 Back up 버튼을 누르면 선택한 버튼의 수정도 가능하다.

4) 결과

중국어 자음에 대한 결과와 한국어 자음에 대한 결과를 표로 만들면 아래 〈표 3〉, 〈표 4〉와 같다. 표에는 두 가지 결과를 명시해 놓았는데 각 셀의 위에 적힌 백분율은 그 범주가 선택되어진 빈도의 백분율을 나타내고 아래 괄호에 적힌 숫자는 그 범주에 대한 적합도의 평균을 나타낸 것이다. 가장 많이 선택된 범주 빈도 백분율과 적합도 평균은 진하게 표시하였다.

〈표 3〉은 중국어 자극음에 대한 중국인들의 지각 결과이다. 세로줄은 중국어 자극음이고 가로줄은 선택된 중국어 자음 범주이다. 중국인들도

중국어 자음에 대해 100%의 정답률을 보이지는 않았다. 하지만 전체적으
로 대부분의 자음들에 대해 높은 정확도를 보여 참여자들이 이 실험을 제
대로 이해하고 수행했음을 알 수 있다. 중국인들의 중국어 자음 자극음에
대한 정확도는 평균 95%이다.

<표 3> 중국어 자음에 대한 중국인들의 지각 범주

	선택한 범주의 백분율과 적합도의 평균값														
	b	p	d	t	g	k	j	q	x	z	c	s	zh	ch	sh
ba	93 (6.1)	2 (5)	5 (5.6)		1 (7)										
pa		82 (5.9)	1 (5)	16 (5)						1 (7)					
da			98 (5.8)	1 (6)	1 (7)										
ta				99 (6.2)						1 (1)					
ga					100 (6.1)										
ka		1 (5)		3 (5.7)		95 (5.7)					1 (4)				
ji							99 (6.3)	1 (4)							
qi								98 (6.2)	2 (7)						
xi								13 (5.5)	85 (5.7)			1 (4)		1 (4)	
za			1 (5.7)							98 (5.7)			1 (5)		
ca											90 (5.4)	7 (4.4)		3 (4.7)	0
sa										1 (6)	4 (5)	93 (5.6)			3 (6.3)
zha										1 (3)			99 (6.5)		
cha											3 (5.4)			97 (6.3)	
sha												1 (3)			99 (6.6)

* 표의 좌측 세로 항목은 실험에 사용된 중국어 자극음이고 상단 가로 항목은 선택된 중국어
  자음 범주이다. 각 칸의 위에 적힌 수는 선택된 범주의 빈도를 백분율로 나타낸 것이고 아래
  괄호에 적힌 수는 1~7점까지 매겨진 적합도의 평균값이다.

<표 4>는 한국어 자극음에 대한 중국인들의 지각 결과이다. 세로줄은
사용된 한국어 자극음이고 가로줄은 선택된 중국어 자음 범주이다. 중국
어 결과와 마찬가지로 가장 많이 선택된 범주의 빈도율과 적합도는 진하
게 표시되었다. 그러나 중국어 자음과는 달리 한국어 자음에 대한 결과는
정답이 없다. 그 대신 <표 4>는 한국어의 자음들이 중국어의 어떤 자음으
로 많이 지각되고 있는지를 알려 준다.

〈표 4〉 한국어 자음에 대한 중국인들의 지각 범주

	구별과 적합도 백분율															
	b	p	d	t	g	k	j	q	x	z	c	s	zh	ch	sh
바	40 (4.7)	59 (5.3)		1 (2)											
파		93 (5.8)		7 (5.3)											
빠	98 (6.1)	1 (6)	2 (5.4)												
다			33 (4.5)	66 (5.2)	2 (6.5)										
타				100 (5.9)											
따	3 (4.8)		96 (6)	1 (5)											
가		1 (4)		3 (5)	25 (4.3)	72 (5.4)									
카						98 (5.8)					1 (7)			1 (5)	
까			7 (6.1)		93 (5.4)										
자	1 (5)									33 (4.4)	34 (4.5)		18 (4.4)	14 (4.5)	
차			1 (6)								64 (5.0)			35 (5.1)	

	구별과 적합도 백분율															
	b	p	d	t	g	k	j	q	x	z	c	s	zh	ch	sh
짜										71 (5.2)			29 (5.0)		
사										1 (6)	33 (4.6)	57 (4.6)		8 (3.4)	2 (3)
싸										4 (6.6)	2 (3)	91 (5.6)			3 (5)
지					1 (7)		88 (5.1)	11 (5.4)							
치							1 (2)	97 (5.4)			3 (2.7)				
찌					1 (6)		99 (5.7)								
시								6 (5.4)	78 (5.4)		11 (3.7)	4 (4.6)			1 (2)
씨								3 (5.3)	78 (5.3)		13 (5.2)	3 (4.8)			3 (4.7)

* 표의 구성은 중국어에 대한 지각 범주표와 같다.

　　<표 4>를 다시 한국어 자음에 대한 중국어 자음의 가장 적합한 범주 (Fit-index)를 구하기 위해 아래와 같이 분석하였다. Fit-index는 <표 4>에서 제시된 자음 범주에 대한 백분율과 적합도 점수를 혼합하여 하나의 표로 만들었다. 선택된 범주 중 백분율이 높게 나타난 자음을 대상으로 하였고 각 자음의 백분율에 그 자음의 적합도 점수를 곱하여 Fit-index를 구하였다. 예를 들어 /ㅃ/의 경우 /b/로 선택된 빈도수의 비율이 98%이고 적합도의 평점이 6.1이므로 한국어 /ㅃ/에 대한 중국어 /b/의 Fit-index는 6.0이 된다. 이러한 방법으로 이번 실험에서 사용된 한국어 자음에 대한 중국어 자음범주를 구하면 아래의 <표 5>와 같다.

〈표 5〉 한국어 자음별 중국어 자음범주의 Fit-Index

한국어 자음	많이 선택된 중국어 자음		Fit Index
ㅃ		b	6.0	good for /b/
ㅌ		t	5.9	good for /t/
ㄸ		d	5.8	good for /d/
ㅋ		k	5.7	good for /k/
ㅉ	/ㅣ/ j	5.6	good for /j/
	z	3.7	fair for /z/
	/ㅏ/ zh	1.5	poor for /zh/
ㅍ		p	5.4	good for /p/
ㅊ	/ㅣ/ q	5.2	good for /q/
	c	3.2	fair for /c/
	/ㅏ/ ch	1.8	poor for /ch/
ㅆ	/ㅏ/ s	5.1	good for /s/
	/ㅣ/ x	4.1	fair for /x/
ㄲ		g	5.0	good for /g/
ㄱ		k	3.9	fair for /k/
	g	1.0	poor for /g/
ㄷ		t	3.4	fair for /t/
	d	1.5	poor for /d/
ㅂ		p	3.1	fair for /p/
	b	1.9	poor for /b/
ㅅ	/ㅣ/ x	4.2	fair for /x/
	s	2.6	poor for /s/
	c	1.5	poor for /c/
	ch	0.3	poor for /ch/
	/ㅏ/ sh	0.1	poor for /sh/
ㅈ	/ㅣ/ j	4.5	fair for /j/
	c	1.5	poor for /c/
	z	1.5	poor for /z/
	zh	0.8	poor for /zh/
	/ㅏ/ ch	0.6	poor for /ch/

Fit-index의 점수는 0.1의 낮은 점수에서부터 6.0의 높은 점수까지 있다. Fit-index의 점수가 높을수록 모국어의 범주로 쉽게 받아들일 수 있을 것이며 점수가 낮을수록 모국어의 범주로 분류하기가 어려울 것이다.

<표 5>를 보면 한국어의 경음과 기음은 각각 중국어의 불송기음과 송기음으로 하나의 음소로서 지각이 되었다. 경음과 기음은 모두 5.0 이상의 Fit-index 값을 가져 중국어의 범주와 아주 유사하게 지각되었음을 알 수 있다. 평음의 경우는 Fit-Index 값이 모두 3점대 이하(/지/, /시/ 제외)로 중국어 범주로의 동화도가 많이 낮았다. 파열음의 평음은 송기음으로의 동화도가 3점대, 불송기음으로의 동화도가 1점대로 송기음으로의 지각적 동화도가 조금 더 높게 나왔다. 파찰, 마찰음의 경우는 3점대 이하로 중국어 범주로 동화되기 어려운 것으로 나타났다. 즉, 중국인들에게 한국어의 파찰, 마찰 평음이 모국어와는 가장 동떨어진 외국어 소리로 들리는 것이다. /ㅣ/모음과 결합한 파찰, 마찰음은 경음과 기음이 더 높은 점수를 받기는 했으나 평음 또한 4.5점 이상을 보여 모국어음으로 강하게 동화되었다.

5) 논의

(1) 한국어 파열, 파찰, 마찰음에 대한 중국인의 지각적 범주

이 글에서는 중국인을 대상으로 한 지각적 동화 측정 과제를 통해 중국어 파열, 파찰, 마찰음과 한국어의 파열, 파찰, 마찰음의 지각적 유사성 관계를 알아 볼 수 있었다. 전통적으로 외국어 교육에서 학습자들의 외국어 음운 교육을 위해 두 언어의 음운 체계를 대조하여 모국어와 외국어 사이의 유사성과 차이점을 분석하는 경우가 많다. 이러한 과정에서 쉽게 간과되는 것이 음운 체계의 차이를 제대로 고려하지 않고 음소의 표기를 추상적인 IPA(The International Phonetic Alphabet) 기호에만 의존하여 음소

를 분석하는 것이다. 실제로 이러한 문제는 중국인 학습자들을 대상으로
한 한국어 교재에 그대로 나타나 있다. 국제음성표기를 기준으로 비교해
보면 한국어의 평음, 경음, 기음은 ㅂ[p], ㅃ[p´], ㅍ[pʰ]으로 표기되고 중
국어의 불송기음, 송기음은 b[p], p[pʰ]로 표기된다. 이러한 표기를 따라
많은 한국어 교재에서는 한국어의 /ㅂ/를 중국어의 /b/와 유사한 음으로,
한국어의 /ㅍ/를 중국어의 /p/와 유사한 음으로 대응시키고 있으며 한국
어의 경음은 중국어에 존재하지 않는 음으로 해석해 놓았다.5) 그러나 이
러한 기술은 각 음소의 음성적 차이를 제대로 표현하지 못하고 있으며 이
로 인한 오해가 학습자들의 올바른 이해에 방해가 되고 있다.

　이 글에서는 중국인들의 청취 지각 실험의 결과를 바탕으로 중국어와 한
국어의 음성적 관계를 나누어 보았다. Fit-index의 점수를 기준으로 3가지
범주를 나누었다. 15개의 중국어 자극음에 대한 Fit-index 평균값은 5.7
(표준편차=0.6)이었다. 만약 한국어 자음의 Fit-index 값이 표준편차 0.6의
1.5배 안에 들어가면 중국어 소리와 동일하게 분류할 수 있다고 판단하여
'good'으로 분류하였다. 4.8 이상의 점수를 받은 대부분의 경음과 기음이
이에 속한다. 그리고 표준편차 0.6의 4.5배 안에 들어가는 값은 'fair'로 분
류하였다. 3.0~4.7의 값 안에 있는 자극음들이 이에 속한다. /ㅣ/와 결합
하는 파찰 평음 /ㅈ/와 마찰음/ㅅ/, /ㅆ/, 그리고 파열음의 평음이 여기에
속한다. 3.0점 아래의 값들은 모두 'poor'로 분류하였다. 대부분의 파찰음
과 마찰음의 평음이 여기에 속한다.

---

5) 중국 내에서 사용되는 한국어 교재, 用词语学的　基础韩国语(韩国外国语会话社), 实用
　　初级韩国语。(北京语言大学出版社), 标准韩国语　第一册。(北京大学出版社), 韩国语1。
　　(民族出版社), 韩国语。(翰林出版社), 韩国语入门。(外语教学与研究出版社) 등에서 이
　　와 같은 설명을 볼 수 있다.

① 파열음

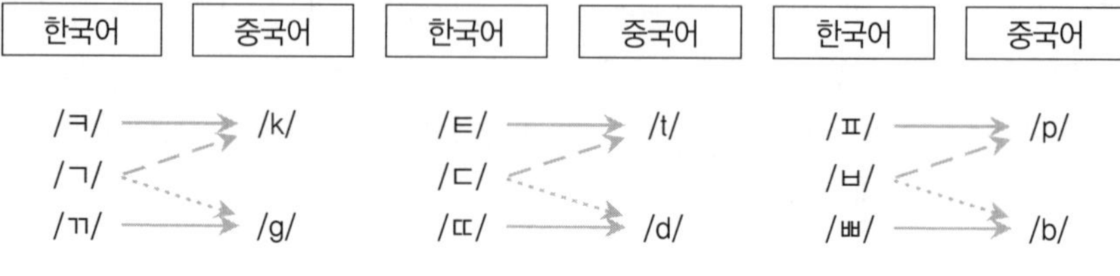

② 파찰, 마찰음

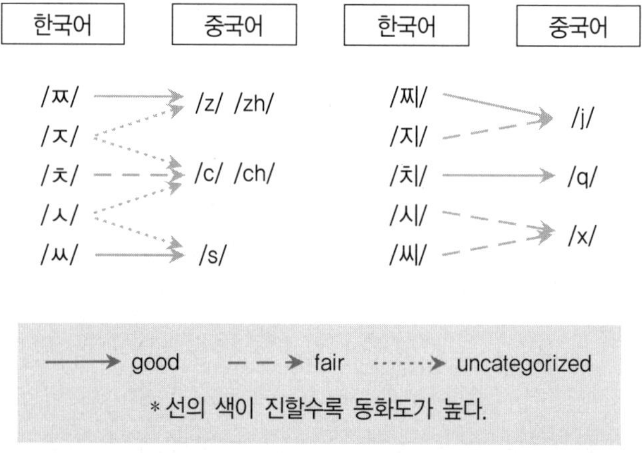

〈그림 2〉 중국인의 한국어 파열, 파찰, 마찰음에 대한 지각적 동화

음소 간의 관계를 도식화하면 〈그림 2〉와 같다. 실선은 4.8 이상의 점수를 받아 모국어와 동일범주로 분류할 수 있는 음소를 나타내며 긴 점선은 3.0~4.7 사이의 값을 받은 음소로 모국어와 유사한 범주로 분류됨을 뜻한다. 짧은 점선은 모국어로 분류되기 힘든 음소이다.

(2) 변별의 곤란도와 습득 가능성

PAM은 비모국어 대립음이 어떻게 모국어 음으로 동화되는지 유형별로 나누고 그 유형에 따라 외국어 대립음의 구별 정도를 예측한 모델이다.

위의 결과를 PAM의 유형으로 나누어 보고 각 대립음 구별의 어려움 정도를 예측해 보겠다. PAM에서 제시하는 동화유형은 앞서 Two Category, Category-Goodness, Single Category, Non-Assimilable로 나뉜다고 설명한 바 있다. Best, McRoberts, Gooddell(2001)에서는 비모국어 대립음이 모국어음에 동화될 때 나타날 수 있는 여러 가지 유형을 다음과 같이 제시했다.

(1) **1대 1 범주 대응(Two Category assimilation, TC)** : 두 개의 비모국어 음이 음성적으로 유사한 두 개의 모국어 음소로 각각 나누어져 동화 될 때
(2) **2대 1 범주 대응(Single Category assimilation, SC)** : 두 개의 비모국어 음이 동등하게 두 개의 음소로 잘 동화되거나 두 개의 비모국어 음이 모두 하나의 음소로 동화되기는 하나 동화정도가 동등하게 낮은 경우
(3) **불완전 2대 1 범주 대응(Category Goodness, CG)** : 두 개의 비모국어 음이 하나의 모국어 음소로 동화되기는 하나 동화된 정도에 차이가 날 때
(4) **비범주화-범주화 2대 1 대응(Uncategorized-Categorized pair, UC)** : 두 개의 비모국어 음이 하나는 모국어에서 비범주화 되고, 하나는 범주화 되는 경우
(5) **비범주화-비범주화 2대 1 대응(Uncategorized-Uncategorized pair, UU)** : 두 개의 비모국어 음이 하나의 모국어 음소로 동화되지 못하는 경우.
(6) **범주 비동화(Non-Assimilable, NA)** : 두 개의 음 모두 조음적 특성이 모국어와는 거리가 멀어 동화되지 않으며 말소리로 인식되기 어려운 소리.

이 유형에 실험 1의 결과를 적용하면 <표 6>과 같이 나눌 수 있다.

<표 6> PAM 유형에 따른 분류

동화 유형	적용 예
Two Category assimilation(TC)	빠-파, 따-타, 까-카, 찌-치
Single Category assimilation(SC)	지-찌, 시-씨
Category Goodness(CG)	바-파, 다-타, 가-카
Uncategorized-Categorized pair(UC)	자-차, 차-사
Uncategorized-Uncategorized pair(UU)	자-사

PAM에 따르면 외국어 음소의 구별 정도는 구별이 용이한 순으로 TC>UC(UU)>CG(NA)>SC가 된다. 두 개의 소리가 각각 하나의 소리로 동화된 경음과 기음의 경우(TC)는 구별이 가장 쉬울 것이다. 반면 두 소리가 하나의 모국어 소리로 동화된 /지―찌/, /시―씨/(SC)의 경우는 구별이 가장 어려울 것이다. 동화정도에 차이를 보인 평음과 기음(CG)는 SC보다는 구별이 쉽다고 예상되나 여전히 한 소리로 지각되기 때문에 구별에 다소 어려움이 있을 것이다. UC와 UU의 경우는 두 소리의 유사성 정도에 따라 어려움의 정도도 달라질 것이다.

SLM에서는 모국어로의 동화정도에 따라 습득 가능성을 예측한다. 외국어의 소리가 얼마나 강하게 모국어의 소리로 동화되느냐에 따라 습득 가능성이 달라진다. 소리의 습득은 소리에 대한 범주를 형성하는 것이다. 외국어음에 대한 정확한 습득은 외국어 소리에 맞는 정확한 범주를 형성하는 것이다. 그런데 외국어 음에 대한 범주는 이미 형성되어 있는 모국어 범주에 의해 영향을 받게 된다. 외국어 소리가 모국어 소리와 지각적으로 가까우면 가까울수록 모국어 범주로 강하게 동화된다. 모국어 소리와 유사하다고 지각된 음은 외국어 음운 체계에 맞는 범주를 형성하기 보다는 유사한 모국어 범주에 의존하게 되므로 외국어 음운의 정확한 습득에 방해가 된다. 지각적 유사성이 높아 동화도가 매우 강하게 된다면 외국어 범주가 형성되지 못하고 모국어 범주에 합류될 가능성도 커지게 된다. 새로운 범주가 생기지 못하고 합류되게 되면 학습 기간이 길어지더라도 그 음을 정확하게 지각, 산출하지 못하게 된다. 그러나 반대로 처음부터 새로운 범주로 지각된 소리는 외국어에 대한 경험이 많아질수록 그 소리에 맞는 범주를 형성하게 되고 더 정확하게 소리를 지각, 산출하게 된다. 중국인들의 한국어 평음, 경음, 기음에 대한 지각 결과를 동화정도로 나누어 보면 아래와 같다. SLM의 예측대로라면 모국어 범주로 동화되지 못한 /자/, /사/가 가장 습득 가능성이 높은 음이 될 것이다.

〈표 7〉 SLM의 동화도에 따른 분류

동화 정도	적용 예
very similar	/ㅍ/, /ㅃ/, /ㅌ/, /ㄸ/, /ㅋ/, /ㄲ/, /ㅉ/, /ㅆ/, /찌/, /시/, /씨/
similar	/ㅂ/, /ㄷ/, /ㄱ/, /ㅊ/
new	/ㅈ/, /ㅅ/

2. 실험 2 : 한국어 평음, 경음, 기음 구별 테스트

실험 2에서는 PAM과 SLM의 예측대로 구별의 어려움과 습득 정도가
나타나는지 자음 구별 테스트를 통해 알아본다. 실험 1의 결과에서 나온
PAM의 유형에서 유형별로 하나를 선택하여 실험 대상으로 하였다. PAM
에 맞춰 대립음들의 구별 정도를 나누어 보면 아래 <표 8>과 같이 된다.

〈표 8〉 PAM의 예측

유 형	TC	TC에 근접	UU, UC	CG	SC6)
	카-까	가-까	자-사, 차-사	카-가	지-찌
구별 정도	Good ←————————————————————————→ Bad				

또한 SLM의 예측대로 모국어로의 동화 정도에 따라 습득 가능성을 예
측해 보면 아래 <표 9>와 같다. Fit-index를 살펴보면 /지/, /찌/의 경우
모국어와 유사성이 높게 나타나 모국어 범주로의 동화도가 높았다. /가/,
/차/의 경우는 모국어와 중간 정도의 유사성을 보였다. /자/, /사/의 경우

---

6) SC의 경우 /시-씨/가 가지는 음향적인 특성으로 인해 구별이 어려울 것을 예상하여
   /지-찌/를 대신 선택하였다. /지/는 Fit-index에서 모국어로의 동화도가 4.5 정도로
   나타나 모국어의 범주(4.9 이상)로 완전히 동화되지 못했다. 그러나 거의 4.9에 근접
   하는 동화도를 보였고 예비실험에서도 /지-찌/의 구별 정도는 /시-씨/와 마찬가지
   로 SC의 양상을 보여 주었다.

는 모국어와의 유사성이 많이 떨어져 모국어로 동화되지 못하고 새로운 소리로 분류되었다. 모국어와의 지각적 거리가 멀수록 학습 가능성이 더 높다고 가정하면 고급으로 갈수록 학습 정도가 아래와 같이 개선될 것으로 예상된다.

<표 9> SLM의 예측

유 형	new	similar	very similar
	사, 자	가, 차	지, 찌
습득 정도	Good ←——————————————————→ Bad		

1) 실험 대상

참여자들은 모두 성인이 된 이후 한국어를 제 2외국어로 학습한 중국인을 대상으로 하였으며 학습 정도의 변화를 알아보기 위하여 학습 기간에 따라 초급, 중급, 고급의 세 그룹으로 나누었다. 1그룹은 한국어 학습 기간이 1개월~4개월 된 10명의 초급반 학생들로 대부분이 계명대학교 한국어학당의 한국어 학습자들이다. 교실에서 이루어지는 학습이 대부분으로 아직 한국인과의 접촉이 많지 않은 단계이다. 2그룹은 한국어 학습 기간이 1년 3개월~2년 정도로 한국어 실력이 중급정도에 해당하는 10명의 학습자들이다. 대부분이 계명대학교 한국어학당에서 한국어를 1년 정도 학습한 후 대학에 입학한 학생들로 학부 1, 2학년 과정에 있다. 3그룹은 한국어 학습 기간이 대략 1~4년 정도이며 한국에서 학업, 취업, 결혼 등의 이유로 한국 거주 기간이 3년 6개월에서 10년 정도가 된 10명의 중국인들이다. 3그룹의 경우 중국에서 한국어학을 전공한 참여자들이 몇 명 있기는 하지만 1, 2, 3그룹 모두 한국어 학습 과정과 학습 환경은 거의 동일한 편이다.

2) 실험 절차

두 소리의 구별 정도를 알기 위해 discrimination test를 실시하였다. 일반적으로 discrimination test는 AX 혹은 AXB의 방식으로 한다. AX의 경우 피험자들은 A와 X의 두 소리를 듣고 두 소리가 같은 소리인지 다른 소리인지를 구별하게 된다. AXB의 경우, 중간에 오는 X 소리가 앞서 나온 A와 같은 소리인지, 뒤에 나오는 B와 같은 소리인지를 선택한다. AXB 방식은 이전 PAM 예측 실험(Best et al. : 1988, Best and Strange : 1992)에서 사용된 방식이다.

이번 실험에서는 피실험자들에게 AXB의 방식처럼 세 가지 소리를 연속으로 들려주고 선택하게 했다. 그러나 X가 A와 같은 소리인지 B와 같은 소리인지를 알아내는 AXB와는 달리 세 소리 중에서 다른 한 가지 음을 찾아내는 방식으로 진행되었다. 연속된 세 소리 중 두 개의 소리는 같고 나머지 하나는 다른 소리이다. 다른 소리 하나는 어느 자리에서나 나올 수 있게 했다. 그리고 세 소리가 모두 같은 소리로 구성된 경우도 포함시켰다. 실험에 사용된 자극음은 실험 1에 사용된 음을 그대로 사용하였다.

예를 들어, /카-까/의 구별 정도를 알고자 할 경우 /카, 카, 카/, /카, 카, 가/, /카, 가, 카/, /가, 카, 카/, /가, 가, 가/, /가, 가, 카/, /가, 카, 가/, /카, 가, 가/와 같이 8개의 실험쌍으로 구성하였다. 연속된 세 가지 소리는 모두 다른 화자에 의해 발음된 자극들로 구성하였으며 실험쌍의 순서는 유선화(무작위로 배열)하였다. 세 소리간의 간격은 1.0 s ISI이며 실험쌍 간의 간격은 1.2 s ISI이다. 실험에 사용된 자극쌍은 PAM의 유형에서 각각 하나씩 선택된 /카-까/, /카-가/, /가-까/, /지-찌/, /사-자/, /사-차/이다.

실험은 실험 1과 마찬가지로 조용한 교실에서 Creative사의 Sound Blaster Audigy 2 NX 외장형 사운드 카드가 장착된 노트북에 Sennheiser 사의 HD212Pro 헤드폰을 연결하여 한 명씩 듣게 하였다. 세 개의 연속된 자극음을 들은 후 다르다고 생각되는 자극음을 컴퓨터 모니터에서 선택하게 했다. 참가자들이 보게 되는 화면은 아래 <그림 3>과 같다.

<그림 3> 한국어 평음, 경음, 유기음 구별 테스트

참가자들은 헤드폰을 통해 연속된 세 자음을 듣고 다른 한 소리를 찾는다. 첫 번째 소리가 다르면 1, 두 번째 소리가 다르면 2, 세 번째 소리가 다르면 3, 다른 소리가 없으면 no 버튼을 누른다.

청취 전에 듣게 될 두 개의 대립음이 무엇인지와 두 개 이외 다른 소리는 없음을 미리 알려 주었다. 또한 다른 소리를 찾아낼 때 최대한 자극음의 크기나 높이, 길이, 성별 등으로 인한 음향적 차이에 대해서는 무시하도록 각별히 주의를 주었다. 한 자극은 여러 번 다시 들을 수 있으나 선택한 버튼의 수정은 불가능하게 했다. 실험 전에 참여자들에게 청력에 문제가 없음을 확인하였으며 두 번 연습을 한 후 실제 실험에 들어갔다.

3) 결과

실험 결과 구별을 가장 잘한 소리는 /카-까/였다. 오류 정도가 초급에서 8%, 중급에서 8%, 고급에서 6%로 나타나 6개 자음쌍 중 구별 오류율이 가장 낮았다. 학습 단계를 막론하고 가장 구별을 못한 소리는 /지-찌/였다. 오류율이 초급에서 68%, 중급에서 75%, 고급에서 75%로 나타났다. 한국어 학습 단계가 높아지면서 구별 정도가 뚜렷이 개선된 자음은 /가-카/, /사-차/, /사-자/였다. /가-카/는 초급에서 73%의 오류가 나타나 자음쌍 중 가장 높은 오류율을 보였다. 한국어 학습 단계가 높아지면서 오류가 많이 개선되었지만 고급에서도 23%의 오류율을 보여 구별의 어려움이 여전히 남아있었다.

<그림 4> 초급-중급-고급 학습자들의 한국어 자음에 대한 구별 오류

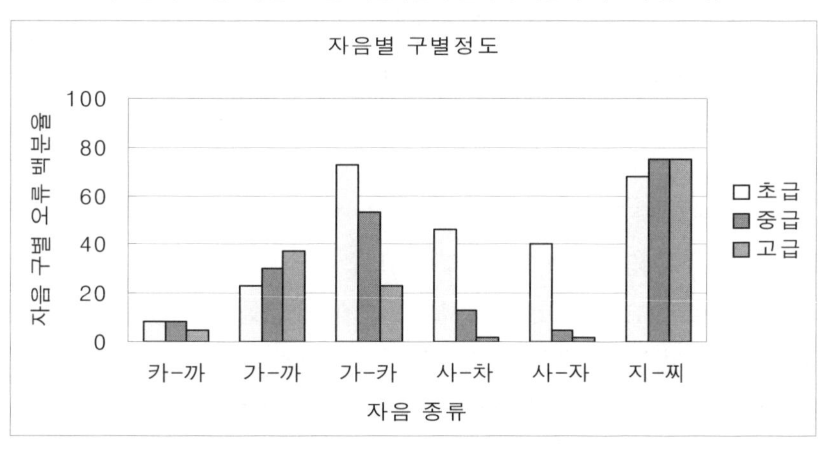

/사-차/는 초급에서 46%, 중급에서 13%, 고급에서 2%의 오류율을 보였고, /사-자/는 초급에서 40%, 중급에서 5%, 고급에서 2%의 오류율을 보였다. /사-차/, /사-자/ 모두 초급에서는 오류율이 꽤 높았지만 중급에서부터 빠르게 개선이 되었고 고급에서는 오류가 거의 나타나지 않았다. 초급, 중급, 고급 세 그룹의 자음 오류 구별 정도를 가지고 One-way Anova 분석을 한 결과 /카-까/는 $F_{(2,27)}=0.212$, $p=0.811$, /가-까/는 $F_{(2,27)}=0.944$, $p=0.402$, /가-카/는 $F_{(2,27)}=9.397$, $p=0.001$, /사-차/

는 F(2,27)=13.014, p=0.00, /사-자/는 F(2,27)=23.821, p=0.00, /지-찌/는 F(2,27)=0.839, p=0.443로 나타나 6개 자음쌍 중 /가-카/, /사-차/, /사-자/에서 그룹별로 유의미한 차이가 있었다.

(1) PAM의 예측 검증

앞서 언급한 PAM의 이론에서는 외국어 소리의 구별 정도를 모국어와의 지각적 범주 관계에 따라 다르다고 보았다. 그리고 TC>CG>SC의 순서로 구별을 잘할 것으로 예상하였다. UU와 UC의 구별정도는 두 소리가 모국어와 얼마나 유사한지에 따라 good과 fair의 중간 정도에 머물 것으로 보았다. PAM은 모국어 음운 체계에 익숙한 청자가 낯선 외국어 소리를 어떻게 지각하느냐에 관한 이론이다. 따라서 여기에서는 초급 학습자들의 결과를 가지고 PAM의 예측을 검증해 본다. 초급 학습자들의 결과는 <그림 5>와 같다.

PAM에서 예측한 대로 TC 유형인 /카-까/는 오류율이 8% 밖에 되지 않아 구별을 가장 잘하는 대립쌍임을 알 수 있었고 SC 유형인 /지-찌/는 68%의 상당히 높은 청취오류를 보여 이 두 소리를 잘 구별하지 못하는 것으로 나타났다. UU와 UC 유형인 /사-자/와 /사-차/는 각각 40%, 46%의 오류율을 보였다. PAM의 예측대로 good과 fair의 중간 정도의 오류를 보여주었다. UC 유형인 /사-차/의 구별을 UU 유형인 /사-자/의 구별보다 조금 더 어려워했다. 이번 실험에서 가장 구별을 어려워한 대립쌍은 CG 유형인 /가-카/였다. PAM에서 가장 구별을 어려워할 것으로 예상했던 SC 유형보다 오류율이 조금 더 높았다. 결국 PAM에서 예측한 결과와는 다르게 SC 유형보다 CG 유형의 구별에 조금 더 어려움을 느낀 것으로 나타났다.

〈그림 5〉 초급 학습자들의 PAM 유형별 자음 구별 오류

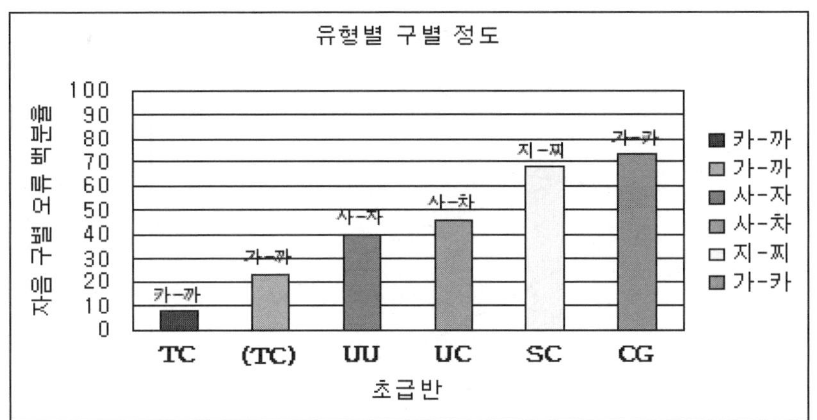

(2) SLM의 예측 검증

한국어 학습 단계별로 자음 구별 오류의 정도를 살펴보면 〈그림 6〉과 같다. 고급반으로 갈수록 개선이 된 자음쌍도 있고 그렇지 못한 자음쌍도 있었다. SC 유형인 /지-찌/에서는 전혀 개선되지 않았지만 CG 유형이나 UU, UC 유형에서는 크게 개선되었다.

L2(The Second Language)의 학습 가능성에 대한 이론으로 SLM을 소개하였다. SLM에서는 학습자가 L2의 음성을 어떻게 습득할지에 대해 설명한다. 이 이론에 의하면 L2 음은 음성적 유사성에 기초하여 L1 음에 동화된다. 그리고 L2 음이 L1(The First Language) 음과의 유사성이 작아서 L1 음에 동화되지 않을수록 L2 음의 습득 가능성이 높아진다고 보았다. 이것은 L1 음과 유사하지 않은 음일수록 그 음에 맞는 새로운 범주를 형성하게 되어 L1 음과 유사한 L2 음보다 더 정확하게 습득되기 때문이다.

<그림 6> 학습 단계별 자음 구별 오류 변화

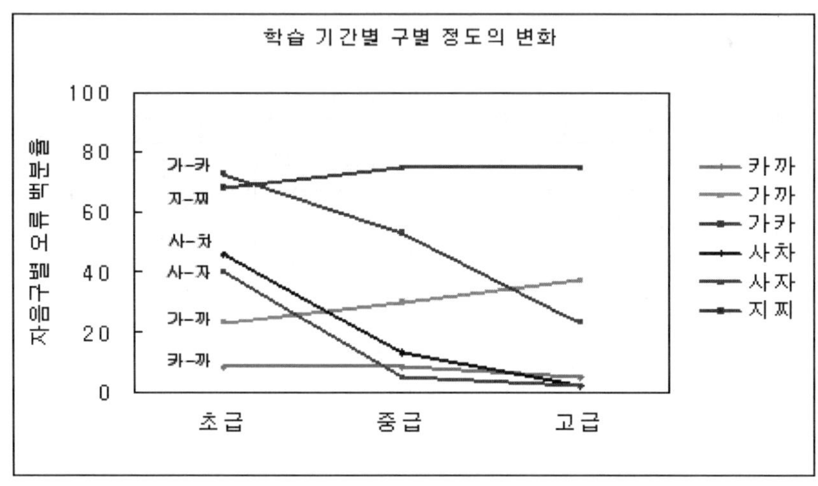

실험 2에 사용된 자음 중 /카/, /까/, /찌/의 /ㅋ/, /ㄲ/, /ㅉ/은 모두 Fit-index 값이 5.0 이상이므로 모국어로의 동화 정도가 good에 해당하고 /가/, /차/, /지/의 /ㄱ/, /ㅊ/, /ㅈ/은 모국어로의 동화 정도가 fair에 해당했다. /가/의 /ㄱ/은 3.9, /차/의 /ㅊ/은 3.2의 값으로 모국어로의 동화 정도가 비교적 낮았다. 그러나 /지/의 /ㅈ/은 Fit-index 값이 4.5이므로 거의 모국어로의 동화 정도가 good에 해당하는 것으로 볼 수 있다. /사/와 /자/의 /ㅅ/, /ㅈ/은 모국어음으로 동화되지 않는 비범주화 음소였다.

SLM을 실험 2와 같이 성인 학습자들의 외국어 학습에 적용시켜 보면 하나의 모국어음소로 동화된 /지/와 /찌/의 경우는 학습단계가 높아지더라도 /지/와 /찌/에 대한 범주가 형성되지 않을 것으로 예상된다. 따라서 /지/와 /찌/의 구별 오류도 개선되지 않을 것이다. 반면 비범주화된 /사/, /자/의 경우는 고급단계로 갈수록 지각 오류가 줄어들 것이 예상된다.

모국어와의 동화정도가 'good에 해당하는 /지/, fair에 해당하는 /가/, uncategorized에 해당하는 /사/의 변화를 살펴보면 <그림 7>과 같다.

<그림 7> 모국어로의 동화 정도에 따른 구별 오류의 변화

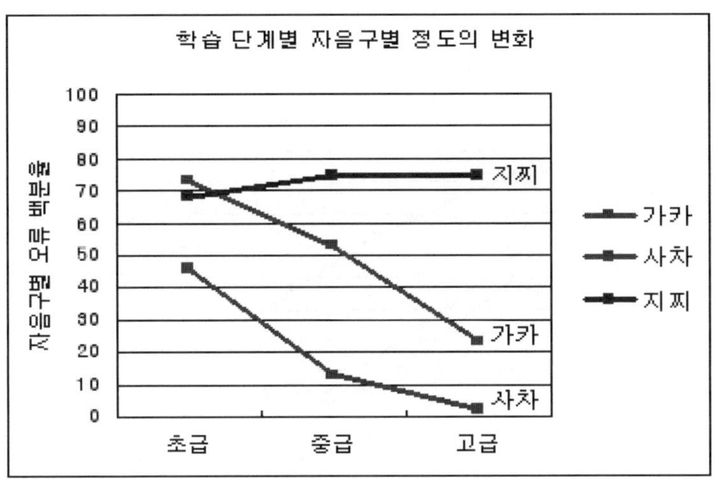

  모국어와의 동화정도가 동일하게 강했던 /지/, /찌/의 경우는 한국어 수준이 높아져도 구별 정도가 개선되지 않는 것으로 나타났다. 반면 모국어의 음소로 동화되지 못했던 /사/와 동화정도가 그렇게 강하지 않았던 /차/의 경우는 초급에서 비교적 높은 오류가 나타났으나 중급에서 뚜렷한 개선이 있었으며 고급에서는 거의 오류가 나타나지 않았다. 모국어로의 동화정도가 그리 높지 않았던 /가/ 역시 고급으로 갈수록 뚜렷한 개선이 있었다.

  <그림 8>에서는 고급으로 갈수록 오류가 줄어든 자음쌍들의 개선 정도를 비교해 보았다. 고급에서 가장 오류가 적게 나타난 자음쌍은 /사-차/와 /사-자/로 초급에서부터 오류가 거의 없었던 /카-까/보다 더 낮은 오류를 보였다. /가-카/가 고급에서도 여전히 23%의 오류를 보여 구별에 상당한 어려움이 남아있었던 반면 /사-차/나 /사-자/의 구별은 중급에서부터 현저히 개선됨을 알 수 있다.

〈그림 8〉 학습 단계별 /가-카/와 /사-차/, /사-자/의 학습 정도 비교

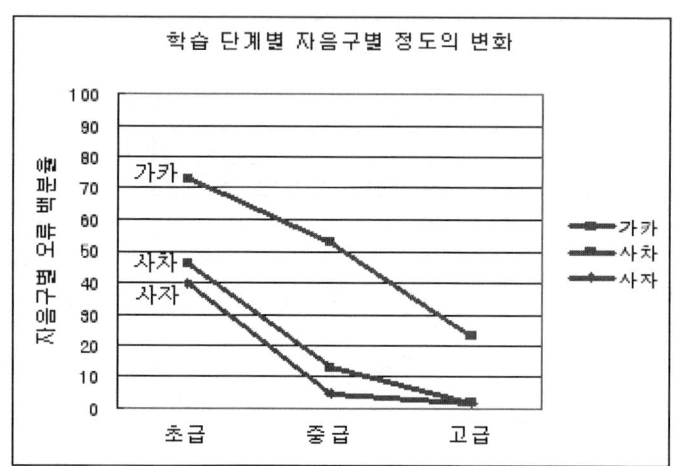

4) 논의

이번 실험의 결과 ① 비모국어 음에 대한 구별의 어려움 정도는 TC<UU<UC<SC<CG(가-까<사-자<사-차<지-찌<가-카)인 것으로 나타났다. 이것은 TC<CG<SC로 예측한 PAM과 유사한 결과였다. PAM의 예측과 달랐던 점은 SC(지-찌)보다 CG(가-카)의 오류가 더 많이 나왔다는 것이다. ② 또한 학습 단계가 높아지면서 구별 정도가 '/사/(new)>/가/(fairly similar)>/지/(very similar)' 순으로 개선되었다. 이것은 유사한 범주로 지각된 음보다 비범주화된 음의 습득 가능성이 높다고 예측한 SLM의 이론과 동일한 결과였다. SLM에서 예상한 대로 모국어 음소와 유사성이 적었던 /사/는 쉽게 개선이 되었다. 반면, 모국어와 거의 동일하게 지각되었던 /지/는 /찌/와 함께 중국어의 /ji/에 합류되어 버림으로써 고급 단계에서도 이 두 음의 구별 문제는 전혀 해결되지 못하였다. 유사성 정도가 /사/와 /지/의 중간이었던 /가/는 개선이 되었다. 그러나 개선 정도가 /사/보다 느렸

으며 고급에서도 여전히 문제가 남아있었다. 이상에서 실험 2의 결과는 PAM과 SLM의 예측에 상당히 부합하고 있음을 알 수 있었다. 위 실험에서 몇 가지 더 생각해 볼 점은 ① 초급 학습자들의 결과를 보면 SC 유형이 CG 유형보다 구별하기 더 어려울 것이라는 PAM의 예측과는 달리 CG 유형인 /가-카/의 구별 오류가 SC유형인 /지-찌/의 구별 오류보다 조금 높게 나타났다는 점 ② /사-자/와 /사-차/의 구별은 대립쌍 서로 간에 조음 방법과 조음 위치가 다름에도 불구하고 오류 정도가 상당히 높게 나타났다는 점 ③ /가-카/는 고급으로 갈수록 오류가 개선되었지만 /가-까/는 개선되지 않았다는 점이다.

SC인 /지-찌/보다 CG인 /가-카/의 구별에 오류가 더 많았다는 것과 조음 위치와 조음 방법이 다름에도 불구하고 /사-자/, /사-차/의 구별에 오류가 많았다는 것은 중국인 학습자들이 한국어의 어두 평음에서 나는 기식성에 큰 영향을 받고 있다는 것을 말한다. 한국어와 중국어의 파열음과 파찰음, 마찰음을 다룬 여러 연구들(박진원, 고미숙)에서 공통적으로 한국어의 기음은 중국어의 송기음과, 한국어의 경음은 중국어의 불송기음과 유사한 음향적 특질을 보이는 것으로 나타났다. 그리고 한국어의 평음은 중국어의 불송기음과 송기음의 중간에 위치하였다.7) 이번 실험에서 /가-카/에서 오류가 많이 나온 것은 중국인들이 평음-기음을 잘 구별하지

---

7) 다음은 한국 여성 화자들을 대상으로 한 박진원(2001)의 실험 결과이다.
파열음은 기식의 길이, 파찰음은 파찰의 길이를 측정하였다.

조음 방법	파열음									파찰음		
조음 위치	양순음			치조음			연구개음			경구개음		
	경음	평음	유기음	경음	평음	유기음	경음	평음	유기음	경음	평음	유기음
길이 (ms)	9.4	40.6	77.5	11.3	47.1	77.4	16.4	51.3	84.2	52	75.4	125

다음은 중국어를 대상으로 한 마룽(馮隆, 1985)의 실험 결과이다.
파열음은 기식의 길이, 파찰음은 파찰의 길이를 측정하였다.

못함을 말한다. 이것은 기식성으로만 음소가 대립되는 중국어 음운체계의 영향으로 볼 수 있다. 중국어는 기식성을 변별자질로 하여 송기음과 불송기음으로 나뉘는 2중 대립체계를 가진다.

변별 자질이란 하나의 음운을 다른 음운과 구별하게 하는 소리의 특성을 말한다. 사람들은 말소리를 지각할 때 어떤 음향적 요소들이 의미있는 변별 자질인지를 학습해야 한다. 사람들은 대부분 어렸을 때 모국어를 통해 언어를 습득하므로 모국어의 음소를 변별해 주는 자질들에 집중하게 되어 있다. 말소리를 지각할 때 모국어와 관련 있는 자질들에 주의를 기울이게 되고 관련 없는 자질들은 무시하게 된다.[8] 결국 주의를 받는 자질들은 말소리의 음향적 정보를 해석하는 과정에서 중요한 정보로서 주의의 가중치(attention weight)를 받아 해석된다.[9] 이러한 이유로 똑같은 말소리라 할지라도 듣는 사람들의 음운 체계가 어떠하냐에 따라 주의를 받는 자질들이 달라져 다르게 들릴 수 있다.

우리는 외국어의 음을 지각할 때 모국어에서 사용하는 자질들에 정보의 무게를 두어 해석한다. 언어마다 음을 구별하는 데 사용하는 변별 자질들이 다르기 때문에 소리의 지각과 범주화에 차이가 생길 수 있다. Nosofsky는 대상들을 범주화할 때 속성에 대한 선택주의가 지각 공간을 조정하여

조음방법	파열음					
조음위치	양순음		치조음		연구개음	
	불송기음	송기음	불송기음	송기음	불송기음	송기음
길이(ms)	13	67	9	74	21	75

조음방법	파찰음					
조음위치	설첨전음		설첨후음		설면음	
	불송기음	송기음	불송기음	송기음	불송기음	송기음
길이(ms)	58	102	32	92	53	99

8) 지각의 과정에서 한 자극에 주의를 주고, 다른 모든 자극들은 무시하는 것을 선택주의(selctive attention)라고 한다(이정모 외, 1999).
9) 그 결과, 중요한 영역에서는 작은 차이도 확대되고 쉽게 구별할 수 있다. 반면에 중요하지 않은 영역에서는 차이를 별로 느끼지 못하고 검출하기도 어렵다(Nosofsky, 1986, 1987).

두 대상이 더 유사하게 지각되게 하거나 더 멀게 지각되게 함을 시사하는 결과를 제시하였다. 선택주의된 차원에서 비슷한 두 대상은 더 유사하게, 비슷하지 않은 두 대상은 더 다르게 지각된다.[10]

중국인들은 기식성으로 음소들을 변별하므로 음소를 구별할 때 기식성에 큰 음향적 정보의 무게를 둔다. 기식성이 있으면 송기음, 기식성이 없으면 불송기음으로 범주화된다. 한국어의 어두에서 사용되는 평음은 대체로 47.4ms 정도(박진원, 2001)의 약한 기식을 지니는 것으로 연구돼 있다. 한국인들에게는 이러한 기식이 음소 변별에 영향을 주지 않지만 기식의 유무에 민감한 중국인들에게는 영향을 주게 된다. 그리고 기식의 유무에 선택주의함으로써 중국인의 지각 구조에서 /가/와 /카/는 더 유사하게 지각된다. 그 결과 PAM의 예측과 달리 SC인 /지-찌/보다 CG인 /가-카/의 구별오류가 더 크게 나타난 것이다.

/사-차/와 /자-사/의 구별에서 상당한 오류가 나온 것도 같은 이유에서다. /사/와 /자/는 평음이지만 중국인들에게는 기식성이 있는 송기음처럼 들린다. 특히 /사/의 경우 음향적 특성상 기음으로 분류되기도 하므로[11] 중국인들에게는 더욱 송기음과 같이 느껴질 것이다. 결국, 이러한 결과는 모국어의 지각적 특질이 외국어 음소 구별에 큰 영향을 미침을 말해 준다.

마지막으로 /카/, /가/, /까/의 3중 대립 음소 구별의 결과, /가-카/의 구별 오류율은 크게 줄어들었으나 /가-까/의 구별 오류율은 전혀 개선되지 않았는데 고급이 되어도 오류가 개선되지 않은 쌍에는 /가-까/와 /지-찌/가 있다. /가-까/와 /지-찌/는 한국어에서 긴장성이란 자질에 의해 대립되는 쌍이다. 중국어에서는 긴장성으로 음소를 구별하지 않는다.

---

10) 김윤현·김정오(2005), '일본인의 한국어 치경폐쇄음의 변별지각 학습에서 표상의 변화'에서 재인용.

11) 박한상(2005)에서는 음향적 특성상 한국어의 /ㅅ/을 유기음으로 분류하고 있으며 배문정(2003)의 지각 실험에서는 /ㅅ/이 평음과 유기음 사이에 존재하는 것으로 나타났다.

고급으로 가면서도 전혀 개선이 없었다는 것은 중국어에 없는 긴장성이란 자질을 습득하지 못했음을 의미한다.

SLM은 외국어 음이 모국어 음과 아주 유사한 경우 외국어 음에 맞는 범주를 형성하는 대신 외국어 음이 모국어 범주에 합류될 것으로 예측했다. 거의 하나의 모국어 음소로 지각되었던 /지/와 /찌/의 경우는 두 음이 모두 중국어/ji/로 합류되어 새로운 범주를 형성하지 못한 것으로 볼 수 있다. /카/, /가/, /까/의 경우, /카/는 /ka/로 /까/는 /ga/로 합류되었고 /가/는 고급으로 가면서 /가/에 대한 범주를 형성하게 된다. 이러한 과정에서 기식성의 정도로 구별되는 /가-카/는 오류율이 줄어들었지만 긴장성의 유무로 구별되는 /가-까/는 오류율이 줄어들지 않았다. /가-까/를 구별하려면 긴장성에 대한 지각 능력을 습득해야 하는데 중국인 학습자들은 /가-까/를 지각할 때도 여전히 기식성에만 의존하는 것처럼 보인다. 결국 /까/와 /지/, /찌/는 모국어의 범주로 합류됨으로써 긴장성이라는 새로운 자질을 습득하지 못했다.

이상의 결과를 바탕으로 중국인들의 한국어 파열, 파찰, 마찰음의 구별 어려움 정도와 학습 가능성을 다음과 같이 예상해 볼 수 있다.

〈표 10〉 파열음의 경우

	경음-유기음	평음-경음	평음-격음
구별 정도	좋음	비교적 좋음	나쁨
개선 정도		없음	비교적 좋음

〈표 11〉 파찰음, 마찰음의 경우

	ㅉ-ㅈ	ㅅ-ㅆ	ㅈ-ㅊ-ㅅ
구별 정도	좋음	비교적 나쁨	비교적 나쁨
개선 정도		좋음	아주 좋음

<표 12> /ㅣ/모음과 결합하는 파찰, 마찰음의 경우

	지-치	지-찌	시-씨
구별 정도	좋음	나쁨	나쁨
개선 정도		없음	없음

3. 요약

지금까지 중국인을 대상으로 한 한국어 발음 교육 연구에서는 공통적으로 중국인들이 한국어의 파열, 파찰, 마찰음을 잘 구별하지 못한다는 점을 지적하고 있다. 대부분의 연구들이 두 언어 간의 음운체계나 음향적 차이에서 학습의 어려움에 대한 이유를 찾고 있다. 그러나 정확하게 어떤 음을 잘 습득하지 못하는 것인지, 어느 정도 구별에 어려움이 있는 것인지, 또 학습단계별로 어떠한 차이가 있는지에 대한 구체적인 설명을 제시하지는 못했다. 올바른 외국어 발음 교육을 위해서는 두 언어의 음운 체계 대조나 음향 분석을 함과 동시에 학습자들의 지각 과정을 연구할 필요가 있다. 이번 연구에서는 한국어 파열, 파찰, 마찰음에 대한 중국인들의 지각 범주를 실제적으로 측정해 봄으로써 중국인들이 한국어의 파열, 파찰, 마찰음을 어떻게 받아들이고 있는지 알 수 있었다.

그 결과, 평음은 하나의 중국어 음으로 지각되지 못하고 기음과 함께 송기음에 동화되므로 중국인들은 한국어의 평음과 기음을 구별하기 어려워하는 것으로 나타났다. 이것은 중국인들이 모국어에서 사용하는 기식성이란 자질에 선택주의한 결과로 볼 수 있다. 특히, /ㅅ/과 같이 조음방법이나 조음위치가 다른 마찰음조차도 중국어 파찰송기음 /c/로 지각하게 된다. 우리는 흔히 중국학습자들이 [선생님]을 [천생님], [사과]를 [차과]로 발음하는 경우를 본다. 마찰음인 /ㅅ/을 파찰음인 /ㅊ/으로 발음하는 이유는 /ㅅ/의 기식성이 영향을 미친 것으로 볼 수 있다. 결국 /ㅅ/, /ㅈ/, /ㅊ/가 모두 하나의 음으로 지각되므로 세 음의 구별이 상당히 어려워지는 것이다. 그러나 습득의 측면에서 보면 이 세 음은 모국어로의 동화도가 낮기 때문에 오히려 학습 기간이 길어지면 쉽게 개선된다.

습득의 측면에서 중국인 학습자들이 고급 단계가 되어도 구별하기 어려운 음은 /ㅈ/와 /ㅉ/, /ㅅ/와 /ㅆ/이다. 두 음이 모두 동등한 정도로 하나의 중국어 음으로 동화되어 한국어 학습기간이 길어지더라도 이 둘을 구별하지 못한다. 경음 역시 학습하기 어려운 음이다. 경음은 지각에 있어서는 별 어려움이 없었지만 기식성으로만 구별하는 중국어의 불송기음에 합류되어 버려 긴장성이란 자질에 대한 습득이 일어나지 않는다. 따라서 학습 기간이 길어져도 정확한 경음을 산출하기 어렵게 된다.

언어 간의 말소리 지각과 습득 과정을 이해하는 것은 학습자들의 외국어 말소리 습득 과정을 예측하고 학습자들에게 나타날 문제의 원인을 설명하기 위해 필요하다. 또한 이러한 연구는 교육적인 차원으로 연결시키기 위한 기본적 학습 자료로 활용될 수 있다는 데 의의가 있을 것이다. 본 논문에서는 PAM과 SLM의 이론에 맞춰 중국인의 한국어 파열, 파찰, 마찰음의 구별 어려움 정도와 학습 가능성을 예측해 보고 이를 검증해 보는 것으로 마무리 지었다. 다음 연구에서는 이러한 결과가 어떻게 한국어 발음 교육으로 이어질 수 있을지 고민해야 할 것이다.

참고문헌

고미숙(2000), "한·중 분절음소와 초분절음소와의 관계연구", 「중국언어연구」 12, 236~256쪽, 한국중국언어학회.

김수진·조혜숙·황유미·남기춘(2002), "일본어 화자의 한국어 평음/기음/경음 지각 오류", 「한국언어청각임상학」7(1), 166~180쪽, 한국언어청각임상학회.

김윤현·김정오(2005), "일본인의 한국어 치경폐쇄음의 변별지각 학습에서 표상의 변화", 「한국심리학회지 : 실험 및 인지」 17(2), 223~244쪽, 한국심리학회.

김지현(2005), "한국어 3중 대립음소에 대한 일본인의 지각적 범주화", 서울대 대학원 석사학위 논문.

박숙자(2002), "외국어로서의 한국어 발음 교수에 대하여", 「중국에서의 한국어교육」 III, 223~230쪽, 태학사.

박진원(2001), "한·중 여성화자의 한국어 발음의 실험음성학적 대조분석", 연세대 대학원 석사학위 논문.

박한상(2005), Temporal and spectral characteristics of Korean Phonation Types, 「한빛문화」.

박해연(2004), "중국어권 학습자를 위한 한국어 발음 교육 연구, −초분절 음소 발음을 중심으로", 서울대 대학원 석사학위 논문.

배문정(2003), "한국어 변별 자질의 지각적 표상 구조", 서울대 대학원 박사학위논문.

왕 단(2003), "고급학습자를 위한 한국어 발음 교육 방안", 「중국에서의 한국어교육」 IV, 248~270쪽, 태학사.

유춘희(2002), "우리말 된소리 교육에 대하여", 「중국에서의 한국어교육」III, 211~220쪽, 태학사.

이정모 외(1999), 인지심리학, 학지사.

이주행(2002), "중국인학습자를 대상으로 한 한국어의 발음 교육방법", 「중국에서의 한국어교육」III, 187~210쪽, 태학사.

장향실(2002), "중국어 모국어 화자의 한국어 학습시에 나타나는 발음상의 오류", 「한국어학」 15, 211~228쪽, 한국어학회.

주옥파(2002), "한국어 발음에 대한 교육지도안", 「중국에서의 한국어교육」III, 231~

244쪽, 태학사.

추이진단(2001), "중국어권 학습자에 대한 발음교육", 「한국어 교육총서 <한국어 발음교육> 개발 최종 보고서」, 문화관광부.

추이진단(2002), "중국어권 학습자에 대한 발음교육", 「이중언어학」 20, 173~259쪽, 이중언어학회.

태평무(2000), "한국어 발음에서 제기되는 일부 문제, -중한어음대비를 중심으로-", 「중국에서의 한국어교육」, 252~261쪽, 태학사.

하동매(2001), "초보학습자의 발음 오류와 해결방안", 「중국에서의 한국어 교육」 II, 273~298쪽, 태학사.

황유미·조혜숙·김수진(2002), "일본어 화자의 한국어 평음/기음/경음 지각과 산출", 「말소리」 제44호, 62~71쪽, 대한음성학회.

Best, C. T.(1994), The Emergence of Native-Language Phonological Influences in Infants : A Perceptual Assimilation Model, In J. C. Goodman and H. C. Nusbaum (Eds.), *The development of Speech perception*, 167-224, Cambridge : MIT Press.

Brown, C.(2000), The Interrelation between Speech Perception and Phonological Acquisition from infant to Adult, In J. Archibald (Eds.), *Second Language Acquisition and Linguistic Theory*, 4-63, Blackwell Publishing Ltd.

Flege J. E., Carlo Schirru, Ian R. A., MacKay(2003), Interaction between the native and second language phonetic subsystems, *Speech Communication* 40, 467-491.

Guion, S. G., Flege, J. E., Akahane-Yamada, R., Pruit, J. C.(2000), An investigation of current models of second language speech perception : *Acoustical society of America* 107, 2711-2724.

Nosofsky, R. M.(1986), Attention, Smilarity and the Identification-Categorization Relationship, *Journal of Experimental Psychology : Learning, Memory, and Cognition*, Vol. 115, No 1. 39-57.

Nosofsky, R. M.(1987), Attention and Learning Processes in the Identification and Categorization of Integral Stimuli, *Journal of Experimental Psychology : Learning, Memory, and Cognition*, Vol. 13, No 1. 87-108.

Sebastian-Galles, N.(2005), Cross-Language Speech Perception, In Pisoni, D. B., and Remez, R. E. (Eds.), *The Handbook of Speech Perception*, 546~566, Blackwell Publishing Ltd.

馮　隆(1985), 北京话语流中声调的时长, 北京语言试验彔, 北京大学出版社.
黄伯菜(1999), 现代汉语, 高等教育出版社.
李　明(2001), 汉语普通话语音辩证, 北京语言文化大学.
吕之东(2002), 用词语学的基础韩国语, 韩国外国语会话社.
周　宾(2004), 实用初级韩国语, 北京语言大学出版社.
25所大学共同编写(2003), 标准韩国语 第一册, 北京大学出版社.
李先汉 外(2004), 韩国语1, 民族出版社.
汉成大学校语言研究所(1996), 韩国语, 翰林出版社.

한국어와 프랑스어, 우즈베키스탄어 대조론

‖ 김지은 ‖

한·불 번역에서의 관사의 문제
–주어 명사구를 중심으로

　우리가 이 글에서 목적하는 바는 관사가 없는 한국어의 **주어명사구**가 어떤 경우에 불어에서 부정관사를 수반하는 부정명사구로 번역되고, 또 어떤 다른 경우에는 불어에서 정관사를 수반하는 정명사구로 번역되는가를 기술하는 데 있다.[1]

　불어의 관사는 현동화(actualisation)의 기능을 수행한다. **부정관사**는 말하는 바로 그 순간에 소개되는 사람 또는 사물, 그리고 말하는 순간에 아직 확인되지 못한 사람 또는 사물을 나타내는 명사에 쓰인다. 요컨대 부정관사는 청자에게 한정적인 것으로 확인되지 않은 미지(未知)의 대상을 나타낸다. 그래서 피한정명사에 **비한정적인 현동적 의미**(sens actuel indéter-miné)를 부여한다. 반면 **정관사**는 다음과 같은 대상을 나타내는 명사에 쓰

---

* 이 글은 『한국프랑스학논집』(28집, 1999)에 발표한 졸고 「불한 번역에서의 관사 문제」를 수정·보완한 것이다.

1) 한국어의 명사구가 어떤 경우에 불어에서 부분관사를 수반하여 번역되는가의 문제는 이 글에서 유보해 두기로 한다.

인다. 즉, 화자가 말하는 어떤 대상을 청자가 이미 알고 있거나, 그 어떤 대상의 존재를 전제할 경우, 그리고 바로 인접한 요소에 의해 그 명사구의 지시적 정체성이 확인될 수 있는 경우이다. 이는 곧 정관사가 피한정명사에 **한정된 현동적 의미**(sens actuel déterminé)[2]를 부여하는 것을 말한다.

이 글에서 우리의 주된 가정은 다음과 같다. 한국어 명사가 그 지시적 정체성을 확인할 수 없는 비한정적인 언어학적 환경 하에 쓰일 때는 불어에서 부정관사를 동반하여 번역되고, 반대로 한국어 명사가 그 지시적 정체성을 확인할 수 있는 한정적인 언어학적 환경 하에 쓰일 때는 정관사를 동반하여 번역된다. 이러한 가정을 추론하기 위해서 먼저 한국어에서 주어명사구가 어떤 경우에 비한정적인 언어학적 환경 하에 사용되고 있으며, 어떤 경우에 한정적인 언어학적 환경 하에 사용되는가를 밝혀내야 할 것이다. 그 다음에 불어에서 전자의 경우에는 부정명사구('un N')로 번역되고 후자의 경우에는 정명사구('le N')로 번역된다는 것을 확인해야 할 것이다.[3] 이를 위해서 불어로 번역된 한국어소설 6권과 한국어로 번역된 불어소설 2권에서 한국어의 주어명사구[4]가 불어의 명사구로 번역된 예문들만을 수집했다.[5] 그러나 상당한 양이라 할 수 있는 이러한 자료체의 수집에

---

2) H. Bonnard(1971 : 258).
3) 불어의 부정관사는 남성 단수 'un', 여성 단수 'une' 그리고 남여성 복수 'des'로 구성된다. 불어의 정관사는 남성 단수 'le', 여성 단수 'la' 그리고 남여성 복수 'les'로 구성된다. 따라서 'un N'은 부정명사구를 대표하고, 'le N'은 정명사구를 대표한다. 'N'은 명사(nom)의 약어이다.
4) 이 글에서 한국어 주어명사구라 함은 주격조사 '-이/가'를 동반한 명사구와, 특수조사 '-은/는'을 동반하여 주어로 기능하는 명사구를 말한다.
5) 원어 소설과 번역서의 제목은 1차 참고문헌에 있다. 수집한 예문의 수는 400개 정도다. 그리고 다음 예에서처럼 한국어 주어명사구가 불어에서 명사구로 번역되어 있지 않는 경우는 자료체 수집 대상에서 제외했다.
   (1) a. 그들은 이미 **전주가** 있었는지 다들 눈이 풀어져 있었다.(밤 366)
       b. A en juger par leurs yeux vitreux, les invités devaient déjà avoir bu. (nuit 17)
   (2) a. 한 삼십 분 더 잠을 잘 수 있는 **시간적 여유는** 있었다.(밤 361)
       b. Il pouvait encore dormir une demi-heure. (nuit 9)

도 불구하고 논의 전개상 필요한 적절한 예문이 없는 경우에는 직접 한국어 예문을 만들어 불어로 번역한 다음 프랑스인6)의 검증을 거쳤다.

이 글의 서술 방법은 우리가 수집한 자료체를 바탕으로 하여 한국어의 주어명사구가 어떤 경우에 'un N'으로 번역되고 어떤 경우에 'le N'으로 번역되는가를 기술하는 데 있다. 이 같은 기술적 분석에서 분포의 중요성은 아무리 강조해도 지나침이 없을 것이다.

1장에서는 주어명사구 'N가'7)가 어떤 경우에 'un N'으로 번역되고, 그리고 또 어떤 경우에 'le N'으로 번역되는지를 다룬다. 여기서 명사구 'N가'가 쓰이는 문장은 중립서술문과 선택지정문으로 나눌 수 있다. 전자의 경우에는 'un N'으로 번역되고, 후자의 경우에는 일반적으로 'le N'으로 번역되나 어떤 경우에는 'un N'으로도 번역된다. 우리는 이들 두 유형의 문장을 각각 지지하는 언어학적 요건들은 무엇이며 왜 그럴 수밖에 없는지를 분석할 것이다.

2장에서는 먼저 특수조사 '-은/는'의 두 가지 용법(대조적 용법과 주제적 용법)이 어떻게 구별되는지를 볼 것이다. 그 다음 특히 주제명사구 'N는'은 한정성을 갖고서 'le N'으로 번역되는데 이를 뒷받침하는 여러 언어학적 논거들을 제시할 것이다.

마지막으로 3장에서는 한국어가 갖는 고유한 특징인 겹주어문의 이중 주어 명사구가 불어에서 어떻게 번역되는지를 볼 것이다.

주어 명사구 'N가'와 'N는'이 어떤 경우에 'un N'으로 번역되고, 또 다른 어떤 경우에는 'le N'으로 번역되는지를 밝히기 위한 이러한 논의에서 담화적 · 정보적 환경도 중요하게 고려할 것이다. 즉 문장이 정언문이인가 비정언문인가, 주어명사구가 신정보인가 구정보인가, 서술어가 신정보인가 구정보인가, 이들이 구정보이면 필수적 정보를 구성하는가 아니면 잉

---

6) 1998~99년 계명대학교 프랑스학과의 초빙교수로 근무한 Frédéric BORDENAVE 씨께 고마움을 표한다.
7) 'N가'는 'N이/가'를 대표한다. 또 'N는'은 'N은/는'을 대표한다.

여적 정보를 구성하는가 등이다. 이러한 담화적 요건들도 결국 한국어의 주어명사구가 한정적인지 아니면 비한정적인지를 밝히는 데 관여적인 기준으로 작용할 것이다.

1. 명사구 'N가'

1) 'un N'으로 번역되는 경우

(1) 중립서술문

주격조사 '-가'는 화자가 담화 상에서 직접 지각·인식할 수 있는 일에 대해서 서술할 경우 거기에서 주체를 가리키는 체언의 접어로서 쓰일 수 있다. 바로 다음 예문에 쓰인 '-가'의 용법이다.

> (1) a. 저기 **비행기가** 날아간다. Là-bas, vole un avion.
>   b. 마당 구석에 **고양이가** 졸고 있었다. Un chat somnolait au coin de
>   la cour.

(1)a는 동작의 주체인 비행기가 지나가는 것을 바라보면서 시각적으로 느낀 바를 서술한 문장이고, (1)b는 고양이가 졸고 있는 상태를 묘사한 문장이다. 이들 부류의 문장들은 단지 술부가 나타내는 동작·상태의 주체를 단순하게 서술하는 중립서술문이다. 이 경우 주격조사 '-가'는 중립서술(neutral description)[8]의 용법을 갖는다.

이러한 중립서술문은 크게 볼 때 임홍빈(1998 : 216)에서 말하는 비정언문적 특성을 갖는 문장이다. 그는 다음과 같이 대립되는 의미론적 특성들

---

8) S. Kuno(1973)와 홍사만(1987) 참조.

로 정언문(定言文)과 비정언문(非定言文)을 구분하고 있다.

(2)

비정언문	정언문
직접적	간접적
구체적	추상적
감각적	관념적
특수적	일반적
순간적	항구적
주관적	객관적
현실적	비현실적

이와 같은 비정언문적 특성을 갖는 중립서술문의 두 번째 특징은 문맥상 아무런 전제가 없이 쓰이기 때문에 문장 전체가 새로운 정보(new information)9)를 담고 있다는 것이다. 그래서 이 서술문의 주체인 'N가'가 예문 (1)에서처럼 미지적, 곧 비한정적인 의미를 갖는 것은 문장 전체가 새로운 정보(곧 신정보)라는 담화적 환경 내에 있기 때문이다. 이렇게 볼 때 이들 중립서술문의 'N가'가 예문 (1)에서처럼 불어에서 'un N'으로 번역되는 것은 지극히 자연스러운 결과라 하겠다. 우리가 수집한 자료체에서도 마찬가지이다.

(3) a. **도로 표지판이** '그로버 시티'를 가리키고 재빨리 물러간다. (밤 400)
　　b. Un panneau annonce Grover City et disparaît à toute vitesse. (nuit 70)10)

---

9) 담화상의 정보에 대해서 말할 때 W.L. Chafe(1976 : 30)는 화자와 청자가 갖는 의식의 여부가 핵심이라고 말하면서 다음과 같이 **주어진 정보와 새로운 정보**를 각각 정의하고 있다. "Given (or old) information is that knowledge which the speaker assumes to be in the consciousness of the addressee at the time of the utterance. So-called new information is what the speaker assumes he is introducing into the addressee's consciousness by what he says."

10) 여기서 (b)문은 (a)문에 대한 번역문이다. '밤', 'nuit' 등은 예문을 추출한 소설의 약자이다. 본 제목은 1차 참고문헌에 있다. 그리고 뒤의 숫자는 예문을 발췌한 쪽을 가리킨다.

(4) a. 어디선가 큰북을 두드리는 듯한 **타격음이** 둥둥 울리고 있었다. (밤
411)

b. De quelque part retentissait un bruit de percussion, comme si
l'on battait un grand tambour. (nuit 86)

(5) a. 맨 처음 찾아 간 별에는 **왕이** 살고 있었다. (왕자1 39)

b. Le premier était habité par un roi. (petit 36)

이같이 중립서술문의 주체인 'N가'가 가지는 비한정적인 의미는 다음
단락들에서 논하는 언어학적 요건들(동사구문 문제, 부정관형사, 형용사 관형
형)에 의해서 명시적으로 나타난다.

(2) 동사구문의 문제

① 존재동사 구문 : 존재동사 '있다'로 된 "'N가' … 있다" 구문은 어떤 개
체나 집합의 존재를 제일 처음으로 규정하기 때문에 문장 전체가 새로운
정보를 제공한다. 바로 전형적인 중립서술문의 한 경우이다. 이 구문의 주
어명사구 'N가'가 비정언적 의미를 가지므로 불어에서 'un N'으로 번역되
는 것은 지극히 자연스럽다.

(6) a. 남해의 **섬 아가씨가** 있는가 하면 강원도 산골에서 온 **색시가** 있었다.
(겨울 266)

b. Il y avait une jeune femme venue d'une île du sud et une
autre d'un coin montagneux de la province de Kangwondo.
(hiver 28)

(7) a. 관 곁에는 흰 블라우스를 입고 머리에 짙은 빛깔의 수건을 쓴 **간호부
가** 있었다. (이방인 19)

b. Près de la bière, il y avait une infirmière arabe en sarrau
blanc, un foulard de couleur vive sur la tête. (étran 14)

(8) a. 옛날에 저보다 좀 더 클까 말까 한 별에 사는 **어린 왕자가** 있었습니다.

(왕자2 16)
  b. Il était une fois un petit prince qui habitait une planète à peine plus grande que lui. (petit 20)

존재의 의미를 갖는 '-있다' 동사가 처소격을 동반하는 주동사[11])의 보조동사로 쓰여 과거의 미완료적 진행을 나타낼 경우에도 마찬가지다.

(9) a. 한 고을에 하나쯤은 서화 한 장에 한 달의 노자를 내줄 줄 아는 **토호**가 <u>남아 있었다</u>. (금 25)
    b. Il y avait toujours un riche, dans un village, pour lui offrir l'équivalent d'unmois de frais de voyage en échange d'une calligraphie. (oiseau 35)

(10) a. 서쪽 산기슭의 밑자락에 어두운 **그림자가** <u>괴어 있었다</u>. (불 31)
    b. Au fond de la vallée, s'installait une ombre noire. (Feu 144)

(11) a. 가만히 다가와 그의 안색을 살피는 그녀의 화장기 없는 얼굴에는 짙은 **수심이** <u>끼어 있었다</u>. (금 23)
    b. Son visage, penché doucement sur celui de son père pour l'examiner, trahissait un souci profond. (oiseau 33)

(12) a. 맨 처음 찾아 간 별에는 **왕이** <u>살고 있었다</u>. (왕자1 39)
    b. Le premier était habité par un roi. (petit 36)

(13) a. 깊숙한 층계 밑으로부터 <u>으스스하고</u> 습한 **바람이** <u>올라오고 있었다</u>. (이방인2 54)
    b. Des profoundness de la cage d'escalier montait un souffle obscur et humide. (étran 55)

(14) a. 머리에는 **여의주가** <u>박혀 있다</u>. (금 47)
    b. Il a sur le front un joyau magique. (oiseau 64)

---

11) 김영희(1988 : 13)에서 각주 5)의 다음과 같은 언급은 우리에게 시사적이다. "존재동사란 이른바 존재사 "있다", "없다"를 포함하여, 처소격을 격 자질로 하는 일체의 동사들을 일컫는다."

② 피동사·자동사 구문 : 피동사나 자동사로 된 중립서술문에서 비한 정성을 띤 문법적 주어인 'N가'는 불어에서 'un N'으로 번역된다. 이 경우 는 두 가지 유형으로 나눌 수 있다. 첫째, 통사적으로 피동문인 경우다. 한국에서의 피동문이 불어에서도 피동문으로 번역되는 경우로 예가 그렇 게 많지 않다.

> (15) a. 더러운 움막에서 **시체가** 발견된 것은 그 무렵이었다. (불 44)
> b. C'est à cette époque qu'un **cadavre** fut découvert dans une cabane sale. (Feu 164)

대부분의 경우 한국어에서 피동문의 주어인 'N가'는 불어에서 능동문의 직접목적어로 번역된다.

> (16) a. 아득히 먼 곳에서 아련한 **목소리가** 들려왔다. (밤 410)
> b. Il entendait une voix lointaine. (nuit 86)

> (17) a. 제 무게를 못 이겨 하늘에 굵은 획을 그리며 추락하는 **별똥별도** 보인 다. (밤 402)
> b. On voit aussi parfois une étoile filante qui, emportée par son propre poids, tombe en tirant un gros trait à la surface du ciel. (nuit 73)

둘째, 한국어에서 자동사문의 주어인 'N가'가 불어에서 어휘적으로 반 의적인 다른 동사의 직접목적어 'un N'으로 번역된다. 이 경우 의미적으로 대상격(object)인 동일한 논항이 한국어에서는 자동사문의 주어명사구인 'N가'로 나타나고 불어에서는 타동사문의 직접목적어로 실현되는 일종의 대칭구문을 구성한다. 이를테면 피동―능동의 의미관계가 대립적인 어휘 적 특성에 기인하는 경우라 할 수 있을 것이다.

• **울리다 ↔ 듣다** entendre

(18) a. 멀리 기적이 울렸다 하면 그는 (⋯) (불 39)

    b. Et dès que, de loin, on entendait un léger sifflement, il (⋯) (Feu 158)

• **비비고 쏟아져 들어오다 ↔ 방출하다** déverser

(19) a. 닫힌 커튼 사이로 눈부신 아침 햇살이 비비고 쏟아져 들어오고 있었다. (밤 361)

    b. Par l'interstice des rideaux fermés, le soleil déversait une lumière éclatante. (nuit 9)

• **충만하다 ↔ 느끼다** éprouver

(20) a. 막상 앉자 이상한 행복감과 안도감이 충만하기 시작했다. (밤 371)

    b. Dès qu'ils furent installés dans le véhicule, ils commencèrent à éprouver une étrange sensation d'euphorie et de sécurité. (nuit 24)

• **나오다 ↔ 만나다** rencontrer

(21) a. 마치 책을 읽다 인상적인 구절이 나오면 (⋯) (밤 374)

    b. Tout comme, lorsque l'on rencontre un passage frappant en lisant un livre, (⋯) (nuit 27)

• **스며들다 ↔ 느끼다** éprouver

(22) a. 다시 1번 도로로 접어들자 이상한 고독감이 스며든다. (밤 399)

    b. La voiture s'est engagée de nouveau sur la route No1, les deux voyageurs éprouvent un étrange sentiment de solitude. (nuit 68)

피동사나 자동사 구문에서 문법적 주어인 'N가'가 비한정적 의미를 쉽게 갖는 이유는 무엇일까? 아마 행위의 주체(동작주 · 논리적 주어)가 명시적으로 표시되고 있지 않는 이 같은 피동사 · 자동사구문이 화자가 발화의 현장에서 바로 경험한 새로운 사실을 그대로 서술할 수 있는 최적의 담화적 환경이기 때문일 것이다.

③ 지정사 구문 : 문장 상에 지정사 '-이다(아니다)'를 갖는 지정사구문은 주어 명사구와 보격 명사구라는 두 개의 명사구로 구성된다. 이 구문의 가장 일반적인 형식은 "N은 N(가)이다(아니다)"이고, 의미-지시적으로는 주어 명사구 'N는'이 보격 명사구 'N(가)'12)의 일부분으로 포함되는 관계13)에 있다. 그리고 이 구문이 담고있는 의미적 내용에 따라 정언문과 비정언문으로 나눌 수 있다. 여기서 비정언문적 사용에 한정할 때 주어 명사구 'N는'이 기지(旣知)의 구체적인 정보를 나타낸다면,14) 보격 명사구 'N(가)'는 선행된 주어 명사구 'N는'을 지시적으로 내포하는 비한정적인 상위어로 구성되어 있다. 그래서 보격 명사구 'N(가)'는 다음 예문들에서처럼 불어에서 'un N'으로 자연스럽게 번역된다.15)

> (23) a. 그는 **정치가가** 아니었으므로 정치적인 망명을 해온 것은 아니었다. (밤 385)
>
> b. N´étant pas un homme politique, il n´était pas venu demander l´asile politique. (nuit 45)

> (24) a. 서구적인 견해로 보면 고죽은 **타고난 예술가였다.** (금 58)
>
> b. Du point de vue occidental, Kojuk était un artiste-né. (oiseau 78)

---

12) 이 'N가'를 주격명사구라 칭하는 국어학자도 많다(이익섭·임홍빈(1983), 임홍빈(1998) 등). 그래서 지정사구문은 겹주어문의 한 부류를 구성할 수 있다(겹주어문에 대해서는 아래 3장 참고).

13) G. Kleiber(1981 : 43 이하)는 'être'동사의 SN sujet와 SN attribut가 나타내는 이 같은 의미-지시적인 포함관계를 'Hiérarchie-être'라는 개념으로 설명하고 있다.

14) 명사구 'N는'의 지시적 한정성 문제와 정언문으로 쓰인 지정사구문의 주어명사구 'N는'의 번역 문제에 대해서는 아래 2장을 참조할 것. 또한 이 지정사구문의 주어명사구가 'N가'로 쓰여 선택 지정의 의미를 가질 때의 번역의 문제에 대해서는 아래 1.-2)-(1)의 [유형 2]를 참조할 것.

15) 주어 명사구 'N는'은 대조의 의미로 쓰이지 않는 한, 내포문의 주어로 나타날 경우 'N가'의 형태를 취한다. 그러나 보격 명사구가 不定的 의미를 갖고서 'un N'으로 번역되기는 마찬가지다.

  (1) a. 나는 **최씨 아저씨가** 대단히 유식한 **사람**이라고 믿고 있었다. (불 46)

  b. A mes yeux, M. Ch´oe était un vrai savant. (Feu 168)

(25) a. 빅토리아 풍의 거대한 저택은 한때는 꽤 화려한 **고급 저택이었다.**
　　　　(밤 380)
　　b. Cette grande bâtisse de style victorien avait été une demeure
　　　　luxueuse et splendide en son temps. (nuit 37-38)

　　동사 '되다'도 '-이다'와 똑같이 지정사로 행태한다.[16) 그래서 여기서도
보격보어 'N가'가 'un N'으로 번역된다.

(26) a. 그는 **철저한 거렁뱅이가** 되어 가고 있었다. (밤 382)
　　b. Il était en train de devenir un véritable clochard. (nuit 40)

(27) a. 그 애는 곧 발레리나보다 **멋진 가수가** 될 것이었다. (불 40)
　　b. N'allait-elle pas bientôt devenir une chanteuse encore plus
　　　　magnifique que les ballerines d'Omhuija? (Feu 160)

　　그러나 다음 두 경우에는 보격명사구가 'le N'으로 번역된다. 첫째, 보
격명사구가 다음 예문들에서처럼 '-의' 표시 명사구 관형어의 한정을 받을
때이다.

(28) a. 파리는 <u>프랑스의</u> 수도이다.
　　b. Paris est la capitale <u>de la France</u>.

(29) a. 절망은 존재의 **끝이** 아니라 그 진정한 **출발이다.** (겨울 306)
　　b. Le désespoir n'est pas la fin, mais le début <u>de l'existence</u>.
　　　　(hiver 86)

　　위의 예문에서 알 수 있듯이 보격의 핵명사구는 해당 구문의 의미적 성
격에 상관없이 불어에서 'le N'으로 번역된다.
　　둘째, 보격명사구가 초점구문인 분열문의 초점 위치에 나타날 때이다.

---

16) 이에 대해서는 임홍빈(1998 : 261 이하)을 참조.

(30) a. 그러나 그것은 어리석은 생각이라는 것을 나는 잘 알고 있었다. 왜냐
하면 그들 배심원이 찾고 있던 것은 **웃음거리가** 아니라 **죄였으니까.**
(이방인2 106).
b. Je sais bien que c´était une idée niaise puisque ici ce n´était
pas le ridicule qu´ils cherchaient, mais le crime. (étran 129)

비한정적일 수 있는 보격명사구가 위의 예에서처럼 총칭 개념을 통한
한정성(이에 대해서는 아래 2.-4) 참조)을 갖고서 'le N'으로 번역될 수 있는
것은 분열문이라는 문장 형식상의 특징 때문이다.

(3) 부정관형사의 수식

비한정적 의미를 명시적으로 나타내는 부정관형사와 결합된 'N가'는 'un
N'으로 번역된다.

(31) a. 잠결에 둔한 비명소리를 지르며 **한 사내가** 그를 올려다보았다. (밤
365)
b. Un homme poussa un cri sourd dans son sommeil et le
regarda. (nuit 15)

(32) a. 그러다가 고죽에게 **한 계기가** 왔다. (금 44)
b. Puis, un tournant s´était dessiné. (oiseau 56)

(33) a. 아마도 **어떤 여자가** 자신의 헤어핀을 꽂아 준 모양이었다. (밤 365)
b. Une femme, probablement, lui avait mis son épingle à
cheveux. (nuit 14)

상기 예문 (31)a에서처럼 'N가'가 인물명사일 경우는 수관형사가 수사
로 바뀌어 인물명사 뒤에서 실현될 수 있으며, '명사+수사+가'는 'un N'
으로 번역된다.

(34) a. 제방에서 **나이 든 할아버지 하나**가 갈매기들에게 먹이를 주고 있었
　　　 다. (밤 388)
　　 b. Sur la digue, un vieillard donnait à manger aux mouettes.
　　　 (nuit 49)

이 경우 수사의 격조사 '-가'가 앞의 인물명사로 자리를 옮길 수도 있다.

(35) 제방에서 **나이 든 할아버지가 하나**[17] 갈매기들에게 먹이를 주고 있었다.

여기서도 문제의 표현은 (34)b에서처럼 'un vieillard'로 자연스럽게 번
역된다.

수관형사가 동물이나 사물을 수식할 때는 '명사＋(가)＋수관형사＋단위
명사＋(가)'로 된 명사구로 실현되는 것이 일반적이고 인물명사도 이 형식
으로 나타날 수 있다.

(36) a. 붓을 닦으며 행랑을 꾸리려는데 난데없는 **인력거 한 채**가 회장으로
　　　 쓰던 저택 앞에 머물러 그를 청했다. (금 25)
　　 b. Il préparait son bagage pour un nouveau départ quand,
　　　 soudain, un pousse-pousse s'était arrêté devant la maison
　　　 où il demeurait, chargé d'une invitation. (oiseau 35)

(37) a. 오동통하게 살이 찐 **돼지가 한 마리** 떠내려 오지 않으려고 안간힘을
　　　 쓰며 발버둥을 치고 있었다. (불 42)
　　 b. Un gros cochon luttait de toutes ses forces contre le
　　　 courant. (Feu 161)

(38) a. 이튿날 **변호사 한 사람**이 형무소로 나를 만나러 왔다. (이방인2 86)
　　 b. Le lendemain, un avocat est venu me voir à la prison. (étran
　　　 100)

---

17) 최현배(1971 : 247)는 이 경우 '하나'가 부사적 용법을 갖는다고 말한다.

여기서도 '명사＋(가)＋수관형사＋단위명사＋(가)'의 명사구 전체가 불어에서 'un N'으로 번역되기는 마찬가지다.

이렇게 볼 때 문제의 명사구들이 부정관형사의 수식을 받든, '수관형사＋단위명사'의 수식을 받든, 또한 수관형사가 부사적 용법으로 쓰이든 모두 'un N'으로 번역됨을 알 수 있다. 그리고 이들 명사구는 모두 비정언문적 문맥에서 사용되고 있다.

(4) 형용사의 관형형

관형격조사 '-의'를 동반한 명사구 관형어의 수식을 받는 명사는 그 외연의 범위가 축소됨은 물론 지시적 정체성도 확보하게 된다. 이 경우 핵명사구는 자신이 동반하는 조사가 '-가'냐, '-는'이냐에 상관없이 지시적으로 한정되기 때문에 아래의 예들이 나타내는 것처럼 불어에서 'le N'으로 번역된다.

> (39) a. <u>레몽의</u> **친구는** 조그만 목조 별장에 살고 있었다. (이방인2 71)
>   b. L'ami <u>de Raymond</u> habitait un petit cabanon de bois. (étran 81)

> (40) a. 그의 눈에 다시 돌아가신 <u>스승의</u> **휘호가** 가득히 들어왔다. (금 30)
>   b. La calligraphie <u>de Maître Soktam</u> vint à nouveau envahir sa pensée. (oiseau 41)

다른 격조사들이 생략될 수 있듯이 관형격조사 '-의'도 생략될 수 있다. 그러나 불어로의 번역에서는 생략된 관형격조사 '-의'가 명사보어로 회복되어 핵명사구를 한정한다.

> (41) a. 바람을 타고 <u>바다</u> **냄새가** 비릿하게 풍겨왔다. (밤 387)
>   b. Porté par le vent, l'air <u>de la mer</u> exhalait une odeur de poisson. (nuit 48)

한편, 핵명사구가 동사구 관형어의 수식을 받을 수 있다. 이 경우 핵명
사구는 불어에서 'le N'으로 번역되기도 하고

> (42) a. <u>방향을 잃은</u> **사람**이 밤하늘에 빛나는 별과, 나무등걸의 나이테를 보
>   고 방향을 잡듯이. (밤 374)
>   b. De même que le voyageur <u>qui a perdu son chemin</u> s′oriente
>   en examinant les étoiles qui scintillent dans le ciel et les
>   cernes des souches d′arbres. (nuit 27)

> (43) a. 잔디밭에 떼지어 <u>앉았던</u> **새들**이 놀라서 일제히 박수를 치며 일어섰
>   다. (밤 373)
>   b. Surpris, tous les oiseaux <u>qui étaient sur les pelouses</u>
>   applaudirent à l′unisson et s′envolèrent. (nuit 27)

부정명사구 'un N'으로 번역되기도 한다.[18]

> (44) a. 그 순간 <u>어디선가 날아온</u> **돌덩어리**가 정통으로 돼지의 머리를 맞추었
>   다. (불 42)
>   b. C′est alors qu′une grosse pierre, <u>venue je ne sais d′où</u>,
>   l′atteignit en plein front. (Feu 162)

> (45) a. <u>삐죽삐죽 돋아난</u> **곶들**이 함부로 찢은 은박지처럼 구겨져서 바다 속에
>   침몰하고 있다. (밤 397)
>   b. Des promontoires <u>qui s′avancent en pointe</u> plongent dans la
>   mer, froissés comme du papier d′argent que l′on aurait
>   déchiré n′importe comment. (nuit 65)

지금까지 살펴본 관형격조사 '-의'를 동반한 명사구 관형어나 동사구 관
형어로 한정되는 핵명사구들에 비해, 주어명사구 'N가'가 형용사 관형형의
수식을 받는 경우 다음 예문들이 보여주듯 비한정적 의미를 명시적으로

---

18) 동사구 관형어의 수식이 있을 때, 핵명사구가 갖는 한정·비한정성에 대한 더욱 천
   착된 연구는 다음의 기회로 미룬다.

갖게 된다.

> (46) a. <u>황홀한</u> **미소가** 그의 얼굴에 번져 나갔다. (밤 392)
>   b. Sur son visage se répandait un **sourire** extatique. (nuit 57)

> (47) a. 아득히 먼 곳에서 <u>아련한</u> **목소리가** 들려왔다. (밤 410)
>   b. Il entendait une **voix** <u>lointaine</u>. (nuit 86)

> (48) a. <u>납과 같은 무거운</u> **침묵이** 두 사람을 짓누르기 시작했다. (밤 396)
>   b. Un **silence** de plomb commence à peser sur eux. (nuit 64)

> (49) a. <u>아름다운</u> **하루가** 시작되려는 것이었다. (이방인2, 31)
>   b. C'était une <u>belle</u> **journée** qui se préparait. (étran 22)

이처럼, 형용사 관형형의 수식이 있는 경우, 왜 그 피수식 명사는 비한 정성을 띠게 될까? 이러한 형용사 관형형의 수식은 '-의' 표시 명사구 관형어에 의한 수식에서처럼 피수식명사의 지시적 정체성을 확인해 주는 데 있지 않고, 단지 피수식명사의 외연의 범위를 작게 하고 반면 그 내포 범위를 크게 한다. 이를테면 명사가 구체적인 지시대상을 가리키지 않고 정언적 의미로 홀로 사용된다면 존재적 지시(indication existentielle)를 통한 총칭적 일원성을 나타낼 수도 있지만(아래 2.-4) 참조), 형용사의 수식은 피수식명사의 내포적 의미를 더욱 넓혀주기 때문에 이 후자의 지시성은 미지적일 수밖에 없다. 바로 이런 이유에서 불어나 영어 등에서 부가형용사의 수식을 받는 명사가 일반적으로 부정관사를 수반한다.

그러나 형용사 관형형의 수식이 있다고 해서 피수식명사가 항상 비한정적 의미를 갖는 것은 아니다. 이를테면 형용사와 피수식명사가 일체가 되어 복합어적인 어휘화 효과를 만들 때는 불어에서 정관사를 동반하게 된다.[19)]

---

19) 이에 대한 더 상세한 내용은 아래 1.-2)-(2)의 각주 26)을 참조.

(50) a. <u>저열한</u> **쾌락이** 그의 공허감을 자극하고, 다시 그 공허감은 새로운 쾌
   락을 요구했다. (금 44)

   b. Le plaisir <u>vulgaire</u> entraînait l´impression de vide, puis ce
   vide provoquait une nouvelle recherche du plaisir. (oiseau
   60)

(51) a. 다시 한번 <u>붉은</u> **바닷가가** 눈에 선해지면서 나는 뜨거운 햇살을 이마
   위에 느꼈다. (이방인 2 90)

   b. Une fois de plus, j´ai revu **la plage rouge** et j´ai senti sur
   ma front la brûlure du soleil. (étran 105)

2) 'le N'으로 번역되는 경우

(1) 선택지정문

주격조사 '-가'의 또 다른 용법은 여러 가능한 것 가운데서 특히 하나를
골라서 지정하는 선택지정[20]의 의미로 쓰이는 것이다. 이 경우, 주격조사
'-가'는 그 지정된 사물을 가리키는 체언에 첨가된다. 이 용법은 다음 세
가지 유형으로 나누어볼 수 있다.

(52) a. 소, 돼지, 말 중에서 무엇이 잘 뛰나? Du boeuf, du cochon et du
   cheval, lequel court le mieux?
   b. **말이** 잘 뛴다. Le cheval court bien.

(53) a. 무엇이 유용한 동물인가? Quel animal est utile?
   b. **말이** 유용한 동물이다. Le cheval est un animal utile.

(54) a. 무엇이 깨졌는가? Q´est-ce qui s´est cassé?
   b. **꽃병이** 깨졌다. Le vase/Un vase s´est cassé.

---

20) 신창순(1975), 이필영(1982), 그리고 Kuno(1973)에 이어 총기(總記, exhaustive listing)
로 설명하고 있는 홍사만(1987) 참고.

예컨대 (52)b의 주어명사구는 (52)a를 통하여 서술부 "소, 돼지, 말 중에서 'N가' 잘 뛰다"가 이미 전제된 상태에서 잘 뛰는 것은 이들 동물들 중에서 '말'임을 선택하여 말한 것이다. 여기서 'N가'는 '다름 아닌 N가'라는 뜻으로서 선택된 주체인 'N가'를 잠재적으로 가능한 다른 주체들과 배타적으로 대립시켜 강조하는 의미를 갖는다.21) 바로 선택지정문의 경우로, 여기서 동작이나 상태의 주체인 'N가'는 청자의 관심을 집중시키는 초점으로 강세를 띠게 된다. 이들 선택지정문은 정언문인가의 여부, 초점명사구 'N가'가 신정보냐의 여부, 서술부가 전제되었는가의 여부 등에 따라 아래와 같은 하위유형들로 나눌 수 있다.

[유형 1] 상기 예문 (52)가 그 예이다. 문 (52)을 다시 가져와 (c), (d)항을 보태면 다음과 같다.

(52) a. 소, 돼지, 말 중에서 무엇이 잘 뛰나? Du boeuf, du cochon et du cheval, lequel court le mieux?
  b. 말이 잘 뛴다. Le cheval court bien.
  c. 말이 그렇다. Le cheval l'est.
  d. 말이. Le cheval.

(52)b는 (52)a의 질문에 대한 대답으로서의 선택지정문이다. 여기서 서술어 '잘 뛴다'는 이미 전제된 구정보로 잉여적 정보이다. 그래서 (52)c에서처럼 대형식으로 나타날 수도 있고, (52)d처럼 생략될 수도 있다. 반면 초점명사구 '말이'는 (52)a에서 이미 언급된 구정보이나 생략될 수 없는 필수적 정보이다.22) 한편 (52)b는 일반적인 판단을 말하는 정언문이다.

여기서 초점 명사구 '말이'가 정명사구 'le cheval'로 번역되는데 대해 두 가지 사실을 말할 수 있다. 하나는 (52)a에서 이미 언급된 '말'이 (52)b에

---

21) 임홍빈(1998 : 194) 참조.
22) 구정보라고 해서 반드시 잉여적 정보인 것은 아니고, 필수적 정보도 될 수 있다. 이에 대한 상세한 내용은 윤재원(1989 : 52 이하)을 참조.

서 다시 취해진다(reprise)는 것이고, 다른 하나는 정언문인 (52)b에서 초점 명사구 '말이'가 총칭적 의미를 갖는다는 것이다.

[유형 2] 상기 예문 (53)이 그 예이다. 문 (53)을 다시 취하여 (c), (d)항을 보태면 다음과 같다.

(53) a. 무엇이 유용한 동물인가? Quel animal est utile?
    b. 말이 유용한 동물이다. Le cheval est un animal utile.
    c. 말이 그렇다. Le cheval l'est.
    d. 말이. Le cheval.

(53)b의 서술어 '유용한 동물이다'는 전제된 구정보로 (53)c, d가 나타내듯 잉여적 정보를 구성한다. 주어명사구 '말이'는 신정보이자 초점으로 필수적 정보를 구성한다. (53)b문은 일반적 사실을 담고 있는 정언문이다. 바로 이 후자의 이유로 초점 명사구인 'N가'가 불어에서는 총칭적 의미의 'le N'으로 번역된다고 할 수 있다.

(55) 코끼리가 젤 크다. L'éléphant est le plus gros.
(56) 마늘이 맵다. L'ail est forte.
(57) 건강에는 산책이 좋다. La promenade est très bonne pour la santé.

여기서 다음 두 가지 사항을 고려해 볼 수 있다. 첫째, (53)a의 질문을 "말, 소, 낙타 등등에서 무엇이 유용한 동물인가?"라는 질문과 동가적일 수 있는 것으로 해석할 수 있다면, (53)b의 초점 '말이'는 구정보이지만 필수적 정보라는 [유형 1]과 동일하게 분류되어야 할 것이다. 그럴 경우 '말이'를 'le N, le cheval'로 번역하는 것은 앞서 언급된 동일한 낱말의 다시 취한 것으로 해석할 수 있을 것이다. 둘째, (53)b는 다음의 (58)과 같은 포유문에서,

(58) 말이 유용한 동물이라고 나는 생각한다.

모문인 "나는 … 라고 생각한다"가 삭제되어 실현된 단문이라는 것이다. 이를테면, '말은 유용한 동물이다'라는 단문이 내포문으로 실현되면서 상기문 (58)의 '말이'로 된 다음[23] 모문의 주어와 도입동사가 삭제된 후에도 내포문에서처럼 그대로 쓰인다는 말이다. 그러나 '말'이 갖는 총칭성에는 변화가 없기 때문에 항상 'le N, le cheval'로 번역된다고 하겠다.

  [유형 3] 상기 예문 (54)가 예가 된다. (54)를 다시 가져와 (c), (d)항을 보태면 다음과 같다.

  (54) a. 무엇이 깨졌는가? Q'est-ce qui s'est cassé?
     b. 꽃병이 깨졌다. b1. Le vase s'est cassé. / b2. Un vase s'est cassé.
     c. 꽃병이 그랬다. c1. Le vase l'a été. / c2. Un vase l'a été.
     d. 꽃병이. d1. Le vase. / d2. Un vase.

  (54)b의 서술어 '깨졌다'는 전제된 구정보로 (54)c, d가 나타내듯 잉여적 정보를 구성한다. 주어 '꽃병이'는 신정보를 나타내는 초점으로 필수적 정보를 구성한다. 그리고 (52)b와 (53)b문과는 달리 (54)b문은 구체적인 현실적 사실을 담고 있는 비정언문이다. 이 경우 '꽃병이'의 의미는 두 가지다. 첫째, 화자와 청자가 이미 공유하는 언어외적 상황에 대한 인식, 곧 발화 당시의 상황에서 깨질 가능성이 있는 '꽃병, 거울, 창문, 등' 중에서 '꽃병'이 배타적으로 선택되는 경우이다. 여기서는 '꽃병이'가 'le N, le vase'로 번역된다. 둘째, 화자 A와 청자 B가 함께 공놀이를 하다가 A가 잘못 찬 공을 B가 옆집에 주우려 들어갔을 때, A가 (54)a와 같이 묻는 물음에 B가 (54)b처럼 대답할 수 있을 것이다. 이 경우에는 A에게 이미 알려지지 않은 비한정적인 '꽃병'이 문제가 되기 때문에 'un N, un vase'라고 번역해야 할 것이다.

  다른 예를 하나 더 들면 다음과 같다.

---

23) 내포문의 주어에 주제격조사 '-는'은 올 수 없고, 주격조사 '-가'가 쓰인다(이익섭 · 임홍빈, 1983 : 168 참조).

(59) a. 무엇이 유리창을 깼나? Qu'est-ce qui a cassé ces vitres?
    b. **돌멩이가** 유리창을 깼어요. b1 La pierre les a cassées. / b2 Une pierre les a cassées.
    c. **바람이** 유리창을 깼어요. Le vent les a cassées.

(59)a와 같은 질문에 (59)b와 같이 '돌멩이가'라는 초점 명사구를 갖는 대답이 가능하다. 그러나 이 '돌멩이'는 상황적으로 한정될 수도, 혹은 아니 될 수도 있다. 어린이들이 거실에서 항상 가지고 노는 것으로 화자와 청자가 알고 있는 기지의 돌멩이라면 (59)b1처럼 'La pierre'로 번역되어야 할 것이지만, 집 밖에서 불현듯 날아온 미지의 돌멩이라면 (59)b2처럼 'Une pierre'로 번역되어야 할 것이다. 그러나 (59)c에서처럼 '바람'이 초점의 대답으로 선택된다면 '현상'명사라는 어휘적 특성 때문에 'le N, Le vent'으로 번역될 것이다(이에 대해서는 다음 (2)를 참조).

(2) 'N가'의 어휘적 특성

보통명사는 눈으로 볼 수 있느냐와 손으로 만질 수 있느냐의 여부에 따라 구상명사와 비구상명사로 나눌 수 있고, 구상명사는 다시 지시하는 대상이 감정표현의 능력이 있느냐의 여부에 따라 유정명사와 무정명사로 나눌 수 있다. 무정명사는 다시 셀 수 있는 가산명사와 셀 수 없는, 곧 세분화할 때 그 고유의 형태와 성질을 유지하는 물질명사(nom massif)로 나눌 수 있다. 그리고 비구상명사는 추상적 개념을 나타내는 추상명사와 자연현상을 나타내는 '현상' 명사로 나눌 수 있다.[24] 문두의 주어명사구 'N가'가 여기서 하위분류된 물질명사나 비구상명사로 실현될 경우 불어에서는 'le N'으로 번역됨을 볼 수 있다.

---

24) 남기심·고영근(1993 : 71~72) 참조.

① 물질명사의 경우

    (60) a. **땀**이 볼을 타고 흘러내렸다. (이방인2 35)

         b. La sueur coulait sur mes joues. (étran 28)

    (61) a. **눈발**이 시야를 가릴 정도로 몰아치고 있었다. (밤 383)

         b. la neige tombait en tempête au point de gêner la vue. (nuit, 42)

    (62) a. 어느 정도 **코피**가 멎었는지 준호는 (…) (밤 370)

         b. Le saignement de nez avait dû s'arrêter; Chunho (...). (nuit 21)

    (63) a. 정말로 **눈**이 오고 있었다. (겨울 280)

         b. C'était vrai. La neige avait commené à tomber. (hiver 50)

② 추상명사의 경우

    (64) a. 기어코 잠재되어 있던 **분노**가 방아쇠를 당긴 총알처럼 뛰쳐나갔다. (밤 387)

         b. La colère[25] amassée dans son subconscient avait fini par sortir, comme une balle quand la détente se déclenche. (nuit, 48)

    (65) a. 곧 **통증**이 시작될 것입니다.(금 59)

         b. ― Bientôt la douleur va reprendre. (oiseau 78)

    (66) a. **저열한 쾌락**이 그의 공허감을 자극하고, 다시 그 공허감은 새로운 쾌락을 요구했다. (금 44)

         b. Le plaisir vulgaire[26] entraînait l'impression de vide, puis ce

---

25) 이 명사가 목적어 위치에서는 부분관사를 동반한다.

    (1) a. 그는 다만 분노했으므로 여행을 떠나왔다. (밤 398)

      b. Il est parti parce qu'il éprouvait de la colère. (nuit 67)

26) 이처럼 형용사 'vulgaire'의 수식이 있는데도 부정관사가 쓰이지 않고 정관사가 쓰인 것은 형용사 'vulgaire'가 명사 'plaisir'에 이른 포착(incidence précoce)이 되어 '저열한 쾌락'이 하나의 복합명사로 해석되는 순간적인 어휘화의 결과이다(G. Moignet,

vide provoquait une nouvelle recherche du plaisir. (oiseau
60)

③ '현상'명사의 경우

(67) a. 그러자 이번에는 아랍사람이, 몸을 일으키지 않고 단도를 뽑아서 태
  양 빛에 비추며 나에게로 겨누었다. **빛이** 강철 위에 반사하자, (…)
  (이방인2 81)
  b. Et cette fois, sans se soulever, l'Arabe a tiré son couteau
  qu'il m'a présenté dans le soleil. **La lumière** a giclé sur
  l'acier (…) (étran 94)

(68) a. 빛을 모반하는 **저녁 노을이** 혁명을 일으켜 **피와 같은 노을을** 깃발처
  럼 드리운다. (밤 399)
  b. Révolté contre la lumière, **le crépuscule** provoque la
  révolution et déploie comme un drapeau **une lueur rouge
  sang**. (nuit 68)

(69) a. 굳게 닫혀진 차체에서는 끊임없이 **연기가** 솟아오르고 있었다. (밤
  406)
  b. Du capot de la voiture solidement fermé, **la fumée** continuait
  à monter. (nuit 80)

여기서 주어명사구로 쓰인 물질명사, 추상명사 그리고 '현상'명사가 왜
정명사구 'le N'으로 번역되는가를 다음과 같이 생각해볼 수 있다. ① 일반
적으로 불어에서 물질명사와 추상명사는 특히 비정언문에서 부분관사와
더불어 쓰인다. 그러나 부분관사가 문두의 주어 명사구와 더불어는 잘 사
용되지 않기 때문에[27] 정관사가 그 자리에 쓰인다. ② '현상'명사는 그 범

1981 : 42~49 참조).
27) Ph. Martinon(1927 : 61). 그러나 가끔 종속절의 초두에서 부분관사가 쓰이기도 한다.
  a. 머리는 **먼지가** 갈피마다 낀 듯 복잡하고 어지러웠다. (밤 361)
  b. Son cerveau était embrouillé et confus, comme si **de la poussière** en avait
  envahi tous les rouages. (nuit 9)

주에 속하는 자연현상을 지시하기 때문에 비록 비정언문 내에 나타난다고 할지라도 '태양, 달, 등'의 유일명사처럼 일반성을 갖기 때문에 'le N'으로 번역된다고 볼 수 있다. 그러나 이들 명사가 형용사 관형형의 수식을 받으면 개별성을 갖기 때문에 상기 예문 (68)의 목적어 '피와 같은 노을'이나 다음 예문에서처럼 비한정적 의미를 갖게 된다.

> (70) a. 아침저녁으로 제법 <u>신선한</u> **바람이** 일렁이면서 나는 이 학년 이 학기를 시작하게 되었다. (불 48)
>
> b. Le deuxième semestre commença, un vent <u>frais</u> se mit à souffler du matin au soir. (Feu 170)

2. 명사구 'N는'

특수조사 '-는'[28]을 동반한 명사구가 불어에서 등가적 의미를 갖기 위해 어떤 관사를 수반하여 번역되는가를 보자. 'N는'은 두 가지 의미로 쓰인다.

첫째, 소극적 배타성을 띤 '대조(contrast)'의 의미로 쓰인다.[29]

> (71) a. 이 일을 하느님은 할 수 있을 것이다.
>
> b. 나는 생물은 좋아했지만 화학은 싫어했다.
>
> c. 소년은 간다. (류구상, 1980 : 104)

---

28) 특수조사는 '-가'처럼 격표지 형태소가 아니고 주로 의미론적·화용론적 성격을 띠고 있으며 체언뿐만 아니라 용언, 부사 아래에도 사용되어 화자와 청자 사이의 발화외적 요소인 언어 상황을 나타낸다. 상세한 내용은 홍사만(1983)과 홍사만(2002)을 참조.

29) 이에 반해, 특수조사 '-만'은 대조 가능한 계열적 후보를 전부 배제하는 적극적 배타성을 행사한다.

이 일을 하느님만이 할 수 있을 것이다(이익섭·임홍빈, 1983 : 162 이하 참조).

(71)a에서 '하느님은'은 다른 능력 있는 인격자와 '함축적으로' 대조됨으로써 소극적인 배타성을 나타낸다. (71)b에서는 같은 문장 내에 있는 '생물은'과 '화학은'이 대조된다. (71)c는 '소년을 제외한 다른 사람은 가는지, 가지 않는지 몰라도 소년은 간다'는 뜻으로 소년을 제외한 다른 사람과 대조됨을 알 수 있다. 대조조사 '-는'은 주로 문중에 놓이며, 그 피접 명사구는 계열적 차원이나 통합적 차원에서 다른 요소와 대조됨으로써 강세를 띠게 된다. 이렇게 대조적인 의미를 갖는다는 것은 '-는'의 피접 명사구가 실현되었거나 실현 가능한 다른 요소와의 상대적인 대립에 의해 자신의 지시적 정체성을 확보함으로써 한정된다는 것을 의미한다.30) 그 결과 대조명사구 'N는'은 불어에서 'le N'으로 옮겨진다.

> (72) a. 어느새 말짱 이불도 개켜져 장롱 속에 넣어진 듯 **방안은** 깨끗했다.
>   (불 30)
>   b. La chambre était vide, les couvertures déjà pliées et rangées
>   dans l'armoire, comme par magie. (Feu 143)
>
> (73) a. 그런데도 나는 감히 말하였다. **이념은** 나를 배반했고, **아름다움은** 내
>   접근을 거부했으며, **학문은** 아무 것도 주지 않았다, 라고. (겨울 277)
>   b. Et pourtant, j'ai osé dire : "L'idéologie m'a trahi, la beauté
>   m'a rejeté et les livres ne m'ont rien apporté." (hiver 46)

그러나, 곧 이어 언급할 주제명사구 'N는'처럼 반드시 주어진 정보이어야 할 필요가 없는 대조명사구 'N는'31)은 관형어의 수식이 있을 경우(상기 1.-1)-(4) 참조) 부정관사를 수반하는 명사구로 번역될 수 있다.

> (74) a. <u>머리칼이 긴</u> **여자는** 커다란 곰 인형을 부둥켜안고 있었다. (밤 364)
>   b. Une femme <u>aux cheveux longs</u> tenait un ours en peluche
>   dans ses bras. (nuit 13)

---

30) 임홍빈(1998 : 194)은 조사 '-은/는'이 대조적 대립의 의미를 갖는다고 말한다.
31) 홍사만(1983 : 133).

둘째, '주제(topic)'의 의미로 쓰인다. 통사적으로 볼 때 대조의 '-는'이 자신이 연결된 요소만을 수식한다면, 주제의 'N는'은 나머지 문장으로부터 독립되어 문장 전체에 관계한다는 점이 다르다.[32] 주로 문두에 쓰이는 주제명사구 'N는'은 'N을 드러내어 말할 것 같으면 ~' 하는 주제로서의 의미를 갖는다.[33] 다음 예문들을 보자.

> (75) a. 소나무는 상록수다.
>   b. 기차는 그가 도착했을 때 이미 떠나 버렸다.
>   c. 바다는 역시 동해가 제일 좋군요.

여기서 조사 '는'과 더불어 쓰인 주어명사구 '소나무는, 기차는, 바다는'은 '소나무로 말할 것 같으면, 기차에 대해 말하자면, 바다로 말하면' 등으로 각각 풀이될 만한 뜻을 갖는다. 이는 어떤 이야기를 이끌어 내는 조사 '-는'이 담화 차원에서 주제(또는 화제) 표시의 기능을 갖는 것으로 설명된다.[34]

'N는'이 주제로 쓰인다는 말은 이 명사구를 뒤따르는 후속의 발화연쇄는 '설명어(comment)'를 구성한다는 것을 의미한다. 이 '주제—설명어' 구조에서 주제가 기지의 주어진 정보(구정보)를 갖는다면 설명어는 주제에 대한 새로운 정보(신정보)를 전개하는 부분이다. 여기서 주제가 주어진 정보를 담고 있다는 말은 'N는'이 '한정적(definite, identifiable)이거나 총칭적(generic) 의미'를 갖는 것을 말한다.[35] 한 마디로 청자가 어떤 요소의 존

---

32) 이에 대한 세 가지 통사적 논거는 채완(1977)을 참조.
33) 그러나 "{이/가}가 '배타적 대립'의 의미론적인 기능을 가지며, {은/는}이 '대조적 대립'의 의미론적인 기능을 가진다고 결론지어 말할 수 있다."는 임홍빈(1998 : 217)의 언급이나, 일본어에서 동일한 주제 조사인 {wa}에도 " '다른 것이 아닌 이것에 대하여 말하면 ~'이라고 하는 대조의 의미가 들어 있다."고 말하는 井上和子(1979)의 논급(홍사만, 1983 : 133에서 재인용)을 통해서 볼 때도 '-는'의 주제 의미는 대조의 의미에서 나온 것이라고 볼 수도 있을 것이다.
34) 이익섭 · 임홍빈(1983 : 166~167).
35) 채완(1977) 참조.

재를 알 수 있거나 알고 있다고 화자가 믿을 때 그 요소는 주제가 될 수 있다.

따라서 우리는 조사 '-는'을 동반하여 주제로 기능하는 명사구가 불어에서도 명사구로 번역될 때 정관사(또는 정관사류)를 동반한다는 가정을 할 수 있다. 이를 확인하기 위해, 주제명사구 'N는'이 언어학적으로 어떤 유형의 '한정적' 환경 하에서 실현되는지, 그리고 이들 주제명사구가 불어에서 항상 'le N'으로 번역되는지를 체계적으로 기술하고자 한다.

1) 문맥에 의한 한정

문맥에 의한 한정은 주제명사구 'N는'이 대용적 기능을 가질 때이다. 이때 명사구 'N는'은 선행된 문맥에서 지시적 정체성을 확보할 수 있기 때문에 주제로서의 한정성을 갖는다. 다음 두 가지 경우를 들 수 있다.

① '복사'대용(anaphore duplicative)

주제 명사구 'N는'의 지시성이 선행 문맥에 먼저 나타난 동일한 명사에 의해 확보되는 경우이다. 여기서 특징적인 것은 담화에서 처음 언급됨으로써 중립서술적 용법으로 쓰인 'N가'는 이미 앞에서 언급한대로 'un N'으로 번역되고, 이를 되받는 주제명사구 'N는'은 'le N'으로 번역되는 전형적인 대용적 용법을 구성한다는 것이다.

(76) a. 맨 처음 찾아 간 별에는 **왕이** 살고 있었다. **왕은** 홍포와 수달피 옷을 입고 앉아 있었다. (왕자1 39)

b. Le premier était habité par un roi. Le roi siégeait, habillé de pourpre et d'hermine. (petit 36)

(77) a. 다음 요리를 기다리며 또 핸드백에서 **푸른 연필**과 일주일 동안의 라

디오 프로그램이 실린 **잡지**를 꺼냈다. **잡지**는 열 두어 페이지나 되었
으므로 그녀는 (⋯) (이방인2 65)

  b. En attendant le plat suivant, elle a encore sorti de son sac
un crayon bleu et **un magazine** qui donnait les programmes
radiophoniques de la semaine. Comme **le magazine** avait une
douzaine de pages, elle (⋯) (étran 72)

이러한 대용적 용법은 상기 예문에서처럼 주제 명사가 '복사'할 동일명
사가 바로 앞의 문맥에 인접한 경우뿐만 아니라, 다음에서처럼 '복사'할 동
일명사가 문맥적으로 상당히 떨어져 있을 때에도 가능하다.

(78) a. 집 앞 정원에 세워 둔 **준호의 검은 차가** 없었다면 그들은 돌연히 다
가온 이 정원 풍경을 어떻게 받아들여야 할지 어리둥절한 기분이었을
것이다. (밤 371) **차는** 어둠의 두터운 벽을 뚫는 나사못처럼 달려 나
간다. (밤 400)

  b. Si, dans la cour, il n′y avait eu **la voiture noire de Chunho**,
ils se seraient probablement demandé quel accueil faire au
paysage de ce jardin surgissant tout à coup devant leurs yeux
(nuit 23). **La voiture** avance comme une vis perçant le mur
épais de l′obscurité. (nuit 69)

② 결합적 대용(anaphore 'associative')

주제 명사구 'N는'이 확보하는 지시적 정체성이 담화에서 선행된 요소와
갖는 전체-부분의 관계에서 설명되는 경우이다. 결합적 대용은 두 유형으
로 나눌 수 있다. 하나는 주제 명사구 'N는'이 자신과 어휘-지시적으로 연
계되는 앞선 명사적 표현에 대하여 상위개념어를 구성하는 경우이다.

(79) a. 그의 **방을** 나서자 나는 **문을** 닫고 어둠 속의 **층계참에** 잠시 서 있었
다. **집안은** 고요했다. (이방인2 54)

  b. En sortant de **chez lui**, j′ai refermé **la porte** et je suis resté
un moment dans le noir, sur **le palier**. **La maison** était
calme. (étran 55)

(80) a. 레몽의 친구는 해변 기슭의 **조그만 목조 별장**에 살고 있었다. **집은**
　　　바위를 등지고 있었다. (이방인2 71)
　　b. L'ami de Raymond habitait un petit cabanon de bois à
　　　l'extrémité de la plage. La maison était adossée à des
　　　rochers. (étran 81)

다른 하나는 주제명사구 'N는'이 자신과 어휘－지시적으로 연계되는 앞
선 명사적 표현에 대하여 하위개념어를 구성하는 경우이다.

(81) a. 준호의 **차는** 해안에 정박한 낡은 폐선처럼 보였다. **차창은** 먼지로 반
　　　투명의 잿빛 유리처럼 더러웠다. (밤 371)
　　b. La voiture de Chunho semblait un navire hors service ancré
　　　le long du rivage. Pleines de poussière, les vitres semblaient
　　　faites de verre dépoli d'une couleur cendrée. (nuit 23)

(82) a. 그는 준호의 안경을 스피커 옆에서 찾아냈다. 다행이다. 안경은 밟혀
　　　테가 몹시 구부러져 있었지만 **안경알은**36) 건재했다. (밤 368)
　　b. Il finit par découvrir les lunettes de Chunho près d'un
　　　haut-parleur. La monture était horriblement tordue, comme
　　　piétinée mais, par bonheur, les verres étaient intacts. (nuit
　　　19~20)

2) 상황에 의한 한정

언어외적인 상황적 맥락에 따라 화자는 자신의 발화내용을 대화상대자
가 이미 알고 있다고 생각할 때 어떤 관형어의 도움도 없이 주제조사 '-는'
홀로 지시적 한정성을 나타낼 수 있다. 일례로, 일전에 복덕방에서 어떤
집의 전세금이 비싸지 않고 교통이 편리하다는 등의 이야기가 있은 후,
약속한 날에 그 집을 실제로 보러가면서 세입자가 다음과 같은 질문을 던

---

36) 이 경우 '-는'은 대조의 의미로 쓰이고 있다.

질 수 있을 것이다.

(83) a. **집은** 난방시설을 갖추고 있나요?
　　　 b. **La maison** a-t-elle le chauffage?

다른 예로, 매일같이 만나는 감독이 어느 날 아침에 보이지 않을 때 수석코치가 다음과 같이 선수 등에게 말할 수 있을 것이다.

(84) a. **감독은** 결근할 것이다.
　　　 b. **Le directeur** sera absent.

이렇듯 술부가 특정적 의미를 갖는데도 불구하고 '-는'의 피접 명사구가 선행 문맥의 도움 없이도 지시적 정체성을 확보할 수 있는 것은 자신의 지시성이 화자와 청자에 의해 언어외적으로 공유되기 때문이다.

3) '유일'명사

언어가 가리키는 지시세계에서 유일한 존재는 문맥이나 상황적인 어떤 맥락과 무관하게 한정성을 갖는다. 곧 해, 달, 지구, 하늘, 바다 등은 특수조사 '-는'의 피접어가 될 수 있다. 따라서 이들 '유일'명사들이 불어로 표현될 때 정관사를 동반하는 것은 당연하다.

(85) a. **바다는** 더 이상 보이지 않는다. (밤 400)
　　　 b. On ne voit plus **la mer**. (nuit 69)

(86) a. 하늘로 향한 얼굴 위에서 **태양은** 입으로 흘러드는 물의 장막을 걷어 주었다. (이방인2 73)
　　　 b. Sur mon visage tourné vers **le ciel** **le soleil** écartait les derniers voiles d'eau qui me coulaient dans la bouche. (étran 82)

4) 총칭적 유개념(類槪念)

어떤 문맥적 · 상황적 맥락에 의해서도 한정되지 않은 보통명사도 특수조사 '-는'과 더불어 사용될 수 있으며, 이 경우 주어명사구 'N는'은 자신이 속한 유(類) 전체를 나타내고 불어에서 'le N'으로 옮겨지는 것이 일반적이다.

> (87) a. 말은 유용한 동물이다.
>   b. Le cheval est un animal utile.

> (88) a. 아름다움은 모든 가치의 출발이며, 끝이었다. (겨울 289)
>   b. La beauté est le commencement et la fin de toute valeur.
>   (hiver 63)

이때 설명어는 주어명사구 'N는'이 가리키는 유에 대한 일반적인 속성을 표현하거나 그것에 대한 정의를 내리는 새로운 정보를 구성한다. 그러면 실제적 문맥이나 상황에서 그 지시적 정체성을 확보하지 못하는 유개념의 주제명사구 'N는'은(불어에서 'le N'으로 번역되듯) 어떻게 기지적 한정성을 갖게 될까? 우리의 대답은 다음과 같다. 특수조사 '-는'을 동반한 총칭적 명사구는 명사구가 갖는 언어외적 대상에 대한 지시적 기능(fonction référentielle)보다 존재적 지시(indication existentielle)로 쓰이고 있다는 것이다. 예컨대 누군가 다음과 같이 말한다고 하자.

> (89) a. 프랑스 왕은 대머리다.
>   b. Le roi de France est chauve.

(89)에서 주어명사구 '프랑스 왕은'과 그 불어 대당어인 'Le roi de France'는 그것의 현실적인 존재와는 무관하게 '프랑스 왕'이 존재하는 것을 전제하는 것이다. 이러한 존재적 전제(présupposition existentielle)는 그 명사적 표현의 지시대상이 단지 하나만 존재한다는 단일성 표시(indication d'unicité)로 설명된다.37) 이는 총칭적 명사구가 문맥이나 상황의 면에서는 비한정적이지만, 존재적 전제를 통해 단일성을 나타낸다는 것은 믿음의 세계에서는 한정성을 갖는다는 것을 의미한다.38) 여기서 우리는 주어명사구 'N는'과 불어의 한정기술(description définie) 'le N'이 등가적 관계에 있음을 또 다른 면에서 확인하게 된다.

또한, 어떤 특정한 사실을 일반화하여 표현할 때 그 문장은 다음 (90)처럼 주제-설명어의 구조를 갖는다.

> (90) a. 그러나 **갈매기는** 날아야 하고 삶은 유지돼야한다. (겨울 305)
> b. Mais même alors, **la mouette** doit s'envoler, et nous, nous devons continuer à vivre. (hiver 86)

다음 (91)에서와 같이 속담이나 격언도 흔히 주제-설명어의 구조를 갖는다.

> (91) a. **인간은** 생각하는 갈대다.
> b. L'homme est un roseau pensant. (Pascal)

이처럼 어떤 특정한 사실을 일반화하는 표현이나 격언이 총칭적 유개념으로 설명될 수 있음은 당연하다.

총칭적 유개념을 나타내는 주어명사구 'N는'이 정관사만이 아닌 부정관사를 동반하여 'un N'으로 번역될 수도 있다.

---

37) O. Ducrot(1972) 참조.
38) Ducrot(1984 : 45) : "화자가 담화 상에서 X를 전제한다고 말하는 것은, 그의 발화를 통해, 청자에게 X가 사실임을 받아들일 것을 강요한다고 말하는 것이다 (즉, 강요하는 행위이다)."(이정 외, 1994 : 268에서 재인용). 예컨대, "X, l'aliment des chiens heureux", "Y, l'apéritif'와 같은 광고 포스터 문구에서 'X'와 'Y' 제품의 탁월성을 나타내는 수사학적 역할을 하는 것이 바로 'le N'이 존재적 전제를 통해 갖는 단일성(유일성) 표시 때문이다(Ducrot, 1972 : 227 참조).

(92) a. 그러나 **개의 수명은** 사람의 수명보다 짧으므로, 그들은 함께 늙고 말
　　　았다. (이방인2, 67) ("개는 사람보다 수명이 짧으므로 / 오래 살지
　　　않으므로…"식의 표현도 가능할 것이다.)
　　 b. Mais comme un chien vit moins qu'un homme, ils avaient
　　　fini par être vieux ensemble. (étran 74)

(93) a. **올챙이는** 꼬리가 떨어져 나가도 아픔을 느끼지 않는다. (다리 229).
　　 b. Un têtard ne sent pas de douleur quand sa queue est coupée.
　　　(bles 23)

(94) a. **불행은** 언제나 연이어서 닥치는 법이다.
　　 b. Un malheur ne vient jamais tout seul.

　이렇듯 총칭성을 갖는 'N는'에 대한 불어 등가어로 'le N'이나 'un N' 모
두가 가능하다. Guillaume[39]의 정신역학에 의거할 때 그 차이는 정신의
움직임에 있다. 둘 다 총칭성은 갖지만 'le N'은 일반성을 지향한다면, 'un
N'은 개별성을 지향한다. 이 둘 사이의 선택은 상황이나 문맥에 따른 화자
의 몫일 것이다.

5) '지시관형사＋N'의 경우 : 선택지정 'N가'와 주제명사구 'N는'의 비교

　앞의 2.-1)과 2) 그리고 3)의 단락에서 보았듯이, 주제명사구 'N는'은
문맥이나 상황적 맥락에 의해 확인 가능한 기지의 구정보를 나타낼 때 쓰
인다. 말하자면 화자가 정보전달에서 가치가 낮은 것으로 판단하되 주제
명사의 조사로 '-는'을 사용한다. 그래서 두 언어에서 모두 대용적 의미를
갖는 주어명사구인 'N는'과 'le N'이 등가성을 갖고서 상호적으로 번역될
수 있다. 그런데 다음 (95)에서처럼 한국어에서 주제명사구 'N는, 트럭은'

---

39) G. Guillaume(1964) 참조.

이나 선택지정 'N가, 자동차가'로 실현된 명사구가 불어에서 '복사'대용으
로 쓰인 'le N, le camion'과만 등가적인 번역될 수 있다는 사실을 어떻게
이해할 수 있을까?

(95) a. 바로 그때 화물 자동차 한 대가 쇠사슬 소리와 폭발음을 요란스럽게
내면서 달려왔다. **자동차가** 우리를 지나쳐 버렸다. (이방인2 45)
b. 그때 트럭 한 대가 쇠사슬 소리와 시끄러운 엔진 소리를 내면서 날려
왔다. **트럭은** 우리들을 지나쳤다. (이방인3 35)
c. A ce moment, un camion est arrivé dans un fracas de chaînes
et d´explosions. **Le camion** nous a dépassés. (étran 44)

지시관형사 '이, 그, 저'를 수반하는 주어명사구가 조사 '-는'과 더불어
사용되는 경우가 많다. 그것은 이들 지시사가 선행된 담화에 언급된 기지
의 사실을 다시 가져오는 대용적 쓰임으로 설명된다.

(96) a. **저 기차는** 다섯시 사십분에 역에서 출발한다는 것을 나는 알고 있었
다. (불 31)
b. Je savais que **ce train express** partait de la gare à dix-sept
heures trente.(Feu 144)

(97) a. 물살의 힘 때문에 **그 일은** 상당히 오래 걸렸다. (불 42)
b. **Cette manoeuvre** dura un temps considérable à cause des
courants extrêmement puissants. (Feu 162)

(98) a. **그런 이야기는** 내 사건과 아무 관계가 없다는 것을 나는 지적하였다.
(이방인2, 88)
b. Je lui ai fait remarquer que **cette histoire** n´avait pas de
rapport avec mon affaire. (étran 103)

그런데 선행된 담화에 언급된 기지의 사실을 되받는 이들 지시사와 더
불어 선택지정의 'N가'도 사용될 수 있다(앞의 1.-2)-(1) 참조). 그러나 다음
예들에서 보듯이 불어에서 'ce N'으로 번역되기는 매 한가지다.

(99) a. 아마 그 애는 가수로 성공할 것이었다. 나는 믿었다. 그러나 **그 믿음**
　　　　이 내 우울을 구원해 주지는 못했다. (불 51)
　　 b. Elle allait réussir sa carrière de chanteuse. Je voulais le
　　　　croire, j´en étais sûre. Mais **cette certitude** ne m´empêchait
　　　　pas d´être triste. (Feu 175)

(100) a. 이를테면 나는 여태껏 그것을 잊어버리고 있었던 셈인데, 자리에서
　　　　 일어나면서 **그 생각이** 문득 떠오른 것이다. (이방인2 38)
　　　b. Je l´avais pour ainsi dire oublié, mais en me levant, cette
　　　　 idée m´est venue. (étran 33)

(101) a. 무엇인가 빠르고 강한 빛줄기 같은 것이 스쳐간 느낌에 고죽은 눈을
　　　　 떴다. 고개를 돌려 주위를 살피려는데 **그 작은 움직임이** 방안의 공
　　　　 기를 휘저은 탓일까? (금 11)
　　　b. Le vieux Kojuk ouvrit les yeux, avec le sentiment d´avoir été
　　　　 frôlé par quelque chose de rapide et d´intense comme une
　　　　 pluie. Il allait regarder autour de lui- était-ce **ce petit**
　　　　 mouvement qui avait déplacé un peu d´air dans la pièce?
　　　　 (oiseau 15)

　지금까지 본 두 가지 사실로부터 다음과 같은 설명을 이끌어낼 수 있
다. 첫째, 주어명사구 'N는'과 'N가'가 모두 구정보이나 생략할 수 없는 필
수적 정보일 때 불어에서 모두 'le N'으로 번역된다. 둘째, 지시관형사 '이,
그, 저'를 동반한 경우에도 조사 '-가'와 '-는'이 담화차원에서 갖는 화용적
차이가 불어에서는 반영되지 않고 모두 'ce N'으로 번역된다. 이러한 사실
을 고려할 때, 대용적 용법으로 쓰인 불어의 'le N'과 'ce N'은 중의적이라
할 수 있다. 이를테면 한국어에서 주어명사구가 구정보임에도 불구하고
발화내용 전체가 필수적 정보로 되어 있는 경우에는 'N가'와 'N는'이 모두
사용될 수 있으므로, 이들 사이의 기능적 차이를 담화구조, 특히 정보구조
(신/구정보, 필수/임의적 정보)의 관점에서 규명할 수 없고, 화자의 발화 의도
나 태도, 문제의 사태에 대한 주관적 인식태도 등의 관점에서 해석할 수

밖에 없다하겠다.[40] 요컨대 상기의 예문들에서 구정보임에도 'N가'가 쓰
인 것은 화자가(물론 청자도 그 명사구의 지시대상을 알고 있지만) 이 명사구의
지시대상이 마치 새로운 사실인 것처럼 청자의 관심을 집중시키는 초점으
로 강조하고자 하는 문체적 의도에 기인한 것이라고 볼 수 있다.

그러면 여기서 위의 예들과는 약간 다른, 그러나 상기의 추론을 더 발
전시킬 수 있는 다음 예를 보자.

> (102) (Bien sûr. Et si tu es gentil, je te donnerai aussi une corde
>   pour l'attacher pendant le jour. Et un piquet.)
>   a. La proposition parut choquer le petit prince. (petit 16)
>   (「그렇구 말구. 그러구 네가 얌전하게 굴면 낮 동안에 양을 매 둘
>   고삐두 줄 테다. 말뚝두 주구.」)
>   b. 이 제안이 어린 왕자의 마음에 들지 않는 듯했다. (왕자2 13)
>   c. 그 제안은 어린 왕자를 몹시 놀라게 한 듯했다. (왕자3 23)

(102)a에서 요약적 대용(anaphore récapitulative)[41]으로 쓰인 'La proposi-
tion'이 (102)b에서는 '이 제안이'로, (102)c에서는 '그 제안은'으로 번역되
고 있다. 여기서도 'N가'와 'N는'의 선택을 단순히 화자의 주관적인 발화
의도에 따른 것으로 돌려야 할까? 우리는 (102)a에 대한 한국어 등가문은
(102)c가 나아 보인다면, (102)b에 대한 불어 등가문은 '이 제안이'의 지시
어 '이-'가 글자 그대로 직역되는 다음 (103)의 문이 더욱 충실한 번역이
아닌가 생각한다.

> (103) Cette proposition parut choquer le petit prince.

왜냐하면, 선택지정의 '-가'가 '화자가 그 피접어를 정보전달에서 가치가

---

40) 윤재원(1989 : 67)에 따르면, 'N는'은 정보전달에서의 가치가 낮은 것으로 판단하거
    나, 그렇게 보이고자 할 때 쓰이고, 'N가'는 정보전달에서의 가치가 높은 것으로 판
    단하거나, 그렇게 보이고자 할 때 쓰인다.
41) J.-E. Kim(1995) 참조.

높은 것으로 판단하거나, 그렇게 보이고자 할 때 쓰인다는 것'과 지시사 '이-'나 'ce-'가 갖는 '재분류화(reclassification)'[42]의 용법이 공히 그들의 피접명사를 초점으로 강조하는 최고의 통합적 관계에 있기 때문이다. 이러한 추론은 '지시사+N가'가 'ce N'으로 번역된 상기의 (99)~(101)과 같은 예들에 의해서 뿐만 아니라, '지시사+N는'이 'le N'으로 번역된 다음 예들에 의해서 뒷받침된다.

(104) a. 왜냐하면 그들 배심원이 찾고 있던 것은 웃음거리가 아니라 죄였으니까. 그러나 그 차이는 그리 큰 것이 아니고, (…). (이방인2 106)
    b. Puisque ici ce n´était pas le ridicule qu´ils cherchaient, mais le crime. Cependant la différence n´est pas grande et (...). (étran 129)

(105) a. 봄여름 내내 어쩌다 한둘 있는 뜨내기 손이나 가까운 산판의 서사, 아직 숙소를 못 정한 부임 초의 교원 같은 이들만으로 쓸쓸하기 짝이 없던 그 집은 가을 바람과 함께 활기를 되찾는다. (겨울 264)
    b. Tout au long du printemps et de l´automne, notre taverne était presque abandonée, n´acceuillant qu´un ou deux hôtes de passage. Mais dès que se levait le vent d´automne, la taverne sortait de son assoupissement. (hiver 25)

(106) a. 어린 왕자는 사막을 건넜다. 그러나 그는 꽃 한 송이밖에는 만나지 못했다. 그 꽃은 언젠가 한 대상이 지나가는 것을 본 적이 있었다. (왕자1 67)
    b. Le petit prince traversa le désert et ne rencontra qu´une fleur. La fleur, un jour, avait vu passer une caravane (petit 62)

그리고 다음 (107)의 경우 한국어 '추측'에 등가적인 불어 번역어로 'supposition'을 택한다면 (107)c에서처럼 'le N' 형식 홀로 앞의 문맥과 대

---

42) F. Corblin(1987 : 209~214).

용관계를 유지하는데 아무런 문제가 없을 것이다.

> (107) a. 두 번째 병이 다 빌 때쯤 나는 돌연 엉뚱한 추측에 빠졌다. 그 칼갈
> 이 사내도 분명 나처럼 바다로 가고 있으리라는 것이었다. 아마 취
> 한 탓이었겠지만, **그 추측은** 차츰 확신으로 변해 갔다. (겨울 292)
>
> b. Je finissais la deuxième bouteille quand cette étrange pensée
> s'est imposée : l'aiguiseur allait vers la mer, tout comme
> moi. L'alcool aidant, **cette idée** s'est transformée en absolue
> conviction. (hiver 67)
>
> c. L'alcool aidant, **la supposition** s'est transformée en absolue
> conviction.

그러나 '지시사+N은'이 'ce N'으로 번역된 상기 (96)~(98)과 같은 예를
설명할 수 없다는 난점을 인정하지 않을 수 없다.[43]

3. 겹주어문의 경우

겹주어문은 주어 위치에 두 개의 주어가 사용되는 경우를 말한다. 그
첫째 유형은 [N가-N'가-P][44]이고, 둘째 유형은 [N가-N'는-P]이고, 셋째
유형은 [N는-N'가-P]이다.

> (108) a. 올빼미가 눈이 크다.
> b. 올빼미가 눈은 크다.
> c. 올빼미는 눈이 크다.

---

43) 대용적 용법으로 쓰인 'le N'과 'ce N'을 배분하는 언어학적 요건은 무엇이며, 그것
에 상응하는 한국어 번역을 어떻게 해야 할지에 대한 더욱 심도 있는 연구는 다음
기회로 미룬다.

44) P는 술어(prédicat/predicate)의 약어이다.

이 세 유형의 겹주어문에 대해 여기서 다루고자 하는 것은 두 가지다. 하나는 먼저 실현되는 'N가'나 'N는'의 용법은 무엇이며 이들은 각각 불어에서 어떤 관사를 수반하여 번역되는가이다. 다른 하나는 뒤따라 나타나는 'N'가'나 'N'는'의 용법은 무엇이며 불어로는 또한 어떻게 옮겨지는가이다.

먼저 첫째 유형인 [N가-N'가-P]로 된 겹주어문을 고려해 보자. 이 경우 [N'가-P]가 전제된 서술어로 기능하는 '무엇이 눈이 크나?'라는 물음에 (108)a처럼 [N가]인 '올빼미가'가 초점명사구로 선택 지시되고 있다. 이러한 선택지정문을 정언문이냐, 비정언문이냐에 따라 나누어 생각해볼 수 있다. 먼저 정언문의 경우를 보자.

> (109) a. **달걀이** <u>영양가가</u> 많다.
>   b. Les oeufs ont <u>une grande valeur nutritive</u>.

> (110) a. **라벤더가** <u>향기가</u> 좋다.
>   b. La lavande a un bon <u>parfum</u>.

> (111) a. **코끼리가** <u>코가</u> 길다.
>   b. L'éléphant a un long <u>nez</u>.

> (112) a. **꽃이** <u>열매가</u> 된다.
>   b. La fleur se change en <u>fruit</u>.

여기서 우리가 확인할 수 있는 것은 초점명사구 [N가]가 정언문이라는 환경 내에서 총칭적 의미를 갖기 때문에 자연스럽게 'le N'로 번역된다는 것이다. 그리고 두 번째 주어인 [N'가]는 서술어 구성명사로 번역된다.

이제 비정언문의 경우를 보자.

> (113) a. **처녀가** <u>얼굴이</u> 예뻤다.
>   b. La jeune fille avait un beau <u>visage</u>.
>   c. Une jeune fille avait un beau <u>visage</u>.

(114) a. 소가 <u>뿔이</u> 부러졌다.
　　　 b. Le boeuf a une <u>corne</u> cassée. ou Le boeuf s'est cassé <u>une</u>
　　　　　<u>corne</u>.
　　　 c. Un boeuf a une corne cassée. ou Un boeuf s'est cassé <u>une</u>
　　　　　<u>corne</u>.

　상기 예문 (113)과 (114)가 나타내듯, 첫 [N가]는 청자에게 이미 알려져 있는가의 여부에 따라 두 가지 의미로 해석될 수 있다. (113)의 '처녀'가 청자도 이미 알고 있는 문제의 한 처녀라면 한정적 의미의 'La jeune fille'로 번역될 것이고, 화자가 어떤 장소에서 처음 본 한 처녀를 두고 이야기할 경우에는 비한정적이기 때문에 'Une jeune fille'로 번역될 것이다. (114)의 경우에도 마찬가지이다. 청자가 이미 알고 있는 소라면 'Le boeuf'로 번역되어야 할 것이고, 알지 못하는 어떤 소라면 'Un boeuf'로 번역되어야 할 것이다. 그리고 둘째 주어인 [N'가]는 앞의 정언문에서처럼 서술어의 일부로 사용되고 있다. 우리의 자료체에서도 마찬가지다.

(115) a. 시간 개념과 공간 개념이 <u>마비가</u> 되기 시작한다. (밤 396)
　　　 b. La conscience du temps et de l'espace entre en <u>léthargie</u>.
　　　　　(nuit 64)

(116) a. 그러나 **중고차가** <u>성능이</u> 좋다고는 하지만 오직 속도를 내기 위해 만들어진 스포츠카를 따라잡을 수는 없는 것이다. (밤 396)
　　　 b. Mais, bien que la voiture d'occasion soit en bonne <u>état</u>, elle ne parvient pas à rattraper ces petits bolides construits uniquement pour faire de la vitesse. (nuit 64)

　그런데, 어떤 경우에는 [N'가-P]가 명사의 도움이 없이 단순한 동사 하나로 번역될 수도 있다.

(117) a. **나무가** <u>싹이</u> 돋는다.
　　　 b. Les arbres <u>bourgeonnent</u>.

(118) a. **보리가** 싹이 튼다.
     b. L'orge <u>germe</u>.

또한 둘째 주어 [N′가]가 수사나 수사를 수반한 단위명사로도 이루어질 수 있다.

(119) a. **학생이** 둘이 있다. Il y a deux étudiants.
     b. **말이** 두 필이 도착했다. Deux chevaux sont arrivés.
     c. **돈이** 1프랑이 나에게 필요하다. Il me faut un franc.

이 경우 수사가 홀로이든 수사를 포함한 단위명사로 되어있든 모두 상기 불어 등가문이 보여주듯 첫째 주어 [N가]와 등가적인 명사구의 수한정사로 번역된다.[45]

이제 (108)b처럼 [N가-N′는-P]로 된 둘째 유형의 구문을 고려해 보자. 이 구문의 주된 특징은 둘째 주어 'N′는'이 대조의 의미로 쓰이고 있다는 점이다. 그러나 (108)b문이 '무엇이 눈은 크나?'라는 물음에 대한 대답이라고 볼 때, [N′는-P]가 일종의 전제된 서술어로 기능하고 'N가'인 첫째 명사구 '올빼미가'가 초점으로 기능함은 (108)a의 첫째 유형의 구문과 동일하다. 불어 번역문이 달린 다음의 예들을 보자.

(120) a. **달걀이** <u>영양가는</u> 많으나 보존이 쉽지 않다.
     b. Les oeufs ont <u>une</u> grande <u>valeur nutritive</u>, mais ils sont difficiles à consever.

(121) a. **라벤더가** <u>향기는</u> 좋으나 색깔은 단순하다.
     b. La lavande a un bon <u>parfum</u>, mais sa couleur est simple.

(122) a. **코끼리가** <u>코는</u> 기나 눈은 작다.
     b. L'éléphant a un long <u>nez</u>, mais de petits yeux.

---

45) 앞의 단락 1.-1)-(3)을 참조할 것.

(123) a. 처녀가 <u>얼굴은</u> 예뻤으나 마음씨는 좋지 않았다.
     b. La jeune fille avait un beau <u>visage</u>, mais son caractère était mauvais.
     c. Une jeune fille avait un beau <u>visage</u>, mais elle avait un mauvais caractère.

(124) a. 소가 <u>뿔은</u> 부러졌지만 눈은 멀쩡했다.
     b. Le boeuf s'est cassé <u>une corne</u>, mais ses yeux ont été intacts.
     c. Un boeuf s'est cassé <u>une corne</u>, mais ses yeux ont été intacts.

여기에서 볼 때, 둘째 주어 'N'는'이 대조적 의미를 갖는 것은 사실이나 —이 대조의 의미가 두 언어에서 모두 뒤따르는 등위 접속문(구)에 의해서도 크게 뒷받침되고 있다—불어로의 번역은 (108)a와 같은 첫째 유형 구문에서의 'N'가'와 동일하게 서술어 구성명사로 번역되고 있다. 그리고 첫째 주어 'N가'도 마찬가지다. (120)~(122)에서처럼 문장이 정언적 의미를 가질 때 'le N'으로 번역되고, (123)~(124)에서처럼 비정언적 의미를 가질 때는 청자가 알고 있는 기지적 사실이냐의 여부에 따라 'le N'이나 'un N'으로 번역된다.

마지막으로 셋째 유형인 [N는-N'가-P]로 된 다음과 같은 겹주어문을 고려해 보자.

(125) a. 라벤더는 <u>향기가</u> 좋다.
     b. La lavande a un bon <u>parfum</u>.

(126) a. 처녀는 <u>얼굴이</u> 예뻤다.
     b. La jeune fille a eu un beau <u>visage</u>.

(127) a. 차는 점점 <u>속력이</u> 빨라진다. (밤 398)
     b. La voiture prend peu à peu <u>de la vitesse</u>. (nuit 67)

(128) a. 느닷없이 단행한 이사였고, 어머니는 <u>경황이</u> 없었다. (불 33)
     b. Ma mère fut très <u>occupée</u> après le déménagement. (Feu 147)

(129) a. 바니나는 <u>어안이</u> 벙벙해 있었다. (다리 286)
     b. Vanina resta <u>anéantie</u>. (bles 96)

이 경우 [N는]은 정언문이냐 비정언문이냐의 문장 의미에 상관없이 모두 주제명사구로 쓰이면서 한정적 의미를 갖고 있다. 그 결과 'le N'으로 번역되는 것은 자연스럽다 하겠다. 그리고 둘째 주어 [N'가]는 여기서도 대부분의 경우 서술어 구성명사로 번역되나 (128)과 (129)에서처럼 단순한 분사형 속사로 바뀔 수도 있다.

4. 요약

지금까지 우리는 불어의 부정명사구 'un N'과 정명사구 'le N'에 각각 등가적인 한국어의 주어명사구는 어떤 언어학적 환경 하에 쓰이고 있는지를 기술했다. 요컨대 한국어 주어명사구가 어떤 경우에 비한정적인 언어학적 환경 하에 사용되고 있으며, 어떤 경우에 한정적인 언어학적 환경 하에 사용되는가를 밝히는 것이었다. 다음과 같은 사실들을 결론적으로 요약할 수 있다.

① 화자가 담화상에서 처음 경험한 사실을 그대로 서술하는 중립서술문은 문장 전체가 신정보로 되어 있다. 이 경우 그 주체인 'N가' 역시 비한정적인 미지의 표현이기 때문에 불어에서 'un N'으로 번역된다.

② 중립서술문을 명시적으로 뒷받침하는 언어학적 요건들로 존재동사구문, 자동·피동사구문, 부정관형사, 형용사의 관형형 등을 들 수 있었다. 이 경우 주어명사구 'N가'가 'un N'으로 번역된다. 그리고 지정사구문의 보격명사도 '-의' 표시 명사구 관형어의 한정을 받지 않는 한 'un N'으로 번역됨을 볼 수 있었다.

③ 선택지정문의 'N가'는 정보전달의 가치가 높은 초점을 말한다. 이 경우 'N가'는 신정보일 때는 물론 구정보일지라도 필수적 정보를 가지며, 다음 세 가지 유형으로 분류될 수 있다. 첫째 'N가'가 구정보이면 'le N'으로 번역된다. 둘째, 'N가'가 신정보를 구성할지라도 정언문적 맥락에서 총칭적 의미를 갖는 경우도 'le N'으로 번역된다. 셋째, 'N가'가 비정언문적 맥락에서 미지의 신정보일 경우는 'un N'으로 번역된다.

④ 주제 명사구 'N는'은 구정보이면서 정보전달의 가치가 낮은 것을 나타낸다. 이를테면 'N는'이 문맥적으로나 상황적으로 한정적인 기지의 사실을 나타내므로 'le N'으로 번역된다. 반면에 'N는'이 정언문적 맥락에서 총칭적 유개념을 나타낼 경우, 특별히 개별성을 강조하지 않는다면(이 경우는 'un N'으로 번역된다) 모두 'le N'으로 번역됨을 볼 수 있었다. 이 경우 'N는'은 불어의 'le N'처럼 존재적 전제를 통해 명사의 지시대상이 단지 하나만 존재한다는 유일성 표시라는 또 다른 면의 한정 개념으로 이해할 수 있었다.

⑤ 겹주어문의 주된 두 유형은 선택지정문 [N가-N′가-P]과 주제—설명어 구문 [N는-N′가-P]이다. 첫 유형의 경우, 이 문이 정언적 의미를 갖는 경우는 'N가'가 'le N'으로 번역되고, 비정언적 의미를 가질 때는 'N가'가 기지의 사실이면 'le N'으로 번역되고 'N가'가 미지의 사실이면 'un N'으로 번역된다. 두 번째의 주제-설명어 구문의 'N는'은 문장이 정언·비정언문이라는 의미적 성격에 관계없이 항상 'le N'으로 번역됨을 볼 수 있었다. 2장에서 본 단일 주어명사구 'N는'의 번역과 동일하다고 하겠다. 그리고 두 유형 구문의 둘째 주어인 'N가'는 대부분의 경우 서술어 구성명사로 번역되거나, 단일 동사술어나 분사형의 속사로 번역됨을 볼 수 있었다.

참고문헌

1차 문헌(자료체 수집 텍스트)

〔밤〕: 최인호(1995), 「깊고 푸른밤」, 한국소설문학대계 58, 361~412, 동아출판사.
〔nuit〕: Ch'oe Inho(1992), *Une nuit bleue et profonde*, récit traduit du coréen par R. Leverrier, Actes Sud.

〔불〕: 양귀자(1994), 「유황불」, 「천마총가는길」 外, 한국소설문학대계 77, 동아출판사, 1995. 30-52.
〔Feu〕: Yang Gui-ja(1995), "Feu soufré de l'enfer", traduit par Choi, Kyungran & Le Clec'h, Ludovic, *Anthologie de nouvelles coréennes contemporainnes*, Tombe 1, édition établie par Gilles Baud Berthier, Editions Philippe Picquier, 141-176.

〔금〕: 이문열 (1987), 「금시조」, 고려원.
〔oiseau〕: Yi Munyol (1990), *L'Oiseau aux ailes d'or*, récit traduit du coréen par Ch'oe Yun et Patrick Maurus, Actes Sud.

〔겨울〕: 이문열 (1994〔1979〕), 「그해 겨울」, 도서출판 둥지.
〔hiver〕: Yi Munyol (1990), *L'hiver, cette année-là*, récit traduit du coréen par Ch'oe Yun et Patrick Maurus, Actes Sud.

〔꽃잎〕: 최윤 (1992〔1991〕), 「저기 소리없이 한 점 꽃잎이 지고」, 문학과 지성사.
〔pétale〕: Ch'oe Yun (1991), *Là-bas, sans bruit, tombe un pétale*, récit traduit du coréen par Patrick Maurus, Actes Sud.

〔다리〕: 이어령 (1995〔1984〕), 「환각의 다리」, 책세상.
〔bles〕: Yi Ortong (1994), *Blessures d'avril*, récit traduit du coréen par Ch'oe Yun et Patrick Maurus, Actes Sud.

〔petit〕: Antoine de Saint-Exupéry, *Le petit prince*, Folio junior, Gallimard, 1987.
〔왕자1〕: 오증자 옮김, 「어린왕자」, 고려원, 1987.
〔왕자2〕: 안응렬 역, 「어린 王子」, 삼중당문고 145, 1975.
〔왕자3〕: 김제하 옮김, 「어린 王子」, 소담출판사, 1990.

〔étran〕: Albert Camus, *L'étranger*, Folio, Gallimard, 1957.
〔이방인1〕: 이휘영 譯, 「異邦人」, 삼중당문고 020, 1975.
〔이방인2〕: 김화영 옮김, 「이방인」, 알베르 카뮈 전집 5, 책세상, 1987.
〔이방인3〕: 김남주 옮김, 「이방인 · 행복한 죽음 · 유형과 왕국」, 청하, 1993.

2차 문헌

고영근 · 남기심(1983), 국어의 통사 · 의미론, 서울 : 탑출판사.
김영희(1988), "겹주어론", 「한국어 통사론의 모색」, 서울 : 탑출판사, pp.7~36.
남기심 · 고영근(1993), 표준 국어문법론, 서울 : 탑출판사.
류구상(1980), "국어조사 '는'에 대한 연구", 「한글」 170, pp.101~146.
신창순(1975), "국어의 '주어문제' 연구", 「문법연구」, 2, pp.131~170.
이익섭 · 임홍빈(1983), 국어문법론, 서울 : 학연사.
이정 외(1994), 현대 불란서 언어학의 방법과 실제, 서울 : 연세대학교 출판부.
이필영(1982), "조사 '가/이'의 의미분석", 「관악어문연구」 7, 서울대학교, pp.417~31.
임홍빈(1998), 국어문법의 심층 2. 명사구와 조사구의 문법, 서울 : 태학사.
윤재원(1989), 국어 보조조사의 담화분석적 연구, 서울 : 형설출판사.
장경희(1983), "指示語 '이, 그, 저'의 意味分析", 「국어의 통사 · 의미론」 (고영근 · 남기심 공편), 서울 : 탑출판사, pp.283~305.
전성기(1996), 佛韓번역 대조분석, 서울 : 어문학사.
채 완(1977), "현대국어 특수조사의 연구", 「국어연구」 39, pp.1~56.
채 완(1983), "조사 '-는'의 의미", 「국어의 통사 · 의미론」 (고영근 · 남기심 공편), 서울 : 탑출판사, pp.83~101.
최현배(1971), 우리말본, 서울 : 정음사.
홍사만(1983), 국어특수조사론 : 의미분석, 서울 : 학문사.
홍사만(1987), "旣知, 未知'의 情報構造", 「于海 李炳銑 博士 回甲記念論叢」, pp.339~355.
홍사만(2002), 국어특수조사 신연구, 서울 : 도서출판 역락.
Bonnard, H.(1971), "L'article", *Grand Larousse de la langue française*, t. 1, pp.258~260, Paris : Larousse.

Chafe, W. L.(1976), "Givenness, contrastiveness, definiteness, subjects, topics and point of view", *Subject and topic*, ed. by Ch. N. Li, pp.25~55, New York : Academic Press.

Corblin, F.(1987), *Indéfini, défini et démonstratif*, Genève-Paris : Droz.

Ducrot, O.(1972), *Dire et ne pas dire*, Paris : Hermann.

Guillaume, G.(1964), *Langage et science du langage*, Paris : Nizet.

Kim, J. E.(1995), "Description comparative entre l'emploi anaphorique de l'article défini et la séquence *en ⋯ le N1*", 「불어불문학연구」, 제30집, pp.803~828.

Kleiber, G.(1981), *Problèmes de référence : descriptions définies et noms propres*, Paris : Klincksieck.

Kuno, S.(1973), *The Structure of the Japanese Language*, Cambridge, Mass. : M.I.T. Press.

Martinon, Ph.(1927), *Comment on parle en français*, Paris : Larousse.

Moignet, G.(1981), *Systématique de la langue française*, Paris : Klincksieck.

‖ 이소영 ‖

한·우즈벡어의 격표지 비교 연구

1. 연구 목적

우즈벡어는 터어키어, 카작어 등과 같이 튀르크어에 속하며 음성적, 어휘적, 문법적 측면에서 보면 튀르크제어 가운데 차가타이 그룹에 속한다.

튀르크어는 유라시아 대륙에 널리 분포되어 있는 튀르크족이 사용하는 언어로서, 몽골어, 만주−퉁구스어, 한국어 등과 같이 알타이어군에 속한다.

그중 우즈벡어는 14~16세기 튀르크계 차가타이(Chagatay)어에서 발달한 언어이다. 고대 우즈벡어라고도 불리우는 차가타이어는 12~13세기의 튀르크계 콰레즘(Kwarezm)어에서 발달한 중세 튀르크어로서 중세에 동튀르키스탄 전역에서 널리 사용되었다. 차가타이어는 문어체이며 이슬람화된 튀르크족들이 사용했기 때문에 아랍어 어휘가 매우 많다. 차가타이어는 티무르제국 때도 계속 사용되었으며 무굴제국에도 공식 문어로 사용되

---

* 이 글은 필자의 석사학위 논문 "한국어와 우즈벡어의 격표지 기능 비교 연구"(2003, 경북대학교)를 요약 수정한 것임.

었다. 그러다 차가타이의 세계적인 문필가 알리세르 나바이(Navay)시대에 차가타이어는 문어로서 전성기를 이루게 되었다. 15, 16세기에 중앙아시아에서 지배적인 언어로 사용되던 차가타이어는 16세기 이후 점차 쇠퇴하여 18, 19세기 중앙아시아의 튀르크계인 우즈벡어로 발달하게 되었다.[1]

우즈벡어는 현재 다수의 방언으로 분류되어 있는데, 현대 표준어는 동남부 지역의 방언에 기초하고 있고, 아랍어, 페르시아어, 러시아어로부터 차용된 어휘가 많다. 이슬람화된 이후 14세기 차가타이제국 시대부터 1920년까지 아랍문자를 사용하였으나 그 후 잠시 라틴문자(로마자)로 바뀌었다가 19세기 후반 소련에 편입된 후 러시아인들이 사용하는 시릴(키릴)문자가 사용되어 왔다. 이러한 조치는 중앙아시아 국가들이 러시아의 문화적 영향권에 들어가게 되는 결정적인 계기가 되었고, 1991년 러시아로부터 독립된 지금도 민족간 소통언어는 러시아어가 지배적이다.

한국어와 우즈벡어는 공통적으로 격표지라는 문법형식을 공유하고 있다. 격표지는 양어의 첨가어적 성격을 더욱 명확하게 드러내는 의존형식으로, 문내에서 문법기능과 의미기능을 담당하는 작용소 중의 하나이다.

이 글에서는 이러한 양어의 격표지를 중심으로 그 형태와 기능을 비교하여 동질성과 이질성을 모색하고자 한다. 이는 양어를 외국어로 배우고자 하는 학습자들을 위한 외국어 교육의 구체적인 자료를 제시하는 것을 목적으로 한다.

격이란 종속적 명사가 그 머리어와 가지는 관련성의 유형을 그 명사에 표시하는 체계이다. 여기서 그 '머리어'란 동사를 말하는 것으로 어떤 종속어가 나타날 수 있는가를 주로 동사가 결정하기 때문이다.[2] 이러한 격은 대부분 격 형태에 의해 실현된다. 그러나 격은 격 형태가 없는 ø격 상태에서도 체언 등이 문장 내에서 각자의 성분에 대한 임무를 부여받고 있다.

따라서 이 글은 한국어와 우즈벡어의 '격체계'와 '격표지'를 중심으로 고

---

1) 김효정(1996 : 2~3) 참조.
2) B. J. Blake(1994 : 3~4) 참조.

찰하고, 양 언어의 격표지의 생략현상에 대해 살펴보고자 한다.

두 언어를 비교하는 작업은 언어 전반에 걸쳐 이루어져야 하는 것이다. 그러나 그 작업이 너무 방대하기 때문에 여기서는 문법적인 측면 중 격표지로 한정하여 그 동질성과 이질성을 언어 교육적 측면에서 살펴보고자 한다. 대비의 방법으로는 자국어의 형식에다 상대국어를 대비하는 것과 상대국어의 형식에다 자국어를 대비하는 형태가 있다. 그러나 아직 한 · 우즈벡 양어의 비교 연구가 이루어진 바가 거의 없기 때문에 이 글에서는 전자와 후자의 방법을 절충하는 식으로 논지를 전개하고자 한다.

한국어가 알타이제어에 속하느냐, 그렇지 않느냐는 계속 논란거리가 되어 왔다.3) 그러나 람스테드의 연구 이래로 이렇다 할 연구결과는 나오지 않고 있다. 여기서는 한국어가 알타이제어에 속하느냐, 그렇지 않느냐에 대한 계통문제에 대해 논하기보다 알타이제어 가운데 튀르크어족에 속하는 우즈벡어와 한국어의 격표지를 비교 · 대조함으로써 우즈벡어를 배우려는 한국인 학습자나 한국어를 배우려는 우즈벡인 학습자를 도우려는 데 그 목적이 있다.

한국에서 알타이 제어에 대한 연구는 어려움이 있다. 그것은 알타이 제어를 습득해야 하는 어려움과도 관련이 있는 듯하다. 알타이 제어에 관한 연구는 김방한, 김영일, 임경순, 최한우 등을 중심으로 진행되어 왔다. 그러나 지금까지의 논문은 거의 만주어와 몽고어를 중심으로 다루어져 왔으며 튀르크어와 관련된 논문은 전무한 상황이다. 더욱이 한국어와의 비교 연구는 거의 전무하다.

그래서 이 글에서는 우즈벡어가 튀르크 계열의 언어임을 고려하여 지금까지 논의된 한국어와 튀르크어와의 비교 연구를 토대로 한국어와 우즈벡어를 비교 · 대조해 보고자 한다. 특히 양어가 첨가어로서의 특징을 가지고 있기 때문에 이 글은 격표지를 중심으로 양어를 비교하고자 한다.

---

3) 최기호(1995 : 227, 71~106) 참조.

2. 한·우즈벡어의 격표지 대응 형태 비교

1) 양 언어의 격 범주 비교

한국어에서 격의 범주에 관한 논의는 다양하게 전개되어 왔다. 한국어에서 격에 관한 연구는 외국의 언어학 이론이 도입되는 과정의 모습을 그대로 노정하여 왔다. 이러한 격에 관한 논의는 학자들마다 다양한 격 설정이 가능하도록 하였다. 그 대표적인 하위분류는 다음과 같다. '주격, 목적격, 관형격(소유격), 호격, 처소격, 여격, 도구격(조격, 구격), 비교격, 향격, 유래격(시발격), 변성격, 원인격, 열거격(공동격), 자격격, 동류격, 상대격' 등이 있다.

또한 격을 문법격으로 정의하는 경우에는 주격, 관형격, 부사격, 목적격, 호격, 보격으로 분류하고, 부사격은 다시 형태를 가미하여 처격, 조격, 자격격, 공동격, 변성격, 인용격 등으로 나누기도 하였다. 이전의 학교문법에서는 특히 후자를 채택하고 있다.[4]

그러나 우즈벡어에서는 격분류에 있어서 단일하다. 우즈벡어에서는 문법격으로 정의하고 있으며, 이를 여섯 개의 격으로 분류하고 있다.[5] 주격(bosh kelishik), 속격(qaratqich kelishigi), 목적격(tushum kelishigi), 여격(jo'nalish kelishigi), 탈격(chiqish kelishigi), 처격(o'rin-payt kelishigi)이 그것이다. 이 여섯 개의 격은 다시 주된 격(asosiy kelishik)과 매개적인 격(vositali kelishik)으로 나눌 수 있는데, 주된 격은 주격(bosh kelishik)이고 매개적인 격(vositali kelishik)은 주격을 제외한 나머지 다섯 개의 격을 말한다.

---

4) 홍윤표(1990 : 225~226) 참조.
5) U. Tursunov(1992 : 250~259) 참조.

2) 격표지의 형태와 기능 비교

한국어에서 격에 관한 연구는 문법연구의 중추적인 대상이 되어 왔다. 격표지에 대한 연구는 주로 격표지의 범위, 격표지의 독립품사 여부, 격표지의 개념 및 분류, 기능, 의미, 생략 등에서 다루어졌다.

초기에는 인구어 문법이나 알타이어 문법의 영향을 받아서 형태상으로만 격표지를 설정하여 형태론적인 문제만을 주로 연구하다가 이후 이러한 형태상의 격 개념을 지양되고 격표지를 문법적인 격으로만 보는 주장이 대두되었다. 그리고 변형생성문법의 영향으로 등장한 Fillmore 격문법의 이론이 국내에 소개되면서부터 격표지에 대한 연구는 한층 활기를 띠게 되었다. 최근은 통사적인 차원에서 격을 해결하고자 하는 노력이 진행되고 있다.6)

이 글에서는 격을 문법격으로서 정의하는 학교문법을 채택해서 우즈벡어의 격표지와 비교해 보고자 한다.

한국어와 우즈벡어에서는 격표지에 대한 정의를 '체언류와 다른 문장성분과의 관계를 표시하고 자격을 부여하는 표지'라고 동일하게 정의 내리고 있다. 그러나 격을 표지하는 형태에 있어서는 많은 이질성을 상정하고 있다. 위에서 언급했듯이 한국어에서는 격표지에 관한 많은 논의가 있어 왔고, 학자들마다 격표지를 분류하는데 있어 상당한 차이를 드러내 보여 왔다. 그러나 우즈벡어에서 격으로 분류되는 것은 오직 여섯 개뿐이며 이 여섯 개의 격을 여섯 개의 격표지에 의해 나타내진다. 우즈벡어에서 격으로 분류되지 않는 나머지 격에 대한 격표지는 여섯 개의 격표지가 중복적으로 이러한 격을 나타내기도 하며 일부분은 보조어(ko'makchi)와 어미 그리고 동사활용에 의해서 나타내진다.

우즈벡어에서 보조어의 의미와 기능은 격표지와 비슷하다. 그래서 문에

---

6) 홍윤표(1990 : 222~224) 참조.

서 격표지에 의한 의미, 기능이 보조어에 의해서 상당부분 대치될 수 있다.

이러한 보조어(ko′makchi)는 자신의 어휘적 의미를 가지느냐 아니냐에 따라 일반 보조어(sof ko′makchi)와 기능 보조어(funktsional ko′makchi)로 나누어진다. 일반 보조어(sof ko′makchi)는 자신의 어휘적 의미가 없으며 격표지의 기능과 같이 관계만을 드러내 준다. 그러나 기능 보조어(funktsional ko′makchi)는 일반 보조어와는 달리 자신의 어휘적인 의미를 가지며 단어에 의미를 더해주는 기능을 한다.

<표 1>은 학교문법에서 다루는 격 분류를 중심으로 한국어와 우즈벡어의 격표지를 대해 본 것이다.

〈표 1〉

문법적 격	의미적 하위격	격 표 지	
		한국어	우즈벡어
주 격		이/가	Ø
관형격		의	ning
목적격		를/을	ni
보 격		이/가	Ø
부사격	처 격	에,에서	da
	향 격	로	ga
	여 격	에게	ga
	조 격	로	da
	비교격	보다	dan
		처럼, 만큼	*7)ga o'xshab, dek, day, kabi
	공동격	와/과	*bilan
	시발격	부터	dan
	인용격	라고	*deb, degan
	한도격	까지	*gacha

---

7) *는 우즈벡어에서 격표지가 아닌 보조어와 동사활용에 의해서 격이 실현되고 있는 경우이다.

<표 1>과 같이 한 · 우즈벡어의 격표지 체계를 비교하면, 대체로 동일한 양상을 띤다. 그러나 격표지 체계에 속한 개개의 격표지들은 그 수에 있어서나 기능에 있어서 완전히 일치하지 않는 이질성을 드러낸다. 특히, 양어의 격표지는 하나의 격표지가 하나의 격만을 표시하는 것이 아니라 여러 격을 부차적으로 표시하는 다의성을 지니고 있다.

이상을 정리하면, 한국어와 우즈벡어에서의 격범주 설정은 동일한 양상을 띤다. 그러나 격표지 분류에 있어서 아직 일치점을 찾지 못하고 있는 한국어와는 달리 격표지에 관한 우즈벡어는 매우 명확하게 여섯 개의 격표지로 단순화되어 있으며 일부분은 보조어(ko'makchi)와 동사활용에 의해 격이 실현된다.

이 글에서는 격분류 하위분류 체계를 논의하려는 것이 아니므로 그 체계는 주기능을 중심으로 <표 1>과 같이 양어를 대비 논의하겠다.

(1) 주격표지

① {이/가}와 {ø}

한국어에서 주격은 {이/가}에 의해서 표시된다. 그러나 우즈벡어에서는 주격을 표시하는 형태가 없는데, 이를 우즈벡어에서는 '무표지격' 혹은 '제로(ø)격 접사'라고도 한다.

   (1) a. Qizø   keldi.
         (qiz-소녀) (kel-오다, di-단수 3인칭 과거시제어미)
         소녀가   왔다.
       b. Uø   ovqatni   yedi.
         (u-그) (ovqat-음식, ni-목적격표지)   (e-먹다, di-단수3인칭 과
                                     거시제어미)
         그(녀)가   음식을   먹었다.

(1)은 명사가 주어가 되는 예문이다. (1)에서 보듯 {ø}는 서술어 'kel(오다), ye(먹다)'에 대해 'qiz(소녀), u(그)'가 주어임을 표시해 준다. 이는 한국어의 {이/가}와 대응된다.

> (2) a. Ota-onalar majlisiø soat 10da boshlandi.
>   부모님들의 회의가 10시에 시작된다.
>   b. Sening uyingda uchrashishø yaxshi bo'ladi.
>   너의 집에서 만나는 것이 좋겠다.

(2)는 명사구나 명사절이 주어가 되는 예문이다. (2)a를 보면 {ø}는 서술어 'boshlandi(시작된다)'에 대해 'Ota-onalar majlisi(부모님들의 회의)' 명사구가 주어임을 나타내 준다. 즉, (2)의 문에서 서술어에 대한 명사구나 명사절이 주어임을 나타내는 기능은 주격표지 {ø}가 한다. 이는 한국어의 {이/가}와 대응된다.

이상에서 보듯이 우즈벡어에서는 주격표지가 따로 존재하지 않는데, 이를 '무표지격' 또는 '제로(ø)격 표지'라고 한다.

국어에서도 주격표지의 생략이 가능하다.

> (3) a. 이 옷ø 어떠니?
>   b. 이 옷이 어떠니?

(3)a는 주격표지가 생략된 예이고 (3)b는 주격표지 {이}가 사용된 경우이다. (3)에서 볼 수 있듯이 (3)a와 (3)b는 주어가 동일하지만, 그 상황적 의미는 같지 않다. (3)a는 단순히 옷이 어떤지에 대해 묻는 것이지만, (3)b는 여러 가지 화자와 청자 사이의 입장과 화용론적 상황이 내재되어 있으며 강조적 첨의 기능을 가지고 있다. 즉, 한국어에서 주격표지 {이/가}가 실현된 경우와 생략된 경우는 주어는 동일하지만, 그 의미에 있어서는 변별이 이루어진다.

한국어에서 주격표지가 실현되지 않는 현상은 크게 두 가지 방향으로 논의되어 왔다. 이는 격표지를 단어로 인정하는 문법관에서 생략의 현상으로 보는 것이고, 또 하나는 곡용표 속에 포함시켜 그 고유한 가치를 인정하려고 하는 태도이다. 한편, 후자 견해는 생략된 조사의 표지로 영표지 {ø}를 따로 설정하게 됨으로써 한국어의 주격표지를 {이/가}와 {ø}의 두 개가 있다는 결과를 낳는다.

그러나 이 글에서는 주격표지의 생략에 있어서 비실현이 아닌 생략으로 보고자 한다.8) 즉, 한국어의 주격표지는 {이/가} 하나로만 설정하며, 그 생략에 관하여 우즈벡어의 주격표지와 비교하여 보고자 한다.

주어는 문내에서 통사적으로 결정되는 것이기 때문에 주격표지 {이/가}가 생략되어도 구문적인 논리 관계에 의해 격 의미가 노출된다. 특히, 한국어에서 주격표지의 생략은 화자가 청자에게 공지된 구정보가 생략되는 현상과도 같은 것이다. 즉, 주격표지 {이/가}가 신정보를 나타내는 경우, 그 피접어는 초점이 된다. 초점이란 정보 전달력이 높고, 여기에 강세가 놓인다. (3b)와 같이 '옷'이 초점이 되는 경우, 그 주격표지 {이}는 생략할 수 없는 것이다.

그러나 우즈벡어에서 (3)의 예문은 다음과 같이 실현된다.

(4) a. Bu kiyimø qanaqa?
    b. Bu kiyimø qanaqa?

(4)를 보면 우즈벡어에서는 (3)의 a와 b가 동일한 문이 된다. 즉, 우즈벡어에서 주격표지는 신정보를 드러낸다든지, 문에서 초점이 된다든지 하는 기능은 하지 않는 것이다. (4)를 보면 서술어 'qanaqa(어떠니?)'에 대해 'Bu kiyim(이 옷)'이 주어가 됨은 {ø}가 표지하고 있지만, 우즈벡어의 {ø}는 'kiyim(옷)'을 한국어의 {이/가}와 같이 초점이 되도록 하는 기능은 갖지 않는다.

---

8) 홍사만(2002b : 113~118) 참조.

다시 말해, 한국어의 주격표지 생략은 정보 전달 기능과 관련되며 정보 전달력이 낮은 주어의 주격표지 {이/가}는 생략되어 나타난다. 그러나 우즈벡어에서는 주격표지가 정보 전달 기능을 하지 않는다.

다른 격의 표지성과 달리 우즈벡어의 주격에 대한 무표지는 한국어에서 주어가 문내에서 통사적으로 결정되는 것이기 때문에 주격표지 {이/가}가 잘 생략되는 것과 관련이 있는 듯하다. 즉, 주격은 문내에서 다른 격에 비해 의미가 쉽게 드러나는 것으로 인해 우즈벡어에서 표지성이 없어진 것으로 보인다. 또한 한국어의 경우에는 표지가 있기 때문에 주격표지 {이/가}의 실현이 강조적 첨의 기능을 가지게 한 것으로 보인다.

우즈벡어의 이러한 주격표지에서 나타나는 특징은 알타이어에 나타나는 전반적인 특징이다.[9] 이러한 알타이어 전반에 나타나는 주격표지의 무표지에 대해서는 앞으로 더 연구해야 할 과제이다.

② 인칭어미와의 공기

한편, 우즈벡어는 인칭어미가 서술어에 붙어서 주격표지 {ø}와 함께 주격을 표시해 준다. 우즈벡어에서 인칭어미란, 서술어에 붙어서 주어의 행위자를 나타내 주는 어미를 말한다.

(5) a. Men   maktabga   bor-a-man.
    (men-1인칭 단수 대명사) (maktab-학교, ga-여격표지) (bora-가다, man-단수1인칭어미)
    내가   학교에   간다.
  b. Sen maktabga bor-a-san. (sen-2인칭 단수 대명사)
    네가 학교에 간다.
  c. U maktabga bor-a-di.. (U-3인칭 단수 대명사)
    그가 학교에 간다.

---

9)

	Turk.	Morg.	Manchu.	Kor.
주 격	ø	ø	ø	이/가

위의 표에서 볼 수 있듯이 튀르크어, 몽골어, 만주어 등에서도 주격표지는 무표지로 나타난다(정연규(1993 : 15, 33~49) 참조).

    d. Biz maktabga bor-a-miz. (biz-1인칭 복수 대명사)
      우리가 학교에 간다.
    e. Siz maktabga bor-a-siz. (siz-2인칭 복수 대명사)
      당신들이 학교에 간다.
    f. Ular maktabga bor-adi(lar). (ular-3인칭 복수 대명사)
      그들이 학교에 간다.

(5)는 우즈벡어에서 인칭대명사들에 따라 인칭어미들이 어떻게 다르게 실현되는지를 보여주고 있다. 인칭대명사 'men-나, sen-너, u-그, biz-우리, siz-당신들, ular-그들'에 따라 서술어에 오는 인칭어미들이 달라지는 것을 확인할 수 있다. 즉, (5)a 'Men maktabga bor-a-man'을 보면 1인칭 대명사 'men'으로 인해 서술어 'bor-a-'뒤에 'man'이 붙은 것을 확인할 수 있다.

특히 우즈벡어에서는 서술어의 인칭어미로 인해 인칭대명사가 생략될 수 있다.

    (6) a. Maktabga bor-a-man.
        내가 학교에 간다.
      b. Maktabga bor-a-san.
        네가 학교에 간다.
      c. Maktabga bor-a-di.
        그가 학교에 간다.
      d. Maktabga bor-a-miz.
        우리가 학교에 간다.
      e. Maktabga bor-a-siz.
        당신들이 학교에 간다.
      f. Maktabga bor-adi-(lar).
        그들이 학교에 간다.

(6)은 (5)의 예문들에서 인칭대명사를 생략할 수 있음을 나타낸 경우이다. 서술어에 붙어 있는 인칭어미 '-man, -san, -(dir), -miz, -siz, -(lar)'에 의해서 인칭을 알 수 있다. 한국어에서 '학교에 간다' 했을 때, '나'라는

인칭대명사를 나타내어 '내가 학교에 간다'하지 않을 경우 누가 학교에 가는지 알 수 없지만, 우즈벡어에서는 (6)a와 같이 'maktabga bor-a-man (학교에 간다)'이라고 하더라도 인칭어미 '-man'을 통해서 'men(나)'이 학교에 간다는 것을 알 수 있다.

다음은 한국어의 주격표지 {이/가}와 화제표지 {은/는}이 우즈벡어에서 변별이 되는지 살펴보고자 한다.

한국어는 다른 언어에 비해 주어와 화제 표시가 뚜렷한 언어이다. 이 기능은 주격표지 {이/가}와 화제표지 {은/는}에 의해서 이루어진다. {은/는}은 {이/가}와는 달리 문장 내에서 표별의 기능을 함으로써 화제를 다룬다. 그래서 한국어에서는 {이/가}와 {은/는}을 주격표지와 화제표지로 구별하여 사용한다.[10] 그러나 우즈벡어에서는 이러한 구별이 분명하지 않다.

> (7) a. Menø unga xushtorman.
>   나는 그녀에게 호감이 있다.
>   b. Maymunø bananani yaxshi ko'radi.
>   원숭이는 바나나를 좋아한다.

(7)은 우즈벡어의 {ø}를 한국어의 {은/는}에 대응해 본 것이다. (7)a에서 'Men unga xushtorman.'은 '나는 그(녀)에게 호감이 있다'와 '내가 그(녀)에게 호감이 있다'가 구별되지 못한다. 이것은 다음 예문에서 더 분명하게 드러난다.

> (8) 나는 부모님이 일찍 돌아가셔서 고아로 자랐다.
>   Menø ota-onamø erta otib ketishgani uchun, yetim bo'lib osdim.

(8)은 한국어에서 {이/가}와 {은/는}이 주격표지와 화제표지로 뚜렷이

---

10) 홍사만(1994 : 187~201) 참조.

구별되어 사용되고 있지만, 우즈벡어에서는 그러한 구별 없이 {이/가}와 {은/는}의 자리에 {ø}가 대응되고 있음이 확인된다. 즉, 우즈벡어에서는 주격표지와 화제표지가 구별되지 않는 것이다.

한국어의 보격표지 {이/가}도 우즈벡어에서 {ø}와 대응된다.

(9) a. U ustaø bo′ldi.
       그는 기술자가 되었다.
    b. Ular yaponø emas
       그들은 일본인이 아니다.

보격표지는 서술어 '되다/아니다' 앞에 오는 성분에 붙어서 보어로 나타내는 격표지이다. 한국어에서 보격표지 기능은 {이/가}에 의해서 실현된다. 우즈벡어에서는 보격을 격으로 설정하지 않는다. 그러나 (9)에서 볼 수 있듯이 한국어의 보격표지 기능을 하는 {이/가}는 우즈벡어의 {ø}와 대응되고 있음이 .확인된다. (9)의 서술어 'bo′l(되다), emas(아니다)' 앞에 'usta(기술자), yapon(일본인)'을 보어로 만들어 주는 데 {이/가}는 {ø}와 대응되고 있다.

이상을 종합하면, 우즈벡어의 {ø}는 그 용법상·기능상 한국어의 {이/가}와 거의 일치하는 양태를 보여 준다. {ø}와 {이/가}는 문장에서 주어를 표지 하는 기능을 한다. 특히 우즈벡어에서는 서술어에 인칭어미가 붙어서 주격표지{ø}와 공기하여 주격을 나타내고 있음도 확인하였다. 이런 인칭어미의 사용은 인칭대명사의 생략을 가능하게 한다. 즉, 서술어의 인칭어미로 인해 인칭대명사가 생략되더라도 그 주체가 누구임을 짐작할 수 있다.

또한 한국어에서는 {이/가}와 {은/는}이 구별되어 사용되지만, 우즈벡어에서는 구별되지 않음을 확인 할 수 있었다. 이렇게 본다면, 우즈벡어에서는 주격표지와 화제표지가 구별되지 않는 것으로 해석된다. 그리고 우즈벡어의 {ø}는 한국어의 보격표지 {이/가}와 대응된다는 것도 살펴보았다.

(2) 속격표지

① {의}와 {ning}

우즈벡어의 {ning}은 한국어의 속격표지 {의}와 대응된다. 속격표지 기능을 가진 {의}와 {ning}은 일차적으로 한 명사가 다른 명사에 소유되는 관계에 있음을 나타내 주는 기능을 한다.

다음은 우즈벡어 {ning}이 한국어의 {의}와 일치 대응하는 살펴보겠다.

> (10) a. mening kitobim
>   나의   책
>   b. ovqatning ta′mi
>   음식의   맛

(10)은 우즈벡어의 {ning}은 소유관계를 나타내는 표지로 한국어의 {의}와 대응하고 있음을 나타내고 있다. (10)a에서 'kitob(책)'은 'men(나)'에게 속해져 있고, (10)b에서 'ta′m(맛)'이 'ovqat(음식)'에 속한 것임을 {ning}과 {의}가 나타내고 있다.

> (11) a. Muallimlarning yig′ilishi
>   선생님들의 모임
>   b. Sevgining qo′shig′i
>   사랑의 노래

그러나 (11)a에서 'yig′ilish(모임)'이 'Muallimlar(선생님)'에 속해 있다든지, (11)b의 'qo′shig′i(노래)'가 'sevgi(사랑)'에 속해 있다고 말하기는 힘들다. 즉, (11)에서 {ning}과 {의}는 '수식어+피수식어'의 통사적인 관계를 나타내고 있는 것이다.

즉, 우즈벡어의 {ning}과 한국어의 {의}는 일차적으로 소유관계를 나타내며, 또한 문에서 '수식어+피수식어'의 통사적인 관계를 나타내는 기능을 한다는 데 일치한다.

다음은 {의}로 연결된 명사구가 중의성을 갖는 것과 같이 {ning}으로 연결된 명사구가 중의성을 가지는지 살펴보고자 한다.

(12) a. '누나의 편지'
　　　⇒ 누나가 쓴 편지
　　　⇒ 누나가 받은 편지
　　　⇒ 누나가 가지고 있는 편지
　　b. 'Opamning xati'
　　　⇒ Opam yozgan xat
　　　⇒ Opam olgan xat
　　　⇒ Opamdagi xat

한국어에서 (12)a의 '누나의 편지'라는 명사구는 중의성을 가진다. 이는 (12)a에서 볼 수 있듯이 세 가지 정도의 의미를 가지게 된다. 한국어에서와 마찬가지로 우즈벡어의 명사구도 중의적인 의미를 가지는지에 대해 살펴보면 이는 (12)b와 같이 'Opamning xati'도 중의적인 의미를 가지고 있음을 알 수 있다. 'Opamning xati(언니의 편지)'는 한국어에서처럼 'Opam yozgan xat(누나가 쓴 편지), Opam olgan xat(누나가 받은 편지), Opamdagi xat(누나가 가지고 있는 편지)'로 해석되어 질 수 있다. 즉, 우즈벡어의 {ning}은 한국어의 {의}의 의미기능과도 대응될 수 있는 것이다.

② 소유어미와의 공기

한편, 우즈벡어에서는 명사가 수식하는 대상이 누구 혹은 무엇에 속해 있는가를 나타내기 위해 피수식어에 소유어미를 붙인다.

(13) a. mening yonim
　　　　나의　　옆
　　b. qizning onasi
　　　　소녀의 어머니

(13)의 예문과 같이 우즈벡어에서는 피수식 명사에 소유어미를 붙여 수식하는 명사가 누구 혹은 무엇인지를 명확하게 제시해 준다. (13)a를 보면 'yon(옆)' 뒤에 '-im'이 붙은 것을 볼 수 있다. (13)b의 경우에도 'ona(어머니)' 뒤에 '-si'가 붙은 것을 볼 수 있다. 다른 예문에서도 피수식 명사뒤에 소유어미가 붙은 것을 볼 수 있다. 이처럼 '-im'이나 '-si'등을 우즈벡어에서는 '소유어미(egalik affiksi)'라고 한다. 이러한 소유어미는 수식어의 인칭과 수에 따라 다르게 나타나는데 다음과 같다.

〈표 2〉

	인 칭	소유어미
단 수	1	−(i)m
	2	−(i)ng
	3	−(s)i
복 수	1	−(i)miz
	2	−(i)laringiz
	3	−lari

<표 2>[11]는 인칭과 수에 따라 소유어미가 어떻게 실현되는지 나타낸 것이다. <표 2>를 보면 단수 1인칭 대명사가 수식어로 오는 경우에는 피수식어에 '-(i)m'을 붙인다. 그리고 단수 2인칭 대명사가 수식어로 오는 경우에는 '-(i)ng'을 붙인다. 이처럼 우즈벡어에서는 인칭과 수에 따라 피수식어에 붙는 소유어미가 달라진다.

(14) a. ota 아버지
    b. mening ota-m 나의 아버지
    c. sening ota-ng 너의 아버지
    d. bizning ota-miz 우리의 아버지

---

11) <표 2>에서 볼 수 있듯이 소유어미는 음성학적 영향을 받는데, 앞 명사가 자음으로 끝났을 경우는 'i'를 붙이고, 모음으로 끝났을 경우는 'i'를 생략한다. 단수 3인칭의 경우는 모음으로 끝났을 경우 's'를 붙이고, 자음으로 끝났을 경우는 's'생략한다.

(14)는 우즈벡어에서 소유어미가 인칭과 수에 따라 어떻게 다르게 나타나는지를 예문을 통해서 나타낸 것이다. 수식어가 단수인 경우 1인칭 대명사 'men(나)'의 피수식어 'ota(아버지)' 뒤에 '-m'을 붙이고, 2인칭 대명사 'sen(너)'의 피수식어 뒤에는 '-ng'을 붙인다. 복수인 경우는 1인칭 대명사 'biz(우리)'의 피수식어 뒤에는 '-miz'를 붙여 소유관계를 나타내준다.

우즈벡어에서는 이러한 소유어미를 피수식어에 반드시 붙여서 소유관계를 표시하여 피수식어가 어디에 속해져 있는지를 나타내어야 한다.

> (15) a. Bu odam mening otam
>   이 사람은 나의 아버지이다.
>   b. Sening otang yaxshi odam.
>   너의 아버지는 좋은 분이다.
>   c. Ularning otalari Toshkentda yashaydi.
>   그들의 아버지는 타쉬켄트에 사신다.

(15)는 우즈벡어의 문에서 실제적으로 인칭과 수에 따라 속격표지와 소유어미가 어떻게 실현되는지를 나타낸 것이다. (15)a의 한국어 예문을 살펴보면 한국어의 경우에는 속격표지 {의}에 의해서만 소유관계가 드러난다. 그러나 우즈벡어에서는 'mening otam'으로 속격표지 {ning}과 소유어미 '-m'에 의해 소유관계가 드러나고 있다. 여기서 '-m'이 붙은 것은 단수 1인칭대명사 'men' 때문이다. (15)의 다른 예문에서도 양어의 이러한 소유관계를 나타내는데 있어 차이를 확인할 수 있다.

우즈벡어의 이러한 속격표지 {ning}과 소유어미에 의한 소유 관계 표시로 인해 수식어가 「인칭대명사＋{ning}」일 경우 수식어 자체의 생략이 가능하다.

> (16) a. ota-m 나의 아버지
>   b. ota-ng 너의 아버지
>   c. ota-miz 우리의 아버지

(16)은 (14)의 예문에서 인칭대명사를 생략할 수 있음을 나타낸 것이다. 한국어에서 '아버지'라고 했을 때, '누구의'라는 수식어를 밝히지 않는다면 아버지가 누구의 아버지인지 알 수가 없다. 그러나 우즈벡어에서는 소유어미로 인해 '누구의'라는 수식어가 생략되어 피수식어만 쓰이더라도 누구의 아버지인지 알 수 있다. 즉, 'mening'이 생략되더라도 피수식어 'ota' 뒤에 붙은 '-m'에 의해 '나의 아버지'라는 것을 알 수 있다.

(17) a. Bu odam otam.
이 사람은 (나의) 아버지이다.
b. Otang yaxshi odam.
(너의) 아버지는 좋은 분이다.

(17)은 (15)의 수식어 「인칭대명사＋{ning}」을 생략할 수 있음을 나타낸 것이다. (16)에서 확인했듯이 (17)의 문장에서도 수식어가 생략되더라도 피수식어 뒤의 소유어미로 인해 수식어를 알 수 있음이 확인된다. (17)a처럼 한국어의 '이 사람은 아버지이다.'라는 문에서는 '나의' 아버지라는 것을 확인할 수 없지만, 우즈벡어에서는 'mening'이 굳이 표시되지 않더라도 피수식어 '-m'에 의해 '이 사람이 (나의) 아버지이다'임이 확인된다. 이처럼 우즈벡어의 속격표지 {ning}과 소유어미에 의한 소유관계 표시는 한국어의 경우보다 소유관계를 훨씬 더 명확하게 제시하고 있기 때문에 수식어의 생략이 쉽게 일어나며 그 의미전달 또한 분명하다.

③ 속격표지의 생략

(18) a. 집안ø 일
Uyø ishi
b. 울루그벡ø 거리
Ulugbekø ko′chasi

(18)은 한국어에서 {의}가 생략될 수 있듯이 우즈벡어의 {ning}도 생략

될 수 있음을 나타낸 것이다. (18)의 예문은 오히려 국어에서 {의}는 생략되어 나타나는 것이 자연스러운데, 이는 우즈벡어에서도 (18)의 예문은 생략되어 나타나야 하는 것들이다.

다음으로 한국어의 {의}의 생략이 우즈벡어 {ning}의 생략과 대응되는지 허용12)이 제시한 예를 중심으로 살펴보고자 한다.

> (19) a. 장미ø 가시　　　　Atirgulø tika
> 　　　b. 철수ø 머리　　　　Cholsuning kallasi

(19)는 '소유주와 피소유주의 관계'일 때 {의}가 생략될 때 우즈벡어의 {ning}도 생략이 되는지 살펴본 것이다. (19)a는 속격표지의 생략이 양어에서 동일하게 일어난다. 그러나 (19)b에서 {ning}은 생략되어서는 안 된다. 우즈벡어에서는 수식어가 대명사, 또는 사람일 때는 {ning}의 생략이 일어나지 않기 때문이다.

> (20) a. 서울ø 시내　　　　Seulø shahri
> 　　　b. 학교ø 앞　　　　 maktabø oldi

(20)은 '전체와 부분의 관계'일 때 {의}가 생략되는 경우이다. 우즈벡어의 {ning}의 생략이 대응되는지 살펴보면 생략 양태가 대응이 된다.

> (21) a. 우리ø 조카　　　　Bizning jiyanimiz
> 　　　b. 카림ø 어머니　　　Karimning onasi

(21)은 '친족 관계'일 때 {의}가 생략되는 경우이다. 그러나 대명사와 사람의 이름이 수식어이기 때문에 우즈벡의 {ning}은 생략이 일어나지 않는다.

---

12) 허 용(2001 : 14, 27~62) 참조.

이상 종합하면, {의}와 {ning}은 생략에 있어서 일치 대응하지 않음이 확인된다. {ning}은 {의}와 같이 문내에서 수식어와 피수식어의 관계가 뚜렷하게 명시될 때 생략이 일어난다. 그러나 {ning}은 대명사와 사람의 이름 뒤에서는 생략되지 않기 때문에 그 대응이 일치되지 않는 것이다.

특히 우즈벡어에서 다음과 같은 경우에서도 속격표지는 생략할 수 없다.

┃소유어미 뒤의 {ning}

(22) a. Mening kitob-im-ning rangi
내 책의 색깔
b. Mening o′rtog-im-ning otasi
내 친구의 아버지

(22)a에서 'kitob'뒤에 1인칭 소유어미 '-im'이 붙어 있다. 이렇게 소유어미가 붙은 피수식어가 다시 수식어가 되는 경우 속격표지 {ning}은 생략이 일어나지 않는다.

┃수식어와 피수식어 사이에 다른 문장성분이 첨가될 경우

(23) a. Qizning qop-qora ko′zlari
소녀의 새까만 눈
b. Koreyaning go′zal qishi
한국의 아름다운 겨울

(23)과 같이 피수식어를 꾸미는 다른 문장 성분이 수식어와의 사이에 있는 경우 수식어의 {ning}은 생략되면 안 된다. (23)a는 수식어 'qiz(소녀)'와 피수식어 'ko′zlar(눈)' 사이에 'ora(새까만)'이라는 색 형용사가 첨가된 예문이다. 이러한 경우 수식어 뒤의 {ning}은 생략될 수 없다. 한국어의 예에서도 {의}의 생략은 부자연스러움이 감지된다. '소녀ø 새까만 눈빛'이라든지 '한국ø 아름다운 겨울'은 그 소유나 주체가 명확하지 않기 때문에 {의}가 생략되면 어색한 문장이 된다.

▌수식어 앞에 수식하는 다른 성분들이 올 경우

   (24) a. Yugurib ketayotgan bolaning otasi
       달려가는 아이의 아버지
      b. Sevikli kishilarning yig´ini.
       사랑하는 사람들의 모임

(24)는 수식어 앞에 다른 수식어가 붙은 예이다. (24)a를 보면 'ota(아버지)'에 대한 수식어 'bola(아이)'에 대해 'yugurib ketayotgan(달려가는)'이라는 수식어가 다시 붙어 있다. 이런 경우 {ning}을 반드시 써야 한다. 그러나 한국어의 {의}는 사용되기도 하고 사용되지 않기도 한다.

결론적으로 우즈벡어의 {ning}은 한국어의 {의}와 기능상, 용법상 대응하고 있다. 그러나 한국어에서 속격표지 {의}에서만 실현되는 소유관계가 우즈벡어에서는 속격표지 {ning}과 피수식어 뒤에 붙는 소유어미가 공기하여 표시한다. 우즈벡어의 {ning}과 소유어미에 의한 소유관계 표시에서는 인칭대명사가 수식어로 올 경우 수식어의 생략이 가능하고 이러한 경우라도 소유어미에 의해 수식어의 인칭을 알 수 있게 된다. 또한 한국어의 {의}의 생략과 {ning}의 생략을 대응해 보았을 때 그 생략현상이 유사하게 일어나고 있음을 확인할 수 있었다. 그러나 그 대응은 일치되지 않았다.

(3) 목적격표지

① {을/를}과 {ni}

한국어에서 타동사문의 목적어 뒤에 결합되어 목적어임을 나타내는 표지에는 {을/를}이 있다. 이와 대응되는 우즈벡어의 목적격 표지는 {ni}이다. 전술하였듯이 {ni}의 기능을 {을/를}과 대응해 보고, 역으로 {을/를}의 기능을 {ni}와 대응해 보겠다.

(25) a. Rasmlar-ni   ko′rdi
　　　(Rasm-그림, lar-복수접미사, ni-목적격표지) (ko′r-보다, di-3인칭 과거시제어미)
　　　그림을   보았다
　　b. Ovqat-ni yedi.
　　　음식을 먹었다.
　　c. U menga kitoblarim-ni qaytarib beradi.
　　　그가 나에게 내 책들을 돌려 줄 것이다.

　(25)는 우즈벡어의 {ni}와 한국어의 {을/를}을 대응해 본 것이다. (25)에서 볼 수 있듯이 우즈벡어의 {ni}는 한국어의 {을/를}과 대응되어 나타난다. {ni}는 타동사 'ko′r-(보다)', 'ye-(먹다)', 'ber-(주다)'에 대한 목적어를 나타내고 있다. 즉, 한국어의 {을/를}과 우즈벡어의 {ni}는 일차적으로 타동사문의 목적어를 표시해 준다는 데는 동일한 기능을 가진다.

　그러나 한국어에서는 아래 (26)과 같은 경우에도 목적격 표지 {을/를}을 사용한다.

　　(26) a. 내일은 꼭 병원을 갈 것이다.
　　　　 b. 제비가 푸른 하늘을 난다.

　한국어에서는 (26)과 같이 타동사문이 아닌 자동사문에서도 {을/를}을 사용할 수 있다. 목적어란, 일반적으로 위의 '먹다, 주다, 보다' 등과 같이 타동사에서만 가능한 것이다. 즉, (26)의 문에서처럼 '간다, 난다, 다닌다, 샀다' 등의 자동사에는 목적어를 취하지 못한다. 그러나 한국어에서는 자동사임에도 불구하고 목적어를 취하는 경우가 있다. 그러나 우즈벡어에서는 타동사문이 아닌 경우에는 {ni}가 사용될 수 없다. 우즈벡어에서는 (26)의 문장들은 아래 (27)과 같이 실현된다.

　　(27) a. Ertaga albatta kasalxonaga boraman
　　　　 b. Qaldirg′och osmonda uchib borayapti.

(27)은 (26)의 문장들을 우즈벡어로 표현한 예문들이다. (26)의 한국어에서 {을/를}에 의해서 표시되었던 단어들은 (27)에서 보듯 우즈벡어에서는 다른 격표지들에 의해서 실현되고 있다. (27)a에서는 'kasalxona(병원)' 뒤에 {ni}가 아닌 여격표지 {ga}가 사용되고 있다. {ga}는 지향점을 나타내 주는데, '병원에 간다.' 라고 하는 경우가 오히려 문법적으로 더 정확한 표현일 것이다. (27)b는 처격표지 {da}가 사용되고 있다. 제비가 날고 있는 곳의 장소를 나타내기 때문에 {da}가 쓰이는 것이다.

즉, (26)의 문에서 {을/를}은 목적어를 표시해 주는 기능을 하는 것이 아니라 의미 한정의 기능을 수행하고 있다. 한국어의 {을/를}은 그 기능상 목적격 표지와 의미 한정의 기능 둘 다를 수행하고 있는 것이다. 한정적 기능을 수행하는 {을/를}은 타동사문이 아닌 자동사문에도 자유롭게 붙어서 그 기능을 수행한다.

우즈벡어의 {ni}도 의미 한정의 기능을 수행한다. 그러나 한국어의 {을/를}과 비교했을 때 그 분포가 매우 제한적으로 나타난다. {ni}는 (27)에서 볼 수 있었듯이 타동사문을 제외한 다른 문에서는 절대로 나타나지 않는다. 즉, 다양한 의미 기능을 가진 {을/를}은 우즈벡어의 {ni}와는 다소 먼 거리에 있다. {을/를}의 기능적 외연은 {ni}보다 훨씬 넓다고 할 수 있다. {ni}의 의미 한정의 기능은 목적격 표지의 '생략'과 관련하여 더 살펴보도록 하겠다.

② 목적격 표지의 생략

한국어에서는 목적격 표지 {을/를}이 생략될 수 있다. 이는 우즈벡어에서도 마찬가지이다.

(28) a. 책ø 읽었다.　　　Kitobø oʻqidim.
　　　 b. 음식ø 먹었다.　　　Ovqatø yedim.

(28)a와 같이 한국어에서는 목적격 표지 {을}을 생략하여 '책 읽었다'라

고 할 수 있다. 이는 우즈벡어에서 {ni}를 생략하여 'Kitob o'qidim'과 대응된다. 이와 같이 목적격 표지가 생략되는 것은 격표지로서의 표지성이 약하고 어휘성이 부족하기 때문으로 볼 수 있다. 그리고 양어의 목적격 표지는 문장 성분 사이의 통사적 관계에 의해 쉽게 격이 노출되기 때문에 생략이 다른 격에 비해 쉽게 일어나는 것이다.13)

그러나 문장에서 자신의 격이 분명해지지 않거나 특별한 의미를 전달해야 하는 경우는 격조사를 실현함으로써 자신의 격을 분명히 하고 특별한 의미를 전달한다.

(29) a. 밥ø 먹었니?   Ovqatø yedingmi?
     b. 밥을 먹었니?   Ovqatni yedingmi?

(29)는 양어에서 목적격 표지가 생략되는 경우를 나타낸 것이다. (29)a에서 볼 수 있듯이 양어에서 명사에 {을/를}이나 {ni}가 생략되더라도 통사적인 관계에 의해서 '밥'이 목적어임은 결정되어진다. 이렇게 본다면 (29)b에서 {을/를}과 {ni}는 목적격을 표시해 주는 일차적인 기능 이외에 다른 기능으로 사용된 것임을 짐작할 수 있다.

이렇게 본다면, 한국어의 {을/를}과 우즈벡어의 {ni}는 그 생략에 있어서 동일한 양상을 띠고 있으며, 이차적으로 의미를 한정하는 기능을 가지고 있음이 확인된다.

그러나 예문 (26)에서 살펴보았듯이 한국어의 {을/를}은 한정적 기능을 수행하는 문장이 타동사문에 국한되지 않고 자동사문을 넘나드는 자유로운 분포양상을 띠지만, 우즈벡어의 {ni}는 타동사문으로 제한적이다. 즉 우즈벡어의 {ni}는 한국어 {을/를}의 자유로운 분포양상과는 달리 타동사문에서 제한적으로 사용되어 의미한정의 기능을 가지고 있음이 확인된다.

우즈벡어에서는 특별히 목적격 표지 {ni}가 생략될 수 없는 경우가 있다.

---

13) 이남순(1998 : 105~111) 참조.

▌목적어가 사람이 될 경우

   (30) a. Men Maqsudni ko´rayapman.
          나는 막슈드를 보고 있다.
      b. Kecha shuhratni ko´rdim
          어제 슈흐랏을 만났다.

  (30)은 목적어가 사람이 되는 경우이다. 위와 같은 예에서는 {ni}를 반드시 사용해야 한다. 즉, 'Maqsud(막슈드), Shuhrat(슈흐랏)'은 사람이기 때문에 뒤의 {ni}는 생략되면 안 된다. 그러나 한국어의 구어체에서는 {을/를}이 생략되어 나타날 수 있다.

▌목적어가 대명사가 될 경우

   (31) a. Shuhrat sizni yaxshi ko´radi.
          슈흐랏은 당신을 좋아한다.
      b. Meni unutma!
          나를 잊지마.

  (31)의 'siz(당신), men(나)'과 같이 인칭대명사가 목적어가 되는 경우 뒤의 {ni}는 생략되면 안 된다. 한국어에서 (31)의 {을/를}은 구어체에서 생략되어 나타날 수 있다.

▌시간을 나타내는 표현이 목적어가 될 경우

   (32) a. Men kuzni yaxshi ko´raman.
          나는 가을을 좋아한다.
      b. Bugunni sevib ertani tayyorlaylik.
          오늘을 사랑하며 내일을 준비하자.

  (32)의 'kuz(가을), Bugun(오늘), erta(내일)'와 같이 시간을 나타내는 표현이 목적어가 되는 경우 뒤의 {ni}는 생략하면 안 된다. 한국어에서는 생략되기도 하고 생략되지 않기도 한다. 즉, '나는 가을 좋아한다.' 라고 할

수 있지만, '오늘 사랑하며 내일 준비하자'는 어색함이 감지된다.

▋동명사(harakat nomi)가 목적어로 올 경우

 (33) a. Baliq tutishni oʻrganmoqchiman.
    나는 고기 잡는 법을 배우고 싶다.
   b. U skripka chalishni oʻrgatayapti.
    그는 바이올린 연주를 가르치고 있다.

 우즈벡어에서는 동명사가 수식어가 되는 경우 {ni}를 생략할 수 없다. (33)a에서 'tutish(잡는 방법)', 'chalish(연주)'는 동사가 명사화한 경우이다. 이런 동명사 뒤의 {ni}는 반드시 사용되어야 한다. 한국어의 경우에도 {을/를}이 사용되어야 자연스럽다.

▋ 소유어미 뒤

 (34) a. U menga kitob-imni qaytarib beradi.
    그가 나에게 내 책을 돌려준다.
   b. Oila-mni yaxshi koʻraman.
    나는 내 가족을 사랑한다.

 우즈벡어에서 소유어미가 붙은 피수식어가 목적어가 되는 경우 {ni}를 생략할 수 없다. (34)a에서 'kitob(책)' 뒤에는 나의 책이라는 것을 명시하는 소유어미 '-im'이 붙어있다. 이 피수식어가 문에서 목적어가 되고 있다. 이 경우 {ni}는 반드시 사용되어야 한다. (35)b에서도 'oila(가족)' 뒤에 '-m'이 붙은 피수식어가 목적어로 사용되기 때문에 {ni}를 반드시 붙여 목적어를 명시해야 한다.

 이상을 정리하면, 우즈벡어의 {ni}는 한국어의 {을/를}과 타동사문의 목적어를 표시한다는 일차적인 기능은 같았다. 그러나 {을/를}은 {ni}에 비해 다양한 의미 기능을 수행하고 있었다. 즉, {을/를}의 기능적 외면이

{ni}보다는 훨씬 넓다고 할 수 있다.

또한 생략 현상을 대응해 보았을 때 상당부분 대응하고 있으나, 동일하지는 않았다. 즉, 우즈벡어에서는 목적어로 무엇이 오느냐에 따라 생략되지 않는 경우가 몇 가지 있었다.

(4) 처격표지

한국어에서 처격은 처소나 지향점, 또는 시간적, 공간적인 범위를 나타내 주는 격을 가리키는데, 대표적인 처격표지는 {에}이다. 한국어에서 처격표지는 처소, 즉 어떤 일이 일어나는 범위뿐 아니라, 어떤 행위가 그 쪽으로 향해 가는 지향점(direction)을 가리키는 기능도 가지고 있는 것이 일반적이다.14) 그래서 지향점을 나타내는 여격이 처격의 하위범주로 분류되는 것은 일반적인 격 분류 양상이다. 처격표지 {에}와 여격표지 {에게}가 구별되지 않고 사용되는 것도 그 이유 중에 하나다.

그러나 우즈벡어에서는 처격(o'rin-payt)과 여격(jo'nalish)이 명확하게 구분된다. 처격표지 {da}는 장소와 시간을 나타내는 격표지고, 여격 표지 {ga}는 지향점을 나타내는 격표지다. 그래서 그 표시에 있어서도 분명하게 구별되어 사용된다.

이 글에서는 한국어의 처격표지를 현행 학교 문법15)에서처럼 형태보다는 문맥상 의미를 기준으로 분류하여 우즈벡어의 처격표지와 비교하고자 한다.

① {에/에서}와 {da}

한국어에서 처격을 나타내는 표지는 {에/에서}, {에게}, {한테} 등 다양

---

14) 이익섭ㆍ채완(1999 : 175~177) 참조.

15) 부사격 조사 설정에 있어서 가장 큰 문제는 동일 형태 조사가 여러 기능을 하거나, 여러 형태 조사가 단일 기능을 하는 경우이다. 학교 문법에서는 이를 형태 중심이 아닌 문장 안에서의 문맥상 의미를 기준으로 분류하여 해결하고 있다.

한 형태로 나타난다. 그러나 이들과 대응되는 우즈벡어의 처격표지는 {da} 하나이다. 양어의 처격표지 기능을 한국어의 처격표지 기능을 중심으로 살펴보고자 한다.

먼저, 한국어의 {에}와 우즈벡어의 {da}의 대응여부를 살펴보고자 한다.

(35) a. 나는   타쉬켄트에   산다.
　　　 Men   Toshkent-da   turaman.
　　 b. 그는 2시에 왔다.
　　　 Soat ikki-da keldi.

(35)a는 서술어에 대한 존재하는 장소 즉 공간적 범위를 가리키는 {에}와 {da}가 대응되는지를 살펴본 것이다. (35)a에서 보듯 {에}는 {da}와 대응되어 장소, 즉 'Toshkent(타쉬켄트)'를 표시하고 있다. 또한 (35)b에서 {에}는 {da}와 대응되어 '2시(soat ikki)'라는 시간을 표시하고 있다. 이처럼 우즈벡어의 {da}는 한국어의 {에}와 대응하여 서술어에 대한 공간적, 시간적 범위를 표시하는 기능을 실현하고 있다.

다음은 {da}가 {에서}와 상응하는 경우를 살펴보고자 한다.

(36) a. 당신은 어디에서 태어났습니까?
　　　 Qayerda tug′ilgansiz?
　　 b. 나는 길에서 친구와 마주쳤다.
　　　 Ko′chada o′rtoq′imni uchratdim.

(36)은 서술어의 동작이 일어나는 장소를 나타내는 경우로 {에서}가 {da}와 대응되는 예문이다. (36)a에서 서술어 '태어났습니까'에 대한 장소를 묻는데 {에서}가 사용되고 있으며 (36)b에서는 서술어 '만나다'에 대해 '길'이라는 만난 장소를 나타내기 위해 {에서}가 사용되고 있다. 이는 우즈벡어 {da}와 대응된다.

② {로/으로}와 {da}

우즈벡어의 {da}는 국어의 조격표지 {로/으로}와 대응될 수 있다.

   (37) a. Yuklarni kema bilan poyezd**da** olib kelishdi.
        그들은 물건을 배와 기차**로** 가져 왔다.
      b. U avtobus**da** keldi.
        그는 버스**로** 왔다.

(37)은 도구, 수단, 방법 등을 나타내는데 우즈벡어의 {da}가 한국어의 {로/으로}와 대응되는 것을 확인할 수 있다. (37)a를 보면, kema(배)와 poyezd(기차)가 수단이 되었음을 나타내는 데 {da}가 사용되고 있고 그것은 한국어의 {로}와 대응되고 있음이 확인된다. 그러나 도구, 수단, 방법을 나타내는 것을 제외한 다른 경우에 {로/으로}는 {da}와 대응되지 않는다.

   (38) a. 그는 나무**로** 의자를 만들었다.
        Yog′och**dan** stul yasadi.
      b. 우유**로** 버터를 만든다.
        Sut**dan** sariyog′ tayyorlanadi.

(38)은 재료로 사용된 것을 나타내는 데 {로/으로}가 사용되고 있다. 그러나 이에 대응되고 있는 우즈벡어는 {da}가 아니라 {dan}이다.

   (39) a. 나는 수업이 끝나자마자 집**으로** 갔다.
        Dars tugashi bilan uy**ga** ketdim.
      b. 학생들은 밖**으로** 나갔다.
        O′quvchilar tashqari**ga** chiqishdi.

(39)는 {로/으로}가 방향, 지향점, 경로 등을 나타내는 데 사용된 예문들이다. 이와 대응되고 있는 우즈벡어는 {ga}이다.

   (40) a. 나는 한국어를 우즈벡어**로** 번역했다.

Koreys tilidan O′zbek tiliga tarjima qildim.
b. 물이 얼음으로 되었다.
Suv muzga aylandi.

(40)은 변화를 나타내는 데 {로/으로}가 쓰인 예이다. 이에 대응되는
우즈벡어는 {ga}이다.

(41) a. 바람으로 나무가 쓰러졌다.
Shamoldan daraht tushub ketdi.
b. 그는 많은 일로 바쁘다.
U ko′p ishlar bilan band.

(41)은 원인, 이유를 나타내는 경우에 {로/으로}가 쓰인 예이다. 이와
대응되는 우즈벡어는 {dan}, {bilan}이다.

이상을 정리하면, 우즈벡어의 {da}는 한국어의 {에}, {에서}를 중심으로
{로/으로}에도 대응된다는 사실이 확인된다. 그러나 그 대응은 불완전한
것으로 일치 대응되지 않는다. 특히 {da}의 조격표지 {로/으로}와의 대응
양상은 수단, 도구, 방법을 나타내는 경우로 제한적이다.

(5) 여격표지

위에서 상술했듯이 한국어에서 여격은 처격의 범위 안에서 논의되어 왔
다. 그 이유는 처격표지에서 논의되었듯이 처격표지와 여격표지가 구분되
지 않기 때문이다.

그러나 우즈벡어에서는 처격과 여격이 명확하게 구별되고 그 표지 기능
도 분명하게 구별되어 사용된다. 그래서 여격표지에서도 전시한 방법대로
문맥상 의미를 기준으로 비교하고자 한다.

① {에게}와 {ga}

한국어에서 대표적인 여격표지는 {에게}이다. 그리고 처격표지와 깊은

관련이 있기 때문에 그 형태상 처격표지 {에/에서}가 그대로 사용되기도 한다. 한국어에서 여격표지는 '주다'류의 동사와 어울려 그 주는 일과 관련된다. 우즈벡어에서 이와 상응하는 표지는 {ga}이다. 특히 우즈벡어에서 여격표지는 자음동화 현상에 의하여, 어말음에 따라 세 가지 형태로 나타난다. 어말음이 모음 혹은 유성 자음일 때 {ga}, 어말음이 무성 자음일 때 {ka}, 어말음이 '-q, -h, -g' 등과 같은 자음에서는 {qa}이다.

> (42) a. Uyga qaytdi.
> 집에 돌아왔다.
> b. Maktabga o'qituvchilikka qaytib keldi.
> 학교에 선생님으로 다시 왔다.
> c. Qishloqqa bordik.
> 시골에 갔다.

(42)에서 우즈벡어의 여격표지가 선행명사의 어말음에 따라 다른 형태로 나타나는 것을 확인할 수 있다. (42)a는 'Uy'의 어말음 'y' 때문에 {ga}가 (42)b는 'o'qituvchilik'의 어말음 'k' 때문에 {ka}가 (42c)는 'qishloq'의 어말음 'q' 때문에 {qa}의 형태로 나타나고 있다.

{ga}가 {에게}와 대응되는지 살펴보면 다음과 같다.

> (43) a. 그가 나에게 책을 준다.
> U menga kitobni beradi.
> b. 오늘 당신에게 타쉬켄트를 구경시켜드리지요.
> Bugun sizga Toshkentni ko'rsatmoqchiman.

(43)에서 {에게}가 모두 우즈벡어 {ga}에 대응되고 있음이 확인된다. 예문에서 서술어에 대한 간접목적어가 '나'와 '당신'임을 드러내는 데 {에게}가 사용되고 있다. 한국어에서는 간접목적어가 사람일 경우에만 한정하여 {에게}를 사용한다. 그리고 (43)에서 볼 수 있듯이 {에게}는 우즈벡어의 {ga}와 대응된다.

② {ga}와 방향격표지

우즈벡어의 {ga}는 여격표지 외에도 방향격표지로도 쓰이고 있다. 한국어에서 방향격표지는 대체로 {로/으로}에 의해서 실현된다.

{ga}가 {로/으로}와 대응되는지 살펴보면 다음과 같다.

    (44) a. Bizning uyimizga boramizmi?
          우리집으로 갈까요?
        b. Daryo suvi dengizga guyiladi.
          강물은 바다로 간다.

(44)a를 보면 서술어 'boramizmi(갈까요)'에 대한 방향인 'uyimiz(집)'을 나타내는데 {ga}가 사용되고 있다. (44)b에서도 서술어 'guyiladi(간다)'에 대한 방향이 'dengiz(바다)'임을 나타내는데 {ga}가 사용되고 있다. 여기서 {ga}는 한국어의 {로/으로}와 대응된다.

그러나 다음과 같은 경우 {ga}는 한국어의 다른 형태로 대응된다.

    (45) a. Men Toshkentga oʻqishga ketdim
          나는 타쉬켄트에 공부하러 갔다.
        b. Baliq tutushga dengizga boramizmi?
          고기를 잡으러 바다로 갈까요?

우즈벡어에서 {ga}는 '~하기 위해서'라는 목적을 나타내는 데도 쓰인다. (45)a는 내가 타쉬켄트에 온 목적은 '공부하기 위해서'라는 것을 나타내는데 {ga}가 사용되고 있다. (45)b에서는 바다에 가는 목적이 '고기를 잡기 위해서'라는 목적을 나타내는 경우로 역시 {ga}가 사용되고 있다. 이는 한국어의 '-러/으러'와 대응된다.

이상을 종합하면, 우즈벡어의 여격표지 {ga}는 한국어의 여격표지 {에게}와 대응된다. 그리고 방향격표지 {로/으로}와도 대응한다. 그러나 그 대응어끼리는 기능상의 범주가 동일하지 않음이 확인된다. 즉 그 대응은 불완전한 것이다.

(6) 탈격표지

① {dan}과 탈격표지 기능

한국어에서 시발점을 나타내주는 탈격표지에는 {에서}, {에게서}, {한테서}, {로부터} 등이 있다. 우즈벡어에서 이와 대응될 수 있는 표지는 {dan}이다.

우즈벡어 {dan}의 기능을 분석하고, 이에 대응되는 한국어의 형태를 살펴보고자 한다.

> (46) a. Qayerdan keldingiz?
>   어디에서 왔습니까?
>   b. Lug´atdan izlab ko´ring.
>   사전에서 찾아보세요.

(46)은 출발 위치를 나타내는 우즈벡어의 {dan}이 {에서}와 대응되는 예이다. (46)a를 보면 서술어 'eldingiz(왔습니까)'에 대한 출발 위치 'qayer(어디)'를 나타내는 데 {dan}이 사용되고 있으며 한국어의 {에서}와 대응되고 있음이 확인된다.

{dan}은 {부터}와 대응되기도 한다.

> (47) a. Ulardan javob olmadim.
>   그들로부터 대답을 듣지 못했다.
>   b. Ertalabdan islashni boshladi.
>   아침부터 일하기를 시작했다.

(47)a는 'olmadim(듣지 못했다)'에 대한 출발점이 'ular(그들)'임을 나타내는 데 {dan}이 사용되고 있고 (47)b는 서술어 'ishlash(일하다)'에 대한 시

작 시점이 'Ertalab(아침)'임을 나타내는 데 {dan}이 사용되고 있다. {dan}
은 모두 {부터}와 대응된다.

한편, {dan}은 이유를 나타내는 표현에도 사용된다.

    (48) a. Uchrashganimdan xursandman.
           나는 너와의 만나서 기쁘다.
       b. Javobini tez olganimdan boshim osmonga yetdi.
           답장을 빨리 받아서 기분이 좋아졌어요.

(48)은 {dan}이 서술어에 대한 이유를 나타내는 사용되고 있다. (48)a
를 보면 서술어 'xursandman(기쁘다)'에 대한 이유가 너와의 만남 때문임
을 나타내는 데 {dan}이 사용되고 있다. (48)b의 경우에서도 기분이 좋아
진 이유가 당신의 답장 때문임을 나타내는 데 {dan}이 사용되고 있다.
{dan}은 어사 환경에 따라 한국어의 '-서/어서'와 대응되기도 한다. '-서/
어서'는 '-때문에'라는 의미를 내포하고 있다.

또한 이유를 나타내는 경우, {dan}은 {로/으로}와도 대응 양상을 보인다.

    (49) a. Portlashdan ko`p odamlar o′ldi.
           폭발로 많은 사람들이 죽었다.
       b. Uning o′limidan ko′p odam tirik qoldi.
           그의 죽음으로 많은 사람이 살았다.

(49)와 같이 {dan}은 원인이나 이유를 나타내는 경우에 쓰일 수 있다.
(49)a는 'ol-(죽다)'의 이유가 'portlash(폭발)' 때문임을 나타내는 데 {dan}
이 사용되고 있다.

② {dan}과 비교격표지 기능

지금까지 살펴 본 {dan}은 한국어의 {에서}와 {부터}를 중심으로 이유
를 나타내는 {로/으로}와도 대응되고 있음이 확인되었다.

이 외에 {dan}은 비교를 나타낼 때 한국어의 차등을 나타내는 {보다}와 대응된다.

> (50) a. Hali ham siz mendan baquvvat.
>   너는 아직 나**보다** 힘이 세다.
>   b. Mening bo′yim senikidan uzun.
>   나는 너**보다** 키가 크다.

(50)에서 보듯이 우즈벡어의 {dan}이 차등비교를 나타낼 때 한국어의 {보다}에 대응된다. (50)a를 보면 차등비교 대상인 'men(나)'를 나타내는 데 {dan}이 사용되고 있다. (50)b에서도 차등비교 대상인 'seniki(너)'를 나타내는 데 {dan}이 사용되고 있다. 한국어의 차등비교 표지 {보다}와 대응되고 있다.

이상을 종합하면, 우즈벡어의 {dan}은 서술어에 대한 시간적, 공간적 출발점을 나타내 주는 기능을 담당하고 있다. 이러한 {dan}은 한국어의 탈격표지 {에서}, {부터}와 대응될 수 있다. 또한 {dan}은 재료를 나타내거나 원인이나 이유를 나타내는 {로/으로}와도 대응될 수 있는 등, 한국어의 다양한 형태와 대응될 수 있다. 특히 {dan}은 우즈벡어에서 차등 비교를 나타내는데 이는 한국어의 차등비교표지 {보다}와 대응된다.

3. 요약

이 글의 목적은 한국어와 알타이 제어 가운데 터키어족에 속하는 우즈벡어의 격표지를 대조하여, 그 기능의 동질성과 이질성을 상정하는 데 있다. 이 결과는 양어를 외국어로 교육하는 과정에 이론적인 자료로 활용할 수 있을 것이다. 양어는 첨가어로서 언어 본질적인 동질성을 가지고 있다. 이러한 첨가어로서의 특징은 격표지에 있어서도 유사성을 띠고 있다. 격표지를 중심으로 양어의 동질성과 이질성을 요약하면 다음과 같다.

먼저, 양국어의 문법에서 격과 격표지에 대한 개념은 동일하다. 그러나 격 범주에 대한 다양한 논의가 있어 왔던 한국어와는 달리 우즈벡어에서는 여섯 개의 격을 규범적으로 정하고 있다. 또한 양어의 격표지 대응은 1 대 1로 나타나지 않는데, 이러한 대응관계는 중복과 교차관계로 나타난다. 이는 격기능과 추이방향의 차이 때문인 것으로 보인다.

우즈벡어의 격표지들을 중심으로 했을 때, 양어의 격표지는 {ø}-{이/가}, {ning}-{의}, {ni}-{을/를}, {da}-{에/에서}, {ga}-{에게}, {dan}-{부터}로 대응된다. 그러나 이 대응은 동치적이지 않으며 대응어끼리는 쌍방의 기능범주를 모두 충족시키지 못하는 불완전성을 드러낸다. 이는 하나의 격표지가 여러 격을 나타내는 복의성을 띠기 때문으로 해석된다.

우즈벡어의 주격표지는 형태가 없다. 또한 우즈벡어에는 인칭에 따른 어미가 서술어에 붙어서 주어를 표지하는데 관계한다. 이러한 인칭어미의 기능으로 인해 인칭대명사의 생략이 가능하다. 즉, 우즈벡어에서 주격은 주격표지 {ø}와 인칭어미가 공기하여 실현된다. 또한 한국어는 주격표지 {이/가}와 화제표지 {은/는}이 명확하게 구별되나, 우즈벡어에서는 주어표지와 화제표지가 구별되지 않는다.

우즈벡어의 {ning}은 한국어의 {의}와 대응되며, 소유관계를 표지한다. 그러나 우즈벡에서 피수식어에 누구의 소유인지를 나타내는 소유어미가 붙는다. 즉, 우즈벡어에서 소유관계는 속격표지{ning}과 소유어미가 공기하여 실현된다. 그래서 수식어가 생략되더라도 소유어미로 인해 누구의 소유인지를 알 수 있다.

우즈벡어의 {ni}는 한국어의 {을/를}과 대응된다. {ni}와 {을/를}은 타동사문에서 목적어를 나타내는 기능을 한다는 점에서 일치된다. 그러나 한국어의 {을/를}이 자동사문을 넘나들며 의미한정을 하는 것과는 달리 우즈벡어의 {ni}는 타동사문으로부터 일탈이 일어나지 않는다. 즉, 한국어의 {을/를}은 기능적 외연이 우즈벡어의 {ni}보다 훨씬 넓다고 할 수 있다. 결국 {ni}는 {을/를}에 대응되지만, {을/를}은 {ni}에 대응되지 않는다. 즉, {을/를}과 {ni}는 대응관계 있어 쌍방의 값이 동일하지 않다.

우즈벡어의 {da}는 존재하는 시간과 장소를 나타내는 기능을 한다. 이는 한국어의 {에/에서}와 대응된다. 그러나 {da}는 한국어의 조격표지 {로/으로}와도 대응된다. 그러나 조격표지 기능을 다 나타내는 것이 아니라 도구, 수단, 방법의 기능만을 실현한다.

우즈벡의 {ga}는 '보냄'과 관련하여 사용된다. 이는 한국어의 '주다'류의 동사와 관계하는 여격표지 {에게}와 대응된다. 그러나 우즈벡어의 {ga}는 한국어의 방향격표지 {로/으로}와도 대응될 수 있었다.

우즈벡어의 {dan}은 출발점을 나타내는 한국어의 탈격표지 {부터}와 대응된다. 또한 {dan}은 한국어의 차등을 나타내는 비교격표지 {보다}와도 대응되며, 어사 환경에 따라 {로/으로}와도 대응된다.

이를 종합하면 다음과 같다.

〈표 3〉

격표지＼대응례	이/가	의	을/를	에	에서	에게	로/으로	부터	보다
Ø	+								
ning		+							
ni			+						
da				+	+		−		
ga			−	−		+	−		
dan					+		−	+	−

〈표 4〉

격표지 \ 대응례	ø	ning	ni	da	ga	dan
이/가	+					
의		+				
을/를			+	−	−	
에			−	+		
에서			−	−	−	+
에게					+	
로/으로				−	−	−
부터						+
보다						+

　　지금까지 한·우즈벡 양어의 격표지들이 상호 어떠한 대응관계를 나타내고 있는지에 대해 논해 왔다. 이를 종합하여 양어의 대응범주를 설정하고, 대응양상을 분석하면 <표 3>과 <표 4>가 된다.16)

　　<표 3>은 우즈벡어의 격표지들의 한국어의 대응표지를 나타낸 것이다. 이를 보면 먼저 우즈벡에서 격표지로 설정한 주격표지 {ø}와 속격표지 {ning} 그리고 목적격 표지 {ni}는 기능 범주상 외연이 우즈벡어의 다른 격표지에 비해 좁은 반면에, 처격표지 {da}와 여격표지 {ga}, 그리고 탈격표지 {dan}은 외연이 넓다.

　　역으로 한국어의 격표지들에 대해 우즈벡어 격표지들을 대응시켜 보면, <표 4>와 같다. <표 4>를 보면, 우선 {을/를}, {에}, {에서}, {로/으로}의 기능 범주상의 외연이 다른 한국어의 격표지 보다 넓다는 것을 확인 할 수 있다.

　　이를 볼 때 양국어는 목적격 표지인 {을/를}을 제외한 처격표지 {에/에서}와 {da}, 여격표지 {에게}와 {ga}, 탈격표지 {에서}와 {dan}의 외연이

---

16) <표 3>에서 +는 주기능, −는 부차적 기능을 나타낸다.

양국어의 다른 격표지에 비해 넓다는 것이 확인된다.

또한 <표 3>과 <표 4>를 비교하면 그 모양이 서로 다르다. 이는 양어의 격표지는 1대 1의 대응을 하지 않는다는 것이다. 1대 1로 대응시켜 본다 하더라도, 대응어끼리 기능상의 범주가 동일하지 않음이 확인된다. 예를 들면, 우즈벡어의 {ni}는 한국어의 {을/를}보다 기능 범주상의 외연이 좁은 반면에 {dan}은 {부터}보다 훨씬 넓다. 외연이 넓은 표지는 그만큼 상대국 어에서 이를 충족시키기 위한 여러 표지가 필요하다는 결론에 이른다.

지금까지 한 · 우즈벡어의 격표지를 중심으로 비교하여 보았다. 이러한 양어의 비교 연구는 효율적인 양어의 학습을 위한 방법으로 사용될 수 있을 것이다. 양 언어는 유형적으로 첨가어의 구조를 가지고 있다. 이러한 첨가어로서의 특징은 후치적 요소인 격표지를 통해 격을 표시하는 표지적인 특징을 가지고 있다. 그러나 이 글에서 나타나는 양어의 상이점은 양어를 학습하는 데 어려운 요소로 작용한다. 예를 들어 우즈벡어에서의 서술어에 나타나는 인칭어미와 공기한 주격표시, 한국어의 {이/가}와 {은/는}에 의한 주격표지와 화제표지의 구별, 소유어미에 의한 속격표지의 생략, 처격표지 {da}에 의한 조격표지의 기능 등 이러한 양어의 상이점은 우즈벡인이 한국어를 배우는 경우 또는 한국인이 우즈벡어를 배우는 데 있어 어려운 요소로 작용할 수 있다. 결국 양 언어를 가르치는 교사는 교육시 이러한 상이점을 고려하여 주의를 환기시켜야 한다. 그리고 이에 따른 교수법도 확립하여야 한다.

상론하였듯이 아직 우즈벡인을 위한 한국어 교본은 없는 상황이다. 또한 한국인을 위한 우즈벡어 교본도 없는 상황이다. 그러나 양어를 배우려는 학습자들은 점점 더 늘어나고 있다. 이러한 상황 속에서 양어를 비교 연구한 이러한 논의는 교재 개발에 지속적으로 활용될 수 있을 것이다.

참고문헌

고창수(1987), "후치사 재고", 「어문논집」.

김방한(1983), 韓國語의 系統, 서울 : 民音社

김영일(1993), "한국어와 알타이제어의 친족관계 문제에 관하여", 「曉星語文學」.

김영일(1994), "한국어와 튀르크어의 비교 연구", 「부산한글」13.

김영일(역)(1996), 알타이어 비교 연구(에스·아·스타로스틴), 대구 : 대일.

김용일(1998), "우즈벡－러시아어 간편사전 편찬을 위한 어형 비교 연구", 「어문학연구」.

김재욱(2001), "격조사의 기능에 따른 典刑性 연구", 「한국어문학연구」 13.

김준기(1999), "격조사의 의미에 대하여", 「어문학」 71.

김효정(1996), 우즈벡어 문법, 서울 : 펴내기.

류구상(1995), "국어 격조사에 대하여", 「한국어학」 2.

Xegai, M.A.(1991), "소련에서의 한국어학과 한국어 교육/소련의 한국어학 한국어교
　　　　　육 한－노어 대조 연구 : 우즈베키스탄에서의 한국어 학습의 현재와 전
　　　　　망", 「이중언어학」 8.

박영순(2001), 외국어로서의 한국어 교육론, 서울 : 월인.

백봉자(1999), 외국어로서의 한국어 문법 사전, 연세대학교 출판부.

서재만(1993), "터키어", 「세계주요언어」, 한국외국어대 출판부.

서정수(1996), 국어문법, 서울 : 한양대학교 출판원.

서정수(2002), "외국어로서의 한국어 교육을 위한 새 문법 체계", 「외국어로서의 한국
　　　　　어교육」.

유구상(1968), "국어의 후치사", 「어문론집」 11.

이기문(1964), "알타이語學과 國語", 「국어국문학」 27.

이남순(1998), 격과 격표지, 서울 : 월인.

이익섭·채완(1999), 국어문법론강의, 서울 : 학연사.

이중언어학회(1991), "소련에서의 한국어학과 한국어 교육/좌담회 3 : 타시켄트의 한
　　　　　국어 교육", 「이중언어학」 8.

임경순(1982), "알타이 語彙 및 音韻 比較研究 : 韓國語·日本語·위즈베크語를 中心
　　　　　으로", 「龍鳳論叢」 12.

임경순(1984), "한·일 터키어 간의 어휘 및 음운비교 연구", 「龍鳳論叢」 14.
정연규(1993), "알타이어 격형태소 연구", 「인문연구」 15.
최기호(1995), "알타이어족설의 문제점", 「한글」.
Choi Svetlana(12991), "타시켄트의 한국어 교육실정(1970-91)", 「이중언어학」 8.
최한우(1993), "우랄-알타이제어 개관", 「세계주요언어」, 한국 외국어대 출판부.
허 용(2001), "한국어 교육의 관점에서 본 조사의 특성", 「한국어문학연구」 14.
허 용(2001), "부사격 조사에 대한 한국어 교육학적 접근", 「이중언어학」 19.
홍사만(1995), 한·일어 대조어학/논고, 서울 : 탑출판사.
홍사만(2002a), 국어 특수조사 신연구, 서울 : 역락.
홍사만(2002b), 한·일어 대조분석, 서울 : 역락.
홍윤표(1990), "격조사", 「국어연구 어디까지 왔나」, 서울 : 동아출판사.

Akiner, S.(1997), Survey of the Lexical Influence of Russian on Modern Uzbek
        (1870-1990), *The Slavonic and East European Review*.
Blake, B. J.(1994), *Case*, Cambridge University Press, (고석주 역(1998),「격」,
        한신문화사).
Dollerup, C.(1995), The Uzbek Language Scene, Language International.
Erickson, J. A.(2001), Language contact and morphosyntactic change : shift of
        case-marker functions in Turkic (Iranian, Persian, Uzbek,
        Turkish, Kazak), Indiana University, UMI.
Fierman, W.(1991), Language planning and national development : the Uzbek
        experience, Berlin : New York : Mouton de Gruyter.
Hony, H. C.(1958), *A Turkish-English dictionary*, Oxford Clarendon Press.
L. G. L.(1953), *Turkish*, English Universities Press.
Kh, S. I.(2000), Students English-Russian-Uzbek dictionary of legal terms, adolat.
Remeth, J.(1917), *Turkische Grammatik*, Koschen'sche.
Robert, U.(1976), Turkish grammar, Cambridge, Mass : MIT Press.
Sjoberg, A. F.(1962), *Uzbek structural grammar* 18, Indiana : Indiana Univ., c1963.
Sjoberg, A. F.(1997a), *Uzbek structural grammar*, Surrey, England : Curzon
        Press, c1997.
Sjoberg, A. F.(1997b), Uralic and Altaic series.18 : Uzbek structural grammar,
        Surrey : Curzon. Toshkent : O qituvchi.
Tursunov, U.(1992), *Hozirgi Uzbek Adabiy Tili*, Toshkent.
Uz(1995), Ra hmatullaev, Shavkat. Hozhiev, A. Abdullaev, I. Tilshunoslik
        instituti (Uzbekiston Respublikasi fanlar akademi i asi).

저자 소개 ••••••

홍사만(洪思滿) | 경북대 대학원 국어국문학과 석사, 일본 쓰쿠바(筑波)대학 문예·언어학계 문학박사, 시마네(島根) 현립 국제대학 교류교수, 쓰쿠바대학 객원연구원, 현 경북대 국어국문학과 교수, hongsm@knu.ac.kr

유장옥(兪長玉) | 계명대 대학원 일어일문학과 석사, 경희대 대학원 일어일문학과 문학박사, 일본 국립국어연구소 외국인 연구원, 현 대구가톨릭대학 일어일문학과 교수, joyoo@cu.ac.kr

김지은(金知銀) | 서울대 대학원 불어불문학과 석사, 프랑스 Provence대학(Aix–Marseille 1대학) 문학박사, 경북대 대학원 국어국문학과 박사과정 수료, 프랑스 파리 1대학 방문교수, 현 계명대 불어불문학과 교수, kje@kmu.ac.kr

강덕구(姜悳球) | 계명대 대학원 일어일문학과 석사, 동아대 교육대학원 국어교육과 교육학 석사, 동대학원 국어국문학과 문학박사, 부산대 대학원 일어일문학과 문학박사, 현 양산대 관광경영과 교수, dgkang9110@hanmail.net

배용득(裵龍得) | 경북대 대학원 국어국문학과 석사, 중국 남개(南開)대학 문학박사, 현 중국 남경(南京)대학 외래교수, jiaoxue01@yahoo.co.kr

강병주(姜秉柱) | 고려대 일어일문학과 졸업, 건국대 대학원 일어일문학과 석사, 경북대 대학원 국어국문학과 박사과정 수료, 현 영진전문대 국제관광계열 교수, bjkang@ylc.ac.kr

다키구치 게이코(瀧口惠子) | 경북대 대학원 국어국문학과 석·박사과정 수료, 경북외국어대 초빙교수, 현 경북대 어학교육원 외래교수, tomboykt@naver.com

민영란(閔英蘭) | 중국 산동(山東)대 대학원 중국어과 석사, 경북대 대학원 국어국문학과 석사, 박사과정 수료, 현 威海대학 외국어언문학계 교수, ylm8135@hanmail.net

염 철(廉 哲) | 중국 연변대 대학원 중국어과 석사, 경북대 대학원 국어국문학과 박사과정
수료, 현 연변대 한어문화학원 교수, yimao@hanmail.net

이영자(李英子) | 중국 연변대 대학원 중국어과 석사, 경북대 대학원 국어국문학과 박사과정
수료, 현 연변대 한어문화학원 교수, yoongza@naver.com

오선영(吳善英) | 경북대 대학원 국어국문학과 석·박사과정 수료, 현 경북대 어학교육원 외
래교수, cian50@hanmail.net

슬지엔(石 堅) | 경북대 대학원 국어국문학과 석·박사과정 수료, 현 청주대 어학교육원 교
수, shijian80@naver.com

박향화(朴香花) | 경북대 대학원 국어국문학과 석·박사과정 수료, huzxiang80@hanmail.net

김소야(金小也) | 경북대 대학원 국어국문학과 석사과정 졸업, 현 경북대 입학사정관, petiteya@
daum.net

이소영(李素英) | 경북대 교육대학원 국어교육과 석사과정 수료, fenestra@hanmail.net

한국어와 외국어 대조분석론

초판 인쇄 2009년 3월 10일 | 초판 발행 2009년 3월 20일

지은이 홍사만 외

펴낸이 이대현 | 편집 이소희

펴낸곳 도서출판 역락 | 등록 제303-2002-000014호(등록일 1999년 4월 19일)

주소 서울시 서초구 반포4동 577-25 문창빌딩 2층

전화 02-3409-2058(영업부), 2060(편집부) | 팩시밀리 02-3409-2059

전자우편 youkrack@hanmail.net

ISBN 978-89-5556-652-9 93700

정가 36,000원

■잘못된 책은 교환해 드립니다.